Im
Weiten Land
Der Zeit

文明的故事
从原始大爆炸到二十世纪

[德]马克斯·克鲁泽 著　By Max Kruse
何珊 译

上

新世界出版社
NEW WORLD PRESS

图书在版编目（CIP）数据

文明的故事 /（德）克鲁泽著；何珊，郭颖杰译.
— 北京：新世界出版社，2015.4
ISBN 978-7-5104-5197-3

Ⅰ.①文… Ⅱ.①克… ②何… ③郭… Ⅲ.①世界史–通俗读物 Ⅳ.①K109

中国版本图书馆CIP数据核字(2014)第249272号

Title of the original edition:
Im weiten Land der alten Zeit
© 1997 by Max Kruse
published by C. Bertelsmann Jugendbuch Verlag
Im weiten Land der neuen Zeit by Max Kruse
© 1998 by Max Kruse
published by C. Bertelsmann Jugendbuch Verlag

文明的故事

作　　者：	（德）马克斯·克鲁泽
译　　者：	何　珊　郭颖杰
责任编辑：	秦彦杰　余守斌
责任印制：	李一鸣　黄厚清
出版发行：	新世界出版社
社　　址：	北京西城区百万庄大街24号(100037)
发 行 部：	(010)6899 5968　(010)6899 8705（传真）
总 编 室：	(010)6899 5424　(010)6832 6679（传真）
	http://www.nwp.cn
	http://www.newworld-press.com
版 权 部：	+8610 6899 6306
版权部电子信箱：	frank@nwp.com.cn
印　　刷：	三河市骏杰印刷有限公司
经　　销：	新华书店
开　　本：	710mm×1000mm　1/16
字　　数：	720千字　印张：42
版　　次：	2015年4月第1版　2015年4月第1次印刷
书　　号：	ISBN 978-7-5104-5197-3
定　　价：	78.00元

版权所有，侵权必究
凡购本社图书，如有缺页、倒页、脱页等印装错误，可随时退换。
客服电话：(010) 6899 8638

给中国读者的话

我的妻子出生于杭州，她的祖父曾在那里经营一家生产墨汁的小工厂。我这本书就是献给她的，而她代表着所有的中国人。我曾同她一起游历了这个"中央的大帝国"，为它丰富、宁静而自信的文化所吸引。但比这更早，早在我的青年时代，我就熟悉了中国诗人的诗歌；我喜欢它们，尤其是喜欢杰出的李太白的诗。

现在，本书（Im weiten Land der alten Zeit 和 Im weiten Land der neuen Zeit）得以走进中国，对此我是多么高兴啊！我试图用这本小说描绘人类走过的道路，从宇宙的产生——原始大爆炸——写到当代——人类踏上了探索宇宙的航程。当然了，我只能局限于西方国家——单单是由于材料的丰富我就不得不这样。这条人类之路往往是纷乱复杂的——从它的前期经过了持续数千年之久、高度发达的古埃及文化，经过了古希腊思想的苏醒，经过了一度统治欧洲、创造出新的法律规范的古罗马帝国，直到在欧洲中世纪乃至今天刻下了深深烙印的基督教。

这是不是也会对您——中国的读者——意味着什么呢？我想会的。事实上，几乎所有的现代科学都起源于欧洲，如全世界的大学里教授的现代医学、自然科学和技术。在过去的几个世纪里，知识与进步简直是以暴风雨一般迅猛的速度在全球传播，但在今天，这却是在全世界的科学家和发明家、思想家和警告者的共同作用下进行着。在欧洲发端的东西，现在成了全人类的财富，这也是因为、尤其是因为，它接受了其他许多文化施加的影响。因此，了解欧洲精神走过的道路肯定是大有裨益的。那是一场争取思想自由的斗争——在基督教之中，也在反对占统治地位的信仰的过程中；这条路上充满谬误，也充满罪恶，但它也是一条伟大的认识之路、发现之路。我想描述那些影响很大的道路和歧途，使它们之间的内在联系明晰地凸现出来，那就是，只有靠着对认识的强烈渴望，坚持不懈地与宗教偏见作斗争，热情地为自由而战，西方的思想才获得了解放和发展。在这条道路上，我们面前时常呈现出一派血腥的、同时又多姿多彩的景象，既富于思想性，又富于艺术性，这个我在第一卷的后记里讲得更详细；那个后记其实是为两卷书作序而写的，所以读书的时候也应该尽量先读它。此外书的目录内容也为探讨的主题、时代和人物做了详细的概括。

我希望，我能够用我的友谊之手牵上我在遥远的中国的读者，带领他们穿过那些已经逝去的世界，让那些时代和时代中的人更容易被他们理解，让他们对那些陌生的东西熟悉起来，那些逝去的东西才会获得生命。

译者序

在时间的长河里漫游

当地球变成一个村落，身处村东头的我们，对村西头世界的了解就变得尤为不可或缺。而要了解一个文明的现在，就必须追溯到它的源头，仔细探寻它的发展脉络。因此，本书中文版的面世便更显得恰逢其时。

当年在德国读书的时候我就对克鲁泽的大名有所耳闻，他的许多作品都被拍成了电视，并被译成多种文字。由于其杰出的成就，曾获德国联邦十字勋章。本书是其代表作，该书自出版以来，一直被列为德国最受欢迎的青少年读物之一。在这样一本深入浅出的普及性读物中，作者采用了一种半小说、半游记的叙述方式，给读者讲述了从宇宙大爆炸到二十世纪上半叶的西方文化发展全过程。作者在书中虚拟了一个"进化公园"，本书的主人公是三个即将毕业的中学生，他们在一次郊游中偶然发现了这个十分奇特的地方，一位友好的长者主动提出给他们做向导。全书以他们在公园的游历为线索，把西方文化发展史上重大的历史时刻像珍珠一样串起来。读者在阅读时不知不觉地加入这个"旅行小组"，跟随他们一会儿钻进古埃及的墓室；一会儿乘船在爱琴海上畅游，领略古希腊的风光；一会儿骑马去奥林匹亚观看体育盛会……令读者倍感亲切，并始终怀着和主人公一样的期待与兴奋。

同时，书中的三个年轻人之间、他们和向导老人之间的对话和争论，又像一堂堂生动的历史课。三个年轻人性格各异，提出问题的角度也各不相同：比如女孩儿贝蕾妮克特别关注各个历史时期妇女的社会地位、家庭生活、婚姻状况和服装服饰；善于思考、博览群书的斯蒂芬则总能在各个历史现象中发现人类发展史上的阴暗面；单纯热情的罗曼则对人类文化成果充满发自内心的景仰和赞叹。这种回溯历史的方式独具匠心，显得十分丰富和立体。

更为难能可贵的是，虽然这本系统介绍西方文化的书所涉及的范围十分广泛，几乎包括了天文、历史、地理、科学、技术、政治、经济、哲学、文学、艺术和宗教等各个方面，但作者的叙述并没有流于对重要历史现象的简单罗列，而是不断通过人物的对话加以评论。书中不但有对人类智慧和文化成果的礼赞，同时也有对人类阴暗面毫不留情的批评，让我们从几千年前的古人身上便看到了人类许多与生俱来的缺陷。原著的语言非常注重逻辑性，为了力求准确，我在译文里尽可能保持了作者的风格。

在今天，尽管涉及西方文化的书浩如烟海，但行色匆匆的人们也许有机会撷取到西方文化这条奔腾不息的长河中几朵美丽的浪花，却很难领略到它雄伟壮丽的全貌。然而，如果能仔细读完这本经典的"通俗"作品，即使对西方文化一无所知的人，也会获得比较完整的了解。所以这本书既是青少年的启蒙读本，同时又可为成年读者提供一条了解西方文化的捷径。

我要特别感谢我的挚友、北京大学的谷裕教授，是她抽出宝贵的时间，通读了我的全部译文，并提出了一些宝贵意见。

衷心希望读者在合上该书的时候，能有和书中主人公斯蒂芬一样的感叹："没有想到人类曾经有过如此美好的往事。当然，我以前也知道，前人会像我们一样看到头顶碧蓝的天空，一样会沐浴在阳光下，一样要忍受寒冷的袭击。但是，我以前仅仅是理性地了解这些，而现在我不仅看到了，而且真真切切地感受到了。理解和用所有的器官去感受，这的确是两回事。只有这样，过去的一切才会从发霉的书本中升华出来，变得生动活泼。"

何珊

2010 年 10 月

于北京万泉新新家园

目 录

I
从原始大爆炸到古罗马

第一天　走进奇幻的进化公园 / 003
序曲·太初·现代人·冰河纪·最早的城市·古埃及

第一晚　时间害怕金字塔 / 060
法老墓和希腊神

第二天　航向爱琴海 / 067
古希腊·伟大的体育盛会·民主的诞生

第二晚　璀璨的哲学星空 / 112
哲学家和妇女

第三天　无与伦比的帝国 / 128
古罗马

第三晚　西方的救世主 / 148
拿撒勒的耶稣

II
从基督教帝国到伽利略

第四天　信仰无所不在的中世纪 / 159
皇帝和异教徒·信仰的力量·经院哲学与虔诚信仰

文学与音乐·技术与教堂

信仰的时代，恐怖的时代·化学成为一种力量

第四晚　男人是女人的主宰 / 206
社会

第五天　从地中海到大西洋 / 210
变革·意大利的文艺复兴·教皇的罗马

哥白尼的转折点·天上地下伟大的发现·推翻一切的思想和发明

第五晚　疯狂的黑暗时代 / 270
转变中的世界·经济·从上至下的改革

疯狂和信仰的爆发·基督教和教会

午夜过后 / 307
结局

后记 / 310

I
从原始大爆炸到古罗马

第一天
走进奇幻的进化公园

序　曲

一座现代化的城市

三个年轻人笑着闹着走下阶梯,来到一条花木扶疏的小街。他们穿过一个小广场和一条绿树成荫的小巷,就到了宽阔的大街上。

艳阳高照,一切都那么明亮。被绿化带隔开的马路上车水马龙。人行道上比肩接踵。商厦的橱窗里摆放着意大利时装、时髦的男装和皮革箱子。而最抢眼的是,在人类首次登月的巨幅彩照前,摆放了一个身穿宇航服的模特。彩色图片的上方,我们地球这颗行星闪着大理石般的蓝光,如同玉璧悬挂在天空。

高高的屋顶之上,碧空被飞机拉出的长烟划破。

路边的车站一辆有轨电车正驶进站。"你们快点!"姑娘喊道,"我们走吧!快点!变绿灯了。"

"上吧,可去哪儿呢?"其中一个叫斯蒂芬的男孩问。另一个叫罗曼的男孩却不假思索地跟了过去。

"无所谓,上车再说。"姑娘大笑着回答,她赶忙跑过街。"我们今天就撞大运吧,看看到底会碰到什么。"

她上了电车,罗曼和斯蒂芬紧随其后。

没有目的地的行程

　　车厢里人不多,大家赶紧找位子坐下,刚刚坐稳车就开动了,斯蒂芬坐在罗曼和贝蕾妮克对面,但他的眼睛只盯着贝蕾妮克。她很漂亮,面色如同象牙般,俊俏的脸上那双黑眼睛闪着活泼的光,长而略卷的金发自然地披在肩上。这两个小伙子都爱上了贝蕾妮克,但是她对二人的友情却是不分厚薄。谁知她明天会做出什么选择呢?

　　斯蒂芬目不转睛地盯着贝蕾妮克,神情恍恍惚惚的,就像在做梦。他一门心思地想:她难道不是十分出色吗?

　　贝蕾妮克的一只手支在座位上,罗曼的手也放在那儿,他们的手几乎挨在一起。她由他这样做,毫不介意。

　　贝蕾妮克和这两个男孩差不多大,还没有完全成人,但也不是孩子了。很快他们就要参加中学毕业考试,自主的新生活即将开始。这天上午,他们在罗曼家里聚会,他是和父母住在一起的。罗曼拥有今天的年轻人所拥有的一切:他房间的墙是用抽象画装饰的——尽管都是些复制品;靠墙的架子上摆了许多书,旁边是立体声音响,还有一台彩色电视机——像当今所有的年轻人一样,世界发生什么事他都不会错过。不仅如此,他们还可以通过个人电脑上网,跟地球上各个角落的人交流。如果他们想听音乐,就可以听CD,去摇滚音乐会或听巴赫和莫扎特。今天如此,明天也是这样,全看自己的情绪和心境。在博物馆他们可以怀着同样的兴趣欣赏安迪·沃尔霍(Andy Warhol)[1]的作品和哥特风格的画,他们读荷马和歌德,也读君特·格拉斯(Gunter Grass)[2]和埃科(Umberto Eco)[3]——偶尔还翻翻连环漫画。他们什么都能得到,什么对于他们来说都是理所当然的。在两个男孩中斯蒂芬更瘦削也更机敏些,他是一个非常善于思考的年轻人,长着一头颜色很浅但却很有光泽的金发。斯蒂芬一直在克制自己的感情,并说服自己这种感情的冲动无非是荷尔蒙作用的结果,别太当回事,他不想被这种感情缠住,当然这种克制常常是不太管用的。他颧骨高耸,同学们戏称他为亚洲人。那表情丰富的面孔和细长的眼睛的确使人感到他有些特别。他很难找到一副适合自己的眼镜。因为一般的眼镜在他那扁平的鼻梁上不容易支住。

---

[1]　安迪·沃尔霍(1928—1987),美国画家,电影导演。
[2]　君特·格拉斯,德国作家,1927年出生于但泽。1999年度诺贝尔文学奖获得者。代表作:《铁皮鼓》。
[3]　埃科,1932年出生,意大利作家、教授,主要研究领域为艺术哲学、符号学和美学,《玫瑰之名》的作者。

罗曼看起来则柔和多了，没有什么棱角。一头栗褐色的头发像羊毛一样浓密，覆盖在他那古典式的额头上。

出来玩之前，他们确实考虑过要干什么，不只是今天，他们还有好些日子哩，因为这是暑假。斯蒂芬望着窗外，那是一幅喧嚣的画面——到处是人、汽车和楼房。他脑子里突然冒出一个问题，便禁不住嘟噜了一句。

"你在想什么呢，斯蒂芬？"罗曼问道。

"没什么特别的，"斯蒂芬答道，"我刚才只是在想，为什么有些物质会存在，我的意思是说，为什么不再是一片虚无？"

"这可是形而上学的大问题，也是所有哲学的基本问题，"罗曼回答，"从来就没有什么标准答案，这个问题只有上帝能回答。"

"上帝？"斯蒂芬轻轻哼了一声，"那我可就想反问一句，如果真有一个上帝存在，而他又是全能的，那他能创造出一块重得连他自己也举不起来的石头么？如果他举不起这块石头，那么他就不是无所不能的；而如果他不能造出一块他举不动的石头，那他也不是全能的！或者就像奥古斯丁（Augustinus）[1]说的：'上帝要么是全能的，要么是不仁慈的。因为如果他既仁慈又全能，他就不会给这个世界带来如此多的痛苦和残忍。"

"天哪！你这愤世嫉俗的家伙！"贝蕾妮克嘲讽地打断了他的话。

"好吧，我现在不想再谈上帝这个题目了。"斯蒂芬让步了，"可是这世界究竟是从哪里来的？人到底是什么？我们为什么活着？我们要到哪里去？我们会变成什么？我越长大，就越无法摆脱这些问题。我活着到底是为了什么呢？这种毫无意义的浪费和这种生物进化的过程又是为什么呢？这种进化是有目标的，还是这一切纯属偶然——我相信我的想法是有道理的。到底是什么把这个世界结合在一起？"

"从哪里来？为什么？到哪里去？"罗曼耸耸肩说，"这些对于我来说也是最重要的问题。也许我还要补充一点：什么是人——我们人类到底是什么？在这个地球上存在着生命的进化吗？如果有，它有目标吗？我能相信自己的思维吗？这些问题我答不出来。人死了以后还会有生命吗？灵魂和肉体是怎样结合在一起的？而且还有一个问题我也是百思不得其解：人的命运是上天定好的还是自己可以掌握的？当然，我相信生命的意义，但对于我来说这一切是一个巨大的谜。我不是理智地思考这个谜团，而是真切地感受到它的存在。"

"我为每天能感受到自己的存在而高兴，"贝蕾妮克大声说，"我担心的却是相反的问题。总有一天我会死的，这让我感到恐惧。但生和死是联系在一起的。"

说着，她狠狠地甩了一下头，金发在空中转了半个圈："我们出去走走，你们看

---

[1] 奥古斯丁（公元354—公元430），基督教神学家，哲学家。北非希波主教，拉丁教父的主要代表。

怎样？我们漫无目的地逛逛，看看橱窗，或者我们找一个冷饮店，坐下看看过往行人，对他们品头论足一番，然后我们再继续讨论。"

罗曼马上表示赞同，斯蒂芬也点了点头，他可不愿罗曼和贝蕾妮克单独在一起。

于是，他们出了门。三人坐在电车里，路旁的房屋快速从他们身旁掠过，外面的景色不断变化着。变得越来越单调，甚至有些不真实。"我们现在到哪里了？"罗曼终于吃惊地问。

他们谁也不熟悉这个地方。渐渐地，车厢空了。只有驾驶员还坐在那里，可他也几乎像是机器的一部分，定定地坐在那儿。此外还有报站的音响："终点站到了！"

随着一声刹车，他们冷不丁都向前蹿了一下。

"下车吧！"贝蕾妮克笑着对两个男孩说。

这还是城里吗？迎面是被茂密的常春藤覆盖着的围墙，正中间是一座宽宽的大门。这里是入口，上面挂着一块用大写字母写的牌子：**进化公园（EVO—PARK）**[1]

"这是什么地方？"罗曼嚷道，"是一处休闲场所吗？"

"也许是某个迪斯尼公园？"贝蕾妮克也不能肯定，"或者是一个展示生物进化过程的公园？"

"我还没听说过这种地方哩。"斯蒂芬接着说。

"在城市边上有这么大的一个公园，我们怎么没听说过？"罗曼自言自语道。

"按说，这种地方应该有人大做广告，好好宣传一番的。这里会招来世界各地的游客——旅行汽车一辆接一辆。可这里怎么没见旅行车？停车场在哪里？"

"但这里毕竟不是一片幻境，而是我们真真切切看到的。"斯蒂芬说，"我相信眼见为实。这里肯定是一个公共游乐场所。"

"进去看看？你觉得怎么样，妮克[2]。"罗曼问。

"当然啦！罗咪[3]。"贝蕾妮克兴高采烈地回答。

斯蒂芬却有顾虑："等一等，这种公园门票一般贵得出奇，我想先问问价钱，也想知道里面到底有什么看头。"

"那儿是售票处，问问又不要钱！"贝蕾妮克说着就跑了过去。她弯腰趴在窗口，想打听门票价格，斯蒂芬和罗曼在她后面等着。

贝蕾妮克还没看清里面坐着的一个小个子，就听见传出一个铃铛般的声音："不要门票！"

贝蕾妮克吃惊地缩回脑袋。

"什么？免费？"斯蒂芬把贝蕾妮克轻轻推到一边，自己上前问："今天是什么特

---

[1] "进化"在德文中为Evolution，这里的EVO源自Evolution。
[2] 贝蕾妮克的昵称。
[3] 罗曼的昵称。

殊的日子吗？还是类似促销活动之类的原因？"

"没有什么原因，先生。这里一直是免费的。您只需签署一份责任书就行了！"

"一份责任书？为什么？"

"啊，内容并不多，当然也可以说很多，关键在于您怎么看。责任书规定：**在公园参观时，您有义务使用自己的理解力和判断力。**"

一听这话，斯蒂芬开始寻开心了。他对这个用教训口气说话的小个子说：

"这可是进入生活的前提！"

"没错，先生！可究竟有几个人做到了这点呢？"

"好吧！可要是我们签了责任书，却又没有履行，你拿我们怎么办呢？"

"那我们也没有办法。"小个子用单调的声音轻声轻气地回答说，"我们只是想事前跟您指出这点。如果您这趟参观毫无收获，您不要抱怨我们。因为没有理解力您就什么也看不到，即使看到了也无法理解。"

紧接着从窗口里递出三张表格："每个人必须单独签，就像生活中那样。每个人都必须运用自己的理解力。"

斯蒂芬瞥了一眼表格，发现上面只有一句话。背面也没有一般表格上那种印得很小的附加条款。"好吧，我们签！"说完，他就签了名。贝蕾妮克和罗曼随后也签了。

"就这些吗？"

"做到这点已经不容易了，"小个子说，"请进来吧。"

三个年轻人开心地大笑起来。看来他们真撞着好运了。

一位友好的向导

贝蕾妮克、罗曼和斯蒂芬溜达着朝大门口走去。大门被繁茂的常青藤覆盖着，看起来与墙浑然一体。但右边的门柱旁，从一片深绿色的叶里露出一块牌子，上面有两行字，是用红色的、加了花饰的哥特式字体写的。

"等一等。"斯蒂芬走上前去高声读起来：

Lasciate ogni alterezza
Voi ch'entrate!

"这到底是什么意思？"贝蕾妮克小声问，"罗咪，好像是意大利语？"

罗曼酷爱看书，熟读经典，他解释说："这显然是从但丁的《神曲》中的一句话引申过来的。在第三歌中，但丁的引导者维吉尔在地狱之门的入口说了句常被人引用的名言：Lasciate ogni speranza, voi eh'entrate！——你们这些进来的人，放弃你们的希望吧！

"但这上面写的是：'你们这些进来的人，放下你们的高傲和自大吧！'"——突然，他们三人听到一个出其不意的声音，在此之前，他们谁也没有发现这个人的存在。他们不知道他从何而来，因为他们既没有看见他走过来，也没听见脚步声。这人大约五十出头，穿了一件不起眼的外衣，衣服像他的头发一样是灰色的。他身材瘦高，走路有点向前倾。此刻，他正微笑着看着三个孩子。

"这可是大有区别的，"斯蒂芬对这个人说，"我们很想知道该怎样理解这个要求。"

来人回答说："也许我可以做您三位的向导。"

斯蒂芬向他投去一个拒绝的眼神，就像一般人对待一个过分殷勤的陌生导游一样。来人赶忙举起双手说："我分文不取，即使您给，我也不会要的。我也不会要别的什么，因为给你们做向导将给我带来莫大的快乐。但无论如何请你们对我别太苛求，我可不是个万事通。进化是一个非常广泛的领域，任何人都不可能完全掌握它！"

"进化？"斯蒂芬问。

"没错，就像这个公园的名字。这个公园试图把人类的进化和演变，特别是人类社会的文化思想发展过程展示出来。当然，这里主要再现的是地中海地区的文化发展，这个地区的文化的确是十分重要的。"

"原来是这样，"斯蒂芬大声说，"但是，如果我们这次漫游同但丁的《神曲》所描绘的那样，那么我们必须经过地狱和炼狱，从而最终到达天国。如果这里向我们展示的是人类自己所走过的路，那么我们也许会经历地狱和炼狱，而对最终能否进入天国我却表示怀疑。"

"这个问题留待这次参观结束时您再回答也许更合适。"来人和善地说，"当然这里肯定也会出现一些很受欢迎的东西。选择往往是一件很偶然的事，谁也不可能提供一个完整无缺的东西。"

"我们转一圈也就知足了，"罗曼说，"我们很愿意接受您的帮助。"

贝蕾妮克也对此人有了好感，"我们该怎样称呼您呢？"她问。

"你们就叫我塞内克斯好了。"

"什么？塞内克斯？白发老人[1]？"罗曼吃惊地问，"可您真的还没老到那个份上。"

---

[1] 原文为SENEX，有白发老人的意思。所以罗曼才会这样问。

"没关系，现如今称呼也不总是恰如其分的。在很多很多年以前，三十岁以上的人就被看作老人了。"

"这肯定得感谢医学的进步。"罗曼说。

斯蒂芬表示赞同："好吧，我们就叫您塞内克斯。不过请您首先回答我第一个问题：那牌子上写的是要我们放弃什么样的高傲和自大的想法呢？"

"就是认为人类是万物之灵长的想法。因为关于这个问题，你们只有对宇宙和人类的历史有了了解之后，才可以做出判断。"塞内克斯继续说，"另外，我请诸位把世界的发展史和自然的发展史区别开来。在自然发展史中，人类只是其中的一部分，而且是微不足道的一部分。但世界的发展史却是因人类而存在的，也是人类自己书写的。人类是世界历史的主宰，从这个意义上来说，人类的确是万物之灵长。但这却不是骄傲的理由，因为世界历史上也曾经有过许多疯狂的统治者，他们把人民推向苦难的深渊，同时历史上也充斥着由人类自己酿成的灾难。"

"人类不但毁灭世界，同时也把手伸向了大自然，"斯蒂芬说，"而且这种破坏是群体性的。"

"你说得对，"塞内克斯说，"也许在我们参观完公园之后就会认识到，这也属于进化的范畴——或者说，这种破坏所带来的后果也属于进化的一部分。请告诉我，你们大家都叫什么名字？"

三个年轻人分别说出了自己的名字，并请塞内克斯以你相称，就像今天人们习惯的那样。

塞内克斯回答说："十分乐意！"然后和他们一一握手。

"谢谢，现在我们进去吧！"

"还有一个问题，"斯蒂芬拉住塞内克斯的手臂说，"为什么？我们为什么要知道这些？"他问道，"我生活在今天，为什么非得知道从前发生的事？"

塞内克斯的回答简练而又肯定："谁不知道自己从哪里来，就无法确定自己想到哪里去！"

他用手指碰了一下门，门自动开了。

首先映入他们眼帘的是一块平淡无奇的空地，在它的尽头是一幢没有装饰的建筑物，像一座仓库，上面是一个光滑的金属圆屋顶。房子的入口有一行字：**宇宙的诞生**。

太　初

大爆炸理论

"先让我们看看这里，哪怕是匆匆浏览一下。"塞内克斯建议，"我认为，你们很有必要看一眼宇宙的深处。我们这里只粗略地展示宇宙飞速发展的过程——当然，在这个范畴中时间又算得了什么？"

"您从太初开始说起，"斯蒂芬说，"那太初以前又是什么呢？"

"你们自己也知道，这个问题谁也回答不出来！"他们走进黑暗的房子，并在第一排坐下。

随后放映的影片很快吸引了大家。在一块看上去无边无际的圆形屏幕上，演示着数亿万年前所发生的事情。

三个年轻人忘了他们是在室内，他们好像被一片虚无所包围。其实，周围并不是漆黑一片，因为黑暗是指没有光亮，可这里不但没有光亮，而且没有太阳，没有闪烁着的天体。在这种时空的虚无中，他们几个人仿佛在经历着这场创造宇宙的大爆炸——那包含所有能量的原始物质大爆炸。

是一百亿年前，还是二百亿年前？他们似乎跟着经历了宇宙大爆炸的过程，那是时空的开始。其中一部分爆炸的物质快速离开宇宙中心，而且越来越快，越来越远。它们组成了星云和星系，螺旋式旋转，环绕一个中心，形成了数以十亿百亿计星球组成的银河系，宛如一个由亿万颗太阳和星球组成的铁饼似的圆盘。

三个年轻的伙伴迷迷糊糊地看着眼前发生的一切，贝蕾妮克坐在罗曼和斯蒂芬之间，她伸开双手，一边抓住一个小伙子的手，似乎下意识地在寻求保护。

渐渐地，画面越来越集中。"在这种混沌中形成了银河系。"塞内克斯解释着眼前快速发生的一切，"在亿万颗恒星中出现了我们赖以生存的太阳——在这个太阳的周围，在它的行星群中，也出现了我们现在生活的地球，地球那时还是一个火球。"

然后是一段思考的时间，也可以把这看成一个结束。塞内克斯说："很显然那时候的地球上还根本不可能出现生命。我们走吧。刚才看的差不多够了。"

氮气组成的大气层

他们走出演示厅,外面的强光让人睁不开眼。"我从未感觉到天空是如此美丽,保护我们的大气层是这样的宝贵。"贝蕾妮克大声说。

"我们根据原始大爆炸理论向你们展示了宇宙的诞生,"塞内克斯说,"大多数天文学家都持这种观点。他们也使用单元性这个词,用来指一种时空的单元性。的确,直到今天,在宇宙起源学领域还存在许多争论。不少人怀疑曾经有过大爆炸。甚至还有这样一种说法:即从来就不曾有过什么宇宙的诞生,宇宙从来没有发生过任何变化。可不管怎样,大多数人倾向于接受我们所选择的大爆炸理论,因为它与许多现代知识和理论相吻合。当爱因斯坦1915年发表他的广义相对论时,他也相信一个静态宇宙的存在。但到了本世纪二十年代,美国天文学家哈勃(Edwin Hubble)发现了银河系以外星系的移动,这使得爱因斯坦也相信宇宙的确在延伸和扩大。银河系外星系和恒星不断出现,不断延伸,然后消失。再后来,在旧的恒星消失的地方又出现新的恒星。人们感知的空间在银河外星系和恒星中延伸扩展,这样又形成了新的物质,这些物质填充着宇宙的空间。但请别把这种星系的运动想象成爆炸后的碎片在移动,你们更应该把银河外星系看成是葡萄干在一团加了酵母的面团中。"

"您是说,它们之所以彼此分开,且越来越远,是因为银河系外星系像发面团一直在膨胀?"

"说得对,贝蕾妮克。不是葡萄干自己在移动,而是它们随着面团在飘动。银河系只是给我们展示空间的延伸和扩大。"

"但是宇宙究竟有没有一个开始?它会不会有一个结束呢?"

"斯蒂芬,千百年来人们一直在思考这个问题。印度最古老的宗教文献之一《吠陀》距今大约有近四千年的历史,在它的第十歌中曾书写到:'从前没有虚无,没有存在,没有空气空间,没有头顶的天空,没有死亡,没有永恒,没有白天和黑夜的标志。'"

"那就是说,在宇宙诞生之前既没有时间也没有空间?"

"是的,罗曼。"塞内克斯点点头,"这种论断是一种很有影响力的认识,尤其在当时,这是一种了不起的思想成果。不但如此,在歌的最后还问到了宇宙的创造者:'到底有谁知道,这种神奇的创造是从哪里来的?是如何形成的?是有谁创造了它,还是没人创造它?谁是这个宇宙的主宰?他无所不知——还是对此一无所知?'"

"还说什么'对此一无所知',"斯蒂芬嘟囔了一句,"我们永远也无法了解这点。因为谁知道这个开始之前是什么,而开始的开始之前又是什么——这个问题可以永无止境地问下去。"

"没完没了的流动、原始大爆炸、爆炸、膨胀,一直到出现停止状态,随后又转回来、组合、收缩、组成新的能量——于是又出现新的大爆炸。"

我在这种无穷无尽中寻找上帝

罗曼呆呆地望着远方,一脸茫然。

"怎么啦?罗咪。"

"啊,妮克,我在问自己,在这种无穷无尽的循环中上帝是否存在。"他嘟囔着说。

"我们人类在这种无穷无尽中寻找上帝是徒劳的,罗咪。"斯蒂芬说。

"不仅我们这个宇宙和它的亿万星系存在,而且可能还有无数别的宇宙存在。"塞内克斯解释说,"有研究者认为,有无数宇宙像气泡一样是悬挂在一起。"

贝蕾妮克伸开双臂高叫道:"我无法向你们形容,能呼吸空气、感受太阳和风,能够站在你们旁边看见树木和光明,这一切让我多么兴奋!"

塞内克斯连忙接着说道:"别这么快,我们还没到达地球呢,地球的外层首先形成蓝色的氮气层。"

"然后,地球就带来了生命。"罗曼兴奋地大声说。

"这是我们本来要谈的题目,"塞内克斯对他们说,"所以,我想只简略说说宇宙的起源。相对于从宇宙诞生到人类出现这段如此巨大的时间跨度来说,这样讲也实在是太简练了。但无论怎样,了解一下宇宙的诞生是很必要的,这样至少能让我们想一想,我们是从哪里来的。我建议到那边去看看!"他指着屋前那块宽阔空地的边缘说,在那边,一片斜坡上,放着一把宽宽的长椅。

生命的起源

他们走过去,在一片开阔的水边坐下。这可能是一个湖,但是却看不到它的边。湖水笼罩在一片朦胧的云雾中。他们看到的好像是那种缠绕在地球上的大气层,那种飘浮于万物之上的云雾,那种能产生万物并形成海洋及大陆的源泉。

"起初——大约五十亿年前,"塞内克斯说,"地球只是像一团蒸汽云,亿万个微小的气态粒子、基本粒子和分子组合在一起,渐渐形成了一个圆形的天体,它慢慢开始旋转。由于越来越密实,它变得越来越热,由此产生了化学元素。渐渐地它把热量发散到太空。千百万年过去了，直到它的表层凝固，成了岩石层。"

"像火山熔岩，它从火山中喷发出来，不知什么时候便成了能存在生命的土地。"

"是有些类似，贝蕾妮克。雨水不断冲刷石头，把灰尘和土冲到山谷，当太阳终于冲破缠绕在地球上端的云雾照射到地球上时，地球上覆盖的主要是水。然后，在将近四十亿年前，也许是很偶然地，但肯定出现过原始细胞，我们人类像别的生物一样，都源于这种原始细胞。"

"可是从死亡的物质中怎么可能出现生命呢？"

"对这一问题的回答，大概永远只能在传说和推测中寻找了，尽管人们为了能科学地解释这个问题做出过巨大的努力。最近还出现了一种新的假设，这种假设由于在火星上发现原始生命的痕迹而得到一定的证实，这种假设认为：生命——或者说它的初级阶段——深深冰冻在宇宙空间中，它们在太空中流浪。当它在宇宙旅行中掉到一个适合生命存在的行星上，就像种子播撒在田地中一样，生命的进化便开始了。"

"这是一个十分轰动的发现！"

"地球上的生命为什么偏偏出现在这个星系中，罗咪？"斯蒂芬问，"我觉得有些难以相信，因为毕竟有千百亿个银河系存在。"

"尽管如此，"塞内克斯继续说，"在地球上，人们从海洋里发现了最早的生命遗迹，在海洋中出现了光合作用和呼吸。最早的原始细胞具备传播氧气的功能。根据进化论的原理，这时可能出现了能利用氧气的生物。几百万年中，它们随海流飘动，而海流是随着地球的自转而流动的，这些生物在奔腾的原始海洋中繁衍。不仅如此，它们本身还在发生着变化，尽管这种变化是微乎其微的。"

"可是它们是通过什么而变化呢？"

"通过生物学上所说的突变，贝蕾妮克，通过在遗传过程中因疏忽造成的小小失误而产生变化。随着对周围环境变得越来越敏感，它们存活的机会大大增加。对于动物生命来说，一切取决于保护自己生存的本能，而生物对周围环境的一切感觉则都取决于它生存和延续的需要。我认为，尤为重要的是你们必须认识到，人的认识能力——这一生物进化的顶点，也是根据同样的选择标准发展的。"

"您是说我们的认识能力也因此总是受到限制？"

"可以得出这种结论，斯蒂芬。不管怎么说，只有坚强而又有韧性的生物能够生存下来并得以繁衍，而与此同时，无数别的生物因无法适应环境的压力而灭绝了。这样，自然淘汰和选择的法则开始了，毫无妥协和怜悯之心。那些存活下来的生物留在海底深处，在淤泥中生根并逐渐进化成植物。然后，它们中的大部分爬出海底，进入森林般的水生植物中，绕在海藻上盘旋游动，这样就出现了最早的鱼。它们在水里游来游去寻找食物。于是，海洋里的生命越来越多！"

"可您刚才说，别的植物生根……"

"是的，生命敢于从海里爬到陆地上，首先是植物，随后是动物。它们不断占领新的领地，首先是沼泽地和淤泥滩。它们必须在空气中存活，因为空气比水要轻得多、薄得多。从这些生命中生成了灌木和树，它们有的变成了花。"

"花把色彩带到了世界上。"贝蕾妮克兴奋地说，她的脸颊泛起微微的红晕。

"色彩不仅仅是花带来的，但毕竟有了花就有了更多的色彩。"塞内克斯指着远方一道黑色的条带，"你们看，"他大声说，"在那里，就是我们几乎看不见的地方，有很大一片茂密的原始森林，森林后面是热带稀树草原。多种多样的物种出现了。"

"您说的是什么意思？"罗曼问，"多种多样的物种——是动物吗？"

"是的，动物，两栖类、爬行类、蜥蜴类、鸟类……最后，终于有一种完全崭新的物种登上了舞台。它们哺育自己的后代，全身长满了毛发。它们把卵放在自己体内，以抵御一切危险，这样，生命生存下来的希望更大。小幼仔从自己父母那里学会了怎样在充满危险的生存环境中迈出第一步。在这种哺乳类动物中，有一部分比别的动物更知道怎样找到食物，而且在寒冷的季节和危机四伏的夜晚，它们也知道怎样保护自己。它们学会了用前足拿东西，并长出了爪子，这种爪子和我们的手有点类似。"

"您是说灵长类动物？"

"是的，斯蒂芬！但是，它们的出现在整个生物进化过程中实际上为时甚短。幸运的是，当大片森林消失时，终于有一种生物物种找到了一条摆脱灾难的出路，这些距离我们很远的祖先学会了直立着穿过热带稀树草原。"

"它们是怎么做到这一点的呢？"

"人们原来认为，我们祖先的祖先学会直立，是因为它们需要用手去使用武器和工具。而实际上，最早直立行走的人在大约五百万年前就出现了——也就是说早在人类的才智飞速发展，在使用工具方面取得突破性进展以前。对于它们来说，直立行走不仅仅是为了腾出双手使用武器和工具，更多的是为了用手去收集草的种子。它们靠能获得的浆果、水果、昆虫、带皮毛的动物、鸟蛋和小生物维持生命。当然直立也使它们能更好地越过灌木丛看到远处。它们是最早的类似人的生物。我终于说到了'人'，"塞内克斯大声说，"因为到人的出现经历了太长太长的时间——而我在这里讲述这一漫长过程所用的时间又是那么不相称地短。但是，我总算讲完了。我们的祖先也通过直立行走成了最成功的猎人，他们能够适应各种气候条件。由于他们很快了解到和别人在一起比独自一人强大，能够更好地保护自己，于是很快地在超出家庭和部落的范围之外又组成了新的团体。"

"我们保留了这种习惯！"斯蒂芬高声说，"我们今天放眼望去，到处会遇到团体：国家、联合体、信仰团体——这些其实是在浩瀚的宇宙中寻求自我保护的一种方式。"

塞内克斯继续说:"他们没有自卫能力,为了能在热带稀树草原存活下来,必须依靠共同的警觉和共同的行动。"

"他们怎么会没有自卫能力呢?"

"是这样的,贝蕾妮克。在当时所有那些穿过荒野、聚居在地球上的生物中,这些史前人大概是最没有自卫能力的。那时,他们还不会使用语言,没有工具,没有住房,没有衣服,而且没有火。所以,群居生活对于它们来说才会如此重要。他们最多算是猎人,或者说他们更多的算是采集和收集的人。他们彼此之间分工协作。还有一点——这种直立行走也有不利的方面,而这些不利的方面又重新促进了社会行为的发展。"

"也许他们没有食肉动物跑得那么快?"

"但是这能促使他们群居。这样,他们便可以更好地免遭虎豹和土狼的侵害。还有一点特别重要:由于在奔跑的时候不再需要手,他们就可以抱着自己的孩子,或者把食物送到孩子和老人藏身的洞穴中。"

现 代 人

我们的祖先和语言的奇迹

我们那些生活在几百万年前的祖先,大概已经具有了一定的思想,尽管这种思想还没能用语言表达出来。他们已经具备足够的才智可以制造工具,但他们的思维可能还停留在他们生活的那一刻。在人可以左右自己的思维之前,他们只是为眼前的瞬间活着。他们无法回忆起自己小时候的事,也无法憧憬自己的未来。他们发现危险或找到猎物时,会用叽里咕噜的叫声发出信号。这种叽里咕噜的叫声在成千上万年中以一种多种多样的、变化无穷的、有时甚至是诗意的方式演变成了语言。也许最早的语音与动物的求欢声类似,以前的荒野并不是寂静一片,而是充满生机。想想那许许多多的告警声、惊叫声,想想那些动物妈妈怎样呼唤自己的孩子,发出各种咯咯嘎嘎叽叽咕咕的声音……"

"那情形就像一棵树上的猴子跟另一棵树上的猴子相互'交谈',"斯蒂芬笑着插嘴说,"很像我们今天的聚会和聚餐。"

"猴子肯定也在传递着某种信息,只是我们听不懂。所有这些都是人类语言的最初阶段。即使在今天,一个普通平庸的人,掌握很少的几百个词汇就能够表达自己的想法。是的,人类最早的词汇肯定是激动的叫喊声。当他们发现自己的声音能够被别人理解和重复时,他们就不断更正、补充,并开始对事物和行为加以描述,指示自己和自己的交流对象。简而言之,最初的人类已具有了直立行走的能力和一些社会行为方式,能人(Homo habilis)[1]则开始运用工具,直立人(Homo erectus)发现了火,现代人(Homo sapiens)发明了语言。"

"可是我们根本就不可能理解我们祖先的语言。"斯蒂芬说。

"这不仅仅是语言的问题,而且也因为他们所关心的是完全不同的事物。最早的语言是偶然出现在某个群体中的。人们组成一个个群体,是为了繁衍更多的后代,更好地抵御野兽的侵害。成年人一起外出寻找食物,他们首先考虑的是自己怎样才能活下去,怎样才能摆脱饥饿,以他们当时的思维能力还不可能想得比这更多、更远。最早出现的语言肯定是谈论经常要遇到的问题,比如在哪可以找到猎物,哪里

---

[1] 一种形态特征比南方古猿进步但比直立人原始的古人类,是最早制造工具的人类祖先。

有水，天气怎样，抱怨自己的病痛等等——当然也总会谈到自己的某些壮举。他们吹嘘自己的才能，说出自己的想法，为自己所做的事洋洋得意，为自己的病痛哭泣哀伤。"

"这些在今天也没什么两样，"斯蒂芬说，"谁的想法又能超出自身呢？外在的事情也许在变化，但是主题和内容却仍然是一样的。"

塞内克斯继续说："当然，对于人类来说，语言的作用首先是让大家彼此能够对现实世界的事情交流看法，彼此警告，彼此提醒猎物的存在。但是有一点是非常重要的，那就是语言教会了人类区别你和我。由此，'人'便开始作为独立的个人去感受事物，这最终发展为我们今天所说的人的个性。从此，人不仅学会了去感觉事物，学会了把这种感觉表达出来，而且是用语言表达出来。更重要的一点是，通过语言才锻炼了人的思维能力。不存在没有语言的思维，人不能用感觉、感受和本能进行交流。语言，即有词语概念的思维使类人猿变成了现代人，有知解力的人，以及后来被称为有思维能力的人。当人知道如何去回忆曾经发生的往事时，他也就具备了营造内心世界的能力。他能为自己做计划，发现自己的历史。突然间，他面前出现了一个全新的精神世界。语言给人的思维能力带来了革命，使人能从直接的现实世界的限制中解放出来，并获得了记忆能力。对所发生的事人们不再只是做出被动的反应。语言使人重温过去的经历，同样它也使人能勾画未来的蓝图。语言还使人能够思考自己的存在。语言使具有自觉力的人类精神得到了发展。语言已经远远超越了作为交流工具的作用。所谓的自我意识、细腻的情感和记忆能力所有这些，只有通过语言才可以产生。这样，人就可以思维，并在记忆深处分析自己的行为。他用语言表达自己的瞬间感受。直到这时，充分发挥人的知解力的道路才变得畅通无阻。"

"这点我明白了。"贝蕾妮克说，"但是，进化是如何使物种逐步适应，并向着更完美更高级形式发展的呢？"

"也许某种生活经验的反馈产生了遗传因子——一种对生活经验的继承，通过这种方式才逐渐出现了越来越完美的人。"

"啊，罗咪，"贝蕾妮克说，"如果生活经验传播的目的真是为了使人能进化到一种更全面、更完美的程度，那么，一定是一种有意识的意志引发了这一切。"

"你想到了上帝，妮克？"

无条件的基本原则

"我们不必认定这是造物主的意志，"斯蒂芬说，"这种意志也是这个世界本身所固有的，它是一种原则，一种与世界密不可分的原则。这种原则蕴含在宇宙万物的基因中，甚至在原始物质中就已经在起作用。这样一种原则是一种无条件的基本原则，世间万物都要感谢这样一个原则的存在，无论是宇宙、天体还是地球上的植物、动物。"

"这真是一个很聪明的想法。"贝蕾妮克说。

"只是这在我看来太浪漫，或者说太有实证主义色彩了，"斯蒂芬有保留地说，"这一想法的目的是为了让人相信上帝和造物主的存在。我终于明白了。达尔文已经驳斥过所谓正面的生活经验反馈到胚胎细胞中的论点。根据他的进化论，物种通过偶然出现的能够更好地适应环境的生物而产生变化，这些生物存活下来并把它们的特质遗传给后代。"

"那么，区别在哪儿呢？"

"就在'偶然'这个词中。只有通过纯粹偶然的事件，才能使物种更好地适应生存环境，并将这种特点一代一代传下去。进化在我们今天看来就是自然的选择和淘汰。后面在我们谈到达尔文时，将再对此问题进行更为详细的探讨。"

"达尔文理论中最重要的是什么？"贝蕾妮克问。

"达尔文认为，进化是以物种偶然的变异为基础和依据的，在这些物种中有一些被证明特别强壮，能够存活和繁殖，"塞内克斯回答说，"在进化过程中经常出现的现象就是——本来是为了某一目的而生长的东西，可后来又突然有了别的用途，比如羽毛。最初长出羽毛的目的肯定是为了保暖——后来却发现它更适合飞翔。同样，人对美的感受也是如此，没有对美的感受人类也能生存下来。这些在生物的进化中并无功利意义的东西比比皆是，人们不知道出现这些东西到底有什么用途和意义。生物的进化也有附带的作用，如鸟类是从不会飞行的生物进化而来的，我们人类又是从用四肢爬行的灵长类动物进化而来的。再回想一下，在很久很久以前，所有的生命都是从原始细胞中诞生出来的，每一种生命都有父性和母性两种细胞，它由此在一种不中断的链条中与过去最早的起源联系在一起。达尔文所说的自然的选择和淘汰，是指将那些被证明有用的、具有生命力的特质传给了后代。我们今天至少知道上千万种动物，将近两百万种植物，更别说那无数的真菌和单细胞生物。从灵长类动物进化成直立人至少经历了十万代，而人从单纯的采集者和猎人进化到有高技术头脑的人最多只经历了四百代。"

"进化总是带有保存物种的意图吗？"罗曼问。

"不，在生物进化过程中没有什么意图，也不存在某种保护物种的原则，只有淘汰和选择，在这种选择中生物会一代比一代更好地适应生存环境。生物物种就是这样非常缓慢地发生变化。我们人类的脑髓也在进化中增加了三倍。我们今天使用大脑是为了完成完全不同的任务，而不再把它运用到自己本身的进化。"

"如果我没理解错的话，生物进化从根本上来说是一个相当简单的过程，"斯蒂芬说，"生物把各种各样的子孙后代带到这个世界上，最强壮的生存下来并进行繁衍，而同时，那些弱者就自行消亡了。"

"是这样，不过我们扯得太远了。上个世纪曾对此有过非常激烈的讨论。今天人们喜欢用量子突变这个词——从黑猩猩到人，或者更具体地说，从仅仅能发出声音的大脑到具备语言能力的大脑皮层。人们最早的信仰意识肯定也是与此同时产生的。"

"最早的人类信仰什么？"贝蕾妮克问。

"对于他们来说，整个自然都是有灵魂的，我们称之为泛灵论（Aminismus），这个词出自拉丁文'anima'——'灵魂'一词。最早的人类相信，对自然之神的每一次亵渎，对树木、河流或动物的每一次侵犯，都会受到惩罚，只有通过祭品和祈求上苍来赎罪。他们迫切希望能以此与自然讲和，并相信这样做能使他们的灵魂不死。他们永怀希望，并且相信自己的灵魂与动物、植物和河流的灵魂本质上是相同的——信仰产生于希望。他们认为死者的灵魂能够影响生者的生活。很早以前，他们就宁愿相信有一个造物主，相信他们所处的那个世界有一个独一无二的主宰。他们的那个世界比我们今天的世界要小得多得多，因为对于他们来说，世界就是他们能看见和走到的地方。"

"在我看来所有宗教都是知识的初级阶段，"斯蒂芬说，"所有宗教都来自人类的童年阶段，所以它们也就常常带有儿童般的幻想。"

"这也正是他们的长处，斯蒂芬，"罗曼说，"铁器时代的人也一定具备和我们一样的智慧。他们只是在知识和技能训练方面远远不如咱们罢了。正因为如此，他们才能拥有许多经验，而这些经验我们今天的人却完全丧失了。尽管在自然的威力面前他们常常缺乏保护自己的能力，但是他们却能更好地按自然规律生活，因为他们不知道自己是从哪里来的。对于他们来说，周围的世界是无边无际的，他们不知道世界的尽头在哪里。为了解释这一切，他们为自己创造了上帝，至少我是这么想的。这种性格特点在我们今天的人身上依然存在。所有宗教的出现都基于此特点。"

"哲学家利希腾贝格（Lichtenberg）认为，如果说上帝根据自己的样子创造了人，那么实际上意味着人类按自己的样子创造了上帝。我觉得他说到了点子上。所有的宗教都是人类创造的。每个不断变化着的客观世界都会要求出现一种新的宗教，一个新的上帝。"斯蒂芬说。

"现在还是让我们以一种生动形象的方式来继续探讨人类的发展吧。"塞内克斯要求道，"你们看见那边的灌木丛了吗？我们过去看看。不过，在我们过去之前，我先去小商亭取些野餐食物，以便我们在公园散步时不挨饿，当然我们也不能渴着！"

他走到一个小货亭前，里面递出四个小袋子。他们将袋子挂在肩上。

最早在北非狩猎的人

他们带着食物上路了。当他们走过灌木丛时,看到的是一派全新的景象。站在高处,脚下是一片间有山丘的平原,一望无垠的绿色原野,在很远的地方隐约有湖水在闪烁。

"那是生命之水,"塞内克斯指着远处的湖解释说,"哪里有水,生命才会在哪里生根。"

他们看到有些地方树木成林,到处是成群结队的动物,最引人注目的是一群优美的羚羊。

"多好看呀!可是在这个公园里怎么会有一块这么大的平原呢?差不多跟非洲的某个自然动物保护区一样大。"

"是这样,贝蕾妮克。你们现在就想象自己是在北非。"塞内克斯回答说,"你们对什么都不要感到奇怪。在幻想中一切都是可能出现的,既可超越空间,又可以回到遥远的过去。现实究竟是不是我们自己想象出来的——这是哲学最古老的问题之一,但不是眼下我们要讨论的题目。现在,你们应该想象一下,人类最早的故乡是什么样子。"

"这应该是什么时候?"罗曼着迷地看着下面的平原说。

"大约在两三百万年前。从那时到现在,动物几乎没什么变化。那时的猎人也和今天的猎人一样,把羚羊当羚羊捕获。他们反倒不会把我们现代人当作自己的同类看待。"

"那里……看那儿…那里有人!"贝蕾妮克兴奋地大声叫喊道。他们看见了也许可以称为人的生物,黑色的皮肤,长长的毛发。虽然腰有些弯,但仍然是直立行走,口鼻向前拱起,双手环抱着,显然抱着东西。

"他们大概有多高?"

"大约一米五二,"塞内克斯解释说,"他们靠植物、小动物和生肉维持生命,使用最原始的工具,比如石锤、石斧。他们把这些工具当成武器,或是从动物身上剔肉和切肉的工具。那时,他们大部分时间是猎人和采集者。如果我们把地球近五十亿年的历史浓缩成一年,那么,历史上最早的人就出现在最后一天的午夜前最后几秒钟。"

"不可思议,这种看来与动物十分相似的生物,后来居然能变成思想家、科学家、数学家和艺术家。"贝蕾妮克想。

"这正是进化的秘密,也就是人类大脑进化的秘密。"

"可到底是如何进化的呢？"

"大概因为我们的祖先学会了主宰客观环境，因为他们必须和别的相邻的人群争夺资源。那是生存条件极端困难的时期，而他们的求生本能也极强。这样，他们所面临的巨大困难便迫使他们越来越依靠自己的头脑，与此同时，许多别的动物纷纷离去，因为这些动物无法通过才智来弥补自己在大自然面前的无助。人类因为拥有一个巨大的有组织的大脑而做到了这一点，只有这样，他们后来才能抵御铁器时代的危险、经受冰川和长达一个世纪的严寒。为了生存下去，他们必须更周密地考虑问题，这样才能免遭灭绝，但是现在我们还是先回到非洲吧……"

"您是说人群与人群互相争斗？"罗曼问。

"是的，从中我们也可以看到人类具有好战本能的原因。"塞内克斯回答，"我们的祖先也绝不只是友好的采集人和狩猎者。动物也互相撕斗，但是它们不发动战争。只有人类能够有计划、大规模，甚至兴高采烈地去屠杀自己的同类。人类具备和平相处的能力，但同时，战争也是人类最重要的发明，这种发明后来甚至还成了一种成就。人类最早的历史记载是关于斗争的英雄故事和神话传说。这些神话主要都是围绕谋杀和屠杀，赞扬英雄怎样克敌制胜。可我们现在看到的平原上的那些人类祖先，几乎还没有意识到自己的存在。他们对时间和空间一无所知，没有小时和年的概念。他们只知道白天和黑夜的交替，只是经历着自己的成长和死亡。"

"他们一定是把一切都作为既定事实来加以接受，难道我们今天不也是这样懵懵懂懂、无忧无虑地打发日子吗？"斯蒂芬并没指望谁来回答这个问题，因为这与其说是个问题，倒不如说更像一个结论。

塞内克斯继续说："除了大脑以外，人的整个身体也在变化：手、眼睛、脚和牙齿。原始人的各种天赋和为实用产生的各种特性拼凑在一起，像马赛克一样，所有这些使他们超出其他生物。"

"放下你的高傲和自大。"斯蒂芬重复了一句公园入口处的忠告，"可这也许算是值得骄傲一下的原因吧！"

"我们过去是什么样和我们将来会变成什么样，这一切并不是我们人类的功劳，而是神秘的生物进化的结果。"塞内克斯回答说。

"我觉得有点冷。"贝蕾妮克说。

大 迁 徙

景色变化越来越大，绿色的山谷消失了，一切变得荒凉而贫瘠。

"现在，请你们想象自己是处在欧洲的心脏。"塞内克斯要求说，"非洲的热带稀树草原已不能养活越来越多的人口，如果他们不想饿死就必须迁徙。他们不断往远处走，分散到地球的各个角落，直到爪哇国、中国，但是我们仍留在这个地区。"

"可人为什么要从非洲往北迁，北部要冷得多啊！"

"是的！你们看，那里的人都围火而坐。"塞内克斯大声说，"他们还只知道保存火种。这些火种是大自然通过雷电和火山爆发给人类送来的。人类还不会自己取火。他们把被雷电击着的正燃烧着的树枝取到自己的住处。有了火，生存就多了一份保障，因为火不但可以烤熟捕获的猎物，而且可以用来抵御冬天的严寒，避免野兽的侵害。火成了他们群体取暖和繁衍生命的中心。谁拥有火，谁就有了生机。"

"他们是怎样学会驾驭火的呢？"贝蕾妮克问。

"这个问题我们无法回答。有些研究者认为，人类很快就学会了驾驭火。因为每一块烧着的木材都会有熄灭的时候，也许被雨浇灭，也许由于没留心而熄灭，无论怎样细心看管都很难避免这种情况，比如在深夜，或者人很疲劳的时候。火熄灭了，人就觉得失去保护，会受到侵害。为了生存下去，他们必须马上想办法找到新的火种。很难想象人是怎样想到用树枝研磨生火的。不管怎么说，火使人类开始了一种新的生活。这时，人也拥有了更多的选择食物的可能，部落里的老人和孩子也很容易参加到寻找食物的活动中。人学会了用火保存食物，他们把食物挂在小茅棚里用烟熏。健康方面，人也从火那里受益匪浅。他们用火烤干自己的毛发，这样就不会经常生病，而且烟还可以驱赶蚊虫。总之，火对于人类来说有着极为重要的意义，这种意义被重视的程度还远远不够。火大约在七十多万年前就被人类掌握了，也许比这更早。它成了人群生活的社会中心。只有到这时，人才觉得自己是真正的人。"

在不远处，一群人围坐在燃烧着的柴火堆边。有几个男人在伸手取暖。一只褪了毛的动物正挂在火上烤着。那些人在叽叽咕咕闲谈、大笑，一会儿拍拍腿，一会儿拍拍肩。他们十分高兴，而不远处却能听到可怕的动物尖叫声、咆哮声。

"大部分动物都是他们的敌人，"塞内克斯说，"另一方面这些动物也是人类捕杀的对象。"

狼群悄悄靠近，马上有人把烧着的树枝向它们扔去，驱赶它们。

"人把火种像珍宝一样守护着，"塞内克斯继续说，"如果火熄灭了，他们会马上把微微泛着红光的木头使劲吹燃。"

围火而坐的那群人浑身长着长毛，男人都面带胡须，他们把毛发撩到背后，这样他们看起来就像类人猿。他们正在烤肉，不时从燃烧着的炭火中取出大块的肉送入嘴中。

"看来，人大概很早就学会了生火，也许是用火石，也许像今天的开路者一样，将小木棍在牛皮上飞快一擦。不管怎么说，有了火，人类就成了自己生命的主宰。由此我们可以把生火看成人类最重要的发明。只有火能使他们在这种寒冷而又荒凉的时期生存下来。"

塞内克斯指着放在旁边的长矛和木棒说:"你们想到海岸的时候,要联想到大鱼叉。就是这些工具——这些最初用来狩猎和争斗的武器赋予了人更多的生存机会,它们也给予了人类许多优势——至少相对于动物而言。他们很需要这种优势。当然,我们对远古发生的事情了解得很不全面,因为所有软性材料,比如木头、木制的长矛、筐子和别的遗物都没有保存下来。保留下来的都是些坚硬的物质,比如骨头、石器工具和某种器皿的碎片。我们对于过去的所有想象,都打下了这些东西的烙印。这些印象往往是不完整的,有些甚至是错误的,我们过于依赖自己的想象力。"

"可是人类为什么要从非洲来到这蛮荒之地呢?"贝蕾妮克又一次问道。

"他们之所以往北走,可能是因为他们在这里能找到更多的食物,大量的猎物。这里有犀牛、野山羊、鹿、美洲野牛、洞穴狮和穴熊,以及重达半吨的危险猛兽。猛犸长着向上弯曲的獠牙,人追赶它,同时又把它当成一种神灵来崇拜。数量最多的是欧洲野牛、野马和驯鹿。"

鸟群掠过长满茂密灌木的山冈。

"这些猎人与他们的孩子一起生活在小群体中。"塞内克斯继续说,"为了全年都能狩猎,一群人必须集体迁移。他们住在简便的帐篷和茅棚里。"

"我觉得很冷,"贝蕾妮克打着哆嗦说,"我都快冻僵了。"

冰 河 纪

严寒的恩赐

塞内克斯指着身边的一堆东西说:"这里有兽皮。"

他们把兽皮裹在身上。贝蕾妮克拿起挡风帽包在头上。已经开始下雪了,很快,眼前的平原和丘陵都消失了。土地和树木被一层厚厚的积雪覆盖着。

"你觉得冷毫不奇怪,因为我们现在经历的是冰河纪的开始。"塞内克斯解释说,"冰河纪一共有三个阶段,它们彼此相连,但期间相隔久远。它大概开始于一百万年前,而它结束时大约是一万年以前的事了。冰河纪是一个巨大的时间跨度。在如此漫长的时间中,我们人——现在可以称为'人'了——从根本上进化成了高级生物——像我们今天一样的人。从此以后,我们的身体和头脑几乎就停止了发展。

"因此,我们今天的现代人甚至还保留着很多石器时代人的行为模式。这些行为模式今天不但毫无用处,而且甚至还会危害我们人类。"

"您说石器时代……"

"是的,在经历了冰河纪以后我们进入了石器时代。那时人类不但学会了更好地使用工具,而且他们自身生物学意义上的进化也停止了,也就是说,此后人类身体上的变化几乎没有了。他不再需要用坚硬有力的拳头去砸开坚果,他会用石头,甚至用锤子去砸东西。由此,在生活中拳头有力的人并不一定就比别人强,而那些虽然体力稍弱,但能更聪明地使用工具的人甚至更有优势。因而,那些我们今天称之为进步的东西,就从活生生的生命手里转移到了没有生命的物质中,因为这些没有生命的物质能更好地战胜环境带来的困难。此外,人还学会了在寒冷中储存动物的肉。因为有了动物皮毛做衣服,又有了火,所以人能更好地维持自己的生命。大部分人已经住在洞穴里了。由于有了语言,能与自己的同类交流,也就可以请求比自己更强大的同类帮助——我们的祖先越来越多地学会了怎样利用自己的思维。"

"人类在冰河纪所发生的变化和取得的进步比任何一个时期都大,因为在如此艰难的条件下为生存而斗争是极端困难和充满危险的。"

"不幸中的万幸!"

"是的,厄运中的恩赐,罗曼。在这个时期,人的行为也发生了变化。他们发现追捕一群动物比追捕一只动物更值得。他们盯住已发现的动物群,告诉自己的同伴,一起外出追捕。这样他们也渐渐成为了这些所捕获动物的放牧者，他们把这些动物当成走动着的储存食物。另外，很科学的是，他们从把植物当食物过渡到了靠动物生存，而他们摄取的动物蛋白对促进自己大脑的健全非常重要。这时人能互相用语言交流，所以出现了文明，而文明的出现又推动了语言和思想的进步。享有特权的阶层形成了，他们中出现了崭新的职业划分——祭司、贵族和工匠。

"此时，他们也丰富了自己的精神财富。由于他们已从为了生存的艰苦斗争中解放出来，不再被迫每天仅仅为食物忙碌，所以他们能思考些别的、新的东西。这一切带来了引人注目的成果，这点你们马上可以看到。"

眼前的景色又变了。覆盖着的厚厚积雪不见了，只是有些地方还有冰和白色的小点。在一座悬崖上凸出一块岩石，形成一个天然顶棚。用树桩围成一个半圆形，树桩上铺盖着树枝和野兽皮，这样就出现了一所房子。房屋中间有一堆火，身披兽皮的人围坐在火旁。除了身上的衣服和杂乱的头发，他们的样子与我们今天的人已很接近。浓浓的烟雾从屋顶上面的一个洞口冒出去，升腾到寒冷的空气中。

"我想让你们看点别的，"塞内克斯高声说，"我现在可真有点激动了。"

人类发现了一种新的天赋

塞内克斯兴致勃勃地跨到一个圆形的洞口前。他从洞口的上方取下一块小石头。这块小石头的形状像一盏油灯，它装满了油脂，用一根杜松子木做灯芯，点着了，发出柔和的光。塞内克斯将小灯高高举起，嘴里嘟嘟囔囔念叨着"多么神奇的进步"，一边弯腰走进洞穴。

贝蕾妮克、罗曼和斯蒂芬跟着走进洞穴。他们既觉得好奇，又感到庄严和隆重。

"看哪！"塞内克斯高高举起油灯。亮光渐渐照到洞壁上，在微弱而又忽明忽暗闪动着的灯光下，他们看到了石壁上的动物图案，是一笔一笔画上去的，有马、公牛、欧洲野牛、野山羊、驯鹿、成群的母狮、毛犀牛，还有鸟、一只猫头鹰、一只鬣狗，甚至有想象的成分，如幻想中的怪兽，或者抽象的象征物，以及动物身体的某一部分，如耳朵、尾巴、角、獠牙和鬃毛及手的轮廓。有些是用黑色画的，有的则是用红色的氧化铁画在洞壁上的。

"太神奇了，"贝蕾妮克叫起来，"线条画得多么清晰，这图案、这颜色简直不可思议！"

"我现在感觉好多了。"罗曼说着便把他的手搭在贝蕾妮克的肩上。斯蒂芬用带着些许忌妒的眼光看了他俩一眼，罗曼马上察觉到了，连忙把手从贝蕾妮克肩上拿下来。"只有到了这里，我才觉得人真正是人了。"他说。

"是的,"塞内克斯说,"只有当他不再仅仅是为了自己的生存去拼杀,他才开始审视自己、表达自己,甚至赞美自己。"

"这些岩壁上的画和当代艺术家的作品差不多。我曾经在一本书上读到过,人们把毕加索称为石器时代的人。现在我明白这句话的意思了。他的某几幅作品与这洞里的岩壁画确实有几分神似。"

斯蒂芬也在专注地看着洞壁上的画:"现代画家的作品常常可以追溯到原始社会他们同行的作品,他们深受这些作品的启发,雕刻家也是如此。"

"那时候的人为什么要在岩壁上画这些东西呢?"

"谁也不知道,贝蕾妮克,"塞内克斯回答道,"我们总是靠推测来解释许多事情,也许他们是想对他们所捕获的动物施魔法、念咒语;也许他们相信通过把动物画下来,就能获得征服它们的权力;也许他们是为遇到这些危险的动物时做准备。无论怎样,他们第一次运用了一种只属于我们人类的能力——想象力,他们还创造性地使用了这种能力。"

他们看见了一个简单的木架子,上面蹲着一个男人,散乱的头发披在背上,身旁的松木火忽闪忽闪地发着光。他正在用一块削尖的火石在岩壁上刻画一头牛,他用食指在一个木头容器里轻轻沾了一下,把棕红色的土质涂料抹在画好的轮廓上。

"为了增强画上颜色的浓烈程度,原始艺术家们经常用手把颜料涂上去,"塞内克斯解释说,"这里出现的是前所未有的东西——艺术。"

"这大约是什么时候?"

"据推算,最早的绘画出现在大约一万九千年前——或者更早,贝蕾妮克。在大约三万五千年前,人类美的意识就开始觉醒了,在这一时期发现了用带小孔的蜗牛壳和白狐牙做成的项链、挂在项链上的滑石吊坠,甚至有象牙雕刻的小垂饰。今天人们常常谈到旧石器时代的文化爆炸,这些画大概就是这一时期三个阶段的作品,这一时期延伸了将近一千年。带有岩壁画的洞穴也被称为石器时代的西斯廷小教堂。"

"这是什么意思?"

"请允许我先不回答这个问题,贝蕾妮克,"塞内克斯说,"我想再说一句关于洞穴的话。这种洞穴在许多地方都可以找到。当然,有的洞穴没有这种神奇的绘画,在有些洞穴中人们发现石壁刻着一道道的划痕,我们可以把这看成是记数用的,因为数——或者说有此类用途的概念——比文字的出现要早得多。这一道道的划线绝不会是毫无意义的胡刻乱画。我们从中可以看到最早的有形式的思维——文字的开始。人们也把这些刻画出来的图形看作是相关联的图像故事。"

"石器时代的连环漫画?"

"是的,罗曼,这些画也许是为了少年成年仪式而做的。不管怎样,这些画的出现是基于某些传说，这些神话传说我们永远也不可能理解，而且早就失传了。几个世纪过去了，不断有人在洞壁上刻画图案，这些画变得越来越准确，越来越逼真。画的形式也从最初的简单形式变得越来越复杂，有些我们今天甚至可以称为表意符号，当然也可能是日历，或是关于月亮周期的记录，因为洞穴不仅仅是寻求安全避护的场所和住处，也是观看星星的地方。待在这样狭小的洞里，能看到的只是一小线天，所以反倒能很好地追踪星辰的移动。"

"他们一定觉得月亮是一个巨大的谜，也许甚至把它当神供着。"贝蕾妮克说。

"来吧，"塞内克斯说，"我们的路还长着哪，可以说还没开始。我们向前走得越远，看到的东西就越丰富多彩。但是我们要认识到，从生物学的角度看，石器时代的人类进化已告一段落。石器时代的人是我们真正的祖先，我们在许多方面与他们是相同的，我们到现在也还没完全摆脱其行为模式，尽管有些行为方式在我们这个高度文明的世界不仅没用而且有害。"

说罢，他们走出洞穴来到外面。这里有一个湖，湖上笼罩着一层薄薄的雾纱，湖的对岸似乎被一排树木镶了一条绿边。湖畔坐着个年轻人，他双脚泡在水中，正陷在一种半梦半醒的冥想状态。

"也许，"罗曼的声音很小，好像怕惊动了那个年轻人似的，"也许他现在觉得自己虽然必须为生存而搏斗，但这个地球也确有美丽和可爱之处，只是他无法用语言表达他的感受罢了。"

"但他会学会的，罗咪。"贝蕾妮克说。

从采集者到看守者，从猎人到牧人

现在暖和多了，一直嚷嚷着冷的贝蕾妮克悄悄地取下披在身上的兽皮。他们四周是一派鲜花盛开的春天景象：生机勃勃的草地、五月的空气和嫩绿的树叶。

三个年轻人深深地吸了一口新鲜空气。塞内克斯说："从此新石器时代开始了。不过，我想再说说人类的生物进化过程。人类的生物进化过程无疑是很快的。比动物的进化过程要快得多。但是这一进程仍然持续了几百万年，从直立人到现代人，直到新石器时代，生物进化才告结束，文化的发展开始了。期间经历了几十万年——请努力想象一下，闭上双眼，凝神感受时间的流逝，感觉一下这种没有变化和进步的平衡单调状态：只有出生和死亡，白天和黑夜，周而复始的季节，狩猎和围坐火边喋喋不休的交谈，对自然之神的诅咒，对天神的祈求，对过去的事情和死去的祖先没有记忆，对自己的历史不了解，无法将自己的经验流传百世，只能口口相授、代代相传。"

年轻人闭着眼睛，思绪回到了无限的空间。特别是贝蕾妮克产生了丰富的想象。她用心灵的眼睛看到并用心感觉到：千篇一律的天空，不断在空中出现的云彩、闪电、雷鸣——当然还有太阳和月亮，几百年过去了，几千年过去了，好像什么也没出现——除了人在变化、在进化。

终于，塞内克斯又开口了："后来，由于大脑的发达，人类只需要比身体进化少得多的时间来发展自己的文化。于是所有我们称颂和竭力效仿的人都在地球上出现了：学者、思想家、艺术家和建筑大师——当然，遗憾的是也出现了军队统帅、侵略者、杀人犯……"

"还有许多空想家、理论家和立志改变世界的人。"斯蒂芬说。

塞内克斯沉默了一会儿，好像在思考什么，然后又接着说："石器时代以后的人类获得了越来越多的经验，他们的想象也越来越大胆。他们从以前的采集者变成了看守者，从猎人变成了牧人；他们饲养动物，把它们圈养在自己的住所附近，他们学会了种植植物。"

"他们花了多长时间才学会了这些？"

"不到一万两千年，贝蕾妮克。当冰河纪结束后，地球上一片生机——人类生活在能被自己利用的植物和为自己驯养的动物中间，成了动物和植物的主宰。百万年来他们四处漂泊，现在终于定居下来，由此人类的文化诞生了。当人还是居无定所的漂泊者时，几乎不可能产生和发展我们今天称之为文化和文明的东西，因为他们不耕种土地、不盖房屋、不建庙宇，也不用绘画装饰任何东西。"

"可是文化到底是怎样出现的呢？"

"所有文化的出现，都是因为人最直接和基本的要求得到了满足而有了更多的需要。"塞内克斯一边回答，一边迈上一条石子铺的路。路的尽头是完全不同的景色。穿过一片茂密的软橡木林，太阳高挂在万里无云的晴空，火辣辣地照耀着，发出炙热的光芒。他们的眼前是一片沙漠，中间有一块绿洲。那里林木丛生，有橄榄树、桃金娘、染料木、黄连木、夹竹桃和柽柳。周围是长满植物的草地。再往远处就是一片茅棚组成的居住区，茅棚是由芦苇搭起来的，上面还盖着棕榈树叶作装饰，四周生长着雪松和桉树。路边有一块牌子，上面写着：

> 气候和自然景色产生了明显的变化，
> 人类的生活方式也发生了巨大的改变。
> 人类从与善群为伍的居无定所的漂泊者，
> 变成了开荒种地的定居者。

"但是到最早的村庄出现，其中还经历了几千年，"塞内克斯解释道，"请看……"他指着前面说。

"这才是个真正的村庄。"贝蕾妮克高声说。

"我们现在在近东,也就是后来的巴勒斯坦,"塞内克斯回答,"这个村子后来成了耶利哥,《圣经》里曾经提到过它。不过名字并不重要。我们还是去看看那些人在干什么吧!"

他们沿着一条已经被人踩出的路,穿过干枯的草地———一片尚无法称作田地的地方,因为它的许多草被十分随意地刈割过。道路两旁有些棕色皮肤的妇女在干活。她们披着长长的黑发,全身裸露着,只有腰部围了一块用兽皮做的遮羞布。她们弯着腰,饶有兴趣地忙碌着。在不远处,另外几个人弓着身子在用棍棒扑打着什么。这些妇女看见有陌生人过来,便停下了手中的活计,身体撑在工具上,打量着来人。离他们最近的一个正在割草的妇女也直起身来,用手背擦了擦额头的汗,她的嘴巴微微张开着。

塞内克斯朝她们走过去。她们的左手握着一把禾秆,右手抓着一件长条形的工具。

塞内克斯从她们手中拿过禾把,指给三个年轻人看,这禾把看上去良莠不齐。"现在你们看到的是最早的小麦,"他解释说,"这些妇女是最早收割粮食的人。你们肯定也已看出,这不是我们今天的真正的小麦,这只是最早的小麦,是野生的。人类那时还不能自己种植小麦,他们发现它时是什么样,就是什么样。而这种小麦可能是由野生小麦和我们这里到处看到的山羊草偶然杂交而成的。""这又是典型的一幕,女人们在外面干重活,而男人们也许正坐在茅棚前闲聊,"贝蕾妮克说,"看来很早很早以前就已经是这样子了!"

"你错了,贝蕾妮克,"塞内克斯回答说,"虽然最早在野地里采摘果实,并渐渐开始耕种土地的是妇女,但是当时妇女在整个家族中是居统治地位的。那些男人的地位远不如妇女的地位那么牢固,他们必须搬到女方处住,而不是女方住到男方那里,因为妇女拥有住所和可耕种的土地。"

"但是男人干什么呢?"

"在那种不劳作就无法生存的环境中,谁也不可能闲着。男人们狩猎,将猎获的动物喂养起来,使他们在没有新的猎物的情况下也有肉吃——就这样,从这种处理动物的过程中、从自己的习惯和需求中他们学会和发展了畜牧业。"

"他们都猎取什么?"

"就是陆地上的动物,主要是野猪和猴子,还有森林中的狒狒、羚羊、鸵鸟甚至豹和鬣狗。"

"这些女人用什么割庄稼?他们那时可还没有铁器。"

"是的,罗曼。他们的镰刀是用火石做的!"塞内克斯把宝贵的小麦交还给那个女人，同时从她手中拿过工具。这是一个长形的、稍微有些弯曲的、有一面棱角锐利的石器，微微地闪着光，刀柄是羚羊角做的。

"也有用骨头做把手的。"塞内克斯解释说。他指着那个女人说："她的子孙就是后来的农民——当然我们不能仅仅从字面上来理解子孙的概念，我指的是她的后代——因为我必须在大的时间跨度中考虑问题。你们还想看看这个村子吗？很值得一看的！"

最早的城市

耶 利 哥

一个不太规则的门洞,连着一线高大的城墙。塞内克斯领着他们跨入门洞,一座令人赞叹的塔楼兀立眼前。

在围墙里面,一种生机勃勃的生活气息扑面而来。罗曼对一切百看不厌,到处是自由自在无忧无虑的人群:赤身露体的孩子在平坦低矮的房子之间玩耍;头发灰白的老人坐在禾草堆边闲聊;女人在给怀中的婴儿喂奶。许多用芦苇搭成的房子坐落在棕榈、雪松或阿勒波松的树荫下。

"房子的外面看来很简陋,"塞内克斯解释说,"但许多房子的里面却装饰着壁挂和地毯。"

"我看这简直就像一座城市,"贝蕾妮克说,"这里大约有多少人居住?"

"在公元前6000年耶利哥是一个大约有三千人居住的农业聚居地。它位于沙漠边缘的一片绿洲上——如果没有水,就无法种植植物,所以最早的定居者总是逐水而居。他们的茅舍周围筑起了壁垒或木栅栏。现在小麦有了水源。由于人能驯服和牧养动物,种植作物,并学会了与动植物一起生活,才建立了自己的文明。"

斯蒂芬、罗曼和贝蕾妮克仔细打量着周围。女人们在用很重的石器工具磨麦子,肤色棕黑的男人们则在一旁揉黏土做土砖——显然他们很为自己的成果自豪:他们先用土做出砖坯,然后晒干。与此同时,咩咩叫着的羊群和到处乱跑的狗在屋前与孩子们一起嬉闹。旁边居然还有猴子,它们也一起玩耍,好像一家人一样。

"一会儿就能看到猪、牛和驴子。"塞内克斯笑着解释说,"此外,就在刚才那一瞬间,我们跨过了一段漫长的时间,这段时间大约持续了几千年。在这个阶段,我们经历了前陶器时代、绳纹陶器时代,紧随其后的是前铜器时代和青铜器时代。在这个巨大的时间跨度中,耶利哥一步一步发展成了一个很大的城市——尽管它还缺少城市文化的许多特征。当时的大部分城市像耶利哥一样,都出现在有水的地方,出现在那些贸易线路和商队通道交织的要道,或者在商品交换的集中地带。但是那时还没有专门的手艺人,没有行业的劳动分工,没有木匠、制革匠和屠夫。每个人都生产自己需要的东西。人类已经定居了,他们把木铲和锄头改变成了铁锹,并最终变成了犁。""现在你们看到了陶器时代的开始,"塞内克斯说,"人们用陶土制的碗吃饭，而在此之前，还从未出现过用火煮食物这种烹调方式——起先人类一直把烧红的石头放进器皿里加热食物的。此外，烹饪也是第一个通过高温而出现的人工化学变化过程。这样，许多新的、很难或根本无法消化的食物也可以食用了。制陶业对丰富人类食物的贡献不可低估。"

"多么了不起的烹饪艺术！"罗曼兴奋地大声说。

"这些人吃的是什么东西？"贝蕾妮克问。

"除了肉类和植物的根，他们还喝汤，吃粥以及用谷类、大麦、粟米和玉米做的甜饼，还有豌豆、小扁豆、阿月浑子、槲栎和其他类似豆类的果实，此外还有南瓜和各种各样的香料植物。人们享用着无花果、海枣、石榴、葡萄、杏仁和核桃。在7000年前，就有人开始喝葡萄酒了，可能当时的酒是用种植的葡萄酿造的。荒漠上结出了甜瓜，柽柳的果实带来了甘露蜜汁。再后来，还出现了稻谷。"

墙挨墙的房子

"我想进一所房子里面看看。"贝蕾妮克请求说。他们朝一所房子走去，这房子比其他房子大，但它不是圆形的，而是用黏土砖堆砌的长方形房子。

"砖是太阳晒干的。"塞内克斯说，"墙是用灰浆砌的！正如你们现在所看到的，这里所有的房子都是墙挨着墙砌的。"

他让他们三人进入一间昏暗的小前厅，从这里他们可以看到与厅相通的三个小房间。第一间里放着石器工具，第二间里放着磨光的骨头，第三间里放着石头和贝壳做的饰品。

贝蕾妮克拿起一块，但没能很快辨明它的用处。

"这是一块用磨光的黑曜岩做的镜子，"塞内克斯解释说，"人类创造了镜子这个工具，以使自己能看见自己，认识自己。如果一位年轻的妇女在这种镜子中照一照——当然她也可以用青铜镜——她就能看见自己那张脸和头上盘着的乌黑浓密的发辫。这样，她们就能给自己的嘴唇和眼睑上色化妆了。"

"但愿她们喜欢这样。"

"也许吧。她们把缨子装饰的斗篷披在身上，光脚穿着凉鞋，一侧的肩膀露在外头。当然在此之前，人类在清水中也看到过自己的脸，但是水中的图像是晃动着的，不太真实。有了镜子，人类在认识自我的过程中又向前迈了一步。他看见了他自己，自己的面孔，自己的眼睛，自己的嘴巴，他能把自己当成独特的、完全无法替换的人来理解。这也是一条通向哲学思考的道路。因为正当他打量自己的时候，他也在进行关于自己的思考。"

后墙有一个洞口，洞口外面是一个围起来的小院子，院子里是已经夯实的地面。他们走了进去，贝蕾妮克登上用稀疏的树枝和树干搭起来的楼梯，爬到平坦的屋顶上，她大声喊道："我在这里什么都看得清清楚楚，圆形的和不规则的房子像棕色的小块块，一条条的小路交错纵横，小路上全是人和牲畜——我一点儿也没觉得自己身处几千年以前。当然，区别还是有的：这里的人没穿衣服；我还看到——这里虽然有狗、山羊和绵羊，还有猴子，却看不到一只鸡，也看不到一只猫。"

"赶紧下来，否则你就把我准备让你们惊奇的事全说出来了，"塞内克斯说，"因为，朋友们……猫……对啦，我刚才想说的是埃及！可现在已经是中午了，我们先在阴凉地方休息一下。"

他们在挨着墙根的石头上坐下，打开自带的野餐袋，里面有夹好了肉菜的面包、烤好的小鸡块和柠檬。

"啊，太舒服了！"贝蕾妮克靠在墙上，伸直双腿。

"是的，埃及，"塞内克斯重复说，"本来我们必须先去苏美尔（Sumer）[1]或美索不达米亚（Mesopotamien）[2]，看看我们文化的摇篮。"

"美索不达米亚，这个地方今天可没有了，它到底位于什么地方？"

"大约在现在的伊拉克境内，贝蕾妮克，"塞内克斯回答说，"苏美尔从波斯湾一直延伸到巴格达。据记载，苏美尔人最早出现在人类文明的发源地——美索不达米亚，它的意思是河流中的国家，指的是幼发拉底河（Euphrat）和底格里斯河（Tigris）下游平原。大约公元前3000年苏美尔人就生活在这里，他们中已经有农民、牧羊人和渔夫，他们种田、打铁、做木工活、织布、制陶、盖房，甚至还有专门做生意的人。大约公元前6300年，在苏美尔已经出现了最早的织物。在不到几百年后，这里的人就把牛圈养在自己的屋旁，并开始喝牛奶。他们开始用火漆密封书信。此后不久便出现了最天才的发明——文字，我刚才暗示过这点。在公元前3100年左右，文字的出现使人类能够避免遗忘自己的语言和知识。此时还出现了诗人：早在青铜器时代就出现了吉尔伽美什史诗（Gilgamesch-Epos）[3]，它刻写在十二块泥板上，共三千行。"

"但是我们为什么要略过苏美尔和美索不达米亚呢？"

"因为这种文化保存下来的东西很少，贝蕾妮克，无法同古埃及相比。《圣经》中所说的大洪水不仅仅是一个神话，洪水毁坏了苏美尔文化。而埃及文化的保存首先出于对死者的祭祀——祭祀死者的方式就是保存死者生前的样子——这事听来非

---

[1] 古地区名，位于今伊拉克东南幼发拉底河和底格里斯河下游。早期居民为美尔人。公元前24世纪中期曾在此建立苏美尔国家，定都乌鲁克城，苏美尔人创造了楔形文字。
[2] 又称两河流域，位于幼发拉底和底格里斯两河中下游地区，人类最古老的文化摇篮之一。
[3] 古巴比伦史诗。起源于苏美尔时代，经长时间口耳相传，于古巴比伦时代收集、整理、编订而成，是已发现的最早的史诗。

常荒谬；其次，埃及的金字塔和庙宇是用石头建造的。我们反正也无法浏览所有的东西，所以进化公园的创建者就选择了这个尼罗河畔的国家。我保证，你们会感到惊喜万分的！"

"可我们怎么去那里呢？"贝蕾妮克眼光中充满兴奋。此刻她正好坐在塞内克斯旁边，一下子抓住了塞内克斯的手。

"小心点！"塞内克斯一边笑着指了指斯蒂芬和罗曼，一边悄声对她说，他很快又给自己打了一个聪明的圆场，"好吧，也许他们两人觉得我太老了。"

贝蕾妮克在一旁笑了笑："可我想再问一遍：我们怎样去埃及呢？"

"埃及不远，"塞内克斯回答说，"我们只需重新回到屋子里。"

古 埃 及

这里散发着圣香和没药[1]的芬芳

　　休息片刻后，他们把野餐包收拾好。回到屋子时，他们发现里面的一切都变了。他们从一间打扫得干干净净的前厅进入了一间更大的内室。一开始他们很难适应里面昏暗的光线，因为窗子窄，而且很高，上面还有木栅栏挡着。

　　"现在我们到了埃及。"塞内克斯对满脸惊愕的三个年轻人说，"在这里，人们已经开始使用窗帘和芦席垫子，这不仅仅是为了遮挡阳光，也是为了阻挡动物。你们一边观看这个房间，一边回想一下石器时代的洞穴和耶利哥那种里面堆放着骨头和贝壳的土砖屋，就从中看到时代的进步。"

　　"进步？难道我们不应该更谨慎恰当地使用这个字眼吗？"

　　"是的，斯蒂芬。可是在这种最初的探索中，人类的进步还没有表现出不利的方面，它真的能使生活变得更为轻松丰富。"

　　年轻人打量着四周。这里散发着圣香和没药的芬芳，彩色的编织物装饰着墙壁，地上铺着小地毯和浅色的芦席垫子。"人们也在这种编织的垫子上用餐。"塞内克斯讲解道，"垫子是用撕开的纸莎草杆子编织成的，也有的垫子是用韧皮纤维、芦苇、亚麻纤维或者棕榈纤维做成的，常常采用活泼的颜色和图案。它们不仅用来铺饰地面，而且也可作壁挂、床垫，当坐垫、盖屋顶和围墙。猎人还用它来遮挡烈日。你们想想，有了这些东西，居所会变得多么五彩缤纷。"

　　贝蕾妮克朝一张床走去。黑色的木头床架上装着旋制的床杆和金灿灿的床腿，床架镶满金、银和青铜，并饰有四个雕刻的狮子头。床体由绷着的皮带组成。皮带上面，一个盖着床单的白色床垫和彩色枕头格外引人注目。

　　周围摆放着样式精美、工艺精巧的陶土容器、花瓶、花盆、碟子和杯子。他们看见一张藤条安乐椅、一张弧型腿的桌子，桌腿上镶嵌着金子和许多其他充满艺术魅力的饰物。墙边放着许多筐子，还有用芦苇杆编的长方形箱子。贝蕾妮克随手打开一个箱盖，不禁惊叫道："是纺织品！"

　　"是亚麻和纯棉的？"

---

[1]　热带树脂，可作药材、香料。

"是的，罗咪！"她拿出一块放在手背上，透过织物可以隐隐约约看见她的皮肤，"多么精美的杰作……我相信，即使今天的机器也不会比这织得更好！"

"你说得对，"塞内克斯肯定道，"在这方面，古埃及人确实堪称大师。他们当时已经使用类似今天的织布机的低矮的水平经纱纺织机了。"

"你们看看这些金子做成的首饰。"贝蕾妮克把一条精制的项圈戴在脖子上，随之又把它取下来放回箱子里。

"在这个城市里，我们也许会看到正在工作的金匠和纺织工。到时你们就能看出，人类离简陋的兽皮和遮羞布已经多么遥远了。这里的家具、日用器皿和首饰展示的是一种文明讲究的生活格调。这些金饰品表明，首饰工匠拥有卓越的工艺水平和出色的审美能力。"

他们转身往外走。穿过前厅时，塞内克斯叫住年轻人："且慢！还有一点也非常重要：这时已经开始讲究卫生了，出现了一种相当舒适的设施——在这里……"他指着安装了木门的门口说，门是绕着门轴转动的，"门后是厕所，也就是茅房。人们已经开始使用一种简单的抽水马桶。游牧人当时是在自己的帐篷外面挖一个洞，蹲在洞上方便的，完事以后再把洞填平。而现在这个屋子里，或有一条小水沟，或有一根通往外面排水口的排水管——这是我们现在使用的抽水马桶的雏形。先说到这儿吧。"说着，塞内克斯跨过了由两根彩柱框起来的门槛。

街上响起了嗒嗒的马蹄声

他们走出屋子，外面是市中心。屋内的清凉使他们感到阳光下热气逼人。

外面人声喧闹，动物的叫声和杂耍艺人的吆喝声此起彼伏；汗味，毛皮的味道，牛、绵羊、山羊、驴子和猪的粪便臭气，此外还有花香和圣香，油膏和玫瑰油的芬芳等等，各种味道掺杂在一起，扑面而来。宽宽的街道两旁栽满枝繁叶茂的树木，如西可莫尔树、刺槐、椰枣树、无花果树和石榴，一排排的树木像墙一样把房子围起来，房子装饰得如同色彩亮丽的盒子，房屋的大门和便道上的入口都被树木的浓荫遮住了。

"这里大部分房子是用尼罗河里的淤泥做的土砖盖的，"塞内克斯道，"用石头造房子太昂贵了，只有国王和祭司才能享受这种奢侈，即使是贵族也会把最好的木料拿出来建神庙，因此古埃及的民居没有保存下来。但当时许多富有的贵族的宅邸已经使用精雕细刻的大门，用充满艺术气息的漂亮栅栏装饰窗户。他们通常用坚韧的棕榈木做柱子来支撑屋顶。房屋的四周一般都有带围墙的庭院，院子里有楼梯直达楼上和屋顶。富人们都拥有精心布置的私人花园，所有的城市都有供平民休憩的公共场所，并且几乎所有的房子都有花饰。"

外面响起了嗒嗒的马蹄声，车轮声，赤脚跑步声，间或还有嘈杂的喊叫声。

马车穿过街道。赶车人气喘吁吁地吆喝着，衣着讲究的侍从跟在车旁奔跑，给身份高贵的乘车人扇风。

"现在说说看，这里有什么引起了你们的注意？"塞内克斯充满期待地问三个年轻人。

"古埃及人的生活丰富多彩，并且注重时尚。"

"这是其中一点，贝蕾妮克。时尚像蛇一样钻入了人们的生活，把纯净自然的天堂摧毁了。"

"幸好没有全部被毁掉。"罗曼小声嘟囔了一句。他的目光落在了一位身材窈窕、发育良好的姑娘身上。姑娘身材苗条，纤巧的胸脯敞开着，脖子上挂满了色彩艳丽的首饰。眉毛画得黑黑的，眼圈描着绿色和蓝色，指甲上涂抹着从散沫花中提取的红色染料，头发剪短了，但在发梢上却系着一根长长的彩带。她站在那里，身着一条薄如蝉翼的裙子，细窄的臀部如同隔着塑料薄膜一般清晰可见。

轮子——最天才的发明

塞内克斯又拣起刚才的话题："除此以外，你们还注意到了什么？"

"车！"贝蕾妮克抢先兴奋地叫道。

"车，是的。或许我们能说得更准确些，造一辆车的前提，那就是……"

"那就是轮子！"

"对极了，斯蒂芬。人类学会取火以后。轮子是最伟大的机械发明。人类最早是在什么地方开始使用轮子的，我们无法考证，也许是在苏美尔，也许在美索不达米亚，但是，在埃及很早就有人使用轮子。那时在沙漠上从一个定居点到另一个定居点主要靠轮子迁移，同时轮子也在城市的街道上滚来滚去。在宗教仪式中人们用轮子来搬运诸神的雕塑，富人则喜欢坐车。这一发明——或者说发现——的作用和意义有多么重大和深远，你们知道得很清楚。轮子使运输和旅行发生了革命，这种革命一直影响到我们今天。没有轮子我们现在就无法生活。"

"没有汽车，没有火车。"

"可人类是怎么想到运用轮子的呢？"

"是这样的，贝蕾妮克，人们也许在观察石头或木头的滚动时发现了这点。同样在转动着的陶工旋盘上人们也可能看到了轮子的作用。他们首先把轮子装在手推车上，以便它能轻松地搬运很重的物品。最早的轮子是用木板简单制作的，大多数是由锯成弓形的两三块木板拼在一起,然后再用木头或青铜的夹子连接起来,或用绳子捆绑在一起的。他们把轮子套在轴上,用楔子固定住,由轴来带动轮子的转动。直到人们制作战车时,才发明了更为便利和美观的轮辐。这种轮子可能是从喜克索(Hyskos)传到埃及的。喜克索是西亚的一个部落,他们曾在约公元前 1600 年占领埃及。他们当时使用的战车是用马拉动的单轴车,并由此而出奇制胜。"

塞内克斯停了停,然后说:"可是答案我仍然不满意。还有一种东西你们也应该注意到!"

"还有马!"贝蕾妮克叫道,"啊,我喜欢马!"

"正是!大约公元前 4000 年,继公牛和驴子之后,出现了一种新的役畜。当时——首先是在南俄罗斯——人们成功地捕获到了马,此后不久开始驯养它。最初马是作为食物而驯养的,人们养它是为了吃马肉、喝马奶;马皮、马鬃、马尾则被用来做成帐篷、鞋子、衣服、被子、枕头和许多其他物品。后来人们渐渐地开始把马作为役畜使用,一直持续到约公元前 1000 年。人们养马,并开始骑马。在埃及,马首先只用于国王检阅和出行时的豪华车队。人能骑在马上是一个伟大的发现,这一发现使人类极大地增强了自己的力量。骑马人不但居高临下,而且他比所有步行的人,如奔跑者、信使、旅行者和士兵更强大、更迅速。如果我们说,马的出现使人类开始了一个新纪元,这说法一点儿也不夸张。但是当我们说到马时,也不能忽略骆驼,因为骆驼对于曾经在荒漠上生活的人类更为重要。有了骆驼,人类在迁移时才能穿过广袤的沙漠地带,所以在运输工具的革命中骆驼比马的意义更为重大。现在我们到下面的小广场去!"

每个人都伸直脖子,眺望巨大的棕色方尖石塔,石塔位于广场中央,金色的塔尖在阳光下闪闪发光。随后他们一行人来到商摊前,商贩们是随着荒漠商队一起来到城市的。交易场上讨价还价,热火朝天,商品的交换价值用银或铜的重量来体现。摊位上有化妆品,是些彩色的油脂和油膏,还有牛角做的钳子和勺子,装满蜂蜜的罐子,一袋袋的香洋葱,农村自产的风味食品和罐装的葡萄酒,以及香膏、香脂、灯具、没药和一头尖的甜面包。一旁还站着马夫、园丁和背水罐的人——装水或啤酒的容器都用木盖盖着,免得有苍蝇或别的昆虫飞到上面。

法老的所在地

"城市里的商品数不胜数,"塞内克斯小声解释道,"从山里开采来的铜和金积累着王室的财富,而成群的奴隶则在厨房和纺织场里辛苦地劳作。"

"奴隶?在古埃及就有奴隶啦?"

"可惜是的，贝蕾妮克，从公元前约 3000 年起，埃及就开始大量使用奴隶。

"最初这些奴隶是靠武力抓获的，如在战争中俘虏的努比亚人、利比亚人和美索不达米亚人，后来还包括赤贫的埃及人，也就是所谓的债务奴隶。"

塞内克斯很快接着往下说，好像正在谈及的话题让他很不舒服。"也许，"他说，"也许这是古代世界中最漂亮的城市，到处闪耀着金光，金子有的是；这座城市里有一幢幢花园环抱的豪华房屋，也有并排的土砖屋构成的弯曲狭窄的小巷。在这个城市穿梭走过的人群中，有埃及人，有深肤色的努比亚人、利比亚人、巴勒斯坦人和巴比伦人——其中不乏地位不凡的侏儒、照料宠物的人和小丑。这里是文明世界的中心，是法老的所在地，是法老麾下王公贵族们的乐园，当然也是宰相、书记员、卫队士兵、国库的司库、饲马官、雇佣兵——和奴隶的居住地。赶着驴子的荒漠商队从阿苏伊特（Assiut）、阿比多斯（Abydos）和埃勒凡梯纳（Elephantine）运来商品，又把衣服和器皿卖给四面八方的人。市场上不仅有蔬菜、无花果、油、鱼和面包——你们看，这里应有尽有。手工艺者将各式各样的精美商品陈列出来，有凉鞋、亚麻布、靠垫、床、椅子、手杖、扇子、首饰，还有青铜镜和用木头、石头和象牙制成的化妆盒以及药膏的刮匙——这些器皿的样式体现了埃及人非凡的想象力。

"这是一个拥有宏伟钟楼和桥塔的城市，辟有石块铺设的林荫大道，大道两旁陈设有无数雕塑，其中有神像和法老像。你们留心那些国王塑像上的红色颜料，可惜这种颜料没有保存下来。我们现在是在富人区，你们看，这些房子的正面对着街道。在这里居住的是高官、显贵、书记员和富人，他们的花园得到十分精心的料理和浇灌。这条九米宽的大道一直通向国王的宫殿，通向阿蒙—雷神（Re）神庙。"

"可我们现在是在哪个城市？在哪个时间段？"

"反正是在古埃及，至于城市的名字和所处的时期并不太重要，斯蒂芬，"塞内克斯回答说，"我们也许是在底比斯，就是现在的卢克索（Luxor），或者在今天已经衰败的孟菲斯（Memphis）。进化公园里建的城市是古埃及各个地方和不同时期的城市的综合体。当然，城市和城市之间，各个时期之间会有区别，但是在古埃及发生的各种变化，如风俗习惯的变化、手工艺的变化、时尚的变化等等这一切变化，相对于古埃及所历经的极其巨大的时间跨度，和这一历史时期所包含的文化来说，实在是太小了，因此，这些区别在我们今天的人看来几乎可以忽略不计。"

"您所说的极其巨大的时间跨度经历了多少年？"贝蕾妮克问。

"大约七千年前，从新石器时代过渡到青铜器时代。从公元前 2000 年起，出现了最早的中央集权专制帝国，然后是地方王国，再后来出现了法老。一开始，埃及文化的发展没有受到外敌的影响，因为生活在埃及边境的只是些游牧民族，他们从来没造成过危害。一直到公元前 30 年埃及才成了罗马的王室世袭领地，到公元 296 年它成了罗马帝国的一个行省，最后在 395 年罗马帝国分裂后，埃及成为东罗马帝国的行省之一。"

"几乎有五千四百年的历史，"罗曼小声说，"真是不可想象。相比之下自从罗马帝国灭亡以后，西方文化史才持续了一千六百年！"

尼罗河的礼物

"这里的人肯定觉得时间是无止无尽的，"斯蒂芬说，"他们根本不知道宇宙的诞生，也不知道生命的进化，对于他们来说，周围的一切就像他们所看到的一样，而且将来也不会发生什么变化。"

"这也许是一种天堂般的状态？"

"古埃及虽然有许多阴暗面，但它也许真的很像天堂，罗曼。它向我们显示了，如果无需为自己的生存奋斗，人类到底可以是什么样子。埃及文化是这个河流之国肥沃富饶的产物，人们很少尝到饥饿的感觉，这块土地也没有严寒的侵袭。那里从来不会有阴雨连绵的天气，总是碧空如洗。一年中大自然多次给人类以丰富的赏赐。这样，人才有闲情逸致去考虑艺术的需要，有时间去沉思和幻想。更何况他看到自己的四周是无边无际的沙漠，沙漠极端的贫瘠也告诉他，自己是何等幸运，因为他生活在一块与沙漠截然不同的充满生机的土地上——一个上天赐予的土地肥沃、物产丰富的世界里！但这一切当然主要是由占统治地位的、富裕的市民阶层享用；一般的农民虽然年复一年能收获小麦、大麦、三叶草、亚麻和棉花，却仍在艰难度日。田地上交错着水渠，田地低于水面。每年七月和十一月之间尼罗河都会泛滥，它把肥沃的淤泥送到土地上。河水在夏末时开始上涨，并持续上百天。的确，尼罗河使沙漠变成了肥沃的土地，埃及开始繁荣兴旺——根据最早的世界史记录者希罗多德(Herodot)[1]的说法——这是尼罗河的恩赐。所以在这里，人类文化以这种奇妙的方式发生着变化。但同时古埃及却又完全依赖这条河流及其泛滥。农民因劳作而精疲力竭，他们不可能过得轻松，也不可能长寿。他们知道，尽管自己能利用尼罗河的泛滥，但是这种泛滥却是无法控制的，所以尼罗河在灌溉农田的同时也毁坏着田地。因此，在很早的时候，他们就建造了无数的堤坝，把过剩的水蓄积到渠沟里。这个国家的财富本来仅仅来自农业收成，但农民仍然在一年当中不能耕种田地的几个月里被迫无偿地给法老建房子。他们挖渠沟、建街道，并把石头和方尖石塔扛去建金字塔、神庙和国王的宫殿。许多人难耐艰辛，最后悲惨地死去。因为他们得到的那点面包和洋葱无法给予他们足够的力气去服劳役，也无法使他们免遭瘟疫的侵害。

---

[1] 希罗多德，生于公元前484年，死于公元前430年，古希腊历史学家。在古罗马时代即被誉为"历史之父"。

最严重的灾难是血吸虫病的蔓延,这种热带寄生虫传染病常常会置人死地。携带血吸虫的蜗牛遍布渠沟和尼罗河。"

"所有这些人都出生在埃及吗?"

"大部分是的,贝蕾妮克,但是在几个世纪的时间中,也有许多奴隶和战俘从别处来到这里。当时到处去抓人做奴隶。这些被抓获的人——其中包括女人和孩子——不得不服苦役,其境况十分悲惨,而当时建立的这个国家,在我们今天看来却美如天堂。如果奴隶不愿忍受当牛做马的生活,他们的双手就会被捆绑在背后或头顶,有些甚至带上粗糙的手铐。"

"多么凄惨的命运。我看,我们还是忘掉什么这里像天堂的想法吧。"斯蒂芬说。

"至少要有所保留,"塞内克斯补充道,"令人痛惜的是,财富的分配往往是极为不均的。"

"并且极不公平。"

"是这样的,贝蕾妮克。但是,现在我想谈谈另一件事。我们的历法也要归功于尼罗河的涨涨落落,因为人们需要了解播种粮食的最佳时间。第一份历法是何时出现的,我们不是十分清楚,大约在公元前4000年,或者是此后的两千五百年,不管怎样,埃及的历法是第一个建立在每年365天基础上的历法。它把一年分成12个月,每个月又分成30天,另外每年再加五天节日。每年天狼星出现的那天,随着太阳的升起,新年就开始了,这一般与尼罗河每年泛滥的时间相吻合。古埃及人采用了一种十分理性的计时方法,就是借助水钟滴漏和日晷仪计时。还有对日食的预告,这又向科学地探索天文学迈进了一步。随着每个新年的开始,世界也在不断更新。'年'这个概念意味着'更新',所有的一切随着每个新年的第一天重新开始。他们把每年的第一天看作太阳之神——阿蒙—雷神的生日和'一段时间的开始',看作世界万物的再生。每一个法老的登基都意味着一个新时代的开端。你们看,如果不谈古埃及就无法谈历法。他们的太阳历传到西方,我们也采用这种方法计算时间。同样我们也将一年分成12个月,每月30天,另加五天补充的时间,这与天文学上确切规定的一年的时间长度相比,差了四分之一天,但为了有利于清楚地划分时间,也只好这样了。后来尤利乌斯·恺撒(Julius Cäsaru)[1]采用的历法也能追溯到古埃及。在以后漫长的历史中,这种历法一直沿用下来。

"古埃及把一天分为24小时,白天12小时,夜晚12小时,这种划分时间的方法被保留下来了。人们发明了日晷仪,并开始画星相图。占星术家用星相图预测未来。"

"我真想知道,世界上曾经有哪个民族没搞过占星术这类骗人的玩意儿。"斯蒂

---

[1] 尤利乌斯·恺撒,生于公元前100年,死于公元前44年。古代罗马政治家,军事家。

芬小声说。

"可是，正是从占星术这种玄机莫辨的行当中诞生了天文学，天文学使我们对宇宙有了最深刻的认识，并使我们对所有生命的起源有了进一步的了解。"塞内克斯宽厚地表示着自己不同的看法，"不管怎么说，古埃及人对世界的起源有了一些概念——从世界的开始到它的边界，尽管这种边界在一望无际的时空中消失了。我们现代的宇宙起源学并没有取代这种认识，而是仅仅把这种认识准确表达出来了。对于古埃及人来说，世界是从原始的混沌和原始的大洪水中产生的。"

"这可与我们今天上午所了解的内容惊人地相近。"斯蒂芬说。

"在都灵（Turin）[1]保存着埃及第九王朝国王的纸莎草纸文献，它记录的内容可以追溯到世界诞生以后将近四万年的历史。在这些文稿中，用'史前史'这个概念囊括了有历史记载的国王以前所有的神和半神的历史。与无限的未来相比，人们把这段漫长的历史时期总称为'千百万年'。"

"这么说古埃及人已经能在巨大的时空中思考问题了？"

"是的，贝蕾妮克，在地球上的短暂一生，对于他们来说是一个转瞬即逝的梦。但是他们也认为生命不取决于量，而取决于质，也就是说，不取决于活多少年，而取决于自己的一生是否充实而有意义。古埃及人认为，阳光下生活的一瞬间，比地狱里的永恒更有意义。我想，古埃及文化的秘密和它对我们现在的影响正在于此。虚空和未加利用的时间已经不复存在；充实的和有形的时间却被保存下来了——人们是这么想的，难道不对吗？古埃及人所经历的一切，难道不令人激动吗？"

塞内克斯没等人回答他的问题，实际上也没有得到回答。他很快继续说："所以在阿马尔奈（Amarna）时期，就有人边弹竖琴边唱歌，告诫人们去享受生活，为今生今世的一切感到高兴，因为今生的一切都是短暂易逝的。"

"什么是阿马尔奈时期？"

"我们很快就会说到的，贝蕾妮克。"塞内克斯回答，"我们走吧！从这座神庙的双塔式大门穿过去！"

宫殿和神庙，柱廊和回廊

塞内克斯站起身来，指了指一张用灰泥抹得光洁平滑的大门。大门的两旁是两座宏伟的正方形塔楼，正面临着宽阔的街道。大门高耸，高出墙顶，超过了巨型塑像。门前高高的旗杆上，彩旗在微风中舒展，沙漠上吹来的细小沙粒从上面轻轻掠过。

---

[1] 意大利第三大城市，今皮埃蒙特区首府。古老的文化艺术名城。

"我们现在离开市中心,到有宫殿、神庙、柱廊和回廊的地方去看看!"他们从大门底下走过,塞内克斯说,"这是神庙里的祭司居住的大街,当然还住着许多官员。在这里我们可以看到,简洁的建筑艺术是怎样融入金碧辉煌的宫殿中的。"

"歌声和音乐声在皇宫里回荡,每个有权有势的人都想拥有自己的宫殿,比如王后、王子、宰相和高官!"

"您刚才说到音乐,那时已经有乐器了吗?"

"当然有,罗曼。人们不再满足于大自然的声音,不再满足于鸟的鸣唱和野兽的吼叫,而是要自己弹奏乐器。也许最初,他们从兽角发出的声音、母畜呼唤幼仔的叫声、哭泣的呻吟中发现了有旋律的声音,后来发明了乐曲,再后来用金属制作了完整的乐器,不久又出现了有小孔的长管——这种乐器发出的声音更加悦耳。但是,所有这些早期的吹奏乐器和兽角做成的圆号都有不足的地方。"

"可能它们发出的声音更像驴叫。"

"也许吧,斯蒂芬。他们不再满足于管乐器,还在很早的时候,苏美尔人就制作了竖琴。此外,苏美尔人已经开始计算太阳、月亮和行星的轨迹,并把《圣经》中所说的大洪水发生的日子记录保存下来,从中诞生了所谓的十诫。关于轮子的发明我们已经在前面说过了,有些学者还把拱门圆顶的发明也归功于苏美尔人,还是让我们回到音乐的话题吧。在古埃及,人们用手鼓、摇浪鼓、竖琴、琉特[1]、金属小号和古琴——琉特的姊妹乐器来演奏。每逢节日,职业乐师边演奏边唱歌。我们从许多古埃及的浮雕上也能看到在田地跳舞的农民。演奏者经常是女人。妇女在古埃及有着非常特殊的地位,我们后面还会专门谈到这点。"

"为什么要等到后面,为什么不现在就谈呢?"

"那好吧,但只能简短地说说。"

啊,我英俊的朋友

"我们今天经常抱怨妇女受压迫和不平等,这种现象在人类历史的许多早期文化中并不存在。那时妇女掌权,古埃及便是这样。在这里,妇女不但是一家之主,而且所有的财产只能由女性后代继承。许多男人娶他们的姐妹为妻,并不是出于爱情,而是想得到他们的姐妹从母亲那里继承的遗产。由于女人的地位如此特殊,所以杀害儿童,尤其是杀害女童的现象在古埃及极为罕见。甚至在求爱时也通常是女人采取主动。爱情诗和情书大多都是女人写给男人的。她们提出约会、主动求婚。'啊,

---

[1] 一种形似琵琶的拨弦乐器。

我英俊的朋友',在一封信中这样写道,'我的愿望是能作为你的妻子来掌管你的所有财产'。"

"我们今天的人对此了解可太少啦。我们其实可以仿效她们!"

"是的,贝蕾妮克,但别以为古埃及的这种风俗就值得效仿,因为风俗并不完全意味着真诚。他们随意谈论性,用女人的画像和清晰逼真的浅浮雕装饰神庙;用色情的书籍给死者陪葬,以便他们在坟墓里还能寻欢作乐。女孩子十岁就能结婚。他们的生命是短暂的,比我们的生命要短得多,他们更不会知道什么婚前的操守。"

穿过大门,前面延伸着一百多米长的宽阔的斯芬克斯大街。街道两边是赏心悦目的花圃和草地。牧群正在吃草,葱绿的草地点缀着些许灰白的斑点。有的动物在朝这边张望。到处是正在辛勤劳作的园丁、拔过野草的花坛——花坛上鲜花争红斗艳,精心修剪的灌木丛、浇过水的梧桐。

在以半卧的狮身人面像命名的大街后面,筑起了一道平滑的淡黄色石墙,墙面是由极其工整的石面拼接而成的。上面的浮雕主体是根据古埃及敌对部落首领的样子雕刻的,有利比亚人、阿拉伯人和努比亚人。还有一些表现法老权力的浮雕。旁边还雕刻着法老自己——神和国王的化身,法老的身边妻妾成群,他正在抚摸一个美丽女人的下巴。在这里也生动地再现了历史,浮雕上有:被打败的利比亚人与贝督因人(Beduine)的战斗、逃亡者、为法老砍伐雪松的人、凯旋的队伍和手捧花束的神职人员。塞内克斯想让三位年轻人看的可不是这些,没几步远的墙面上有一些轮廓图形,这是石匠们在石头上雕琢出的图案,它们可能是鲜花,也可能是动物,或者仅仅是用来装饰的图案。

古埃及圣书字——神圣的宝藏

"这样就产生了古埃及圣书字(Hieroglyphen)。"塞内克斯说,"也到了我们该谈谈文字发明的时候了,尽管埃及人肯定不是最早发明某种文字的人。我给你们讲过苏美尔人,他们用手指甲在陶土制品上刻画文字。不管是美索不达米亚人、克里特岛人(Kreter)、玛雅人(Maya)还是中国人,我们搞清楚到底谁是第一个发明文字的人并不是最重要的——我想,你们一定会赞同我的观点。因为中国人、玛雅人和古埃及人在人类早期彼此不可能互相了解,所以我们可以说,人类的书写能力是在地球上的各个地方分别发展起来的,彼此之间并不互相依赖。

楔形文字的运用至少可以一直追溯到《圣经》中犹太人的始祖亚伯拉罕前一千年,并一直延续到公元前的最后一个世纪。"

"是的,"罗曼点头回答说,"我也认为文字这种东西很特殊,它能使我们把自己的想法用固定的形式保留下来，并告诉他人。它能跨越时空的障碍。"

"因此只有利用文字才可能继续发展文明。"塞内克斯赞同道。

"我也认为，不仅是语言，更重要的是文字，才使人类成了世界上无与伦比的生物。"

"所以，埃及圣书字——这个专门用来指古埃及文字的字眼才会如此美好和充满意义，斯蒂芬，"塞内克斯说，"它是'神圣的宝藏'。雕塑或石头上的图案传播着由精通这种文字的人写成的文献。但是，我们还是先看看别的吧。"他指着神庙墙边的一群人说。

介于医学和巫术之间的药方

他们走向前去。"你们在这里看到的是医学的开始，"塞内克斯说，"咒语、护身符、魔法，这些东西在很早以前就有，虽然人们今天不愿意放弃古老的礼俗，但毕竟还是增加了新的内容。因为在古埃及医生就是巫师，说得客气点，他只是一个为病人解除精神痛苦的人。在治疗过程中，他把药物、护身符和咒语混合起来用，试图用这种方法来驱除病魔。他们认为巫术能够战胜最深层的病因。"

"我们今天也许把它称为精神疗法——或者叫心身医学[1]。"

"但是，巫术在我们今天依然很盛行，罗咪，"斯蒂芬说，"现在有多少江湖医生、神医、巫师和靠用触摸治病的神人！"

"这种人过去有，现在有，将来还会有，"塞内克斯肯定说，"他们一直会存在到人类消亡的那一天，因为人从来就不可能不相信奇迹。至少在古埃及人看来，这个世界充满了神奇的魔力，任何有生命的东西都不可能摆脱这种魔力。比如在许多传说中，都有耶稣曾向埃及巫师学习的说法，耶稣的神奇力量就是从巫师那里学来的。"

他们走到了那群人身边。一个年轻的姑娘躺在一块石板上。她只穿了一条白色的亚麻裙。

"她病了。"塞内克斯说。

姑娘双眼紧闭，她的面前站着一个祭司，祭司身上穿着的豹皮表明了他的身份。他正把一块亚麻布盖到她的胸口，在布的上面摆放着一个彩色的护身符。在他身边一张简陋的桌子上有几个装着碾槌和陶碗的盆子。他用一根施了魔法的绳子捆着姑娘的额头，嘴里念着咒语，试图把恶魔从姑娘体内赶走。

---

[1] 研究心理对疾病影响的医学。

"在古埃及，祭司就是医生，"塞内克斯说，"你们也许知道一个非常著名的名字——伊姆何太普（Imhotep），他也是左塞（Djoser）法老梯形金字塔的建筑师。他在古埃及被当作治病救人之神受到万人膜拜。除了巫术，古埃及医生也有新的发明。他们通过对死人的解剖，也就是在尸体上涂防腐药制作木乃伊时，认识了人体构造，而这是前所未有的。他们认识了人体器官的位置，了解了大脑、胃、肝和肾，知道血液是被心脏像泵一样排挤进血管里的，并且由脉搏显示心脏的跳动。古埃及医生不但治疗骨折和伤口……"

"但是怎么治？不能光用魔法吧？"

"当然不是！斯蒂芬。他们对病人施魔法经常是出于心理上的原因，因为他们的病人及其家属对医生充满期待，而医生更多的是从实际出发。最好的例子是：医生把发霉的面包放在伤口上治病。正如你们所知，霉菌能制造青霉素。古埃及医生在治疗伤口及骨头的损伤时，所采用的方法是：首先十分小心地触摸伤口，然后将伤口缝合好，再把新鲜的肉绑在伤口上，每天用油和蜂蜜涂抹伤口，直到病人痊愈。古埃及医生用蓖麻籽油作泻药，用罂粟液给人镇痛，照料那些在金字塔建筑工地上干活的成千上万的人，这些人得到的主要食物是大蒜和洋葱，因为这些蔬菜能预防传染病的流行。对于那些有钱的病人，他们常常会在药物里加进葡萄酒或啤酒，因为酒精能让人放松，尽管这种感觉是暂时的。"

"那么药物疗法又是如何呢？"

"是这样，贝蕾妮克，首先是从植物中提取药物，或谨慎选择食物，采取禁食疗法，当然还有按摩和催眠术。对啦，古埃及医生甚至还会做手术，如果手术失败医生会受到惩罚，在极个别的情况下还会为此而丧命。"

"这样的处罚真可怕。"

"但同时也很有意义，罗曼，因为这样可以防止医生轻率动刀。不管怎样，外科学当时不但已为人所知，而且得到了很好的发展，移植术和补牙也出现过……"

"是怎么知道的呢？"

"通过木乃伊！我们对世界上任何古老的民族都没有对古埃及人了解得多，因为他们留下了许多木乃伊和坟墓。我们知道他们临床外科的病例，从颅底骨折到骨髓损伤这类的病。此外，我们还知道，在古埃及已经采用了预防药物，有医学文献为证。在这些医学文献中，所有的疾病都依据病的症状进行了分类整理，从头部开始。他们不但对病症有所描述，而且还有针对这些病症的治疗方法。那时已经有了血管治疗学。有些医生是接生的，有些负责治疗肠胃病，有些是专治眼疾的。此外，古埃及人还希望从医生那里得到染发剂、护肤品、灭跳蚤的药之类的日常用品。古埃及医生靠着一本内容丰富的药典与病魔作斗争。有一本药物学的文献中列举了七百种治疗各种疾病的药物——从蛇伤到产褥热等。当然，也必须承认，这类药方中有医学也有巫术。"

"我想知道具体例子。"斯蒂芬说。

"医生给病人治病用的药几乎无奇不有：蜥蜴血、猪耳朵、公猪牙、腐烂的肉、变质的油、乌龟脑、产妇的奶、处女的尿，以及人、驴、狗、狮子、猫和虱子的粪便。他们还用涂动物油的方法治疗脱发导致的秃顶。"

"这些听上去像是中世纪的一个恐怖陈列室。"罗曼的声音微微发颤。

"当时的确是这样，有些治疗方法还被古希腊人继承下来了，随后古罗马人又从古希腊学到了这些，有的一直经过中世纪流传到我们今天！"

"难道我们也会不加怀疑地吞下这些稀奇古怪的东西——这些四千年前在尼罗河畔炮制的玩意儿？"斯蒂芬问。

"是的，可是别忘了，在大多数情况下，古埃及的医生当然也会采取一些更符合理性的治疗方法。"

"如果是这样，那么古埃及人的寿命到底有多长呢？"

"平均寿命在二十五至三十五岁之间，贝蕾妮克。"

"这么短！那我现在又要给我们这个世纪唱赞歌了！"

"主要是因为高居不下的儿童死亡率。在埃及人看来，一个时代大约为30年——30年后就该出现一个新国王了。谁能度过自己最初的、最危险的人生岁月，谁就有可能活得长久。不少法老曾经统治过五十多年，拉美西斯二世（Ramses）甚至直到在位第76年才去世。另外一个不太出名的法老——就是珀辟（Pepi）二世据说在位时间长达94年。我们走吧。我们等不到看这个姑娘痊愈了。我们去神庙里看看。神庙可是埃及诸神的家园。"

"在古埃及神是占统治地位的吗？"罗曼问。

"当然还有法老。不过，即便是法老，他们也把自己当作神的化身。古埃及人把自己终身所拥有的一切都毫无保留地奉献给了他们的神。神负责掌管尼罗河的涨水和由此带来的可耕种土地。古埃及人还信奉司管宇宙的神、太阳之神雷神、土地之神葛布神（Geb）、智慧之神索斯神（Thoth）、爱情之神美丽的哈托尔神（Hathor）和死神欧西里斯神（Osiris），以及掌管国王权力的伊西斯神（Isis）。从出土的古埃及中期王国的一份棺木经文引用的一句话中，可以发现，那时已经有了最早的关于三位一体的说法。根据这种说法，最早的天神——阿图姆（Atum）在海利欧波里斯（Helipopolis）生了两个神——修神（Sehu）和太夫纳神（Tefnut），这样，神就由一个变成了三个——这是一个简单的公式，一个从统一产生多样的简单形式。"

"当时古埃及人已经相信一神教吗？"

"你问到这点，太好啦，贝蕾妮克，如果我们谈到法老埃赫那吞（Echnaton），就不能回避这个问题。是的，当时存在着某种原始一神教，根据它的教义，所有的神在最早的时候都是一个神，后来逐渐变多，这些后来出现的神，是最早那个神的作品。"

太阳之神——阿蒙-雷神

他们面前又出现了一座宏伟的双塔式大门，这里挤满了人：健康的人、乞丐、盲人、长疱的人和烂眼睛的人。大部分人——只要没有拄着拐杖就都在说说笑笑，让人丝毫感觉不到庄严和隆重的气氛。这场景给三个年轻人留下了深刻的印象。

"这里是古老世界的一个奇迹，"塞内克斯解释说，"这不仅是座神庙，而且是一座神庙之城，是阿蒙的王国、阿蒙的财富和阿蒙的所在。"

他们沿着一条林荫道向前走，道路两旁有许多涂着红颜色的公羊雕像。塞内克斯继续讲解着关于这座神庙的情况。无数国王先后建造过这座神庙，庙宇和柱廊不断扩建，以致这个建筑群在经过几个世纪后依然生机勃勃。"这里有许多祭司。"塞内克斯说道，他们从石雕公羊群旁走过，看见了黑色鹰头神像——一脸高傲和神秘的神情。塞内克斯接着说："每个祭司都被看作是国王的代理人，从职务卑微的到身居高位的无一例外。高职位的祭司被人们称之为先知或天堂的守门人。人们还给他们取了一些别具想象力的名字，如'最伟大的观望者'、'看得见神的人'、'手工艺者的最高统领'或者'国王，神的爱子'等。除此之外，还有布道的祭司、唱诗班的人、乐师和许多在神庙供职的仆人，当然，还有女人——'阿蒙之神的妻妾'，她们中有在祭祀活动中唱歌和演奏音乐的女人，还有在阿蒙之神后宫小心翼翼伺候着的姑娘们。"

几名神的男仆朝他们走来。这些人没有胡子，脑壳剃得光光的，围着短裙，头上戴着表明他们身份的莲叶或经过防腐处理的动物头颅。

很快，他们又穿过一道用雪松装饰的门，走进一个建有许多大柱子的院子。

这里的柱子像粗壮的树干，不禁让人产生一种身处原始森林中的感觉。罗曼不由自主地停住了脚，扬着头往高处看。

"你们看看上面，"塞内克斯说，"这里所有的一切都对天敞开着。你们在古埃及找不到用来支撑屋顶的柱子，天就是这座神殿的顶。白天，太阳当空照耀，太阳之神阿蒙—雷神——我们可以简单地称之为雷神——在一段时期里曾被埃赫那吞法老推崇为唯一的神——阿吞神（Aton）。埃赫那吞将人类最早的宗教诗篇献给了阿吞神，他的太阳颂歌写道：

你在天边闪耀着灿烂的光辉，朝气蓬勃的太阳你是万物中最早光临这个世界的天神。

"这让我想起阿西西的圣方济各写的太阳颂歌。"贝蕾妮克兴奋地说道。

"真是惊人地相似。埃赫那吞还写道:

你的杰作是多么的变化无穷,谁也无法看清你的一切啊,太阳之神,无与伦比的天神,你按自己的意愿创造了世界。

"有些学者认为,犹太教上帝耶和华的名字也源自阿吞神,它同时也是基督教的圣父。此外,人们还推断,这篇阿马尔奈时期新太阳神宗教的颂歌在《旧约》一百零四篇中也留下了痕迹。——我们到那块石头上稍坐一会儿吧,正好可以再谈谈埃赫那吞。"

高居王位的宗教创立者

他们坐到一块磨得光光的大理石上。"在阿蒙霍特普四世即后来自称为埃赫那吞的法老身上,我们看到的是一位高居王位的伟大哲学家和宗教创立者。"塞内克斯开始说道,"在一部他年轻时写的,名为《一本关于天堂之门的书》的宗教文稿中,出现过一千多个神。古埃及人认为,所有这些神都是他们所需要的,但阿蒙霍特普四世不同意这种看法,他一步一步把所有的神都逐出了天国。这样,在人类历史上第一次出现了一种只承认一个神的宗教。"

"就是说,埃赫那吞是一神教的创始人?"

"大家一直是这样认为的,贝蕾妮克,但是我们必须加以区别,因为在我们说到所有一神论宗教时,不管它们如何千差万别,它们的创立者总是宣称只有一个真正的上帝存在,不管这个创立者是叫埃赫那吞、查拉图斯特拉、摩西、耶稣还是穆罕默德。另一方面有一点很好理解,那就是人们把太阳当成神来膜拜,显而易见是因为太阳使万物生长繁衍。与此相反的是,人类还有一项特殊的精神创造,即自己另外还臆想出了一个上帝,它不但创造了人类自己和周围的大自然,而且还创造了太阳和苍穹。"

"您是指犹太人?"

"比如说犹太人,罗曼。古埃及人创造了一个亲切友好的太阳之神,与之相反,犹太人的上帝耶和华却规定了严格的道德戒律。"

"可是,一种信仰或一种宗教到底是怎样形成的呢?"

"我想,贝蕾妮克,宗教是对一些无法回答的问题的答复。此外,我们人类对宇宙的神秘力量随意强加在我们身上的命运完全无法承受，这样，就产生了信仰。在人类最古老的诗篇中就叙述了人类的绝望和向上帝的求助。"

"但是，所有的上帝，不管他叫什么，都是不符合理性的，是人类自己造出来的。"

"你说得也对也不对，斯蒂芬。因为什么是现实我们不知道。你认为每种宗教都创造了一个非理性的世界，这是对的，信仰也创造了一种现实，人们能在这种现实中安全地生活，而没有这种臆想的现实，人类常常根本无法承受真实的世界。除此之外，人们无法接受死亡，因此在信仰与人们对死亡的思考之间，也有一种无法切断的联系。"

"我承认，对神恩的期盼能使人终身感到幸福，尽管这种期待与理智是矛盾的。然而，据我所知，今天有些宗教的东西甚至搬到了自然科学的实验台上。"

"但是，也有些人通过祈求上帝的恩赐而得到安慰，斯蒂芬，"罗曼大声说，"你想剥夺他们得到的这点安慰吗？"

"这是永远也不可能的！"

"我能感到上帝的存在，这就说明上帝的确存在。"罗曼说。

塞内克斯继续说："我们还是回头再谈谈埃赫那吞吧。他禁止人们崇拜那个时代宗教所信奉的神，古埃及人曾经所具有的对外来神和宗教的包容被取代了，除了阿吞神以外，他不承认任何神的存在。"

"不容异说的做法就是这样开始的。于是，诅咒超过了恩赐！这是所有一神教的特点。"

"对此我们可以争论，斯蒂芬。埃赫那吞在把太阳之神阿蒙改称为阿吞神以后，不但在全国下令关闭了所有别的神庙，而且还为了彻底消除别的神在人们思想上的影响，进行了大规模的追捕。埃赫那吞甚至派大批石匠到努比亚去铲掉他所憎恨的阿蒙神像，在卡尔纳克（Karnak）的神庙里阿蒙的名字首先被抹去了，就连方尖石塔的尖顶也被铲平了。人们不但不许提到阿蒙神，就连'众神'这个复数概念都不许再使用了。"

"这是地地道道的宗教原教旨主义！埃赫那吞是怎么想到这一点的？"

"当然他也有先驱者，斯蒂芬。很久以来，人们就想简化众神的天堂。在埃赫那吞以前就出现了太阳颂歌。也许刚才引用的太阳颂诗不是他自己写的，而是引用了前人的诗句。与三个一神论宗教——犹太教、基督教和伊斯兰教不同的是，埃赫那吞的阿吞神不是看不见、充满神秘色彩的精神产物，不是超验的造物主，而是一种看得见的、燃烧的物质，它当然处于高级的精神层面并受人膜拜。在此之前，曾是一个聚满神灵的天堂包围着这个世界，在这个天堂中，众神掌管出生、死亡、性、植物、天空、月亮和星星，现在所有这些神灵的作用都归为太阳。埃赫那吞由此抬高了自己，因为在他之前的十八个古埃及法老都自称太阳国王。这种全国性的宗教更能提高自己所崇拜的神的地位，因为它把其他神的光辉熄灭了，最高的神——雷神——此时称为阿吞神——取代了所有的神。"

"我认为，古埃及人对太阳的崇拜，或者说每一种对太阳的崇拜，都更能使人与神接近，人们能经历它的出现，能看得见它，用自己的皮肤感觉它的威力。"罗曼说。

阿吞神的城市

贝蕾妮克问："埃赫那吞给自己另建了一个城市吗？"

"是的，阿吞之城位于开罗和卢克索之间的沙漠地带，该城被称为阿马尔奈。

今天所说的阿马尔奈文化就是从这里来的。埃赫那吞在这里建了新都，并取名埃赫太吞，意为'阿吞神的地平线'。"

"它与别的城市有什么不同吗？"

"没有太大的区别。埃赫那吞主要是想在这块从未开垦过的土地上为他的阿吞神建造一座城市。在这个城市中别的神没有一席之地，人们专门敬拜阿吞神。信徒们的眼前也不会像在别的地方——如卡尔纳克那样，跟前不断有宏伟的阿蒙神庙晃动。这座城市很快就建设好了，当时肯定有真正狂热的建设激情。不但阿吞神庙很快建立起来，而且国王还为自己建了小教堂，另外还有很大的宫殿。国王大道成了一条繁华的大街，富丽堂皇的楼宇由石灰岩砌成，并用雪花石膏、石英岩和花岗岩的雕刻装饰。王宫沿着尼罗河边盖了700米长，宫殿里面装饰着名贵的画，镶嵌了许多工艺品。要进入王宫的正殿必须通过一个巨大的柱厅，在宫殿的内院，陈列着比真人还大的国王和王后的巨型塑像。王宫里有两个后宫，它们之间由一个长满绿树和灌木丛的花园隔开，花园中间有一个游弋着鱼和水鸟的池塘。宫内有一条路直通尼罗河和皇家游船。可现在，这一切都烟消云散了，只留下一些艺术品作为历史的见证。埃赫那吞有意识地把艺术当作宣传新宗教的工具，由此也产生了一种新的艺术风格。"

"您说的是尼弗尔太提（Nofretete）王后的塑像。"

"我不仅仅是指埃赫那吞国王的王后塑像，罗曼。后来的发掘使许多雕塑作品重见天日，这些都属于古埃及艺术的珍宝。这些作品大部分是表现埃赫那吞国王的。埃赫那吞国王、他的王后尼弗尔太提和王子的许多半身塑像和浮雕给人留下很深的印象。尼弗尔太提王后的半身石像肯定是最著名的，可能也是最漂亮的，这个雕塑现在陈列在柏林的博物馆。尼弗尔太提王后塑像在人类的艺术创作中有着很重要的地位。人们不知道这个作品的创作者是谁。在古埃及，艺术品的创作者经常是不署名的。像在别的地方一样，在这里，居住拥挤的石匠和浮雕艺术家主要在东部山区扩建并装饰岩洞墓穴,刻写碑文,但是他们不能留下名字。然而,尼弗尔太提王后塑像已经证明,当时的造型艺术已经发展到了很高的程度。这座雕塑的形式后来演变成了一种风格。匀称的面部线条,高高耸起的王冠,给人一种敏感而又沉静的感觉,纤细的脖颈上一颗高傲的头。另外值得一提的是,她的名字的大概意思是'美女要来了'。"

"可是城市呢?它留下了什么?您刚才说,一切都烟消云散了。"

"是这样,贝蕾妮克。现在只留下一片废墟和荒漠。阿马尔奈应该是永恒的,它会一直存在,'直到天鹅变黑,乌鸦变白;直到群山起来走路,河水往山上倒流。'然而实际上,在这个城市建成后不到二十年,就在埃赫那吞国王死后不久,就废弃了。后来的国王拆毁了这个城市,并下令把拆下来的石灰岩石块搬到尼罗河西岸,用它们来为阿蒙—雷神和以前所崇拜过的诸神建造新的庙宇。因此,我们现在又在卡尔纳克的神庙里了。我们继续往前走吧。"

塞内克斯站起身来,他们穿过门洞,走在石头铺成的大道上。

"这里的夜晚肯定也很漂亮。"罗曼说,而斯蒂芬却在一旁沉默不语。他虽然赞叹这里的建筑艺术、高耸的埃及石柱和带有柱廊的教堂以及教堂里的画和碑文,但是这种宗教的精神却让他感到陌生。

把你的身心献给丰富的学识

塞内克斯指着一栋黄色的小楼说:"看,那是一个祭司的房子,他同时还是一个能写会算的书记员。我们在这里看见了最早的学校之一,而且那时就已经有教书匠写文章,阐述教育的益处,他们号召:'把你的身心献给丰富的学识,像爱母亲一样热爱学识,因为没有什么比它更宝贵。'不仅如此,那些热衷学问的人甚至还写道:'当兵是不幸的,种地是辛苦的,唯一的幸福就是把全部身心献给书本。'"

"那么,书记员这个职业受人尊敬吗?"

"这个职业尤其受到年轻人的青睐,贝蕾妮克,因为它能使他们从繁重的体力劳动中解放出来。"

他们走到一扇开着的窗户前,朝里面一看,只见几个光着身子的男孩蹲在已经踩平的粘土地上,往陶土制的小黑板上刻写埃及圣书字。他们的面前蹲着一个老师,他也裸露着身体,只围了一块布,布的前角从大腿根部穿过去,固定在背后的带子上,看上去像一条兜裆裤。他手里拿着一支笔,耳朵后面还夹着一支。

"无法想象,没有书记员,古埃及王国会是什么样子。"塞内克斯解释说,"他们是管理部门的支柱,他们记录已完成的工作、商品、价格、费用、利润和亏损;给赶进屠宰场的牲畜计数，或称量粮食；起草报告和遗嘱，计算税款。开始他们只在陶土碎片上刻写，后来便在成卷的纸莎草纸上写。这种纸莎草纸是用一种生长在尼罗河淤泥中的亚灌木纤维制成的。在古埃及王国，这种纸莎草纸的制造已经发展成了一门能盈利的手工行业，而且这门行业已经采纳了某种具有工业特征的形式。埃及是第一个把纸莎草纸和羊皮纸用于书写的国家。较高年级的学生可以用纸莎草纸，这种纸是当时的主要交易物品。"

"这是古埃及送给人类的最重要的礼物之一。可纸莎草纸是怎样制造出来的呢？"

"用纸莎草纤维做的，罗曼。先把草茎剪成很窄的细条，再把别的草条放在上面，然后压成纸张。这种纸张可以装成书——把一页纸的右边与另一页纸的左边贴在一起，最后形成可以长达四十米的书卷。"

"那他们用什么写字呢？"

"用黑色的、不易褪色的墨水——这是一种炭黑和植物胶水的混合液体。书写用的笔是一种简单的芦苇秆，笔端是用很细的毛刷做的，古埃及人不但用它写商业文件、记账，同时也用它写出了人类历史上最早的文学作品。"

"请您再给我们讲讲文字，讲讲古埃及圣书字。它们看上去像绘画的符号。"

"这个印象是错的，罗曼。埃及圣书字虽然画的是人、动物、植物和一些别的东西，但是这些不是纯粹的象形文字。所谓的意符是指对某个文字所做的符号说明，比如人们在表达某种活动的概念后面附上一个挥舞着的手臂的图像，或是在某个专有名词后面画上一个坐着的人。大部分埃及圣书字还有音符——可它们与图画的意义毫无联系。此外，一些符号看上去都很符合逻辑，如人们用两个不同的符号表示'出行'这个概念，用两个符号表示'小船'；一条扯起风帆的小船表示'到南方去'，因为逆尼罗河河水而上需要扬起风帆；而要表达'到北方去'的意思，就画一条卷起风帆的船，也不画桨，因为船只完全可以顺水而下。经过了很多年，人们才终于能读懂埃及圣书字。我建议，关于古埃及文字我们就谈到这里吧。直到地中海东岸古国的腓尼基人才给人类送来了由22个符号组成的字母表。"

猫头女神巴斯特特（Bastet）的神圣动物

"趁还有一缕阳光，我们到尼罗河岸边去看看，"塞内克斯提议道，"从左边这条街可以走到河岸。"

"去尼罗河！"罗曼大声叫道，他的声音响起了一阵回音，"真像在梦中一样。"

贝蕾妮克也很兴奋："尽管快到晚上了，但是我根本不敢去想要回到我市区的家，只怕离开这个公园之后就再也不能回来了。也许我明天早上在床上醒来时，这里的一切就再也找不到了。还有许多东西没看完呢！"

塞内克斯含笑看着她。他很喜欢这个姑娘，所以听到贝蕾妮克说喜欢这里，他十分高兴。塞内克斯说："时空都不存在了，你们不用回家，一切都准备好了。公园里有一家小旅舍。只要你们愿意，我们就可以不离开这个公园。"

他们异口同声地答应了。

"好吧。我们睡觉之前，还可以在旅舍再聊。夜晚对于我来说像白天一样重要，甚至比白天更重要。现在我们还是先去河边吧！"

塞内克斯和三个年轻人从旁边一条热闹的辅路走过，这条路比神庙前的林荫大道稍微窄一点。他们的影子一直在他们的前面，太阳越来越快地向西边，向利比亚的沙漠落下去。

这里也有无数人在跑来跑去，背着陶罐和筐子。大大小小的孩子们在一起玩耍，围着圈跳舞。

突然，贝蕾妮克惊奇地大叫了一声，"看那儿！那里……"她指着一栋房子的门口说。门口蹲着一只棕黄色的猫，两只耳朵高高地竖起，它很瘦，尾巴在身前绕住自己的爪子。

"你的观察力很强，"塞内克斯说，"这是最早的家猫！人们在美索不达米亚王国也发现过猫，但是不能确定，在那里人们是否把猫养在家里。在古埃及，猫确实存在，它们属于这个国家，猫被当成猫头女神巴斯特特的神圣动物受到尊崇。猫是家园、母亲和孩子的守护者，因为它能把老鼠赶出粮仓，帮助法老养活他的国民。巴斯特特是一个开朗、快活的女神，她喜欢庆祝向自己表示敬意的节日。她有自己的城市——尼罗河东三角洲的布巴斯缇斯（Bubastis），这个城市有许多巴斯特特女神的神庙。人们从远处赶来庆祝她的节日。这种活动一般要持续很多天，人们跳舞，贡奉祭品，还有一个集市，那里有人玩游戏、讲童话、变魔术，当时肯定是热闹非凡，因为据说有七万人参加。"

贝蕾妮克蹲下身去逗猫，它真的走到她身旁，扬起前爪去摸她的腿。塞内克斯让她玩了一会儿，然后叫道："那里就是神圣的尼罗河，古埃及生命和文化的摇篮！"

贝蕾妮克又忍不住回头再一次摸了摸猫，然后站起身来。他们从狭窄的街道中走出来，突然觉得视野变得极其开阔，在他们的面前奔腾着一条南北走向的淡棕色河流。

一种能聚风的翅膀

他们漫步在岸边的林荫道上。一堵高墙向北延伸，墙的后面是公共建筑和王子的宫殿。河堤的斜坡上种满了海枣树和棕榈树，深绿的芦苇长得非常茂盛。夕阳的余晖给一切都披上了一层绚丽的色彩,太阳之神阿蒙—雷神受到万人崇敬和膜拜。每天早晨,太阳从东边沙漠上那光秃秃的山顶冉冉升起,每个夜晚又在西边徐徐坠落,人们普遍把西方设想成宏伟壮丽变化多彩的极乐世界。

塞内克斯小声赞叹着:"我十分理解古埃及人对尼罗河的歌颂:'祝福你,啊,神圣的尼罗河,是你让两岸披上了绿装。'"他指着眼前的河流说,"古埃及最早的小船是用捆绑在一起的纸莎草茎做成的,后来大部分是用芦苇秆编成的。最为突出的是他们很重视风帆的作用,没有人知道是谁发明了帆,但是古埃及人已经在利用风帆行船。从根本上来说,风帆就是一种翅膀——像鸟的翅膀一样,它把风力转送到船上。在学会用火以后,风帆的发明是人类第二次把自然的力量运用到自己的劳动中。"

这条河上活跃着无数艘运输石头的货船、装饰豪华的小舟和运送牲畜和粮食的商船。

河岸停泊着一艘工料考究的木船,船身装饰着金银饰品。一群爱看热闹的人在看工匠编织和修补船只,贵族的轿子从旁边走过。

塞内克斯大声喊道:"过来,我们到尼罗河的对岸去,我想让你们参观一次葬礼——没看过他们的葬礼,你们就错过了一件对于古埃及人来说十分重要的事情。"

他们沿着河堤的台阶走下去,下面有一艘宽敞一点的船等着他们,船夫伸手将他们扶上船。船上不只他们三人,他们刚刚踏上甲板,两个奴隶就开始顶着斜向逆流的水划桨,把他们送往河的对岸。这时他们又一次看到了许多用芦苇捆扎成的小船,它们在河的两岸之间穿梭。也有稍大一些的船从南边——也就是从尼罗河的上游向他们驶来,还有些船由北向南驶去,因为是逆水行舟,它们走得十分缓慢。有几艘船,特别是大船,靠河岸的纤夫往前拉动。

塞内克斯指着一只稍小一点、但装饰特别漂亮的小船说:"这是一艘用雪松木打造成的圣船,它由岸上的正在举行某个宗教仪式的队伍拉着往前走。"

许多小船和帆船也向北行驶,顺流而下。掌舵的人皮肤晒得黝黑。"那里是尼罗河的河口,"塞内克斯手指着一个地方说,"就是富饶的三角洲。"

画满图画的棺柩

他们满怀好奇地到达了河的另一岸。下船后,沿河岸的斜坡走上去,到了堤上,他们就融入了人流中,因为这时正有一个送葬的队伍经过,围观的人群默默地注视着,人们正在从一艘停泊在岸边的小船上抬下一具棺柩,棺柩的外壁画满图画。棺柩里装满了与死者生前有关的物品。十二名奴隶在队伍的最前端等着,他们肩上扛着玫瑰色的雪花石膏罐子。

"罐子里装的是给死者预备的食物和贵重的油膏。另一些奴隶把装着死者衣服和珍宝的雪松木长箱子扛到一辆牛车上,车上摆放着四个装有经过防腐处理的死者内脏的容器,每个容器上都有一把鹰头锁,它们分别代表鹰头天神荷罗斯(Horus)的四个儿子。它们是死者的守护神,分别代表东南西北四个方向。所有这些烦琐的准备和隆重的仪式使古埃及人减少了对死亡的恐惧。"

送葬的队伍缓缓前行,公牛用力向前拉车,装载棺柩的滑橇开始滑行。走在队伍最前面的是一位祭司,他身上裹着多褶的蓝色布袍,嘴里唱着虔诚的圣歌。走在他身后的祭司们团团围住运载棺木的灵车,在他们后面还有一群祭司跟着,最后才是死者的亲友和送葬的队伍,他们都低垂着头。充满痛苦的哀诉响成一片,女人们一边抓起泥土撒在自己头上,一边号啕大哭。

就这样,送葬队伍一直走到光秃秃的山上,整个过程大约持续半个小时。在坟墓——一个砂岩洞穴口——的入口处,送葬队伍停下来,人群往后退几步,女人们也停止了哭泣。人们把棺材从滑橇上放下,直立在地上,祭司们围在一起,其中有几个人手里拿着敬神用的香桶,嘴里默默地祈祷着。灰色的香烟在岩壁前像雾一样往上升腾,飘飘忽忽地,最后消失在越来越清晰的薄暮的空气中。

"现在他们把祭神的酒倒出来,"塞内克斯小声说,"随后一位祭司将拿着一把圣刀走到前面,开嘴仪式开始了。这个仪式只有象征意义,并不真正会去碰死者的嘴,只是表示这样做了就又能使死者开口说话。不过,我认为你们看得够多了,而且对于我们这些性急的人来说,这个仪式持续时间太长了,因为送葬的人要在新的墓穴前守护四天四夜。我们到那边看看,只有几步远就是一个墓穴,我们可以进到里面去看看。"

在一个没有任何装饰的正方形入口,奴隶递给他们几个点燃的火把。他们侧身依次经过一个狭窄的井穴,钻进山洞深处。在忽明忽暗的光线下,出现了一派远古时代的景象。人在有生之年所经历的每个夜晚的黑暗,是死者死后在冥府中必须时时经历的。守护在墓室的神是阿努比斯(Anubis),这位长着胡狼头的神专门为死者开路。

"胡狼是沙漠的居民。在见到阿努比斯神以后,死者从索斯神那里要么受到诅咒,要么得到赦免——人们希望欧西利斯神带领他们过上幸福的生活。"

通道的岩壁上有许多绘画,直到他们进到深处的墓室——这个地方有一间房那么大——他们才看到洞壁上的装饰。棺材放在房子的中间,他们缓慢地沿岩壁绕着棺材走了一圈,用火把照亮岩壁,可以看到壁画中有献祭的食物、饮料和葬礼的场面:跳舞的人、献祭品的人、船以及送葬队伍中哭泣的女人。

塞内克斯小声说:"你们仔细看看那边,那些东西在以前的人类历史上还从来没有出现过。"

他们看见了鱼、鸟、猎人、各种各样的野兽和植物、棕榈树和生长茂密的绿色芦苇。

塞内克斯指着一幅画说："坐着的是死者——这间墓室的主人。他坐在自己的画架前，画着四个季节。我们知道，四季代表天神荷罗斯的四个儿子。他右手握着一支笔，左手托着一个颜料盘，肩上挂着一个调色板。在另一边，我们看见这个人和他的妻子、仆人在一起，而对面又画着他和妻子坐在一艘纸莎草茎编的小船上。"

"他在干什么呢？"

"他在用鱼叉叉鱼，罗曼。小船上他的两个仆人在用镖枪叉河马。那边还画着这人和他的妻子在沼泽地里捕猎。天空中到处飞着各种鸟类，河水里满是鱼儿在游动。古埃及是一块物产极其丰富的土地。"

"他的妻子总在他身边，这点让我觉得真好。"

塞内克斯点头道："我们已经说过的，贝蕾妮克，在古埃及，女人是一个家庭的主宰。"说罢，他指着另外一幅壁画说，"这里画的是把牛赶过河去，人们在那里杀牛。那里有人在压葡萄汁，还有仆人在花园工作。古埃及人热爱自己的土地，喜欢自己的花园。这些花园是纯粹的奢侈品，它们除了让人赏心悦目，便再无别的实际用途。人们建造花园不是为了满足某种实际的需要，花园里种植的不是他们生存所必需的作物，因为里面种植的是花，而不是蔬菜！这又是一种新的现象，即人类早就开始追求一些没有任何实际用途的美。因为早在石器时代，人类就知道打扮自己，在人类最早的城市耶利哥，人们制造陶器就不仅仅是为了弥补某种物质上的不足，其中也包含着审美的愉快。但只有到了古埃及，才开始发展这种没有任何实际生活用途的园艺。总而言之，古埃及人把这种艺术——如你们从这些壁画中所看到的——从最基本的形式很快发展到了后人无法超越的登峰造极的境界。"

三千年或更久

"您刚才说'很快'，但是古埃及文化经历了三千多年，在如此漫长的时间中，艺术也在不断变化和发展。"

"你说的也对也不对，斯蒂芬。因为最早的艺术，或者说古埃及前王朝的艺术已经达到了令我们惊叹不已的高度。在此之后，艺术当然也发生了某种变化和发展，它变得日渐精美，甚至过于精美，但是相对于出现文化萌芽所经过的漫长时期，这段时间又是多么短暂。在我们欧洲，从现在倒数三千年，从工业技术文明……"

"那我们必须追溯到……让我想想，我们马上就到两千年了，再追溯到公元前1000年，那我们又要进入古埃及时代了。"斯蒂芬嘟囔着说。

"是的，我们必须追溯欧洲所走过的整个历史进程：中世纪、民族大迁移、古罗马和古希腊。这还不够，还得往前推算1000年，这样你们就对古埃及文化的漫长进程有了概念。这样你们便能感觉到，从根本上来说，所有的变化相对于漫长的时间是多么微不足道。古埃及文化对于所有变化的这种泰然自若，也许与高度发达的中国文化最为接近——中国文化从古至今几乎没有什么变化，任凭人类文化长河奔腾不息，却始终坚持自己所固有的文化——也许正是这一特点才是某种真正的文化的标志。"

"这么说您对我们今天的时代并不欣赏啦。"贝蕾妮克说。

塞内克斯高举起自己手中的火把："这一切是多么富有装饰性，却又充满生机。一切都展示在我们面前：这个男人在倾听自己妻子弹奏竖琴，而妻子也在看丈夫下棋——是的，人们那时有时间娱乐，他们唱歌跳舞。我们对古埃及人之所以知道得这么多，是因为他们把自己的整个生活，包括他们的农庄、房屋、宫殿、仆人、家庭和孩子，甚至他们的游戏都刻画在墓穴的墙壁上。他们想把生前的一切都带到死后的生活中去，因为他们太爱自己此生所拥有的生活，并不渴望有遥远而不现实的天堂存在。"

斯蒂芬陷入了思考中。在他看来，这些古埃及人尽管生活还有许多欠缺，但是他们总是紧紧附着于人类的生存与生活本身，这一点之所以显得如此突出，是因为在现代社会，这种人类最基本的生存和生活的意义，经常由于现代技术和各种各样对环境的破坏，而使人产生怀疑，因为现代人确信，人类的历史将以一个巨大的灾难而告结束，而且这个灾难很快就会到来。

塞内克斯继续说："墓室里所有的壁画都得归功于对死亡的恐惧。有意识、能思维的人类对死亡怀有极大的恐惧。在古埃及，死亡第一次产生了如此丰富的艺术作品，而且又以如此了不起的方式表现出来——这种方式后来再也没有出现过。"

"那么到底有没有一种比死亡更能强烈地刺激人类思考的事物呢？"斯蒂芬沿着这个思路穷究不舍。

谁是艺术家？

"但有一点我们不能忘记，"塞内克斯说，"在类似这种豪华的墓室里，安息的只能是国王、高官和富人，穷人绝不可能享用这种奢华。那些农奴、农民、做工的人和奴隶却只能蜷缩在自己的坟墓里，没有碑文、没有雕塑、没有壁画，也没有对永生的期望。"

"可创作这些作品的艺术家是谁呢？我指的不仅仅是这些壁画的作者，我还想知道是谁创作了雕塑，创作了国王的头像和神像。"

"我们只知道几个名字，罗曼。他们不在自己的作品上署名，而且他们的名字也很少被人提起，就像人们不会知道某个制作精美的手工艺品出自谁手一样。在古埃及，艺术的目标几乎总是为了追求永恒，这点也是它们和我们今天的艺术之间的区别。艺术家所创作的这些墓穴塑像、浮雕、画像不是从生者的眼光出发，不是为了装饰，不是为了娱乐，也不是为了排场。所有这些都是服务于死者，是神秘的咒语，是灵魂的家园。古埃及艺术家与他们的传统紧密相连，他们的创作大部分是根据样品和预订进行的，他们从国家的珍宝馆得到素材，由他们的委托人支付报酬。一般情况下，一件作品经几道工序由不同的人完成，创作者也仅仅把自己看成工匠，我们今天的艺术家所能获得的崇高荣誉，对于那个时代的人来说是陌生的。但尽管如此，人们还是尊敬他们，人们用华丽的字眼称呼他们，如：'奉献生命的人'或'创造生命的人'，并把他们接纳进上流社会的社交圈子。这已经预示着某种发展，这种发展一直保留到我们今天，这种情形在今天甚至更为过分。有一个特别现象我必须告诉你们，当时，所有为墓穴工作的艺术家，无论是石匠、画家、雕刻家，甚至挖土的人——都被圈在小城的专门安葬死人的山上，他们不许离开，完全与世隔绝。"

"多么少见而又残酷的做法，可为什么呢？"

"原因是显而易见的，贝蕾妮克。不能让他们把墓穴里有多少珍宝的秘密泄露出去。专门有人给他们提供所需的东西，但外人只能把东西送到他们这个小城的城门口。他们给后世留下了极其丰富的记载，记载的内容给我们讲述了他们那个时代的生活。不管怎么说，作为'艺术家'，他们没有得到我们觉得应有的尊重，而是被当成囚徒看管起来。当我们把古埃及与天堂相提并论时，也不应该忽略这天堂中的黑暗角落。总之——不管我多么想赞同你们的观点，但是请别忘记，所有这些富丽堂皇的建筑、庙宇、宫殿和金字塔的建设，都是上千年强制劳役的成果。"

"金字塔！我们还没见过一座金字塔哪！"

"是的，这是一个遗憾，贝蕾妮克。但是现在时间已经太晚了，天也黑了。今晚我们到了住处后，会再谈到金字塔的。"

说完，塞内克斯举着火把，转身从狭窄的通道朝上走去。他们越往上走，空气越新鲜，现在他们才感觉到墓室里弥漫着的霉味。

第一晚
时间害怕金字塔

法老墓和希腊神

舒适的小旅舍

当他们来到室外时,那光秃秃的荒凉的死亡之山消失了。他们走进一个花园,沿着花园小路前行,小路旁有低矮的电灯照明,灯光照在花草丛中,折射出晶莹剔透的绿色,使周围的一切看起来像童话世界一般。

"这是我们旅舍的入口。"当塞内克斯说这话的时候,他们已经到了一个小门前,门自动开了。旅舍的前厅很小,但是布置得很舒适,里面有带弹簧的沙发、桌子、柜台。柜台后没有人,柜台上却并排放着四把带房间号码的钥匙。塞内克斯什么也没说便拿过钥匙,并给他们三人每人一把。

"在房间里,你们能找到过夜和明天所需的东西,不仅有毛巾、肥皂、牙刷和剃须刀,还有睡衣、干净的内衣和新衬衫。"

三个年轻人已经很疲倦了。

"你们先洗洗,休息一下,二十分钟后下来。旁边的这间房里有自助餐,我们到时还可以边吃边聊。"

他们从楼梯上去,楼上有带冷气的单人间,其舒适程度和今天的酒店没什么区别。当然这一切在他们看来都有一种不真实的感觉。他们各自洗完澡,在床上躺了一会儿，听到敲锣声后，便去楼下吃饭的小房间会合。

塞内克斯领他们走到一张桌子旁，旁边的餐饮台子上放着食物，还有饮料。

四人分坐在桌子两旁。斯蒂芬坐在塞内克斯一侧，没能坐到贝蕾妮克身边，他并无不快，因为坐在对面，反倒更适合互相打量对方，这让他感到温馨，因为她的存在能使他相信，她是属于他同一时代的孩子，而不是一个遥远时代的幽灵。

用石头堆起来的山

"现在让我们谈谈金字塔。"刚刚填饱肚子，塞内克斯就打开了话匣子，"的确，我至少该让你们看一座这种人类靠双手用石头堆起来的山，但是我们在古埃及停留的时间已经不短了。当然这也是有其内在原因的，因为从古埃及我们接触到了所有文化的开端——这点我已经讲过了，对吗？在古埃及，人类自身终于'完工'了——如果我能这么随便表达的话——可以说在古埃及时代，人的进化实际上已经结束。那时人们能熔化矿石、对金属进行加工、使用轮子，并用它来运输物品和制作陶器。

"人们已经能用蜡烛照亮黑夜，能在金属做的镜子里照见自己。我再强调一次，与古希腊、古罗马和工业革命前欧洲别的民族在19世纪所掌握的工艺技术相比，在所有领域古埃及人都占有明显的优势，只有现代社会才超越了古埃及。"

"可这能说是一种超越么？"斯蒂芬问。

塞内克斯笑着继续说："古埃及人建造几公里长的墙，把绿洲里的水汇集成一个湖，他们开垦了两万五千摩尔干[1]的沼泽地，他们不遗余力地建设水利设施，借助于他们自己制作的沉箱修渠道，渠道从尼罗河一直通到红海；在这些水利工程中，要远距离运送成千上万吨淤泥。他们还制定了度量衡，并研制了有刻度的秤。同时，建筑技术也不断得到改进和发展。他们用石头或砖块建造宫殿，这些石头和砖块之巨大，令我们今天仍惊叹不已。金字塔属于其中最伟大的建筑，因为首先它需要一种前瞻性的构思，一种超常的想象力，然后根据这种想象，再制定一个计划。制定这个计划首先需要数学知识，而要实现这个计划，就需要有高度发达的技术，利用这些技术，古埃及人从山里开采成吨重的石料，装卸和远距离运送大石块，最重要的是运用这些技术能把石块传送到高处。如果我们相信希腊历史学家希罗多德的说法，或者依据古埃及浮雕所表现的内容，那么这种巨大的石块是由上千个男人用上过油的杠杆搬动，并从专门搭好的斜坡上运送上去的。显而易见，这是一种十分辛苦的劳役，但是古埃及人却把这种劳役看成是做礼拜，认为这是天神要求他们去尽

---

[1] 欧洲各国的土地面积单位，1摩尔干大约等于0.25—0.34公顷。

的某种义务。在金字塔建筑工地苦干的至少有十万人，他们中有泥瓦匠、和灰的小工、工头、石匠、木匠、测量员、工程的组织者和建筑设计师，此外还有大批劳动力，他们把石块从山体上切割下来，运到山下，再装上船运往建设工地，那里有他们居住的棚屋。祭司也在工地敬奉香火，祈求上苍的保佑。无数的人汇集到沙漠上正在建设的金字塔周围，所有的人，包括他们的家属都能得到食物和衣服。当然他们常常干到自己精疲力竭时才停下来休息。许多人死于过度劳累和瘟疫。"

"那为什么要建金字塔呢？"

"金字塔的最终谜团一直没有破译，贝蕾妮克。不管怎样说，它们首先是墓穴，是国王的陵墓，金字塔的建设是为了能确保国王获得永生……"

"多么自私的行为。"

"绝不是这样，斯蒂芬。因为人们相信国王在另一个世界还能运用自己的力量赐福给这块土地。所以在今天还有一种最著名的说法，那就是吉萨（Gizeh）金字塔是沙漠中人类信仰的纪念碑。四个三角形相交在一起，彼此倾斜，最后在顶端达到统一。它的一面迎接冉冉升起的太阳，另一面接受午热时分，第三面送走西沉的落日，第四面转向永恒的夜晚，其中最大的胡夫金字塔有罗马的彼得大教堂、米兰大教堂和佛罗伦萨的圣母之花大教堂、伦敦的圣保罗教堂和西敏寺大教堂这世界上最大的五个教堂的总和那么大。现在我给你们提个问题：这些金字塔到底证明了什么？"

三个年轻人面面相觑，最后斯蒂芬说："我们不知道您指的是什么？"

"我的意思是，这些金字塔证明了：一项超越人力的非凡成就的完成，不取决于运用何种方法，不取决于有没有挖土机和起重机，甚至可以不取决于是否使用轮子和轱辘，而是仅仅取决于人的意志。"

"或者说取决于人的想象、信仰和动机。"罗曼补充道。

塞内克斯回答说："你说出了我的心里话。"贝蕾妮克用赞赏的目光深情地望着罗曼。斯蒂芬感到像被什么蜇了一下。

"当然，金字塔的建设也持续了好几十年，"塞内克斯说，"在这项巨大的工程背后，肯定有一种强大的意志和伟大的信仰支撑着。一座金字塔需要采凿、运送和堆砌两百多万块石料。埃及有一句俗话完全可以说明这点：'世界害怕时间——但时间害怕金字塔。'"

说完，塞内克斯沉默了，三个年轻人看出塞内克斯似乎正在考虑什么问题。

终于，塞内克斯开口说道："我不想隐瞒，金字塔的建设还有另外一面。古埃及人曾经抓了成千上万的努比亚奴隶，把他们投进到这项十分艰苦的劳动中，他们为此付出了生命。"

"不管怎样说，这的确有损于这个世界奇迹的光辉。"贝蕾妮克小声说。

"金字塔建设的这一面太黑暗了，我本来想绕开不谈的，"塞内克斯回答说，"你们肯定也觉察到了我的这种犹豫。但是无论怎么说，相对于当时使用的简单工具，建设金字塔的劳动效率是非常高的。被我们看成史学之父的希腊历史学家希罗多德解释说，胡夫法老的金字塔最高，他由于建造金字塔把他的国家推向了不幸的深渊。至少有十万以上的人同时在为建造金字塔卖命——每三个月换一次人。"

"难道这还不能说明修建金字塔是一种奴役！"

"确实是这样，罗曼，谢谢你，"塞内克斯如释重负地说，"不管怎样，事实如此。法老们只能通过使用最残酷的惩罚——包括用木桩将人刺穿——才能达到目的。干活的人生活条件极为恶劣——根据古希腊的记载，当时给奴隶的供水限额很低。由于劳累过度、高温、干渴和事故，大约至少有四分之一的劳工丧生。"

"每年十万？"

"在先后持续五六十年的金字塔建造过程中有五百多万人丧生，斯蒂芬。"

"那尼罗河还不成了万人墓！"

"金字塔是人类历史上最恶劣的劳改场，罗曼，"塞内克斯嘟囔了一句，"我也不愿相信这点。有人为证明这点，说金字塔的古埃及圣书字的含义是'死尸山'，我对此表示怀疑，因为我认为圣书字表示的尸体是指国王的尸体。当然，没有牺牲品，就肯定建不成金字塔。非常遗憾的是，在进化公园的参观中，我们还会碰到无数这一类的残忍故事。我们人类在折磨别人时总是念头百出的。"塞内克斯终于可以结束这个不愉快的话题了，他好像松了一口气。他接着说道："最大的几个金字塔主要建于前王朝结束和古王国开始的时期。当后来出于安全的考虑，把首都从尼罗河入口处的孟菲斯迁到了内陆的底比斯（Tbebes）以后，人们也把死去的法老安葬在地底下，安葬在历代君王安息的山谷里。你们今天看见过一个类似的坟墓。"

谁也没有再说一句话。

独一无二的行星

过了一会儿，斯蒂芬一边用手指把面包块捏成碎屑，一边说："我真想设身处地地想一想这些人的宇宙观。他们在艺术、技能、科技等方面如此发达，可他们对这个世界却知道得那样少——我的意思是说，他们没有像我们一样对这个世界的事物有比较多的了解，他们对原始大爆炸一无所知，也不了解宇宙的诞生，不知道宇宙是无边无际的；他们既不知道银河系和星云，也不了解我们这个地球上的土地和海洋的各个组成部分；他们甚至无法让自己的想象超越自己的视线，因为超出他们视线之外的东西他们什么也看不见。我们是最早能够看到我们这个星球在宇宙中自由飘动的人。在此之前，人们顶多只能想象，他们的思维一直停留在地球上。现在不同了——在月球上或宇宙空间拍摄的地球图像每个人都可以看得见！但是我们对这个独一无二的星球的看法发生了变化吗？"

"可惜没有，斯蒂芬。"罗曼接着说，"这个持续了几千年之久的古埃及历史静止期对于我们来说是无法理解的。总之，时间停止了，一切都静止不动，除了出生和死亡。古埃及人也许感觉不到自己的历史是一种进步，他们也许认为这一切只是永恒的安宁状态中的一种运动。"

"还有一点我们必须想到，"塞内克斯说，"早期文化中的人类只知道看得见的活生生的世界，他们只看见自己的生命，并把死亡看成生命的一种延续，他们的信仰就是由此而产生的。"

"我刚才说的是另一种意思，"斯蒂芬说，他又回到了自己的思路上，"我们，我是指我们今天的人类，是第一代能把自己的目光投向自己最早的历史的人，而与我们现代人之前的所有时期的人类相比，我们也是第一代不得不很快思考人类自身结局的人。在我们之前，谁也没有想象过会有一个没有人类的地球，当然他们也没有理由去这样想。"

"我不像你一样把这些看得如此悲观，"罗曼反驳说，"我承认我们处在某种转折期。我们之前的人类只是不需要去考虑他们行动的后果罢了。"

"我们也是最早把目光投向无边无际的空间，去看宇宙诞生的人。我们无法想象'虚无'的后面是没有任何解释的。在认识上，未来的科学家肯定比我们更有优势，但是即使是他们也无法解释最终的谜底。"

"也许，"塞内克斯说，"也许我们今天应该到此为止了，我们都累了。明晚我们还有机会继续这个话题。我建议，大家现在去睡觉。"

人文文化的开始

塞内克斯停下来想了一下，然后又说："明天清晨，太阳会把你们从睡梦中唤醒，你们会发现，那是人类历史上最明亮的太阳——古希腊的太阳，这个时期也被史学家称为希腊化时期（Hellas）[1]。"

"我太高兴啦！"

"你也有理由高兴，贝蕾妮克。"塞内克斯又热烈地谈开了，"古埃及——是的，古埃及使我感到振奋，但是古希腊却是一种人文文化的真正开始。希腊人最早撞开了通向自由、联想甚至冷静思考的大门。如果说在古希腊之前，人文的概念已经在

---

[1] 希腊化，又称希腊主义。该词为19世纪德意志历史学家德罗伊首创，用以概括古代地中海东部地区由亚历山大东征而开创的一个时代的历史和文化的特点。

人类的感情中萌芽,那么古希腊则是第一个清楚地把这个概念表现出来了。此外,在古希腊才真正诞生了科学。古希腊人把自己了解到的各种可能性连同对它们的思考传给了我们。不仅如此,与古埃及人相比,古希腊人的神所创造的世界充满了无与伦比的诗意和魅力。在人类历史上,是古希腊人第一次让他们的神具有了人性的特点、弱点和爱情的激情,他们会用充满热爱的幽默乃至嘲讽对待自己的神。在奥林匹斯山上居住的众神至今仍为人们所传颂。神会爱上一个凡间的女性,女神也会和男人一起去并肩作战,这一切给历史、悲剧和喜剧提供了丰富的素材。我们无法想象,古埃及人会把自己的阿蒙—雷神表现成一个爱情的冒险者,而雅典人却是这样对待他们的天神宙斯的。同样,也绝对无法想象,一个古埃及的诗人会把像宙斯这样的天神臆造成一个与海中仙女勒达有私情,并陷入桃色事件的神。"

"这又是怎么回事呢?"贝蕾妮克笑着问,她的神态在罗曼和斯蒂芬眼里更加妩媚了。

"是这样的,宙斯为了占有美丽的勒达,把自己变成了一只天鹅,后来勒达生了一只蛋,从蛋里钻出了美丽绝伦的海伦,就是这个海伦给古希腊带来了许多灾难,因为她引起了特洛伊战争。"

"这些都是美丽的传说。"

"我还想再指出一点,斯蒂芬,古希腊人的生活虽然不是完全不受魔术和巫术的影响,但是古希腊人的心目中却没有魔鬼撒旦!"

"撒旦是基督教创造出来的!"

"你错了,斯蒂芬,但是这点我们下次再谈。无论怎样,我们应该赞赏和佩服古希腊人,因为他们与魔鬼保持了距离。古希腊的神职人员从不用恶魔来吓唬人,他们甚至从来分不清善与恶,而是让国家和法律来替他们判断善恶。古希腊人也始终认为,是自己创造了神,他们从众神的身上看到了自己的影子。尽管在几百年的时间里,古希腊人不断扩大众神的天空,但是同时,也一直有一群人类的英雄存在于这个世界,他们受人崇拜,令人畏惧。那时谁都不是形而上学意义上的绝对好人和坏人。某个人或某几个人的绝对统治对于古希腊人来说是无法忍受的。"

"多么富有人情味!"斯蒂芬兴奋地说。

"尽管当时也有术士、魔术师和巫师,但古希腊的精神仍从迷信和对魔鬼的信仰(Deisidaimonia)中解放出来了。仅仅'Deisidaimonia'这个词就值得我们注意,因为它不但是指对不知道的事物的一种愚昧的恐惧——这种恐惧是违背理性的,而且也意味着对众神和恶魔(Daimones)的敬畏——这在古希腊人看来有些夸张了。"

"可是为什么在古埃及文化之后偏偏出现的是古希腊文化呢?"

"我也不知道这个问题的答案,罗曼,"塞内克斯回答说,"不管怎样,事实上文化也在传播。从美索不达米亚到古埃及,在爱琴海地区转了半个圈,后来才传到欧洲大陆。希腊半岛地理位置独特，每个地方都值得看上一天：无论是克里特岛的米诺斯（Minois）文化，或者是桑托林（santorini）——据推测这里以前可能是亚特兰蒂斯岛（Atlantis）所在地，还是保存了最古老钱币的爱琴岛（Ägina）。但是我还是想尽快着手讨论欧洲大陆文化。尽管我十分赞叹古埃及艺术，但是只有到了古希腊，人类的精神才超越了尘世间的生存，这是他们的伟大成就。在他们之前没有任何人能以同样的方式做到这点。你们回想一下，在古埃及，那些艺术家是怎样在与世隔绝的状态下从事自己的工作，而你们也将看到艺术家在雅典是怎样自由地从事自己的创造的。古希腊人奉献给我们人类的是不以实际用途为目的的艺术作品，这些艺术不但美好、优雅、有趣、感人，而且也不乏消遣的作用。古希腊人向无目的的思考的人——即游戏意义上的人迈进了一步。"

对塞内克斯的这个结论，三个年轻人都予以默认。四个人都站起身来向自己的房间走去。他们很快进入了梦乡，好像这种快速的入睡也是进化公园所提供的一项服务——也许，是因为这个公园本身就具有梦幻的色彩。

第二天 航向爱琴海

古希腊

口头流传的荷马史诗

  他们一行四人精神饱满地在餐厅会合。窗外的阳光透过巨大的玻璃窗照射进来,这种明亮温暖的阳光,通常在南方地区才有。
  贝蕾妮克的脸上洋溢着天使般的神采,这在斯蒂芬和罗曼看来,真是夺目撩人。
  斯蒂芬虽然说话尖刻,但他的感觉也确实比罗曼敏锐。他偶尔的嘲讽和挖苦都是因为他的过分敏感,而这种过分敏感与机敏的头脑又常常是不可分的——这种结合对于他自己来说,总产生一种令人难以接受的混乱感觉。他专注地打量着贝蕾妮克,她那美丽的眼睛、漂亮的鼻子、线条柔和的嘴唇、松散地披在肩上的金发。与此同时,罗曼也在热情地注视着贝蕾妮克,两个小伙子的眼光碰到了一起,很快便感到对方轻微的敌意。贝蕾妮克意识到了这种紧张气氛,但她只是微笑不语。
  塞内克斯开始做今天的安排:"你们可以把自己所有的东西放在这里,因为按原计划我们每晚都会回来。走之前请都带好野餐袋,这是今天新做的。"
  "今天要去古希腊,真是太好啦!我早就盼着呢。天哪!我的脑子在学校时已装得不少:叙事诗人、抒情诗人、戏剧家、哲学家……但我想知道得更多点。"
  "我先大致介绍一下。好吧,就从罗曼刚才说到的诗人开始吧。你们可能知道,最早的同时也是最伟大的诗人是荷马,虽然他是一个盲人。有人认为,《伊利亚特》和《奥德赛》不是他一个人完成的,而是有两个作者。"

"怎么会是这样呢?"

"因为它们之间的区别显而易见。《奥德赛》主要是描述一些比较细小的事物,如饥肠辘辘的感觉和日常生活场景以及猪倌、乞丐、狗;而《伊利亚特》反映的主要是贵族、英雄、氏族首领,荣誉、赞美以及反复出现的众神,神在这里起着最为突出的作用。所以人们认为,《伊利亚特》是荷马根据口头流传悠久的诗整理出来的,而《奥德赛》也许是此后另一个很重要的诗人创作的,但是他可能出自荷马的学校,并深受荷马的影响。许多角度和观点,尤其是主题使二者看起来非常近似,所以我们将它们统称为荷马史诗。不管怎样,荷马史诗中很大一部分出自荷马之手。荷马是第一个借助于刚刚发展起来的文字,给予迈锡尼时期口头流传的传说和神话一个固定形式的人。他把这些传说归纳到同一个主题之下。"

"借助于文字?据我所知,荷马不是个盲人吗?"

"他并不是生来就什么也看不见的,罗曼。他出生于公元前 8 世纪,出生地大约是希腊东部的士麦那(Smyrna)。他过着漂泊不定的漫游生活,后来失明了,但得到了一笔财富,便创办了一所学校。他结过婚,有两个女儿。最后一段时间他生活在希俄斯岛上,一直到去世。"

"但是如果他看不见,怎么写书呢?"

"他口授。大家都知道,失明往往能使人具有超强的记忆力。荷马为古希腊人制定了最高准则,塑造了他们的世界观,同时他也和他们一道参与创造了众神。他是西方诗歌创作的鼻祖,这使他享有独一无二的地位。人类第一次用宏伟的诗句描述自己的过去。一直到今天,《伊利亚特》和《奥德赛》仍是每个中学古典语文的教材。"

"我钟情于荷马史诗,"罗曼赞同地对塞内克斯说,"谁也无法像荷马那样完美地掌握六音步诗行:'请告诉我他的名字,缪斯,这个在摧毁了特洛亚之后,到处漂泊迷失方向的人'。"罗曼吟咏了一段荷马史诗后说:"到今天我们仍用'奥德赛'这个词来表达'迷失方向的漂泊'的意思。"

"还有一点值得注意,"塞内克斯说,"荷马给了'罪恶'这个概念一种新的解释。他让英雄普里阿摩斯(Priamos)对美丽的海伦说:'在我看来,你是无罪的——有罪的是神明!'"

"多么遗憾,后来的宗教没有继承这点,"斯蒂芬插嘴说道,"要是这样,它们就自食其果了——因为宗教毕竟是靠信仰者永远无法摆脱的犯罪感才存在下来的。没有犯罪感就不会有忏悔,不会有赦免!后面这两千年的历史就会完全是另外一种情形。不过,也只有这样才是符合逻辑的,那就是:全能的上帝是我们一切行动的最终原因，当然也是我们犯罪的最终原因。"

"可荷马史诗为什么在希腊受到如此推崇呢？"

"你提出这个问题，真让我高兴，贝蕾妮克。一种文化在一千多年的历史中如此深受一个诗人的影响，而这个诗人写的又非宗教著作——这的确不同凡响。直到今天，人们仍然对荷马推崇备至的原因还不仅仅在于这点。你们别忘了，他笔下众神的天堂，没有令人们产生过宗教所必需的那种狂热的盲目崇拜。"

"也正因为如此，人们没把他归入伟大的宗教创始人行列！有他这么一个例外，对于人类来说是多么不幸啊！"斯蒂芬不无嘲讽地说。

"荷马在某种程度上促使了古希腊民族意识的产生，却又没有激起人们的好战本能。他叙述了英雄的美德，但是他的英雄首先是人，这些英雄离我们很近。"

最早的字母表里只有辅音

过了一会儿，塞内克斯继续说："能够写下这些诗篇，并使它们流传到今日，有赖于文字的进一步发展——从楔形文字和象形文字到字母表。在公元前1000年就迈出了这具有决定意义的一步。当然，这一过程不是一次完成的，而是经历了相当长的历史时期。可以肯定，当时有这种需要，腓尼基人在地中海沿岸、北非、西班牙南部、西西里、撒丁岛、塞浦路斯、希腊和意大利经商，他们需要用一种简单的方法来与他们的客户进行书面交流。他们最早创造了只有辅音的字母表。在使用腓尼基人的辅音字母表时必须自己想办法加进元音，当时的希腊也使用这种字母表，这在希腊语中很不实用。所以，希腊人从古代西亚普遍采用的阿拉米语字母表中选择了一些希腊语中没有的字母，所以字母表中出现了A、E、O和Y这几个字母，J这个字母是希腊语自己的发明。希腊字母表由24个字母组成，其中17个辅音，7个元音。就这样，用这种希腊文字，古希腊文学作为人类最为丰富的文学组成部分开始繁荣了。它包含了几乎所有的文学形式：诗歌、戏剧、演讲、编年史和哲学。同时，古希腊人也是伟大的航海者，他们到过地中海沿岸的所有地方。由此我们可以推断，他们也把自己的语言传给了古意大利的伊特拉斯坎人。伊特拉斯坎人生活在今天的托斯卡那，是罗马人的祖先。"

"人们是在什么东西上写字的呢？还是像在古埃及那样写在纸莎草纸上吗？"

"人们也用纸莎草纸，贝蕾妮克。一开始，人们在竹片或树皮上写字。碑文则刻写在石头、青铜和铅板上，用得最多的是陶质的小板或涂了蜡的木质小黑板。如果想使所写的东西保持时间更长，人们就用从古埃及学来的那种纸莎草纸。在古罗马时代，人们还用山羊和绵羊的皮做成专门用来书写的羊皮纸。在涂了蜡的木质小黑板上用金属石笔写字，在羊皮纸和纸莎草纸上则用浸入墨水的芦苇管写。此外我们所用的'Bibel'[1]一词出自希腊文，希腊用'tàblìblía'表示'书'的意思。从腓尼基城市比布罗斯（Byblos）的名称中又派生出'Bibliothek'[2]这个词。

"比布罗斯位于贝鲁特三十公里以北，它是古希腊时代埃及纸莎草纸的主要转运中心。这种纸公元前3000年就已经在古埃及出现，但直到公元后2世纪才渐渐被羊皮纸所取代。

"从公元前5世纪开始，用纸莎草纸卷书写的荷马史诗和古典悲剧在古希腊得以流传，公元前3世纪希腊学者在埃及的亚历山大创建了第一个大图书馆，收集的文献资料和文学作品多达70多万卷。亚历山大聚集了一大批受国家资助的学者。"

"但是图书馆后来被毁坏了。"

"是的，罗曼，在公元前1年。"

"我想，这是某种征兆。"

"你指什么，斯蒂芬？"

"很简单。从那时开始对知识的破坏就已经开始了——尽管也许他们是无意的，而这种破坏性却在基督教中被有意识地继承下来了。"

"但是你也不能忽视一点，斯蒂芬，许多古典文献在教堂的图书馆中幸存下来了，像瑞士诗人康拉德·费迪南德·迈耶（Conrad Ferdinand Meyer）在他的中篇小说《普劳图斯在女修院里》中所叙述的那样。"塞内克斯反驳道，"在古希腊时代，羊皮纸的大批生产是在小亚细亚的帕伽蒙（Pergamon）开始的，那里有一个很重要的图书馆，羊皮纸由此得名[3]。此外，我们还得感谢文字，有了它才有了书写的艺术，才有了最早的历史记录。是的，历史记录是公元前5世纪古希腊最重要的成就之一。在谈论古埃及的时候，我已经提到过希罗多德的名字。像荷马一样，他也出生于地中海沿岸城市小亚细亚，在今天的土耳其境内。至少在长达12年的时间里，他在地中海沿岸地区游历。他留给我们的不但有按编年顺序叙述的希腊发展史——这在当时是一种全新的记事方法，而且还给我们留下了十分丰富的信息——尽管这些材料并非完全无懈可击，但是我们仍然为此惊叹不已，即使我们今天的历史学家，在记录历史时也容易失去方向。作为作家，人们完全可以把希罗多德称作天才，因为他的记叙充满生命的活力，语言幽默诙谐，形象生动，能够给人许多愉悦——这也许是因为文稿本为诵读而作。希罗多德曾在雅典朗读自己的文稿，享有很高的声望。好吧，我想已经说得够多了。你们吃完早餐了吗？饱了没有？我们动身吧！"

---

[1] 圣经。
[2] 图书馆，它的词根与Bibel和bibal是一种的。
[3] 帕伽蒙Pergamon，羊皮纸pergament源自这个地名。

硬币——大大小小的钱币

他们背上野餐袋,走出小旅舍。

贝蕾妮克深深吸了一口气:"上帝啊,太美啦!"展现在他们面前的是一幅十分独特的景致。

"我觉得,我们好像总是坐在一个大剧场里,眼前是不断旋转的舞台,昨天夜里台上又换了布景吧。"罗曼小声说。

"你说的一点儿也没错。"塞内克斯回答说。

清晨,空气新鲜,眼前是一片大海,景色壮丽,广阔无垠,伸向四面八方,宝石蓝色的海水与绿松石般的天际相连。脚下,一个小海湾里,停泊着一艘松木做的船,棕色的方帆紧紧地绷在桅杆的横杆上。岸边蹲着一个棕色皮肤的人,他身穿一件短袖束腰的袍子,头发剪得很短,但已经灰白,看上去像戴了顶银色的防护帽。

"他今天为我们驾船。你们马上就会看到——希腊人的确是一个航海的民族,地中海的海岸和爱琴海的岛屿都被他们占领了。我们上船吧!"

"但愿我别晕船!"

"不会的,罗曼,这海面十分平静,而且我们的行程比实际需要的要短许多。别忘了,我们是在一个人工建造的公园里。"

船夫将晒得黝黑的手伸过来,扶他们上船,然后,他松开缆绳,桨船顺风驶去。很快,绿色的海岸消失在云雾中,比他们想象的快得多。

塞内克斯朝船夫走去,从他腰带上取下一个小皮袋子,然后转身走回三个年轻人身边。他们三人坐在船尾。贝蕾妮克的头发在海风中飘动着,她微闭着眼睛,靠在船上,用一只手拢着自己的头发。

塞内克斯晃了晃手中的小皮袋,里面发出金属碰撞的声音:"硬币!"他大声说道,"这是最早的钱币。钱币最初可能出现在小亚细亚,希腊人很快就享用了这个很实际的发明。每个独立的古希腊城邦,无论大小,都有自己的钱币。"

他从皮袋里掏出一把颜色各异大小不同的钱币,有灰色、银色、黑色、古铜色和金色等不同色彩。许多钱币上还有压印的图案,外形也大小不等。钱币上可以看到马、牛、摔跤的大力士、蜜蜂、桂冠、羚羊、猫头鹰和罐子种种图案。

"他们怎么会冒出这样一个天才的主意呢,"罗曼问,"我的意思是说,在此以前他们一直是以物换物。"

"是的,他们采用钱币,是为了给不同种类的商品一个等值的价格。当时在人们看来钱币太贵重了,所以他们并不用它来进行日常的物品交易,钱币主要用于大宗的支出，比如支付官员的酬劳等，只有到后来，制作成本比较低廉的青铜硬币出现后，才用于日常的购物。当时，许多雅典人把钱币含在嘴里。"

"那他们就腾不出嘴来讨价还价了。"贝蕾妮克笑着插嘴道。

"他们说话时当然会把钱币从嘴里吐出来。最早压印在钱币上的图案就是防伪标志，城邦的管理者用这一标志担保这些硬币里的贵金属含量，为了防止金币和银币缺边少角，就特意在上面压印清楚的标志或图画。"

"就像我们现在纸币上的水印一样！"

"对，贝蕾妮克。这是为了防止伪造，如果硬币边缘缺了一圈，人们就知道这个硬币的金或银的含量少了一部分。"

塞内克斯把硬币重新装进小皮袋子，交还给船夫。船在水面轻松地向前驶去。细碎的水声与轻柔的风声交织在一起，像催眠曲一样。在平静和谐的声音中，时空都消失了。

毕达哥拉斯——自然科学的奠基人

"我先带你们去克洛同（kroton），"塞内克斯说，"克洛同虽然不在希腊本土，我的意思是说，它不在伯罗奔尼撒半岛，但它当时是希腊的一个城市。我们去意大利南部，就是今天的卡拉布里亚。克洛同这个地方现今还在，当然已经发生了巨大的变化，现在叫克洛托那（Crotone），在塔伦特海湾的西南部，西西里的东北部，西西里当时也是希腊的殖民地。"

"我们去那里干什么？"

"去拜访毕达哥拉斯，罗曼。"

"A的平方加B的平方等于C的平方。在一个直角三角形中，斜边C的平方等于其两个直角边A与B的平方之和。"斯蒂芬自言自语地背诵着。

"太好了！"塞内克斯在一旁给他鼓掌。

"为什么偏偏去拜访毕达哥拉斯，而不是阿基米得、欧几里得，或者其他伟大的数学家？"

"的确，你所提到的每一个人都值得我们去拜会，罗曼。特别是欧几里得的几何学是数学领域的重大成就。因为它用一种新的、符合逻辑的周密程序阐述了各种定理、命题和论证。但是我之所以选择毕达哥拉斯，因为他是给人印象最深的一个。他不但是欧洲自然科学的奠基人，而且也可以称为欧洲哲学的创始人。在古希腊哲学中，人类第一次提出了神话和传说无法回答的问题。人类学会了不把神话当作已经存在的真实去接受。他们开始产生怀疑，从此人类的思想从古老的禁锢中解放出来了。一个对事物持怀疑态度的人,不会成为教条主义者和自以为是的人。"

"怀疑论者总是自由的!"斯蒂芬附和道。

"这些理由已经足够让我们特别关注一下毕达哥拉斯了。我们不得不有所选择,要不你们太累了。此外,毕达哥拉斯曾经接触过当时所有著名的或者能结识到的文化圈。他是一个伟大的旅行家,到过阿拉伯、印度、法国南部和埃及。

"在古埃及逗留期间,他曾向祭司学习过几何学和天文学。请别忘了,在当时跨越如此巨大的距离去旅行,这本身就是一件了不起的事情。更何况他通常是徒步旅行,极少骑马、乘车或者乘船,沿途没有旅舍,经常睡在露天,地当床,天当被。

"充耳是陌生的语音,无法与别人交流,没有翻译,随时面临着数不清的危险:疾病、饥饿、干渴、手头拮据,有时甚至身无分文,只有一点可用来交换的物品。

"毕达哥拉斯和他的同时代人所创造的成就是令人难以置信的,而在这些辉煌成就的后面又有着多么坚强的意志啊!"

"也许还有一种冒险的乐趣呢!"

"这种乐趣是存在的,但更加主要的还是对于发现一种全新事物和寻找对这个世界一种全面认识的强烈兴趣。为了探索世界的奥秘,他们常年背井离乡,永远也不知道自己是否还能返回故乡。也许当他们回来的时候,他们所熟知和所热爱的人早已不在人世了。毕达哥拉斯理所当然地在他的学生那里受到无比的崇敬,并在他有生之年就被视为神话中的光明和艺术之神——阿波罗神的化身。你们看!克洛同在地平线上出现了。"

远处出现了一条海岸线,它在云雾中时隐时现,上面的房子像串在丝带上的珍珠。

这是一个天然港口,很小,但它对外敞开着自己的门户,这座城市的建立及其繁荣多亏了这个小港口。港口沿岸,一幢幢棕色的方块房子林林总总,有的是小酒馆——门前摆放着凳子,还有延伸很长的仓库。此外,建筑群旁边还矗立着一座白色的小神庙,阶梯一直伸向庙前的穿廊,穿廊由多根柱子装饰而成。两旁种了许多绿色的植物,有桉树、棕榈树和夹竹桃。渔船在港口进出穿梭。码头上到处都是忙碌的人,他们有的堆放货包,有的在搬运双耳陶罐[1],有的忙着往驴子身上捆放货袋,有的忙着在赶山羊。造船人在岸边维修船只。

船夫功夫老道,他从船帮上很快向岸边推过去一块木板。贝蕾妮克第一个踩着木板走下船,随后,塞内克斯和另外两个小伙子也跟着下了船。船夫用缆绳将船停泊好以后,他也上了岸。他将在港口旁边的小酒馆里等他们。塞内克斯朝一条很宽的巷子走去,狗群在撒欢,猫也不少,此外还看见成群的山羊和绵羊。

---

[1] 希腊用来储存和运送货物的一种双耳大肚细颈的陶土制造的器皿。

屋子里不断传出公鸡的打鸣声和母鸡的咯咯声。他们来到一个小广场。广场两边被延伸得很长的楼群围起来。他们朝主楼走去。但他们不是这里唯一的客人，因为有许多年轻人——有小伙子，令人惊奇的是还有姑娘正朝门口走去，门里也有不少人出来。引人注意的是这些年轻人娴静的举止和得体的做派，没有发现年轻人之间有不友好的表示，他们互相微笑致意，看起来这里的每个年轻人都像是精挑细选出来的，是某一特殊团体的成员。

小伙子大多穿着像衬衣一样的袍子，姑娘们穿着多褶的佩普络丝——一种系在腰部的淡蓝、黄色或棕色的裙子。

"红色，"塞内克斯说，"在这里，红色，特别是紫红色，是国王和红衣主教专用的颜色。"

相信灵魂轮回

当他们迈进走廊时，发现里面光线很暗，塞内克斯指着两张薄薄的兽皮——羊皮纸让他们看，只见上面写着几行字——是用那种装饰体的希腊字母写的，这种文字今天只有在中学古典课文上才能看到。

"你们看到的是毕达哥拉斯伦理—政治学园的规章制度，"塞内克斯解释说，"当时的年轻人都以能属于这一学园而自豪。"他弯下腰去，小声念道："**所有学生不但要承诺对老师的忠诚，而且还要承诺彼此保持真诚。只要还属于毕达哥拉斯学园，就必须一切共事。不许吃肉、蛋和豆子。**"

塞内克斯转身解释说："你们应该知道，这里之所以不许吃肉，是因为毕达哥拉斯从一次印度旅行回来后，开始信奉灵魂是可以轮回的，毕竟人们不想在无意中吃掉某个祖先的灵魂。我想特意给你们强调一下他们戒食肉类的规定，因为这是我们第一次遇到素食者。"

"我懂了。我们回想一下，原始时代的人类主要是靠狩猎为生，而现在……"

"我很赞成这样，斯蒂芬，这很有进步意义。"贝蕾妮克高声说。

"当然，"塞内克斯附和道，"在毕达哥拉斯生活的时代出现素食者，这也就证明他们不再忍饥挨饿。从事艺术和哲学领域的工作，或者说所有精神的创造，其首要前提是他们不必为自己的生计操心，无论是农民还是猎人。"

"用辛勤的劳动换取自己的面包……"罗曼说，"文化从来都是奢侈品。"

"是的，但请注意一点，毕达哥拉斯学园还规定，不许杀害那些对人无害的动物，不能用动物作牺牲品——这几乎是个前所未闻的要求，因为当时祭祀品主要是动物。学园规定他们只能在没有沾过血迹的圣坛前祈祷。此外，他们还不得砍伐种植的树木。"

"他们在我眼里简直就是古希腊时代的绿色和平组织。那总得允许他们干点什么吧？"

"当然啦，罗曼，比如，虽然提倡喝水，但并不禁酒。我反倒认为，从卫生保健的角度，在希腊这样一个高温的国家，水里的细菌很多，提倡喝水反倒更危险。但当时的人们对细菌还一无所知。我们继续往前走吧。另外，这个学园的人必须衣着简朴，行为得体，他们不能纵情大笑……"

"这简直是中世纪的修士生活！我还以为在这里会遇到充满生活乐趣的人哪！"

"你也的确遇到了，贝蕾妮克，尽管毕达哥拉斯的规定十分严格，他规定学生必须远离邪恶，但同时他也规定学生不应该在神灵面前发誓，因为每个人都应该不靠誓言、而应心悦诚服地相信神灵。每天晚上，每个学生必须向学园报告自己这一天的情况：他犯了什么过失，他有哪项义务没有履行，他做了什么好事。"塞内克斯说罢站起身来，摘下眼镜，并将它放回胸前的口袋里。

"学园的老师自己肯定过着花天酒地的生活，对于他来说，什么都可以例外！"

"你错了！斯蒂芬。毕达哥拉斯可是严格按照这些规定生活的。学生们总是怀着崇敬去谈论他：他白天没有喝酒，吃的是面包和蜂蜜，饭后吃些蔬菜。他的袍子总保持洁白无瑕，他从不吃得太多，也不恋爱……"

"这点让我觉得很遗憾，这样对他来说有些不人道。"

"是这样的，罗曼，毕达哥拉斯当然不是个孩子。他不会高声大笑，也不会去说笑话和故事，特别是他从不惩罚学生，也从未惩罚过奴隶！"

"这让我想起裴斯泰洛齐（Pestalozzi）[1]，"罗曼插话道，"想起我们现在对老师的规定。"

"毕达哥拉斯学园的录取却远没有一般学校那么简单，有些像今天某些十分严格的寄宿学校。它要求学生通过节欲和自我控制净化自己的身体，通过学习科学知识净化自己的心灵。首先，新生必须在入学后的前几年学会保持所谓毕达哥拉斯式的沉默。"

"这是什么意思？"贝蕾妮克问。

"这是说，在这段时间学生必须无条件地接受毕达哥拉斯的学说，不提问，不反驳，一直到成为学园的正式成员，并能'见到'毕达哥拉斯——就是说可以直接跟他学习为止，在此之前，他只是个见习学生，一个编外人。经过几年的学习和训练，他才会成为密传弟子，一个获准接触毕达哥拉斯秘密核心学说的校内人。当然，这些学说今天看来算不上什么秘密。教学计划由四个专业组成：数学或几何

---

[1] 裴斯泰洛齐（1746—1827），瑞士教育家。

学、算术、天文学和音乐。数学是最重要的学科，而且它不是像在古埃及那样作为实用科学来研究，而是作为数量的理论来探讨，作为一种理想的逻辑训练。这种训练能使思想通过合乎逻辑的思考和求证变得清晰有序。在毕达哥拉斯那里，几何学最终采用了公理、定理和求证的形式。我们还是进屋里待一会儿吧，听听大师本人的说法，这比任何解释都形象。"

用数字解释音乐

　　塞内克斯转身朝越来越暗的走廊走去。他打开一道四边装饰着铜条的木门，里面是一个不大不小的厅，墙壁是白色的。在夯实了粘土地上，坐着二十个身穿浅色短袖束腰长袍的小伙子和姑娘。透过右面墙上的三扇窗户，明亮的光线照进厅里，从窗口能看见外面，庭院里悄无声息、绿树成荫。

　　在大厅前端，坐着一个身穿白色外衣的长者。他坐在一个木制的讲台上，好让厅里所有的人都能看到他。

　　贝蕾妮克、罗曼和斯蒂芬在塞内克斯的指引下，贴着墙往里走。

　　毕达哥拉斯正在讲课："你们要知道，一个数学定理按次序进行的每一步都会把你们推向一个高度。从这个高度，你们能获得一个更为广阔的视野，来观察这个充满神秘的世界的内部结构。"

　　塞内克斯转身对三个随行的年轻人轻声说："毕达哥拉斯是第一个在奇数和偶数之间、在合数和质数之间找到区别的人。"

　　毕达哥拉斯说："对于指数的探讨，使我把音乐引回到数字上，是的，用数字来解释音乐……"

　　"罗咪，你听见了吗？"斯蒂芬小声说，"数字化理论的基础就是这样奠定的。"

　　"是的，斯蒂芬，也许可以说，没有毕达哥拉斯，就不可能有今天的电脑，也不会有CD。"罗曼说这话的同时，注意力仍集中在大师身上。

　　毕达哥拉斯说："我给你们讲一个小故事，这是几天前发生的事。当时我正路过我们的锻工场，铁锤砸在铁砧上的声音中所蕴含的音程引起了我的注意。我走进去一看，很快发现产生这种音程的原因是铁锤的重量不一。我马上赶回家，拿出两根同样粗细、绷得同样紧的弦线。我发现，拨动其中的一根弦线发出的声音比另一根低八度，因为……现在还是请你们回答这个问题吧！"

　　学生们都沉默不语，尔后终于有一个学生说道："也许，它比另一根长！"

　　"很好。正是这样。如果其中的一根弦线比另一根长一倍，那么它发出的声音就正好低八度，如果长一半则低五度，长三分之一就低四度，这样人们就可以通过简单的数字关系,如四分之三、三分之二、二分一来表达音距四度、五度和八度。"

"每个音程都可以用数字来计算吗?"坐在前面的一个女学生问。

"当然,"毕达哥拉斯点头道,"音乐与和声都是数,而且在空间中所有运动着的物体发出的声音,其音高都取决于周围的环境和运动的速度,每颗行星按自己的轨道围着地球转动时所产生的声音,这种声音与自己的速度相比,与地球的距离越远声音就越高。这些不同的声音组成一种和声,一种天籁,这种声音我们从来也不可能有意识地去听见它,因为它从不间断,然而,它的的确确地存在着。"

"可是这不对!"

"哎,斯蒂芬,像这种建立在充满诗意的想象之上的小小错误,你就迁就一下吧。这位大师毕竟生活在几千年前哪,"罗曼小声说,"歌德在他的色彩学理论方面又犯过多少错误啊!可它照样影响了整整一代画家。再说,毕达哥拉斯已经说到行星围绕地球运转的轨迹,这点我觉得太震惊了!"

"另外一点也值得注意,"塞内克斯说,"现代科学技术在某种意义上证明了毕达哥拉斯的理论。根据这一理论,由公转周期决定的行星群以及它们的数目关系与声音的比例几乎是一致的,这种声音的比例是音乐的基础。但是我只是想指出这点,它很难理解,而且我们现在也扯得太远了。"

塞内克斯没有继续往下说,因为这时又有另一个学生请求道:"请继续给我们说说宇宙,大师!"

毕达哥拉斯回答说:"宇宙是一个运动着的球体,我们的地球在它的中心。地球也是一个球体,它像别的行星一样由西往东运转。我把它和宇宙一样分为五个区域,即:北极地区、南极周围地区、冬季地区、夏季地区和赤道地区。月食的出现是由于地球或者另外一个天体移到了月球和太阳之间。"

塞内克斯小声说:"毕达哥拉斯是第一个把苍穹称为宇宙的人,他也是最早提出地球是圆的这一观点的人之一。"

"可这一认识后来被压制了几百年。"斯蒂芬嘟囔了一句。

"啊,斯蒂芬,你千万别忘了,我们现在可是在古希腊!"

"你说得对,妮克,我之所以吹毛求疵,也许是因为这一时期在我看来太清晰、太明亮了。"

"可以肯定的是,欧洲科学——尤其是数学和天文学的生根,主要归功于毕达哥拉斯所做出的超过任何前人的贡献。"塞内克斯说。

这些幸福的人们总是优哉游哉的

毕达哥拉斯起身拂平自己的长袍，走到几个正朝他走来的年轻人面前，其他学生也都纷纷站起身来。

塞内克斯示意三个年轻人赶紧走。"与他们相比，我们的时间太少啦，"他悄声说，"这些幸福的人们总是优哉游哉的！"

他们又回到了明亮的广场。

"我们应该再读一次毕达哥拉斯学园的规章制度。我真的觉得深受触动。"

斯蒂芬转身对塞内克斯说，"但是在离开克洛同之前，请您再给我们讲讲毕达哥拉斯和他的学园。"

"好吧，斯蒂芬。我们可以把毕达哥拉斯学园称为共产主义式的贵族团体。在这个学园里，男女老少分享一切共同拥有的东西。他们接受相同的教育，通过在数学、音乐和哲学方面的训练，建立自己的道德和高尚的思想。他们受训的目的是将来能成为造福于社会的统治者和管理者，更好地服务于国家。"

"学园里真是男女学生都有？"

"是的，贝蕾妮克，对于毕达哥拉斯来说，两种性别的人享有同样的权力——这一原则是不言而喻的。不但在理论上是这样，在实际中也是如此，他只是在教育学生时稍做区别。他的女学生除了上述义务外，还必须为将来做母亲和家庭主妇做好所有准备。从毕达哥拉斯学园出来的妇女在古希腊有很长一段时间被看成是最出色的女性典范。尽管我们不得不有所保留地说，妇女在毕达哥拉斯那里所发挥的巨大作用，其实在古希腊也不是最典型的，这点我们后面还会看到。我们现在还是去港口吧！"

他们走进通向海边的小巷。影子已经短多了，因为这时太阳已经升得很高。

"毕达哥拉斯和他创建的伦理—政治学园后来怎样啦？他们应该能有美好的未来的。当然啦，他们的未来，现在看来也已经成为过去了。"

"他们的未来并不美好，甚至很可悲，贝蕾妮克。毕达哥拉斯想把他的思想贯彻到实践中，让他的追随者统治克洛同这个城市，这种想法成了他们所有人的灾难。他们直接干预政治生活，并坚定地站在贵族一边，后来克洛同的民主人民党激忿地烧毁了毕达哥拉斯学派成员聚集的所在地，致使他们或者被杀，或者被驱赶。"

"那毕达哥拉斯本人怎样啦？"

"不太清楚。据有一种说法，他在逃亡时被抓到，被打死了；另一种说法是，他在梅塔蓬（Metapont）逃脱了，但是他40天没进食，后来饿死了——或许，就像他所认为的,活到80岁已经足够了。"

说着说着,他们已经来到了港口。船夫看见他们后,马上摇摇晃晃地跑过来,高高兴兴地搀扶他们四人上船。他是不是有点喝多了?塞内克斯责备说:"阿歇隆,这可是工作时间……"

阿歇隆露着牙齿嘿嘿笑了笑,并高高举起一只手臂,然后又放下——表示他继续驾船没有问题。他解开缆绳,将小船驶向风中。很快,他们穿过了一条狭窄的水道,这条水道是港口通向大海的通道,也是航船在风浪来临时寻找庇护的地方。

"你们别担心,"塞内克斯安慰他们说,"天气很好,航行对于我们来说只是个游戏,我们的船夫经验很丰富,即使酩酊大醉,他照样能把我们渡过去。"

"但愿如此,"斯蒂芬嘟嚷了一句,"我们现在去哪儿?该拜会哪一位啦?"

"去列斯波斯岛(Lesbos)拜会诗人萨福,"塞内克斯回答说,"我希望,你们通过拜访毕达哥拉斯,能获得一种概念,那就是我们的西方文化是建立在苏格拉底之前的古希腊自然哲学家的科学假设的基础上的,是他们最早推断出,自然规律不仅存在,而且可以为人类把握。"

塞内克斯坐到船边,靠在桅杆上,想好好休息一下。他闭上双眼,迎着太阳,贝蕾妮克、罗曼和斯蒂芬也做出像他一样的姿势,每个人都陷入了沉思。

姑娘们像在花园里一样得到照料和呵护

风将船快速地向前推去。船夫不时地哼着歌。他们一行四人觉得离昨天上午的一切已经非常遥远了。

就这样,他们很快来到了列斯波斯岛上的米绨勒讷(Mytilene)。驶入港道,周围的房屋像一只巨大的马掌环绕着港口。景色看上去和克洛同有点相似,但是他们仍感到米绨勒讷是在一个岛上,迎面刮来的风更怡人,空气更清新,天空也更明亮。

米绨勒讷很富饶,但他们三个年轻人一时很难判断,到底是什么给他们这种印象,但不用塞内克斯向他们解释,他们很快就领悟到了。他们兴高采烈地上了岸。

"我们不能在这里停留,要立即登上城市后面的那座小山。在那里,我们将进入另一个世界——进入萨福的女子学堂。"

贝蕾妮克问:"我们又去看一所学校?古希腊到处都是学校吗?"

"当然不是。尽管古希腊人十分热衷于对年轻人的教育,但我们接连参观毕达哥拉斯的伦理—政治学园和萨福的女子学堂这两所学校,纯粹是出于偶然的原因。不过,萨福的学堂在各个方面都与毕达哥拉斯的学园不同。你们也许知道,萨福生活在毕达哥拉斯前几十年，但是考虑到地理上的方便，我们先去了克洛同。请原谅我这样安排。三十年的时间对于我们穿越的如此巨大的时空又算得了什么！"

"萨福的女子学堂有什么特别之处？"

"是的，罗咪，当然，在这个学堂萨福只收女学生——她爱她们。"斯蒂芬大声嚷道。

"你只说对了一部分，而且你以某种方式夸大了事实。古希腊的文化人比起我们现代人、我们这些粗人来说，感觉要敏锐细腻得多。萨福聚集一大群女子在自己身边，她们有的是从很远的地方来投奔她的，甚至不惜漂洋过海，其中大部分来自小亚细亚。姑娘们生活在她身边，在艺术、行为举止和家务劳动方面接受训练，并在该嫁人的时候回到自己的家乡。这种女子学堂不是一般的学校，我们很难准确地给它命名，也许可以称为某种女子团体。姑娘们来到萨福身边，她们听诗歌、学唱歌和练习婚礼上的唱诗。萨福把所有活动搞成一种像宗教仪式一样的形式。她们祈求神灵的保佑，特别是女神的保佑，如美丽的阿佛洛狄忒、天后赫拉、缪斯和卡里斯。"

"多美啊！"

"是的，罗咪，你这样想象一下你的爱人吧：不但会吟诗而且举止优雅，这真是一个高级尤物，一个完美的恋人。"贝蕾妮克不无讽刺地说。

罗曼开心地笑了。

塞内克斯继续说："也许我们可以说，聚集在萨福周围的是一个进行女性教育和人格训练的封闭圈子，这种教育和训练以艺术为基础，结合宗教活动而进行。每位女子在这里停留时间的长短是受到限制的。她们在这里像在一个花园里那样，受到细心的照料和呵护。萨福对自己的弟子不称学生，而叫'hetairai'……"

"'宠妃'？'Hetre'这个概念就是从'hetairai'这个词来的吗？"斯蒂芬问，"现在我知道啦。"

"最好称做伙伴。"塞内克斯反驳道，可斯蒂芬没有听出塞内克斯语气里流露出来的责备。"'hetairai'这个词在当时没有一点附加意思，更没有贬低的意思。我们还是走吧。我们的路还长着哩，我都有点担心今天的参观计划完不成了。"

没想到人类有过如此美好的往事

他们从码头拐进一条细窄的小巷，爬上一个小坡。海龟在石板路上缓缓爬行，蜥蜴钻出墙缝晒太阳。密匝匝的房屋后是种满橄榄树的田地。罗曼和斯蒂芬采摘了几枚伸到篱笆外的无花果，果肉又甜又饱满，这道篱笆围绕着一座独立的农庄。贝蕾妮克折断了一根正开着花的夹竹桃枝条，她喜欢夹竹桃和月桂树花，喜欢这些红色和白色的花朵中散发出来的令人陶醉的芬芳。

随后，他们穿过南面那茂密的小树林，来到神庙的所在地，看到了雪白的围墙、祭坛、通向神庙的阶梯、石柱、墙壁上端的雕饰花纹和塑像。小树林的背后，一些低矮的房屋分散坐落在火山土上，四周是野生的橄榄树。

他们停住了脚，转过身来，眺望大海，大海环绕着这个拥有城市和港口的岬角。海风吹拂，波纹如织，光影摇曳。成群结队的海鸥鸣叫着在天空飞来飞去。岸边的松树散发出芳香，粗壮的松树根、刺柏灌木、鼠尾草和百里香盘根错节，连成一片。高高的葡萄树长着茂密的叶子，熟透了的葡萄挂满了藤蔓。在遥远的东边能隐隐约约看见小亚细亚黑色的海岸线。

塞内克斯顺着他们的目光指点道："那里是菲利根（Phrygien），是今天的土耳其海岸，后面是帕伽蒙，这个城市以及它的祭坛今天仍全部陈列在柏林一个专门的博物馆里。"

"没想到人类有过如此美好的往事，"斯蒂芬小声说，"当然我以前也知道，即使在遥远的过去，阳光同样明媚，我知道这点并不是基于我掌握的自然科学方面的知识，而是出于一种感性的体验。我知道，前人一样会看到头顶碧蓝的天空，一样会沐浴在日光下，一样会感受到下雨和寒冷。但是我仅仅是理性上知道而已，从来没有这样真切地体会到，这是完全不同的。"

"你的意思是，只有你有这种体验吗？"贝蕾妮克微笑地讽刺他。

"是的，妮克，"他继续说，"我现在不但看到了，而且可以说实实在在地感觉到了。理解和用所有的感觉器官去感觉，这的确是两回事。只有这样，过去的一切才会从发霉的书本中升华出来，变得生动活泼。通过这种途径我才感觉到，前人像我们一样真正生活过，我能体验到他们的生活，他们对于我来说不再遥远，而是非常贴近，我差不多能与他们为伍了。"

贝蕾妮克深有同感。她凝神注视着周围的景色和熠熠发光的海面。"很高兴，我们能到这里来，"她兴奋地大声喊道，"谢谢您，塞内克斯，是您让我有机会体验这一切！"

"在这里你们会了解到，这里的风光、这里的岛屿和这里的背景是世界文学中最早的爱情诗篇的诞生地。当然，从我们今天能看到的历史算起，经历了八百年才出现了这些诗歌，可是，在漫长的时间长河里，这 800 年又算得了什么。那时世界并没有发生太大的变化，而这些地方也几乎没有什么改变。萨福生活在公元前 600 年，200 年后是诗人朗戈斯（Longus），这些已经 ……"

"您刚才说的朗戈斯是写达夫尼斯和赫洛亚这两个牧童之间爱情故事的诗人吗？"罗曼问。

"我也正想起这个故事。这里是他们产生爱情的地方,充满着无穷的魅力。"

阿佛洛狄忒——最适合萨福的女神

塞内克斯沉默了一会儿,然后说:"我们沿着这条踏出来的小路往左边去,走下一个小坡,就到了萨福的房子。这是城里地势最高的地方,萨福的房子就在一个像公园一样美丽的花园里。萨福在丈夫去世的时候获得了一大笔遗产,成了非常富有的女人。"

小路穿过一片低矮的灌木丛,蜜蜂在灌木丛中嗡嗡直叫。拐一个小弯,他们便看见了前面山坡上有一所大房子——看上去像一个耸出的小山包。大楼前有一个装饰精美的大平台,房屋被高大的栗子树遮盖着。稍微再往下走一点,只见苍郁的柏树间耸立着一座很精致的神庙,在庙里的祭祀厅里有两排细窄的阶梯引向神坛,四根立柱支撑着雕满花纹的屋顶。

"这座庙是用来敬奉阿佛洛狄忒女神的,"塞内克斯解释说,"你们肯定知道她。"

"她可是掌管人类美和爱情的女神。"

"对的,罗曼。她是欣欣向荣的生命之神。古希腊人热爱并崇拜她,而她也是最适合萨福的女神。看——这便是萨福本人!"

他们在此之前怎么会没有注意到这个美丽的女人呢?这里非常热闹,姑娘们赤足在草地上欢快地载歌载舞,到处是欢声笑语。姑娘头上插满美丽的花朵。她们的衣裙皱褶散开着,像风中的海浪在飘舞。十几个年轻姑娘手拉手围成一圈,另外三个姑娘在演奏乐曲。乐器的传声器是用玳瑁壳做的。她们用琴拨和琴槌快速弹拨着七根羊肠线,琴声悦耳。

姑娘们围在一块石头旁,那上面坐着一个女人,她身披一件宽大的藏红色长袍,袍裙上镶有紫红色的缎带。很难猜测她的年龄,也许刚刚二十五六岁。她腰围纤细,头上戴着一顶花冠,黝黑色的皮肤衬得她的前额更加光润,棕色的眼睛十分明亮,满脸露出温柔的微笑。

萨福双手绕膝,用像唱歌一样甜美的声音温和地说:"把里拉琴放到一边,阿娜克托里娅,我来自米勒特的美人。姑娘们,请别跳舞啦,还有你,欧伊奈卡。坐到我身边来,伙伴们。"

姑娘们走到萨福身旁,在草坪上围成半圆坐下。

"昨天夜里,"诗人说道,"我久久没有入睡,一直凝望着月亮,当时我想到了死亡,不禁悲从中来,于是我起床写了一首诗。如果你们想听,我现在就唱一遍!"

"想听，亲爱的，唱给我们听吧。"姑娘们请求说。

"把里拉琴递给我，伊拉娜，这种玳瑁做的琴音色很亮。"萨福演奏了几个音符，随后唱道：

你去了，一切烟消云散。
不再有回忆，
不再有怀念。
因为你从未拥有，
缪斯花园里，
那美丽的玫瑰。
你无声无息地，
走进冥府，
走进黑暗；
你像影子般，
无声地飘去，
化作云烟逸散。

她唱完后，姑娘们沉默不语，过了一会儿，有位姑娘说道："这诗很美，但是太悲伤了，我亲爱的朋友！"

萨福欠起身吻了一下女弟子的面颊，然后说："的确很伤感，我的心肝儿，因为死亡是很痛苦的事情，神灵们就是这样安排的，假如死亡很美好，他们自己就想死了，但是他们更愿意自己永生。哎，我现在也慢慢感到老之将至。过来，亲爱的格里娜，拿起七弦琴！当我满头银发的时候，就不再会有轻盈的身段，也就无法再和你们一起翩翩起舞了。但我又能怎样呢？我无法拥有永恒的青春！"

"可是你还很年轻呀，看起来几乎像我们一样年轻。你还是歌唱爱情吧！"另一位姑娘请求道。

"那就再把里拉琴给我吧，"萨福回答说。她转身直接走到一个姑娘面前，一边歌吟，一边充满深情地看着她：

厄洛斯（Eros）[1]撩动了我的心，
像风暴扑向了，
山顶的橡树。

---

[1]希腊神话中的爱神。

然后，萨福又转身向另一个人唱道：

多少岁月匆匆流过，
阿缇斯，自从初次相遇，
面对孩童般的你，
我无法献出甜蜜的爱情。

随后，她又转向第三位姑娘

勒斯比娅，我亲爱的，
你迷人的微笑，
夺去了我的理智，
像火焰灼伤了我的唇舌，
使它沉重而迟钝。
我头晕耳鸣。
眼前像夜一般漆黑。

当萨福唱完，姑娘们轻轻地齐声鼓掌。后来，一位没有得到萨福唱诗的姑娘大声说："这些诗歌都很美，而且充满热情，但是我认为你最好的诗句是：

月亮和七颗星星，
消失了。午夜，
时光静静流淌，可我，
却孤独地躺着。

在这几行诗中，你用很少的语言把一切都表达出来了：夜晚、思念、等待的痛苦，以及当生命和爱情无情地消失在黑暗中时所产生的无望。"

"你说得太美了，欧奈卡，你对我的诗理解得很好，当你回到萨拉米斯的时候，再唱我的诗吧。你很快就要走了，但请永远记住，美好的事物是天神照耀的余晖，我们应该用感官的愉悦去享受它们，我要用我的诗来表达它们。"

姑娘们意识到即将临近的离别，一边围到萨福旁边。

"这情景多像古希腊雕塑家的作品。"塞内克斯轻声赞叹道，"我们也该走啦。今天的安排还多着哪。中午我们去一些令人兴奋的地方，下午我们要了解一下古希腊的民主，以及他们的戏剧。晚餐时继续交谈，把晚上的时间留给哲学家。"

一部伟大著作的残存部分

他们不无遗憾地告别了萨福的庭院。沿着一条在松树林中蜿蜒伸展的小路，很快回到城市，赶到港口。天空中布满温暖的红色霞光。

塞内克斯向船夫招手，他正和一群孩子戏闹。船夫马上跑过来，很快，他们又开始在海上航行。他们坐在船尾两块支起的木板上。"我们刚刚见过萨福和她的'伙伴们'，"贝蕾妮克开口道，"她是个女人——所以我对她特别感兴趣，她是一位在那个时代如此自由的女人，她有意识地发展自己的个性，并在精神上达到了很高的境界。"

"生活在萨福以后600年的希腊历史学家施特拉邦（Strabon）曾经说过：'萨福是一个奇妙的现象。因为据我所知，历史上没有一个女人，在诗歌艺术方面的才能可与萨福相比，大家可以说是望尘莫及。'如同在古希腊人们提到'诗人'就只想到荷马那样，说起'女诗人'，那么整个希腊化时代的人都会想到这是指萨福。她出生在公元前612年的列斯波斯岛，在她19岁的时候，就作为政治家和诗人在公众中享有很高的声誉。她坚定地和贵族一起反对当时的专制统治，并因此遭到驱逐，后迁居西西里岛。在那里，她嫁了一位富有的男子，但不久就失去了丈夫。在流放五年后，已经成为寡妇的她回到了列斯波斯岛，并在这里的社交圈和知识界建立起很高的声望。人们是这样谈论她的：'她喜欢豪华和轻松愉快的生活。'由于喜欢充满活力的生活方式，她创建了一所女子学堂，为年轻女子教授诗歌、音乐和舞蹈，这是历史上的第一所女子学堂。它对年轻女子的行为举止进行最后的'加工'。'伙伴们'在祭神的仪式上唱歌跳舞，萨福为她们写诗颂歌，萨福深爱这些姑娘。"

"听起来可真有人情味，"贝蕾妮克若有所思地说，"我想，如果萨福偏爱其中的某一个，那么，姑娘们之间肯定会彼此忌妒的，要是这样，她们不会悄悄落泪，而是会争得面红耳赤。"

塞内克斯笑了："关于这方面倒没有流传下来什么说法，但这也是可以想象的，甚至是很可能的。人们对萨福和她的姑娘们之间的关系、她们之间的'交往'常常有许多非议。无论什么时代，偏见都是不可避免的。你们只要回想一下，我们的父亲和祖父的想象力是多么贫乏。"

"我们的母亲和祖母也是有过之而无不及呀！"

"的确，斯蒂芬，他们在两性关系上的拘谨和古板今天在我们看来很可笑，这很可悲。不过我们仍然要感谢历史的偶然，因为正是这种偶然使得萨福的作品流传至今。公元1073年，她的所有诗歌在君士坦丁堡和罗马被教会公开烧毁了。"

"我并不感到奇怪！"斯蒂芬小声说。

"幸运的是，公元1897年，在埃及的法雍绿洲发现了几具用纸莎草秆制作的棺材，棺材的内壁糊了一些旧的书页，在这些残存的书页上发现了萨福的诗——部伟大著作可怜的残存部分。这部著作曾经用美丽的诗篇丰富了古典文化。人们常常忘了，这些诗篇不仅吟诵了爱情，而且，在保留下来的这些诗篇中萨福用过五十多种不同的格律。"

"她所有的诗都配成歌了吗？"

"这些诗歌都被吟唱过，贝蕾妮克，她亲自为自己的诗谱写竖琴乐曲。"

古希腊人的同性恋是他们教育的一部分

"但是，为什么只把萨福看成是女同性恋者[1]？同性恋在古希腊社会不是相当普遍吗？"

"的确是这样，至少娈童恋在当时很普遍。我们对同性恋这个概念的理解一般是指：只对同性感兴趣，不愿与异性发生性关系。但是古希腊的同性恋不是这样。他们在热衷于娈童恋的同时，也不会放过追逐女人的机会。每个人都有可能经历同性恋阶段，因为年轻人的自我发现总是通过与一个和多个同性伙伴的同属感而实现的。大部分同性朋友之间的友情都带上了同性恋的色彩。同属感也包括情欲的张力，这种张力可能导致同性恋——当然也并不一定都是如此。"

"我也相信这点，"斯蒂芬插话道，"女孩和女孩之间、男孩和男孩之间某种程度上的同性恋倾向是正常的。我想起了莱奥纳多·伯恩斯坦（Leonard Bernstein）在谈到自己的一次同性恋经历时说的一句话：'为什么像这种奇妙关系要被一种不正常的、甚至是病态的议论玷污呢？'这句话表达了所有的意思！"

"古希腊时代的同性恋者特指那些已经经历了青春期的年轻男性，"塞内克斯说，"由此，著名作家普罗塔克（Plutarch）把古希腊人的同性恋称为'教育意义上的娈童恋'。从根本上来说，在古希腊时代，成年男子和男童之间最主要的并非性行为——这种性关系也许仅仅限于温和地表达自己的要求，以及与男孩的性接触；他们之间更为主要的是精神和心灵上的结合。在成年男子看来，对一个男孩的爱意味着倾注终身的友情。古希腊的同性恋通常只涉及一个成熟男人和一个未成年男孩的关系，年龄上的差异是这种同性恋的根本前提。一旦这个男孩长大成人，他们之间的同性恋关系就被看成有伤风化。而这个年轻人本人，通常也只会对自己的同性

---

[1] 原文为lesbisch，意即列斯波斯岛的，也指女同性恋。

年长者怀有友谊、尊敬或景仰。流传下来的图片和文字大多告诉我们，当时的男孩并不太注重性，资料中经常提到不情愿的娈童对这种关系的抗拒和逃避，这说明他们并不热衷此道。年长的男子必须在个人性格上占有优势，并具有人格和精神魅力。成年男子娈童癖的主要目的在于满足自己教育他人的欲望。性关系——说得糙点儿——只是小意思。娈童从成年男子那里学到优雅的行为举止以及对未来生活的价值标准。古希腊人非常重视体育——这点我们在奥林匹亚将会看到。雅典的每个市民，都尽可能地把自己的儿子送去上体育课，以便得到老师的指导和训练。这当然也助长了同性恋的风气，男孩们训练的时候都是赤身露体，这无疑会激起老师对学生的迷恋。"

"但是这一切真的像您所描述的那样美好吗？"

"罗曼，当然也有像娈童卖淫之类的弊病。这些男孩多数也是为了钱、礼物和别的好处。此外，娈童恋只是自由和富裕阶层市民的特权。他们不相信奴隶和漂泊到此的外乡人具有足够的道德水准，而这种道德水准是他们所标榜的娈童恋的理想状态的一部分——这点我们说得够多了。我本来只是想反驳一些偏见的。我们再回头谈谈萨福吧。"

世界文学史上第一个女诗人

"我相信萨福具备道德上的成熟和教育上的情感追求！"贝蕾妮克说。

"我也这么看，"塞内克斯回答说，"萨福是诗人，也是教育家。她把对教育的追求化作了一种有形的力量，她具有热情的天性。哲学家普罗塔克曾经说过，她的语言像'燃烧的火焰'。她的感情生活是她极度丰富的心灵在身体上的体现。她身上没有任何虚伪和掩饰。我们从她那里看到的是一种由于看到身体的美而激发的最纯粹的情欲，这种情欲最后升华成了更高的精神。"

"您为什么对她所做的一切如此宽容？仅仅因为她是一位伟大的诗人，而她的诗歌又是那么感情丰富、形象生动、有着充满活力的语言和形式吗？可在我们看来，仅仅因为这些就去宽容她的一切是远远不够的。我们对谁也不能这样吧？"罗曼若有所思地说。

"也许因为她是世界文学史上第一个伟大的女诗人？"

"无论怎样，在渲染气氛和情调方面在很多年以后才有人达到她诗歌的境界，贝蕾妮克。"

"能够这样表达自己的感受，真幸运。"罗曼带着少许忌妒的口气说，因为他想起了自己在抒情诗方面所做过的尝试。

"也许很早就失去了丈夫,这对萨福反倒是一种幸运,"塞内克斯重又回到了原来的话题,"因为这不但使她变得富有,而且也给了她不同寻常的自由。与在古埃及不同的是,古希腊的妇女处于从属地位,过着不自由的生活,特别是富有的希腊男人要求自己的妻子与世隔绝,不能与家里来访的男客接触。她们的闺房大多在楼上,尽可能远离直接通向街道的家门。"

"这可让我为整个古希腊时代感到遗憾了!"

"毕竟,妮克,古希腊时代的妇女肯定比我们现在的伊斯兰国家的妇女享有更多的自由。"

"可能是这样,斯蒂芬。"塞内克斯回答说,"不管我们能不能理解,她们不能享受太多的自由当然还有一个原因:男人们要确保自己是孩子的父亲,而不是外人。别忘了,之所以这样,是因为只有自由的雅典人所生的孩子才能享有一切权利。"

贝蕾妮克问塞内克斯:"萨福死于何时何地?"

"不知道。对此曾有许多不同的说法。但是我们应该满足了,因为她给我们留下了优美而充满激情的诗篇,这些诗篇使她所生活的那个时代的每一位诗人黯然失色。哲学家柏拉图曾在诗里这样称颂萨福:'有人说,有九位文艺女神。多么愚蠢!难道列斯波斯没有给我们送来萨福这第十位女神吗?'"

伟大的体育盛会

到奥林匹亚山上去

他们在船上休息了一小会儿,享受温暖的阳光和拂面的海风。没隔多久,塞内克斯便大声喊道:"我们到啦!"话音刚落,他们乘坐的船猛地一下停在了跳板旁。

"我们现在到了基帕里夏(Kyparissia)海湾。请快下船!我们已经迟到了。别东张西望!这里可看的东西的确不少,可是我们还得赶路呢。快上这辆两匹棕色马拉的车,它将用最快的速度把我们送到奥林匹亚去!"

"去看奥林匹克运动会?"贝蕾妮克满怀期待地问。

"应该说是去看奥林匹克竞技比赛。'奥运会'这个词仅仅指四年一次的运动比赛,就像'旬'这个字是表示每十天一组一样。"

马车只有两个轮子,它的形状有点像我们在古希腊花瓶上或历史影片中看到的古战车。在这种根本没有弹性的交通工具里,他们只在车里的两侧找到了两块木板。刚刚坐下,马就开始往前奔跑了,比他们想象的快得多。车子沿着一条颠簸不平的山路一直朝山上跑去。

一路上,白色的金合欢树与一排排的梧桐树、桉树交替出现,然后是大片大片无花果树浓密的树荫,以及高高的芦荟茎叶。

不一会儿,他们就听见远处传来如海潮一般的声浪,而且越来越大。雷鸣般的掌声、欢呼声、鼓劲的吆喝声、叫喊声、歌声、音乐声——这一切汇合在一起,变成了声音混杂的不和谐的大合唱。

"我们到了。"塞内克斯大声说,"奥林匹亚位于一个长满梧桐和野橄榄树的肥沃山谷,传说中的阿尔菲奥斯河(Alpheus)从这里流过。在温暖的夏夜,夜莺的鸣叫使得相爱的人们神魂颠倒。这里的人,无论是教育者和男学生之间,还是年轻的男子和年长的男性伴侣之间,或者竞技选手和他们的教练之间都会爱意顿生。竞技选手在圣树林盟誓,将自己的命运和祭祀品一并交给天神宙斯。平常这里很安静,只有在举行竞技大赛的前后那几周才会发生彻底的变化。那时,周围的地方会变成一个巨大的宿营地。大部分前来参观的人都自带帐篷和食物,因为这个小村庄无法安置前来参观的滚滚人流。货摊和商亭一下子像从地下冒出来似的,到处都是。出售纪念品的小贩和来往穿梭的商人都寄希望于奥林匹亚竞技会给他们带来红火的生意。知名人士、哲学家、诗人、作家，以及全希腊想获得成功的政治家纷纷来到这里……好吧，这些你们自己很快都会在这里经历和感受到的。"

夏季月圆的时候

他们在一片松树林旁停下，这里树荫浓密，十分舒服。一下车他们就置身于人海中。

"你们将发现这里只有男人，"塞内克斯解释说，"顺便提一下，关于这点，历史学家有不同的看法。有人说，妇女一般不许进奥林匹亚圣地观看竞技大会，但有人不同意这个观点，他们认为，只是已婚妇女不能观看，而未婚的年轻女子则可以在看台上就座。当然，已婚妇女本来就不许看赤身露体的男人，这与古希腊妇女的从属地位有关，同时也因为男人们担心妻子不检点而造成自己孩子血脉不纯。只有在神坛敬奉得墨忒耳（Demeter）女神的女祭司是个例外。她可以从大理石砌的神坛上观看比赛。很多人向往女祭司的职位，每次奥林匹亚竞技大赛都会重新安排一次担任祭祀工作的人选。其他妇女如果偷偷去观看比赛，一经发现，将会受到严惩——她将被从陡峭的悬崖上推下山去。据说，从前只发现过一个这样的女子。"

"难道没有女选手吗？"

"当然没有，罗曼，男人不愿和女人比赛。只有在斯帕尔塔，姑娘们才有可能受到体育方面的训练，因为她们婚后要承担繁重的体力劳动，并生育健康强壮的孩子。对于古希腊人来说，年轻女子或已婚妇女参加奥林匹亚竞技大赛是不可想象的事情。一般性的介绍先给你们讲到这里。你们还想听一段简短的解释吗？"

他们三人都点了点头。

"当时，每四年在奥林匹亚举行一次宗教、体育和文学的大盛会，而且是在夏季月圆的时候，时间持续七天，由祭司们主持，他们号召所有参加竞赛的选手为奥林匹亚精神而奋斗。选手和参观者来自全希腊。音乐会和诗朗诵穿插在各项比赛中。大会的第四天，整个盛会达到狂热的高潮，那时还会血流成河：在恢弘的宗教仪式中，人们至少会将上百头牛赶到宙斯神殿前，将它们杀死，献给神祇。"

"那时有些什么体育项目呢？"

"摔跤、拳击、跑步、铁饼、标枪和马车比赛，贝蕾妮克。最后一天举行颁奖仪式，场面热闹非凡。主持人在宣布获胜者的名字时，还会报出选手父亲的姓名和他所在城市的名字。对于每个选手来说，这是一个伟大的时刻，他们在观众中间、在所有希腊的高官显贵面前接受属于自己的崇高荣誉，人们给他们戴上神圣的橄榄树枝编成的花环。为了这一辉煌的时刻选手们刻苦训练，付出了超常的代价。现在他的名字被载入了'永恒'的胜利者名册。人们高唱赞美诗，为此庆祝、狂欢，宴会丰盛无比。庆典往往会持续到深夜。在明亮的月光下，圣树林中响彻嘹亮的颂歌。随后几天，聚集在这个奥林匹亚竞技大赛宿营之城的人们会陆续离去。渐渐地这里又恢复了往日的宁静。获胜者在回到自己的家乡后，会受到热烈而隆重的欢迎。"

"像现在一样！"

"按规定，在举行比赛期间，全希腊所有战事都应该停止。但是在竞技大赛举行的近两千年历史中，只有个别时候做到了这点。人们虽然发誓保持兄弟般的友情——因为希腊神谕和德尔菲神庙（Dlephi）的阿波罗神的预言要求人们这样做，但是人们并不总是遵守自己的誓言。然而，不管怎样，这是人类历史上唯一一次贯彻和平协议的尝试。遗憾的是我们也不能不提到这种盛会的阴暗面，对名誉的追逐也决定了希腊贵族的思想，如果自己的城邦有选手获胜，会大大增加野心勃勃的贵族在当地的声威。当然，奥林匹亚的花环不能取代一支强有力的军队。但是一旦与武力联合在一起，胜利者的荣誉就会给独裁者提供巨大的帮助。体育和政治之间的紧密关系使得希腊各城邦之间在竞技比赛中极其渴望得到胜利——为了这个荣誉，各城邦不惜付出大笔金钱！尤其是在希腊本土——因为在颁奖仪式上会公布选手来自哪个城邦。于是，这种体育盛会就从促进各项体育运动发展的初衷变成了巨大的物质奖励，这种奖励包括载入'永恒'的胜利者名单、塑雕像、建胜利柱、举行盛大的欢迎仪式、名誉市民称号、免除兵役等等，此外还可终身享用免费的食宿和剧院的包厢。"

"上帝，"斯蒂芬小声说，"这乍一听起来真像在现代社会。"

"还有比这更出格的哪，有些城邦甚至掠人之美——他们重金收买其他城邦的获胜者，让他们成为自己的臣民。"

"现在我对古希腊理想的景仰之情荡然无存了！"

"我们还是从人性立场看待这点吧，罗曼。我们现在就可以试试。请想想，选手（Athlet）这个词是从'athlon'这个词引申来的，这个词的本义是'奖金'、'酬劳'。此外选手也想向全世界证明自己是多么伟大。为了这一目标，他们不畏艰难，敢冒一切风险。"

"从中我们也能发现一种近乎病态的虚荣心——也就是一种想表现自己的强烈欲望！"

"说得好，斯蒂芬，这样我们就又回到了人性的问题上了。"塞内克斯回答说，"为了满足自己的表现欲，他当然需要观众。没有掌声，不能体会到自己的伟大，就不可能有比赛和竞争。这种竞赛的阴暗面在那时就引起了人们的注意。同时代的抒情诗人品达（Pindar）早就预言，如果体育和金钱联系在一起，希腊的伟大光荣就会失去。奥林匹亚竞赛并不像人们常常描述的那样充满理想色彩。那时，就有收买和投机，有出于政治目的的肮脏交易，每个城邦都想拼命获得奥林匹亚的光辉和荣耀，这样当然也就会出现不幸乃至死亡的事件。奥林匹亚竞赛从一开始就带有政治目的。关于它的阴暗面已经讲得够多了，我们现在去宙斯神殿吧。"

到处都是售货摊和算命的人，小贩在高声叫卖糖果，艺人在玩杂耍，准备献祭的牲畜的叫声、卖酒的和卖水果的吆喝声响成一片。他们四人很费劲地穿过拥挤的人群，为了不至于被挤散，他们有时不得不手牵着手往前走。最后，他们终于穿过圣树林，来到了宙斯神殿前。迎面耸立着巨大的宙斯神塑像，奥林匹亚举行的竞技大赛就是献给他的。他双手各执一道闪电[1]。他的塑像是用黑色木材雕刻而成的，已经很旧了，但是仍能看出他脸上露出的神秘微笑。

塞内克斯讲解道："为祭祀宙斯，今天早晨在这里杀死了一头野兽，然后将它焚烧了，你们现在在神坛上还可以看到许多祭品的灰烬。"

在神像的一旁站着一排运动员，都是发育很好的年轻竞技手。有几个人围着遮羞布，其他几个则完全赤身露体。他们健美的身材、肌肉发达的双腿、训练有素的手臂和胸部都会令每位雕塑家激动不已。

神坛旁边一个稍低一些的侧台上燃着火堆，守护神坛的人把橄榄树枝放进火里，并在火上焚烧祭品，如香脂和蜂蜜糕，然后，将祭神的酒撒在神坛前的地上。

很快，一位祭司从阶梯走向大祭坛，这是一个庄重威严的长者，他身披一件白色的长袍，长袍上装饰着许多漂亮的打褶饰物。他手执一把永不熄灭的火炬，点燃了堆积在神坛上的木柴。

我发誓，我是生而自由的希腊人

空气中弥漫着燃烧的木柴烟味和神坛的香火味。不一会儿，奥林匹亚的圣火点燃了，欢呼声响彻四周，在树林中像呼啸的风声在回荡。神殿的守护人又献上新的祭品。

"篮子里装满了牛肉，这些牛被牵走宰杀的时候，双角贴金，脖子上围着花环。"塞内克斯解释说。

祭司转身对着众人大声喊道："如果你们当中有谁犯过血腥的罪行，有谁亵渎

---

[1] 宙斯是希腊神话中的主神，是诸神和人类的主宰，掌管雷电云雨。

过神明，就赶快离开这里！如果你们中有女人，也赶快走开！"

下面响起一阵压低嗓音的议论声。

祭司又大声宣布道："现在我宣读第一条誓言，请所有选手跟我重复一遍。"大家都注视着站在右边的年轻运动员。他们稍微往一起靠了靠，然后全部向前大跨一步。祭司向他们转过身去，领先朗朗说道："我发誓，决不违反奥林匹亚竞技大赛的规定，我发誓，我从事体育训练不是为了创下新的最高纪录，不是把它当成一种职业，而是为了让自己拥有一个自由人应该拥有的完美和强壮的身体。"

誓言响彻天空："我发誓，我是生而自由的希腊人，我的父亲和我的兄弟都是自由人，我的祖先也是自由的希腊人……"

"我们该走啦，"塞内克斯说，"当火堆快烧完的时候，人们会用阿尔菲奥斯河的水浇灭它。灰烬冷却以后会变得坚硬而光滑，宙斯神坛会由此而变得越来越高。就这样，土地、空气、水和火融合在一起，赞美主宰一切的宙斯天神。走吧！我们现在去看看体育场。"

来自全希腊的竞技选手

竞技场在圣树林后面，它有两百米长，两百米宽，可以容纳20位选手同时赛跑。场地两边是绿色的斜坡，现在上面站满了人，他们一边在上面观看比赛，一边彼此打赌。

"观众头上不许戴帽子，以免影响别人的视线。"塞内克斯解释说。

"这里大约有多少观众？"

"肯定超过一万，也许会有两万，罗曼。讽刺诗人卢奇安（Lukian）甚至认为有四万人。这里所有的人都想看赛跑！我们最好站在出口旁边，坐到边上去吧。"贝蕾妮克、罗曼和斯蒂芬还真找到了一小块空地，他们坐在那里可以看清赛场的状况。有几个选手在祈祷，因为他们觉得只有靠神的帮助才能赢得比赛，还有几个在喝水，另几个坐在草地上按摩肌肉。

主持比赛的人宣布参赛者姓名，并鼓励他们尽全力获得最好的成绩，为自己城市的荣耀、父亲的欢欣和自己的名誉而努力。

信号很快响起，选手们立刻向前奔跑，但是比赛不得不又重新开始了两次，因为有些参赛者没有按规定起跑，监视者用叉状的长木棍打他们，以示惩罚，而观众却有些等不及了。

信号声再次响起，选手们箭一般向前冲去，跑步距离不长。一位皮肤黝黑、头发卷曲的小伙子跑在最前面，第一个到达终点。全场沸腾了。终点附近的观众跑向前去，围住获胜者。鲜花和橄榄树枝像雨一般撒到他的肩上。有些人替他擦脸上的汗水，另一些人将他高高举起，和他来自同一城市的人将花环戴在他头上，将绶带系在他的手臂和大腿上。就这样，人们将他抬到坐在石座上的评判员面前，在那里，获胜者得到象征胜利的棕榈枝。直到盛会的最后一夜，他才能得到橄榄树枝编成的花环。

塞内克斯建议三位年轻人从随身携带的野餐袋里取出些食物吃。在他们进食的时候，塞内克斯叙述道："许多城市都派代表团来参加比赛，他们不惜跋山涉水，穿过希腊所有的城邦，赶到这里。他们还有号手和旗手相随。那阵势很像在盛夏刚刚收割完的田地上举行的盛大宗教仪式——他们一路上都受到人们的热烈欢迎。人们给他们提供水、水果和小麦——给他们戴上花环；夜晚，人们还会给他们搭帐篷，或者让他们睡在五针松树林里，头上就是月亮和星星。"

"真遗憾，"斯蒂芬说，"我们今天的奥运会真是用钱堆起来的，它们已经失去了奥林匹亚运动会原来的魅力。"

"即便如此，我仍然觉得，人们能够想到发掘和恢复这一体育盛会就已经很不错了。"贝蕾妮克反驳道。

"我们还从古希腊人那里继承了许多别的东西，"塞内克斯补充说，"你们会看到的。"

"不过光是这些恐怕还远远不够吧！人类应该使自己的精神自由翱翔！"

只有一个人会说这种话——那就是斯蒂芬。

民主的诞生

武器库、海关大楼、兑换所、商品交易所

他们继续向前走去。马车在山谷的入口处等着,很快便将他们送到基帕里夏海湾。他们又一次登上那艘船。船飞也似的驶向北部的伯罗奔尼撒半岛,速度快得令人不可思议。在整个航行过程中他们一直能看见海岸线。直到他们到达岬角上的比雷埃伊斯(Piräus)[1]。碧空如洗,万里无云,在这里他们很快就置身于熙熙攘攘的人群中,港口是一个城市的贸易中心和最大的收入来源。这里耸立着上百栋房屋,有造船场、仓库、武器库、海关大楼和兑换所。

"在商品交易所进行交易的货物有纺织品、粮食、木材、油、葡萄酒和其他农业产品,以及阿提卡(Attika)[2]的手工制品,"塞内克斯解释说,"在商品陈列室主要摆放着免税的商品。贸易活动涉及的地域很广,不但延伸到整个希腊,而且还延伸到西西里岛、意大利海岸、黑海、斯堪特(Skytien)、亚速海(Asowsche Meer)、南俄罗斯,以及尼罗河入海口和基里耐卡(Cyrenaika)。"

大型造船场能容纳四百艘船,它的顶棚像盒子一样。许多船只都停在跳板之间等待维修。有行驶较慢的圆形货船,它的桅杆上系着彩色的方形风帆,还有速度较快的长条形船、渔船和大型战船。其中最引人注目的是用桨划行的大型战船,船里的三排木板上能坐下170人,他们按照哨声的节拍拼命向前划桨。战船的船头装有包铜的大撞角,战船可以靠它去冲撞乃至顶翻敌方的船只。

海水涌起的层层波浪轻轻拍打着船身,小船在一旁微微荡起,发出沉闷的声音。海鸥在空中鸣叫着飞来飞去。海燕在海面不停地盘旋飞翔,身姿优美极了。海面上还漂浮着吃过的水果核、果壳、小木块、鱼骨头,甚至还有装货用过的罐子。

贝蕾妮克喜欢听商贩的叫卖声,看拥挤的人群。她兴奋地呼吸着各种食物飘来的香味。这里出售的有烤兔肉、烤鸡、热腾腾的豆粥等许多好吃的东西。

值得注意的是这里的各种神庙,这个港口城市能包容一切宗教信仰。在比雷埃伊斯住着不同国家和地区的移民。有了这些神庙,人们就可以在不同的神坛前向自己信奉的神明祈求保佑。

---

[1] 雅典的一个港口,雅典原本有三个港口。
[2] 希腊半岛的一个地区,古希腊文化中心。

"现在我们该与这位友好的船夫分手了,他家住在比雷埃伊斯,他得去看他的妻子和孩子。他是移民的后裔,在这里被称为外邦人。你们听!有音乐和歌声传来,一列举行宗教仪式的队伍正从港口经过,他们去阿科罗坡里斯山(Akropolis)[1]。人们带上各种祭品,其中包括一件给雅典娜女神绣的长袍。"

熙熙攘攘的人群很快让出一条通道。年轻女子手捧装满水果的筐子、高脚酒杯、罐子和敬神用的烟桶从他们面前走过,后面跟着公牛、公羊和小牛犊。

"所有这些动物都将作为祭祀品杀死在祭坛前。"塞内克斯解释说,"举行此种仪式的前一天夜里,整个雅典的人都要守夜。这种仪式是一个古老的习俗,它源于从海上来的狄奥倪索斯酒神(Dionysos)的传说。"

"这种习俗一直保留至今,"斯蒂芬说,"这种宗教仪式与南欧一些国家现在的宗教节日有什么区别呢?在南欧的一些宗教节日里,不也同样有丰盛的祭祀品,民族节日般的彩旗、地毯、专门的服装和祭司吗?而且雅典娜这件漂亮的长袍也很容易让我想起'圣母'的形象。"

"基督教的许多习俗源于异教的一些传统——这并不是什么秘密,"罗曼说,"可这也不会减少它们本身的价值。"

"宗教队伍已接近尾声了,"塞内克斯解释说,"他们还会穿过阿哥拉(Agora)——在每个古希腊城市都有一个大市场,这些市场通称为'阿哥拉'。而在这里,我主要是指雅典这个最著名的市场,它是希腊生活和雅典民主的中心。"

一个巨大的广场

高大的仓库鳞次栉比,排列在一条条狭窄而又弯弯曲曲的街道两旁,与克洛同和米绨伦勒斯的街道相比,这里光线阴暗,人声嘈杂。

塞内克斯指着一幢圆形建筑说:"这是个公共澡堂。我把它指给你们看,是因为我们以后还要在罗马参观一个公共温泉浴场,古罗马人从古希腊引进了许多东西,也包括这种设施。刚开始时,这些设施很简陋,进去洗澡要交费,在澡堂里有专门的'浴室男童'给洗澡的人浇凉水和热水。后来就舒适多了,有些人甚至可以洗上淋浴。在奥林匹亚还有带地下取暖设备的浴室。荷马史诗中就描述过洗澡的情景。女神喀尔克给疲惫不堪的奥德赛用加了药草的水浇洗身子。一位王侯的小女儿还亲手给荷马的儿子忒勒马科斯洗过澡。"

"真让人嫉妒。"罗曼嘟囔了一句。

---

[1] 古代雅典的自然中心,山顶四周筑有围墙,墙内有雅典娜神殿等神庙。

"享受和舒适的生活给人们带来无比的快乐。"塞内克斯继续说，"化妆品出现了，人们喜好参加社交活动，这的确使人风流快活，但由此也会引发犯罪。据哲学家亚里士多德说，当时如果在澡堂行窃有可能会被判死刑！"

　　他们快速向前走着。不久，便看到了一个巨大的广场。塞内克斯特意带他们从西北边进入广场，这样更可以感受到这个长方形广场的开阔。

　　广场上有很多人，他们有的涌进神庙，有的在神庙前的柱廊中走来走去，有的在寻找城市管理部门和民众法庭，立式塑像的周围也站着三三两两的人群，还有一些人在井旁提水。

　　"阿哥拉是雅典的心脏，"塞内克斯说，他们一行四人全都停下了脚步，"它的荣誉一直保留到了我们这个世纪。雅典的阿哥拉即便不是人类古代历史上第一个广场，但也肯定是最重要的广场，它曾经对人类历史的发展产生过极其深远的影响。可以说，民主、哲学、戏剧艺术和许许多多其他的事物都诞生在这里。如果还可以用类似'生气勃勃'这种老套的表达方式来形容的话，那么我们可以说，当时雅典的阿哥拉真是这样。国家制度、政治和文化在阿哥拉得到了同样的发展。不管是贫穷还是富有，阿哥拉对于每个人来说都是他的栖身之地，是他忙忙碌碌或游手好闲的场所。雅典人在这里打发时光，像你们现在所看到的，他们在这里从来不会感到无聊，因为这里总是有可说的、可琢磨的和值得争辩的事情。在这里，人们不但谈到刚刚上演的戏剧，也会谈论花边新闻、家庭琐事，或者讨论某些对付波斯人或斯巴达人的战役和防卫措施。早先，阿哥拉是雅典的市场，后来大部分商人都撤到旁边的街道和空地上去了。但是商人们还是更愿意在广场旁边的树荫底下做生意。"

　　广场周围虽然有几幢私人的房子，但主要还是公共建筑以及雕塑家、手工艺者、金属铸造匠、木匠或鞋匠的制作工场。

　　"雅典人是怎样过日子的呢？雅典女人生活又如何呢？"贝蕾妮克问。

地位低下的妇女

　　塞内克斯回答说："一般的雅典人每天清晨起床，然后马上赶往市场，因为购物是男人们的事情。妇女在各个方面都是没有权利的，甚至完全可以说是受压迫的。所以去购物的雅典人一路上见到的也几乎只有清一色的自由的男人，或扛重活的奴隶。妇女只有在外出提井水的时候，才会走出家门，因为只有极少的房子里有水源。夜里在黑暗中行走必须倍加小心，因为市民会把垃圾和脏水倒在街上，雅典当时没有下水道。正如你们现在看到的，他们都赤足走路，很少有人穿凉鞋。只有当富家小姐或女主人从自家的窗户往外看时，别人才可能有幸看到她们。一旦发现有人注意到自己,她们就会马上躲回房间里——这是她们必须具备的矜持。

"此外,夜里在街上行走也很不安全,盗贼专门在夜间打劫。所以,有些人走夜路时会举着火把,火把不但是照明工具,而且也是防身的武器。在聚会上喝得醉醺醺的年轻男人在街上闲逛,认为谁家门后站着女人就使劲敲门。尽管如此,雅典仍以自由著称,其言论的自由更是闻名于世。即便是贫穷的男人和奴隶,只要愿意,他们也可以到阿哥拉来。人们不无嘲讽地说,在雅典,连马和驴子都有着过分的自信。许多哲学家,其中包括我们称之为'空想政治家'的那些人,但是也包括像修昔底德(Thukydides)、克里梯亚斯(Kritias)和柏拉图这样的著名思想家,他们轻视普通的雅典人,反对民主给所有人带来的诸多权利。同其他地区一样,富有而有文化的雅典人把普通市民看成愚民,他们认为只有自己才能担当管理好这个城市的重任。穷人为此感到愤愤不平,并且反对这些民主的首要敌人。"

"民主,"斯蒂芬插话道,"这个词现在也常常被人挂在嘴边。请您给我们讲讲雅典的民主吧!"

"公元前5世纪,伟大的政治家伯里克利(Perikles)就认为民主是一种国家形式,这在当时是很具革命性的思想。民主就是人民的统治,因为在这种国家形式中不再由少数人——他们通常是贵族或富人——来统治,而是由国民的大多数来决定。虽然从法律上讲,在有争议的事情中,人人享有平等的权利,但实际上那些有身份的人往往更占优势,当然这不仅仅因为他们属于一个有特权的阶层,而且也由于他们对这个城邦所做的贡献。穷人和默默无闻的人又绝不可能有机会为自己的城邦做什么大的贡献。现在我们要到那边的普尼克斯(Pnyx)去,它是专门为盛大集会建造的广场,相对来说阿哥拉就有些小了,当然如果把大型集会改在这里,也就能保留阿哥拉最早的作为市场的功能……我们到啦!"

人民统治国家

普尼克斯是阿科罗坡里斯山上西南部一个建造在岩石上的平台似的广场,上面摆放着一排排的长条木凳。他们四人坐到一张凳子上,塞内克斯继续说道:"我们再进一步了解一下阿提卡的民主。它是第一次,也是最成功的一次让人民统治国家的尝试。当然它也有局限性。首先,当时只有少数人识文断字;其次,其他偏远城市的人很难到雅典来;再次,选举权只限于年满21岁的自由雅典人,只有他们及其家庭能够享受公民权。在伯里克利执政时期,当民主有了最完整、最鲜明的形式,并拥有政治势力时,公民范围有着非常严格的界限划分,在这个范围内的公民在法律面前和在公民大会中享有人人平等的权利。"

这时，一个男人走了过来，和他同来的另一个人是他的朋友，也许是他的邻居，他们坐到旁边的凳子上。来人看上去很生气，只听他大声对他的同伴说道："打我懂事起，我的眼睛从来没有像今天早晨开公民大会时那样被灰尘弄疼过。人们都聚集在阿哥拉，黑压压的一片，看不到头。你现在看着这广场空荡荡的，可你知道吗，如果来得太晚，大家又会拼命去挤好位子，互相推推搡搡碰碰撞撞，说不定还会摔倒！"

说话间，周围的人越聚越多，他们的确在争位子。塞内克斯转身对三个年轻人说："关于民主我想再说几句。民主是在经过许多动乱和纷争后才出现的，这些我就不向你们一一描述了。在此之前是君主专制和国王统治的时期，现在雅典富裕起来了，人民想拥有更多的权利。在民主逐渐形成的进程中，最重要和最具革命意义的因素是公民大会。原来雅典的居民经常到市场上集会，后来，在阿科罗坡里斯旁边的普尼克斯岩石小山上形成了一个大的集会地点，能聚集六千男人，而女人是无权参加的。"

"那是当然！这点不是一直保留到了本世纪吗？瑞士的阿彭策尔州（Appenzeller）直到几年前才为妇女争取到选举权。"

"是这样的，贝蕾妮克，可是除了妇女以外，奴隶和外邦人也不能参加公民大会。在自由公民眼里，所有从外地来的人，就算他们在雅典生活和工作，也被通通看成外邦人。如此看来，能够属于'人民'的总共只有三万人，占雅典总人口的百分之十。农民从一开始就被忽视了，因为他们都住在城外，如果到市中心参加一次集会，要走很远的路，必须很早起床，或者头天晚上就上路，连夜赶到城里。"

大多数人沉默不语

"每个人都可以发表言论，"塞内克斯继续说，"但是每个人只能对正在谈论的题目或事情发一次言，非常重要的一点是，他不能用言语伤害任何人。主持人如果同意他讲话，他就可以走上讲台——你们看，那边……"塞内克斯指着高处的一块石台说。

"演讲者给自己戴上一个爱神木花花冠，这样可以使他看上去更醒目，当然仅仅这样还不够，如果他说话声音很小，结结巴巴，不善言辞，那么就会被人笑话，所以发言的经常是一些受过良好教育的贵族，大多数人沉默不语……"

"这种现象很普遍。"

"是的，斯蒂芬，这隐藏着一个极大的危险。口若悬河的演说者在前面滔滔不绝，而他们并不总是代表正确的观点。为演讲写稿和发表演讲甚至还可得到报酬。

所以，人们很快就不再把一个'政治家'看成普通的公民，他们成了号召者。我们还是回到雅典民主的本来意义上来吧：参加大会的公民将对所有演讲者发表的言论进行表决。"

"怎么表决呢？"

"举手表决，贝蕾妮克，像现在一样，少数服从多数。书记员记录下表决结果，并公布在一块白色的木板布告牌上，随后再录入档案，表决结果往往这样写道：'人民商议决定……'，对于雅典人来说，一位公民不仅仅是指一位选民，而且还是一位在社团或民众法庭担任公职的人。为此他必须有自由、有准备、有能力为国家尽职。那些匍匐在别人脚下或靠劳动谋取每日生活的人，不可能有这种时间和能力。这种方式使大部分人失去了选举权。选民不结党派，他们或是极少数几个被推举出来的代表的不太密切的追随者，或是民主社团的松散的一员，这主要取决于他们是拥护还是反对扩大选举权；取决于公民大会在政治上的统治地位；取决于富人用钱买来穷人的支持。结盟的形式有许多种：宗教的、家庭的……"

"部落的。"罗曼插话道。

"也可以这么叫。此外还有军队的联盟、工人的联合、演员的结社和政治的结盟，这些结盟和联合都是靠吃吃喝喝随意聚在一起的。"

"这种现象今天仍然有！"

"无论在当时还是在今天，人们都把它称为'自由的权利'，罗曼。"

"最牢固的结盟是寡头政治家的结盟，其成员都是为了在政治和法律上从对方获得帮助，他们是靠对下层人民的一致仇恨联合在一起的。他们的对立面是由小商人、靠劳动报酬生活的市民以及制造商船和雅典战船的全体船工组成的相对民主的团体。这些团体嫉妒富人的奢侈和特权，他们想让制革匠、羊贩子、制绳匠、筛匠和灯具匠这类人登上国家的上层管理机构。伯里克利在他当政期间，却明智地将民主制度和贵族统治结合在一起，把这些贫民撇在一旁，但是他死后国家的统治权就落到了寡头政治家手里，他们充分利用了由此产生的个人特权。从民主在沙龙中开始出现，直到古罗马人占领雅典，在寡头政治家和民主主义者之间就通过辩论、表决、陶片放逐法[1]、谋杀和内战等方式展开过艰苦卓绝的斗争。可我们现在该给别人让位子了，好让他们履行自己的权利和义务。他们现在都在往里挤呢。"

一位主持人对众人喊道："往里走，公民们，往里走！请赶紧坐下！我们要开始啦！"

"我们该走啦，"塞内克斯说，"让雅典人自己在这里按程序处理他们的政事吧。今天晚上回到住处，我们还有时间再讨论一下这种民主的特殊形式。但现在我想带你

---

[1] 古希腊由每个公民将他认为对国家有危害的人的名字记在陶片或贝壳上进行投票，逾半数者则被放逐国外五年或十年。

们去一个有意思的地方：我们去看戏，当然只能看半小时，但是你们会由此对我们戏剧文化的开端获得足够的认识。狄奥倪索斯酒神剧场（Dionysostheater）[1] 就建在阿科罗坡里斯山下，我们之所以没有去参观阿科罗坡里斯山，是因为我们在古埃及看到了足够多的神庙，古希腊人在建筑上正是由此受到了启发。但是剧场却是地地道道的新鲜事物，它是由于人本能地需要表现自己本身、自己的命运、自己的悲剧和喜剧而产生的，这点我们只有到了雅典才能了解。戏剧是人在观众面前、包括为戏剧写作的诗人面前表现自己的一种全面广泛的形式。应该强调的是，在当时的戏剧表演中，只有男演员，没有女演员，因为在古希腊，女性角色也由男演员扮演。可是经过这么多世纪的发展，谁又会因此而怀疑戏剧对欧洲文化所产生的伟大作用呢？"

剧场里坐满了观众

塞内克斯把他们的注意力引到下一个目标："我们从阿科罗坡里斯山脚下走过去。你们看，上面那些大理石建筑和柱廊高耸入云。雅典的城堡和神庙是建筑史上的辉煌成就，上面的装饰是雕塑艺术最伟大的作品。"他们看见了不远处的帕台农神殿（Parthenon）——阿科罗坡里斯山上最主要的神殿。"整个建筑物的颜色多么生动夺目！蓝色……红色……金色的饰带交织在一起，塑像上衣服的雕饰花纹五彩缤纷……也许我现在还应该讲一讲古希腊的雕塑艺术。这里的雕塑有裸体的男性，他们是神或者理想化的青年男子，还有穿着衣服的女性……大部分是女神，这些作品出自杰出的雕塑家菲迪亚斯（Phidias）和一群雕塑家之手。菲迪亚斯是人类历史上最伟大的艺术家之一，而且是第一位我们对他的生平有所了解的雕塑家。人们曾把他与米开朗基罗相比。他在伯里克利执政期间参与了雅典许多重大工程的工作。他既是规划者、建筑顾问、工程组织者，又是参与建设与创作的艺术家。许多世纪以来，他的作品一直装饰着神殿，这些神殿也是古典文学艺术时期受过教育的人游历的目标。古罗马人曾经用大理石仿制过成百上千座古希腊雕塑，这些作品遍布整个罗马帝国。幸运的是，这些仿制作品至少有一部分保留下来了，而那些用青铜、金子或象牙制成的原作早就荡然无存了。公元前48年，菲迪亚斯在阿科罗坡里斯山上的帕台农神殿为雅典娜女神制作了一座纯象牙的大型塑像。他大概是在神殿门楣的三角形山墙上完成这座塑像的。把这个重任交给他的不仅是贵族和富人，而且是全体民众，也就说，是雅典的民主。菲迪亚斯还在奥林匹亚用金子和象牙为宙斯建造了一座巨型雕塑。它属于世界七大奇迹之一。在这里，我是把菲迪亚斯作为许

---

[1] 建于公元前5世纪，为奉祀酒神狄奥倪索斯而建造的剧场。

多艺术家中的代表提出来的,这些伟大的艺术家中只有一部分人的名字流传下来了。大概曾经有七八十位来自四面八方的雕塑家为帕台农神殿工作过。"

神殿的景象消失了,周围的一切重又浮现出来。常春树和染料树鲜花盛开,还有一片片的鼠尾草和含羞草。古铜色的蜥蜴在石头上爬来爬去,紫荆树上紫红色的花球显得光彩夺目。

他们在怡人的柏树林荫道上缓步而行,来到一座由一人多高的细柱子支撑的小神庙前。塞内克斯说:"这就是狄奥倪索斯剧场的入口。"

他们走进剧场。观众一个挨一个坐在呈斜坡状的剧场看台上,看台呈马蹄形围着舞台。

"我们现在看的是阿里斯托芬的《吕西斯忒拉忒》(Lysistrata)。"塞内克斯解释说,"当然不是全剧,我们在这里停留大约半小时。尽管如此,你们也会感到高兴的,因为阿里斯托芬的喜剧是闹剧、滑稽剧,也是政治讽刺剧,充满喜剧和幽默色彩。虽然令人深思,具有告诫作用,但同时又不无粗鲁和天真的成分。歌德称他为'希腊神话中赐人欢乐和美丽的三女神顽皮的宠儿'。《吕西斯忒拉忒》的主角名字本意为'解散军队的人'。该剧在公元前 411 年就上演了,阿里斯托芬当时 34 岁。他是雅典人,出生在波斯战争结束以后的幸福和平时期。当时,这个城市正经历着最辉煌的时代。伯里克利就是在这时下令在阿科罗坡里斯山上建造了帕台农神殿。"

他们打量着这个有三个出入口的舞台,它的下半部分是用灰色岩石砌成的,台上是阿科罗坡里斯山的巨幅背景画。它的上方是一道柱廊,里面排列着神龛和比人高的雕像,鸽子在雕像的头上和肩上咕咕叫着,燕子和麻雀则穿梭着飞来飞去。奇怪的是总能听见猫头鹰的叫声,即使在剧目演出的过程中这种叫声也一直未断。

"怪不得有一句歇后语叫'把猫头鹰带到雅典去——多此一举',"罗曼说,"雅典的猫头鹰可真多。"

剧场旁边是长满月桂树的平原,苍绿色的灌木丛像波浪一样伸向海边,海水看上去像远方隐约可见的亮色带子。

"观众席有 78 排座位,能容纳上千名观众。"塞内克斯说。

人们在闲聊。他们从自带的筐子里拿出山羊奶酪、水果和点心,把酒从罐子里倒进杯子,或直接举起酒罐豪饮。

塞内克斯继续说:"有这么多观众来看戏,你们别感到吃惊。因为演出很受欢迎,台下人头攒动,实际上,每位来看戏的雅典人都会得到一种'补偿'——他们能得到观剧津贴,此外还有免费的入场券。在庆祝酒神节的日子里,也就是所谓的戏剧旺季,整个雅典的人都会放下手中的工作,所有法庭上的纷争也暂停,人们还享有统一的债务延期偿付权,甚至还会把监狱里的囚犯放出来。你们也别为这种毫无顾及的狂饮感到吃惊,节制被看成是对狄奥倪索斯这位年轻的、无拘无束的酒神的不恭敬。在这些日子里，有的街上不光饮酒，还有无数热热闹闹的游行队伍。"

"我想象的异教徒的生活就是这样的。狄奥倪索斯也因为过于放纵而声名狼藉。"罗曼说。

"开始的时候，观众是坐在地上看戏的。只有身居高位的人才会有木头做的座位。后来，剧场建了用石灰石砌的一排排石凳。有圆靠背的大理石座椅是专为德高望重者设置的。这些座椅不但舒适，上面还有遮阳篷。"

身着盛装的乐队开始演奏，笛子嘹亮，鼓点密集，铙钹响亮，演出开始了。但是观众席里的声音却并没有低下来，只是声音的内容变了，好像期待本身也有了某种声音。

两位演员走上舞台，男扮女装，戴着木头和皮革做的面具，面具正面绷着一块透光的织物，上面涂上了色彩，只有嘴和眼睛能让人看得见。"我前面提到过，女性是不能参与这种活动的，也没有女演员……"

"这是歧视女性的又一例证。"贝蕾妮克说。

这个石头砌成的舞台是世界戏剧发展的基石

塞内克斯继续说道："演出从清晨开始，为获得观众的认可和欢迎，众多的剧作家一个接一个在舞台上展示自己的作品。演员经过全面的训练，他们很受尊重，收入颇丰。就这样，欧洲的戏剧诞生了。在这里——在雅典的狄奥倪索斯酒神剧场——而不是在任何别的地方，欧洲的悲剧、喜剧和讽刺剧登上了舞台。这是我们文化群星闪烁的历史性时刻。你们眼前这个用石头砌成的舞台是世界戏剧发展的基石，无论是莎士比亚、席勒、莫里哀、莱辛，还是音乐剧都可在这里找到自己的根。音乐剧一直延续到意大利文艺复兴时期的克劳迪奥·蒙特威尔第（Claudio Monteverdi）的作品；延续到维也纳洛可可艺术中的莫扎特的作品；延续到19世纪米兰的格约瑟佩·威尔第（Giuseppe Verdi）的作品和巴伐利亚州拜洛伊特（Bayreuth）的理查德·瓦格纳（Richard Wagner）的作品，就连拜洛伊特节日文艺演出剧院也借鉴了这里的舞台布局。这毫不足怪，因为没有比这个酒神剧场更好的形式了。你们肯定知道，许多诗人和作曲家的创作常常可以追溯到在这里第一次上演的古典剧目。他们重新改编这些剧目，各种尝试一直到今天仍然继续……"

"理查德·斯特劳斯（Richard Strauss）和奥斯卡·维尔德（Oscar Wilde）！"

"是的，罗咪，我们这里只提到了许许多多人中的两个名字！"

好像是在学舌似的，这时传来一阵猫头鹰的叫声。

三个年轻人一边说着悄悄话，一边打量着四周，贝蕾妮克坐在斯蒂芬和罗曼之间，分成三部分的舞台引起了他们极大的兴趣。

"舞台旁边的平台是合唱队站着的地方，"塞内克斯讲解道，"舞台本身是石头砌的。在它上面能搭建许多舞台布景。悲剧通常在宫殿和神庙前上演，一般有一个大门就够了。喜剧情节的发展往往需要几栋相邻的房子作为舞台背景，这几所房子都需要有自己的门。不过，我们今天看的戏是个例外，虽然这是出喜剧，而且是一出比较粗俗的喜剧，但是它的演出背景却是雅典的城堡。"

走出家门对于我们女人来说并不容易

阿科罗坡里斯山被画成一幅有神庙和柱廊的有立体感的图画，这幅画作为背景横放在舞台上。

"舞台布景在演出的过程中可以更换，主要根据剧情的需要变化，看故事是发生在田野，还是在海滨，或者像这出戏一样发生在阿科罗坡里斯山山脚下。"

帷幕开启，扮演吕西斯忒拉忒的演员就用带舞台腔调的高音抱怨其他女伴拖拖拉拉，她希望她们早点来，好给她们一个重要的建议。女邻居卡罗妮克安慰她说：

她们肯定会来的，亲爱的！走出家门对于我们女人来说并不容易：我们要伺候丈夫，叫醒仆人，安顿孩子，给孩子洗漱和喂饭……

"这段台词简直道出了女人所有的工作。我的上帝，几千年来这个世界真的一点儿也没改变。"

"今后也不会改变，妮克。顶多到了我们男人能生孩子的时候，才会发生变化。谁知道呢，也许遗传基因的研究有一天能让我们男人也生孩子。"

"我不会反对这一点点差别。"罗曼笑着说。这时舞台上的卡罗妮克继续说道：

我还是回家去吧！我们女人又能做出什么理智或者光荣的事呢？我们只会打扮得漂漂亮亮，头戴花朵，围着橙色的方巾，脚穿丝带鞋，身披时髦的拖袍……

女主角吕西斯忒拉忒马上反驳道：

这正是可以拯救我们的东西，
橙方巾、丝带鞋、香油膏、脂粉
还有透明的长袍！

塞内克斯小声解释道:"吕西斯忒拉忒想结束雅典与斯巴达之间的战争,她号召全雅典的妇女不与自己的丈夫亲近,直到他们放下手中的武器。"

"斯巴达的妇女也同样如此。"罗曼补充道。这时舞台上的吕西斯忒拉忒正满怀激情手舞足蹈地试图劝说自己的同伴:

是的!我们漂漂亮亮地坐在家中
身穿透明的纱袍,像爱神那样
微微敞开怀抱从他们身边走过:你们会看见
男人们是怎样急不可耐地想和我们亲近
但是我们不,拒绝他们的要求!
他们就会停战,我告诉你们,而且很快!

"她说得对。战争如果总是不能终止,女人也的确难逃同谋的责任!"

"斯蒂芬,你胡扯什么呀!"

"怎么啦?妮克。如果女人们接受了吕西斯忒拉忒的建议,也许从那以后就真的不再会有战争了!可是,女人们却希望自己的男人是头戴桂冠的英雄!"

"英雄之所以如此深受欢迎,是因为他们使得同城的公民免遭强盗的入侵和由此沦为奴隶的悲惨命运。"

"奴隶……"贝蕾妮克正要问,塞内克斯连忙解释说他后面还会讲到这点的。

戏剧是必需品

"还有一点,在古希腊的剧场演戏,不能说'上演',而要说'讲授',悲剧尤其是这样。最早的诗歌——戏剧也来源于诗歌——首先也是为了教育别人。诗歌传播了最早的神话和传说,所有这些传说所叙述的故事后面都包含有道德的寓意。如果不是后来发生的某些事情使戏剧在某种程度上变成了必需品,或者说变成了不可缺少的东西,戏剧情节也许就不会有任何发展和变化。"

"戏剧是必需品?"

"是的,罗曼。整个雅典的民众,不管是陶匠、鞋匠,还是农民都需要戏剧,这些卑微的穷人为争取平等的权利,为争取更多的民主,与少数富人进行过坚决的斗争。庇西特拉图(Peisistratos)从戏剧中,尤其是从悲剧中找到了教育民众的最好方法。人们设立了狄奥倪索斯酒神节,用于庆祝和赞美这位能使万物生长的神灵。酒神节从12月份开始,这时大自然开始冬眠。到3月份万物复苏时,酒神节才结束。随着这种庆祝活动的进行,人们在农村用来表现自然现象的羊人剧(Satyrspiel)[1]也在城里上演了。这样,人们就看到了著名的戏剧大篷车,羊人剧中的人物在车上向下面的人群喊一些粗俗的笑话。因为大家都争着上演自己的剧目,所以不断有新剧目出现。这样,从乡村的舞蹈和歌曲中便产生了古希腊戏剧,这些歌舞原来是祭祀酒神时在神坛前的大合唱——这些今天依然存在,像我们在这里看到的一样。"

舞台上,戏剧已经接近高潮。吕西斯忒拉忒达到了目的,妇女们答应了她并发誓:

大家握住酒杯!请你们跟着我发誓,
你们会信守自己的誓言!

雅典妇女一个接一个地上前摸着酒杯跟着吕西斯忒拉忒宣誓:

决不让参战者再做自己的丈夫……
决不让参战者再做自己的丈夫……
哪怕他发情地向我走来——跟我说!
哪怕他发情地向我走来——啊,我的腿都软了,吕西斯忒拉忒!

但是吕西斯忒拉忒毫不心软,她继续朗诵着誓言:

我在家不让他亲近……
我在家不让他亲近……
围着黄色的方巾,打扮漂漂亮亮……
围着黄色的方巾,打扮漂漂亮亮……
要让我的丈夫欲火中烧……
要让我的丈夫欲火中烧……
但决不委身于他……
但决不委身于他……
如果他用暴力强迫我……
如果他用暴力强迫我……
我将一动不动,使他扫兴!

---
[1] 古希腊戏剧中由森林之神担任合唱的滑稽剧,是悲剧的三部曲后的附加剧。

"我们当然不想忘记伟大的悲剧诗人,"塞内克斯小声插话道,"他们像巨人一样站在通向欧洲戏剧艺术王国的入口。我这里只提其中最重要的三位:埃斯库罗斯和他的《普罗米修斯》,索福克勒斯的《安提戈涅》或《俄狄浦斯王》以及第一个创造了'伊菲格涅亚'(Iphigenie)题材的欧里庇得斯——'伊菲格涅亚'是欧洲文学艺术取之不尽的创作源泉。关于这几位天才的戏剧家及他们的作品我们能谈几天几夜,但是我们今天就谈到这里吧。因为喜剧一样能给我们带来愉快。剧中有合唱歌舞队,他们装扮成羽毛丰满的鸟,或长着尾巴的萨蒂尔(Satyr)[1],或披着黄鼠狼皮、头发插满叶片似的饰品。"

塞内克斯停止了说话,因为吕西斯忒拉忒正在向她的同伴们发誓:

不要动摇,只要稍微再坚持一下
神祇谕示:团结一致就能胜利!

"这句话也可以作为我们今天女性的座右铭。"贝蕾妮克嘟嚷了一句。

塞内克斯站起身来:"我们还会有机会谈到这个题目。"他说,"现在我们离开剧场,去拜会一下伟大的苏格拉底,他从未写过什么著作,他的言论和学说主要是通过他的学生柏拉图的记载流传下来的。"

他们朝门口挤去。其他观众被台上的戏深深吸引,如醉如痴,不时地爆发出一阵阵响亮的笑声。

太阳正向西边的地平线坠去,影子越来越长。黑色的阴影给半圆形的观众席和舞台投去形状奇特的图案。这时又传来猫头鹰的叫声,声音低沉而忧郁,好像它要宣布夜晚的来临和自己即将在夜幕下的小山上捕食飞行的消息。

三位伟大的哲学家

穿过小柱子支撑的大门,他们来到柏树林荫路上。塞内克斯带着他们从岔路上走到阿科罗坡里斯山脚下的一个小山丘上,从这里他们能一直看到比雷埃伊斯港口的岸滩和波光粼粼的海面,水面的颜色随着太阳的西沉变化着,开始是黄色,后来渐渐泛起了红色。海面上飘着几朵长长的云彩,海水、云彩和夕阳组成了一幅富丽堂皇的景象。帆船的黑色剪影像在这灿烂辉煌的景色中用墨笔重重地抹了一下。

---

[1] 希腊神话中耽于淫欲的森林之神,有尾巴和山羊腿。

"多美的景色!"贝蕾妮克禁不住低声赞叹道。

塞内克斯建议他们稍事休息,从野餐袋里拿点吃的,喝点葡萄酒,边休息边等天黑。

"今晚你们会碰到一点特别的事,但是必须等到天黑以后。"

"您把我们的胃口吊起来了,塞内克斯,请告诉我们,您准备给我们安排什么?"

"我想给你们讲讲三位伟大的哲学家:苏格拉底、柏拉图和亚里士多德。也就是说,我们现在就开始这个话题,但是这中间我们要去参加一个聚会——苏格拉底就因为这个聚会变得十分出名,尔后我们将回到住处继续讨论。如果不探讨一下这三位哲学家,是不能离开古希腊的。在我们之前有许多代人学习和研究过古希腊的哲学,我们之后也还会有人继续探索。"

塞内克斯用胳臂支撑着身子靠在一旁休息,一边观察着眼前太阳落山的壮丽景色,一边开始了简短的介绍。

苏格拉底

"苏格拉底是这三位哲学家中最年长的一个。他年轻时做过石匠,或者说做过石雕匠,通向阿科罗坡里斯山上雅典娜神庙的坡道上有几个女子塑像,据说就是出自他手。人们对他的了解并不太多,因为他自己没有留下什么文字的东西。他的言论和学说主要通过柏拉图的整理和出版才得以流传。他的学生用速记的方法将他的谈话刻在涂了蜡的材料上,然后再用墨水抄写在纸莎草纸上,练习书法的女学生再一份份抄写。此外,阿里斯托芬——我们刚刚看过他的喜剧《吕西斯忒拉忒》——在另一部喜剧《云》中把苏格拉底描写成了一个被嘲笑的对象。据说,苏格拉底曾去观看过该剧的演出,但是中途便离开了剧场。在荣誉的顶峰时期,苏格拉底被描述成一个奇特而丑陋的怪物,他五十多岁,秃顶的周围绕着一圈红头发,他还不太爱干净。可是他的影响力却是巨大的。他的主要活动是在阿哥拉散步,在他的周围常常聚集一大批年轻人。据说,苏格拉底是一个能激发别人思想的人。"

"他是怎样做到这点的呢?"

"通过提问,斯蒂芬,这些问题能使人想到一个很好的答案。苏格拉底用一种沉重冷静的方式继续追问,自己做出很无知的样子,好让别人来回答。但是苏格拉底很快就会纠正别人的答案,并解释事情本来不是像人们所想象的那样。他不直接说出来,但是他身边的人会很快发觉他对这一事物的真实看法。他曾这样评价过自己:'我是深不可测的,我知道人类不可能知道的事物。'"

"这话听上去相当自负，而且还有点阴森森的。"

"啊，罗曼，苏格拉底一点也不让人觉得阴森可怕。他是个很坦率的人。他过着一种极其简朴的生活，每个学哲学的学生都知道他的那句名言——这句话是他看到市场上琳琅满目的商品后发出的感叹：'我不需要的东西真是多得数不胜数！'"

"我宣布从现在起做他的学生。"

"他会很高兴的，斯蒂芬。就这样，他开辟了古希腊哲学史上三位哲人争相辉映的伟大时代，这个辉煌的时代没有苏格拉底是不可能出现的。他的肉体和精神都很健康强壮，这也影响到他的智力以及他博爱和慈善的性格，他对嘲讽的偏爱也与此不无关系。他善于自我控制，容易接受新鲜事物，而且和蔼亲切。"

"这听起来像征婚广告上的自卖自夸！"

"我可不同意这种说法，贝蕾妮克。关于他与仙蒂帕的婚姻有很多传说，但都不真实。不管怎样，他很快聚集了一批忠实的追随者。整个希腊的哲学是建立在苏格拉底哲学基础上的。"

"请您详细讲讲。"

"我现在还不想讲得太多。你们以前应该对此有了很多的了解。当然如果你们先去认识一下苏格拉底本人，并亲耳聆听他的讲话，就更好了。我同意一种说法，那就是：苏格拉底一直在不知疲倦地问着、说着，追寻着事物的普遍性，这种普遍性我们今天称之为'概念'。苏格拉底认为，人必须努力识别善与恶，不断获取知识，因为道德来自知识，而知识首先意味着自我认识。"

"认识自己！"

"正是这样！罗曼，而且谁也不许有心为恶。"

"这听起来像基督教的教义！"

"基督教的许多戒律在基督诞生之前就有人想到了。苏格拉底尊重知识，重视才智的优越性。他希望自己的追随者通过理性的追问达到真理的彼岸，因为——正如他所说——不假思索的生活是毫无价值的。尤其是当他的提问想让别人上当的时候，他的问题常常是具有挑衅性的——这种机智肯定给他带来了很大的快乐。"

"他最大的成就是什么呢？"罗曼问。

"苏格拉底注重研究合乎伦理道德的生活，因为在他看来，合乎道德的生活取决于人能认识善德。他认为道德建立在知识的基础之上，能认识善，就能一心向善。只有智者才是有道德的人，从而也才是有处世能力的人。道德的知识能直接产生道德的生活。苏格拉底坚信，有一种绝对的不可改变的道德法则能使我们主宰自己的肉体和灵魂。"

"我以前还真不知道，这位著名的哲学家是一位如此伟大——我甚至想说，如此天真的乐观主义者。"

"他当时不可能拥有我们今天这么多的客观生活的经验,斯蒂芬,他对人类历史的发展也了解很少。"罗曼说,"此外,古代哲学家也没有多少自然科学的知识。"

"因此我们才更应该钦佩他们。"塞内克斯说,"你们想想,德谟克里特在公元前500年就已经宣称,大自然的万物是由原子组成的,虚空是原子运动的场所。"

"可是这一学说被压制了多少年啊!"斯蒂芬说。

这时,夜幕正在降临,焰火般的红色变成了紫色,这种多层面的紫色光芒与暮色融为一体。

这时又传来猫头鹰的叫声,这倒没有什么反常的,夜晚正是它们出没的时候,它们有的待在树上的窝里,有的趴在神庙门窗上的三角楣饰上,有的站在阿科罗坡斯山的石柱上。

"这也是提醒我们动身的信号,"塞内克斯说,"如果再晚点,我们就认不清街上的路了。"

他们回到城里,从一排排的房子旁走过。天已经黑了,屋子里却没有光线露出来。夜空中星星在闪耀,不过没有月亮。他们不时碰上一个手举火把的雅典人,摇曳的火光照在黄色的院墙上,闪闪烁烁。

罗曼走近贝蕾妮克身边,扶着她。天色很暗,但是斯蒂芬还是发觉了,他也赶紧走到贝蕾妮克的另一侧扶着她。贝蕾妮克走在两人之间,心里很舒坦。

我打扮了一下,为了去见美男子

过了一会儿,他们看见一扇黑色的门前站着几个男人,其中两个举着火把。一位年长些的男人大腹便便,高高的额头上围着一圈编织的发辫,引人注目。

旁边的人问道:"苏格拉底,你洗澡了?你穿凉鞋了!这可少见!"

"是的,"苏格拉底回答说,"我好好打扮了一下,漂漂亮亮地去见美男子。"他说话时给人一种心不在焉的感觉,似乎又陷入了沉思。

贝蕾妮克、罗曼和斯蒂芬充满敬意地打量着苏格拉底。他们和他一道进了屋子。一位仆人举着火把领他们走进一间房子,房间里的沙发上坐着几个男人。他们面前的小桌子上的盘子里放着水果、点心和乳酪,旁边摆着装满酒和水的杯子、玻璃瓶。

小油灯使屋里的一切沉浸在温暖的光线中。

塞内克斯指着紧靠墙边的四张椅子,让三个年轻人和他一起坐下。

仆人给客人递过来水和毛巾,请他们洗手。塞内克斯指着一个男人向三个年轻人介绍说,他就是阿加通(Agathon),这里的东道主。东道主对坐在房间顶头的苏格拉底喊道:"你过来,苏格拉底,到我旁边来!"

苏格拉底朝主人走过去,在他旁边坐下。他们一起就餐,向酒神献上酒,然后唱赞美酒神的歌。歌声并不好听,有些不和谐和走调。

一位吹笛子的女子走进屋来,苏格拉底马上不高兴地喊道:"让她走,她可以自己吹给自己听,或者如果她愿意的话,可以去女人们的闺房里演奏。今天我们只谈我们关心的问题。"

"但是谈什么方面的问题呢?"其他人问。

"如果你们不介意,我可以给你们提个建议。"苏格拉底回答说。

东道主说:"啊,我挨你这么近,真希望能从你那里得到一些智慧。"

苏格拉底笑着说:"你想得倒美,你以为智慧是那种可以从一个装得很满的容器里倒进另一个空容器里的东西吗?如果是这样,那我就为自己能坐到你身边感到很荣幸了,因为这样我就可以把你的某些超常的智慧倒进我脑子里。我自己的思想有限,也许还是有争议的——因为它像梦一样飘忽不定,但是你的智慧却闪着光芒,而且越来越多。"

说完这一席话,苏格拉底端起杯子喝了口水,继续说:"我们现在谈谈性爱。你相信性爱是美好的,而所有的人又都想永远占有美好的东西吗?"

"我认为是的。"东道主回答。

"那么我就由此可以推论出:性爱是一种想永远占有好东西的欲望!"苏格拉底笑着说。

塞内克斯轻声说:"难道不能用一个更美妙的字眼来给爱情下定义吗?"

说罢,他站起身来,三个年轻人也跟着起身。"走吧,太晚了。"他说。

一位仆人举着油灯,把他们送到门口。此刻夜色正浓。

第二晚
璀璨的哲学星空

哲学家和妇女

探讨哲学首先意味着提出问题

没走几步,他们就已经到了下榻的小旅舍前,低矮的路灯照着旅舍前的花园。三个年轻人有一种如梦初醒的感觉。

"你们看,我们已经到了。"看到他们满脸诧异的神情,塞内克斯很得意,"赶快回你们的房间洗漱一下,享受享受我们现代社会的舒适。半小时以后,我们吃晚餐。"

钥匙还放在原处。他们回到收拾整齐的房间。

"多美的一天啊,"贝蕾妮克小声说,"而且这么美好的一天还没过完呢。"

一刻钟以后,他们就到了餐厅,餐桌上摆好了餐具和食物。

"今天我们喝希腊的葡萄酒,"塞内克斯说,"这是一种纯葡萄酒,没有任何化学添加剂,我想你们会喜欢的,同样的,我也希望你们对今天的一切感到满意。"

"当然。"三个年轻人异口同声地回答说,而且他们打心底里这么想。

"可是,您还没给我们讲柏拉图和亚里士多德呢。"

"我马上就会谈到他们的,罗曼。首先让我们先结束对苏格拉底的讨论。像早期哲学家一样,苏格拉底确信人的思维是可以检验真理的。他的逻各斯学说有着理性主义的核心，所以也可以说他是启蒙运动的鼻祖之一。苏格拉底以自己的学说反对所有希腊人所遵循的风俗习惯，无论是伦理上的还是宗教方面的。他认为，人要不断追问真理，他想以此说明，人永远也不可能拥有绝对真理。"

"他是因为这点才被判了死刑吗？"

"他是因亵渎神灵罪被判了死刑，他被指控藐视传统宗教和教唆青年。作为未来的士兵，青年本应该以执行命令为天职，决不许多问或对命令产生怀疑。苏格拉底最具性格特点的名言是他在雅典法庭上说的一句话：'我知道，我什么也不知道。'"

"这是所有怀疑论者的座右铭。"斯蒂芬高声说。

"在苏格拉底看来，哲学探讨首先意味着提出问题，不断追问，不能满足于任何答案。对他的判决也还有政治上的原因。这方面，原则上与现如今的情形也没有多少区别。在今天，具有独立思考能力的公民仍令政治家们头疼，只是现在的惩罚远没有当时那么严厉罢了。"

"肯定是的。"斯蒂芬点点头。

"也许对苏格拉底的判决还有别的原因，因为他曾经是由五百人组成的陪审团成员之一，他徒劳地反对过处决几名将军——他们在取得一场海战的胜利之后没有将所有的落水者救起来，因此他在雅典不受群众欢迎。我希望每个人都能够像苏格拉底那样评价自己：'我毕生都在追随我认为正确的思想。'尽管如此，他还是有权利要求接受一种别的惩罚。如果他选择流放，也会得到批准的，指控他的人本来只想让他保持沉默。但是苏格拉底却发表演讲，要求国家在他有生之年把他作为一个公开的行善者加以供养，陪审团认为这是极大的讽刺，觉得深受侮辱。"

"真是小心眼儿！"

"对他的死刑判决也许还有一个更深层次的原因。"塞内克斯说。

"是什么呢？"

"这个原因就是人的本性。为了生存人人需要安全感和可靠性。如果这时有一个人对他们说，其实生活中既不存在安全也不存在可靠——这往往会激怒别人，甚至让人对他产生憎恨。这就是苏格拉底的命运。我们现在再回头看看在监狱中的苏格拉底吧。他的老朋友克立通（Kriton）劝他逃走，并做好了一切准备。但是苏格拉底却认为，在这种时候理智和信念是最重要的，最终他说服了克立通。苏格拉底认为，在一切具有伦理意义的重要问题上只有理智才是起决定作用的——在拒绝逃跑这件事情上，苏格拉底的这一性格特征又一次明确表现出来了。苏格拉底认为，想要做的，就是不能做的。在这种情况下谁不愿逃走呢？不，如果别人认为应该逃走，那么他就不能这样做。克立通和他所有的朋友，也许甚至大部分雅典人都认为，苏格拉底应该逃走，而且他也会逃走。苏格拉底却做出了相反的选择：'人只能做经过理性考虑而证明是正确的选择。我一生都坚持这样的一个原则，我现在仍然不会改变。'"

"我们可不可以说，苏格拉底也许正是由于这一判决和他的死亡才产生了如此重大的历史影响？"罗曼问。

"可能是这样。"塞内克斯点头道，"苏格拉底在被判死刑后对法官说：'到了我们都该走的时候了，我走向死，你们走向生。可是我们双方究竟谁更走运呢？除了神谁也不知道。'什么是善德，这是每个人必须用自己的良心面对的问题！苏格拉底当然不是希腊哲学史上第一个能提出深刻问题的人，但他的问题肯定是最深刻的，尽管他的语气常常很平和，有时甚至很轻松。"

柏拉图

塞内克斯举起手中的杯子："我们现在谈谈柏拉图吧。他是苏格拉底的学生，从小在雅典他父亲的庄园里长大，随后游历过许多地方。公元前387年，从西西里回到希腊时被捕，支付赎金后被放出来。此后，他一直住在雅典，直到去世。请你们把柏拉图想象成一个弯着腰走路的人。他所有的著作都围绕着苏格拉底，尽管这些著作与苏格拉底的言论并不可能完全一致。柏拉图也从未尝试过记叙苏格拉底的生平，他更多地是想把苏格拉底作为自己哲学著作的传声筒或者背景。这样，他建立了一个学生能为自己老师建立的最好的文学纪念碑。除此之外，柏拉图还是第一个教授超验学说的人。所谓超验的东西就是无法用感官直接感受到的事物。他把这种东西称之为'理念'，而'理念'又是'本来的存在'。更重要的是他还创办了一所学园，起名阿卡第米亚（Akademie），'Akademie'这个名字是根据英雄阿卡德摩斯（Akademos）的墓碑命名的——后来，在西方语言中便有了学院（Akademie）这个词。柏拉图的学园位于雅典城边，它是一片美丽风景中的一个花园，柏拉图聚集了一批人，大约有20个数学家和自然科学家，他们在那里讲授自己的思想。柏拉图的学园成了后来所有学院甚至大学的榜样。柏拉图要求学生接受15年的教育：十年学数学，五年学哲学。在古希腊人们主要了解以下五种学科：算术、几何学、立体几何学、天文学和声学。柏拉图的对话集体现了他作为一位出色作家的才华，他的诗歌创作也证明了这一点。这些诗歌保存下来的至少有33首，从这些诗歌中不难看出，柏拉图是一个高度敏感和细腻的人。在他身上，敏锐的理智和深刻的感情得到了完美的统一。

这里，我给你们列举他的三段诗句，第一段是：

抬头仰望天空的群星，我的爱人，

啊，假如我在天空有千万双眼睛，
我将从那里俯视你的娇容。

另一段诗句：

你曾经是明亮的启明星，
在芸芸众生中闪闪发光；
如今你云游冥府，
你仍像夜晚的星辰一样闪烁。

还有第三个例子，在这首诗中，他把自己描述成一个偷食禁果的恋人：

我将苹果扔给你，你欣然接受我的爱慕。
啊，你抓住它，并将你的贞洁献给了我。
请再想想——上天保佑！
你抓住它时就该想一想：
美丽是多么容易转瞬即逝！

说完塞内克斯沉默了。

"在最后这段诗中诗人很清楚地谈到了肉体的爱。我以前总是把柏拉图的名字和柏拉图式的纯精神恋爱这个概念联系在一起。在我的想象中，柏拉图式的爱情是一种有意识放弃身体接触的纯精神的爱情。"

"是的，贝蕾妮克。柏拉图在他的对话集中曾指出，爱情首先是通过看到美丽的躯体而产生的，这种爱情甚至会变成一种对美的渴望，这种渴望是超感觉的和先验的，只有精神能够把握它。现在让我们再回到古希腊同性恋现象。苏格拉底和柏拉图的哲学把节欲变成了一种新的理想，尽管偶尔的性爱还是被接受的。"

个人是国家的组成部分

"我向你们介绍一下柏拉图的理念学说，"塞内克斯继续说道，"在他的对话集中，他阐述了自己的理念论，这一学说成了他哲学的核心部分。我想简短地谈谈他的《斐多篇》(Phaidon)。这篇对话记叙的是苏格拉底在临死的那天与朋友的谈话。内容主要涉及死亡和灵魂不朽，在此柏拉图把他的理念论作为基本思想提出来了。

柏拉图认为：'本来就存在美、善和大等等这些抽象概念。如果有人告诉我为什么某种东西是美的，那么它要么有鲜艳的颜色或美妙的形状，要么有其他类似特点，我对这些均忽略不计，而坚信只有美本身使它美，而非它物。'我们还可以补充一点，那就是：'美本体'或'美本身'。"

"也就是美的理念？"

"是的，斯蒂芬。柏拉图首先是客观唯心学说的创立者，他的物质世界是由某种非物质的东西组成和支配的，他认为，在看得见的现象后面有一种真正的、永不改变的真实，正是这种客观唯心主义的思想给西方哲学和宗教思想打上了深深的烙印。他也认为，真正的礼拜仪式意味着参与某种崇高的创作——即对灵魂的眷顾。柏拉图使形而上学成了一种学科，为分析哲学的发展开辟了道路。如果不设身处地地在当时的历史条件下思考和观察他，那么我们就不可能理解柏拉图和古希腊其他哲学家的思想。古希腊的语言、思想、行为、艺术、政治、城邦和古希腊诸神——所有这些柏拉图生活的基础——远远超越了这一切本身。他的思想有三个中心：人文主义、科学思想和国家学说。涉及到国家学说的有两部内容广泛的著作：《理想国》（Politeia）和《法律篇》（Nomoi）。关于人文主义我们在谈到文艺复兴的时候还会提到。我认为现在更重要的是谈谈柏拉图对国家的理解。他把国家看作'一个整体的人'，因此他认为个人只是国家的一个组成部分，国家有权要求废除私有财产和夫妻共同财产。"

"这听起来与共产主义很相似，"斯蒂芬说，"而且那么早居然就产生了这种思想！"

"世上原本就没有什么崭新的东西，"塞内克斯回答说，"至少可以说，在经过古希腊高度发达的文明之后，很少有全新的事物出现。柏拉图还说：'国家还可以废除婚姻和家庭，生育孩子也由国家监督……'"

"这可有点离谱了！"

"的确是这样，贝蕾妮克。柏拉图是个教条主义者，他不承认个人的自由。"

"如果真的遵循柏拉图的思想，也许就可以避免地球上人口过剩的灾难了。"

"也许，斯蒂芬。至少我们应该根据柏拉图的想法，让国家保留对孩子的教育权。"

"这种想法与社会主义又完全一致了。"

"这是所有专制统治的原则！但是柏拉图后来还是有所改变，在他最后的《法律篇》的论述中，他也把对孩子的部分教育权还给了家庭。"

"这是他的幸运！"

"你看，贝蕾妮克，柏拉图只是认为——也许有点理想化——为了让人发扬善德，国家是首先必不可少的工具。"

"这听起来不错，"斯蒂芬说，"但是我认为情况也许正相反。"

"柏拉图说，把自己的生活与国家紧密联系在一起是个人的幸福，因为这样做的目的是教育国民一心向善，而善德能给人带来幸福。他甚至天真地认为：'真正的国家应充满理性的思考，因为所有的善德都建立在知识的基础之上，也就是说建立在科学的基础之上。在国家中，理性的统治地位意味着科学的统治地位，真正的国家宪法是由内行的人——哲学家来决定的。'"

"这话可得好好琢磨琢磨！看来他想要的也只是独裁，不过是理性的独裁而已。今天，许多人仍认为我们这个世界只有通过某种开明的独裁统治才能得救。"

"你认为呢，斯蒂芬？"

"我们今天到处看到的都是民主，政治家都快被弄晕了。到处充满令人眼花缭乱的解决问题的良方，但是这些良方在政治上却无法实施，因为民众只想满足自己的短期利益，而民众的愿望往往能决定政治。"

"那么你是想废除民主吗？"

"不，当然不是，尽管我觉得民主不能解决将来的问题。另一方面，个别人的毫无限制的权力又太容易导致专制统治了。"

"我们还是再简短地谈谈柏拉图吧。"塞内克斯要求道，"你们应该知道，在《斐多篇》中他已经提出地球是球体的学说，但他在当时并不是唯一持这种观点的人。"

"在公元前350年？"

"不仅如此，贝蕾妮克，当时还出现了地球自转说和太阳中心说。在公元前270年，萨摩斯（Aristarchos von Samos）就提到了太阳和月球的体积和距离，提出行星和地球是围着太阳转的。柏拉图信奉毕达哥拉斯的宇宙观，他说：'围绕着中心火的依次是地球、与地球相对应的星球、月球、行星、太阳——它给地球折射出中心火的光。'"

"没有任何辅助工具，没有望远镜，没有六分仪座，可是他却做出了所有这些科学推论。"罗曼转身问塞内克斯道，"柏拉图已经死了2000多年了，为什么探讨他的思想对于我们还这么重要呢？"

"因为西方思想的基本理论深受他的影响，每当我们谈到真、善和公正的国家等概念时总会提到他。"

亚里士多德

塞内克斯继续说："最后我想给你们简单介绍一下亚里士多德。请你们想象一下他的形象：细小的双腿、凸起的肚子、光秃秃的头和近视眼。他有发音缺陷，学生们经常模仿他的发音嘲笑他。这位伟大的哲学家衣着考究，喜欢美食，他经常在烧热的植物香料油里洗澡，然后再把这些油卖掉。"

"这听上去可让人觉得不舒服。"

"尽管如此，贝蕾妮克，他有着多么巨大的精神力量啊！他生活在比苏格拉底和柏拉图稍晚的时间。他是否是古希腊最伟大的哲学家——这点尚有争论，但他的确是对西方历史发展影响最大的一人。亚里士多德是唯一的一个得到基督教——说得更确切些是天主教教会承认的古希腊哲学家。他的作品和思想能够得以流传，首先要感谢古罗马哲学家波伊提乌（Boethius），他在公元500年前后将亚里士多德的全部作品翻译成了拉丁文，这些著作成了中世纪了解古希腊思想的唯一源泉。中世纪经院主义哲学家阿尔贝特·马格努斯（Albertus Magnus）和托马斯·阿奎那（Thomas von Aquin）潜心研究亚里士多德的著作，并深受影响。人们称亚里士多德为欧洲最早的教授。他没有什么艺术天赋，也缺少柏拉图那种丰富的想象力和诗意的创作灵感，但是他具有极其敏锐的审美判断力。他是收藏家、批评家和组织者，更是一位自然科学家——虽然他缺少现代科学研究必备的那些辅助工具，没有温度计、气压表、放大镜、望远镜，也没有试管和精密天平，甚至没有准确的钟表。在他生活的那个时代，人们还不知道分钟和秒钟。他们有着完全不同的时间概念，或者也许根本就没有时间概念。即便如此，亚里士多德还是知道地球是球体。不过，他认为地球是宇宙的中心。"

"那么，他的这些思想有什么特别之处呢？"

"亚里士多德是第一个从人的思想和认识中找到理论的人，他试图把人的思想活动……"

"许多人可并不把思想当成一种活动。"斯蒂芬插嘴道。

"他试图把人的思想活动看作认识思想规律的源泉。柏拉图相信自然界存在普遍的规律。亚里士多德走得更远——他认为万事万物都能被理性地分析和理解。他最早提出，只有拥有了分门别类的、相互独立的自然科学原则，才能真正研究自然。他认为科学分为三大类：理论科学——探索和认识真理的科学；实践科学——在这种科学中正确的方法起决定作用；创作科学——创造新事物的科学。他赞同老师柏拉图的观点——科学存在于有根据的认识中。于是，他发现逻辑的主要任务在于探讨有根据的思想，同时他又认为这种有根据的思想在于，当人们从一些判断中推论出另一个判断时，必须给这个判断提供依据。亚里士多德认为，思想只有通过证明和定义才能变成认识。他认为，结论和定义属于科学的一部分，因此，科学的要求是证明判断和定义概念。他推行实验科学，他认为理念是第二存在，它们完全不能独立存在。他还认为，理念仅仅是通过言语'本身'进行的多余的补充。"

"这是什么意思？"

"贝蕾妮克，这就是说，比如，马的本质是从所有马的身上抽象地概括出来的，是马的'本身'。"

"那么，按亚里士多德的说法，只有个别事物能得到完全的真实。"

"是这样，斯蒂芬。他说，事物的普遍性不能独立存在，因为它不是物质性的东西。本质不能存在于物体之外。"

"也就是说，他认为，马的本质只能存在于某匹——或另一匹马的身上，而不是任何别的地方？"

"我是这样理解的，罗曼。一件事物的本质是这个事物的一部分。"

"那么，亚里士多德是最早的实验科学家吗？"

"可以这么说。亚里士多德是第一个通过逻辑的分析深入研究我们这个世界的人。他认为具体的事实是每一种思想的基础。他通过要求列举具体事实，把自然科学从哲学的束缚中解放出来。"

"您刚才说到过他的人性论，您能进一步解释一下吗？"

"当然，罗曼。亚里士多德认为，非常重要的是有意识地选择中庸之道，这是他最著名的理论之一。他希望人人能够找到合适的行为尺度，在两个极端之间——比如在简朴和奢侈之间找到一种折中的生活方式。此外，他还认为，所有事物都追求一个目标，这个目标是事物本身所具有的。"

"对实现自我的追求也是这样吗？"

塞内克斯点头道："是的，贝蕾妮克，它是指追求实现一切潜在的可能性，从中我们也可以看到亚里士多德哲学的宗教特点。他认为，追求的目的是为了获得幸福。但是他也说过，是理智将人和动物区别开来的。"

"可是，亚里士多德的宗教思想是什么？您刚才说过，他是唯一一个很早就被基督教承认的古希腊哲学家。"贝蕾妮克问道。

"亚里士多德明确表示他主张一神论，他只承认一个上帝。他的《形而上学》第十二章讨论了这一主题。他把上帝和这个世界分开考虑。在他眼里，上帝是一个超验的纯粹的形式——它不像'那些在世界中发生作用的诸多形式'一样被包括在世界里。"

"那么，按照亚里士多德的说法，上帝的存在就是纯粹的精神存在啦？"

"是的，罗曼。上帝是纯粹的思想，但是上帝的思想却不同于人的思想，它不是动态的，不存在从可能的知识走向实际的知识的过程，他的思想是静态地占有着知识，是对自身的观照。"

"我不太明白您说的这一切，"贝蕾妮克说，"但是我还是能够领会这种对上帝的认识。我想，亚里士多德是一位值得我尊敬的哲学家。"

"如果我告诉你说，他曾经支持过当时普遍存在的观点——即在哲学上轻视妇女、手工业者和奴隶，我想你会马上改变这种想法的。"

"当然……"

作为科学的科学思想

"我们不能忘记他所处的时代。"塞内克斯说。

"为什么？在此之前，古埃及妇女可是受到特别的尊重。"

"古希腊人的想法不一样。我们今天可以觉得不可思议，可当时的情形的确如此。我们先谈谈农民和'平民百姓'吧。雅典那些受过教育的人，尤其是贵族经常讽刺他们，把他们作为犟头犟脑的人嘲笑。这点似乎不难理解，因为这些穷人生活在一个混杂着醉意、恐惧和肉欲的世界，在他们看来，魔术师、巫婆以及各种各样的预言家、躲在洞穴里或躲在像德尔菲（Delphi）神谕宣示所里的那些女巫——所有这些人都比哲学家离他们更近，更好理解。亚里士多德是一个知识广博的思想家，尽管他有时也犯错误。他提出自己的政治观点，认为统治阶级应由精神和道德上的贵族组成。他希望吸收中层阶级，即至少享受小康生活的市民，因为他们不会由于不满而想到去推翻某种统治。他想把公民权局限于少数人，这些人的数量要比那个时代在雅典实际上享受国民待遇的人数少。农民、手工业者和小商贩则完全排除在外。"

"我觉得这种想法是不符合社会要求的。"

"我们现在可以这么看，贝蕾妮克，当时流行的思想是，体力劳动使人粗野平庸——直到起源于犹太教的基督教才修正了这一观点。而古希腊人认为，体力劳动使人不可能有时间去尽自己作为公民的义务，因为履行国民义务需要人有闲情逸致。亚里士多德曾经说起过'天生的奴隶'这个概念，单单凭这一点就表明他是个保守的思想家。当然这也是当时人们热衷讨论的观点。此外，亚里士多德还提出过，任何希腊人都不许奴役别的希腊人这个观点。然而，具有积极意义的新尝试是亚里士多德写过动物史方面的书，他收集了大量材料，在此之前，还从未有人从事过这方面的研究。"

"是一部亚里士多德的'动物史'？"

"可以这么说，罗曼。他对动物进行解剖学、生理学和行为方式等方面的研究。此外，尽管我前面提到，他不具备艺术天赋，不适合去评论悲剧和史诗，但他那广博的思想还转向过诗歌研究，而且他的《诗学》（Poetika）是最早和最重要的文艺批评著作。亚里士多德给了文艺批评自己的语言和定义，它们对后世甚至我们今天仍有巨大的影响。"

"您是指关于地点的统一、时间的统一和情节的统一的'三一律'理论？"

"是的，罗曼，可亚里士多德本来只强调过一个统一，即情节的统一。不论亚里士多德曾经做出过多么伟大的成就，但他一直是个谦虚的人，他随时准备检验自己的理论。当他获得了新的认识时，他总是力图更好地表达出来。"

塞内克斯沉默了一会儿，随后，略带些倦意继续轻声说道："现在再说说他的结局。他是亚历山大大帝的老师，由于受到他的恩宠，亚里士多德受到了雅典人的怀疑。亚历山大死后，亚里士多德曾因被控犯了亵渎神灵罪，而避难于欧波阿岛（Euba），一直到去世，享年63岁。也许，他是服毒身亡的。"

伊壁鸠鲁

"您刚才提到亚历山大大帝。他不是古希腊时期很有影响力的一个人物吗？我们为什么不谈谈他？"

"关于他到底是天才还是个自大狂一直有争议，罗曼。他是在人类历史上发挥过突出作用的侵略者和统帅，但是他并没给人类的进化和发展产生过太大的推动和促进作用。他所建立的帝国虽然强大，但是随着他的去世却很快分崩离析了。在我们人类发展的历史中，重要人物比比皆是，所以我们不得不注意限制自己的选择范围。还有一个人我想提一下，我认为他是古希腊最后一位重要的哲学家。我说的是伊壁鸠鲁（Epikur）。他是他们中最和蔼可亲和最通人情的一位。他比亚里士多德晚出生40年。每当我想起他的时候，就仿佛看到一位温和谦恭的智者在雅典城门前他自己的花园里逍遥地散步。"

"他不是一个除了自己的安康和幸福之外什么也不考虑的极端享乐主义者吗？伊壁鸠鲁派这个词的另外一个意思不是享乐主义者吗？"

"贝蕾妮克，我们首先应该看到，除他之外，在哲学史上，还没有第二位哲学家的名字成为了一种普遍的概念。伊壁鸠鲁寻求幸福，这是真的，但他不是单纯为了享乐，而是为了心灵的宁静。你们读读他的书吧，他的书值得一读。我想起了伊壁鸠鲁说过的几句话，斯蒂芬，我想你会喜欢的。伊壁鸠鲁说，如果对宇宙的本质不了解，而是根据神话对此进行推测和猜想，就不可能摆脱恐惧。他还说，不掌握自然科学，就不可能享受到纯粹的喜悦。"

"当然啦。这些想法很合我的口味。"

"此外，伊壁鸠鲁还认为，偶然性只能在次要的事物中使具有理智的人的计划落空，因为对于他们认为重要的事物则早就以理智的方式进行了处理。"

"可惜，这常常只是个善良的愿望而已。"斯蒂芬反驳道。

"伊壁鸠鲁还对宇宙进行过思考，这些想法让人感到非常现代。他认为，宇宙一直是现在这个样子，而且将来也不会发生变化，因为宇宙之中没有能够使其发生变化的东西，在宇宙的周围也没有什么东西可以进入宇宙，并使宇宙产生变化。宇宙由物体和虚空组成。感觉告诉我们物体的存在。我们必须通过理性的思考来判断那些看不见的东西，而这些理性的思考与感觉是一致的。"

"那么说伊壁鸠鲁也是个理性主义者！"

"也许他那完全面向存在的世界观是从理性中产生的。这种观点不但是追求享受的，而且更多的是理性的。"塞内克斯说罢，便起身准备回房休息，"晚安，孩子们！"

古希腊的妇女

"您等一会儿！"贝蕾妮克大声喊道，让其他人大吃一惊，"我还想对古希腊的妇女有更多的了解。我觉得您给我们展示的古希腊时代的图画有点太明亮、太光彩夺目了，如果我们略过这看起来相当暗淡的一章，那么您所描绘的古希腊至少不太完整和全面吧。"

"好吧，其实关于这方面我前面也提到过一些。"塞内克斯小声说道，他看起来好像不太高兴，因为他不愿意给他所热爱的古希腊抹黑。不过，他还是转入了这个话题："的确，荷马的伟大史诗《奥德赛》和《伊利亚特》主要描述的是一个男人的世界，尽管他们的战争是为了一个女人——美丽的海伦。但是她只不过被当成男人的财产，而不是被看作一个独立的人，她不能决定自己的命运，选择自己的爱人、丈夫或生活伴侣。从根本上来说，她只不过是个玩物。"

"可是，《奥德赛》中奥德赛的妻子却可以选择丈夫。"

塞内克斯微笑着说："感谢你的提醒，罗曼。实际上，在特殊的情况下，女人也有这种自由。但别忘了，奥德赛的妻子是王后，而且当时在别人眼里她已经成了寡妇。还有萨福也过着自由的生活，她是个寡妇而且很富有。独立自主对于古希腊时代的妇女也不是完全不可能的。此外，荷马史诗中的故事发生在很早以前，并不是发生在古希腊时代。萨福一部分时间住在西西里岛，一部分时间住在列斯波斯岛，她并没住在雅典。荷马所描述过的贵族制度后来变成了雅典的人民民主，在这个新的、民主的城邦中，家庭是人们最重要的生活形式，在家里，丈夫是主宰，妻子、孩子和耕种土地的奴隶都从属于他。"

说完，塞内克斯沉默不语，陷入了沉思中。

作为社会基本单位的家庭

"在公共场合出现的主要是自由和富裕的雅典男人,"过了一会儿,塞内克斯继续说道,"他们谈论政治,讨论问题。女人在家操持家务。她们只是妻子和管家婆,法律没有规定她们需要履行的公共义务。"

"女人从古至今扮演的就是这种角色。"

"你不能这样说,妮克,有些方面还是有所变化的。"

"我也认为是这样,斯蒂芬,"塞内克斯附和道,"雅典的妇女必须让家里的一切井然有序,好使丈夫能到阿哥拉的柱廊下散步和参加政治会议。其实,古希腊妇女从来也没有'长大'过,她们总是被人照管着——或者是父亲,或者是叔叔,结婚后就是丈夫。她们能够解除婚姻,也可以再婚。女人的任务是生儿育女,照料家人的日常生活。雅典男人坚决避免自己神圣的家庭掺杂进陌生的血液。所以通奸被视为犯罪,也因此国家法律才会插手妇女的情欲问题。"

"这可是完全彻底地干涉私生活。"

"当时的人还不知道'私生活'这个概念,贝蕾妮克。一个犯通奸罪的女人不能再参加宗教仪式,她的丈夫也必须跟她离婚。这两点非常残酷,因为宗教、婚姻、孩子和家务一起组成了妇女全部的生活内容。"

"我猜,男人们肯定允许有三妻四妾!"贝蕾妮克不满地嚷嚷道。

"伟大的演说家狄摩西尼(Demosthenes)是这样说的:'青楼女子给我们带来愉快,情妇满足我们的日常需要,而妻子则为我们生育合法的孩子和操持家务。'此外法律还规定,丈夫至少每个月要与妻子同房三次。"

"这可真够严厉的。我现在真为自己不是那个时代的雅典女人感到庆幸。"

"女人很难保障自己的生计,她既不能继承地产,也不能在法律文件上签名。只有当自己的丈夫不能养家糊口时,女人才能去做女佣挣钱,或者做点毛织品和葡萄酒之类的小生意。女奴们则负责纺毛线和织布。除此之外,尤为黑暗的是还用谋杀婴儿来控制人口的增长。这点我真的讲不出口,可是这种事情当时的确经常发生。"

"那遭殃的女婴肯定比男婴多。"

"我不得不承认这点,贝蕾妮克。即使现在,世界上每年仍有大约一百万婴儿丧命,其原因仅仅是她们选错了性别——她们是女孩。在古希腊,这种做法就遭到了谴责:'穷人也会把儿子养大,富人也会遗弃女儿。'人们常常把刚刚出生的女婴用罐子装着扔到野外,她们要么冻死,要么饿死,要么被野兽吃掉。"

"但是,如果不结婚,女人怎样养活自己呢?"罗曼问。

"通过卖淫。妓女中有女奴的女儿——这些女奴必须服从男主人的意愿,也有自由人家庭中被人引诱的女儿。"

"她们当时居然能不被处死,这可真是一个奇迹。"贝蕾妮克不无激动地说。

"但是父亲可以卖掉一个失身的女儿。当时有海盗和专门拐骗妇女的人贩子从事这种罪恶的营生。"

"难道古希腊的哲学家们就容忍了这一切?"贝蕾妮克小声问。

"从毕达哥拉斯那里我们了解到,他当时让姑娘们和小伙子接受同样的教育,但这也只是发生在意大利的一块希腊殖民地上。柏拉图虽然赞成青年男女享受同等的教育,但是他认为女人的能力比男人弱。即使没有依附关系,女人也需要男人。亚里士多德也认为女人在男人之下,他认为女人天生缺乏完善自我道德的能力,同时他也承认,女人有别的长处——比如美丽的躯体和勤劳。"

"他总算没把我们女人说得一无是处!这可够让人吃惊的!"

"他也没有多说女人的优点,"塞内克斯说,"我不得不告诉你,亚里士多德认为女人生来就有缺陷,这是一个后果严重的观点,因为亚里士多德的哲学一直影响到我们今天,在基督教占主导地位的两千年历史中,亚里士多德享有不可争辩的权威。在他的追随者中,神学家托马斯·阿奎那在13世纪曾提出,女人虽然不是上帝所犯的直接错误——因为上帝是不可能犯错误的,但是女人是不完整的男人。600年后的弗洛伊德甚至把女人称为有缺陷的男人。她在性关系中总是对男人产生忌妒之心。"

"在实际生活中,这一切真的如此极端和可怕吗?雅典的妇女真的就像法律所规定和哲学家所认为的那样,受到如此的歧视和压迫吗?有时候现实中的男女关系又是另一种情形。男女之间或多或少总有点爱情和理解吧?"

塞内克斯轻轻松了一口气:"是这样,罗曼。有极个别的女性通过自己所受的教育、自己的美貌和才智曾经获得过优越的地位、富裕的生活、社会的承认甚至完全自由的生活。一般来说,雅典的年轻女孩不可能接受特殊的教育。如果十四五岁就结婚的话,她可能刚刚开始学编织。但是,妇女完全可以走出家门去拜访亲戚、旁听政治演讲或看戏。她不能陪同自己的丈夫出席宴会,但是她有其他的自由。法律毕竟只是法律,实际情况也许完全是另外一种样子。如果丈夫太乏味,妻子也许还会有个情人,这是可以想象的,做丈夫的睁一只眼闭一只眼,不希望这事被外人知道。否则,他就必须离婚。在离婚的同时他不得不把妻子的陪嫁还给她的父亲。要想不牺牲自己舒适的生活,不是每个男人都还得起的。何况即使看管再严,也不一定能使自己的妻子忠贞不贰。在雅典和在世界上任何一个地方一样,只要愿意,机会总是有的。毕竟不是一切都可以规定死的,而且我们也知道,法律也是可以绕开的。所以也会常常出现这样一种情形——在妻子和孩子身边躺着她的情人。"

这时,谁也没再说什么。

世界文学宝库中重要的人物形象

塞内克斯继续说道:"我也许还可以再提一点:古希腊文学与妇女有着一种奇特的关系。她们在公众生活中不扮演任何角色,由此诗人们更加热衷于写她们。埃斯库罗斯、索福克勒斯、欧里庇得斯和阿里斯托芬在他们的戏剧创作中不但无法放弃女性角色,相反他们还常常把女人作为推动戏剧情节发展的主要角色。他们描述女人的痛苦、爱情、情欲,甚至谋杀。在他们的剧作中有美丽的海伦,还有安提戈涅(Antigone)、欧律狄克(Eurydike)、克吕泰涅斯特拉(Clytaemnestra)、厄勒克特拉(Electra)和美狄亚(Medea),当然还有伊菲格涅亚——所有这些角色都成了世界文学宝库中重要的人物形象,她们在古希腊的悲剧和喜剧中起着举足轻重的作用。我想,关于古希腊妇女的话题就谈到这里吧。"

可是接着贝蕾妮克又提出一个话题。

有灵魂的工具

"从古埃及开始,我们就不断提到奴隶这个词。我当然知道奴隶是什么意思——尽管如此,您是否还可以给我们做些讲解呢?奴隶制度在我们现代人眼里是极其不人道的。奴隶到底是怎么出现的呢?为什么在古希腊——这个您称为人文文化开端的地方会出现奴隶制度呢?"

塞内克斯不喜欢这个题目,但他还是很有礼貌地回答了:"也许我们真的必须讨论一下这个问题,尽管这是人类历史上最黑暗的章节之一,一部分人使用另一部分人,并且随意支配他们。奴隶总是一种工具,这种工具可以极大地拓展主人的能力。亚里士多德也是这样看待这一现象的,他把奴隶称为'有灵魂的工具'!"

"多么恰如其分!"斯蒂芬说。

"最早的奴隶是什么时候出现的,这点无法确定。在地球上的所有文化现象中几乎都出现过奴隶,在古埃及也是如此。古希腊人可能是从腓尼基人那里吸收这种做法。从公元前约750年起,随着古希腊殖民化的开始,希腊有计划地从别处抓人,并举行大规模捕人活动,他们首先抓获的是在内地生活的所谓野蛮人,他们把这些人当成猎获物在大型奴隶市场出售。这种交易的规模有多大,你们从下列数据中可以看到:在公元前2世纪的德洛斯(Delos)岛上每天约有1万奴隶被他们的主人买来卖去。在雅典、克沃斯(Kios)或比赞兹(Byzanz)的情形也没什么太大的区别。

在伯里克利执政的所谓黄金时代的雅典,生活着30万奴隶和3万自由人。"

"多么黑暗!"

"我们今天可以这么看。要是以前,别人会觉得我们这种观点不可思议,别忘了奴隶现象一直持续到了上个世纪。在古代,抢劫一个城邦并让这个城邦的人沦为自己的奴隶是司空见惯的事情。每个人都会受到这种威胁,甚至国王的儿子都可能被抓走,最后在奴隶市场出售。地中海的海盗在此种交易中捞足了钱,他们所抓获的最著名的人肯定是恺撒,只不过他最后离开了奴隶市场,因为他家里能够为他支付巨额赎金。奴隶的孩子生下来就是奴隶,弃婴也常常沦为奴隶。当时弃婴很多,遗弃婴儿被当成控制人口的一种办法。原因很简单:中等生活水平的人家只能供一至两个孩子上学,因为重男轻女,所以被遗弃的女孩要比男孩多得多。"

"又是这样!"

"妓院老板正好利用这些弃婴。所以许多被遗弃的女孩在很小的时候就被迫卖淫。"

"我们这个时代的批评家太忽略这些古老文化中生活的阴暗面了。有谁可以告诉我们,生在那个时代我们是合法的自由人,还是天生的奴隶?"

"你不会生来就做奴隶的,斯蒂芬。即使你无法偿清自己的债务,你也只会成为你债权人的财产,这种情况后来在古希腊和古罗马都被禁止了。还有一点我也想告诉你们,有些奴隶生活也相当不错,有的甚至成了主人的知己和朋友。并不是每个自由的公民都能买很多奴隶,大部分家里只有一个。这个必不可少的奴隶几乎成为家庭的一员,特别是保姆或家庭教师。亚里士多德有13个家奴,他理所当然地认为有的人是天生的奴隶。柏拉图只有5个奴隶。还有用于特殊情况可以出借的奴隶——让他们在庆祝活动和宴会中帮忙干活,如烹饪、跳舞和演奏音乐。在罗马帝国时代,所有富人都认为应该拥有有特长的奴隶,如女按摩师、家庭医生、轿夫、举火炬照路的人、看门人——他们像拴在门前的狗,此外还有希腊教师和许许多多有别的特长的家奴。除此之外,还有经过训练的用来干手工活的奴隶。无论是古希腊人还是古罗马人,没有奴隶的血汗,他们不可能把自己的文化发展到这样一个高度。"

"那么后来呢?在古希腊和古罗马之后,奴隶制度可并没有结束啊!"

"所以也影响了后世,谁不知道《汤姆叔叔的小屋》?南美国家的奴隶制不是在上个世纪通过血淋淋的战争才废除了吗?即使是伟大的宗教也容忍了奴隶制度,无论是《圣经》还是《古兰经》都把奴隶制当成业已存在的事实来接受,当然它们认为只有异教徒才能成为奴隶。奴隶制度通过罗马法进入了基督教。圣徒保罗在《科林多前书》中写道,每个人都应该停留在自己的阶层,奴隶也是如此。圣奥古斯丁也认为,即使做奴隶肯定也比那些内心充满欲望的人更好,但身为奴隶仍然是上帝对罪人所进行的自然惩罚。甚至路德也认可奴隶制度。在发现新大陆以后，信奉基督教的西方国家在贩卖奴隶的交易中非常残忍和不体面地发了横财。葡萄牙的航海者在15世纪就开始了贩卖非洲奴隶的交易，随后是法国人，特别是英国人为了给他们的殖民地提供廉价的劳动力，也开始大规模贩卖奴隶。1425年，教皇尼古拉五世就允许把异教徒变为奴隶。120年后，教皇保罗三世也给予神职人员保留和使用奴隶的权力。但是在谈完这黑暗的一章后……"

"……可这章从根本上来说远远没有结束，就算后来表面上名称起了变化。"

"很遗憾，斯蒂芬说得对。但是我现在仍要建议大家去睡觉。"塞内克斯说。

大家也实在累了，于是互相告别，起身回自己的房间休息去了。

第三天
无与伦比的帝国

古罗马

永恒的罗马

他们用完丰盛的早餐,走出小旅舍,展现在面前的完全是另一幅景象。脚下的山丘笼罩在一片散淡的光线中,天空上飘着薄若面纱的云雾。太阳像一个灰白的玻璃圆盘透过云层,给人一种错觉,好像它是从快速向前飘动的云彩中产生的。

山脚下丘陵起伏的地带有一座城市,四处散布着各种建筑物。有的城区窝在山谷里,有的则建在绿色葱茏的小山包上。山上长满柏树、五针松、棕榈和许多别的树木。

他们听到山脚下的街上传来阵阵嗡嗡的喧闹声,听起来就像从一层厚厚的粗呢地毯下发出来的。

塞内克斯指着一张石凳子说:"去参观这座城市之前,我想跟你们说几句。昨天夜里我们睡觉的时候,人类历史又过了几个世纪。"

他们坐到石凳上。

"我已经知道您说要去的是哪个城市。"

"肯定是罗马,妮克,"罗曼兴奋地喊道,"从那些建筑物我能看出来。"

"是的,这是完全有意安排给你们看的,尽管罗马并不是人类历史上最早的城市。你们已经参观过几个城市了:耶利哥、孟菲斯和雅典。罗马可以说是第一个现代意义上的大城市，这里居住着200多万人口，他们大部分住在专门供出租的房屋里，在这种五层的房子中一般能住下五户人家，这种现象在以前还从未出现过。另外还值得一提的是罗马——当时被称为'永恒的罗马'[1]——是第一座拥有砖瓦屋以及大理石圆屋顶和拱门的城市。这里有4000多栋贫民住宅楼，1700多幢高级房屋，200多栋库房，800多个公共浴室，100多间公共厕所和将近50家妓院，此外还有1300多眼水井，200多家烤制糕点的作坊和几个消防站。这是一座巨大的城市。那边的小山上耸立着带圆柱的古罗马城堡，罗马广场向左边延伸着，罗马帝国从这里统治着世界。"

"我看见了神庙、屋顶、纵横交错的街道和穿过楼宇的高架引水渠。"罗曼兴奋地大声叫喊道。

"这些引水渠把干净水从山上引入城市，它们是罗马人的命脉。城市里到处是雕塑：众神、奉若神明的皇帝、古罗马大将军、展开双翅的镀金神鹰、刻满浮雕的石柱和凯旋门。你们看那边帕拉丁（Palatin）山上的皇宫，宫殿（Palast）这个词就来源于这座山的名字，就像'皇帝'（Kaiser）这个词来源于'恺撒'的名字一样[2]。进化公园之所以向你们展示罗马，是因为多少个世纪过去了，在将近两千年的时间里，西方没有出现过比它更重要的城市。罗马不但是当时世界的中心，而且一直作为世界的中心持续了数个世纪。罗马城的这种历史地位比罗马帝国本身要长得多。后来，它成了基督教的首都、罗马教皇的所在地和基督教的中心。经历了民族大迁移的混乱和整个中世纪，乃至经过宗教改革，罗马始终保持了自己独一无二的地位。只有到了我们这个时代，罗马的影响才逐渐减弱——也只是在政治上，梵蒂冈的影响始终波及全球。"

"这真是对罗马的盛赞，可是古罗马的科学、哲学……"

罗曼马上也附和斯蒂芬说道："还有艺术、戏剧、诗歌、雕塑呢？"

"我不得不说，你们还真会揭短。或者像拉丁文说的那样——还真能找到问题的关键[3]。"

"您现在赶紧谈谈问题的实质吧！"

塞内克斯点了点头。

古罗马人对人类的三大贡献

"经历了古希腊的高度发展之后，人类文化的发展陷入一种沉睡状态。"塞内克斯

---

[1] Roma aeterna，原文为拉丁文。
[2] "皇帝"在德文中为"Kaiser"，恺撒的名字为"Caesar"。
[3] 原文中"关键"一词引用的是拉丁文"nervus rerum"。

解释说，"此后是一个漫长的停顿期，也可以说这是在取得巨大成就后的巩固期，是在一个新的繁荣期到来之前的必要的休整，就像生物的进化过程中也常常需要这样深深地吸一口气一样。为了这种繁荣的出现，一直到文艺复兴才又聚集了创新的力量。当然，我们不能说在此期间文化方面没有任何发展。当时，在叙利亚（Syrien）吹制出了第一个玻璃器皿。恺撒拟定了历法，规定平年为 365 天，闰年为 366 天。在西方文字中'七月'（Juli）是根据恺撒的名字'尤利乌斯'（Julius）命名的，因为恺撒出生在七月。人们称之为大帝的希罗德斯（Herodes）在今天的海法（Haifa）附近的公海建立了第一个港口。在建港口时，使用了水泥块，人们把水泥灌制到巨大的木模子里。此外，还有位叫斯特拉波（Strabon）的人相当精确地标明了地球圆周，并认为在地球上不为人知的某些地方肯定还有别的大陆存在。数学家和机械师赫隆（Heron）还制作了一个用蒸汽推动的玩具，但是他并没从中得出有实际用途的发明。"

"如果他当时得出了有实际用途的发明，那么这个世界的发展就可能会是另外一种样子。"

"唉，斯蒂芬，那又会怎样呢？"罗曼插嘴道，"历史是无法假设的。"

塞内克斯还在继续列举他所关心的事，他想至少要把这段时期最重要的历史现象都一一提到："韦斯巴芗皇帝建造了能容纳五万观众的竞技场（Colosseums）。这是世界上最大的圆形露天剧场，一直保留到 20 世纪初，它是古典建筑艺术中最伟大的典范。特别值得一提的，是罗马人卢克尔茨（Lukrez）在基督诞生前不久就着手研究伊壁鸠鲁的学说——关于伊壁鸠鲁，前面我已经给你们讲过——请原谅我有点东拉西扯，但这些都是古罗马帝国时期发生的事情。卢克尔茨也强调物质的原子特性。他宣称，决定人类命运的不是某些神秘的天神，而是自然法则。"

"英雄所见略同！"斯蒂芬兴奋地说道。

他们从一条狭窄而又崎岖不平的小路走下山。小路旁边是一栋栋的乡村别墅，别墅的大门口有漂亮的圆柱。鸟儿在意大利五针松茂密的树林里飞翔栖息，树林里散发出刺鼻的松香气味。鸟儿悦耳的鸣叫声几乎盖过了城市里传来的声音。

接着，塞内克斯又谈起罗马的手工艺："古罗马人从他们占领的城市和乡村，如古埃及、古希腊、法国南部、西班牙、突尼斯——也就是当时的迦太基（Karthago），学到了许多技术，并用自己的艺术鉴赏力完善了这些工艺。他们的玻璃制品在今天仍很有名。"

"我父母就有只古罗马的玻璃杯，"贝蕾妮克说，"现在经常能看到许多漂亮的仿制品，一些没有光泽的蓝、绿、红和黄色的杯子，所有这些杯子都黯淡无光，图案故意做得模模糊糊，好让它们看上去更像古董。"

"你们想象一下，富裕的古罗马人就是用这种杯子喝酒的，国王和大臣们也用这种杯子。罗马人还改善了金属开采技术，很重视砖瓦制造业。在制陶业方面，他们也堪称大师——尽管古希腊的花瓶、盘碟和罐子一如既往地占领着手工艺顶峰，为后世无法企及。印染业和制革业在罗马开始繁荣。烘制糕点的大型作坊和大规模的榨油工场也已经出现。他们还为城市建设提供了大量所需砂浆。此时耕种土地也已经开始使用肥料，当然主要是牲畜的肥料。请你们回想一下耶利哥和当时艰难的整理土地的尝试。当然我可以一直滔滔不绝列举下去，可现在我觉得已经讲得够多了。"

"古罗马人在文化发展上不是也很有贡献吗？我觉得他们做出的成就可远不只这些。"

"你说的不算错，罗曼，"塞内克斯回答说，"可终归古罗马人在哲学领域没有取得太大的成就。古罗马人为人类做出的突出贡献是以下三个方面：首先，我们可以说古罗马人是现代建筑学之父，他们这方面的最大成就是穹拱建筑技术——就是通过圆屋顶创造巨大的室内空间。建筑物不再需要靠柱子支撑，柱子成了纯粹的装饰物。但也许更为重要的是，有了砂浆，许多建筑物就都可以用砖砌了。他们用砖砌多层房屋、贫民住宅区、上水道、下水道、街道和桥梁等。他们的第二大贡献是罗马法，这点我尤为推崇，我们的西方文明一直到今天都是建立在罗马法的基础之上的。第三，就是古罗马人的管理艺术。"

不同血缘的肢体组成的身躯

"想想看，古罗马帝国包括多少不同的民族！在如此遥远的距离之间，互相传递消息肯定是非常费力费时的事。"斯蒂芬若有所思地说。

"我们可以把古罗马帝国比作一个由不同血缘的肢体组成的身躯，"塞内克斯回答说，"那些在侵略战争中或叛乱中建立的政治机构为古代最伟大的国家机构奠定了基础。罗马原来是个小村庄，后来成了一个大城市，占领了意大利，最后成为整个地中海沿岸地区的首都。罗马在自己的帝国里统一了互不相同、互为抵触的民族、传统、文化、语言和宗教。'本城（指罗马）和全世界'[1] 这句话不但现在的教皇在赐福信徒时常常这么说，而且奥古斯都皇帝的同时代人就已经这么说了，他们把自己的城市和他们所认知的世界看成一个整体。诗人奥维德（Ovid）曾写道，其他民族的生存空间是划定了严格界限的，唯独罗马人认为，他们的城市和这个世界是一体的。是的，当时的人认为罗马是座永恒的城市，是安定祥和的帝国的首都。伟大的诗人维吉尔（Vergil）曾告诫罗马人，要给予各民族适当的权利，建立和平的秩

---

[1] 拉丁文"Urbi et orbi"，为宗教用语。

序,善待被自己征服的人。"

"但是当时的统治非常严酷。"

"尽管如此,罗曼,在罗马帝国的所有地方都洋溢着和平与安定——这的确是罗马帝国的伟大功绩。在罗马贵族的保护下——贵族是罗马法律和政治机构的象征——贸易和经济到处都很繁荣。通过各种文明的融合和互相促进,产生了更加成熟和更加高雅的生活方式、文化和艺术。政治的集中统治也带来了整个古罗马帝国一系列伟大的成就。罗马法经受了几个世纪的考验,成为人类许多宪法的基础。这是罗马帝国的功绩。"

"我觉得,这个功绩可不小。因为律法是冷静思考和实践理性的胜利。我认为人们应该认真想想,古罗马人为人类共同生活所做的贡献是否真的不如古希腊人,包括在哲学思考这方面。"

"在为人类的共同生活所做的贡献方面也许大些,斯蒂芬,但是在哲学思考这方面肯定要比不过古希腊的。"

"我绝没有贬低古希腊的意思,它充满理性色彩的哲学我也很喜欢,罗咪,"斯蒂芬让步道,"我只是想尽量展示一下古罗马这部分的风采。因为即使再伟大的哲学家,如果一天到晚生活在混乱状态中,也不可能进行深入的哲学思考。'健康的思想只能产生于健康的身体',这是最具古罗马特点的格言。我们完全可以把这句格言中的'健康的身体'改为'健康的国家',而格言中的'思想'则可以代表所有的文化成果,如艺术、思想、文学、戏剧、绘画和音乐。"

"我也同意这个观点。"塞内克斯附和道。

绵延流长的高架引水渠

他们从一块墓地旁走过,墓地中有豪华的石棺和墓碑。"所有墓地都在城外,"塞内克斯解释说,"法律是这样规定的。你们看那边,在地平线上有一座新的高架引水桥,两千年来,这座高架引水渠的剪影就是罗马的象征。由于人口的增长,供水变得越来越重要。皇帝奥古斯都(Augustus)和阿格里巴(Agrippa)[1]下令修缮老的引水渠,并从三个水源接水。公元410年哥特人入侵罗马的时候,罗马已经有11座高架引水桥了,它们把生活用水从很远的地方引进城市,这些水中的一部分也流入地道。水渠、管道和上千眼水井使家家户户都有水用。当时的管道也像今天这样埋在地底下,几乎每栋房子都有蓄水池、水管甚至喷泉,仅罗马这座城市就有700名

---

[1] 阿格里巴(公元前63年—公元前12年),罗马政治家及将军,也是罗马皇帝奥古斯都的挚友和得力助手。

水工。"

引水渠由排列紧密的墩子支撑着。在长长的引水渠上安装着木轮驱动的吊车和辘轳。男人们在支架上干活,从下面望去,只有星星点点的人影。

"那上面的人看上去像虫子那么小。"贝蕾妮克说。

"我们现在从奥勒利安城墙穿过去,进入市内。"塞内克斯说,"再好好欣赏一下永恒的罗马。"

一排排密密麻麻的房子隔出一条条街道,屋前的人行道上都有遮顶。有些人还从窗口用麻绳将装着刚刚买来的新鲜食物的篮子吊上去。街上到处都是商店,屠夫的柜台上挂着掏空了内脏的家禽,褪了毛的家兔和猪蹄。

"房子的高度一般不许超过街面宽度的两倍,"塞内克斯继续着他的讲解,"否则遮光太多,但是那种专门供出租的五层楼例外。在城中心,也就是在所谓的'岛'上有许多这种房子,其中大部分是投机商盖的。这种新型的楼房我们在罗马所有的城区都能看得到,它们是这个巨大而嘈杂的房屋海洋中的基本组成部分,其中有作坊和商店。一栋楼里挤着二十户人家,里面嘈杂声不断,臭气熏天——当然也不乏和睦的邻里关系。"

"成天吵吵嚷嚷,"斯蒂芬插话道,"这跟现在有什么不同呢?他们业余时间都干些什么?"

"去剧院和斗兽场。"罗曼说。

塞内克斯点头说道:"是的,但罗马的管理机构并不无偿提供面包和戏剧。圆形露天剧场总是座无虚席,看戏极大丰富了人们的生活,成为日常生活中的大事。许多罗马诗人给我们留下了关于这种盛况的详细描述。在进化公园,我原打算安排你们到斗兽场看看,但是我们又遇到了选择和舍弃这个难题。前面我们到过奥林匹亚,参观过雅典的酒神节剧场,于是我们决定这次安排些新奇的、完全不同的东西——那就是公共温泉浴场。现在你们要仔细观看了,因为我们只有这一次走过古罗马街道的机会。"

孩子们在滚铁圈和抽陀螺。贝蕾妮克立刻发现街上有许多猫,这些猫在罗马已是家猫了。在古埃及,它们曾被看作圣物。

许多房子的木门上钉了大钉子,这些钉子组成了很有艺术魅力的图案。阳台栏杆和窗台上晾着许多衣物,大部分窗户挂着窗帘,女人们把头伸出窗外同街对面的邻居聊天。

"这与今天也没什么两样啊!"贝蕾妮克一直在东张西望,她的注意力特别集中在那些从她身边走过的女人身上,她们身穿垂到脚面的短袖束腰长袍,头上系着头巾,长长的头发从左边披下来,再从胸前绕到右边。

罗马的妇女

"罗马的妇女,特别是上层社会的妇女,比古希腊的妇女生活要好得多,"塞内克斯解释说,"虽然在家里占主导地位的仍是男人,但是妇女能较为主动地决定自己的生活。尽管她们可能从来没有得到过政治权利,但她们却拥有经济权力。许多女子能受到良好的教育,她们有机会读书,学习写字和算数,这使她们能有各种就业机会,并可以独立生活,而不是仅仅依附于自己的丈夫。她们的经济地位甚至比此后的两千年中各个历史时期的妇女都高。女儿享有像儿子一样的遗产继承权,有些父母在分配遗产时甚至还会过分偏袒女儿。在罗马帝国时代,有些上层社会的妇女拥有大量财产,并很精明地做着适当的投资。罗马人尊重自己的妻子,敬重自己的母亲——只要她们生活规矩,有分寸。妇女的生活场所是家庭,在家里她是'一家之母',她与自己的丈夫有着相同的权利。但是她必须恪守妇道,顺从丈夫。"

"这点不难想到!"

"是的,贝蕾妮克,但她至少可以离婚。奥古斯都大帝最终也从法律上给予了妇女许多权利,虽然在另一方面法律也允许男人保留寻欢作乐的自由,他们可以和自己的情人、小妾和女奴睡觉,妓院随处可见。"

"也许又只有已婚妇女不许偷情。"

"当然不许,贝蕾妮克。通奸肯定遭人唾弃,妇女只能和自己的丈夫同床共枕。如果她不能保持自己的贞操,就会失去自己的一半陪嫁和三分之一的财产,而且她还可能因此遭到惩罚,被流放到一个小孤岛上。做父亲的如果当场抓获了女儿的情夫,甚至可以马上杀死他。而做丈夫的只有在确定这个情夫出生低贱时才有权杀他。当然,如果做丈夫的与另外一个自由人的妻子偷情,那么他也同样犯了通奸罪。为了逃避惩罚,大多数偷情女子会在事情败露前先要求离婚。离婚是家常便饭,女人们换自己的丈夫,就像孩子换玩具那么频繁。男人可以不加任何节制,除了自己的妻子以外他们还可以有许多情妇和女奴。"

"不是也有维斯塔女灶神庙贞洁的女祭司吗?"

"是的,贝蕾妮克,这些女祭司是维斯塔(Vesta)女神的仆人,她们住在罗马广场的南边。维斯塔女灶神庙由六个保持处女之身的女祭司照料,她们要守护永恒不灭之火达30年之久才可以还俗,但她们大多相当富有,且享有很高的声望。"

大家都靠口头传递消息

　　人行道上，商人、农民、士兵和逛街的市民川流不息。车轮在微微隆起的石车道上吱呀吱呀叫个不停，公牛和母牛在笨重的车杠之间奋力向前拉着车。扛货的人或担着重担，或将货物顶在头上，小心翼翼地让开从身边走过的豪华轿子。轿里坐着罗马的贵族或富有的夫人们，他们担心在街上走路会弄脏自己的衣物。在街上奔忙的还有赶牲口的人、沿途叫卖的人以及来自五湖四海各行各业的人。

　　"你们看这些做水管用的铅管，"塞内克斯大声招呼道，"这是地中海地区最早安装的供水设备，山上的清水就是这样被引入各个水井和公共浴室的，当然，管道也将水引入居民家中。高高的砖塔上铅做的水池里储存着供富人享用的水，落差形成的压力，使这个水池的水通过管道流进与此相连接的房子里。"

　　"那时就能做到这点吗？"

　　"还不止这些哪，斯蒂芬。更值得注意的是，房子里的污水都通过一个地下系统排出去了。这种地下水道的尺寸很大，人在地道里可以直立行走。通过铁制的堰闸污水流进大排水沟，最后流进台伯河（Tiber）。"

　　"这河肯定臭气熏天！"

　　"是的，贝蕾妮克。但要这个几百万人口的城市生活得更健康些，而且不使瘟疫流行，这是必要的牺牲。"

　　说话间，他们路过一家理发店。一个罗马人坐在舒适的藤椅上，正对着一面金属镜子，仔细打量自己刚刚刮过的脸。他穿着束腰短袖长袍，长袍下露出一双穿着凉鞋的赤脚。

　　"古罗马的理发师不仅负责美容，替人理发和修胡子，"塞内克斯微笑着解释说，"他们同时还传递各种消息，他们负责把官方的公告传达给市民，当然，他们也传播着来自城市各个角落的流言蜚语。当时没有报纸，根本就没有印刷品，只有抄写件，所以大家都依赖这种口头传达的消息。这样，在传递消息的过程中会出现多少误传和夸张就不难想象了。此外，每到中午，由于天热，所有商店都会关门。人们用木闩把门闩好。到了晚上，巡夜人会举着火把走街串巷，检查是否所有的门都关好了，当时街上还没有照明设施。"

重量和尺度

往前走不远,他们四人来到了一个市场。这个市场被两栋装饰着柱廊的二层楼围住。"二层上有许多写字间,"塞内克斯解释说,"这些写字间被商人们租用,他们在这里大量收购农产品,并出口到别的地方。他们通常由水路运送货物。"

市场的中央有一口水井——罗马有许多这样的水井,水井被一圈柱子团团围住。柱子上面是一个砖砌的圆顶。水井旁边放着各种可以装水的罐子。女仆们带着装水的容器来井边打水,闲聊一阵,然后便将水拎回家去。孩子们伸手从井里捧水喝,并对着水中自己的影子哈哈大笑。疲惫的老头老太太们坐在市场的阶梯上聊天,市场的每个角落都摆满了商摊,商摊上方遮盖着一块棕色的布料,使一排商摊看上去像一条斜顶的通道。这样,太阳便晒不到货物,商贩也可以待在阴凉下。商摊上买卖双方有的在讨价还价,有的在高声叫骂,有的在打手势招呼顾客,有的在精挑细选。蔬菜、粮食、水果、家禽和蛋类以及所有农产品,还有葡萄酒和油等等应有尽有。有个角落在卖鲜鱼,鱼是一大早从港口城市奥斯提亚(Ostia)运来的。鱼被放在摇摆不定的秤上称,卖主把秤杆拿在手里,秤砣是个黄铜制的圆球——上面刻着谷物女神克瑞斯(Ceres)的像。

"当时他们不但知道称重量,而且也已经有衡量尺度的工具了,"塞内克斯向他们解释说,"否则古罗马不可能有如此辉煌的建筑艺术。你看,这个市场的周围还有商店、手工工场和面包房。对面那条小街里,奴隶们在用沉重的石磨碾磨粮食。面包师大部分在屋外工作,他们把扁形甜面包放进烤炉,烤炉里的火苗不停地跳动。"

"就跟今天的比萨饼店一样。"

"市场周围的街道上有许多储存粮食、葡萄酒和油的仓库。"塞内克斯继续说,"葡萄酒和油一般保存在大的陶土容器——古希腊双耳陶罐里。这些东西得保存在阴凉处,因此便将它们埋在地底下。过来!这里有一个油店。"

院子里放着榨油机,旁边摆放着大圆桶,圆桶里面装着黑色的、棕色的、浅绿的、深绿的、花梨木色的、光亮的和浑浊的各式各样的橄榄油。奴隶们将赤裸的手臂伸进容器里搅拌。

"做手艺的人喜欢聚居在某个城区,"塞内克斯说,"他们发现聚在一起竞争并没什么不好,相反更能吸引顾客,搞活生意。顾客也都愿到这里来找自己需要的东西,并且总能找到。"

"这是一种相当现代的认识。"

"是的，斯蒂芬，阿拉伯的集市和现在的步行购物街也是这样。这里有金银饰品街，有面包一条街——你们刚才看见过，藤编织物一条街，陶器制品一条街和缝纫一条街。师傅们大多住在离商店很近的地方。街边有不少小酒馆为人们提供休息场所。在酒馆里，大家围靠在一个柜台边，柜台底下放着装满热饮和冷饮的罐子，陶土杯子放在墙架上随手可取。你们看，那边在盖房子，请注意那上面的筒形穹顶，圆拱是用木板围住后再在上面用砖砌的，罗马有无数这样的拱顶房子。"

他们继续往前走着，塞内克斯还在滔滔不绝地说："最重要的广场当然是古罗马广场（Forum）。它的废墟至今还吸引着成千上万的游客。遗憾的是有几个世纪，罗马人把它当成了采石场，所以它完全被毁掉了。罗马广场在当时是世界的政治和宗教中心，罗马帝国的国策就是在这里决定的。这是个长方形的广场，周围是宏伟的建筑和柱廊——是国家管理机构大楼和神庙，当然还有凯旋门。在广场的南部耸立着帕拉丁山和山顶上的王宫，而在广场的西北部是元老院所在的古罗马城堡，它是罗马帝国最高的权力机构。我们得快点了。我现在带你们去参观罗马人最爱去的一个地方：浴场——卡拉卡拉（Caracalla）公共温泉浴场。在古希腊，浴室主要是为竞技选手建造的。罗马人从希腊人那里知道了浴室，并从希腊语中引进了'thermos'这个词，其意为'暖和的'。虽然建浴室是受了希腊人的启发，但罗马人却以自己的方式把简陋的浴室发展成一种建筑艺术品，他们的发汗浴室盖得像神庙一样气派，而公共温泉浴场却像宫殿一样豪华。沐浴对于他们来说首先是一种类似宗教一样隆重的仪式，然后才是清洁身体，最后是享受生活。公元前33年，在罗马有170家大型豪华公共浴场，另外还有无数小的私人浴室。浴室大多设在旅舍里，主要是为了招徕顾客，或者建在商业区的旁边，或是交通枢纽地段。当时，还为沐浴制定了一系列规定和固定的门票收费标准。"

一座红砖建筑物

他们快速向前走去，很快就到了卡拉卡拉浴场。

"这座建筑看起来像大教堂，说它富丽堂皇一点也不过分！"贝蕾妮克惊奇地赞叹道。

入口前面是一片绿地，种满了各种各样的灌木和树丛。人们纷纷涌进这座建筑物，他们都穿着短袖束腰的长袍，只是颜色不同。男人的袍子刚过膝盖，女人的长袍则垂到脚面。

公共浴场在城市中几乎自成体系。周围有花园，整个建筑群装饰着大小不同形态各异的雕塑：在露天的花园里、在高高的圆屋顶上、在壁龛里、长廊中或柱脚上到处可见。浴场里的清水潺潺流经小酒馆、休息场所、图书馆和锻炼身体的专门学校等浴场辅助设施。人们在拱廊下闲逛，旁边有商店、小吃店、按摩室、仆人的住房，侧翼是管理大楼。他们在这里买油脂和油膏，会见朋友，观赏艺术品——用彩石和玻璃拼成的图案和雕塑品。他们还可以在这里读书或听报告。公共浴场是一个巨大的建筑群，装饰豪华，有五彩缤纷的大理石、石柱、雕饰花纹、檐口、马赛克地面和浴盆——这些浴盆是用从偏远省份运来的整块大理石凿成的。

塞内克斯给三个年轻人留出时间浏览四周这令人目眩的奢华。过了一会儿，他才说："这里大约能同时接待1600人，一般情况下每天接待5000人。浴场每天从中午一直开放到太阳落山，在特殊情况下，晚上也可以延长几小时，那时大厅里会用青铜大灯照明，当光线照在雾气腾腾的大厅时，恍若处于魔幻世界。每天有数百万升的水从高架引水渠流入浴场的冷水池、游泳池和热水池。密布在墙里和地下的水槽和管道为各种储水容器和浴室供水。真的，浴场的技术设备甚至比奢侈的陈设和配备还要令人惊奇：有供暖和通风设备，还有设计精密的给排水系统。一大批人为浴场忙忙碌碌，其中有供应商和公职人员、工匠、安装工人、司炉、清洁工、看门人、澡堂看护，当然还有许多仆人——为卡拉卡拉浴场工作的仆人大约有一万……"

"这几乎是现在一个小城市的人口数量！"

"是的，贝蕾妮克。浴场给许多人提供工作机会。大部分仆人是奴隶，其中有些已经成为浴场的专用奴隶。还有一点不能不提一下——为了给浴室供热，大面积的森林被砍伐了。"

"已经开始破坏环境了！"

"是的，罗曼！当人类砍伐第一棵树的时候，或当他们种植第一棵树的时候，他们的行为便与环境问题联系在一起了。但是，那时人们对破坏环境的危害还一无所知。如果不是斗兽场有特别的戏剧上演，罗马人就会无忧无虑地在浴场打发他们的下午，他们在这里运动和洗澡。人们称这些大型的豪华浴场为'大众休闲中心'，这里没有阶层的区别。公共温泉浴场是最受罗马人欢迎的消遣娱乐场所，他们说：'沐浴、美酒和爱情毁坏了我们的身体，但只有沐浴、美酒和爱情才意味着真正的生活。'"

巨大的嘈杂声充斥着拱顶大厅

"请你们想象一下他们洗澡的程序，"塞内克斯继续说，"首先进行一次发汗浴，以便让体内有害的物质都蒸发出来。然后擦干身体，再浸泡到极热的水池中，接着在热腾腾的雾气中散散步，接下来他们便进入冷水池浸泡，目的是为了促进血液循环，最后才是按摩和在肌肉上涂油和气味芬芳的香精。这些步骤完成后，再去浴场的摔跤训练场，他们在这里锻炼身体：跑步、打球、摔跤和进行别的体育活动。"

"我看见这里只有男人。"贝蕾妮克说。

"不同的皇帝执政，情况会有所不同。人们知道官方要求分开沐浴的规定，但也有过一个时期是可以男女混浴的。一方面规定：按性别分开沐浴，另一方面又规定：妇女在图拉真浴场（Trajansthermen）沐浴。供出租的房屋中设置的浴室和其他稍小些的公共浴室，男女是混浴的。哈德良（Hadria）皇帝规定男女分开沐裕，妇女的浴室稍小一些，但设置更加讲究。肯定当时许多身份比较高贵的妇女为了自己的名誉会尽量避免到公共浴室去。"

拱形沐浴大厅充斥着阵阵吵闹声，他们隐约可以听见两位来沐浴的客人的交谈。

"这么说，瑟克斯图斯，你也在这里洗澡？"稍微胖一点的人问道。

"是的，瑟维鲁斯，"稍瘦的那个人回答说，"我真高兴，在离我住处很近的地方有一处这么舒服的温泉浴场，我能在这里洗蒸汽浴，而不用担心洗完澡后找不到自己脱下的衣服。"

"按摩师的手艺也不错，"叫瑟维鲁斯的那个人附和道，"他们不是随便给你捏一捏揉一揉，对付了事。"

"这里的仆人也很机灵，总是随叫随到。"

"是的，这个浴场的管理真不错。"

浴场里数百名仆人行色匆匆、忙忙碌碌，有些人在不断背来干树枝和劈柴，为浴场烧水；另一些人像影子一样在浴室腾腾的雾气中无声地走来走去，他们抱着一叠叠毛巾和双耳陶罐。

"罐子里装的是按摩用的香油。"塞内克斯向三个年轻人解释说。

还有一些仆人正在清除马赛克地面上客人带进来的沙子。

塞内克斯继续说："我已经给你们讲过，古罗马人从古希腊人那里学会了洗澡，但他们学习和吸收的远不止这一点，他们还从希腊人那里学会了多种消遣方式，尤其是他们的悲剧和喜剧，比如阿里斯托芬的《吕西斯忒拉忒》。罗马人把普劳图斯（Plautus）和泰伦斯（Terenz）看作戏剧诗人。有一个人我必须讲到，他是奥古斯都大帝的朋友，最著名的艺术赞助者和促进者。你们知道我指的是谁吗？"

"梅塞纳斯（Maecenas），"罗曼大声说，"'艺术赞助'（Mäzenatentum）这个词就是由他的名字而得来的。"

"梅塞纳斯是贺拉斯、维吉尔和普洛培提乌斯（Properz）的资助人。他的宫殿和花园里经常聚集着一批艺术家、诗人和学者。他送给贺拉斯一个农庄，并一直与他保持着密切的友情。当然聚会上也有各种各样的社交游戏和赌博游戏。此外是悠闲而挥霍的生活，他定期举行宴会，像这种奢侈的宴会大部分包括从餐前小吃到餐后甜点等七道菜。曾经有人十分生动地向我们描述过商人特利马乔家的盛宴。在宴会上有抹了蜂蜜和罂粟液的榛睡鼠肉，一只木头做的鸡里放着孔雀蛋，还有与星座名称一致的菜，如用牛肉代表'公牛座'，用虾代表'摩羯座'——还有许多其他的珍馐美味。一群训练有素的仆人在一旁载歌载舞。"

"真够挥霍的，简直是糜烂。"贝蕾妮克说。

用石块铺成的道路网

塞内克斯打断斯蒂芬和罗曼的谈话说："我想打扰你们一下，当然还有你，贝蕾妮克。那边的凳子上坐着两个中年男人，其中一个刚刚旅行回来。我想，我们可以去听听他的谈话，由此我们不但可以了解一下那个时代的旅行情况，还可以了解一下古罗马人的伟大成就之一：道路网，这个网络贯穿了近半个欧洲大陆。仅仅在今天的意大利境内，当时就有将近四百条主要道路和18000条石子铺成的支路以及83000公里长的铺满石子的公路。一张由支路和公路织就的道路网穿过阿尔卑斯山，伸向巴黎、维也纳、奥格斯堡、科隆或莱顿，许多道路还有牢固的桥梁相连接。在今天的公路旁，还保存着4000块古罗马时代的路碑。另一条路则越过巴尔干山脉，穿过土耳其、巴勒斯坦，沿非洲海岸延伸到埃及的亚历山大，从那里再跨过突尼斯进入阿尔及利亚沙漠地带，直到今天的阿曼（Oman）。我刚才援引的都是今天的地名，以便你们容易理解和接受。从丹吉尔（Tanger）开始，这条路又沿着摩洛哥的西海岸走一段，进入这个国家的南部。还有一条路跨过直布罗陀海峡，穿过西班牙和法国，从加来（Calais）过海峡到伦敦——最后在利物浦抵达爱尔兰的海边。古罗马的道路网对中世纪的欧洲，对贸易和交通起到了无法估量的作用。"

"一项多么伟大的成就。"罗曼试图在脑海中的地图上去勾勒塞内克斯所讲述的壮观景象。

"这些道路一般在四至七米宽。城市中的道路旁边还有人行道。路面铺的是碎石块，再在上面铺一层细石子。如果必要的话——比如在大城市附近或者交通繁忙地段的路面——则用不规则的石块铺路。这样，路面就可以更好地承载车的重量，抵御雨水的侵蚀，避免地面的下沉。古代的工程技术人员已经懂得不同土质和特殊地带的土地构造。他们精通自己的本行，无论所修的道路是经过沼泽地、泥炭沼，还是有可能出现急流的山地，他们都能对付自如。今天意大利语中的'strada'，英语中的'street'和德语中的'Straβe'[1]都源自古罗马文明成就的影响，'strada'、'street'

---

[1] "strada"、"street"、"Straβe"，词义均为道路。

和'Strae'都不是源自拉丁文……"

"拉丁文中'街道'叫'via'！"

"是的，罗曼。'strada'一词源自道路建设中一个重要技术细节，即'平整'和'用石块铺设道路'这两个概念。这个词将古罗马的道路与古代其他不铺石头而尘土飞扬的道路区别开来，显然，这种石路具有更为明显的优势。大的交通干线的建设意味着大规模的群体劳动，如为建设隧道凿升岩石，为建造桥梁搭建多个巨大的拱形桥洞。罗马放射状街道网的中心点，是奥古斯都大帝在罗马中心广场树立的一块金质里程碑。世界各地的士兵和商人在四通八达的道路上往返奔波，无数的商品、各种思想、整个文化以及后来的基督教由此而传播开来，最后，那些给罗马帝国送终的'野蛮人'也是从这些道路上入侵的。据塔西陀（Tacitus）记载，当时的信使早晨从美因茨（Mainz）动身，行程180公里，当晚就能抵达科隆。配置良好的驿站会给他提供各种帮助，从罗马到美因茨大约需要十天。另外，在讲到道路时我还得提一点，罗马有很长一段时间是禁止使用车子的，因为车子妨碍交通。罗马的富人都坐轿子。只有当街道扩宽以后，这种轮子上的交通进步才变得势不可挡。公元2世纪后，车子开始取代轿子。顺便再给你们讲一个住宅布置艺术方面的细节：在这个时期，古罗马人除了用箱子装衣物外，还出现了最早的有门和格层的衣柜。"

他们朝长凳上的那两个男人走去。他们坐在搭有柱棚的井台旁，这井是为居住在山林水泽之间的女神建造的。

"你为什么走了这么一大圈，一直逛到顶南端去了？"年纪稍大的那人问。

"为什么？为了做生意，亲爱的。第一夜我住在一家简陋的客栈，唯一奢侈的是房外有一个走廊，我不得不在一个很扎人的睡袋里忍了一夜！第二天早晨，我继续骑着骡子赶路，大约傍晚时分到了一个地方，那里是一条水渠的源头，它流经蓬梯尼（Pontini）沼泽地。让我感到惊奇的是那里居然有两家旅舍。可惜这两家都是很下流的场所，店主粗俗不堪，而且非常狡猾。后来我试图在船上弄一个铺位，但船夫根本不理睬我。后来我看见有些人干脆跳到舢板上，我也跟着上了船。这条小船靠骡子拉着纤往前走，呱呱叫的蛙声和蚊虫的叮咬使我们不得安宁。有个人哼着悲伤的歌，另一个人鼾声不断，第三个人则骂骂咧咧，因为那两人吵得他无法入睡。我不知什么时候睡着的，当我醒来的时候，太阳已经出来了。大约10点钟，我们便都上岸了。阿皮亚路越来越陡。第二天，我是坐车去福米阿的。在那里，如果能到某个朋友的乡村别墅住一晚，那就太走运了，否则就得住在肮脏的小客栈里，还要随时留意自己的东西不被偷盗。我真没想到在公路旁边会有这种事情出现，因为这道路的每一尺、每一寸都象征着我们帝国的权力和伟大！店主拉长着脸走来走去，嘟嘟囔囔很不情愿地接待客人，而我却不得不忍受他们提供的糟糕的饭菜，不仅如此，我还得为此支付远远超过这些食物价值的钱。更为可怕的是夜里！要么在臭气熏天的大房间里靠在桌旁忍一觉，要么就得在所谓根本不能称作床的床上睡，而且还一定会成为虱子和跳蚤解馋的美味佳肴。"

"听起来可真吓人。"那个岁数大些的人说，"那你外出了多久？"

"我总共离开罗马13天。"

"13天，近半个月哪，时间可不短。"

"毕竟比以前强多了——没有阿皮亚这条公路时，从前的人也不知怎么过来的。"

这时，塞内克斯小声说道："那时人们就知道生活是要一步一步走完的一个过程。"

听到这句话，三个年轻人都有些吃惊地看着他。

一个无与伦比的大都市的建设史

随后，塞内克斯向他们建议道："现在离开浴场吧，我们今天可不能像昨天一样回去那么晚。"

"可是关于罗马肯定还有许多可讲的东西吧！"

"当然，贝蕾妮克，但是我们不可能把整个罗马帝国的历史讨论一遍，也不可能一一探讨所有的民族领袖、皇帝、演说家、诗人，当然还有哲学家以及那些迷人的风俗习惯。罗马帝国的全貌是人类历史上最为丰富多彩的部分，越是深入其中，就越容易被深深吸引，这主要是因为罗马帝国所崇尚的实事求是、冷静客观和富有理性的精神很合我们的口味。但是我们即使花上几个星期时间也只能有个大概了解。我们公园的任务主要是为了让大家对这些产生兴趣……"

"我想它也应该能激起人的思考。"

"你说得对，斯蒂芬，但是兴趣和思考并不互相排斥，而是恰恰相反！至少思考本身是随着对思考的兴趣而产生的！"

"我同意您的说法。"斯蒂芬觉得塞内克斯的这句话简直说到他心坎里去了，他情不自禁地握住了塞内克斯的手。

说完，他们便站起身来。许多人纷纷涌向浴场的出口，因为快到关门的时间了。

"也许你们还想在夜晚的街道上逛逛？我们可以散一会儿步。"

涌动的人群和眼前变化多端的景象又一次给他们留下了深刻的印象。三个年轻人不断打量着黄昏中越来越温暖、越来越浓郁的五彩缤纷的画面，塞内克斯在一旁给他们讲述古老世界中这个无与伦比的大都市的建设史："你们在古埃及看到过的花圃，罗马的公园里也有，比如罗马的卢库卢斯（Lucullus）将军的花园里那些美丽的花圃，他极尽奢侈的生活是尽人皆知的。公元80年罗马被大火烧毁了。"

"尼禄皇帝真的下过一道烧毁城市的命令吗?"

"这可能纯属虚构,贝蕾妮克,可这个传说的确很能体现这位皇帝的疯狂和残暴。但是人们很快就开始重建这座城市。20年后,罗马又拥有100多万居民了。古代没有一个城市比罗马更大。奥古斯都皇帝重新修建了所有街道,兴建了一个新的巨大的排水系统,使罗马有可能平整、拓宽和重新铺设道路。在十字路口建造了祭坛和献祭的雕塑,还修筑了桥梁,并为皇帝、年轻的王子和许多将军建造了凯旋门。中世纪教堂的正门就是仿照凯旋门三分拱门的形式建成的。你们仔细看看,就会发现科隆大教堂、巴黎圣母院和英国大教堂与它们有很多相似之处。同时,罗马人还重建了无数神庙、柱廊、浴场和水井。另外非常重要的一点是:热爱和平的哈德良皇帝在公元138年建造了雅典娜馆(Athenäum)。"

"雅典娜馆是什么?"

"我们可以将它称为最早的学校,也可以说是欧洲最早的大学,或者至少可以说它们是所有大学的雏形,贝蕾妮克。由于这个原因,在今天的比利时,人们仍称大学为:'Athéné',在意大利语中叫'ateneo'。"

"可雅典娜(Athene)是一位希腊女神呀。"

"是的,贝蕾妮克,在希腊语中她本来叫'athenaion'。雅典娜馆是雅典娜女神的圣地,诗人和学者在这里传播他们的思想。罗马人醉心于古希腊和古希腊文化,尽管他们占领和征服了希腊,他们仍把希腊作为自己学习的榜样。但凡注重自己教养的人,都会给儿子请希腊老师,学希腊语,去希腊旅游,整个罗马的雕塑并没有显示出属于自己的独特的表达方式。可就像你们前面看见的那样,古埃及和古希腊的建筑风格上却存在着很大的差别。我还特别想和你们讲一下建筑艺术上的两个典范之作,这一方面是因为它们今天还在,另一方面是因为它们是一种全新的创造,至少在规模上是这样。两座建筑物都是哈德良皇帝下令建造的。第一个是万神殿(Pantheon),它起先本来是为了建一座古希腊风格的圆形神庙而设计的,里面的直径长达40米,而且没有任何支撑物,上面是一个圆形屋顶,用分格的铜镶板做的,是古罗马建筑艺术的成功典范。光线从圆顶上一个直径8米的天窗照进万神殿,同时又形成一个极为精确的日晷仪。佛罗伦萨的大教堂、彼得大教堂、伦敦的圣保罗大教堂和大西洋对岸的华盛顿美国国会大厦,它们在建筑风格上都与万神殿这个建筑史上最大的圆屋顶一脉相承。在万神殿里,身处朦胧的天光中,人们能有一种宽广、自由和飘飘欲仙的感觉。此后只有哥特式风格的大教堂才达到了这种境界。这座饰有大量神像的神殿很可能是哈德良皇帝自己设计的,至少是他倡议修建的。哈德良皇帝像恺撒、奥古斯都、克劳狄乌斯(Claudius)和奥理略(Marc Aurel)一样,是世界历史上的伟人。"

贝蕾妮克问:"第二座建筑物是什么?"

"我想是哈德良皇帝的墓。"罗曼插话道。

"是的,就是现在的天使堡(Engelsburg),它给人们留下深刻印象的原因不完全是审美上的特点,更为主要的是其浩大的建筑规模。哈德良皇帝下令建造,但是还未完工他就离开了人世。随着历史的发展,天使堡经历了许多变迁。它曾是罗马皇帝的陵墓、贵族的堡垒和教皇的庇护所。天使堡也证明了罗马建筑大师的杰出才能和对静力学的掌握。老普林尼(Plinius)是第一个科学地描述并归纳自然现象的人——他死于被维苏威火山爆发埋没了的庞贝城。他和诗人马提雅尔(Martial)都曾自豪地赞颂道:世界上没有任何一座城市可以和罗马相比。"

"他们怎么知道?他们当时并不可能了解整个世界呀。"

"你说得对,斯蒂芬,他们是指自己所了解的那个世界:古埃及、古希腊、巴勒斯坦、北非、普罗旺斯和英国——这样一来他们的说法也没什么不对。从罗马的规模和它所拥有的200多万人口来看,它的确是个巨大的城市。当然,普林尼和马提雅尔把罗马称为无与伦比的城市,也许他们并不是从它的规模和人口数量出发,而更多的是由于其建筑物的富丽堂皇和公共设施的卓越出众。可以肯定的是,在他们生活的那个时代——也就是奥古斯都统治的时代,由于权力的不断扩张和新的统治形式的出现,那些用黏土瓦砖堆砌的旧的共和时代的城市面貌,必须用新的、真正具有革命意义的建筑来代替。改变城市面貌的计划最早是由恺撒大帝开始的,但是直到他的后继者奥古斯都时代才改用白色大理石。尽管出现了一系列新的变化,但是罗马人仍不愿舍弃旧神庙和人头攒动的广场,也不愿舍弃狭窄阴暗的街道——女人们在这里聊天,男人们在街头的小酒馆里聚会。由于山顶上的供水无法确保,所以罗马人更愿意住在市中心。奥古斯都下令守夜者举着火把巡逻,他还新建了许多水井。我认为奥古斯都统治时期是世界历史上最为造福社会的时期。公元1世纪罗马帝国拥有330万平方公里的疆土和5400万人口,在此之前,人类历史上从未出现过一个如此庞大而又统一的国体——它涵盖了众多的民族,而又不使这些民族受到危害!"

"要是一直这样保持下来该多好啊!那欧洲的许多战争和痛苦就免除了。可是,请您告诉我,有这么多的人口,那么他们的墓地在哪儿呢?"

"罗马人把死者葬在城外,斯蒂芬,基督徒后来才把死者安葬在地下墓穴。"

自由的罗马人非常重视自己的权利

罗曼不愿意谈论死亡,他请求道:"塞内克斯,请您给我们讲讲《罗马法》吧,您曾说过它非常重要。"

"我很乐意。但是我想讲得简单些。在历史的发展过程中,《罗马法》有了许多改变和补充,我们今天的法律体系都受到它的影响。自由的罗马人非常重视自己的权利,这些权利保证了他作为一般公民的基本权益,他首先拥有两项基本权利:上诉罗马国民议会的权利和表决权。上诉权非常重要,并为大家所熟知,如果一名法官没有给被告上诉的机会,而执行死刑判决,那么他就犯了谋杀罪。这种旧的共和时代的原则到皇帝统治时代就被扩展为民事诉讼。从那时起——像今天普遍存在的情况一样——人们已经能够由低级法院向高级法院上诉。当时一共有两个最高帝国法院,一个是执政官主持下的最高法院,另一个则直接受皇帝本人的领导。新设立的法庭很快就比以前那些城市法院和特殊法庭更重要。在这种审理中,上诉皇帝的权利受到特别的重视。"

"这对保障个人的法律权利有很大的好处。"

"不仅是这点,斯蒂芬,我们可以说是,这是人性的巨大胜利。"

他们穿过城市,走出城墙,很快就回到了住处。塞内克斯让他们再回头看一眼罗马,只见古罗马那毫无规则的房屋群沐浴在一片落日的余晖中,夕阳从奥斯蒂亚港口后面徐徐坠向大海。眼前有许多砖瓦屋,它们散落在昏暗的街道和小巷里。有些地方,特别是市中心,大理石建筑像一座座闪闪发光的小岛巍然耸立。长方形的古罗马中心广场及其周围富丽堂皇的建筑更加夺目。它的一侧是椭圆形斗兽场,另一侧是元老院所在的古罗马城堡和图拉真圆柱以及帕拉丁山上高高的宫殿。宫殿群落耸立在山谷之中,高出周围的七个小山丘,奥勒利安城墙将它们围住。高架引水桥像拉长的尺子一样,从山上笔直地伸进城里,天空中布满古铜色的暮霭。

贝蕾妮克忘情地闭上眼睛,好让眼前的一切牢牢印入脑海,永不忘记。她深深地感到,这是一个绝不可能再重现的美好瞬间,一股冲动使她紧紧抓住罗曼和斯蒂芬的手。他们三人一动不动地凝神站了一会儿。在这一刻,他们是那么强烈地感到自己与过去的一切是如此紧紧相连。

拉丁字母表

塞内克斯等了一会儿,然后说道:"离开这座城市前,关于古罗马我再给你们讲最后一个问题。古罗马产生了欧洲中世纪普遍运用的语言——拉丁语,它曾影响过所有别的语言。拉丁语不但是意大利语的基础,而且是法语和西班牙语的基础,它甚至还对德语和英语产生过很大的渗透作用——比我们所意识到的还大。它一直是许多科学应用的语言。在全世界范围内,植物学家和医学家都用拉丁语交流,昆虫学家也是如此,我先举这几个例子。随着语言的发展,逐渐出现了文字——拉丁文字母表，这个由 26 个简单的字母组成的字母表征服了全世界。它也许有着更为深刻的意义，文字不是一个简单的形式，它同时也是内容。借助于文字，罗马的一部分思想传到了世界：在精神和物质两方面表现出的客观冷静和明确。几乎世界上所有重要的文学作品、科学论文和历史文献都有拉丁文的版本，即使最初是用一种完全不同的文字——如用西里尔文[1]、阿拉伯文和中文写成的，最后都会被翻译成拉丁文。今天人类所有写下的文字都能破译成拉丁文字母，这些字母通过英语这种传播工具为全人类所普遍应用。"

"我有个疑问——您也许会觉得我的问题有些怪，"罗曼说，"我总在思考这个问题，但一直没有找到答案。古罗马那些写字的人，如诗人、法学家、历史学家和把碑文刻在纪念碑上的人，他们怎么能把字词正确拼写出来呢？那时可没有《杜登字典》[2]，也没有成千上万份印刷好的正字法规则。"

塞内克斯一下子无言以对，过了一会儿才说道："这个问题我也找不到答案。当时一定存在某种共同的规定和供学生学习的书面材料。"

"罗马人有书吗？"罗曼追问道。

"有卷书。当时有很多人读书，甚至还有书店。当罗马诗人普林尼知道人们能在里昂买到他的书时，感到非常惊讶。他说自己根本不知道那里还有书店。"

"在那么偏远的外省有人读他的书，他一定非常自豪。"

"是的，罗曼。当时已经出现有组织的经销书籍的行业，罗马城向罗马帝国的各个地区提供新书，所有书籍全部统一使用拉丁文，这种情况出现在公元前 1 世纪。西塞罗（Cicero）[3]曾抱怨过希腊作者错误百出的抄本。他的朋友、出版商阿提库斯（Titus Pomponius Atticus）不但是文学爱好者，而且还是一个精明的商人。他不满足于家奴的誊写本，而是专门做一批复制品，他先仔细检查和审核书稿的书写质量，然后在几个大厅里让一些人同时抄写，每个大厅安排 50 人，这些书稿抄写本只有通过重新检查后才能投入书市交易。到奥古斯都时代才渐渐出现公共图书馆——最后多达 28 个。每个大型浴场都配备一个图书馆。在卡拉卡拉浴场，人们发现了两个图书馆，书放在一排蓄水池顶端的壁龛上。私人的图书室当时也很盛行，书市交易相当繁荣，以至于后来塞内加（Seneca）[4]对这种毫无选择的阅读大加攻击。他指出应该避免无目的的阅读，因为滥读只能给人一种博学的假象。在选择书籍时不能只重视数量和书的装帧，而应该限于较小范围的精读，这样才能真正给自己带来益处。"

外面的光线暗下来了，塞内克斯让三个年轻人进屋休息。

---

[1] 由希腊字母演变来的斯拉夫民族的文字。
[2] 德国《杜登字典》，因出版者康拉德·杜登（Konrad Duden）而得名。
[3] 古罗马政治家和思想家，演说家。
[4] 古罗马哲学家和戏剧家。

"眼前的一切什么也不可能留下，一切都会消失。"贝蕾妮克不无伤感地说。

"这就是时间的本质。"斯蒂芬非常理解她的感受，"眼前的瞬间据说只能持续四秒钟。没有过去，就不可能出现新的事物，也不可能有新的发展。"

他们走进下榻的小旅舍，取上钥匙，各自回房间去了。

第三晚
西方的救世主

拿撒勒的耶稣

出生在伯利恒的孩子

当他们重新聚在餐桌旁时,塞内克斯又开始了晚上的谈话:"我们现在要着手讨论的是一个非常重要的题目,这个题目我们一时半会儿是讲不完的。你们脚下的罗马是那个时代最光彩夺目的一座城市,数个世纪以来,在它的地下一直有两颗定时炸弹在滴答作响,其中一颗毁灭了这座城市,而另一颗却给它带来了新的荣耀。"

"我想,我知道您指的是什么,"罗曼急切地插话道,"这不难猜到,第一颗定时炸弹您指的是日耳曼民族大迁移,他们最后占领了罗马并使它陷入了毁灭;第二颗定时炸弹指的是基督教,它虽然也以另一种方式导致了罗马帝国的灭亡,但同时又使罗马这座城市成了教皇的所在地。"

"你说得对,"塞内克斯回答说,"数个世纪以来,罗马人在宗教信仰问题上一直非常宽容,每个人都可以有自己所信奉的宗教,前提只有一个,那就是他的信仰不能玷污他人和危害国家。"

"但是最早的基督徒却认为只有自己掌握了神圣的真理,他们的这种想法破坏了人们对宗教的宽容态度,"斯蒂芬强调道,"我觉得这是一种不同寻常的现象。"

"也许,"塞内克斯若有所思地说,"也许这也是人类进化过程中的一种飞跃,从物质到超验的飞跃。从人类诞生之初起，特别是古代文化高度发展的这五千年来，人类虽然一直在祈求神的保佑，但他们主要还是专注于尘世的生活，尽量把自己的生活安排得舒服一些，他们热爱自己的生活，装饰自己的房屋，美化自己的城市。突然间，他们对这一切都不感兴趣了，好像什么都是多余的，他们鄙视世俗的世界，甚至鄙视自己的生命。"

"他们认为这些都是罪恶的根源！"

"他们开始寻求一种完全不同的东西，斯蒂芬，我是说他们开始寻求更多的东西，他们把目光投向了头顶的天空，并在那里找到了生命的彼岸。于是，在伯利恒——据说是在奥古斯都统治时代——拿撒勒的木匠约瑟夫和他的妻子玛利亚生了一个孩子，取名耶和华（Johuschua），也叫耶稣（Josua）。'Jesua'是希腊语，在希伯来语中的意思是'耶和华救主'，犹太人称自己的上帝为'耶和华'（Jahwe）。600年后穆斯林称他们的神为'真主阿拉'（Allah）。此外，犹太神的名字耶和华'Jehowa'或'Jahwe'与罗马人的神'Jupiter'或'Jovis'之间的相似之处也是显而易见的，就像'Zebaoth'[1]这个词的词根可能是'Zeus'[2]一样。"

"据我所知，耶稣有四个兄弟和几个姐妹，这些兄弟姐妹还是玛利亚前一次婚姻中生的，是这样吗？"

"在某种程度上斯蒂芬说的是对的，因为《马可福音》中曾提到过耶稣四个兄弟的名字：雅可布、约瑟、犹大和西蒙，"塞内克斯说，"可这些不是我们今天要讨论的题目。我们现在还是回到关于耶稣的话题上吧。我们——我是指进化公园的管理机构——很认真地研究过，是否有必要在公园中再现耶稣的生平事迹，但是后来我们放弃了这个打算。一方面是因为我们无意与那些质朴虔诚的乡村耶稣受难剧竞争，它们大都与那些通俗的宗教艺术作品很近似；另一方面也因为的确没有展示这些内容的必要，因为再没有任何一个故事比耶稣的故事更加广为人知了，从他在马厩里出生，到在各各他（Golgatha）被钉在十字架上，每个欧洲的孩子在学校里都会学到这些。此外还有数不清的与此相关的书籍、绘画和那些多少还算成功的以此为题材的电影。我认为你们也熟知这个故事。耶稣的思想你们在宗教课中都学到过，每次做礼拜时听的布道无非也是这些内容。"

"但是关于耶稣在马厩里出生的故事，还有那些牛、驴、牧羊人和三圣王等等这一切都只不过是童话而已。"斯蒂芬插话道。

"它们表明耶稣同情那些无权无势的弱者——如牧羊人，反对有权有势的人。"

"就算是这样吧。但是我认为一直存在着两个耶稣！一个是信徒们心目中的耶稣，另一个是《圣经》学者和批评家眼中的耶稣。他一会儿是在伯利恒出生的，可一会儿

---

[1] 《旧约》中常提到的神的名字。
[2] 宙斯。

拿撒勒又成了他的故乡；他时而是童贞女玛利亚的独子，时而又是约瑟夫和玛利亚五个儿子中的一个；一个耶稣创造了谁也无法创造的奇迹，另一个耶稣只不过是医好了几个病人，会驱邪——医病和驱邪在当时被看作是一码事，像我们在古埃及看到的一样。我放眼望去，看不到历史上的耶稣，更别说看到上帝的儿子了。我看到的顶多是追随者心目中那个能救赎世人的人。"

"好吧，斯蒂芬，就算耶稣这个人物在历史上真的不存在，可他却作为一种内在的真实活在信徒们的心中。即使耶稣不是上帝的儿子，而仅仅是一个人，那么对于他的信徒来说，他也是一个在许多方面给人们制定了生活准则的真实的人——尽管这些准则很少有人完全遵照执行过。"

这话好像又碰到了斯蒂芬的神经，他马上反驳说："这个宣称'像爱你自己一样爱你的邻人'的人，不是也说过'谁不恨父亲、母亲、女人、孩子、兄弟、姐妹和他自己，谁就不是我的信徒'，这难道是我们应该铭记在心的爱的福音吗？"

"我不知道你想从中得出什么结论，但是这些却无损于人们对耶稣的信仰，而且以他的名义挑起的无数混乱也被人们遗忘了。耶稣思想中最深层的内容至今仍没有被超越。了解他思想的不仅仅是欧洲人，至于他们是否理解并牢记他的思想就是另一个问题了。"

"肯定没有，"罗曼插话道，"如果人们真的理解了耶稣的思想，并以此为生活准则，那么这个世界就会完全是另一个样子。因为耶稣思想的核心是教导人们怎样友好相处，而不是互相蔑视和仇恨——我这里所说的耶稣的思想是指被称为'山上训众'中的那些教诲。"

"但是事实却证明，人们并未真正遵循门徒马太（Matthus）所传播的耶稣的思想。"斯蒂芬满脸涨得通红，因为这一直是一个能激起他极大兴趣的话题，"马太只是把耶稣的许多谈话整理到一起。犹太人并不认为耶稣是上帝的儿子——这一点毫不奇怪，他们认为他只是一个先知，伊斯兰教徒也是这么认为的。有两点我一直无法理解：首先，上帝并没有向他的儿子揭示世界的真实面目，也没有告诉他这个世界的许多奇迹，没有告诉他地球是一个球体，它在宇宙中按一定的规律运行，这个球体上有几大洲——在这些地方已经出现各种各样的文化，没有告诉他地球上有丰富的自然资源，有动物和植物。上帝也没有能让耶稣看到无边无际的宇宙，告诉他这个宇宙中有亿万个银河系、行星、星云和气体。上帝没能让自己的儿子受到良好的教育，无论是与以前的还是跟他同时代的思想家相比，这个上帝的儿子都显得十分无知，更别说跟他以后的思想家相比了。第二点让我无法理解的是：耶稣没能使自己的崇拜者和追随者产生思考的冲动。上帝忽视了作为父亲应该给予儿子的最重要的东西。相反，为了证明耶稣是他的儿子，上帝赐予了他一些很陈腐老套的能力——驱邪和巫术。这可真够丢人的！而且我还认为，如果他真是上帝的儿子，那么他就不可能这样错误地估计世界末日和最后的审判。"

这时，谁也没再说什么。

一个持久而深远地改变了世界的人

过了好一会儿，塞内克斯才回答说："你代表的是对教会和信仰的极端批评者的观点，斯蒂芬，持这种观点的人不只你一个，但是也有别的观点。然而，无论耶稣是上帝的儿子，还是人或先知，我们都首先应该对他本身所产生的影响感兴趣，你必须承认，没有任何人比他对世界的影响更大，没有任何人像他那样持久而深远地改变了世界。"

"也许释迦牟尼可以与他相比。"

"释迦牟尼属于另外一个文化范畴，他不属于我们进化公园要展示的内容，这个公园所涉及的范围主要是地中海沿岸地区和西方各国。再说释迦牟尼的影响更加温和、宽厚……"

"您蛮可以说，释迦牟尼也没那么好战！"

"你说得对，但是基督教好战的根源不在于耶稣的思想，其根本原因在于人的本性。"塞内克斯担心谈话会陷入争论，因为在讨论信仰问题时常常这样，"我们干吗不讨论一下为什么人会需要宗教和信仰呢？从有思想开始，人类就开始有宗教和信仰的需要。人类曾试图在无数的传说、图画、童话和诗歌中找到慰藉。他们在寻求一些关于永恒的问题的答案：世界是怎样形成的？为什么无罪的人会饱受苦难？为什么人一定会死亡？人死后会怎样……"

"特别是生命到底有什么意义。"罗曼插了一句。

塞内克斯点点头："也许宗教最主要的任务就是指明那些看不见、摸不着和感觉不到的东西。人类从一开始就在寻找关于自己生存意义的解释，这种对生命意义的追寻早在古希腊哲学家之前就已经有了。信仰就是想把看得见的和看不见的东西联系起来，赋予生命一种意义，没有它我们就无法生活下去。这种我们赖以生存的意义就是希望，没有了希望我们就会感到迷惘。"

"'信仰，真是荒谬'[1]——我想这正是因为生命本身就很荒谬的缘故。"斯蒂芬说。

"你刚才引用的是罗马的神学家德尔图良（Tertullian）的名言，他出生于迦太基——也就是今天的突尼斯附近。"塞内克斯补充说。

"他知道自己说的是什么，"斯蒂芬继续说，"因为让我们奉为信仰的那些东西真是荒谬透顶！"

---

[1] Credo,quia absurdum，原文为拉丁文。

世界文学中最伟大的作品

"我们还是别把时间浪费在争论上吧，这样争论下去永远也得不出什么结论，"塞内克斯说，"或许我们以后再谈这个问题。我们还是回到关于耶稣的话题吧。请你们想象一下他的出生地——贫穷的伯利恒，想象一下与他的名字紧密联系在一起的拿撒勒，以及罗马帝国时代的耶路撒冷——耶稣就是在那里被钉在十字架上的。我们不难发现基督教的起源多么朴素。同时请再想想基督教的影响力却又是多么的广泛和深远：富丽堂皇的梵蒂冈大教堂，意大利、西班牙、英国、法国和德国的那些大教堂和修道院——所有这一切的产生都是由于一种思想、一种信仰和某个人的一些话。"

说完，塞内克斯停了一会儿，三个年轻人也没有做声。然后，塞内克斯继续说道："你们看见过罗马，在它的繁荣期出现了基督教。《圣经》也是那时写的——当然指的是《新约》，《旧约》只是犹太教的经典，它比《新约》要老得多。不管我们相信与否，我想在一点上我们是一致的——那就是我们都承认《圣经》是世界文学史上最伟大和最广博的书。从那时起，人们就认为《圣经》里的一切都是真的，信徒们都遵循它的教义，所以它对我们的文化具有无与伦比的意义。"

"但是今天人们已经知道，《四福音书》是人写的，而不是上帝所赐的灵感，所以《圣经》也被称为'基督教徒的童话'。"

"好啦，斯蒂芬，我们也许称它为'信仰书'更为恰当。"塞内克斯打断斯蒂芬的话说，"如果我说《圣经》是我们西方文化中最重要的著作——你肯定会同意我这种说法吧。基督诞生以后的历史，或者准确地说，自罗马帝国衰亡以后的历史，只有与《圣经》联系在一起才能为人所理解。在此之前，还从未有过一本书以如此独特的方式被奉为绝对真理，成为知识和思想的源泉，而且《圣经》在当时并未被印刷出来过，只有很少的人能够接触到它。在数个世纪的时间中，西方的所有行为方式都取决于它的教义。当然，这种现象在犹太人那里早已出现，但犹太教的影响并未超越地中海地区，而基督教的影响却广泛得多。这一方面取决于耶稣本人，另一方面是由于耶稣的门徒保罗非常成功的传教活动，是他要求把新教传播到犹太人以外的地区去——这一点我们后面还会谈到。"

"有一点却是毋须争辩的：《圣经》并不是根据历史事实写成的。"斯蒂芬说，他不愿轻易接受塞内克斯言谈话语中流露出来的对他的指责。

"问题在于从什么角度说，"塞内克斯温和地回答说，"著名医生、虔诚的教徒阿尔贝特·施魏策尔（Albert Schweitzer）早在1913年就谈到过这点，原话大意是：现代基督教必须承认一种可能性，那就是：也许耶稣的存在无法从历史的角度得到证实。新教神学家马丁·凯勒（Martin Kähler）在1892年曾提出，历史上并没有耶稣这么一个人，他只存在于布道和人们的信仰中——这真是一语破的，它道出了基督教的精神作用。但是，斯蒂芬，如果你指的是历史上耶稣这个人物，你的说法当然是对的，"塞内克斯承认道，"现在人们都一致认为《四福音书》和圣徒保罗的书信都是耶稣死后才写成的。《四福音书》的作者谁都不认识耶稣本人，保罗也不认识他。保罗的信如果是真实的，那么它们就是最早的证明。《马可福音》是在耶稣死后约40年写成的；《路加福音》和《马太福音》是在他死后约70年写成的；《约翰福音》是在他死后70至80年间写的。保存下来的《四福音书》也不是原件，而是从一个又一个流传的抄本传抄下来的。在两百多年的时间里，人们在复制《圣经》时做了许多改变、补充和修改——据说修改达一万处之多。按法国启蒙主义哲学家狄德罗的说法，基督教在最初的几个世纪曾有过60部不同的福音书。狄德罗说这些福音书难以理解，而且天真、荒谬。这60部中只有4部保留下来了。"

"那么说耶稣从未看到过别人对他的书面评论啦。"

"是的，斯蒂芬，那些接触过他的人什么也没记下，而那些将他写得神乎其神的人，却从来与他没有过任何直接接触，就连圣徒保罗也是在耶稣被钉死在十字架以后几年才出生的。他写的那些信是新约中最早的篇章，这是在耶稣死后20年才写成的。关于耶稣本人没有任何书面记述。"

"不管怎么说，我不太喜欢《圣经》，至于它真实与否对我没有任何意义。我认为重要的是，《圣经》里充满许多古老的迷信，它今天还在助长这些迷信，它没有对人的思想产生过什么教育作用。而我们必须反对迷信，因为迷信最终会毁了人类。我是一个怀疑论者，没有信仰，我只尊重事实和由此而得出的结论。许多人常常狂热地坚信某些从未经过检验的观点，这让我感到非常悲哀。"

"从某种意义上说，你的想法是对的，斯蒂芬，但是我想你有些把事情过于简单化了，"罗曼插话道，然后他又回到了原来的话题，"但是，也许耶稣的巨大影响首先在于他预言我们死后能复活？"

"这不恰恰又证明了我刚才所说的话吗？"斯蒂芬反驳说，"谁真的相信人死后可以复活呢？"

塞内克斯没有理会斯蒂芬的责问："罗曼说得对，正是这点给了人安慰和希望。这恰恰是耶稣和《圣经》给人们的福音。人们愿意听到这种福音。"

"但是这种对《圣经》的盲目信奉在以后的几百年却阻碍了人类精神的进步。"

"你说的也对也不对，斯蒂芬，因为另一方面，人们由此获得了美好的认识和更深一层的真实——当然我这里指的不是自然科学意义上的认识和真实。《圣经》所传达的福音打开了人们沉睡着的、然而却很丰富的内心世界，人们从此能超越现实的禁锢，展开幻想的翅膀，《圣经》给了他们无尽的希望。"

"但是，塞内克斯，您也必须承认，这种盲目的信仰会诱使信徒不能容忍异教徒的存在。"

"这点我们会谈到的，斯蒂芬，我们现在还是只谈耶稣，他能让人得到解脱。"

"是的，但我认为让人得到解脱的不是宗教，而是人们心中对某种能解救自己灵魂的伟大力量的渴望，渴望使人产生信仰。"

"也许你说得对，斯蒂芬，然而，古埃及、古希腊、古罗马，甚至犹太人的宗教却都未能满足这么多人对解救自己灵魂的渴望，只有耶稣做到了。"

"我也是这么看的，罗曼。从另一方面说，上天赐给我们生命，我们不但不心存感激，相反还想从中解脱出来，这听上去真的有些亵渎神灵。"

"请别忘了，大部分人的生活充满辛劳、斗争、烦恼、忧愁和病痛，妮克。尤其在那时，人们饱受疾病和衰老的摧残，对死亡的恐惧和不可遏制的饥饿感也时时困扰着他们。"

"那么就算是这样也没有必要感激上帝呀！"斯蒂芬很理性地说道，"我觉得我们不应该寄希望于别人来拯救我们，而是我们自己要努力使世上的一切变得美好，这样我们就不再需要什么拯救者——至少不需要把我们从尘世的苦难中解放出来的拯救者。"

同耶稣本人一样重要的人

"在我们结束关于耶稣的话题前，我们再谈谈圣徒保罗，"塞内克斯说，"他的精神力量与耶稣的精神力量一样重要，他奠定了基督教作为一种世界性宗教的基础。他努力传播宗教思想，没有强迫异教徒在皈依基督教的同时变成犹太人，只有这样才使基督教成为所有人的宗教。《新约》中有三分之一的内容是记述保罗的言论和活动的。从他所叙述的内容中，我们看到了某种可以与耶稣相比的精神力量。他出生在奥古斯都皇帝当政的陶鲁斯（Taurus），是一个犹太人的儿子，本名叫桑罗斯（Saulus），他狂热地追随早期基督徒。不久，他奇迹般地体验了'蒙主召唤'的感觉，这是神学史上很著名的现象，他自己说这是'灵光一现'。然后他让自己接受洗礼，并改名保罗。为了传播基督教教义，他不断宣讲、布道和撰写教义。他一生中不知疲倦地游历了地中海周围所有为人所知的地方，他曾步行过两万多公里，穿过小亚细亚到了希腊、克里特岛、马耳他，最后是罗马。在罗马帝国时代，这些地区之间没有边界。他常常被人驱赶，不得不逃亡。还有人投石块砸他，使他受尽折磨，人们以为他早就死了。后来他到了雅典，雅典在古希腊罗马时代一直是艺术和哲学的中心，在那里他也没有找到追随者。于是，他在科林多（Korinth）建立了一个教区。当他离开后，得知那里发生了激烈的争执，就写了两封信，这就是著名的科林多前书后书，也许这是他写得最美的书信。保罗写信是口授的，大部分信写得匆匆忙忙，有些是在织地毯时写的，因为这是他的职业。他所有的信都有口头传达的特点，非常生动。在他终于到达罗马后，在城外被斩首了。详情无法知道，传说他是尼禄统治时的殉道者。他被葬在罗马去奥斯蒂亚的那条道路附近。"

"保罗不是特别敌视妇女吗？"

"是的，贝蕾妮克，基督教中敌视妇女的倾向肯定不是来自耶稣，别忘了，保罗的思想是建立在古希腊及其哲学的传统之上的。他告诫他的——或者说耶稣的追随者：'时光短暂。为了将来，每个有妻子的人都应该像没有女人那样生活。'"

"他是要求男人离开自己的女人，好让他们一心一意去做基督徒吗？"

"是这样，贝蕾妮克，但他还提出了别的要求，其结果也证明同样非常重要。他写信给自己的追随者说：'每个人都要动手劳动，来满足自己的需要，并把多余的东西给那些不够的人。'你们已经知道，在古希腊和古罗马体力劳动是遭人蔑视的，人们都让奴隶去干活。相反，在以色列，体力劳动却不被轻视。犹太教经师也要学会一种有实际用途的职业，以便能自食其力。他们认为，学习犹太教经典与练习手工操作是相辅相成的，因为同时进行两种活动可以使人远离罪恶，所有的学习如果不伴随一种实际的手工劳动，就会出现无所事事而陷入混乱。这种观点对中世纪、对修道院的生活，以至对我们今天都有着非常重要的意义，有关这点我们下次再讲。"

世界的转折点

"我们现在再看看公元后几个世纪的历史，"塞内克斯向三个年轻人提议道，"我再强调一次，从那时起，世界以一种前所未有的形式发生着变化。我们今天还处在这种变化中。我承认，我们又要跳过历史上的一大段时间，因为人类精神的发展又出现了一个停滞阶段——这有利于宗教的革新。随着基督教的诞生，特别是在中世纪，人类突然完全以一种群体的形式出现了——他们成了一群狂热的信仰者。而在此之前，人们更多的是以个体的面目出现的。对世俗的鄙视、对世界非理性的逃避——而世界作为上帝的作品本来是值得崇敬的——这一切变成了一种宗教活动，而且这种宗教活动是以一种前所未有的规模出现的。同时，每个人与生俱来的对生命的热爱和由此产生的对死亡的恐惧也相当强烈，生与死之间这种无法解决的矛盾使许多人产生巨大的内心冲突，这种灵魂的搏斗几乎令人无法忍受。于是就出现了一个新的世界——这个世界你们明天就能在公园里体验到。这是一个从古典时代过渡到……"

"到近代？"

"还没那么快，斯蒂芬。或者说正在犹犹豫豫要进入近代的时候。这个时期的人类从古典时期的人变成了深深打上了基督教烙印的人，他们力图把基督教和古典精神在自己身上统一起来，这也就是为什么我要选择用一个特殊人物来讲解这一时期的原因。"

"他是谁？当然又是一个男人。"

"是的，贝蕾妮克，是一个男人。明天我们要去意大利，准确地说是去阿普林（Apulien）。在此之前我们去一下巴勒斯坦，参观一下腓特烈二世在耶路撒冷的加冕典礼。"

三个年轻人起身回到自己的房间，今天所看到的一幅幅画面将陪伴他们进入梦乡。

II
从基督教帝国到伽利略

第四天
信仰无所不在的中世纪

皇帝和异教徒

基督教的帝国

一大早,清真寺的尖塔上传来呼报祈祷时刻的声音,穆斯林一天中的第一次祷告开始了。贝蕾妮克、罗曼和斯蒂芬都听到了——他们还没完全清醒,惊奇地想知道自己现在究竟在什么地方。

还不到八点他们就在餐厅聚齐了。

"今天你们将处在一个完全不同的文化氛围中,"塞内克斯开始说话了,"又是几个世纪过去了——在此期间,罗马帝国灭亡了。"今天的餐厅里没有前两天亮堂,光线虽然不是很暗,但是好像被周围的楼群过滤了似的。他们听见街上传来商贩的叫卖声和许多人的谈话和喊叫声,中间还夹杂着马的嘶鸣和羊的叫唤,有时还能听见一阵阵铁蹄声。他们住所的位置显然又变了。

"我们这是在哪儿?"贝蕾妮克问。

"在耶路撒冷。"塞内克斯回答说,"你们此刻在基督徒、犹太教徒和穆斯林心中的圣地。我们今天可是为基督徒而来的。"

"我对什么都见怪不怪了,但我还是想知道你又把我们带到哪个世纪了?"

"13 世纪,罗咪,今天是 1229 年 3 月 18 日。"

"昨夜睡一觉就过去了800年！世界肯定发生了翻天覆地的变化。西哥特人在阿拉里克（Alarich）国王的率领下占领了罗马，把罗马城洗劫一空。特奥德里克（Theoderich）大帝把拉文纳（Ravenna）定为自己的国都。400年后，查理大帝在罗马由教皇加冕，成为神圣罗马帝国的皇帝——恰好在公元800年。"

"你知道的可真不少，斯蒂芬。"塞内克斯说，"的确是这样。基督教在罗马帝国确立下来，康斯坦丁大帝在迁往拜占庭以前，为基督教成为国教铺平了道路。基督教帝国是查理大帝统一起来的，他在罗马接受教皇列奥三世加冕的日子是基督教最重要的日子，由此西方国家登上了第一个顶峰。"

"首先，请您先给我们解释一下，为什么辽阔而强盛的罗马帝国，拥有无上的权力和丰富的文化，却会走向灭亡呢？"

"这也许是一种自然规律，每种文化都有衰败的一天。罗马帝国灭亡以前由几个无能的骄奢淫逸的皇帝统治着，他们沉湎于荒淫的生活。基督教早期神学家齐普里安（cypnian）在公元250年前后就指出，'你必须知道，世界已经衰老了，它不再拥有以前的活力。'也许就是这样。但是罗马帝国的灭亡和北部民族的兴盛都不是我们要谈的题目，这是历史课要解决的问题，而不是我们进化公园的任务。也许可以这么认为，罗马的光辉是被北部的民族，即所谓'蛮族'熄灭的，而从南部却又升起一种新的光明，这种全新的并不逊色的光芒照耀了罗马，这就是基督教之光！"

"这真的是一种光芒吗？"斯蒂芬问。

第一位世界奇才

塞内克斯意味深长地笑了："由于罗马曾是世界的中心，所以教皇的所在地也选在这里。罗马的大主教统管所有教会，其职责可以追溯到圣徒彼得，他是由耶稣亲自指定的。跟随其后的是利努斯（Linus）——由教皇组成的这根链条没有间断过，一直到今天。这个世界过去和现在都不只是由欧洲组成的，罗马天主教的影响却波及全球，其官方语言仍是罗马人的拉丁语。同时，拉丁语还是整个中世纪的通用语言。从西罗马帝国灭亡，到日耳曼民族开始吸收基督教教义和古典文化这一时期，我们称为中世纪的开始。我们之所以对这个时代感兴趣，主要是因为欧洲北部国家有着自己的文化形式。我们也许可以这样说，野蛮的异教徒世界和文明有序的基督教世界碰撞到一起了。"

"异教徒真的很野蛮吗？"

"很难说，斯蒂芬，他们肯定没有尊贵的罗马人那样讲究，但是他们那些有教养的阶层一直仿效罗马人的行为举止，就连德国的统治者也仿照罗马人称自己为皇帝。

后来，文艺复兴时人们才又想起古希腊。说到文艺复兴我马上想到了一个人——我们今天先来谈谈他。他是霍恩斯陶芬王朝的腓特烈二世。"

"那么说又是一位皇帝啦。"

"是的，贝蕾妮克，但他是皇帝中很特殊的一个。虽然他也打仗，并发动了一次十字军远征——但他非常不情愿打打杀杀。他不是一个好战的人，人们称他为第一个'世界奇才'[1]。他不仅是德国历史上的重要人物，而且也是意大利历史、世界历史和文化史上的重要人物，所以我才会专门谈到他。他在思想和精神上的影响超越了他所处的那个时代，他不但反对教会的偏见，同时也反对封建特权，最主要的是他推动了人类精神的发展和进步。在我们深入讨论他之前，我们还是先动身吧！"

"动身？去哪儿？"

"我们沿多洛罗萨公路走下去，耶稣就是被绑在十字架上从这条路拉到各各他山上去的。我们去圣墓教堂（Grabeskirche）参观腓特烈二世成为耶路撒冷国王的加冕典礼。尽管教皇将他革出教会，他还是实践了自己进行十字军远征的誓言。他被逐出教会后，任何神职人员都被禁止与他接触。作为不太光彩的十字军远征历史上唯一在不流血的情况下取得成功的人，他仅仅通过谈判便取得了耶路撒冷。他能用阿拉伯语与埃及苏丹阿拉—卡米尔（Al-Kamil）派来的特使谈判，他对伊斯兰科学领域的了解以及对阿拉伯文化和哲学的热爱征服了苏丹。当然。他与教皇的不和也对这次与埃及的谈判大有帮助。他的魅力和机智使他取得了耶路撒冷和一个通向海岸的狭窄通道——仅仅一个穆斯林教区及其清真寺除外，他把基督教的这块曾被战争夺走的地盘还给了基督教。"

中世纪教堂

贝蕾妮克、罗曼和斯蒂芬感到非常惊奇，因为他们现在已经身处一个东方城市里。小广场给这个城市留出了一点空地，它的对面是一条狭窄的小巷，巷子两边是低矮的黄房子，巷子里人挤得水泄不通。

"本来你们能在这里看见本地人、基督徒和骑士的，但是他们现在都在教堂里，谁也不愿错过庄严隆重的场面。"塞内克斯解释说。

他们终于到了圣墓教堂。这是一个浅黄色圆屋顶的石头建筑物，周围有一个不大不小的广场，据说这是为耶稣当年被钉在十字架的地方建造的。

---

[1] uomo univesale，原文为拉丁文。

贝蕾妮克、斯蒂芬和罗曼停住了脚步，仔细打量着这座朴实无华却很漂亮的教堂。教堂前是一面斜坡，它给人一种安宁而又庄重的感觉。精美的石雕和装饰着柱子和柱头的窗子给教堂赋予了生机，在太阳的光辉下得到了升华。

教堂前的广场上几乎空无一人，因为穆斯林都回避这个地方，只有个别迟到者和朝圣者在匆匆向大门跑去，其中还有十字军骑士。他们身穿骑士服装，披着披风，丝毫没有注意到这几个前来参观的陌生人。从教堂虚掩着的门缝里飘出薄薄的烟雾，教堂上的雕刻笼罩在淡蓝色的烟雾中，低沉而虔诚的圣歌从里面传出来。

塞内克斯推开一扇门，贝蕾妮克、罗曼和斯蒂芬跟着走进昏暗的教堂，他们站在门边。迟到的朝圣者和骑士纷纷行屈膝礼，前面是一片黑压压的人群。只有一点微光从窗口透进来，唯一能看见的是前面圣坛上方的拱顶处有一片灰蒙蒙的光亮。他们待了一会儿，慢慢习惯了里面的光线，教堂里半明半暗的一切才渐渐地清晰起来。到处是闪动着的烛光，像点点繁星，还有拱顶处透进来的乳白色的光，里面弥漫着圣烟和烛芯的气味，烛光上的烟雾徐徐向上飘去。

"礼拜做完了，"塞内克斯小声说，"腓特烈二世没有参加，他这样做是为了回避神职人员，因为教皇已经把他逐出了教会，但是他马上会来的。"

耶路撒冷的王冠

教堂里开始有动静了，但是看不太清楚，只听见压低的呼吸声，随后是走动的脚步声。十字军骑士正在往里走，朝圣者从中间的过道退到两边。光线从敞开的大门射进来，一直照到点满蜡烛的圣坛，强烈的光线中只见灰尘在飘动。刚刚在圣坛前做弥撒的教士们匆匆退出，以便腾出位置。桌台上铺着一块红色的天鹅绒，上面放着一个圆形的金灿灿的物品，上面镶满了钻石。

"这是耶路撒冷王国的王冠。"塞内克斯解释说。

这时，只见一个人走进教堂，并坚定地一直向前走去。他像所有骑士一样外面披着一件飘动着的披风，身着金色的长袍，腰间系着一根绿色的带子。他长着一头微微泛红的头发，修剪得短短的胡子也泛着红色，眼睛闪烁着威严而坚毅的光芒。夹道恭迎他的骑士给他行屈膝礼，就连朝圣者也无法抵御这庄严的时刻，可他目不斜视，坚定而有力地快步朝圣坛迈出。他在圣坛前站住，在胸前划了一个十字，随后伸开双臂从桌台上捧起王冠，将王冠举过头顶，转身面对激动的人群，给人一种光芒四射的感觉。他——腓特烈二世，举头凝视着手中金灿灿的王冠，随后又一次转过身去，仰视着被钉在十字架上的耶稣那张充满痛苦的脸，缓缓地将王冠戴在头上。他缓慢的动作并不意味着丝毫的犹豫，而是在强调这个动作的意义。然后，他跪在地上，合拢双手开始祈祷。朝圣者唱起了圣歌，十字军骑士也一起唱了起来，但不久这歌声就被抑制不住的欢呼声淹没了。

"我很想知道他现在想什么。"斯蒂芬小声说，"教皇指控说，腓特烈二世声称这个世界被三个骗子引入了歧途，这三个人就是摩西、耶稣和穆罕默德。"

"我觉得他能这么说真是太聪明了。"塞内克斯回答说，"的确，他认为耶稣是童贞女玛利亚所生这个说法是愚蠢的，而且拒绝接受玛利亚无沾受孕的教义。现在，他自己给自己加冕为耶路撒冷——这个基督教城市的王，并以这种方式宣布他能成为大卫王的后继者是神意的直接表现。"

这一行动的神圣意义已被人忽视了。十字军骑士被他们的感情、胜利、激动、幸福、快乐所驱使，当然其中还夹杂着轻松感，因为他们的十字军远征在没有牺牲一个同伴的情况下便结束了，他们现在终于可以回家了。他们为此感激自己的皇帝那卓越的治国才能和政治手段。为了表达这种感激之情和与此紧密相连的崇敬之意，他们拥向圣坛，将皇帝团团围住，每个人都想尽可能挨近些。

"走吧，"塞内克斯提议道，"我想让你们观看的内容已经结束了。"他转身朝门口走去，三个年轻人紧随其后。

在教堂的大门口，塞内克斯又一次指着圣坛顶上的圆形拱顶——它一直透着神秘的光——说："你们回忆一下，是古罗马人发明了这种圆形拱顶，这一发明从罗马传遍了整个西方。"

一座东方风格的豪华宫殿

走出阴暗的教堂，外面的光线很刺眼，他们忍不住眯起了眼睛。虽是早春，但阳光不仅和煦，而且十分强烈。

"我们现在就要离开耶路撒冷这块神圣的土地了，"塞内克斯说，"耶稣在信徒们眼里是上帝的儿子，他使这块土地成为了基督教最神圣的地方。为了争夺这块土地，无数鲜血浇灌过它。我现在想给你们讲一段历史故事，这个故事不但能给苍白的历史带来一些鲜活的色彩，而且很能代表腓特烈二世的性格。憎恨腓特烈二世的教皇得知在苏丹送给他的礼物中有萨拉逊[1]舞女，于是便在朝圣者中散布谣言，说这位皇帝娶了苏丹的女儿和50名萨拉逊女人。"

"他真的娶了吗？"

"没有，贝蕾妮克，事实上他与一位东方女子生了一个儿子——安提阿的腓特

---

[1] 欧洲中世纪对阿拉伯人的称呼，后泛指伊斯兰教徒。

烈（Friedrich uou Antiochien）。他的诺曼人祖先在西西里就有佳丽成群的后宫，而腓特烈二世本人只到后来一段时间才有女人坐在遮盖着的轿子里跟随着他。这些女人由宦官看管，她们住在他的城堡里，主要是在阿普林的德·蒙特城堡（Castel del Monte）。他在教堂里正式结过三次婚，但是他真正爱过的大概只有第一位妻子——比他大十岁的阿拉贡的康斯坦丝。他当时是一个无人照管的孤儿，是他的妻子将他引入了时尚文明的宫廷世界。当她早年去世时，他将自己的皇冠放进她的大理石豪华石棺里陪葬，并刻下这样的碑文：'这里安息着西西里的王后，腓特烈，我永远属于你。'今天，人们在巴勒莫（Palermo）仍能看到石棺和碑文。我的思绪现在飘到了西西里——我们就顺着这个思路往下说吧。虽然本来我们没想去西西里——它也属于腓特烈统治的王国，但我们要去意大利南部——阿普林的福查（Foggia），腓特烈二世大部分时间都住在那里。我们从这条小路下去，不用多费事就能到达福查——这得感谢进化公园的周到设计。"

就这样，他们很快不知不觉地到了另一座城市，也进入了另一个年代。与此同时，塞内克斯接着说："腓特烈在福查的行宫只有一个刻着碑文的门拱被保存下来了。但与他同时代的基督徒说他的宫殿极其奢华，其东方风格的气派与豪华可以与西班牙的阿尔莫哈顿（Almohaden）的王宫媲美。在长达几十年的时间中，这里是帝国的中心，依据腓特烈的愿望，这个帝国要复兴'罗马帝国'，并成为统治地中海沿岸世界的中心。进化公园仿照西班牙和阿拉伯的宫殿——比如格拉纳达（Granada）[1]的阿尔汉布拉宫（Alhambra）建造了这座宫殿的模型。"

腓特烈二世的鸟舍

他们不知不觉来到了一座马蹄形的大门前，锦衣卫全身佩戴着各种武器在那里站岗，旗帜在城垛上飘扬。他们穿过红色围墙围起来的庭院，阳光在墙上投下了很亮的图案。地上铺着白色的大理石，雪花石膏砌成的水泉台沿里传来汩汩的流水声。水晶玻璃做的吊灯悬挂在铺满瓷砖的富丽堂皇的房间，墙上刻着阿拉伯装饰花纹（Arabeske）[2]和碑文。他们听到吊灯轻轻晃动的声音、宫殿侍从小心翼翼的脚步声和书记员压低嗓音的说话声。每个门口都能看到萨拉逊守卫那金光闪闪的铠甲，动作优雅的东方奴隶将清水倒满银杯。

穿过一道门，他们来到了一座花园，展现在他们眼前的是一片长着树丛和灌木的草坪。不远处，有一个由多个隔断组成的大笼子，里面装着各种精巧的观赏鸟和

---
[1] 西班牙的一个城市。
[2] 绘画中的阿拉伯风格的装饰，以缠绕交错的线条为特点。

极乐鸟，把它们装在笼子里是为了使它们免遭猛禽以及鹰的利爪、尖嘴的侵袭。

"这就是腓特烈二世的鸟舍，"塞内克斯解释说，"这也是我们来这里参观的原因。你们看！他本人也在这里。"

腓特烈正在他的鸟群前沉思。

"他喜爱稀罕的动物，"塞内克斯说，"1231 年，与他一道出现在拉文纳王国庆典上的不但有众多随从，而且还有他带去的许多珍禽异兽：大象、单峰骆驼、双峰骆驼、豹、猛禽，甚至还有狮子，这些动物中有许多是与他交往的东方诸侯送给他的。他想用这种方式来炫耀自己的统治，当然，他也的确对动物感兴趣。他热衷狩猎，喜欢仔细观察自然，因为他相信自然界具有理性而又合理的秩序。他的这一观点在他那个时代是独一无二的。他对动物的习性了如指掌，他甚至能给编写兽医医术的人提出建议和指导。"

腓特烈的鸟舍是一个用铜条编成的能通风的格状大笼子，它被绿色的灌木丛团团围住。腓特烈希望自己心爱的鸟儿仍然生活在大自然中。

笼子里的鸟儿抖动羽毛，蹦蹦跳跳，在有限的空间里飞来飞去。腓特烈二世站在那里一动不动，他在观察一只鸢——一只特别漂亮的鸢，它长着棕红色羽毛，只有头和胸部是白色的。一只巨大的金雕在滑翔下降，它徐徐落下，利爪触到地上。

关于捕鸟的技术

这时，腓特烈二世从沉思中被唤醒了。紧挨着鸟舍，在一排黄杨灌木丛前有一张大理石桌子，桌旁放着两把蒙着布的折叠椅。皇帝在一把椅子上坐下，一直躬身站在一旁的身材瘦削的书记员在另一把椅子上坐好，他在桌上将几张抹平了的羊皮纸摊开，准备好笔和墨水。塞内克斯招手示意三个年轻人，他们向前走了几步，以便更清楚地观察眼前发生的事。

"皇帝在口授一本书，"塞内克斯说，"这是一本关于捕鸟的名作——《捕鸟的技术》，这本书综合了他多年研究鸟类学的成果。请回想一下人类的初级阶段，他们从最早的狩猎者到后来开始圈养动物，现在终于开始注意和研究动物自身了。这本书证明了腓特烈是第一个真正具有批评精神的自然科学研究者和最出色的猎鹰手。请听，他在前言中说些什么……"

腓特烈口授道："我们写这本书的目的是为了还事物一个本来面目。"

"对于他来说，最重要的是自己的观察，"塞内克斯小声说道，"他对所有别的权威或传统的说法都提出了自己的看法和批评，并补充一些自己的观察和结论。他的书语言冷静客观、浅显明了，而且具有逻辑性。首先，他描述了猎鸟——它们的羽毛、飞行动作、筑巢的地方和生活习性。然后便着手研究猎鹰——关于怎样喂养和照管它们。为了丰富自己的猎鹰知识，他还与阿拉伯的国王通信，让他们给自己送鹰和驯鹰人——像你们在这里所看到的那样。他还潜心学习古希腊罗马和阿拉伯的文献。在他之前还从未有人拥有关于鸟类的如此广博的知识，也没有任何人这样仔细观察过鸟类，并把与此有关的知识传给后世。现在你们将听到他举的一个例子，是他无数次观察中的一个，他用这些观察的结果反驳亚里士多德的观点。"

"您是指您在雅典时给我们讲过的亚里士多德的《动物史》？"

"是的，罗曼。从这个时期开始，亚里士多德对西方文化发展的影响越来越重要了。"

皇帝还在继续口授："人们可以在夜间从鸟发出的声音中辨认鹤、鹭鸶、鹅和鸭子，而不是像亚里士多德说的那样，从禽类飞行的动作中去辨认。它们在空中鸣叫是为了召唤其他的鸟。"书记员的笔在羊皮纸上飞快地写着。

"要了解一只鹰是否刚刚进行过远距离飞行，是否能再长时间飞了，只要看看它的翅膀是否耷拉着。它的尾巴与背部不再是笔直一线，而是用尾部做支撑点，并接触放鹰人的手，这时尾巴和后背就会缩到一起，形成一个弯度。而且，它的尾部羽毛不再以一种正常的姿势收在一起。它变得无精打采，翅膀不再扑腾，一会儿伸出一只翅膀，一会儿又伸出另一只，有时还会同时张开翅膀。它的双脚也是这样。它双目迟钝，先是闭上一只眼，然后两只都闭上。"

"就看到这儿吧。"塞内克斯对他的三个同伴小声说，"我还想给你们讲讲这个人的多面性格。他理所当然地被同时代人称为'世界最奇妙的改造者'和'旷世奇才'，要理解这一点，光讲这本关于鹰的书当然是不够的。"

人不应该相信不能被自然和理性所证明的事物

他们从柔软得像地毯一样的草地上走过去，进入了一个美轮美奂的庭院。院子的中央有一眼水井，井水潺潺流进一个大理石水池——由十二只石鹰塑像支撑着。整个院子被精巧的白色石柱团团围住，石柱的顶端由一排拱顶连在一起。院子里有许多凳子，塞内克斯在身边的凳子上坐下来。

"是什么使得腓特烈二世具有如此特殊的意义呢？"

"是他广博的思想和才智使他傲然屹立于那个时代，斯蒂芬。他没有偏见，乐于接受外来文化——他真是一个鲜见的特例。他与阿拉伯学者谈逻辑学、数学、物理和玄学。他努力探索关于灵魂不死的证据……"

"这在当时肯定是亵渎神明的行为！"

"是的,正因为如此他才多次被赶出教会。此外,他还怀疑灵魂是否真的不死。教皇这样评论他:'这位瘟疫般的皇帝宣称,人不应该相信不能被自然和理性所证明的事物。'"

"难道他说的不对吗?"斯蒂芬问。

"这种思想也可能来自一位古希腊哲学家。"贝蕾妮克说。

"所以,人们也把腓特烈二世称为文艺复兴的先驱。你们知道,文艺复兴是指古希腊罗马文化的复兴。我认为,腓特烈二世甚至从某种意义上讲开了启蒙运动的先河。"

"在这个信仰压倒一切的时代,腓特烈的思想和行为是极其值得称赞的。"斯蒂芬说。

"请您再多给我们讲讲他的故事。"罗曼请求道。

"关于政治上的动乱与纷争我就不多谈了。"塞内克斯说,"他的统治时代充满着持续不断的斗争,尤其是与教皇的斗争。腓特烈以自己不屈的意志战胜了教皇。他使自己的官邸——这座位于福查的美丽宫殿成了西方科学、艺术和诗歌创作的中心。他的宫殿比任何一个宫殿都繁荣和充满生气。他创建了那不勒斯大学,从当时非常著名的博罗尼亚(Bologna)大学聘请教授和学者到那不勒斯任教,'……在这里我们精心设立的大学繁荣兴旺,这里优美的风景、殷实富庶和饱学之士吸引着八方来客,源源不断,后继有人。'"

"这听起来像一篇现代的广告词。"

"今天的广告人应该为腓特烈感到自豪,贝蕾妮克。当时不但有意大利的,而且还有阿拉伯的和犹太的学者前往那不勒斯研修学习。"

"真令人吃惊!除了神学他们到底还学什么?"

"比你们想象的多得多。他们在这里学习哲学、自然科学、医学、数学,当然还有占星学和炼金术。同时,腓特烈二世自己也参加所有科目的研修,他广博的语言知识使他的研修毫不费力,除了意大利俗语弗尔加勒语(Volgare),他还精通拉丁语、希腊语、希伯来语、阿拉伯语、法语和普罗旺斯语。"

"简直难以置信!"

"也许的确有些夸大其词,罗曼。当时拉丁语已被广泛运用,尤其在教会里、来往的公文中和大学里。在腓特烈的倡导下,亚里士多德的许多文章以及阿维洛斯(Averroes)的评论都从阿拉伯文译成了拉丁文。"

"阿维洛斯?他是谁?"

"他是那个时代阿拉伯最伟大的哲学家,贝蕾妮克。这也是腓特烈乐于接受外来文化的一个标志。在他的倡导下,还有许多其他的阿拉伯著作被首次译成拉丁文。这种将亚里士多德的哲学和阿拉伯思想综合起来的新思想对西方中世纪的哲学和神学思想产生了巨大的影响。托马斯·阿奎那的作品就是一个很好的证明,他也在那不勒斯大学学习过。我们后面还会专门谈到他。"

"那不勒斯肯定是一个充满生命力的城市，它既有维苏威火山作背景，又怀抱着童话般美丽的海湾。请想想，那里今天还保存着多么丰富的历史见证啊！可我们却并没有好好地利用它们，顶多不过有一些稍有兴致的游客拍几张照片而已，但历史的岁月却给我们留下了丰富的遗产。"贝蕾妮克说。

"但是，我们必须沉浸在过去的岁月中才能听到历史的脚步。"罗曼赞同道。

意大利诗歌之父

塞内克斯继续说："腓特烈多才多艺，他同时还从事诗歌创作和研究。当时诗歌主要流行在法国和普罗旺斯宫廷。腓特烈创立了一所专门的诗歌学校，在这所学校里，人们第一次用意大利语和西西里—阿普林地方方言写歌曲、颂歌和押韵的抒情诗。腓特烈本人亲自创作的几首押韵抒情诗也保存下来了。"

"您能背一首给我们听吗？"罗曼好奇地问。

"我只记得前面一段，你们真的想听吗？"

"请背给我们听吧。"贝蕾妮克急切地请求道。

"这是一首忧伤的告别诗，据说可能是腓特烈写给他的一位东方情人的：

啊，没想到，
与我心爱的女人离别
会如此令我神伤。
自从没有她相随
就再也饮不到生命的甘泉。
船儿将我从她的身边拉走，
痛苦充满我的心房。
没有她生命失去了意义，
见到她生命之船才会起航。"

"诗里饱含着多么丰富的感情和深切的相思啊！"

"是的，贝蕾妮克，所以西西里的行吟诗人和瓦尔特·冯·弗格尔瓦德（Wather von der Vogelweide）[1] 都盛赞腓特烈的诗歌。意大利最伟大的诗人但丁在他的《神

---

[1] 瓦尔特·冯·弗格尔瓦德（1170—1227），德国骑士抒情诗人。

曲》中甚至把腓特烈二世称为意大利诗歌之父。"

说完，塞内克斯沉默了一会儿。这时，四周一片宁静，只能听见井水滴答流动的声音。

"腓特烈为人怎么样？"

"这个问题很难回答，贝蕾妮克，在他的性格中综合了许多特点：崇尚奢华、喜欢异国情调、风趣健谈、和蔼亲切，同时他又尖刻、冷酷，甚至残忍无情，这种复杂的性格特点也许是他的诺曼祖先遗传给他的。虽然他很自律，头脑冷静，但有时也会不由自主地勃然大怒。他注重物质和感官享受，在他身上存在着一种无法解释的矛盾：一方面他是个自由思想者，怀疑一切，不相信天主教的教义。同时他又受到所处的时代和自己制定的惩治异端的规定的束缚，他对异端的迫害曾导致无情的追捕、拷问，甚至把人活活烧死；另一方面，他又反对臣民中背弃信仰的基督徒；对犹太人反而保护，使他们免遭迷信和偏见的迫害。他尊重每个生来就有不同信仰的人。当1235年福达的犹太人被控在仪式中，即在逾越节时杀死一个基督徒小孩并取他的血时，腓特烈竟袒护他们，并谴责这不过是个残忍的传说。他总是以最高裁决者的面目出现，非常偏激，所以他的同时代人认为他是暴君。但是与那些爱戴和信任他的人在一起，他谈吐机智风趣，极具个人魅力。"

"我想，腓特烈是具有多重性格的人，也许正因为如此，我们才会觉得他非常现代。"

"你说得对，罗曼。一方面他是一个基督徒，另一方面他又怀疑教会的许多教义。他是西西里人的儿子，后来由萨拉逊人监护长大，东方的富丽堂皇和阿拉伯哲学令他着迷。很遗憾，尽管这座宫廷如此漂亮，我们也不得不离开了。已经快到中午了，我还给你们安排了一个小小的惊喜。"

在最喜爱的风景中建造城堡

他们转身从那些守卫、大臣、宫廷侍从的身边走过，穿过大厅和庭院，最后从马蹄形的拱门走出了宫殿，宫墙外拴着四匹备好鞍的马。"我们骑一段马怎么样？"塞内克斯笑着问道，"这些马的脾气很好，你们可以放心骑。这样我们就能快点赶路了。我想让你们看一下这位皇帝最著名的建筑作品，它位于阿普林的一座小山上。你肯定知道我讲的是哪座建筑，罗曼？"

"德蒙特城堡！"

"几分钟后我们就可以到达那里。"

一个身穿东方服装的仆人帮他们解下缰绳。四人一路策马小跑，马蹄在石路上发出哒哒的响声。他们离开福查，很快进入了阿普林一片宽阔、阳光明媚的景色中。

"腓特烈建造了许多城堡和避暑行宫，大部分是在他完成十字军远征后建造的，但只有德蒙特城堡最能体现他的风格。据推测，这座城堡的最初设计是他亲自做的。也许在这座建筑物中，那种简洁明快的美和所运用的数学规律最能体现腓特烈的性格。这位皇帝有意安排在他最喜爱的风景中建造这座城堡，是为了通过这座人工创造的作品来升华和丰富大自然的美——我认为这完全是具有进化意义的。他既喜欢阿普林，也喜欢西西里。人们说，如果上帝看见过这块土地，看见过这块土地上的腓特烈王国，就绝不会选择巴勒斯坦作圣地。"

他们走了不到十分钟，只见一望无际的平原上耸立着一座秀美的小山，山上有一座八角形的黄色砂岩建筑，像一顶美丽的皇冠，旁边有八座塔楼守卫着。

"这是一座八角形建筑物，它综合了东西方的建筑艺术，你们可以联想一下耶路撒冷的岩石大教堂和德国亚琛大教堂里的帝王祈祷室的建筑风格。这座八角形建筑物所体现的风格是独一无二的，'8'这个数在中世纪代表绝对和完美。此外，那时人们书写都用罗马数字。只有到腓特烈统治期间才开始逐渐使用阿拉伯数字——准确地说，应该叫印度数字——这点以后再谈。人们也常把德蒙特城堡与皇冠相比，它是用石头模仿皇冠这一帝国的象征而制作的。"

"我觉得它很雄伟，但有些阴森森的！"

"从外面看也许是这样，贝蕾妮克。但请你想象一下，里面却是镶着金丝的大理石墙壁、马赛克地面、大理石浴池和按照古典风格创作的雕塑。在陈设极其奢侈的腓特烈的宫殿中，经常举行各种各样的庆祝活动，这些活动的背后隐藏着许多秘密。我们不知道皇帝一般什么时候来这里居住，多久时间来一次，一次住多长时间。这座城堡难道不是阿普林的皇冠吗？从塔楼的平台上——腓特烈的鹰也许飞上过这些平台——可以瞭望到山下望不到边的平原，天气晴朗的时候可以一直看到特拉尼（Trani），看到海，甚至可以看到安得利亚的（Andria）的白色房子，腓特烈的三位妻子中有两位安葬在安得利亚的大教堂。"

"他也是在这里去世的吗？"

'不是，他虽然死于阿普林，但是死在卢西那（Lucera）的弗欧伦梯诺（Fiorentino）城堡，患痢疾去世的，年仅56岁。他的儿子曼弗雷德在腓特烈生命垂危的时候给自己的兄弟康拉德写信道：'照亮世界、普照众生的太阳落山了，他是正义的太阳，和平的卫士。'根据腓特烈的愿望，他的遗体被运往巴勒莫，在教堂里与他的第一位妻子安葬在一起。一方面他是中世纪德国的最后一位致力于实现罗马人统治世界愿望的皇帝，他力图恢复罗马帝国的风采——但却是以十字军东征的形式；另一方面，他努力把政治与精神文化，即诗歌、艺术和科学结合在一起，从他的身上，我看到的是一位意大利文艺复兴的鼻祖。"

信仰的力量

这个小地方就是阿西西[1]

"好吧，现在我们该走了。"塞内克斯说，"我们继续向北走，去拜访下一个著名人物，他以一种完全不同于腓特烈二世的方式对整个中世纪产生了深远的影响。这个人是腓特烈的同时代人，但比他早出生几年。随着腓特烈的过世，他的影响力日渐消退，霍恩斯陶芬家族也早就分崩离析了。而我们要提到的这个人，却至今仍产生着深远的影响，这个谦恭的人所做的一切令我们深受感动。你们知道我指的是谁吗？"

"如果我们现在不在阿普林了，我想您指的应该是圣方济各。"罗曼大声说。

"我们已经离开了阿普林。"塞内克斯回答说。他用右手做了一个手势，示意三个年轻人看看旁边已经变化了的景色。与阿普林那种南部地区特有的天高云淡的晴朗景色相反，他们周围的一切有一种银色的凝重。灰蒙蒙的山谷和沉闷暗淡的山坡，给人一种荒凉的感觉。高大挺拔的柏树清晰地沐浴在日光中，很是清爽。

"现在我们到了翁布里亚地区（Umboien），前面这个用墙围起来的有不少灰秃秃房子的地方就是阿西西（Assii）。它位于蒙特—苏巴西欧（MonteSubasio）山坡上。上面有一个专为镇压老百姓而建的堡垒，即今天的罗卡—马焦雷（Rocca Maggiore）。如果单纯从时间顺序来说，我们应该先到阿西西拜会圣方济各，然后再去看腓特烈皇帝。但我们前面在帝都罗马停留了一段时间，我觉得罗马与这位德国皇帝的关系更为直接，因为他曾力图重新恢复罗马帝国的风采。我们现在得再退回去十几年。此外，在圣方济各和腓特烈二世之间还有另一种联系。3岁的腓特烈——这位神圣罗马帝国的继承人曾于1197年在阿西西大教堂受洗，而那时圣方济各已经17岁了，也许他还观看过庄严隆重的腓特烈受洗仪式。圣方济各原名乔万尼·贝纳多（Giovanni Bernardone），是一位从事纺织品贸易的富商的儿子。"

"阿西西的圣方济各，"斯蒂芬小声念叨着，"据我所知，他所宣扬的安于赤贫的清规戒律并没有被广泛接受，就连他自己修会中的门徒也未能全都坚守清规。"

"的确是这样，斯蒂芬。"塞内克斯证实道，"小兄弟会，即圣方济各会日益壮

---

[1] 著名的朝圣地，位于意大利中部。

大，发展成一个有影响、有财力的团体。其修士既是宗教裁判所成员，又是传道士，他们煽动民众反抗皇帝的统治，少数门徒仍然本着圣方济各的初衷，坚决反对放宽清规。在圣方济各逝世一百年后，这些属灵派（Spirituals）被视为异端而遭到压制。他们中为首的四个人居然被活活烧死。圣方济各宣传博爱、和平和社会改革，他恪守这些生活信条，遗憾的是他失败了。人人自食其力，生活清贫简朴，待人恭顺谦让——这种他所推崇的理想国破灭了，什么也没留下。"

塞内克斯停了一会儿，好像在期待年轻人的反应，可他什么也没等到，于是只好继续说："但这不是他的过错，人们常常称他为'小穷鬼'，而他却是人类和动物谦恭的朋友，是上帝天真单纯的仆人。他想拥抱贫穷这位高贵的女人，因此还没有一个圣徒能像他那样，在今天依然吸引着成千上万的朝圣者。"

"香港现在还有人热衷于虔诚的圣方济各及其追随者的故事，制作一些与此相关的低劣的艺术作品。"

"这也不能说是圣方济各的过错，斯蒂芬。"贝蕾妮克大声说，"我到过一次阿西西，那种闹哄哄的朝圣场面我也不喜欢，让我根本无法感受到圣方济各所传播的福音。"

战火纷飞的意大利

"这就是我们这个时代的特点。"塞内克斯说，"我本来想说，这种现象是我们这个时代的，而不是他那个时代的特点，但我还是必须纠正我的说法。圣方济各所处的时代充满着动荡和不安。当时的意大利到处战火纷飞，阿西西正在与佩鲁贾（Perugia）交战。谁一旦要离开这个小城，就必须全副武装，做好应战准备。那时的皇帝是腓特烈二世的父亲——亨利四世，他是一个残暴冷酷、偏激专横的人，他与教皇对抗。当时，市民与贵族的矛盾十分尖锐，就连最小的城市都不可避免地会出现内战。你们必须把当时的城市都想象成一个个被团团围住的小岛，城市之间是战争四起的不太平地段，有些城市与城市之间甚至还有野兽出没的原始森林。稍大一些的城市纷纷宣布自己为独立的共和国，以此反对皇帝的统治，寻求教皇的庇护。不应忽视的是，当时许多修道院，特别是天主教本笃会（Benediktiner）修道院却财富剧增，与许多人的贫困生活形成鲜明对比。修士们虽然也会行善，如给饥民施舍食物，给病人治病等，但是教皇及其教会却是前所未有的强大和富有，而一般的贫民百姓却在教会的奢华前，徒劳地追寻基督朴素的人格，企盼它带来福音。无论是教皇的统治还是皇帝的统治，都未实现天主教的理想。上帝的思想究竟体现在哪儿呢？无数的百姓，甚至神职人员都寄希望于对教会进行一次彻底的改革。这时，出现了圣方济各——这个'继耶稣之后的第二大圣人'——人们是这样称呼他的。人们把他看成天主教会最伟大的改革者。他提倡教会应该回到最初的那种简朴和单纯的状态中。但是他对教会一直忠心耿耿,他只是想从内部对教会进行改革。为了能公开宣扬他的这种信仰,他需要得到教会的许可。他不想成为被烧死的异教徒。他前往罗马,请求教皇英诺森三世批准他成立修会。这是一次具有纪念意义的会见。圣方济各看上去很像一个衣衫褴褛的流浪汉,所以教皇一见便问他是否刚刚从猪圈里出来。当圣方济各引用《新约》,条陈教义所提倡的生活规则时,他们两人一下子接近了许多。圣方济各使教皇相信,通过这种提倡清贫生活的新运动,能使教会的地位更加巩固。圣方济各既正统又偏激,这正是教皇所需要的。如果我要给这一时期勾勒出一幅大致的图画,那就得谈上好几个小时,因为这个时代无论是精神上还是宗教上都充满混乱与纷争,到处出现分裂出来的派别,他们都狂热追求着基督的理想。中世纪的人生来就注定要经受苦难。他们缺少我们认为理所当然就应该拥有的一切。他们还要饱受气候给他们带来的摧残——如自然灾害、饥荒和瘟疫。只有极少数人才能过上健康而自由的生活,大部分人面临着许多艰难困苦:辛苦的劳作、无休止的迁移、寒冷、酷热和潮湿,数不尽的苦难!那时的人还远远谈不上能支配自己的生存环境,只要能活下去,就是万幸。好吧,我们先说到这儿吧。我们继续往前走,去阿西西南端。我想让你们去看一个小地方,就是今天的波尔蒂恩古拉(Portiunkula)。"

衣衫褴褛的男人们

塞内克斯骑马在前面带路,他们穿过一片茂密的树林,来到了一片潮湿的草地。这里聚集着许多衣着朴素,甚至可以说是衣衫褴褛的人。一个男人蹲在路边,双手显露出艰难贫穷的生活痕迹。显然,他过着一种与世隔绝的生活,光着脚,穿着一件破旧肮脏的褐色袍子,没有梳洗的长发系着一块头巾。"他们把自己这种极其简朴的生活方式看成向新型人类的迈进。"塞内克斯解释说,"这些人来自四面八方,有的曾经当过兵,有的是市民的儿子,有的是年轻的贵族。他们中也有年轻的手艺人和大学生。这些学生为了追随圣方济各,不惜离开大学。当然,圣方济各当时还未真正成为圣者。这群人中还有那些厌倦了法律条文的律师,他们希望在这里更接近上帝。有关仁慈的新理论,像野火一样迅速蔓延。四面八方的年轻人潮水般涌向这里,成为这里新的成员,慕名而来的人数与日俱增。那时的语言还有着无穷的威力,简单的百姓只能在教堂看到一点图像,思想主要靠语言来传播。"

贝蕾妮克、罗曼和斯蒂芬勒住马,四下环顾。在他们的脚下有沼泽地,有稀疏的草地，丛生着灌木和低矮的树林。一条小溪从山上蜿蜒而下，为人们提供饮用水。这些人走的走、蹲的蹲、躺的躺。身上穿着扎人的粗呢上衣，外面罩着一件褐色的棉布僧袍，腰间系着一根麻绳，脚上穿着木屐，还有穿粗树皮鞋的，但大部分都光着脚。他们生活在城外，住在木头和树枝搭起来的简陋茅屋里，或山坡上挖出的洞穴中。

"他们还不了解什么教规，"塞内克斯小声说，"他们唯一的目的是追随基督的理想，严格按照福音所提倡的那样生活。圣方济各对于他们来说有如父母，甚至连小偷也加入到兄弟会的行列中。他们经常忍饥挨饿，有时甚至会担心饿死。冬天的情况更糟，山上积满白雪，他们经常不得不赤足在结冰的地上走来走去，靠烧木头取暖，仅仅能保证不被冻僵。"

"他们看起来像些没长大的孩子。"斯蒂芬不无同情地说。

"是的，他们认为自己是上帝的孩子，把所有人视同自己的兄弟姐妹。与卡塔尔教派（Katharer）相反——关于卡塔尔教派我们后面还会谈到——圣方济各颂扬自然的美，批评所有蔑视自然的人。"

"我知道，今天人们还把圣方济各称为环境保护者的守护神。"罗曼说。

"那在当时可不容易，因为《圣经》中并没有提出要爱护动物。"

"这也是《圣经》的缺陷或者可以说是它的失职。"

"啊，不对，斯蒂芬，我不同意你这种说法。"塞内克斯反驳道，"我们今天才这么说，以前的人哪里知道要保护环境。"

所有人都沉默不语。

自然为人类创造了所有动物

终于，塞内克斯继续说道："所有宗教都是人类创造的。在每一种信仰中，人类都是中心。"

"但在佛教中却不是这样！"

"东方宗教对动物的爱护只是表面现象，贝蕾妮克。他们保护动物不是为了动物本身，而是他们认为在动物身上附着死人的灵魂。我不认为这意味着对动物真正的爱护。"

"然而，许多动物，尤其是哺乳动物却得到了高度的进化。"贝蕾妮克说，"它们像我们人类一样能感受到痛苦和恐惧，它们也有感情。没有感情，它们根本不可能生存和繁衍。"

"人类一直在捕杀动物，只有当某些动物对他们有用时，才会去爱惜和保护。"

斯蒂芬继续说，"就连耶稣也从未谈到过任何动物，可它们却与我们一起生存在这个世界上。他甚至从来也没提到过那头他骑着去耶路撒冷的驴子。我觉得这很奇怪：一个自诩为上帝儿子的人竟从未教过我们去尊重动物和植物的生命——动物和植物也是他父亲很大的一部分作品啊！"

"但圣方济各这样做了。"塞内克斯反驳道。

"可单凭他一个人也无法弥补这些。"斯蒂芬接着说，"这恰恰证明他是一个极不寻常的人。据我所知，就连在自己的教团中，他也没有找到多少真正的追随者。"

"好吧，斯蒂芬。托马斯·阿奎那不是圣方济各的信徒，而是多明我（Dominikaner）修会的修士，但他与圣方济各几乎是同时代的人。他曾这样说过：'由于自然不会创造没有目的、没有用途的东西，所以有一点是无可辩驳的事实，那就是自然是为了我们人类才创造了所有的动物。'"

"那么，我倒认为，如果一切仅仅以人为中心，人类就不配享有'人'这一称呼，因为他并不具备作为人应该具备的道德。"

"这点值得讨论一下。犹太教和基督教对动物的轻视，实际上体现的是我们人类对动物的轻视。尽管动物常常在传说和宗教中也被奉若神明，但是我们并没有发现，有哪种文化真正把动物作为一个物种给予过应有的尊重——更别说爱护了。人类可以任意摧残动物的生命。到今天，我们仍把动物看作物，而不把它们看作我们的同类——我们必须认识到这是极其错误的。也许当许多动物面临灭绝的危险时，我们才会意识到我们和动物是一体的，我们同属自然的一部分。不改变人类这种伦理和道德观，未来将不复存在。"

"没有伦理和道德也就不会有未来！"斯蒂芬补充说。

中世纪最强大的宗教力量

不远处有一群人围在一个人身边，这人正站在一块石头上布道。塞内克斯和三个年轻人走近人群。这位修士身材瘦小，只有站得高些别人才能看得见他。贝蕾妮克吃惊地说："他个子真矮！"塞内克斯回答说："他还不到一米五。"

他不修边幅，有些邋遢，面部消瘦，一副苦行僧的样子。一看就知道他缺乏营养，高高的颧骨，头发散乱地披下来，长着一圈蓬乱的胡子，眉毛又浓又密，乌黑发亮的双眼一会儿仰视天空，一会儿看着面前的听众。

"穷人是幸福的。"他开始布道，"饱受苦难的人是幸福的，因为他们将在天国得到安慰。受尽屈辱的人将得到耶稣的祝福。爱你们的敌人，并拥抱他们吧！不要反抗加在你们身上的束缚，请别忘记了，天父的仁慈是无边的。"

斯蒂芬小声讽刺说："整个世界历史看起来还真是这么回事。"

"施舍吧，"这位修士继续说道，"数以千次地施舍吧，施舍给穷人。你们身边什么也不用带，不带包，不带钱，也不用穿鞋。谁愿意随我去忍受苦难，就请跟我一起走。"

"我们走吧。"塞内克斯把马牵来对三个年轻人说。

他们快速向前赶了一段路。当他们到了一块没人的地方时，塞内克斯继续讲解道："圣方济各会也许是中世纪最强大的宗教力量。圣方济各肯定是教会中最有牺牲精神和最让人感动的人。作为富商的儿子，在度过了优越而挥霍的青年时代后，他放弃了所有世俗的东西，开始一心寻求内心的宁静，倾听上帝的声音。"

"他的想法像一个孩子。"斯蒂芬说。

"他相信，天堂的大门向那些与上帝讲和的人敞开。"塞内克斯继续说，"他过着赤贫的生活，身边聚集了一批追随者。他们重建教堂。此外，他的德行还感召了妇女。一位叫克娜拉的女子竟要求他批准另外成立一个修会。她也想象圣方济各那样献身给上帝。她年方十六时，就与自己的两个姐妹一道离开富裕的家庭，拒绝嫁给富人，专门为阿西西的贫寒妇女设立了一个修会。她死后两年即被追封为圣人。"

"但是男人们真接受了她吗？"

"克娜拉的追随者要想成为修会的一员肯定不太容易，一定有不少人反对，但是她成功了。圣方济各走遍了整个意大利，甚至还去了东方。但灾难性的少年十字军东征妨碍了他的远行。他试图进入圣地，说服十字军放弃东征。"

"在这一点上，他与其他的圣人可完全不一样！"

"他身患重病，双眼几乎失明，但其门徒人数剧增。人们崇敬他，欢呼他的到来。弥留时，他身上出现了耶稣受难十字架的伤痕。他是第一个身上出现这种印记的基督徒。他写过一篇《太阳颂歌》，尽管当时流行用拉丁文写作，但是这篇却是用意大利文写的。他想将这首颂歌献给所有的人，包括广大的劳苦大众。这首颂歌是意大利宗教诗歌创作的开始，同时它也是所有这类诗歌中最美丽的篇章。在《太阳颂歌》中，他赞美太阳是高贵的姐妹，满怀激情地歌颂他称为兄弟姐妹的月亮、风、水、火和土地。真正感人和不平凡的是，在那个时代他就能表现出对动物强烈的关爱——这一点我们已经谈过了。他这种对动物的爱护体现在许多关于他个人的传说中。他不但拥抱和亲吻麻风病人，而且还能使狂怒的狼平静下来，变得友善。他还与鸟儿对话，并写道：'如果有一天我见到了皇帝，我将请他降旨，禁止人们捕捉和伤害云雀妹妹。'"

"真的，我一想到意大利对鸣禽类动物的捕杀，就觉得他们并没有善待他们圣人的宠物！"

"是的，罗曼，这点真的无法让人原谅。你们知道吗？每年的10月4日，也就是圣方济各的命名日，现在成了世界动物保护日。可是现在我们该离开圣方济各了。他属于十字军东征的年代，这是一个到处兴建骑士城堡和大教堂的时代。在这个杂乱而又黑暗的历史背景中，他对万物的友善和热爱显得尤为突出，所以人心都向着他。"

"虽然对这个人充满敬意，但他所生活的那个时代对于我们来说毕竟已经十分遥远了。我们今天很难理解这种对信仰的狂热和对解脱的渴望。"

"你错了，斯蒂芬。"贝蕾妮克大声说，"即便在今天，你也仍能发现人们为了某种信仰往往不惜做出自我牺牲。"

斯蒂芬想了想，随即赞同道："你说得对，为了能升入天堂，各种教派、狂热的信徒、原教旨主义者和殉道者比比皆是，在基督教中更是不少。即使在今天，也没有什么比信仰更能令人如此轻易受到诱惑了，也许人生来就是信仰的动物，为了信仰会不顾一切，会自我摧残，甚至去杀人。"

贝蕾妮克和罗曼都点头赞同斯蒂芬的观点，随后他们陷入了深思，塞内克斯没有打扰他们。过了不知多久，塞内克斯才又开口道："我们现在还不会离开中世纪。我们应该牢记腓特烈二世和圣方济各这两个性格完全不同的人，没有人像他们那样改变过自己所处的时代。你们同意我的说法吗？"

他们三个人都点了点头。

经院哲学与虔诚的信仰

怎样才能走近上帝呢？

"我先给你们谈谈明谷的圣贝尔纳（Benmand von Clairvanx）和阿伯拉特（Pierre Abélard）。"塞内克斯开始讲述道，"的确，我们又得再往回退一段时间。但是我把他们放在这里讲更为合适，因为他们身上汇集了新旧两种思想。我们知道，人们还从未像在中世纪那样渴望得到救赎。他们想自己去了解和接近上帝，并在寻找上帝的过程中提出一些真正重要的问题。可到底怎样才能走近上帝呢？关于这点存在两种针锋相对的观点：以圣贝尔纳为代表的一派坚持认为，个人与上帝的联系是一种神秘的现象；而以阿伯拉特为首的另一派却认为，应该通过分析上帝的言论，达到接近上帝的目的。学者们纷纷通过思考、讨论和解释寻求真理。圣贝尔纳却相反，他认为只有在自然中而不是在书本里，才能达到走近上帝的目的。上帝所创造的世界本身更能教会人们那些学者们无法了解的事物。"

"这一争论到今天仍未结束。但是尽管如此，我更倾向于阿伯拉特的观点。"

"今天许多人都持这种观点，斯蒂芬。所以我才会专门谈到他。阿伯拉特是他那个时代最著名的老师，他毕生都在寻求真理。最初，他在巴黎建立了一所学校，巴黎那时还是一个小城镇，在塞纳河中央的城岛上——没有巴黎圣母院，也没有卢浮宫等富丽堂皇的建筑。阿伯拉特的学校很快就成为最著名的学校之一，它吸引了来自四面八方的青年学子。阿伯拉特是一位出色的演说家。他才华横溢，充满想象力，当然也很自大。他怪论百出，机智尖刻。他的思想不但令人深思，而且经常引起大家的讨论。人们想探究古希腊的思想家究竟是否能回答关于信仰和基督教的问题。阿伯拉特为中世纪建立了一种新的哲学形式，即从两个对立面思考问题。"

"您是指辩证地思考问题？"

"是的，斯蒂芬，从此，经院派哲学诞生了。它开始在神学院，后来又在大学得到了发展。到了13世纪，托马斯·阿奎那和阿尔伯特·马格努斯使它达到了顶峰。"

"人们不会因此而忘记古希腊哲学家吧？"

"当然不会，罗曼。你们对此将会有更多的了解，我们后面谈到阿奎那的时候还会谈到这点。阿伯拉特主要受亚里士多德哲学思想的启发。当时出现过许许多多有关古希腊罗马、阿拉伯甚至犹太思想家著作的翻译本。这些书对中世纪的哲学思想产生了影响。渐渐地，亚里士多德的学说越来越被持经院派哲学家所了解。阿伯拉特绝不可能相信某种自己不理解的事物。"

"我也是这样。"斯蒂芬小声说。

"阿伯拉特想在寻求真理的过程中认识真理。如果有些思想他无法理解，那么书里说的那些话对他来说是毫无意义的。在他看来，不加理解就相信某种事物的人是盲目的，而那些毫无顾忌地误导别人的人更应该受到谴责。他认为怀疑和探讨能使人获得知识，并提出切实的问题。他还援引了最敏锐的哲学家亚里士多德的语录，由此打破了宗教对哲学的禁锢。他使思想变得更加符合逻辑并使之与阿拉伯人和希腊人的思想融合在一起。从这个意义上说，他超越了自己所处的时代。"

信仰是体验上帝的存在

"贝尔纳的观点呢？"

"贝尔纳则认为，必须先有信仰，有了信仰自然就能理解信仰。对于他来说，信仰就是直接体验上帝的存在。他说自己曾有过这种直接的体验，什么也不能动摇他的信仰。他鄙视那些声称什么都不能被知解并对一切都抱怀疑态度的学者。他信仰坚定，这种坚定不被任何东西所动摇。"

"不管怎么说，这点倒是让人羡慕。"罗曼说。

"由于贝尔纳的努力，西妥（Zisterzienser）修会得到了新的发展。西妥修会这个名字是从西泰奥克斯（Citeaux）修道院的名字引申出来的。由于教团的教规过分严厉，因此面临解散的危险。西妥教团规定修士们必须严守赤贫的生活，戒除所有肉体的享受；不许接受教育，也不许接触科学知识和诗歌艺术；禁止一切奢侈的生活，必须在花园里和修道院里从事繁重的体力劳动。这些严厉的教规吓跑了许多年轻人。贝尔纳是一个骑士的儿子，但他抛弃富足舒适的生活，到西泰奥克斯修道院修行。他不但成功地争取到了29个见习修士，而且还把他的兄弟、叔叔和几个朋友带进了修道院，并让他的母亲和姐妹也做了修女。"

"他肯定极具说服人的天才。"罗曼说。

"是的，他完全沉浸于自己的神圣使命中。他在一片森林里建了一个修道院——'克拉拉之谷'，其意是'光明之谷'，后来被称为明谷修道院，他是这个修道院的院长。"

"所以后来人们便称他为明谷的圣贝尔纳。"

"是的，贝蕾妮克。他不断传道，到处指责不守教规的修士，谴责异端分子，努力说服别人进修道院修行。他对教会僧侣制度产生了很大的影响。他还敦促当时最有影响力的政治家——圣·丹尼斯（saint-Detnis）修道院的院长苏格尔（Suger）对修道院进行改革。贝尔纳的传道深深吸引了信徒们。他对当时的教会和国家政策所产生的影响，像宗教会议、大主教、教皇和皇帝的影响一样深远。他多次离开自己那简陋的修室，去完成自己的政治使命。他巨大的人格力量让人几乎无法想象。人们亲吻他的脚，从他的僧袍上撕下布块，并把这些碎片当圣物保存起来。病人从他那里祈求健康，农民从他那里祈求丰收——到他死的时候，西妥教团的修会大约多达300个。"

"这样我就很容易想到，如果不能理解他，在当时会有多么危险，要是与他为敌，那情形就更糟了。"斯蒂芬说。

"当时贝尔纳和阿伯拉特两人之间有过面对面的争论吗？"贝蕾妮克问。

"可以说又有又没有。据说两人之间有个一次争论，发生在1140年在桑斯（Sens）举行的宗教大会上。当时国王也参加了大会，许多大主教和教会其他身居要职的人物也出席了会议。但是在展开辩论的头天晚上，贝尔纳便在与会者中煽动起反阿伯拉特的情绪，使他第二天就只有被宣判的份儿了。阿伯拉特提前离开了会场，因为这个会议只不过想迫使他面对一次宗教审判，而不是一次真正的辩论会。他表示自己只直接向教皇申明案情。贝尔纳却抢先采取了行动。最后，阿伯拉特被逐出教会——在中世纪，这是一个信徒所能碰到的最糟糕的事情。阿伯拉特的世界观具有强烈的宗教色彩。在他看来，被逐出教会就意味着死后必须下地狱，失去了享受极乐的机会和见到上帝的真福——而这是他毕生最大的心愿。他的手稿在罗马被焚毁。和苏格拉底当年一样，阿伯拉特被指控引诱青年堕落，而青年正是贝尔纳和他的修道院要争夺的对象。像许多面临这种艰难处境的人一样——如后世伟大的伽利略——阿伯拉特终于屈服了。他宣布自己不再想做一个哲学家，因为如果做一个哲学家，就意味着与圣徒保罗不和；他不愿再做一个亚里士多德那样的哲人，如果这样做，他就会被耶稣基督抛弃。后来作为克吕尼修会大主持的客人，他在那里度过了最后的几年。临终前，教会终于又接受了他。"

中世纪的情侣

"我得承认，在此之前，我对阿伯拉特的唯一了解就是他与埃罗伊兹（Hélose）著名的爱情故事。"罗曼说，"埃罗伊兹是阿伯拉特的学生，一个很有才智的姑娘，他狂热地爱着她，按当时的说法——他还与她干着淫荡的勾当。他后来娶了她，但只是秘密地结了婚。因为他不想让他们的关系影响他作为神学权威的名声，所以他把自己年轻的妻子安置在一个修道院。埃罗伊兹的亲人荒唐地认为阿伯拉特这样做等于承认了自己的不忠，他们对他进行了残忍的报复——把他给阉割了。"

"这是中世纪的血亲复仇——像通常的血亲复仇一样，非常残忍和愚昧。"斯蒂芬小声说。

塞内克斯重又提起罗曼刚才的话题："埃罗伊兹呆在修道院，她接受过在那个时代看来不同寻常的教育。在极个别的情况下，妇女也有可能完善自己的个性。当时的诗人们已开始不再像以前那样把女人当作贞洁、温顺的象征来描述。在《特利斯坦和伊索尔德》（Tristan und Lsolde）之类的作品中甚至赞扬通奸，这打动了人们的心，尤其是女人们的心。埃罗伊兹非常具有自由的精神，她竟宣称道德与肉体无关，而是与灵魂有关。如果我们从她写的那些信判断——这些信许多大概都经过阿伯拉特的加工——可以说她是那个时代最有进步思想的人之一。然而现在人们再想起她时，只是把她看成阿伯拉特的情人。我们人类就是这样盲目和怀有无法改变的偏见，就是对阿伯拉特本人也不例外。虽然他本来是现代神学的创立者，但是人们称颂他并不是因为这点，他留在人们记忆中的形象更多的是一个被残忍地阉割了的情人。"

"阿伯拉特和埃罗伊兹后来没再团圆过吗？"

"没有，贝蕾妮克。但作为某种补偿，为了表达对他们的崇敬，后来人们把他们一起安葬在巴黎的佩雷—拉夏瑟（Père Lachaise）公墓。"

"看来，您并不完全认为妇女能独立生活，因为您刚才还说，埃罗伊兹的书信有可能出自阿伯拉特之手。"

"我想给你举个相反的例子，贝蕾妮克。"

文学与音乐

没有思想深度的美文

塞内克斯接着讲道:"我要举的例子是克里斯蒂娜·德·皮赞(Christine de Pizan)。她于 1365 年出生在意大利,后来进出于法国国王查理五世的宫廷。35 岁时便失去丈夫,一直与母亲和孩子相依为命。她大概是西方第一位仅靠写作养活全家的妇女——这点很像一个职业作家。她说刚开始时自己写的是一些'没太多思想深度的美文',后来一心钻研写作,其风格也随之越来越优美,内容也越来越有分量。她共写过 15 部内容丰富的书,整理成整整 50 大本。"

"但是她怎么出售自己的书呢?那时可还没有印刷工人,也没有出版商。"

"是的,贝蕾妮克。她只有一个途径,那就是把书寄给那些身居高位的人和富人,并从他们那里得到相应的经济援助,这些人中有法国王后伊莎贝尔。在这 15 部著作中,有一部叫《女性城市的书》。她在书中塑造了三个富有寓意的女性形象:正义夫人、公平夫人和理性夫人……"

"理性夫人?在那个时代她能这么写?"

"还不只这些呢,斯蒂芬。当时她还竭力反对男人们的看法……"

"那她也反对教会的说法吗?"

"是的,她反对所谓女人的智力不如男人的论调,认为如果女子能够进学堂,而且能进大学学习,那么她们会学得和男子一样好,她们也同样能理解和掌握艺术和科学的精髓。"

"那么说她是妇女运动的先驱了!"

"从某种意义上说是的,贝蕾妮克。她不仅是作家,而且用我们今天的话来说,她还是社会学家、教育家、幻想家、记者、管理者和历史学家。此外,她还是一位称职的母亲和家庭主妇。"

德语文学中伟大的诗人

"我们讲的话题有些超前了,"塞内克斯继续说,"我们本来还应该停留在阿西西的圣方济各那个时期。在我们继续赶路之前,我想讲讲瓦尔特·冯·弗格尔瓦德,在前面我曾提到过他。"

"他对人类的发展做过什么突出贡献吗?"

"他可是德语文学史上第一位重要的骑士抒情诗人,斯蒂芬!"罗曼随即背了一段他的诗:

在郊野里的,
菩提树下,
那是我们俩人的卧床。
你还可以看到,
我们采折了,
许多花草铺在那处地方。
在森林边的山谷里,
汤达拉达伊!
夜莺的歌声多么甜蜜。

贝蕾妮克微笑着对他说:"这诗让我想起萨福和她的情诗。前天我们还在列斯波斯岛,而现在1500百年过去了,可人是多么的相像啊。"

"从爱情本身来说,人是相似的,贝蕾妮克,但是在怎样享受爱情这方面却有着很大的区别。直到今天,教会仍把婚外性关系看成一种罪恶,它使人产生一种无法摆脱的犯罪感。"

"你说得对,斯蒂芬。"

"瓦尔特·冯·弗格尔瓦德的这首诗,写的是一对相爱的人在野外欢度良宵,他们不会是一对夫妻。这诗在当时肯定被认为有伤风化吧。"

"是的,贝蕾妮克,但同时也被视为具有革命意义。瓦尔特·冯·弗格尔瓦德的作品开创了德国抒情诗的新局面。尽管他经常在外漫游,你们可别把他想象成一个骑士或英雄。在路上他常常面临各种危险,因为他外出时主要靠步行,有时也骑马——不过常常是些可怜的老马而已。他不断寻求王公贵族的帮助,希望得到他们经济上的支持,为此他常写赞美诗歌颂他们,而通常他能得到一件旧大衣就很幸运了。当他没有受到很好的接待,或别人不给他提供较好的膳食时,他就会大加指责。直到晚年,他才从腓特烈二世那里得到一块位于维尔茨堡的封地。他不像别的诗人那样总是歌吟古老的英雄传说和骑士童话,而是以现实生活为主题,关注人类的灵魂和世界的变化。由于风格轻松流畅,所歌吟的又都是自己的所见所感,所以他的诗在内容和形式上都突破了宫廷骑士爱情诗的框框,改变了深受普罗旺斯行吟诗人影响的传统宫廷抒情诗格局。"

"他也是德语文学中第一位政治诗人。"

"是的，罗曼。也许我们还应该谈谈这个时期的宫廷抒情诗和音乐。当时，有许多到处漫游流浪的诗人和唱诗人。他们的诗歌开始并没有用文字书面固定下来，而是口头传唱。直到这个时代过去后，人们才将这些口头传唱的诗歌记录下来。"

"但在十字军东征时代就已经有宫廷抒情诗人了。"

"你说得对，罗曼。当时流行的这种歌唱形式肯定也像今天的民歌和摇滚乐一样生动。可惜的是我们对它们的了解已经不多了，只能努力发掘和复制。宫廷抒情诗表现出一种新的气氛、新的感情，形成了一种自己的文化。诗人在创作中美化女性——当然只有在诗里，女性才能享受到某种爱慕和崇拜。人们美化爱情，并提出'骑士爱情'这一概念，是为了有意对抗教会的观点。"

"这么说爱情也只是一种诗意的美化？"

"当然，贝蕾妮克。人们充分享受性爱带来的美妙，只不过当时的风俗禁止人们自由地谈论爱情。教会之所以如此强烈地反对不道德的生活，是因为它想压制人们强烈的感官享受的欲望。我们还是继续赶路吧。我们先向北走，然后再向西，穿过法国，去卢瓦尔河那边。现在你们已经对进化公园的安排有所了解，所以即使去卢瓦尔河的路途那么遥远，我们也不需要太多的时间。"

男孩们照着乐谱唱歌

塞内克斯骑着马继续往前走着，三个年轻人紧随其后。

"瓦尔特·冯·弗格尔瓦德生活的那个时期有许多人爱唱歌吗？"罗曼问。

"是的，到处是吟游诗人和歌手。人们在做礼拜时唱歌，在庆典中演奏音乐，常用的乐器有：古琴、琉特[1]、管风琴、竖琴、长笛、喇叭和各种各样的打击乐器。当然，这些乐器不能与我们今天的相提并论，它们还相当原始。当时许多教堂已有了管风琴，在大型宗教仪式中常用管风琴演奏。这种琴最多的有十到十二声管。人们已能用多声部和复调唱歌并演奏了，这是中世纪对音乐发展做出的重要贡献。"

"乐曲和歌词是怎样流传的呢？"

"罗曼，你能问到这点太好了。"塞内克斯在马上往前靠了靠，"要传唱乐曲和歌词的确有很大的困难。首先，要给唱本提供各种能表示升调和降调的音符——一种上扬或下降的标志。类似的方法古埃及人就已经掌握了。到了中世纪，人们用字母

---

[1] 一种形似琵琶的拨弦乐器。

对这种音符做了补充，并开始给这些音符加上节奏，然后将其进行分组，把它们分成一至三个辅助音线。现在，请你们看看东边，渡河（Po）[1]。从那里汇入地中海和它的泻湖。不，罗曼，别朝那边走，我们现在不去威尼斯，以后再去。你们看，那片沼泽地上有一线光，那里是波莫波撒的圣玛利亚本笃会修道院，那是我们的下一个目标——不过我们只在那里做短暂的停留。而且，我们还得倒退回去一段时间，回到 11 世纪初，圣方济各出生前 200 年。"

塞内克斯策马沿着一条羊肠小道朝右走去，穿过蚊虫肆虐的泥泞草地。很快他们眼前孤寂的旷野中出现了几座建筑，一座有着四边形钟楼的修道院，周围是一些灰色石头砌的低矮建筑物。他们翻身下马，并把马拴在墙边，然后穿过修道院的柱廊，从礼拜堂里传来男童的唱歌声。教堂里面光线昏暗，从窗口射进的光线很弱，几根蜡烛在闪着微光。他们站在门边，当他们习惯了里面的昏暗光线时，看见圣坛旁边站着一群身穿黑色裙式长袍的男孩，在一个身穿黑色僧袍的本笃会修士的指挥下唱着一首赞美歌，声音清脆而又圆润。

四人凝神听了一会儿，随后，塞内克斯说："我想请你们注意一个现象，你们好好看看那边，那些唱歌的孩子有什么特别的地方吗？"

"我什么也没有看出来。"罗曼回答说。

"你们什么也没看出来，是因为这个现象在你们看来太理所当然了。但是在那个时代却是件新鲜事物：男孩们手里拿着歌谱，他们照着乐谱唱歌。当然啦，他们还不可能拥有我们现在使用的完整乐谱，不过他们已经开始运用记谱法了。这位修士叫阿雷佐的基多（Guido von Arezzo），992 年出生于阿雷佐。是他想到用彩色的平行线来记录乐谱，开始是用四条线，每条线间隔三度。""这样人们就能记录曲调了？"

"是的，贝蕾妮克，尽管还不十分准确，而且也没有节奏的划分。"

这时，只听见唱诗班的指挥很不耐烦地拍了拍手。合唱团马上停了下来。这位修士走到一个小伙子身边大声训斥道："你难道没看见吗？贝波纳，这里是'嗦'音。你可是会唱音阶的，你把音阶从头给我唱一遍。"

小伙子连忙顺从地结结巴巴唱道："哆——来——咪——嗦……"

"不对，再重唱一遍！"

"哆——来——咪……"小伙子唱到这里便顿住了。

一个同伴走到他身边教他接着往下唱："发——嗦——啦……"

"好吧，如果歌谱上写的是'嗦'你就唱'嗦'。"

然后他们又唱了起来。

"阿雷佐的基多首次采用了赞美诗《施洗的约翰》的每一个半行的第一个音节，

---

[1] 位于意大利。

作为现在一个音阶中前六个音名的奇怪称呼。"

"您知道阶名唱法吗？我们大家都学过哆—来—咪—发—嗦—拉—唏，但是我们也想知道这些音名到底是从哪里引用来的。"

"我当然知道，罗曼。"说罢，塞内克斯把原文背了一遍：

"<u>U</u>t queant laxis <u>re</u>sonare floris
<u>Mi</u>ra gestorum <u>fa</u>muli tuorum
<u>So</u>lve Polluti <u>la</u>bii reatum[1]

这里，我们大概用不着把内容翻译出来了。因为这段诗的内容并不重要。此外这里 Ut 这个音发 'do'。如你们所知，这种音符的命名一直沿用到今天。但是更为重要的是四根音线，后来还出现了第五根——五线谱出现了。这种新的线谱体系连同'哆、来、咪、发、嗦'这几个音符使得唱诗班的男童能在较短的时间内学会一种曲调，而在没有线谱之前他们要花上几个星期才能学会。"

"这真是一个伟大的进步。"罗曼说。

"所以今天在阿雷佐的广场上树立着基多的纪念碑正是为了纪念他的发明。他赢得了'音乐发明者'的称号。有了他的发明，人们就不必再去背诵全部祷告文，作曲、曲目的流传和保存也更为简单便捷了。从这时开始，音乐便像文字一样可读可写，作曲家也由此摆脱了传统的束缚，走上了一条新的发展道路。他们在乐曲创作中能运用两个或多个声部以及不同的旋律。"

"可以说这几乎有着和文字发明一样重要的意义。"罗曼说，"我真想在这儿多待一会儿，听听这里的音乐。"

"可惜我们得走啦。把这美妙的画面和音乐留在你们的脑海中吧。除了画面和思想的记忆，我们的心里还应该给美妙的音乐留下一席之地。"

他们在一片悠扬的圣歌声中离开了教堂。

在往回走的路上，塞内克斯说："你们注意到那些飞来飞去的蚊虫了吗？波莫渡撒（Pomposa）修道院很快被弃置了，因为这些蚊虫使得疟疾流行。当时，人们不知道蚊虫可以传播疾病，也不知道该采取什么措施。这个问题留待我们这个时代的人来解决。"

---

[1] 以上引文为拉丁文，Ut即在西方音阶唱法中的第一个音名。

技术与教堂

早期资本主义的一种形式

一路上，景色在飞快变化着。山丘、树林和庄稼从他们面前匆匆掠过，不时还能看见远处的城墙或城堡。他们来到了一个风景优美的地方，与他们刚刚离开的意大利相比，这里的景色要柔美得多。一切显得温和而宁静，用"恬静"来形容一点也不过分。

"这就是甜美的法国。"塞内克斯用一种歌颂的口吻介绍道，"我们刚才不仅走过了勃艮第省，而且还跨过了300年的时间。现在我们进入了13世纪，13世纪仍属于中世纪这一历史时期。"

对面的一座山上有不少风车，风车上那四块宽大的叶片在不停地转动。紧挨在山脚下有一条不太宽的河流，河水奔流不息，水中有无数的漩涡。河边磨坊的水轮在快速转动着，它的直径足足有三个人的身高加起来那么长。

"水磨和风车在竞争，"塞内克斯解释说，"不过这里的水磨和风车都属于同一个地主。结果证明水磨比风车更为可靠，因为它不受气候变化的影响。"

河上架着一拱石桥，一个农夫正赶着一头驮着粮食的驴子从桥上走过。

"可以说，这就是机械化的开始。"

"这种磨坊不是早就有了吗？"

"是的，早在古希腊就有。罗马的一位名叫维特鲁维斯的工匠曾对水力发动的水磨机技术做过详尽的描述：水磨机由叶轮、齿轮和轴组成。但是这一伟大的发明到了13世纪才被广泛运用。风车和水磨的使用终于把人们从单调而繁重的劳动中解放出来——这种劳动当时主要由奴隶、妇女和动物承担。"

"也许每种机械化的产生，都是由于人们觉得某种劳动太繁重了。"

"你说得对，斯蒂芬。同时也由于缺少劳动力，初期的农业生产就是这种情况。当时，人们必须天天用手去搓碎所需的谷物。当人们发明了轴后才开始磨粮食，研磨机靠动物或人拉动。现在又出现了水磨机。人们学会了把水力作为驱动力来使用，这是技术发展的一个新阶段，它极大地减轻了劳动强度。磨坊的伙计只需把粮食从袋中取出来倒进安在上面的漏斗里。"

"如果早就有了磨坊，您为什么现在才安排我们看呢？"

"这有两个原因,贝蕾妮克。第一个原因是:磨坊是中世纪面貌的标志之一,它像地里冒出的蘑菇一样到处都是,曾经有人计算过,大概平均每 250 人就至少拥有一座磨坊,甚至还有人推测每 400 人就拥有 10 座磨坊。"

"那磨坊工人一定很富有了啦?"

"不是,罗曼。富有的只是那些磨坊主,他们把磨坊当作增加财富和压迫别人的工具。所有人都依赖磨坊,那些靠给别人的农庄干活而自己没有一寸土地的农奴是这样,那些拥有少量土地的佃农也是如此。他们都不得不到自己主人的磨坊去磨粮食,而且支付费用的多少由磨坊主决定。磨坊象征着贵族对土地和农民的统治权,就像城堡象征着他们的财富和统治一样。"

"这是早期资本主义的一种形式。"

"至少是一种从属和被奴役的形式,斯蒂芬。不过,我们又该往前走啦。"

上帝,我想离你更近

塞内克斯好像不知疲倦似的,他又策马向前跑去。周围的景色变得渐渐明亮起来,土地更加肥沃,葡萄园也越来越多。

塞内克斯高声喊道:"你们先停下看一眼,你们将看到哥特式建筑的杰作——沙特尔大教堂(Kathedrale von Chartres)!"

柏杨树和柳树在风中发出沙沙的响声,农夫在田间劳作。他们正挥舞着镰刀在收割干草。远处的背景中,一座教堂在西沉的夕阳中显现出来,教堂有两座高耸入云的塔楼,它被一道环形的城墙团团围住,但从城墙外可以看见教堂那不规则的锯齿形三角墙。教堂宛如一块陡峭的岩石,整个城市都挤在它周围。

"我们越靠近就会越觉得惊奇。"

他们穿过城门,通过一条狭窄的小巷来到了一个小山包上,教堂就耸立在这里。他们停住脚,眼前的大教堂插入云端,屋顶上有许多圣人的塑像,在夕阳下栩栩如生。

"这体现了人类靠近上帝的渴望,这种强烈的渴望激励着他们建造如此宏伟的教堂。他们向往天堂,所以把教堂建得又高又尖。"

"但是屋顶下的滴水嘴却像从墙里伸出的魔鬼脑袋,多么丰富的想象力啊!"

罗曼一边仰视教堂,一边不停地念叨着:"上面有狼、猪、蟾蜍、蝙蝠……"

"你看得很清楚,罗曼。这些动物来自异教徒的驱魔法。但这无损于人们对上帝的虔诚。要在信仰和迷信之间划清界限本来就非常困难,甚至可以说是不可能的——至少我们今天不准备做这种尝试。中世纪的人缺少对事物的批评能力,能对事物持怀疑态度的人十分罕见——或者可以说几乎找不到。对一切认为可信的东西,他们都信以为真，尤其是那些符合自己愿望的说法，或者是那些与自己的恐惧相近似的事物，否则就无法理解他们为什么会那么相信巫术。迷信往往与基督教所给人们的希望交织在一起。当时，人们生活在对鬼神和恶魔的恐惧中，认为所有恶的东西都来自一种神秘的力量。人们相信星星——土星和火星能影响人和生活，占星术不但很活跃，而且到处盛行。经常出现各种各样的预言，关于奇迹的诞生和怪胎出世的流言也会迅速传开，人们惊恐地把这些传言当成真事。后来，历史学家之所以把中世纪称为黑暗的中世纪，其主要原因在于早期基督教的信仰混乱。基督教当时充满着对犹太人、罪恶、死亡、魔鬼和地狱的恐惧。"

"今天的基督教又有什么不一样呢？在我们大多数人身上中世纪的痕迹还没有完全退去。"

塞内克斯若有所思地摇了摇头："我不知道该怎么说，斯蒂芬。"他回答说，"不管怎么说——人们在那些拥挤而黑暗的房屋中，在壁龛和柜子里供奉着地精、小精灵、女精灵和家神，以此求得它们的保佑。没有任何一种活动没有恶魔插手。人们祈求土地之神带来丰收。最具魔幻色彩的是每年6月23日至24日施洗约翰节的前夕。不过，迷信和与之相伴相随的巫术一直到后来——也就是到16、17世纪才达到了骇人听闻的程度。直到启蒙运动的兴起，这种最可怕的疯狂才渐渐有所减弱。"

说着，塞内克斯抬头看了看屋顶的滴水嘴，说道："你们现在还是再领略一下这座教堂的风采吧。我刚才只不过是想给你们解释一下上面那些野兽雕塑的意义。"

高高的玻璃窗之间几乎看不见墙

"这里太令我感动了。"贝蕾妮克兴奋地说，"我从来不知道教堂可以装饰得这么五彩缤纷！"

金色、白色，特别是蓝色、黄色和红色使教堂的外墙、尖顶和各种塑像闪闪发光。大教堂呈现出一派欣欣向荣的景象。

"为了遮住石头给人的生硬感，给它们披上遮羞的外衣，颜色是最好的工具，贝蕾妮克。"

教堂的周围有许多房屋、客栈、木结构的建筑物和建筑工棚。他们找到一垛围墙，把马拴在那里，然后沿着台阶走上去，从大门进入教堂。无数点燃的蜡烛将里面照得亮堂堂的，烛光一直映照到高高的玻璃窗上，玻璃窗之间的墙几乎看不出来。

他们停下来，前面正在做弥撒。修士们刚刚唱完最后的圣歌，歌声还在教堂回荡。唱完歌后，修士们聚到一起，前来做弥撒的信徒则分坐中殿两侧和横殿。他们虔诚的歌声一直飘向教堂的尖顶。这里一共大约有30名修士，他们都身穿白色的修服，外披一件黑色长袍。刚刚唱完歌，神父便开始给所有信徒赐福。人们在胸前划着十字。修士们戴上长袍上的风帽，从教堂中央的通道走出教堂。

"你们要知道，大教堂不仅仅是人们祈祷的地方！人们来这里不但为了朝圣，而且也为倾听教诲。教士们慷慨激昂地呼吁骑士们去参加十字军东征。同时，大教堂还给最隆重的庆典提供活动场所，这里挂满精心编织的壁毡，弥漫着袅袅的香火味。此外，中世纪的大教堂还是人们聚会的场所：人们来这里闲聊；年轻人在这里玩耍，彼此献殷勤；这里可以避雨；商贩们纷纷在旁边搭建摊位，以便人们能从这里买到酒和其他生活用品。"

人必须通过感官才能产生对上帝的直接认识

他们的目光穿过密密的柱子朝上面看去。贝蕾妮克下意识地抓住了罗曼的手，斯蒂芬的心一下子就凉了，他感到一种说不出的孤独。

"这么薄的墙居然能撑住屋顶。"

"屋顶主要靠教堂的这些柱子支撑着，贝蕾妮克。"塞内克斯解释说，"这些柱子看上去有些弯曲，其实它们一直伸向顶端，镶进屋顶。这一建筑的奥秘在于支撑屋顶的墙面靠大大小小的玻璃窗弥补不足，这种方法真是点石成金。这座大教堂的建造者之一、修道院院长苏格尔是一位政治家和历史学家。他曾经指出，从对教民施以影响和教诲的角度来说，玻璃上的绘画比壁画更为理想，因为玻璃上的绘画对人的感官起着更为强烈的作用，但在此之前，那些没有太多光泽的壁画远没玻璃绘画那么生动。人必须通过感官才能产生对上帝的直接认识。请别忘了，当时只有极少的一部分人有读书写字的能力。色彩和玻璃的透明度，使这些画更加容易唤起人们对上帝的直接认识。它们对于教堂来说，比树木对于森林和星辰对于天空的意义还要大，它开辟了一条通向上帝的新道路。"

"我想，如果我们不设身处地地体会这一时期的信仰，我们将无法理解中世纪的一切。"

"的确是这样，罗曼。"塞内克斯继续说，"这种教堂不属于我们现在这个世界。对于中世纪的朝圣者来说，这些教堂真的让他们看到了天堂的景象。他们跋山涉水前来朝圣，仅仅是为了有幸看一眼他们期望有朝一日能进入的天国。"

"我认为，对于朝圣者来说教堂以及它的玻璃窗、绘画、雕塑……"贝蕾妮克开口说道。

"比神学家的那些咬文嚼字更好理解。"罗曼接过话说。

尽管从窗外射进的光线不太强烈，但是教堂里的色彩仍然清晰可见。一些蓝宝石和红宝石匀称地镶嵌在石板铺成的地面上。蓝色的穹顶仿佛群星在闪烁，红色的柱子，金色的穹顶，石灰浆的色彩甚至与玻璃和镜子搀在一起，发出一种不真实的光。他们沿着教堂中间的通道向圣坛走去。

"沙特尔大教堂是什么时候建造的？"

"12 至 13 世纪，贝蕾妮克。"塞内克斯回答说，"当时，为了建造各地的大教堂，仅在法国从采石场采来的石头就比古埃及建造神庙和金字塔用的石头还多，总共建了 80 座大教堂和 500 座修道院。建设的繁荣兴旺带动了技术的巨大进步，因此，人们也把这一时期称为 13 世纪的工业革命时期。"

塞内克斯给三个年轻人留出一些时间去感受沙特尔教堂的辉煌，过了好一会儿，他才继续说道："请你们转身对着西边，顺着这条长长的甬道去看教堂的大门和大门上端，你们就会发现唱诗班席位旁的玻璃墙渐渐变暗，一朵巨大的玫瑰在闪闪发光。"

这朵大玫瑰几乎占满了大门顶上的那面墙，它放出蓝色的光芒，玻璃上那柳叶形的边框和充满艺术魅力的装饰，使它看上去像一朵叶脉清晰的正在盛开的玫瑰。

"这朵玫瑰是贞洁的象征，也是圣母的象征，但同时也是法轮、宇宙以及光明的象征。"塞内克斯轻声解释道。

尽管教堂里面人头攒动，但是仍能感到教堂的肃穆与宁静。因为在这巨大的空间中，声音被宁静笼罩了。

"我这小小的生命是多么的微不足道！"贝蕾妮克充满敬畏地想。

圣母玛利亚的袍裙

"我还想给你们讲讲哥特式建筑。"塞内克斯又开始讲道，"在此之前，人类从未像现在这样把自己的信仰热情与设计上的大胆创新结合在一起，所有建筑必需的东西都变成了艺术。沙特尔大教堂除了我刚才所讲过的功能外，它还具有非常特殊的意义——它是圣母玛利亚在凡间的居住地。这里供奉着最著名的遗物——玛利亚在圣母领报节穿的袍裙。据说这件袍裙很早就显灵了，但直到 12 世纪对圣母玛利亚的膜拜才在教民中流行。沙特尔大教堂的富丽堂皇肯定对此起了非常重要的作用。它的建造历史就颇具传奇色彩。沙特尔教堂曾一度被焚，当地教民十分担心这件珍贵的袍裙难逃劫难。后来，人们在教堂地下室找到它时仍然完好无损。这样就需要为这件袍裙和圣母重新建造一座新的、更加宏伟的教堂——它应该成为整个基督教最美丽的建筑。在长达 25 年的建设过程中，人们从法国的四面八方潮水般涌向这里。有时，整个村子的人都会主动为工匠们提供食品。盖塔顶的时候，信徒们将满车的石块和沙子推上去，纷纷参加和砂浆、提水，就连贵族和贵族夫人们也前去效力。"

"这让我想起埃及建金字塔时万众一心的场面。"

"建设金字塔只有男人参加,贝蕾妮克,而且大部分是被迫去的。而沙特尔教堂的建设却调动了全民的积极性,无论男人还是女人,他们都自愿前去为它添砖加瓦。"

"尽管有这么多人志愿帮忙,沙特尔教堂的建设肯定也耗费了巨额资金。这些钱是从哪儿来的呢?"

"这些钱主要由主教管区提供,斯蒂芬。"塞内克斯回答说,"此外,国王、贵族、各个教团、行会、教区和个人都必须捐献。各教区还定期举行募捐比赛,天主教给所有捐献者赦罪。人们抬着圣人的遗物游行,号召大家慷慨捐献。偶尔出现的捐赠壮举更能激起大家的慷慨之心。此外,教民本来也十分乐意为建教堂捐献钱物,因为他们能由此获得一个做礼拜的精神家园,一个聚会的场所,一个教育他们孩子的学校,一座艺术和手工艺荟萃的宫殿,一本石头堆砌成的《圣经》,有了这部'《圣经》',他们就能从那些雕塑和绘画中解读自己的信仰历史。我们又一次看到,如果为一种伟大的思想所鼓舞,人类会创造出多么巨大的成就。当时,欧洲的人口还不到现在的五分之一,可是人们却能建造这么多如此宏伟的教堂,而在今天,即使为了某种最隆重的庆典,也几乎不可能创造出这种人间奇迹,其奥秘就在于人们是否拥有绝对的、毫不动摇的信仰。今天的人们没有继承这种为了信仰可以不顾一切的精神,而在当时,人们无论多么贫穷,都会为教堂捐献自己的所有。我前面曾提到过的那位修道院院长苏格尔曾不无自豪地说,当时教堂里挤满前来朝拜的信徒,妇女为了能靠近祭坛甚至不得不从男人的头顶上爬过去。尽管这样说也许有些太夸张了——但是在宗教节日或朝圣的日子,教堂里肯定是人山人海。"

斯蒂芬、贝蕾妮克和罗曼一边听,一边感受着这巨大的空间,并试图想象建设这座大教堂的情形:吊车、围墙、人们在斜搭着伸向教堂钟楼的木板上干活、脚手架、意外伤亡——等等这杂乱无章的一切,终于汇成了这座宏伟的建筑及其美轮美奂的形式。

信奉基督教的中世纪回想起古希腊的哲学

塞内克斯打破了沉默。他说:"我们再去教堂的大门前看看。在我们离开沙特尔教堂前,我还想让你们看一件东西。"

他们从高高的拱门下走出教堂。外面的日光十分强烈,他们忍不住眯起了眼睛。塞内克斯指着教堂右侧拱门上的几个雕塑对他们说:"你们会发现有一点很特别:这上面雕刻的不是天使,不是神明,不是皇帝,而是古希腊的哲学家。这位表情严肃的是亚里士多德,这边是毕达哥拉斯和手摇铃铛的音乐女神——你们大概还记得,毕达哥拉斯发现了音乐的音程与数学定理的关系。音乐在那个时代对人们所具有的意义也许比我们今天的还大，因为音乐每个人都能接受，连文盲也不例外。请你们仔细看看那些乐器，每件都刻得栩栩如生，人们可以毫不费力地照着样子仿造。但这不是我本来要讲的内容。我想指出的一点是：在人类文化发展的历史过程中，许多事物有着紧密的内在联系，一种文化是建立在另一种文化的基础之上的。令人吃惊的是，信奉基督教的中世纪居然想起了古希腊哲学，并把它们直接介绍到大众面前，而不是仅仅在书斋学习和研究。12 世纪，沙特尔建立了欧洲最著名的学府之一，在这所学校里哲学和文学是紧密联系在一起的。柏拉图曾经试图使哲学变得通俗易懂，所以他在这里受到特别的推崇。我跟你们说过，中世纪翻译了许多阿拉伯和古希腊的书。是的，我们甚至可以说是掀起了一股翻译的浪潮。这股浪潮一直从 12 世纪持续到 13 世纪。它使欧洲产生了一种从根本上区别于基督教学说的哲学。爱尔兰人埃里金纳（Johannes Scotus Eriugena）生活在 9 世纪，他一直从事教学工作，他翻译的古希腊哲学书，将新柏拉图主义的重要观点传播到了中世纪……"

"什么是新柏拉图主义？"

"新柏拉图主义是指公元 200 年前后出现的一种古希腊哲学体系，它以柏拉图哲学为基础，并吸收了亚里士多德、斯多噶学派和后期古典主义者的神秘主义思想。新柏拉图主义者认为，上帝是一切的起源，理性最接近上帝——这个自然的中心。"

"真可惜，"斯蒂芬叹惜道，"现在所有中学早就取消了哲学课。"

塞内克斯赞同他的观点，随即说道："我认为多明我会的修道士马格努斯是 13 世纪的重要学者。他对人类的理性产生了怀疑，并指出三位一体、基督的道成肉身和原罪等几种学说是'超自然的'真实。我现在想专门给你们讲讲他的一位学生。"

中世纪最伟大的神学家

"我要给你们讲的这个人，在此之前曾多次提到过。他出生于 1225 年，是一位伯爵的儿子。他父亲是腓特烈二世宫廷中的重要人物之一。"

"您又要回过头去讲以前发生的事？"

"只能这样。但是这一时期是他的学说产生的根源。他比阿伯拉特晚出生近 150 年，比阿西西的圣方济各晚将近 40 年。他既是中世纪最重要的神学家和哲学家，同时人们又把他称为启蒙运动之父、理性哲学的始祖。他的思想道路一直伸向笛卡尔和康德。他的启蒙格言宣扬：'大胆地思考吧，人们，大胆地运用你理智的力量。'你们知道我现在谈的是谁吗？"

"您指的是托马斯·阿奎那吗？可他与启蒙运动又有什么关系呢？"

"你说得对,罗曼,我指的是圣托马斯。谈到他的启蒙作用,主要是指他对被古老传统所束缚的神学家的抨击,因为他们阻碍人们对事物进行广泛而自由的思考。圣托马斯的功绩在于,努力把基督教信仰与理性的亚里士多德哲学结合在一起。"

"又是亚里士多德!"

"是的,贝蕾妮克。亚里士多德、阿维森纳(Avicenna)和阿威罗斯(Averroes)曾引起中世纪思想家极大的关注。阿维森纳和阿威罗斯是阿拉伯最重要的亚里士多德哲学阐释者。托马斯·阿奎那想在大学、神学领域和教会给哲学家一席之地,其中包括犹太哲学家、阿拉伯哲学家和古希腊罗马哲学家,他很早便研读他们的书籍。在这里我还想请你们再回想一下圣方济各。他们二人之间在三个方面有着密切的联系。首先,他们俩都是意大利人,圣托马斯出生在那不勒斯南部;其次,两人都家境优越:圣方济各的父亲是一位富有的商人,托马斯的父亲是一位伯爵;第三点:他们两人都离开自己的家庭,听从福音中守贫的呼唤。关于圣方济各我不想再做过多的说明。托马斯本人是传道士,是多明我会的修士。"

"多明我会和圣方济各会有什么相似之处吗?"

"有一些相似。相似之处在于它们都对年轻人有着巨大的吸引力。多明我会由西班牙一位出游传道士领导,即科斯曼的多明我。托马斯也反对拥有财富,尤其反对神职人员拥有财富,他认为这种财富只会使异端邪教更加猖獗,因此,他拒绝接受世俗的财富,甘愿过着清贫的生活。以上这些就是这两个教派的所有共同点了。圣方济各会的修士献身赤贫的生活,追随耶稣的理想。这种献身宗教的热情毫无理智可言;而多明我会的修士则主要学习神学和传道。作为多明我会的一员托马斯崇尚精神生活,所以他成了中世纪最重要的神学家。圣方济各反对没有感情的纯理性的科学;而托马斯则认为理性并不意味着没有感情因素,并努力将理性因素运用到神学研究中。他先在那不勒斯学习,后来在巴黎和科隆师从马格努斯。随后,在巴黎、奥尔威托(Orvieto)、威特波(viterno)和罗马执教。他死于1274年的一次旅行中。他一直遵照自己对上帝立下的誓言,坚持徒步旅行。"

"那么,他的伟大意义究竟体现在哪里呢?"

"罗曼,他所处的那个时代充满对信仰的论争和对圣书的各种解释,这是一个前所未有的混乱时代,各种观点针锋相对。托马斯执教的巴黎是各种思想流派斗争的中心。我们在介绍阿伯拉特时对此已有所了解。这一切在托马斯的时代变得更加尖锐复杂。这个时期的许多思想先驱都认为上帝、自然、物质和精神是一体的。他们甚至不再相信灵魂不朽。"

"这肯定会被看成异端邪说!"

"是的,有几个人被处死,因为他们提出应该将信仰和知识严格区分开来,他们甚至指出神学不是科学。所以,有一段时期神职人员被禁止学习自然科学,不许接触亚里士多德哲学及其有关他学说的阐释。尽管如此，在大学，学者们仍然可以学习自然科学和哲学。托马斯这一派的人在肯定信仰的同时，也承认知识的合理性，承认哲学为独立的学科。他教导自己的学生，人的才智高于一切，上帝是最完美的精神产物。就这样，他开创了欧洲理性主义的新时代。他要求学生们理性而科学地研究上帝创造的这个世界，研究自然、人类、社会和所有事物。他的主要著作《神学大全》（Sunma theologica）是经院哲学的丰碑。在托马斯眼里，神学是一种建立在严格理性基础上的知识；同时他也认为，知识的完善需要信仰。"

"他这个人好像充满矛盾。"

"这是一个努力思考、寻求真理的人不可避免的思想矛盾，斯蒂芬。他认为《圣经》里的造物主与其存在本身是一致的。他把人定义为肉体和灵魂的结合体，人努力追求认知的目的是上帝赐予的观照。对于他那个时代具有革命意义的一点是：他认为人也是一种物体——是自然的一部分。他相信上帝的存在能够被证明，也必须被证明。他说，上帝是一种纯粹的形式，其本质是'思'，由于上帝思考自己，所以他也思考自己所创造的人和世界上的一切事物。"

斯蒂芬咬紧下唇，但是什么也没说。

"托马斯死于城市开始繁荣的时代。他和亚里士多德一样，认为共同的利益高于个人利益，因此他才承认和接受现存的社会制度——包括贵族的特殊地位、奴隶制和战争等现象。他自己则生活得安宁而又超脱。他的性格特点是自律、理智和忍耐，但是在信仰方面他却毫不迁就，坚决要求处死所有异端。不过，我们很少听到后世对其性格的阴暗面说长道短。现在我还想说一点，他也是阿伯拉特的追随者。他推崇辩论这种形式，认为在辩论时人们的表达会尽可能紧凑和清晰。辩论的目的不是为了一方的胜利，而是为了通过辩论找到真理。而且即便辩论产生的结果是谬误，也同样值得庆幸，因为谬误最终也可能产生真理。"

"我非常喜欢这种观点。"

"斯蒂芬，托马斯在论争中是不可战胜的。在与强有力的对手进行坦诚的辩论中，他所能达到的完美程度几乎让人无法相信。"

教会面临前所未有的危机

"您刚才提到过托马斯要求处死异端，异端这个词好像总是被提到，为什么教会要对异端采取类似火刑等残忍的惩罚呢？"

"也许是因为当时教会面临前所未有的危机，到处受到攻击，而且被自己内部已经出现的衰败迹象吓坏了。如果他们不能控制那些像圣方济各那样激进的批评者，教会就会受到严重的威胁，看起来好像一切面临崩溃，几乎到处都出现了新兴的宗教运动。由于当时旅行和漫游已经变得比较便利，所以新的学说也能传到偏远的地区，影响当地的百姓。在教会的眼里，那些分裂出来的教派像传染病一样会很快蔓延。其中主要有两个宗教派别使教皇忧心忡忡：瓦尔登泽派（Waldenser）和卡塔尔派（Katharer）。这两种宗教派别都出现在法国南部。"

"这两派的目的是什么呢？"

"瓦尔登泽派产生在里昂，像圣方济各一样，做纺织品生意的商人彼得·瓦尔登泽（Peter Waldens）把他所有的财产送给了穷人，并发动了一场平信徒可以布道的宗教运动。他的信徒认为自己是真正的天主教徒。他们那种简朴的、合乎道德的生活方式找到了众多的追随者。"

"那为什么他们又会被当成异端呢？"

"里昂的穷人竭力主张对教会进行一次改革。瓦尔登泽派的传道士到全国各地宣传改革。他们摒弃教会的教义权威、等级制度、传统以及各种圣事圣礼。他们拒绝所谓对圣人和圣物的崇拜，拒绝接受所谓赦罪、宣誓、什一税、兵役和死刑等一系列教会规定教民必须接受和遵守的清规戒律。他们也不相信有什么炼狱。这些教徒散居在德国、波西米亚、匈牙利、瑞士和意大利北部。尽管宗教法庭没有停止对他们的追害，但是他们仍然在阿尔卑斯山的山谷里得以生存，并一直到今天。相反，卡塔尔教派却被彻底灭掉了。我把卡塔尔教派与瓦尔登泽派放在一起谈，是因为当时教会把他们革出教门并进行惩罚时，是把两个教派混为一谈的。在谈到中世纪异端的悲惨命运时，卡塔尔教派是不可不提的。德语中的'异端'——Ketzer 这个词就是从卡塔尔派——Kathanrer 这个词派生出来的。'卡塔尔'的意思是'纯洁的人'。"

"那么到底是什么使教会觉得这个教派有这么危险呢？"罗曼问。

"卡塔尔教派认为有两个不同的神，其中一个是精神和光明的父亲——他待人善良，是众生的救星；另一个是魔鬼——他创造了物质世界。教徒们把自己的生命献给光明之父，并把《新约》当成自己的指路明灯，反对所有世俗的快乐，并戒吃肉食。他们那赤贫的清修生活与教会的巨大财富、神职人员的奢侈享受形成了鲜明的对比。"

"两种不同的信念难道就不能同时存在吗？"

"几乎不可能，贝蕾妮克。卡塔尔教派的信徒立志做更好的基督徒。所有卡塔尔教派的信徒都一致反对弥撒、圣事圣礼和别的宗教仪式。他们对罗马天主教会的权威和存在的必要性表示怀疑，甚至连象征基督徒的十字他们都拒绝接受。在罗马教会的眼里，卡塔尔教派是异教徒，他们的矛头是对准天主教僧侣的。教皇英诺森三世本人赞同圣方济各的观点，但他害怕失去对整个法国南部的控制权。当他的一个特使遭到谋杀后，立即召集了十字军，讨伐异端。但号召圣战，用十字军讨伐异端，本是违背基督教精神的。法国皇帝也积极参战，但是只有他的一部分附庸和随从听从了他的号召。参加这场圣战的人数多达两万五千多人，其中包括士兵、贵族、主教和军官。不过，他们中许多人是被诱人的条件吸引去参战的。一些从国外来的雇佣兵，也参加了镇压卡塔尔教派的斗争。教会允诺，如果他们去参战，就可以赦免他们的罪过，得到一些土地或者推迟偿还债务。当时可真是血流成河。英诺森三世就此踏上了一条血腥的道路，这条道路对于基督教世界观来说是十分危险的。我不想仔细描述在这场持续20年的大屠杀期间所发生的一切。我只讲一点：十字军想消除卡塔尔教派的所有痕迹，该教派的所有城市都被夷为平地。最后一批拼死反抗的卡塔尔教徒被包围在蒙特塞古山上（Montesegur）。山崖下点燃了一堆干树枝，卡塔尔教派的最后一批坚持抵抗的信徒被从山崖上推下去，有的还自愿跳入火中被活活烧死。只有个别不愿为自己的信仰送命的妇女和孩子得以逃生。在这里看不到教会所标榜的仁慈，只有残忍的暴力。后来，人们把这个地方称为'火之地'。关于卡塔尔教派的故事就讲到这里吧。"

塞内克斯在讲完这段残忍的故事后如释重负，他小声说："我都快忘了，我们现在还在沙特尔哪。"

十二世纪的文艺复兴

好像是为了转移塞内克斯的注意力，也许更是为了转移自己的注意力，贝蕾妮克向塞内克斯提出了一个问题："那时，人们是怎样生活的呢？有许多穷人，只有很少的富人吗？"

塞内克斯回答说："你问到这点太好了，贝蕾妮克。因为在这里，在沙特尔，欧洲文明开始了伟大的复苏，一个新的时代开始了。当然直到此后的300年才产生了伟大的成就，但是所有的一切都在这个时代的这个地方开始萌芽了。物质的不断丰富也能促进科学、哲学和艺术的发展。贸易和手工业日益发达，财政金融迅猛发展。经过努力各个城市得到了越来越多的自由……"

"城市的空气令人感到自由！"

"是的，是这样的，罗曼。大学越来越多，人们对拉丁文学产生了浓厚的兴趣。在许多王公贵族的宫殿里，行吟诗人的爱情诗得到空前的繁荣，特别是在有'爱情之宫'之称的普罗旺斯。因此，人们也把这一时期称为'12世纪的文艺复兴时期'。一股充满才智的力量出现了，他们在努力寻找与古希腊罗马的伟大精神的联系，沙特尔大教堂就是这种精神的象征。"

"它真是伟大而神奇的杰作。"罗曼十分肯定地说，"特别是，哥特式……"

"很遗憾，我们必须走了。"塞内克斯打断了罗曼的话，领着三人走到拴马的地方。"现在我们顺便去莱茵河畔转一转。在那里，你们会看到一个令人压抑的现象，从中你们可以清楚地看出，那个时代的内部是怎样的四分五裂。"

他们骑上马，一路小跑，很快穿过绚丽的原野，葡萄园、农田和牧场不断映入他们的眼帘，风车和水磨坊点缀着这一片美景。

信仰的时代，恐怖的时代

这一运动震撼了整个时代

他们在一座山上停下来。山脚下是一条宽阔的河流，蜿蜒地向北流去。山崖上耸立着设防牢固的城堡，它们满怀嫉妒地俯视着四野。莱茵河映着明亮的天空，整个洼地笼罩在一片灰暗的光线中。但是，这并没有引起他们的注意，就连顺流而下的货船和木筏也没有吸引住他们的目光。整个山谷充满着嘈杂的声音，这声音穿过云雾和尘埃传到山上。灰色的尘雾沿着莱茵河畔向前飘去，看上去好像莱茵河宽了一倍。各种各样的声音：歌声、祈祷声、叫喊声、笑声、哭声、马的嘶鸣和马蹄声汇成了雷鸣般的轰隆声。一群乌鸦在天空盘旋，一会儿分开，一会儿又聚在一起，凄婉的叫声传遍山谷。

"那些是小孩吗？"

"是的，贝蕾妮克。那里有成千上万个10至15岁的孩子。"

"他们从哪儿来？"

"他们来自莱茵河地区的各个地方，大部分是科隆人。"

"他们这是要去哪儿？"

"他们要去收复圣地。莱茵河地区有一位名叫尼古拉的年轻人，是一位狂热的信徒。他声称，上帝委派他来组织一次少年十字军远征。他成功地煽动了许多尚未成年的孩子跟随他长途跋涉去参加圣战。"

"那么，他们到底是为了什么呢，不是已经有过那么多次十字军远征吗？"

"是的，但是这些远征最后都没收到什么效果。现在，这些孩子想去完成大人们未完成的使命。他们参加圣战的目的是为了赶走异教徒，收复圣地。"

"可是怎么会出现这样的事呢？"

"当然是由于上帝的力量，贝蕾妮克，这不是靠强迫能够做到的。只要让他们确信自己是无罪的，因为他们是孩子！他们想，为什么他们不能成功地用自己那种没有暴力的爱的力量，去实现世界强人们没能实现的愿望呢？"

"这又是成年人的罪过。孩子们是从他们那里学到了信仰和对宗教的狂热。大人们肯定对孩子的这种盲从和狂热听之任之！"

"不是所有的成年人都这样，斯蒂芬。当时有许多人提出反对意见，但是这种反对的声音太微弱了。"塞内克斯说,"甚至有的牧师也不赞成这种做法,但有的人认为这也许是上帝正在考验他们。当然有许多父母竭力挽留自己的孩子,但是一切都是徒劳的。也许像各个时代一样,有些孩子本来就想离开家庭,孩子们天生向往冒险和自由的生活。"

"成千上万——那到底有多少呢?"

"谁又能知道准确的数字?也许两万,也许三万。"

"那他们后来怎么样啦?"

"许多被活活饿死了,有些被狼吃了,有些被打死了。那些身着男装混进队伍的女孩子的命运也许更加悲惨。我们人类能够做出的所有暴行,她们都遭受到了:污辱、强奸和谋杀。那些最终翻过了阿尔卑斯山的人要幸运一些,尽管她们会遭到意大利人的嘲笑。许多姑娘被抓进妓院,有的被抓住当女仆。在热那亚,她们找不到能把自己带到巴勒斯坦的船。后来,教皇解除了女孩誓死参加圣战的誓言,而男孩却应该像成年人一样履行自己的诺言。如果有谁能回家,那便是最好的出路了——问题是他到底能否顺利到家。这些孩子有些闯过了北部意大利,个别的在热那亚住下了,其余的则继续流浪。布伦迪西的大主教阻止他们坐船去巴勒斯坦。那些最终真正到达东方的人,会被当作奴隶卖掉。这些孩子的命运让所有人感到痛心,甚至连教皇英诺森三世——人们称他为当时最聪明的政治家——都曾说过:'这些孩子让我们感到羞愧。当我们安安稳稳睡觉时,他们却兴高采烈地上路远征。'"

"更为奇怪的是,"斯蒂芬说,"人们并没从中学到什么。像从前一样,他们还会继续追随各种各样的传教大师、宗教派别的领袖和宗教教师,像这些孩子一样,怀着圣洁的无知去相信所谓宗教领袖的一派胡言。"

各个城邦都有奴隶市场

"我想结束关于少年十字军的话题,"塞内克斯说,"不过我还要再补充一点,十字军远征尽管带来了如此多的灾难,但它对欧洲文化的影响并没有得到足够的重视。它对艺术和文化产生了深远的影响,威尼斯、热那亚和比萨这三个港口城市获得了很大的经济利益。军队的运输、补给和贸易等等都经过这几个城市。它们由此获得了叙利亚部分富裕城市的控制权。它们还让穆斯林臣民给自己干活,丝绸业和玻璃业由此得以繁荣和发展。直到今天我们仍称锦缎为 Damaskus',称高级薄纱为'Mossul',称纱罗为'Gaza'。'Damaskus'源于地名大马士革(Damast),'Mossul'源于穆斯林,而'Gaza'则源于地名加沙。十字军东征对于意大利的许多城市来说,真是一个黄金时代——当然这主要是指贸易的黄金时代,而不是指信仰的黄金时代。

此外，我们不能避讳的是，当时进行交易的不仅有宝石、丝绸、玻璃和香料，而且还有奴隶。"

"这对于基督教来说可不是光彩的一页！"

"意大利所有大的城邦中都有奴隶市场——无论是在威尼斯、佛罗伦萨还是在教皇所在地罗马，每个有些身份的市民都理所当然地拥有奴隶。少年十字军中一些法国和德国孩子也被意大利人高价出售给他们的伊斯兰贸易伙伴，人们对此毫无顾忌。从今天的角度，人们肯定会坚决反对和制止这些肮脏的交易，我们会说：孩子就是孩子，在上帝面前人生来就是平等的。可中世纪的人不这么想——无论是在基督教盛行的西方，还是在东方。他们之所以不愿意这么想，更多的是因为如果持这种观点，他们就将不得不放弃自己舒适安逸的生活，可这是谁也不会自愿放弃的。"

希望从上天得到帮助

"我们再谈谈上帝，这是那个时期无法回避的话题。可这次我要谈的是一些要归功于上帝的奇迹。"塞内克斯又开始说道，"在中世纪，每个人都相信奇迹。那时，瘟疫、饥饿、战争和痛苦接连不断，人们热切希望从宗教殉道者、圣者遗物或圣人那里得到帮助。人们去朝圣，那情形就像我们今天的集体旅游，它能让人们在一段时间中从日常生活的重压下解脱出来。他们不用参加强制性的劳役，而且有望得到赦罪和救赎。朝圣常常是令人愉快的，而且非常自由。人们徒步走很远的路去朝圣，为了朝圣常常离家数个星期、数月，甚至好几年。他们觉得自己的生命微不足道，并自愿把自己的生命交给一个不可知的神秘莫测的主宰。他们仰望头顶的天空，想象着那里一定金光灿烂，住满了享受永恒幸福的亡灵、天使和圣人，就像教堂的窗户上所描绘的一样五彩缤纷，到处回响起嘹亮的赞美歌声。天堂上端坐着神圣家庭——耶稣、玛利亚和圣父，那里充满永恒不变的安宁和秩序，人们怀着纯洁的心灵对这种秩序深信不疑。"

"我只知道宇宙的寒冷和浩瀚无边，还有宇宙中亿万个值得尊敬的闪闪发光的太阳，但这些并不令人感到安慰。"斯蒂芬说。

"也许只有在信仰坚定的时代生活才是幸福的。"

"难道有一个完美的世界？可这只是虚构的，罗曼。如果信仰永远与恐惧连在一起，世界怎么可能'完美'呢？"

"你说信仰是一种虚构，斯蒂芬，可是人的意义正在于他能产生和扩展自己的想法，虚构某一事物。只有当信仰发展为疯狂时，才会产生威胁和恐惧。"

"而且只有他完全确信自己掌握了真理，才会狂热地坚持自己的信仰。这时他也就离迫害持不同信仰者只有一步之遥了。每当人们对某种信仰深信不疑时，就必须马上敲响警钟。"

"中世纪这种强烈而坚定的信仰的根源当然也在于人们的无知，"塞内克斯说，"当时，文盲很多，穷人更多。如果想理解中世纪的迷信，必须注意到这个事实。"

"我同意这种说法。但是，如果今天再迷信就无法原谅了。"

"你说得对，斯蒂芬。可是我们现在谈的是中世纪。当时，一方面，迷信盛行，文盲比比皆是；另一方面，精神文化却又十分丰富，尤其是在法国和佛兰德（Flandern），意大利城市和勃艮第也是这样。一切都在一个充满战争、饥饿、物价上涨、生活贫困、瘟疫和死亡的世界中得到了发展——尽管人们感到自己在上帝的惩罚面前是那么的无能为力。他们害怕世界末日的来临，随着中世纪的结束和16世纪的即将来临，这种恐惧感越来越强烈。许多艺术家，甚至包括那些最没偏见的艺术家，都会忧心忡忡。达·芬奇看到了被黑暗所笼罩的动物从地里钻出来，满身流着血；伟大的荷兰画家博施（Hieronymus Bosch）则着重表现人类的罪恶和在地狱受到的惩罚。"

"人们为什么会产生这种恐惧感呢？"

"因为当时的生活状况太悲惨了，贝蕾妮克。严重的饥饿和长期的营养不良，导致了人们意识的改变，他们像阴魂附体似的神智恍恍惚惚，这种状况最后导致了跳舞狂现象的出现。"

"什么？跳舞狂？"

现世的狂欢——苦难的表现

"这是一种不可思议的狂热。在14世纪末的时候，人们开始了一场狂热的跳舞活动，成千上万的人狂舞不止，有的连续跳几个小时，有的甚至连续跳上几天。到处都有人在跳舞，在家里、在外面、在教堂，在莱茵河畔、在布拉班特（Brabant）、在佛兰达。在这种狂舞中，人们觉得现实世界消失了，天堂的大门正向他们敞开。你们知道有一种舞蹈病（Veitstanz）的现象。'Veitstanz'这个词来源于1374年的夏至那天的命名。"

"您说的这些真有点阴森可怖。"贝蕾妮克说，"尽管如此，这种可怕的现象并未消失，类似这种狂热的现象后世也屡见不鲜。"

"跳舞在所有时代都是一种快乐的表达，是尘世的欢乐的体现。但在中世纪，人们却把它看成是魔鬼的威力，认为这是可怕的瘟疫和异端邪教的行为。但是对于农民、穷人和下层靠双手吃饭的人来说，跳舞是释放他们长期被压抑的对生命渴望的一种渠道，他们在狂舞中能忘记自己生活的苦难。他们赖以生存的基本食物，如面包，常常掺进了罂粟、麦角和其他麻醉品，以便饥饿难耐的人们能进入一种梦幻般的极度兴奋状态。因此人们也称这种食物为'梦之面包'。除此之外，还有一些破坏大脑的植物——对于它们的作用人们并不清楚。我们眼前看见的这些着了魔的人，他们都在逃避自己的恐惧和对生命短暂的忧虑，死亡和放逐无所不在。几乎没有一出神秘剧不涉及死亡，不断有人写一些关于死亡的艺术。人们热衷于表现尸体、久病不愈的人、残疾人、骷髅和满脸狞笑的死神。

传染病一下子便夺去数百甚至数千人的生命。可当时并没有有效的方法来制止这些，只能寄希望于上帝、圣人和某些超自然的力量。"

"就因为这样，人们才去疯狂地跳舞？"

"也许是的，贝蕾妮克。跳舞狂现象的真正原因谁也不清楚，但是不管它的起因是什么，它是突然兴起的，但很快又突然停止了——像火一样熄灭了。"

"在我看来，又一次证明了人是根本没有理性的。"

"不但没有理性，而且相当残忍，斯蒂芬，人本身就具有这种天性。"塞内克斯嘟囔了一句。

"关于人性的残忍中世纪提供了无数例证。"

"所有的时代，包括我们今天所处的时代都是残忍的——这点我们已经讲过了，贝蕾妮克。当然，在中世纪，对人的各种折磨是经常发生的事，有时甚至在定期举行的集市上用这些来取乐。在集市上，人们将罪犯用铁链绑在耻辱柱上示众，交给狂叫的人群处置，人们纷纷对他们吐唾沫。死刑是理所当然的事，砍头还是一种没有痛苦的'恩赐'。唉，我想最好别再提这些可怕的事了。"

"我曾经在哪里读到过这么一句话：'人是吃人的狼。'"斯蒂芬插话道，"对此无须再做任何补充了。"

"有一种方法，人们借助它可以不加限制地对别人滥施权力，它将毁灭、恐怖、死亡和破坏等种种灾难带到了世界上。——当然它也有某些实际的用处。这种方法我们今天还在使用，它就是人们在中世纪发明的。你们知道我指的是什么吗？"

三个年轻人你看看我，我看看你，随后摇了摇头。

"我们先休息一会儿。"塞内克斯提议道，"下马吧，让马在这儿吃点草。"

化学成了一种力量

用火烧死敌人

他们向一座小山走去，山的周围是一片灌木丛，那里摆着一条凳子。

"你们都疑惑地看着我。"塞内克斯开口道，"我说的这种发明极大地改变了世界。在此之前，许多别的发明都没有像它那样对世界产生过如此巨大的影响。它的诞生归功于一次十分偶然的事件。我所指的这种发明在中国早就有了，但他们当时只是用它的巨大声音来吓退敌人。"

"现在我知道你指的是什么了！是火药！"

"是的，罗曼。我们本来想在进化公园建一个中世纪的化学研制工棚，搭上黑色的顶棚，摆上盆盆罐罐、玻璃瓶和试管之类的东西，可遗憾的是，我们必须保持历史的真实，却又根本无法确知什么时候、什么人、在什么地方发明了火药。"

"我想，是贝特霍尔德·施瓦尔茨（Berthold Schwarz）？"

"人们是这么推测的，斯蒂芬。可是在施瓦尔茨之前，诞生于1214年的英国圣方济各修道士罗吉尔·培根（Roger Bacon）就发现了黑色炸药的配制方法。在《关于怎样烧死敌人的各种方法》一书中，也可以找到关于制造炸药的方法，里面写道：把一磅纯硫磺、两磅椴木或者柳木烧的木炭和六磅硝石粉碎，并仔细和好，就可以造出火药了。尽管如此，我们现在的百科全书仍把施瓦尔茨称为火药的发明者。他究竟是个什么样的人呢？他的本名到底是叫贝特霍尔德·尼格尔还是贝特霍尔德·施瓦尔茨，现在还有争论：一派认为他是来自弗莱堡的西妥教团的僧侣，1388年由于发明火药而被处死，这事发生在罗吉尔·培根死后100年；另一派则对他评价更高，他们认为施瓦尔茨出生在康斯坦茨，是这个教区的大主教，他在巴黎大学读过书，是圣维克多（Saint Victor）的同事。据推测，他是在用硝石和硫磺做火药时发现了爆炸的作用，这一派没有提到有关他被处死的事。由于资料比较少，也不太可靠，所以进化公园决定不展示这部分内容，而是让我在讲述这段历史时，提一下火药的发明。

"到那时为止，战争的结局主要依赖于人的体力和机敏，火药的发明却慢慢地使战争形式发生了根本的变化。城墙不再是坚不可摧的防御工具，贵族和骑士也因此失去了他们的优势。火药使大家都平等了。这一变化也宣告了骑士制度的结束，骑士作为一个阶层从此消失了。不仅如此，从某种战争道德的意义上说，我们称为骑士精神的东西已不复存在，骑士的马上比武也不再流行了。人们不再用长矛去刺杀、用剑去格斗。只有轻便的军刀仍经久不衰，这或多或少是由于时髦的缘故。

"另一方面，人们从火药那里获得了巨大的新力量。街道、隧洞和各种各样的建筑都能被炸毁。奇妙的烟火能映照黑夜的天空和水面。我们现在逐一列举一下火药的功能，后来出现了甘油炸药……"

"再后来出现了核裂变、原子核……"

"……这些可以谈上几天几夜。随着火器的出现，人类也开始了大规模灭绝动物的行动，那些有用的、美丽的和危险的动物都难逃劫难。许多动物我们今天已经看不到了。如果火药的发明者知道这些后果……"

"发明者经常像孩子一样天真，他们不知道自己的发明会引起什么后果。"斯蒂芬小声说道。贝蕾妮克和罗曼听后都点了点头。

第四晚
男人是女人的主宰

社　会

像电影中的快镜头

天色已经晚了。他们谁也没注意到莱茵河上的日落,谁也没发现自己的影子越来越长,并渐渐被灰暗的光线吞没。星星和月亮在暮色降临的夜空中闪闪发光。当塞内克斯抬头看了看天空时,几乎吓了一跳。

"快到午夜了。"他说,"我们该回住处了。赶快上马,朋友们。"

"告诉我,现在究竟该朝哪儿走!"贝蕾妮克拿起缰绳,翻身上马。

塞内克斯用手指了指,他们立刻骑马朝北边奔去,穿过一条泥泞不堪的田间小路,进入了一片小树林,里面黑得伸手不见五指。当他们终于从树林的缝隙中看到自己下榻的小旅舍的灯光时,兴奋不已。

他们的钥匙早已放在那里了。

半个小时后,他们又在餐厅碰面了。他们很快发现今晚的食物比前两个晚上的要丰盛得多。前两天,他们一直在欧洲南部参观,白天看到的是南部风光,晚上吃的是很有南欧特色的食物。

今晚的菜不再是用橄榄油做的,而是用的黄油。前两天晚上吃的不过是点色拉和新鲜的蔬菜,但今晚有卷心菜和许多肉食。至于饮料,除了矿泉水,还有莱茵河和摩泽河（Mosel）流域产的葡萄酒。

"今天我们跨过了很长一段时间。"塞内克斯又开始了晚上的讲课，"又一个历史时期过去了。一切都是一晃而过，但它们都有着自己的意义。人们往往不会留意一棵小树苗长成参天大树的过程，要了解这一过程必须时时刻刻去观察。这很像电影中的快镜头，历史也是这样。明天我将让你们看到，真正彻底改变这个世界的不是火药的发明，而是另一种发明。它比以前的任何发明对世界的影响更深远，改变世界的速度也更快。我们今晚仍留在莱茵河北岸，就是为了明天让你们去参观这一发明。"

"我知道，您指的是什么。"罗曼说。

中世纪的妇女

他还没张口，贝蕾妮克就打断了他的话："等等，罗曼，别这么快！总是男人、男人……皇帝、圣者、神学家、教堂的建造者、磨坊工人、封建领主——当然，您也提过妇女，一个是圣者的情人、一个是女作家，还有那些为建教堂搬运石头的女信徒，以及那些少年十字军中的姑娘们——可是，中世纪普通女性的生活状况到底怎样呢？您能再多给我讲讲吗，塞内克斯？"

"啊，这几乎是不可能的。如果我详细给你介绍中世纪妇女的生活状况，那得讲一个通宵。"

"那您至少给我几条线索吧，中世纪女性的社会地位高吗？"

"很遗憾我无法做出这种结论，贝蕾妮克。中世纪历史的主宰恰恰是男人，女人几乎仅仅作为王公贵族和骑士的陪伴，或作为女修道院院长出现。中世纪的历史被教会的教义所控制——你们知道，夏娃是上帝用亚当身上的一根肋骨造出来的，所以女人不可能被看成一个独立的人。原罪又证明了夏娃的弱点，她被蛇诱惑，以至最后被逐出伊甸园。后来，人们把她看成女妖。圣徒保罗曾经很鄙视地谈到夏娃，他说：'女人是男人的奴仆，因为男人是女人的主宰。'他还说，'女人只是悄悄地学习从属于男人。女人不许进学堂，也不许超过男人，她们只能悄无声息地活着。''亚当没受诱惑，受诱惑的是女人，触犯天规的也是女人。'最后他说的更明确：'女人只有生了孩子后，才能赦免她的罪过……'"

"跟我想的一样。女人来到世间的用途只有一个，就是生孩子，此外再没别的！"

"这种观点比比皆是。奥古斯丁说过，他因女人是人而爱，因女人是女人而恨。勃第艮的克吕尼修道院院长在厌恶妇女这点上尤为过分，他把女人比做人们碰都不不愿碰一下的痰或烂泥，更别说有什么去拥抱她们的愿望了。有一位主教甚至还把女人比作灾难的葡萄藤蔓，一切罪恶的插枝。他说，美和道德是无法统一的。他认为,当女人拥抱并亲吻男人时,她就把毒汁注入了他的心田。"

"那当时人们对妇女的印象肯定糟糕透了。这种偏见一直没有根除。天主教规定神职人员不许结婚,女人不能当牧师。"

"中世纪的妇女必须恭顺地伺候男人,这是人们认为她应该扮演的角色。理论上她们也可以帮助别人,帮别人治病,安慰别人,积德行善,但实际上却是另外一种情形。妇女的地位和作用主要取决于她出生于哪个阶层。农妇能够也必须协助自己的丈夫干活,她们有自己的活动范围,由于她们被人需要,所以也受人尊重。在农庄,妇女负责照管家畜、花园、房屋,当然还有小孩。她们帮助收割亚麻、纺麻线、织布、染布,并用这些加工好的布料给家人做衣服。她们背着背篓去集市出售自产的黄油、鸡蛋、奶酪、鸡、鹅和蔬菜。只有少数人能用得起仆人和临时雇工。她们的生活非常艰辛这是毫无疑问的。而贵族和教会却美化农民的生活。教会的祈祷书中表现了许多农民的节日庆典、播种和丰收的场面,它们讲述的是那些人们爱听的田园故事。"

农民只是一种干活的牲口

"在贵族们的眼里,难道农民不仅仅是一种会干活的牲口吗?"

"的确,一般情况是这样的,斯蒂芬。作为城市市民阶层的女人要比农妇处境好一些,尤其是如果她自己还拥有财产的话。几乎所有女人都可以学会一种职业,当然只有男人能进大学学习。相反,贵族妇女的自由却相当少——这听上去有些奇怪。如果没进修道院,她们就只是婚姻的对象。在家从父,出嫁从夫。12 岁就得谈婚论嫁。一旦定下婚约,她们就必须离开父母,被送到未婚夫的家里。有些 14 岁就圆房,接连不断地生孩子,于是有的妇女还不到 30 岁就早早离开了人世。她们的平均寿命绝不会比男人高,婚姻也普遍很短暂。她们的丈夫大部分会接着娶第二个或第三个妻子,至于爱情则根本谈不上。就一般情况而言,可以说只有出生于富有家庭或者美丽绝伦的女人才有可能获得幸福。然而就算她富有又美丽,她也只不过是一个玩偶,她的命运掌握在别人手中。唯一不同是的她在经济上比别的女人更有保障罢了。她未来的丈夫会将一份聘礼过户到她名下——大多数情况下,这份聘礼是一份田产,当然也包括负责耕作这块田地的农奴。一旦失去丈夫,她就依靠这份田产度日,不能外出工作。也许她可以去照料病人,但一般只能去照料生病的贵族或骑士。"

"不是也有许多妇女去修道院吗?"

"是的,但她们去修道院的目的,主要不是为了过上一种简朴的基督徒生活,她们有的是想摆脱父母对自己的管制,有的是想逃避一桩不称心的婚姻——这也是主要原因之一——还有的是害怕在生孩子时过早送命。那时人们对性爱的态度十分矛盾，人们热衷于感官享受，而这种享受又遭人指责。尽管人们知道如果想要孩子，性关系是必需的，但是女人作为孕育孩子的容器仍遭人蔑视，而恰恰是这些无法唤起姑娘们对婚姻的渴望。"

抄书的女大师

"难道修道院的生活会好些吗？"贝蕾妮克问，"严格的教规……我所知道的关于修道院的一切听上去可不太吸引人。"

"你说得对。但是妇女呆在修道院从某种意义上说比较保险和安全。她们的生活很有规律：做礼拜、祈祷和冥想。她们还可以唱赞美歌、阅读和写字，也能照顾病人，料理花园，做一些轻松的手工劳动，不用再去操心日常的生活，而且还能从事一些艺术方面的工作。许多修女通常会成为抄书和书籍装帧方面的大师——当时书中手制彩色插图很发达。我们今天在图书馆或博物馆能欣赏到美妙绝伦的日历、祈祷书和漂亮的手写花体字都归功于她们的努力。当了修女，她们也就会有较高的社会地位。只有当她们上了年纪，退出修道院的日常工作，并成为受人尊敬的修道院院长，她们才能在修道院外生活，并出去旅行和参加政治活动，可是这只是个别现象。尽管如此，在13世纪，女人们纷纷涌进修道院，以至于后来进修道院很难，而且修女的人数也受到限制。"

"当修女也有名额限制吗？"

"可以这么说，贝蕾妮克。此外，教会还下令禁止成立新的修道会，只有那些由不发愿的修女组成的团体可以例外。那些发誓自愿甘守清贫和贞洁的女人，如果不能进入一个修道会，也可进一个由神职人员管理的类似修道院的团体，但是她们守的教规不一样。"

"这就是说，她们有结婚的权利。如果她们不能出于爱情而结婚，那又能指望什么呢？"

"当然主要是为了要孩子，因为谁都想要孩子。一旦老了或生病，她们的孩子就必须赡养和伺候她们。今天，在许多欠发达的国家情况依然是这样。在这点上，感情并不起太大的作用。因此，这种婚姻也不一定不幸。因为人们对婚姻本来就不会有太高的期望，他们的愿望受到现实的种种限制。"

"也许他们比今天的人更满足哪！"

"这是一个很有意思的想法，每个人都应该想想这点。不过现在太晚了，我们去睡觉吧，好好休息休息。"

说罢，塞内克斯站起身来，他们随即陆续回到自己的房间。

第五天
从地中海到大西洋

变 革

莱茵河将四面八方的人送往美因茨

他们第二天早晨走出旅舍时,发现自己正站在一条宽阔的河流旁。朝阳下,河水粼粼,金光闪闪。木筏和竹排运载着货物顺水而下。河边的柳条不时轻拂着水面。河面上泛起一层慢慢升腾的薄雾。塞内克斯提议把马留在旅舍,他说:"在城里骑马反倒会碍事。"

"去哪个城市?"

"美因茨。那里街道很窄,在我安排你们参观的那个工棚里,也不需要骑马。"

这时他们才发现,旅舍的位置昨天夜里并没有太大的改变,而他们早已习惯了种种巨大的时空变化。水边的磨坊传来阵阵清晰的噼噼啪啪的水声,不远处的山上有一架风车的翅膀正在随风转动。

"就是现在也还有风车谷,"塞内克斯说,"莱茵河是阿尔卑斯山和大海之间的主要通道,它把四面八方的人送往美因茨。在别的城市很少有这么多的教堂,人们可以在修道院学习。美因茨是古罗马帝国建立的城市之一,这里大约有一万居民。罗马和美因茨之间有着直接的联系。"

"您不是想借此说明印刷术是罗马人的发明吧?"

"好吧，罗曼，既然你已经知道我想领你们去哪儿，我现在马上就可以谈谈这个问题了。是的，我们现在处在 15 世纪中叶，对于西方文化发展来说，这是一个具有划时代意义的重要时期。这个时期欧洲各个城市都得到了很大的发展，并保持了自己的面貌。手工业者组织了自己的同业公会，市民们把自己的市政厅建成自由和财富的象征。此外，不可动摇的信仰呵护着众生。"

"同时这种信仰也使人感到压抑和窒息！"

"是的，斯蒂芬。当生活受到严格限制时，就会感到压抑。每个人都依赖于某个同业公会、行会、互助会或别的什么团体，并由此得到保护，感到安全。但是城市的真正主人是那些不断把异域的贵重物品贩进来的商人。商人受到尊重，贵族们也不再羞于跟那些遭人鄙视的'暴发户'打交道。这是一个经济十分繁荣的时期——尽管其间也出现过多次萧条、瘟疫和流行病的影响——黑死病曾使许多城市和地区惨遭毁灭。此外，还不断出现农业歉收和农民起义。"

"那么说，这也是一个充满忧患的时期！"罗曼断言道。

"农民成群结队地涌进城市，由于没有工作，他们便去给有钱人做工。城市是他们的希望之乡，而即使在城里，他们中的大多数人也不得不忍饥挨饿，过着贫困的生活。"

活字印刷术

"好吧，"塞内克斯说，"现在我们开始进入今天的主要话题。美因茨的金匠约翰·古登堡（Johannes Gutenberg）发明了活字印刷术。在此以前，为了复制一本书，需要一个熟练的誊写员干上一两个月。有了活字印刷术，许多书可以在极短的时间内印刷出来，尽管价格不菲，但与手抄本相比，还是要低廉得多。"

"活字印刷术真是古登堡一个人发明的吗？我们可常常听到提及另一些人的名字。"

"你说得对，罗曼，古登堡不是第一个认识到这种快速且便宜的制作书籍方法的人。他的发明满足了人们的普遍需要。虽然当时有一大批职业誊写员从事这项盈利的行当，他们不但为那些有钱的古典作品收藏者提供服务，而且还给大学生提供法律和神学方面的手抄本。印刷术本身并不是什么新的发明。中国人早在此前 1000 年就掌握了这门技术。他们的这些知识通过荒漠商队，特别是丝绸之路传到了西方。造纸术也是中国人发明的，纸张被证明是最为理想的印刷材料。羊皮纸则被用于高级印刷品，纸张则在大批量生产中更为便捷。"

"那么古登堡的特殊成就到底体现在哪个方面呢？"

"在两个方面，贝蕾妮克。一方面他铸造了活字，也就是铅字；另一方面他发明了印刷油墨。有了印刷油墨才可能运用印刷技术，因为只有油墨可以黏附到金属上。在古登堡研究了佛兰德的绘画以后，他把炭黑和清漆混合在一起，将这种混合而成的油墨运用到印刷中。我们去现场看看吧！"

他们的周围是一片美丽的景色，葡萄园到处可见。眼前的城市被一道坚固的城墙团团围住。城墙以及许许多多的城门塔楼不仅是这个城市的防御措施，而且也是它富裕和自豪的象征。越过城墙可以看见不少塔尖，这表明，美因茨的教堂特别多。塞内克斯指着教堂说："教堂的钟声提醒人们的作息时间。"

沿河两岸到处是绿色的花园和树木，城墙外是一片宽阔的草地。在长满果林的一块休憩地上，年轻人在围圈跳舞，孩子们在嬉戏追闹。

当他们从城门进去的时候，还以为是到了某个村子，因为里面的房屋很分散，所有的房屋都有一个圈养家畜的院子，鸡叫声、猪叫声和驴叫声响成一片。只有到了城市中心地带，建筑物才密集起来。

街道上有用石头铺起来的台阶，这样可以防止车轮下陷。那些涂了各种颜色的二三层木结构房屋紧挨着，看上去好像它们上面突出的屋顶、凸窗和三角墙都是连成一体的。上面的牛眼形玻璃窗使房屋显得更加五彩缤纷。每幢房屋上都有名字，或者画在门的上方或者凿刻在石头上，房屋的主人是谁一目了然。这里还有手工匠的货摊和店铺。门上的标牌各式各样。有些木质店铺搭得高高的，好让顾客一眼就能看见里面陈列的货物。有些作坊里面陈列着待售的物品，其中有：陶罐、凳子、纺织的布匹、黄铜制的盘子、紫铜锅和旋制的棍棒。

"如果人们拿这里同罗马的、古埃及的、或早期城市耶利哥的街道相比，就会发现有很大的变化。"贝蕾妮克说。

出生时赤身露体的人类发明了时装

穿过街道，他们来到一个亚麻市场。这里人群川流不息，其中有流浪艺人、杂耍艺人、唱歌的和演奏乐器的，一切显得有声有色、变化多端。

"这些衣服多么富有想象力，多么奢华！"

"是的，贝蕾妮克。市场周围的商店吸引了许多人。人们在这里可以看到所有日耳曼居住区的服装时尚。每当商人们用大篷马车将昂贵的衣物和香料送到这座城市时，都会引起人们极大的关注。人们花在布料和装饰物上面的钱，比花在住房上的钱还要多。当时也没有我们今天所说的统一时尚，更别说时装展示会了，再说那时也没有报纸。但是，每到夜晚，这里的小酒馆非常热闹，大家从这里得到各种消息，当然有时也得到时尚方面的消息。"

"晚上？晚上他们还出门吗？"

"是的，罗曼。当时街道上仍然没有照明设施，必须自带照明用具。夜深时，市政厅的钟声会通知所有人结束聚会。深夜只能听到守夜者的报时声。至于谈到时装，市政委员会也会不断宣布关于服装的规定，反对过分奢侈，谴责违背基督教教义的虚荣心，但这些努力常常是徒劳的，因为每个人都想用自己的服饰来抬高自己的社会地位。"

市场上人头攒动。人们纷纷拥到货摊前，选购家禽、蛋、黄油桶和牛奶罐。他们在那里精挑细选、讨价还价。有的买了东西，有的还在继续朝前面的摊位走去。人们你推我挤。货摊上五彩缤纷，几乎所有的颜色都能看得到：蓝色、红色和绿色，甚至还有黄色——据塞内克斯说黄色本来是专门给犹太女人、教士的情妇和妓女穿的，可为了漂亮人们也顾不得这些了。

"印染工肯定很赚钱。"罗曼小声嘟囔了一句。

人们身穿拖到地面的长袍，腰身以下的摆很大，女人的长裙则更费料，也更长。她们走路时不得不用手稍稍提起裙子。她们的手指修得尖尖的，看上去很时髦，也很造作。年轻而苗条的姑娘显得分外漂亮和迷人。

尖尖的手指是女人身份的表现，这表明她们没有必要干活，否则她们的手不可能保养得这么好。

"由于人出生的时候是赤身露体的，于是他们发明了时装。"塞内克斯笑着说，"而且古埃及人在这方面就已经很伟大了！"

古登堡的手扳印刷机

他们走进了另一条街道，这里同样热闹非凡。塞内克斯推开一张坚固的橡木大门。在黑暗的通道里，他们听见了说话声和别的响动。他们通过一扇宽门走进一间木质的平顶大屋子。一开始他们几乎什么都看不清，因为从窗口透进来的光线很昏暗，但很快他们便习惯了。屋子的四周摆满了高大的架子，身穿棕色长罩衣的男人们正在桌旁干活，还有一些人在架子旁忙忙碌碌。这些支架以及上面的木制容器和杠杆臂看上去有些像葡萄榨汁机。

"这是古登堡最早制造的六台手扳印刷机，"塞内克斯说，"它们这么大，是因为只能用木头制作，而且必须能承受很大的压力。你们看，每台印刷机旁都有一到两个人在工作。他们正在制作世界上最早印刷出来的《圣经》，完成这项工作需要15至20人。"

"在这里工作的不止是印刷工吧？"

"不止，贝蕾妮克。印刷工艺先要预备和摆齐铅字。它们必须行距适当，整齐划一，这样才能着墨均匀。"塞内克斯指着一个身材敦实的汉子，他身上的棕色长罩衣几乎罩住了脚上的鞋子。黑色的头发上泛出一缕白发，微微卷曲的长发一直披到肩上，他戴着一顶黑帽子，因为正背对着这边，所以无法看清他的脸。

"他就是约翰·古登堡，"塞内克斯小声说，"他的本名叫约翰·根斯弗莱施。后来他用自己出生时所在的屋名做了自己的姓。他现在正在检查一个排字工的工作。他非常仔细地研究过字体，试图把这种在悠久的传统习惯中形成的字体用金属活字仿制出来。他的印刷品像手写的每日祈祷书和《圣经》一样精致，看上去绝不像劣质的替代品。追求完美是他的目的，也是他成功的前提。基于这一原因，他的早期印刷品与手写的字体很近似。"

塞内克斯指着一堆印好的书页，拿起其中一张递给贝蕾妮克。

"这很难读。"她看了一眼说道。

"古登堡用的是'德语'的哥特式字体。但在别的国家很快便开始采用更清楚易读的拉丁字体了。"

贝蕾妮克将手中的书页递给罗曼，他看了一眼又随手递给斯蒂芬。

"我也认为，只有有识别能力的人才能看出这是印刷出来的。"斯蒂芬说。塞内克斯将书页放回去："古登堡专门学过金银制品工艺，他极其细致的工作态度正得益于此。年轻的时候他便热衷于这类工作，但是仅靠手艺是不够的。为了建一个印刷行他需要钱，而这些钱必须靠他自己去筹借。从美因茨一个叫约翰·福斯特的有钱人那里他得到了一小笔资金，古登堡用这笔钱购置了铅、纸、羊皮纸、压印机和活字以及别的所需工具，建起了这座印刷车间。此外他还必须给干活的人支付工资，每一个在这里工作的人都由他提供膳食。"

"可他取得了成功！"

"是的，罗曼。尽管他死时仍债务缠身，但我们不必为此感到遗憾，因为这毕竟无损于他的伟大成就。"

让将来每个人都能读到《圣经》

他们又一次朝正在干活的排字工看去。那六个人正坐在木架前的桌子旁从一大堆摆在一个木头箱子里的铅字中挑选所需要的。随后，他们按照一份哥特式字体的范本，把这些铅字十分认真地一一对准。

"排字工必须根据范本把铅字整齐排好，并准确地留好字间距离，以便每一行文字的长度是一致的，"塞内克斯继续讲解道，"每摆好一行便插进一块板子上，直到一栏全部插完。每一页《圣经》都由并排的两栏组成。"

"过来吧，我们从后墙的这扇窄门进去，这间屋子里堆放着纸张、羊皮纸和已经印好的书页。对纸张、羊皮纸、铅和颜料的需求很惊人。古登堡也用薄兽皮印一部分《圣经》的封面，单单这一项就用了将近8000头小牛犊的皮。"

"人类最后终于发明了纸张，真是太好了。"贝蕾妮克说。

"古登堡只用质量上乘的纸张。他用大篷马车将纸张从意大利北部经由勃伦纳山口（Brenner）运到美因茨，这是一条漫长、艰辛而又充满危险的路。这些纸张是用手制纸浆做成的，上面印有牛头或葡萄形状的水印标志。纸浆的主要材料是碎布片，没有任何木料的杂质，所以保存至今，仍完好无损。1452年，古登堡开始印刷最早的拉丁文《圣经》。"

"可这是一本内容十分丰富的书，他为什么不选印一本薄一点儿的书呢？"

"这一选择与当时风行的人们对宗教的虔诚十分吻合。古登堡是一个信奉上帝的人，他首先想到的是要传播上帝的福音，他希望将来每个人都能读到《圣经》。他没想到去印科学文献，更不会想到去印政治书籍。"

"他难道没有预见到自己的印刷技术将可能产生的作用和影响吗？"

"肯定没有，斯蒂芬。"

最伟大的发明

"最伟大的学者鹿特丹的伊拉斯谟（Erasmus）曾满怀激情地称颂印刷术是所有发明中最伟大的一项。"塞内克斯继续说。

"说这话时他大概没有想到别的发明，如：语言、火、耕作、轮子和文字。"

"斯蒂芬，问题在于伊拉斯谟根本没有可能这样去回顾过去的历史和进化的过程，他不具备我们今天的知识水平，不可能了解关于进化和发展的思想，也不可能知道我们所说的'进步'的含义。如果单指印刷技术，伊拉斯谟的观点当然是对的，而且这是人们能够意识到的最早的发明。由此人们不再需要那种昂贵而又耗时费力的手抄本，可以轻而易举地复制所有写出来的书籍，而且印刷品在准确性和易读性方面超过了手抄本——这一切难道不是非常伟大的进步吗？各国的学者能够很容易地了解书中的内容，因为它们可能是从某种固定的版本的某一页引用的。"

"可是这种发明难道当时没有遭到非议吗？"

"有，而且还为数不少。反对者大多还是很有影响力的人物，斯蒂芬。最为突出的是专以抄书为生的那些人，他们为失去生计而忧心忡忡。"

"这也不是没有道理的。"

"是的，但是他们也不可能马上就失业。尽管如此，这大概是人类历史上第一次出现这种情况——手工劳动者由于某种机械的运用和发展而被剥夺了劳动机会，以致可能因失业而饿死。印刷术的出现也削弱了中世纪修道院文化的基础。在此之前，修士们的主要工作是不遗余力地抄写有关神学和世俗的作品。有了古登堡的印刷术，他们的手抄本就很少有人问津了，但是王公贵族、达官显贵和富有的书籍收藏者却在很长一段时期都对印刷的书持怀疑态度，因为印刷书籍的出现使他们收藏的手抄文本贬值了。执政者和教士们也担心有了大批的印刷书籍，具有革命意义的思想会因此而广为传播。"

"这种担心也是有道理的。"

"很有道理。关于这点我们后面会了解到的。尽管有各种阻力，但古登堡的印刷行仍坚持下来了。人们甚至怀疑这种机器是魔鬼的玩意儿，他们给它取了一个有双重意思的名字——'黑色的技术'——这当然不仅仅是指油墨是黑色的。在这个充满迷信的时代，如果某种事物被怀疑与魔鬼有关，这将是十分危险的。到处都有告密者，宗教法庭更是严酷无情！在这种气氛中，古登堡这种充满神秘色彩的工作看上去尤为可疑。人们觉得能够如此神速地印出这么多书，肯定有什么不对头的地方。我们现在无法想象古登堡当时所面临的困难和危险。"

"我们前面也曾了解到，萨福的书曾在罗马和君士坦丁堡被焚毁。现在，教会可有更多的理由反对了。"

"教会总是用禁令和焚书来阻止他们不欢迎的事物，斯蒂芬，你说得对。教皇保罗四世下令公布了第一批禁书的目录，其中包括伊拉斯谟所有的书、薄伽丘的《十日谈》以及马基雅维利（Machiavelli）、拉伯雷（Rabelais）、皮尔·阿伯拉特和两种版本的《古兰经》。一时间，整个意大利映照在焚书的火光中。最大的一次是在克勒莫纳（Cremona），一所希伯来学校焚书达 12000 册。"

"为什么偏偏烧这里的书呢？"

"宗教法庭想使犹太法典就此销声匿迹。但是从古登堡最早印刷的书到教会的大批焚书，这期间大约经历了一百年的时间。古登堡不得不与数不清的阻力作斗争，最后由于债台高筑，他不得不卖掉了自己一手建造的印刷行。由于他能一下子印出这么多书，而且书中的字母每次都在同一位置——这使人们百思不得其解，人们认为他是在施魔法，因为到那时为止还没有出现过两种完全相同的东西：没有完全一样的脸、一样的花、一样的动物——自然界没有一样东西完全与另一种东西一模一样。因为完全相同的东西只有工业才能生产出来，大自然对这种简单的重复不屑一顾。尽管困难重重，这种新的技术仍然得到了广泛的推广。在不到 20 年的时间里，意大利、法国、瑞士和至少十几个德国城市都纷纷开始印书。到 15 世纪末——也就是印刷术发明不到 50 年后——已经出现了 36000 种不同的印刷品。仅仅在崇尚高贵时尚的富裕的威尼斯一地，就在 15 世纪的最后十年出现了 150 个印刷行。最早印刷的无一例外都是有关宗教内容的书籍，历史和文学书籍，尤其是古希腊罗马作家的书也很快纷纷面世。"

对知识充满极大的渴望

塞内克斯继续说："印刷书的出现对知识的发展产生了极其深远的影响。突然间，希腊文和拉丁文作品不再是学者和神职人员的专有物，每个普通人都能接触到它们。人们对知识的渴望空前高涨，一大批新的大学纷纷建立起来了，成千上万的人去大学学习，并开始萌生了反对统治制度的思想。"

"但是肯定又是只有男人才能上大学！"

"是的，贝蕾妮克。妇女最多只能去修道院附属学校和教会学校。年轻的男子在 13 世纪前就可以上大学了，比如在博洛尼亚、那不勒斯、牛津和西班牙的萨拉曼卡（Salamanca）。1348 年，德意志在布拉格建立了第一所大学。除了修道院附属学校，人们也在城市建立了世俗的学校。在这些学校里，除了接受读写能力的训练外，人们还学习拉丁语。我认为，我们今天参观的这个印刷行推动了人类的精神发展。人类历史上第一次出现了这样的现象：所有的人都能买到涉及任何知识领域的书籍——关于宗教、文学和历史的书籍。人们学会了阅读。文盲逐渐减少——当然这一过程十分缓慢。渐渐地知识得到了广泛的传播。开始是在贵族阶层，后来是市民阶层，再后来是在普通人中。很快，读书之风便在全欧洲盛行开来。没有印刷术的出现，就不可能有马丁·路德的《圣经》翻译和他推行的宗教改革。印刷——这一新的书籍生产方式，使每个人都有机会读到《圣经》，并唤起许多人自己阅读圣书的愿望，他们不再仅仅满足于教皇和神父的布道。印刷术的出现结束了教会对教育的垄断，同样也结束了教会对教育的管制权——尽管这一过程十分缓慢而且不无阻力。由于各地不同民族语言的繁荣，科学家们开始超越国界进行思想交流。"

各种荒唐的言论也可以出版

"文学的特点大概也由此发生了变化吧，"罗曼说，"我想，文学的精华一定也少了，也许甚至还会出现粗俗的作品，因为作者要注意适应读者的口味，他们的读者不再仅仅是达官显贵和神职人员。"

"也可以换一种说法，"斯蒂芬笑着说，"从这时起，各种荒唐的言论也可以出版了。"接着他若有所思地说："除了教会的书，新的宗教团体的书和宣传册子也会大量出现。还有那些自我标榜的宗教教师、创立救世说的人和自称得到某种秘传的人的邪说也会泛滥成灾。在当时，越是无法证明的东西，人们也许越愿意相信。这也是印刷术的后果之一！我永远无法理解，人类为什么如此不理性。"

"但是人类的理智之光也从来没有完全熄灭过，它时不时地会发出耀眼的光芒。"塞内克斯安慰他说，"现在你们还是跟我走吧，我们从德国的美因茨再回到意大利的佛罗伦萨去。我们不需要再越过时间了，因为我们刚刚看到的古登堡印刷的最早一批《圣经》出现在 15 世纪中叶，而现在我要讲的这个人——洛伦佐·美第奇（Lorenzo de'Medici），绰号'了不起的洛伦佐'在此后 17 年，也就是 1469 年出生了。来吧，我们的马还在等着呢！我们将骑马经过勃伦纳山口和波河平原进入托斯卡纳（Toskana），这段路程不长，就像我们昨天骑马从阿西西到沙特尔，再从沙特尔越过莱茵河到美因茨一样。"

意大利的文艺复兴

在阿诺河(Arno)桥上

塞内克斯快马加鞭,沿河而上,穿过莱茵河平原的路程其实很短。他们以同样快的速度翻越了阿尔卑斯山。脚下狭窄的道路年久失修,中间有些路段还是当年的罗马人修建的。他们骑马沿加尔达湖岸向南而行,一直到托斯卡纳,眼前便出现了一片长满柏树的连绵起伏的丘陵。

他们停在一个小山丘上,从这里可以俯瞰佛罗伦萨。

脚下是一圈有城垛和城门的城墙。风过之处,琥珀色的阿诺河上留下粼粼波光。韦齐奥(Vecchio)桥横跨河上,桥上两侧有些小店铺。他们从山丘上眺望佛罗伦萨,犹如注视着一张由黄、褐、灰三色编织而成的大地毯,其花纹由各式小房子及其长满苔藓的房顶组成,其间还夹杂着深色的线条——小巷、广场、宫殿、塔楼,还有许多的教堂。最醒目的图案是那座呈长方形的、颜色醒目的大教堂,及其尖尖的砖红色圆顶和白色的钟楼。

"那里……"塞内克斯伸手指着城市的方向说,"你们看那座宏伟的像城堡一样坚固的宫殿……"

"是那座褐色的三层建筑物吗?"

"是的,那就是我们的目的地——美第奇宫殿。我们把马拴在城墙根儿好啦,走几步就到。"

很快,他们就来到了阿诺河桥上。这里有许多首饰铺,店铺老板和首饰匠在小店里忙前忙后。另外还有卖丝巾、玻璃项链和发带的小铺。人们讨价还价,有的购买物品,有的笑着走开。一位黑发姑娘头戴镶嵌着珍珠的便帽,她正在一个铺面前挑选丝巾。

身处文艺复兴时的佛罗伦萨,多么美妙

塞内克斯激动得两眼发亮,禁不住感叹道:"身处文艺复兴时的佛罗伦萨,多么美妙!此时此地正有一阵清新的风迎面吹来,现在我们仍处在15世纪,或者用意大

利说是'Quattrocento[1]'。"

"为什么说此刻是某种新的开端？"

"因为人们苏醒了，斯蒂芬，他们开始用新的眼光注视周围的世界，同时他们发现自己具备独立思考的能力，这种能力把他们从各种各样的束缚中解脱出来，也许这正是文艺复兴的根本意义——再生。人的理智不再只关注天堂，而且也关注地球、自然和自然之美，关注人和人的身体之美。同时这种新生也改变了人对上帝及天堂的理解——即使这种改变非常缓慢。人要做自己的主人。"

"你说的这些听起来太抽象了，到底是什么再生了？"

"当然是人——除此之外我再找不到其他答案，斯蒂芬。古典的思想和感受被重新发现。经过数个世纪对基督教的狂热信仰，再出现这种现象是非常令人吃惊的。人们不再以迷信的、被神话迷糊住的眼光看待自然，而是有意识地去认识自然，并创造了一种新的艺术。虽然我们在漫游中不断遇到古希腊的哲学家们，但你们不要由此误认为这些哲学家早已在人们的头脑中根深蒂固了。不，不是，事实上人们并不认识他们！只有极少数的学者，也许一两个艺术家读过他们的著作。可到了文艺复兴时代，人们便开始无时无刻不想到他们，这如同一种狂热的激情，把中世纪的种种恐惧冲得干干净净。世界由此变得明亮起来，光明穿透了压抑人们思想的迷雾。人们不带偏见地重新认识一切：政治、造型艺术、文学，啊，全部的生命。人们开始关注生存，关注这个世界，关注自然和自然之美，关注人的身体和感官的享受——这是一次多么了不起的觉醒啊！"

"您可真够兴奋的！"

"我怎么能够不兴奋呢，罗曼？迄今为止，人类一直满怀敬畏地一心一意想着上帝、永恒和自己的灵魂，现在他们不再仰慕天堂，不再畏惧地狱，他们发现眼前的世界是属于自己的，而且他们喜欢这个世界。自古希腊罗马以来，一个全新的、充满自豪的亚当第一次将中世纪屡遭羞辱备受折磨的约伯[2]抛到脑后，与他的夏娃——对，是夏娃，而不是玛利亚——昂首挺胸地迈入世界，去征服世界。看看你们的周围！这里有上百间店铺，人们在这里制作陶罐，给它们涂上彩釉，吹制易碎的玻璃器皿，这里有用贵金属和宝石制作的钱币、图章和各种饰物，这些漂亮的饰物有的用来装点女人的衣服，有的则用来修饰房屋和教堂的外观。细木工以其镶嵌和雕刻工艺而远近闻名。还有雕刻工、印染工、皮匠和纺织工。当然出现在你们面前的更主要的是人——能够真正感受到美的人。"

"我们距离这段时期已经很遥远了吧？"

"确实如此！然而——没有文艺复兴，没有意大利，没有佛罗伦萨，我们就不会有今天的一切！另外值得一提的是，在这座城市，日出和日落形成了人们的生活规

---

[1] 意大利语，意为15世纪。
[2] 《旧约》里的一个主要人物。

律，日落以后，城门关闭，如果没有特别的授权，任何人不得随意外出。因此，晚间几乎不会出现犯罪，而且晚间的犯罪也将受到加倍的惩罚。也许紧闭的城门更令人惧怕，因为它能阻止罪犯在夜幕下趁黑逃走。店铺和民宅在晚间也要上锁。然而，当黎明的曙光照进城市，教堂的钟声四面响起，城门随之徐徐开启时，生命的活力又仿佛一下子注进了城市。农民们拉着装满货物的驴车来到市场；来自比萨和博洛尼亚的商贩带来了香料、棉花、线和颜料；工人们急匆匆地赶往手工织布工场；商店也开张营业了。早祈祷在这里既是一种宗教仪式也是一种社交活动，每天早祈祷后作坊里和店铺里便挤满了人。狭窄的街道上一整天都是熙熙攘攘的人群。"

房子太大，家庭太小

"现在我们来谈谈洛伦佐·德·美第奇，这位'了不起的人'。我们现在正站在他的祖父——被称为'祖国之父'的科西摩一世建造的宫殿前。'对于如此小的家庭来说这是一座太大的房子'——他的儿子，洛伦佐的父亲皮埃尔曾这么说。皮埃尔是个痛风病患者，说这话的时候，他还不可能预见到，美第奇家族在往后的几百年间会取得如此举足轻重的地位。他们用金钱和财富控制了欧洲的政治，这个家族的女儿们也纷纷和欧洲各国的国王和其他政要联姻。"

"卡特琳娜·美第奇（Katharina von Medici）就是法国的王后。"

"她也许是最光彩夺目的一位，罗曼。"

"奥古斯堡的福格家族不也曾有过这样显赫的权势吗？"

"从某个方面来说是这样的，贝蕾妮克。不过，雅各布·福格（Jakob Fugger）只是通过资助德国皇帝卡尔五世的战争而发了财，但他对当时艺术和精神领域的发展并没有产生多大影响。美第奇和福格这两个家族无疑有一个共同之处：他们都是趁着贸易和金融业的兴旺而发家致富并获得权势的。当时仅在佛罗伦萨就有80家大银行，近十万的居民中有四分之一在200家企业中从事制造业。那时从东方传来一种用紫色颜料染色的技术，一些棉纱厂主因此而发了横财。除金融市场外，棉花和丝绸市场也是聚敛财富的地方，纺织工业那时已经有了资本主义组织形式的萌芽。银行在当时已经渗透到各行各业：它们兑换支票，发放贷款。银行不仅给工厂主和贸易商提供贷款，而且还资助王侯及政要。人们大量置办机器和其他生产原料。佛罗伦萨的商人与地中海和北海沿岸的港口城市，甚至布鲁日[1]（Brügge）都有贸易往来。佛罗伦萨在整个意大利、佛兰德[2]、埃及、波斯、印度乃至中国都有领事馆。"

---

[1] 比利时的一个城市。
[2] 历史上荷兰西南部、比利时西北部和法国北部交界的地方。

"中国——这可使我想到了马可·波罗。"

"肯定会的，罗曼，他的名字尽人皆知。他是威尼斯人，不是佛罗伦萨人。但他仍是那个时代的代表人物。话说回来，领事馆的主要作用仍在于促进贸易。为了更接近大海，便于贸易，佛罗伦萨人征服了港口城市比萨。佛罗伦萨是当时世界的金融中心。科西摩一世——'了不起的洛伦佐'的祖父，以'祖国之父'的名义主持政府事物。他一人大权在握，尽管这期间也发生过几次血腥的篡权活动，但他仍把统治大权牢牢控制在美第奇家族的手里。"

"我只知道，洛伦佐曾遭暗算，所幸脱险，而他的兄弟却不幸身亡。"

"由帕奇（Pazzi）家族发动的对抗美第奇家族的这一暗杀事件已经载入史册，罗曼。我们知道，暗杀并没有得逞。洛伦佐对此进行了血腥的报复。整个佛罗伦萨都为洛伦佐的胜利欢呼，称他为祖国的救星。这样他的权力就更加不可动摇了。作为银行家的父亲和祖父为他的发展铺平了道路。他们在布鲁日、威尼斯、伦敦、日内瓦和阿维农及地中海东部诸国都有分号。皮埃尔继科西摩一世成为意大利的主宰，而他的儿子洛伦佐则过上了歌舞升平的生活。即使如此，洛伦佐仍充满求知欲。他受过很好的教育，喜欢与学者和有身份的艺术家交往，致力于哲学和数学的研究。科西摩曾建立了一个专门研究柏拉图的学院，皮埃尔死后，他留下的丰厚遗产便落到了当时年仅20岁的洛伦佐手里。可惜洛伦佐对金钱交易缺乏天分，未能完全保住这份巨额财产。由于经营不善，他不得不关闭许多分号，最后靠佛罗伦萨教区提供的一笔无息贷款才拯救了濒临倒闭的美第奇银行。但是，洛伦佐却是一位天才的政治家，年仅15岁时他就致力于国家政务，代表他的父亲出色地斡旋于各国的宫廷中，他化敌为友，人们尊称他为'了不起的洛伦佐'。比他的政绩更为出色的是他对艺术的贡献，他是艺术的倡导者和爱好者，他下令在佛罗伦萨建造华美的建筑物。其中包括在当时被称为奇迹的圆顶大教堂。柏拉图学院院长把这个时期称为'黄金时代'，这种金色的光芒照耀着文化艺术各个领域，长期因教会压制而被埋没的文法、诗歌、雄辩、绘画、建筑、雕塑、音乐和唱歌等文化艺术的各个领域都焕发出了新的光彩。为了自己的利益洛伦佐还修改了宪法，他无所顾忌地收买西格诺里亚（Signoria）参议院和佛罗伦萨议院的选票，借助财富使自己成为了佛罗伦萨最强大的统治者。"

毫无节制的慷慨

他们经由拱廊环绕的内院进入宫殿。宫殿侍从、文书、市民和贵族在这里来来往往，到处都是身着华服的人。

塞内克斯停下了脚步："关于洛伦佐还有一点要提一下。他十分了解古希腊，而且精通古希腊的各门科学,但是他的国民之所以称他为'了不起的洛伦佐',主要还是因为他那毫无节制的慷慨。他捐助了十几个宗教基金会,他资助的艺术家、学者和诗人更是不计其数。他还给国库提供过巨额贷款。"

"那么佛罗伦萨还能算一个共和国吗?"

"只是名义上的,斯蒂芬。事实上洛伦佐专横独断。表面上他没有任何正式头衔,只是一个普通市民。他的政治决策是在'七十人理事会'中被通过的,可在这个理事会里他的人占大多数,反对派实际上不可能存在。洛伦佐派人暗中监视每一个人,对所有可能对他造成威胁的人决不放过。我们今天会批评他的这种做法,可在当时,他统治下的佛罗伦萨却秩序井然,人民过着富足的生活。当时就曾经有人说过,洛伦佐虽然是个暴君,但是没有比他更好更令人愉快的暴君了。老百姓每天都能观看到戏剧表演,举办欢庆筵席,参与各种各样热闹的新鲜事。这时的手工业也获得了极大的发展,有才华的人能够到城里学习各种科学和艺术,锻炼自己各方面的能力。贵族们喜好体育竞赛,市民们则以赛马为乐。一会儿你们就能看见洛伦佐了,他在给一个画家当模特儿,同画家一起探讨艺术和绘画。洛伦佐本人是一位伟大的诗人,他写过舞蹈歌曲和十四行诗,是用托斯卡纳的方言沃尔加语(Volgare)写作的。他甚至还会作曲——但是所有这些成绩同他对诗人、学者及哲学家的大力资助相比,就显得微不足道了。他在对文化艺术的资助这方面确实卓尔不群——当然有一件事非常遗憾:他没有发现里奥那多·达·芬奇独一无二的伟大之处,而是将他派到米兰,因为当地一位公爵要请一位雕塑家为自己塑像。可以说,那个时代所有重要的艺术家都曾受益于洛伦佐。我这里就不一一列举这些著名人物了,这会使你们感到乏味的。但是有一点我必须提到:洛伦佐不但让佛罗伦萨的圣·马可修道院的美第奇花园收集绘画和雕塑作品,而且还资助年轻的艺术家在此接受培训。这些人中包括年轻的米开朗基罗·布那罗第——我认为他是人类历史上最伟大的雕塑天才。洛伦佐待他像朋友一样,连通向自己花园的钥匙都给米开朗基罗一把。"

艺术史上最富革命性的发现

他们沿路拾级而上,最后穿过一个长长的走廊。走廊的尽头是一扇雕着花纹的橡木大门。塞内克斯一推门,门沿着枢轴无声无息地打开了。这时,他们站在一间宽敞大屋的门槛上,屋内四壁挂着靛蓝色的丝绸壁毯。

塞内克斯和他的同伴们站在一侧,身体有半边被一张屏风挡住。

"这里所有的一切都是用最精细的染料加工的,佛罗伦萨的富庶也归功于这种染色技术。"

一股清新的空气从开着的窗户吹了进来。一个男人坐在一张有高高的靠背和宽大扶手的椅子上。"这就是洛伦佐·德·美第奇。"塞内克斯耳语道,这位佛罗伦萨的主宰身穿一件棕色的过膝长袍,脖子上是一圈细窄的白色小竖领,一条深红色的头巾裹在深棕色的头发上,头巾在胸前打了一个结,看上去好像他戴着帽子和围巾。他的肤色黝黑,下巴棱角分明,鼻子宽大扁平,眉毛凝重。

"他可谈不上英俊貌美。"贝蕾妮克喃喃自语道,"但却很有特点,显得与众不同!"

离"了不起的洛伦佐"不远的地方,一个画家已将画架支好了。

"洛伦佐·德·美第奇利用为大师当模特的机会,摆脱公务,放松自己,同画家畅谈艺术。"塞内克斯说道。

他们听到洛伦佐对正在挥笔作画的画家说道:"大师,请您谈谈对透视画法的看法吧!"

"目前再也没有什么比这更令我感兴趣的了。"画家欣然回答道。

"您想与大自然并驾齐驱么!"

"是的,大自然是我们最伟大的老师,但人是自然中万物的标准。完美的精确性也就是完美的准确性——也只有准确的才会是尽善尽美的。我想用前人不曾用过的方法作画!自从发现了透视法,我就希望在我的画中展现空间和深度,我要在与实际相符的氛围中表现人物,表现人在万物当中的准确位置。"

画家用大众听得懂的语言说话

画家又取了点黑颜料,用来描绘洛伦佐·德·美第奇那浓密的眉毛。洛伦佐陷入了沉思,过了一会儿才开口问道:"告诉我,为什么您不像您的众多同行那样献身于雕塑艺术呢?"

"我更热衷于绘画!想想那些色彩及其无可比拟的光度,它的魅力是什么也无法超越的……"

"虽然如此,可是难道在您眼里,优美的体态、起伏的曲线、肌肉的力度、脖颈的活力、脸部线条的高贵都不能与之相提并论吗?"

"对这些美我并非没有感觉!我也赞美雕塑艺术。但我之所以不愿雕刻石头,却还有另外一个原因,由于有了慷慨的资助,艺术在今天可以通过任何方式进入任何它想要表现或装饰的领域,雕塑作为这些方式中的一种,费时费力又费钱,相比之下绘画则可以更快更好地达到……"

"您的看法非常正确,大师。"

"而您在艺术的道路上却远远地走在我们前面，洛伦佐先生。"画家说道，"再也没比您更慷慨、更热情的支持者了，没有您就没有我们！"

"唉！"洛伦佐·德·美第奇叹了一口气，脸色变得忧郁起来，"虽然我大权在握，但我也顾虑重重。除了资助艺术，我还得建设越来越宏伟、越来越华美的城市，这不仅是我的愿望，而且是我的义务，因为这是人们对我的期待。一旦掌了权，谁也不可能只按自己的意愿办事了。如果他游手好闲，人民更会备受苦难。请原谅，我现在累了，我们休息一下吧。"

所有的时代都是残酷的

这句话也提醒塞内克斯该走了。他们在一个低矮的箱子上坐下，略作休息。

"1492年，'了不起的洛伦佐'去世了，年仅44岁。"塞内克斯接着说道，"他是这个人才辈出、群星灿烂的年代最耀眼的星星之一。"

"这个年代难道不也是一个非常残酷的年代么？"

"是的，我们有这个印象，贝蕾妮克。至于文艺复兴时期的人们是不是特别残暴，我们无从得知。可以肯定的是，我们手头上关于这段时期的材料比有关以前任何一个时期的都多。关于洛伦佐，我们可以说，没有一个人像他那样如此充分地体现了意大利文艺复兴的精神，也没有谁像他那样能有如此多的面孔和如此鲜明的性格反差。他是文艺复兴的中心，他统治着一个国家，却又挥霍无度；他思考哲学，却资助艺术家和诗人；他自称学者，却又与农民和愚人为友；他热爱化装舞会，供养情妇，唱渎神的歌，但也写虔诚的赞美诗。他作为最伟大、最高贵的意大利人受到全欧洲人的敬重。他的一个儿子后来成为教皇，即教皇列奥十世，人们说他是最富艺术灵感、最有教养的教皇。"

意大利文艺复兴时期前所未有的妇女解放运动

稍事停顿之后，贝蕾妮克接着说道："这听起来不错——但在意大利文艺复兴运动中又是只提男人如何如何。前面每次提到女性都是以情妇的身份出现，文艺复兴时期女性的实际情况又是如何呢？"

"我相信，毫不夸张地说，欧洲的妇女解放运动在意大利文艺复兴时期得到了空前的发展，这是由于生活水平的提高，以及摆脱了狭隘的宗教束缚的自由和宽松的思想形态所带来的。那时的妇女对许多领域，包括在政治和艺术的倡导方面产生了影响。她们的美貌使人着迷，这点可由留存的数百幅绘画得到证明，我指的不仅是那些不计其数的圣母画像，还有那些著名的肖像画，如蒙娜·丽莎。另外文学方面，你们也许知道薄伽丘的小说……"

"这对我来说太理想化了！当时的实际情况未必这么美好！"

"是这样，贝蕾妮克，我马上就会谈到这点。事实证明，意大利文艺复兴时期的确出现了一连串凭借着聪明和天赋而名声大振的女性。她们巧妙地统治着王侯们的城堡，如曼求亚[1]（Mantua）的伊莎贝尔·德·艾斯特，还有卡特琳娜·斯佛，她虽被同时代的人称为泼妇，然而却因其聪明才智而备受赞赏。"

"露西亚·波尔加也可列入她们的行列么？"

"她是不是真如别人说的那样不知廉耻——这仍是一个有争议的话题，罗曼。她只是听任父兄摆布的工具。她的父亲是以罗马为中心玩弄权术的教皇亚历山大六世，她的兄弟是那个罪恶多端的恺撒。摆脱了这两个男人之后，露西亚作为阿尔方索·德·艾斯特的妻子和四个孩子的母亲在费拉拉[2]过上了堪称女性典范的生活，她也是艺术的热情支持者。总而言之，文艺复兴时期受过教育的妇女是通过她们的聪明才智、教养和魅力而在社会上获得影响力的。"

"可这都是些突出的例子，那些普通妇女又怎样呢？"

"普通的女性要操持家务，承担家庭日常生活的重担。如果她娘家富有而本人又受过良好的教育，她就会有不少追求者。女性婚前一般是住在娘家，或在修道院里过着与世隔绝的生活，她会学一点拉丁语、一点希腊语，还会学习罗马史、文学和哲学。有时她也会摆弄乐器，极个别的能受到全面的人文教育。

"一般来说女人不能抛头露面。从根本上来说她的出路只有一条：要么结婚，要么沦为娼妓——当然这主要是那些出生低下的妇女。以前从来没有出现过那么多的卖淫妇，特别是在罗马——基督教的首都，从未有一个地方像罗马那样给卖淫者提供过如此多的出人头地的机会。当时对性的态度普遍宽容，甚至教会也能平静面对，饱食终日的教徒们可以为所欲为。当然那些由普通的娼妓而一跃成为富有而有教养、影响力深远的高级妓女只是极少数。"

世界上最有名的肖像画

"我们可将蒙娜·丽莎当作文艺复兴时期的典型女性来看待么？"

"我想可以的，罗曼。她肯定不是高级妓女或某人的情妇。你能提到她太好了，

---

[1] 意大利北部一城市。
[2] 意大利北部一城市。

因为不管怎么说,她的肖像画也许是世界上最有名的油画。大家都知道,这幅作品的作者……"

"是里奥那多·达·芬奇!"

"……他是人类最伟大的天才之一。"

"他是一位全才吧?"

"他掌握了他那个时代全部的知识和技能。在文艺复兴时期,天才头一回走上了人类历史的舞台,天才走进这个世界,并以自己的灵感和意志改造这个世界。"

"您认为现在再也没有这样的全才了?"

"取而代之的是专业天才,罗曼。"

"或者说是专业蠢材。"

"为什么你对什么都采取否定的态度,斯蒂芬?我们当然也需要可以密切合作的专业天才。我相信人类的未来正有赖于这种密切合作的精神。"

"我也有同感。"塞内克斯侧过头说道,"我们还是谈谈里奥那多·达·芬奇吧。他是艺术家、画家、雕塑家、工程师、城堡建筑师、设计师——你们想怎么称呼他都行。大家都知道,他曾费尽心思设计出一种飞行器——虽然它还不能飞行。他创造了独具一格的绘画手法,他的画中有一种人们称之为'sfumato'的独特气息。"

"这是什么意思?"

"我们可以把'shumato'翻译成'烟雾弥漫',贝蕾妮克。达·芬奇将浓淡程度近似的颜色混合在一起,使人几乎察觉不出颜色的过渡,以此营造出柔和的轮廓。这种艺术手法后来也被其他画家——如拉斐尔所采纳。还很年轻的时候,达·芬奇就曾写道:'我要创造奇迹',他真的做到了这点。他虽然是托斯卡纳一个小村庄的公证员和村姑的私生子,可是他后来却以其惊人的才华征服了王公贵族,赢得了国王和教皇的赞赏。他为几代画家指明了一条通向新视觉的道路,教导他们把握事物的内在本质。他在众多知识领域内探索耕耘过,所以我们今天无法确定他最大的成就是作为画家、工程师还是作为自然科学家所取得的。我只想向你们介绍他的众多成就之一,这也是我本人认为最具代表性的,它不仅是对艺术领域,而且对医学乃至整个人类的认识发展都产生过巨大的推动作用。"

"我知道您想说的是什么,您指的是他对解剖学的研究!"

"对,罗曼。这期间又有几十年过去了。我们现在是在 1503 年。在这期间佛罗伦萨人将美第奇赶跑了——后来他们又卷土重来——狂热的僧侣萨弗纳罗拉(Savonarola)企图压制文艺复兴的自由精神,将人们拉回到中世纪狭隘的宗教偏见和对来世的恐惧里……"

"又是一个宗教狂。"斯蒂芬插嘴道。

"这种人在任何时代都有。萨弗纳罗拉最终是被绑在绞刑架上烧死的。整个意大利一片混乱，武力争斗群起蜂拥，德国皇帝和法国国王也加入其中——当时的情况概括起来就是这样。达·芬奇对所做的一切都不遗余力。他穿越托斯卡纳群山，研究几百万年前由大海的淤泥所形成的那些化石和陷在其中的贝壳、墨斗鱼、蜗牛壳，由此他开始从事对物种演化的探讨。最突出的是他对解剖学的研究，他解剖尸体，并对此进行极其精确的描绘。"

"那时教会不禁止么？"

"是禁止，斯蒂芬，可人们不理会这一套，教会也只好默许了。于是艺术家们就可以在所谓的解剖室内研究人体结构啦！"

塞内克斯站起身来，表示他想继续向前走。

"我想，贝蕾妮克，"塞内克斯回答道，"我们现在就离开美第奇宫殿，走过几条街，就到里奥那多工作室了。"

马基雅维利——一位狂热的爱国者

塞内克斯带领他们穿过生机勃勃的城市，来到一座大房子前，屋门虚掩，他们可以顺利进去。他们进到一间像是画室的房间里，里面摆满了画架、亚麻画布和桌子，桌子上摆放着颜料桶、纸、炭笔、蜡烛、烧尽的油脂蜡和酒罐，地上堆放着工具、风箱和破旧的家什。在靠后的一张桌子旁站着两个男人，他们正在仔细端详手中的图画。石灰墙面上挂着大幅的画纸和卡纸，上面是以豪放笔法所作的速写。

"达·芬奇受议会之托，为市政大厅画一幅以战争为题材的画。他并不喜欢这项工作，更何况他的竞争对手米开朗基罗将在对面的墙上作一幅画，而这幅画的主题更合里奥那多的口味。这是他不能忍受的。尼可罗·马基雅维利（Machiavelei）说服米开朗基罗接受这项工作……"

"您指的是那个热情颂扬诸侯武力的马基雅维利么？"

"是的，罗曼。提起他的名字，就令人不由想起那种厚颜无耻、为达目的而不择手段的外交手腕。"

"'目的可将一切手段神圣化。'"斯蒂芬引用了一句马基雅维利的名言。

"是这样的，他的著作《君主论》的某些段落读起来似乎就是现代黑手党头子的工具书。但我们对马基雅维利也要一分为二看待，他还是外交家、历史学家、国家理论家及戏剧家。他在晚年甚至支持共和的观点。这个口吐玩世不恭之词的男人在内心深处却是一个狂热的爱国者。对他而言，统一意大利的信念超越了一切伦理道德，他认为，意大利分裂为几十个国家和城邦的局面正是一切祸害的根源。他拒绝皈依基督教，因为他坚信，教会的教义是以伪事实为根据的。但他也接受这种观点——即任何社会秩序都需要超自然的信仰。他是一个摈弃了基督教伦理学的无神论者，他强烈批判了基督教将宽容与温顺、谦恭、顺从及对和平的热爱相提并论的做法。他崇尚古罗马的那种将人民的利益——或者说是国家的利益——作为最高原则的伦理学。"

"归根结底还是人民的利益！这么说来他还是一个启蒙运动者！"

"启蒙运动思想在文艺复兴时期以多种形式传播开来，斯蒂芬。那时正处在宗教改革的前夜。"

"宗教改革是启蒙运动的必要准备阶段！"

"是这样的，斯蒂芬。不过，启蒙运动远远超越了宗教改革，宗教改革只局限于教会和基督教的信仰，而启蒙运动则对信仰本身提出了质疑。"

塞内克斯指着站在桌旁的一个男人，他正站在窗下，这是一个身着黑衣、骨瘦如柴的男人，他面色苍白，双颊深陷，目光锐利，薄薄的嘴唇使他看上去犹如戴着面具。"这就是尼可罗·马基雅维利，"塞内克斯说道，"他是一个沉思者，而非一个讲究情调的人。"

艺术必须达到一种全新的表现真实的境界

另一个男人则显得更结实、更粗壮，他的脸颊呈粉红色，这种脸色是那些经常在户外呼吸新鲜空气的人常有的，他大约快50岁了，胡子长长的，却修饰得很仔细，脸庞宽大而温和，眼睛发出充满探索欲的光芒，头发披在肩头。

"您看，马基雅维利，"达·芬奇讲解道，"我不得不做解剖，艺术必须向前迈进一步，从而达到一种全新的表现真实的境界。为此我做了长期的准备，我让人为我磨制了专门的刀片，我还需要细巧的钳子和锯子。我亲手制作了许多工具，用来绷紧和肢解尸体，另一些工具则用来测试皮肤和肌肉的弹性。"

"这样做到底是为了什么？"马基雅维利问道。

"因为我们必须摆脱从前那种对身体的公式化理解，那样的人体就像穿着衣服的木偶，他们不是有血有肉的能呼吸的人——这些木偶似的人只能画在布告牌和木板上。"

"为此您就要解剖尸体，里奥那多先生？不久之前教皇还下了一道手谕，将解剖尸体定为死罪呢。"

"啊，感谢上帝，这事已经过去了！"

"这倒是真的。尽管如此，用刀将死者的身体切开，把内脏暴露出来，到底有什么好处呢？"

"人的身体是所有艺术品当中最高贵的。然而，人的生命力是由内而外散发出来的，我们所见所爱的只是其外表的形式。不过，尼可罗先生，这些是表现形式，也就是说，通过外表将内在的东西表现出来的方法。我研究过城市和乡村的人们，农民、打工者、染色工、石匠——随便什么人，我都可以画出他们耕田、打谷、饮酒、数钱和睡觉的样子，但是，如果你不知道他们的内部构造，了解他们靠什么充满生机，他们怎么呼吸和怎样运动，你就无法真正地描绘人物。艺术家应该了解骨架的结构和肌肉、筋腱的状况，这些都是相互作用的部分：皮肤是果实的外壳，而果实则由血肉组成。"

"当您观察人体内部时，必将发现上帝到底创造了什么以使我们能生存下来，难道您不想更多地了解人类，了解自己，了解上帝吗？"

我们人类是像猴子一类的生物

达·芬奇没有直接把自己的意思说出来，他说道："我给自己定了一个任务，我要将人体发展的每一个阶段——从生到死都画下来。因此我要描绘出男人的每一个部位和女人的每一种形态。我发现婴孩是在羊水里发育的，那情形有如一块慢慢从水中浮出的大地。"

"他喝这种水么？这种水是他的养料么？"

"不是的，"达·芬奇回答道，"婴儿由脐带提供营养。我发现人是由血管、神经、肌肉和骨头组成的。我研究了所有器官的位置，并用笔画了下来。"

"大概没有什么您不想去探索的了？"

"是的，没有。我为此感到高兴，因为我现在知道，我们人类是像猴子一样的生物。"

"什么？跟猴子一类？也许只是相似吧？"

"这就是世界观的问题了。毫无疑问，人类与所有的动物，包括狮子、豹子、老虎、猎豹、美洲狮及狼，甚至鱼类和鸟类都很类似。"

达·芬奇拣起一张纸递给了马基雅维利："请比较一下人手与熊掌、鱼鳍、鸟翅和蝙蝠的翅膀骨架。我可以告诉您，甚至猪肺也跟人肺没有什么区别。"

"这听起来太新鲜了！"

"是啊，我打心自问，是否上帝真的创造了人类，也许人类只不过是一种学会了直立行走的四脚动物。"

"为什么上帝不是先创造了其他动物，然后人类再由此演变而来呢？"达·芬奇点头道："这完全有可能。"

我对解剖学的兴趣与我对机械的乐趣紧密相连

马基雅维利出神地看着这些画。良久,他说道:"自然赐予您杰出的才能。这些画将存留下来,它们是真正的杰作。我看到画上像是一团缠绕在一起的编织物,它揭示了上帝的意图,在此我忘掉了那些血管、肠子和其他器官原本的恐怖面目。一切都那么清晰可见,超凡脱俗,似乎生命的短暂也被您的作品战胜了。这不是很奇妙么?您的手也终有消失的一天,然而它却可以创造出永恒来!啊,我在说些什么呐,这也许更是创造之神的奇迹,因为正是它带动着您的手在纸上移动作画。人能离上帝这么近吗?或许他的面貌就隐藏在这些线条、这些网络之后?"

"我那一百多本速写对此做出了答复。"达·芬奇说道。

"一百多本速写……您画了那么多?"

"也许还要多。为此我既不吝啬钱财——因为这需要用一大笔钱——也不惜心力,画这些画几乎耗尽了我的精力。障碍只有一个!"

"是什么?"马基雅维利嘲弄道,"难道里奥那多·达·芬奇也会遇到障碍么?"

"只有一个障碍!"

"我可不知道您还能遇到什么障碍!"

"这是唯一的一个障碍,这是我们所有人,包括我和您,都不可能逾越的障碍!"

"那会是什么呢?"

"时间!这是个最大的谜,尼可罗先生。它是所有哲学的源泉,所有思想的开端。"

"我明白了——您指的是短暂的生命。您称自己为工程师,里奥那多大师,其实您不更是一位哲学家么?"马基雅维利薄薄的嘴唇泛起微笑,"同时您还对人体解剖如此投入!"

"我对解剖学的兴趣与我对机械的乐趣总是紧密相连的。"

"人体与机械又有什么关系?"

"零件的组合运转令我兴奋,甚至可以说使我心醉神迷。这是一种神圣的和谐。人们应看到并认识到这种和谐统一!运转着的零件相互作用从而形成了整体。蚂蚁的爬行可以类推到整个宇宙——乃至上帝的造物。胳膊的弯曲、腿的屈伸及双手的抓握,这些都必须在对整个人体有一个全面的了解后才能真正认识得到。"

"只有认识了上帝,才能理解蚂蚁的爬行?"马基雅维利锁紧了眉头。

"可以这么说吧。通过对机械的研究我更好、更精确地理解了人体的运动和它的物理基础。"

"但缺少了灵魂!"

灵魂就是身体，身体就是灵魂

"灵魂——身体？这有什么区别？"达·芬奇略微站直了身体，"我认为，灵魂就是身体，身体就是灵魂。"

"这话可别让我们的神父听到！"

"我只是对您说，又不是对圣父说！况且，对圣父我们什么都可以说，甚至是不敬之语，只有那些低等的教士才那么小气。我还想告诉您，机械原理不仅适用于非生命物，杠杆、传动杆和滑轮运转的原理同样适用于解剖学。"

"那么说来，死气沉沉的机器就是活生生的生物的影子了？"

"是的，机器是有机物的影子。"

"那么，还有一个问题，那就是我们不灭的灵魂，如果它确实存在于我们的身体，存在于我们的四肢以及使之运转的力量之中，那它究竟在哪个部位？"

"我不知道。尽管我也常常这样问自己。现在我只好把这个问题交给上帝了。"

塞内克斯转向他的同伴，轻轻耳语道："他该说的都说完了，我有一个新的目标。来……"

斯蒂芬最后注视了那两个男人一眼，对玩世不恭的政客暗暗产生了好感，他想，或许这个人对人性的理解比某些理想主义者更深刻。

他们来到屋外，日当正午。"我们爬上小山牵马去吧。"塞内克斯说道，"我们还要再骑马走一小段路。"

"去哪里呢？"

"再回罗马一趟，贝蕾妮克。你们肯定认不出它来了，这座古典的城市此时已经破败不堪。罗马帝国的中心——罗马广场，已成为一片废墟，一个采石场。我们参观过的卡拉卡拉温泉浴场也是同样的遭遇。我们今天去的是在文艺复兴时期教皇统治下的罗马，尽管破败，可罗马却又一次以另一种方式经历了它的辉煌时代。"

"辉煌与罪恶是天平的两边。"

"可以这么说，斯蒂芬。再谈谈达·芬奇。我不想让你们误以为他是那个时代唯一解剖尸体的人。那时医学界获得了不少新的知识，解剖学为之提供了依据。在达·芬奇之前150年的博洛尼亚就出版了一本《解剖学》，300年来这本书一直被当作不可推翻的权威。在博洛尼亚和比萨的许多大学里已进行了解剖试验，甚至罗马教皇西克斯图斯四世也下令准许在教皇医学院里进行尸体解剖。希腊人曾把心脏比作制热器，动脉比作传送气体的管道，而脑子则是一种冷却盘管。从这时起，印刷业也对医学的发展起了积极作用，它促进了知识的交流，加快了前进的步伐。"

"那么达·芬奇最突出的贡献在哪里？"

"是他那不知疲倦的探求欲、他的好奇心、他记录一切事物时那不可思议的精确性、他那打开人体和头颅的灵巧技艺。他曾打开头颅盖并画下全部的骨架结构。没有人画过比里奥那多更精确、艺术上更讲究、更具审美效果的解剖速写。他画了好几百幅肌肉、血管、骨头和内脏的图画，这些画非常准确，到今天人们还能使用。他还为这些图画作了详细的解说，整整一大本笔记记录了他对人体生长和发育的观察。难怪200年后英国最伟大的解剖学家威廉·亨特（William Hunter）把里奥那多称为他那个时代最伟大的解剖学家。"

"人类从一开始经过古老的文化发展直到里奥那多，这期间所走过的道路真令我惊叹，"罗曼说道，"这也使我充满希望，因为如果人类有这样的潜能，文明就不会消亡。"

"可像达·芬奇那样的人太少了。"斯蒂芬嘟囔着。

他们登上小山丘。马儿还像原先那样平静悠闲地站在原地，似乎才过了几分钟。也许确实如此，因为在进化公园里，时间的流逝依据的是另外的原则。

教皇的罗马

景象凄惨的城市

当他们骑上马向南行去的时候,情形也是这样,进化公园的时空按照自己的原则飞快地变化着,很快他们就被托斯卡纳的丘陵风光所包围。他们的目光扫过群山和峡谷,掠过平静的、起伏连绵的绿色山冈,这一切仿佛出自一位伟大的古老画师之手。墨绿的柏树耸立着,城堡看起来像积木搭成的玩具一样。不知不觉地,妩媚的托斯卡纳变成了粗放的安布利亚(Umbrien)。那呈几何形的田野上麦浪翻滚。路的两旁,深色的橄榄树枝之间是挂满葡萄的葡萄架。

"真像一个精美无比的大花园!"贝蕾妮克欢呼道,这美丽的景色让她眼花缭乱。

他们沿着塔西米亚湖岸骑马小跑了一小段路,看到山冈上的阿西西,想到自己曾在那里逗留过,使他们觉得自己和这座小城有了一种密切的联系。

不久他们到达了罗马,这座曾经在他们的记忆中光辉夺目的大城市现在看起来糟透了,那些著名的公共建筑物及私人房屋均已坍塌,有些显得光秃秃、空荡荡的,在它们破碎的墙头上长满了野草和葡萄枝蔓。城市一片荒凉,有的地方就像垃圾场。他们骑马踏过动物的尸体。猪猡们在一座还有点样子的希腊庙宇的圆柱之间的垃圾中翻寻着食物。

"当时有人称罗马为一具腐烂的尸体,其实并非到处如此。教皇西克斯图斯四世曾竭尽全力扩建街道,重修部分建筑物,但在波吉亚家族的统治下,罗马更加衰败。那些从整个欧洲涌进来的朝圣者的遭遇最为凄惨,他们的财物被洗劫一空,人被推来撞去,在盛大的宗教游行时被马踩倒,在客店被臭虫咬得半死,在教堂被骗走最后一块第那尔[1](Denar)。"塞内克斯沉思着,然后像是带着歉意说道,"尽管如此……然而……"

他们骑马经过一个罗马圆形露天剧场,现在有许多人家在这里盖上了木棚并定居下来,然后他们进入一个蜿蜒漆黑的小巷,最后他们来到一个广场前。

---

[1] 当时的欧洲货币之一。

正在计划中的新彼得大教堂

"这就是费奥里（Campo dé Fiori）广场。"塞内克斯讲解道，神情明显轻松起来。贝蕾妮克也吐了一口气，现在终于又回到了文明世界。在许多干净的色泽鲜艳的摊铺上摆满了蔬菜、鲜花、鱼和肉，广场上人来人往，十分拥挤。

"罗马的厨娘和主妇们在这里采购她们每天所需的食品。"塞内克斯说道。

四周的小巷和街道上生机勃勃，这里的房屋看起来较为舒适，而且不那么破旧。"我们离梵蒂冈越来越近了。"塞内克斯说道。穿过一道高高的城墙，他们将马拴在城墙后面的一根柱子上，然后迎着老圣彼得大教堂走去，这是一座明显向一边倾斜、需要依靠多重支撑的砖体建筑物。

"我的天，教堂要塌了！"贝蕾妮克叫道。

"它已经有1000年的历史了，康斯坦丁大帝下令建造了它。现在一个新的彼得大教堂正在计划中，它将成为教皇的主要教堂，并为那些不断涌到罗马的朝圣者提供一个虔诚礼拜的场所。还要有几十年的时间，它才能按照设计大师布拉曼德（Bramante）[1]的设计建造完工。"

塞内克斯和他的三个同伴注视着老教堂的内部，几百根大理石和花岗岩的圆柱将教堂分成了五个部分，同时这些圆柱高高举起了教堂的穹顶。

"人们将罗马所有的圆柱都找了来，"塞内克斯说道，"他们毫无顾忌地将其他古老的庙宇抢掠一空。我们不打算在此做停留。"

他带领他们穿过教堂，经过一侧边门和几个房间，这里也挤满了人，大多数是身穿教士长袍的神职人员、文书或官员。墙壁上不挂画像的地方，都挂着名贵的佛兰德壁毯，壁毯之间摆放着古希腊的塑像。宽大的阶梯通向一个走廊，走廊的尽头是一扇小门。

一个仰卧在脚手架上的人

他们惊奇地停住了脚步，面前是一间穹顶很高的宽敞的厅堂，光线通过高高开在墙顶的窗户照射进来，林立的支架直通到穹顶的下方。有的工匠搅拌着大圆木桶里的石灰浆，有的正在捣碎颜料，佣工们用木桶将颜料提到梯子上。在另一个地方，

---

[1] 布拉曼德（1444—1514），意大利建筑师，文艺复兴时期古典建筑风格的奠基人。

木匠们正在搭建一个新的脚手架，他们把木棍用绳子绑在一起，固定在水泥穹顶下方，搭起了一大堆脚手架。空气中弥漫着一股湿灰浆味，新鲜颜料发出的味道，也很刺鼻。

"请注意最上面那个小个子男人。"塞内克斯指着上面一个朝后仰躺在脚手架上的人影说道。

"他就是米开朗基罗！"塞内克斯说道，他的声音极低，带着敬畏，"以这种姿势作画，躺着或蹲着，脖子使劲朝后仰，眼睛垂直朝上，耗尽了他的体力。他胳膊酸痛，身体也因过度抻开而疲惫不堪。虽然他将眼睛眯成一条缝，而且每画一笔就闭一下眼睛，可他的视线还是被不断掉落下来的颜料所蒙住。"

"我在上面一定会头晕的。"贝蕾妮克无比钦佩地说道。

"他也深受其苦。西斯廷教堂的高度惊人，他身处最高一层的脚手架上，在那么高的地方，他还仰躺在脚手架上，充满艰辛而又激动不已地描绘人物的轮廓，距离地面至少有20米。他画了大约300个男人、妇女和儿童形象，个个栩栩如生。"

他们看到，米开朗基罗在画画，只见他正在用握在左手拇指和食指之间的画笔作画，画笔上的颜料滴了下来。他完全平躺着，将膝盖弯曲顶在胸前，以支撑那条作画的胳膊。

"无论他采用哪种姿势作画，是靠、是躺、是弯腰，还是依靠着外物或跪着，对他都是一种折磨。"

参观者仰脸朝上注视着这幅还没有被脚手架遮住的作品，他们看到，画面的中央，圣父正从熟睡的亚当的肋骨中取出夏娃。穹顶的一半是饱满的黄、绿、粉红和蓝色——还有像阳光般发亮的皮肤颜色。

人类描绘造物主和他的造物

"为什么您向我们介绍的是作为画家的米开朗基罗？我一直以为，他是最伟大的雕塑家。我想到了佛罗伦萨那座他雕塑的大卫像，还有在美第奇墓地的塑像、摩西像——当然也有怀抱死去的基督的圣母塑像！"

"你知道的还真多，罗曼。我向你们展示正在西斯廷教堂作湿壁画的米开朗基罗，正是为了兑现一个诺言……"

"啊？"贝蕾妮克放开罗曼的手，"我想起来了！您在谈到旧石器时代的动物壁画时曾提及，人们也可称那些洞穴为石器时代的西斯廷教堂。"

"正是如此，这就是我们到此地的原因。旧石器时代的人们在洞壁上刻画他们的猎物，涂上颜色，以此来召唤公牛、野马和鹿群。"

"您的意思是，他们或许是在画他们的神？"

"或者是在感谢他们的神，贝蕾妮克。两万年之后的今天，人们在这个有如洞穴墙壁般的穹顶上画上他们的新神——他们唯一的神，描绘造物主和他的造物。"

"两者都是一种咒语！"

"你也可称之为祈祷，罗曼。两者的一致性不是显而易见的吗？除了画技上有所提高外，根本的区别在哪里？这难道不会使人自问：随着时光的流逝，人的本性和他对宗教的渴望真的能有所改变吗？"

"如果我理解得不错的话，您是想暗示我们，自石器时代以来人类本身没有什么变化。"

"是的，罗咪，而且我认为这正是现代人类的窘境。"斯蒂芬插嘴道，"人类虽然掌握了最不同寻常的技能，制造了最令人难以置信的辅助工具，人无所不能，甚至可以任意摧毁地球，但人的本性却没有跟上这种快速发展的步伐。至今没有另一个物种具有毁坏全球环境的能力。所以我们人类应该尽快意识到，我们只是自然的一部分。"贝蕾妮克和罗曼默默不语，表示赞同。

"在我们走之前，我还想让你们看一样东西。"塞内克斯最后说道，"看那边……"

天堂的写照

在教堂的一角，脚手架的下方一大堆颜料桶中间，立着一个放在高脚凳上的木制模型，这是一个建造在庞大坚实的建筑物穹顶的展示模型。

"这将成为米开朗基罗的最后一项巨大工程，可惜他在有生之年并没有完成。米开朗基罗接到建造彼得大教堂的任务时，已年过八十，他是那个时代一系列伟大建筑师中的最后一位，而且他拒领任何酬劳。这个模型是按比例缩小的教堂穹顶，它比后来实际建造的穹顶要圆，更像一个球体。继米开朗基罗之后的设计师德拉·波尔塔（della Porta）将教堂穹顶拉高了一点，但并没有损害它的整体效果。"

"彼得大教堂令人想起了罗马的万神殿。"

"它当然是仿照万神殿建造的，贝蕾妮克，但米开朗基罗所做的远远超出了这点。"

"那当时是如何将建筑材料运上去的呢？"

"人们搭建了八个通向穹顶的斜坡，然后用毛驴将材料拉到上面。仅此一项草图设计就使米开朗基罗花费了数月的时间，但这几个月的时间与为了这项工程所经历的 11 年的苦思冥想、11 年的希望和 11 年的绝望相比，又算得了什么呢？他追求完美的和谐和线条的流畅，追求几近轻巧的建筑形式——而最后还要靠这些托起教堂的巨大的穹顶。他要给后世留下一件绝无仅有的艺术珍品，于是，他的工作变成了与时间的赛跑。当他完成这项设计时，已八十有五，这不仅在当时，就算是现在也称得上耄耋之年了。"

"第西安（Tizian）活到过90岁！"

"你说的没错，罗曼，但这些都是罕见的例外。在那时，在米开朗基罗生活的年代，谁也无法预料到建造大教堂的穹顶，及那些窗户、圆柱和墙壁上端的雕饰花纹需要多少时间。"塞内克斯接着说道，"有可能需要十年或更长，这样米开朗基罗就得活到100岁才行。而他很清楚地知道，自己深受肾绞痛、晕眩症、神经衰弱以及其他病痛折磨，经常不得不缠绵病榻，这样的身体是不可能支撑那么长时间的。虽然如此，但他并没有倒下，他要建造出一个穹顶，它不仅是教堂外表的装饰，更是一件将雕塑和建筑融为一体的艺术品。这个穹顶将成为天堂的写照，成为无数生灵头顶上那个浩大无边的苍穹的复制品。"

"我一直很喜欢这座大教堂的穹顶。在我头一回来罗马——那时我们坐着汽车由阿西西过来——就一眼看到罗马城中这个银光闪闪的圆顶。"

他们再次注视着那个仰卧在脚手架上的老人，他正以痛苦不堪的姿势创造着人类历史上最伟大的艺术品。

"我们把一切都看成是理所应当的，"罗曼说道，"可面对这些历史的丰碑，我们多谦虚也不过分。"

啊这个世纪，啊这些科学

他们回到圣彼得大教堂前的广场上，这里一片繁忙。水泥匠们敲打着石灰砖，工人们彼此相互大声传呼着各项指令，有的在哼着歌，有的在搅拌砂浆，有的正用小车推送沙子。毛驴和骡子跺脚嘶鸣，鞭声响彻长空。

"我们已经谈到许多艺术家，"当他们在阳光下坐下来开始野餐时罗曼开始说道，"可文艺复兴也是一个有许多重大发明的时期啊！"

"是的，"塞内克斯回答道，"正如人文学家乌尔利希·冯·胡腾（Ulrich Von Huten）所赞颂的：'啊这个世纪，啊这些科学，生命是一种乐趣。我不愿袖手旁观'，很多人都有同感。当时人们不仅在科学领域做出重大发明，而且还占领了新的空间。"

"您说的什么意思？"贝蕾妮克将她长长的秀发拢到后面，面朝太阳。

"其实我本该现在与你们骑马到波罗的海，横穿意大利和德国，直到烟雾弥漫的东普鲁士的波兰。但我们今天还要漫游地中海，所以我建议放弃这个打算，其实那里也没有什么可看的。我现在要谈到的那个人——那个企图推翻自古以来的全部宇宙观的人——仅仅依靠的是那些中世纪制造的天文仪器，诸如地球仪、天体仪、直角器标杆、星盘、四分仪、圆柱体、表、指南针和其他仍然相当简陋粗糙的仪器。那时望远镜还没有出现，但他却以这些简陋的、甚至很不精确的仪器震撼了世界，你们肯定知道我说的是谁。"

哥白尼的转折点

太阳是静止不动的

"尼古拉斯·哥白尼（Nikolaus Kopernikus）1473年出生于魏瑟尔附近的托伦城（Thorn），他可能是一个德国商人的儿子。1495年他在东普鲁士的费龙堡成为教堂主管。我们虽身处意大利，却也能顺理成章地谈论他，因为他曾在博洛尼亚学习过数学、物理和天文学。"

"在那时东普鲁士肯定还是一块不毛之地，从那里徒步到意大利，可不是一件容易的事！"

"那当然了，斯蒂芬，这需要有勇气、进取心，还要有冒险精神。那时意大利的大学名气最大。这里的一位教师向当时仍很年轻的哥白尼传授了古希腊天文学家的理论，即地球既不是宇宙的中心，也不是静止不动的。这位老师还批评了一直占主导地位的托勒密宇宙体系，即地球是宇宙的中心，太阳和其他星体都围绕地球旋转。如果不是来自亚历山大的克劳迪亚斯·托勒密在公元2世纪提出了极具权威性的地球中心说，令人不敢驳斥，太阳中心说或许早就已经成立了。尽管如此，地球围绕着静止不动的太阳旋转这个假设并没有完全被人忘记，中世纪的许多学者都曾尝试对这种假设加以思考。里奥那多·达·芬奇也曾写道：'太阳是静止不动的……正如地球既非太阳系的中心也非宇宙的中心。'德国哲学家和神学家尼古拉斯·冯·库斯于1440年就指出，宇宙乃是一个无穷无尽的整体，地球不可能是它的中心，因为一个无穷无尽的空间没有中心可言。这是一个颇具革命性的思想，但教会却容忍了它。与他同名的尼古拉斯·哥白尼认为太阳中心说更为可信，1500年前后他抱着这一信念来到罗马，并在第一堂课上就提出了这一可能性。"

"那么对此教会一定进行了激烈的反对吧？"

"起先并没有，罗曼。还没有人注意到哥白尼的观点，后来的教士们也显得出人意料的开明。我们还是再说说年轻的尼古拉斯吧。他在费拉拉获得了教会法的博士学位，或许还有医学博士学位，反正在他回到家乡后曾当过一阵子医生。在那里，他继续开展了天文学的研究，并得出了一个划时代的结论，即：所有的星体都是围绕太阳旋转的，所有在天空可以看得见的星体运动并非缘于天空的移动，而是来自地球的自转——地球每天自转一周，天空和天体是静止不动的。也就是说，我们所看到的太阳的运转并非来自它本身,而是因为地球的自转和我们跟着地球围绕太阳的运转,就跟其他别的星球一样。这样他就将地球从宇宙的中心抛出去了。他用诗一般的语言描绘了这个发现:'万物之中闪耀的是光芒四射的太阳,难怪有人赞美她为宇宙的明灯,有人称她为宇宙的灵魂,还有人说她是宇宙的舵手……即便有人想将这盏美妙的庙宇明灯移往它处,太阳仍将稳坐她的宝座,统治着周围的星球,照亮星星们寻找她的道路。'"

"他竟然没有因此被送到火刑堆上去,真令我吃惊。"

这个傻子想要推翻整个天文学理论

"人们没有马上认识到这个论点的影响力,斯蒂芬。哥白尼很聪明,他只将他的观点作为一个假设、一种可能性提出来,直到他即将离开人世时才在一个大受鼓舞的学生的说服下将他的论述付诸出版,那时他差不多有70岁了。当教皇列奥十世听到哥白尼的理论时,开始还表示了一定的兴趣,并派人请哥白尼对他的理论做一个演示。短时间内,他的论点在教皇的宫廷里找到了不少支持者。一些有学问的教会贵族甚至建议哥白尼公开出版他的研究成果。可见并不是一开始就违背了教会的意志的,没有教会,哥白尼的理论也许会永远被埋没。路德曾反对过这种理论,他写道:'有这么一个新派的天文学家,他试图证明,不断移动和运转着的不是天空、太阳和月亮,而是地球。这个傻子想要推翻整个天文学理论。但正如《圣经》所言,耶和华曾指令太阳静止而不是地球。'瑞士宗教改革家卡尔文也加入了反对哥白尼理论的行列。对此我们当然不必大惊小怪,人们的确需要一段时间才能接受哥白尼的理论。"

"路德的这种反应是可以理解的,"斯蒂芬说道,"哥白尼的理论不但要人相信地球在不停地自转,而且还要承认地球以极快的速度在宇宙中旋转。"

"只有当伽利略、开普勒和牛顿对这个并不特别新颖的论点加以更精确的解释,并且人们用望远镜更清楚地观察天空之后,这个论点才开始被人接受。起初天主教会采取的是观望的态度,因为一切不过是假设而已。直到那个因传播异端邪说后来被送上火刑堆的乔丹诺·布鲁诺(Giordano Bruno)声言这个论述是真理时,教会才意识到这个理论将对宗教产生严重的后果,因此宗教裁判所才采取了非常强硬的措施加以阻挠。1616年哥白尼的书籍被查禁。稍后教会才允许出版一个经过审查后主要论点被删减的版本,直到19世纪初教会才完全取消了对这本书的禁阅令——反正那时也没有一个有头脑的人还会遵守这项禁令了。"

"那么这件事对教会的影响呢?您能谈谈么?"

"很乐意,贝蕾妮克。"塞内克斯答道。

某个星球上无足轻重的一分子

"把地球作为宇宙中心的地球中心说完全符合教会的教义,而且与《圣经》的内容完全一致。现在人们突然被从这个舒适的安乐乡里抛到一个陌生的、无边无际的宇宙中,他们找不到自己的位置了。什么是上,什么是下?天堂在哪里,地狱又在何方?"

"哥白尼使用过'无边无际'这个概念吗?"

"没有,斯蒂芬,但在有头脑的人的心中这个概念已逐渐形成。人类突然发现自己只不过是某个星球上无足轻重的一分子。"

"就是说,他们不得不自问,作为一个如此伟大的宇宙的创造者,上帝是否真的会将自己的儿子派到这样一个微不足道的星球上,并让他为人类牺牲自己?"

"这是一个合乎逻辑的推论。这个把太阳作为中心的新理论使人们大感不安。上帝真的是按自己的模样塑造了我们吗?他是我们人类的父亲吗?我们真的是受他宠爱的孩子吗?'歌德后来写道:'人类刚刚认识到地球是圆的,并且独立而完整,就要马上放弃他们作为宇宙的中心的特权,也许人类从来还没有面临过比这更大的挑战,因为所有的一切都将因此化为泡影:一个人间天堂,一个无邪的世界,还有文学艺术和虔诚的敬仰,感官的见证及对一个浪漫的宗教信仰的坚定信念。怪不得人们为了不失去这一切,而要竭尽全力反对太阳中心说,因为这种学说使得接受它的人必须达到一种前所未有的、甚至可以说是意想不到的自由而伟大的思想境界。'实际上哥白尼的理论比跟它几乎同时开始的宗教改革对人类所产生的影响更深远,因为宗教改革只是使信徒摆脱了罗马,而非上帝,而哥白尼的理论则使人对上帝本身提出了质疑。"

"您是说,天主教和新教的教义之间的争斗是无关紧要的事?"

"当然,罗曼。另一方面,当哥白尼将地球及其居民放到一个更谦卑的位置上时,他也同时将人的精神提高到了一个新的高度。哥白尼理论体系超越了宗教改革,直接推动了启蒙运动。"

"但是,不仅是过去,就是在现在,能从新知识中获益的毕竟还是少数人,而大众仍然相信传统知识,并甘受旧传统的束缚。"

"民众需要宗教,斯蒂芬。"罗曼解释道。

"我们中的每个人都有寻求内心平静和安全的需要。"贝蕾妮克补充道。

"哥白尼,这个或许能够称得上他那个世纪最富独创性头脑的人,通过实证和灵感获得了一个影响重大的结论。他一定很清楚地知道，为什么他不试图通过相应的观察来证实他的假设。"塞内克斯说道。

"在那个时代，科学家们还是像以前那样总是怕被打成异端吗？"

"是的，斯蒂芬，为了逃避这个危险，如果他们聪明的话，就得把即使已得到确证的论点当成假设提出来。另一方面，中世纪和文艺复兴时期的学者们还很少想到把科学知识运用到实际当中去。"

"也许我们今天也应该再回到这点上去，"罗曼提出了他的看法，"我们不能再无所顾忌地运用所有科学知识，要做到这点，对我们人类来说还真是个新的要求。我们需要科学研究和科学知识，但不能再不惜一切代价地去使用它。"

"而认为科学要以应用为本，并随时准备将理论付诸实践的观点，正是西方文明与其他文化最根本的区别，它推动了一场史无前例的技术革命。只有这样，世界才由昨天变成了今天。"

"但我们不得不自问，这到底是不是件幸事。"贝蕾妮克沉思着说道。

天上地下伟大的发现

一艘有三根桅杆的帆船

塞内克斯站了起来:"我曾答应过带你们进行另一次探索新世界的旅行。我们先骑马到安济欧(Anzio)。原本应先到热那亚(Genua)更合适,因为那才是我们所谈论的这个人的出生地,我们今天就要体验他的伟大胜利了。但我们还是走近路吧。虽然安济欧谈不上是什么港口城市,但对那艘小船来说,它的堤道也足够用了。"

"一艘什么船?"

"一艘三桅帆船,贝蕾妮克,它将带着我们越过地中海到达西班牙。"

没走几步,他们就回到了拴马的地方。他们骑马穿过梵蒂冈的城墙和罗马的南城,出了城,只走了一小段路就到了安济欧。这个小地方没有什么特别值得留意的。很快他们便骑马穿过了窄小的街道,到达了海边。一艘褐色的三桅帆船正停靠在码头旁。

"这就是'圣·玛利亚号',"塞内克斯不无骄傲地介绍道,"它也许是世界上最著名的帆船。"

正在酒桶上掷色子玩的仆佣们跳了起来,牵走了他们的马。他们踩着一条窄木板上船了。船上涂满焦油的麻缆绳被立即收了起来,绞盘转动起锚,三张正方形的风帆随之升了上去。浅色亚麻质地的帆盛满了风,印在上面的大红十字迎风招展,威风凛凛。舵手将船头迎着正在下沉的太阳转向西方。船儿轻轻地摇摆着向前划去。

"这是指南针……"塞内克斯指着一件小小的仪器说道,"它同其他许多有用的发明一样,是由中国传入地中海的。它们大多是在亚马非(Amalfi)制造的,自12世纪以来在地中海地区得到应用。在此之前,海员是靠海岸特征、海鸟的飞行或者星星来导航的。就连哥伦布也只有几件非常简单的仪器,比如这个指南针。"

"它旁边放的是一盏灯吗?"

"是的,贝蕾妮克,它夜里可以照亮指南针。人们用在威尼斯吹制的沙漏来计算时间,用铅锤来测量水深。除此之外,哥伦布还使用了一个四分仪以便观察北极星的方位,来确定自己所在的经度。"

"就靠这些东西了?"

"基本上是这样,实际上海员们只认得航海图和帆船航行指示标志,他们在地中海、黑海或西欧沿岸沿着他们熟悉的商贸航线航行，有这些就够了。另外他们还有一些简单的仪器，如尺子、圆规、指南针及铅垂线等，用这些简单的仪器他们可以标出足够精确的航线，并在航海图上确定方位。还是让我向你们介绍一下'圣·玛利亚号'的情况吧，人们称它为一艘三桅帆船，其实它更像一艘正规的航船。这艘船是哥伦布为他的第一次也是最重要的一次航行所带的三艘帆船中最大的一艘。船壁较高，全部涂成黑色，只有船盖板是红色的，整艘船只有一层涂满桐油的上甲板……"

"这船真的不怎么宽，我甚至觉得它很小，像只渔船！"

"是的，罗曼，不过在当时这已经是一艘了不起的船了。"

"到底什么是三桅帆船呢？"

伟大的航海家时代

"三桅帆船是一种快速灵巧的帆船，它更适合离海岸线近的航行，不太适合漂洋过海。这种船的船身轻巧而狭长，只有一层甲板，在船尾的舱房有一间屋。船上装满了缆绳、帆、卷筒、水泵及各种小的镇舱桶。在罗马帝国衰败了近一千年之后，人们还是按照罗马人的设计来建造大船——至少就船体而言是这样。一般来说，船首没有什么设施，船尾则高高翘起，上面有一个望台。哥伦布的舱房就在这里。"

塞内克斯打开一扇小门，可以看到一间低矮得像笼子一样的房间，光线透过三个小窗户射进来。这间舱房的摆设十分简陋，只有一张床——床的前面挂着卷成华盖状的帘子，一口箱子，一张桌子和一个保险箱。"这里面是航海图和导航资料，"塞内克斯解释道，"在这间舱房的下面有一个同时最多只能容纳两位军官的窄小房间。"

"我们现在去哪儿？"

"我们坐船去巴塞罗那，贝蕾妮克。在那里，哥伦布将向西班牙国王夫妇费迪南和伊莎贝拉做有关第一次远航的汇报。你们将亲身经历这件事。但是我们首先要完成从意大利到西班牙的航行，在中世纪，这段航程需要数周，甚至两个月的时间，而我们现在只需要一小会儿时间，这段时间刚好够我向你们做一些简短的介绍。如果你们愿意的话，就坐到主桅杆下方绳梯旁的工具箱上吧。"

贝蕾妮克回头看了一眼，意大利的海岸已经变小了。拴在船后缆绳上的那艘粗笨的船载小艇在海浪中起舞。他们随塞内克斯走过去，一一坐下，凝神倾听海风的呼叫、海浪的歌唱和潺潺的流水声，他们还清晰地感受到，'圣·玛利亚号'在波浪中很有节奏地摇晃着。

"在哥伦布之前不是也有过别的发现者吗？"

"是的，罗曼。有几个非常重要的，但是我这里只提一下'航海家亨利[1]和达·伽马[2] (Vasco da Gama)。哥伦布时代是一个伟大的航海家时代，从迪亚斯[3] (Diaz) 到麦哲伦 (Magalhäes) 和卡波托 (Caboto)。但是我们现在只谈克里斯托弗·哥伦布，因为他所进行的四次航海是最重要的。他是全欧洲第一个……"

"我想，在他以前不是还有诺曼人 (Wikinger) 吗？"

"你说得对，斯蒂芬。诺曼人是最早横渡大西洋的人，而且要比哥伦布早几个世纪，他们是从格陵兰岛出发的，但是他们的航海对整个人类的发展并没有产生什么影响。而哥伦布第一次横渡大西洋就从根本上改变了世界的版图。哥伦布在北美和南美发现了一个尚不为人所知的新世界，一块有待考察的新大陆。这个新世界由此获得了空前的发展。新大陆的发现除了其政治和经济意义外，它对人类的精神领域所产生的影响也是不能忽视的。基督教占领了两个大洲。罗马天主教会在宗教改革中失掉了欧洲之后，却在新大陆赢得了更多的信徒。在南美洲，西班牙语和葡萄牙语还成了国语，不仅如此，在那块土地上还产生了一种新的、独立而完整的文化。"

"对此我本来有许多话要说的，"斯蒂芬小声说，"但是我看最好还是别讲算了。"

一个陌生的童话般国度

"在我们讨论哥伦布航海的作用和影响之前，我想先了解一下当时各方面为此所创造的条件和航海行动本身。"

贝蕾妮克把腿蜷起顶在胸前，双手绕膝合拢，下巴枕在上面。长长的金发散披在前面，她歪着头，透过头发的缝隙看着塞内克斯。

塞内克斯回答说："很抱歉，我不得不把谈话的内容限制在航海的必要性上。很久以来，地中海沿岸的国家就与印度、甚至还有中国有贸易往来，而且他们当时也已经知道了日本的存在。这些贸易曾给许多城市创造过财富，比如热那亚的商人就通过俄罗斯的毛皮、中国的丝绸、波斯的宝石、印度或南中国海岛屿上的香料赚了不少钱。所有这些商品都是由马匹或骆驼驮着，穿过原始的、很难通行的荒野和沙漠，被运送到黑海附近的商品转运中心或君士坦丁堡的。货物在那里卸下后，再装船运往意大利。通往印度的海路用得很少，大部分是经由陆路通过像丝绸之路一样的商队通行的道路。鞑靼人的头领从成吉思汗开始就不但容忍了这点，而且甚至还对此有所促进。但是，1451年当哥伦布刚刚两岁的时候，君士坦丁堡被土耳其人占

---

[1] 亨利（1394—1460），葡萄牙传教士和商人，是葡萄牙国王若昂二世的叔祖父。
[2] 达·伽马（约1469—1524），葡萄牙航海家。
[3] 迪亚斯（1450—1500），葡萄牙航海家。

领了。这样，土耳其人不但控制了黑海海岸的所有商品交易站，而且也控制了通往远东的陆路，他们还封锁了地中海东部，不准任何基督教商船通行。地中海沿岸地区的经济从此大为萧条，哥伦布的出生地热那亚也面临崩溃的边缘。"

"于是，人们便开始寻找通往印度和中国的新道路，人们是从马可·波罗的游记中认识中国的。"

"马可·波罗并不是唯一对这个遥远陌生的童话般国度做过描述的人，罗曼。但他的讲述是最全面、最有启发性的，他拥有的读者也最多，他的书籍常常被人模仿。早在1494年就有一位学者曾经写道：'谈到这个国家就不得不谈到一个新世界，它是如此遥远．它的文明和宗教又是如此匮乏。'"

"又是这种只承认基督教的傲慢态度。"斯蒂芬嘟囔了一句。

"当人们开始严肃考虑寻找通向印度的海路时，他们发现马可·波罗不失为一个可靠的消息提供者，虽然我们今天认为马可·波罗不大可能亲自到过中国。哥伦布也读过这本盛赞中国富庶、并把日本推断为在距中国以东一千五百海里的《马可·波罗游记》。在其他的旅行报告里哥伦布也留下了无数的注释。他计算出，从欧洲的西海岸到东亚诸岛大约有五千海里。"

一块辽阔而陌生的土地

"我常听说，人们嘲笑哥伦布，因为他声称地球是圆的！"

"事实并非如此，贝蕾妮克。地球是个球体在当时已是无可争辩的事实，至少对那些有学问的人来说是如此。但人们对地球的了解还很不够，当时的人们以为地中海就是地球的中心，地中海也由此而得名。每一个希腊水手都有这种经验：当他们驶出最后一道熟悉的海岸线时，大海就无边无际地伸展开来，这正是令那时的希腊人大为恐惧的场景：空荡荡的想象，死一般的荒凉，危险的虚无。即便如此，哥伦布仍认为只要有足够的勇气，从欧洲一直向西航行就能到达亚洲的东岸，哥伦布的这一断言虽然乍一听起来有些矛盾，但却并不荒唐。当时哥伦布没有马上得到支持，一部分是由于政治的原因，另一部分是由于经济的原因。首先西班牙的国王们将所有的财力都投入到了把摩尔人赶出安达路西亚（Andalusien）的战事中，直至他们占领了格拉纳达后，才开始对其他事情感兴趣。"

"大家都想到印度去吗？"

"印第安人的名称就是由此而来的，罗曼。哥伦布以为，只要向西航行，就一定能到达充满传奇的中国和日本。他绝没有想到，在欧洲和他的目的地之间还有这样一块辽阔而陌生的土地。"

"那就是今天的美洲。"

"是的，贝蕾妮克，因为诺曼人的描述早已被人遗忘了。哥伦布偶然到达了葡萄牙。他所乘坐的由热那亚到英格兰的船因遭海盗袭击沉没了。他逃到了里斯本，娶了一个年轻的葡萄牙姑娘，以后就靠制作地图和售书为生。他准备从海上航行去印度，他不是绕过非洲取道印度洋，而是从地中海出发，一直向西航行。在这种情况下，他的计划没有得到皇家航海委员会的支持，这是非常好理解的，专家们怎么可能将这样一项大胆的计划、好几条船和船员交给一个从未展示过自己才能的毫无经验的水手呢！哥伦布却对他的想法十分着迷。他到了西班牙，在那里经过多次失望后，他终于幸运地找到了有影响力的支持者——国王夫妇为他的第一次航行拨了一笔可观的经费，同时他们还在哥伦布的强烈要求下，任命他为海军元帅，并批准他担任未来所发现的岛屿和陆地的总督。"

"我想，这也充分体现了人们心中所充满的不可抑制的想象力。"斯蒂芬说道，"因为他们知道的太少，所以他们相信的更多。"

"哥伦布无法料到，在他的前方会有这么大一片陌生的土地改变他前往亚洲的行程，谁也不能预知这点。那时的人们还在一片迷茫中摸索地球的地理状况。哥伦布虽然估计到会遇到几个岛屿，但也不过就是几个岛屿而已。他向西方寻找亚洲的海岸，没有人会比这想得更多了。"

"后来怎么样了呢？"贝蕾妮克问道。

"三个月后，哥伦布招募齐了船员，备好了船只，其中包括50吨的'皮塔号'，40吨的'妮娜号'及我们现在乘坐的这艘100吨的较粗笨的'圣·玛利亚号'。"

"为这样一次到未知之国的冒险航行招募人马肯定不容易吧？"

"令人惊奇的是，哥伦布没怎么费劲就找到了一个经验丰富的海员做他的副统帅，可招募水手却难多了——这点你说得对，贝蕾妮克。因为对一般的水手来说，大西洋简直是不可征服的，只有疯子才敢想到要去横渡大西洋。但最终他还是聚集了一批野心勃勃、想出人头地的男人。"

"他们当然还需要大量的给养、食品和各种设备！谁也无法预料航程会有多长——如果真能返回的话。我承认，我很佩服这些人的勇气，要知道，那些飞往月球的美国宇航员对他们即将面临的情况知道的可要多得多。"

"你说得对，罗曼，宇航员不仅拥有非常丰富的知识，而且还掌握着高超的技术，而这是哥伦布和他的手下人完全没有的。当然他们带上了普通的海员食品，腌肉和咸鱼——因为当时没有其他储存食物的方法。风平浪静的时候他们可以钓新鲜鱼吃，代替面包的是特制的耐贮饼干。在下甲板里是装满了面粉、奶酪、洋葱、大蒜、豆角和干豌豆的大桶。"

"那喝的呢？"

"他们带了成桶的水,但水很快就发浑了,所以他们还带了大量的深受水手喜爱的葡萄酒。当然船上的设备还包括厨具、大铁锅及凹型的装满了沙子的槽,这种槽是用来生炭火的,到晚上火必须灭掉。与哥伦布同行的大约有 90 名水手和两位文书,其中 40 人在'圣·玛利亚号'上,另外 50 人分别在其他两条船上。每条船都有自己的船医、军官和厨师。"

"船上不都是些普通的水手吗?"

"当然,贝蕾妮克,另外还有许多船童,除此之外还有手工匠、木匠、一个专门负责用柏油加密船板的工匠和一个管酒窖的。"

"那他们的梦想是什么呢?"

"是财富,贝蕾妮克,是取之不尽的宝藏和伟大的奇迹。同时他们也深怀恐惧,这是一种在孤寂的大洋上,被无边无际的、灰色的浩瀚水域包围时所产生的赤裸裸的恐惧。这片水域只有在傍晚的时候,在西方——他们想去的那个地方——才变成火红的。"

"这次航行的过程是怎样的呢?"斯蒂芬问道。

"你们当然理解,就算这次航行很精彩,我也不可能把一切细节都一一描述一遍。他们首先穿过了加纳利群岛……等一等,我有一个更好的主意——哥伦布将一切都写在了航海日志里,这本日志被保存下来了,就算它记录的不完全真实,但他记述得非常生动形象,而且某些段落还充满了诗情画意,我打算从中选一些段落念给你们听,在到达巴塞罗那之前我们还有些时间。"

1492年5月12日

塞内克斯从他的外衣口袋里掏出了一本灰色的小书。在念之前他说道:"哥伦布在开头写了一大串当时流行的对王侯的敬语,我将这些内容简化一下。"接着他开始念道,"'致所有基督教的、最高贵的、最强大的王侯,西班牙领土及海外诸岛的国王和王后,我们的主宰。在今年——1492 年,陛下们在格拉纳达城结束了对摩尔人的战争。在这座城市里,我于 1 月 2 日亲眼目睹了陛下的王家骑兵队占领了阿尔罕巴(Alhambra)[1],摩尔人的国王不得不离开王宫,去亲吻陛下——我的主人的双手。在我向陛下们做了关于印度的报告之后,陛下们——作为天主教徒,作为神圣的基督教信仰的朋友和传播者,作为穆罕默德教派及其他教派的敌人……经过严肃考虑决定派遣我,克里斯托夫·哥伦布,到上述的印度诸国,去考察那里的王侯、民

---

[1] 十四世纪在格拉纳达附近的摩尔人王宫。

众及其土地,并衡量他们归顺我们神圣信仰的可能性。我的这项任务,不是沿通常人们所走的陆路,而是一直向西航行去探索遥远的东方,这是一条至今为止还没有人走过的路。'"

"总丢不开这种传教的狂热,"斯蒂芬嘟囔道,"本来就应该让这些所谓的'野人'信其所信嘛!"

"我们还会谈到这一点的,"塞内克斯回答道,"请你等一下,斯蒂芬。我开始念报告的正文了:'我于1492年5月12日——这是一个星期六,离开格拉纳达,驶向海港城市帕罗斯,在那里我准备了三艘很适合这趟航行的船只。同年8月3日,星期五,我装满食品,带上船员们,在日出前半小时离开了这个港口,驶向加纳利群岛。'"

在孤寂的大洋上

塞内克斯停了下来,他抬起了头:"在格美拉(Gomera)[1]岛上哥伦布不仅换了一张帆,而且还补足了给养。他本人没有对首次深入大西洋的航行进行描述,我们要感谢陪同他一起远航的儿子费尔南多所做的一份报告,从这份报告以及其他的描述中我们可以发现,自从他们离开了希罗——加纳利群岛中最西的一个岛屿,当最后一片陆地从视线中消失后:'许多人深怀恐惧。几个年轻人——他们还是孩子——脸都吓白了。现在他们漂在无边无际的、空空荡荡的大洋之上,身后别无他物,前方除了在日落时染成紫红色的地毯般的大海之外,就只有水、大海、大洋,还有天上的几片薄云和他们不熟悉的信风的前奏。'接下来就是哥伦布自己写的:'星期天,9月16日。一直向西,我们又前进了156海里……'"

塞内克斯注视着他的同伴们说道:"哥伦布有意告诉他的船员们一个比实际要短的航程,因为他担心水手们知道自己已经深入未知的地带,担心不能返回而过度不安。另一方面他也高估了前进的速度,但他的陈述基本上还是准确的。"

接着塞内克斯继续念道:"'天空乌云密集,开始下雨了。从这一天起,我们一直处于温暖的气候之下,能享受每一个美妙的清晨,除了缺少夜莺的歌声,这种神奇的生活别无所缺。'"

"听起来可真够充满诗意的。"罗曼说道。

"'此时真像安达路西亚明朗的四月天。我们也正是在这里头一回见到了一大片刚从土里冒出来的嫩草,大家一致认为,我们一定是在某个小岛而不是大陆的附近;因为在我看来,大陆还远在前方。星期一,9月17日。清晨,我们又见到了更

---

[1] 加纳利群岛的一个岛屿。

多的青草，它们可能是从一条河里流出来的，我在其中发现了一只活螃蟹，我观察之后得出结论，陆地就在附近，因为在离海岸超过120海里的地方绝不可能看到螃蟹。我们还发现……天气变得越来越暖和，大家心情愉快，三只船比赛，看谁先发现大陆。我们看到了许多金枪鱼，'妮娜号'的船员还抓到了一条。星期三，9月19日。因为大部分时间无风，我们昼夜航行才走了100海里……大约早上十时左右一只鹈鹕落到了'圣·玛利亚号'上，晚上又落下一只，这种鸟绝不会飞离海岸80海里之外。还下了几次无风的雨，这些都意味着我们离海岸更近了。星期五，9月21日。清晨时分，我们见到了非常非常多的从西方漂过来的草，海面被覆盖得密密实实，就像一片片滞留不动的绿色团块。又有人看到一只鹈鹕。海面像镜子般光滑，如同平静的气流，空气轻柔而暖和。我们还发现了一条鲸鱼，这又意味着陆地就在附近……星期三，10月10号……这时我手下的许多人都在抱怨路途太长，让他们感到无法忍受，我想尽办法使他们振作起来，我允诺，只要他们坚持下去，我就会奖赏他们建立的功绩，我还告诫他们，争吵是毫无意义的，因为我决心已定，必到印度，我会坚持到底，直到在上帝的帮助下到达目的为止。星期四和星期五，10月11日和12日……我们以时速12海里前进，直到凌晨两点我们走了90海里。因为'皮塔号'比其他两艘船更快，它行驶在我们前头，故'皮塔号'船员最早发现了陆地，并发出了事先预定好的信号。'"

征服这些人，用爱比用剑更好

"'第一个发现陆地的是一个叫鲁迪格·达·特里亚纳的船员，虽然我晚上10点钟就在船尾的甲板上看到了灯光。尽管当时光亮闪烁不清，以致我不敢肯定那就是陆地，不过我还是叫醒了皮特罗·古特莱兹——国王的膳务总管，我告诉他我发现了光，并请他也去看看。他当时也去看了，而且也看到了。全体船员祈祷着'圣母颂'，然后大家保持着沉默。我建议我的手下人，到船头仔细观察，时刻留意陆地的出现。并许诺，将送给第一个发现陆地的人一件丝绸外衣，外加国王夫妇答应的奖赏，即终生赡养金一万马拉威地（Maravedis）[1]。早上两点陆地终于露出来了，我们距它还有8海里。除了一张大帆外，我们收起了其余所有的帆。后来我们停了下来，等待天亮，这天是星期五，我们到达了一座岛屿，这座岛印第安语叫做'瓜纳哈尼'。在那里我们看到了赤身露体的土著人。我在马丁·阿诺索·皮兹昂和他的兄弟文森特·亚内兹——'妮娜号'船长的陪同下，乘着一条配备了武器的小船上了岸。

---

[1] 西班牙摩尔人的金币。

我展开了西班牙王国的旗帜,那两位船长则挥动着两面绣有绿色十字的旗,所有的船上都飘着这样的旗,绿十字的左右两边各有一个顶绣着 F 和 Y 的王冠。'"

"它们代表着费尔迪南和伊莎贝尔?"

"是的,贝蕾妮克。接下来的一段是这个欧洲人对他头一回见到的陌生大陆的居民的美好描绘,言语之中十分友好。哥伦布写道:'我们目光所及之处,满是郁郁葱葱的树木,这里水源丰富,盛产各种水果。很快岛上的居民便聚到了一起。我意识到,要去征服这些人,使之皈依我们的神圣信仰,用爱比用剑更好。我想让他们成为我的朋友,我将红帽子、玻璃项链和其他一些不值钱的小玩意儿送给他们当中的一些人,他们为此高兴万分。'"

"如果哥伦布的后继者也能这么想和这么做的话,该多好啊!"罗曼说道,这话说到了斯蒂芬的心坎上。

塞内克斯继续念道:"'他们成了我们的好朋友,与他们相处真是愉快。后来他们游到我们的船上,给我们带来了鹦鹉、棉线团、长矛和许多其他东西,作为回赠我们的礼物。他们的给予和索取完全发自内心——在我看来,他们好像什么都缺。他们赤身露体地走来走去,就像上帝刚造出他们时那样,男人和女人都如此,其中还有一个很年轻的女子哩。'"

"那些虔诚的水手们面对此情此景居然没有瞎掉双眼,真是奇迹。"斯蒂芬嘟囔着。

"'我所见到的都很年轻,'"塞内克斯继续念道,"'没看到一个超过 30 岁的土著人。'关于所谓'真正野人'的传说,正是通过这段描写传播开来的,哥伦布对他们确实十分喜爱。后人们——如法国人让·雅克·卢梭(Jean-Jacques Rousseau)和许多其他理想主义者都为此心醉神迷。你们听:'他们的身体长得都很好,体形优美,面部表情讨人喜欢,浓密蓬松的头发像马尾一样,额前的刘海剪得短短的,后面的头发则披在背上,非常长,一看就知道,从来没有剪过。总的来说他们体格健康,举止优美。如果上帝允许的话,我将带六个男人回去,将他们献给陛下。'"

"好啦,"塞内克斯一边说,一边把这本灰色的书合起来放回口袋里,"我不再往下念了。因为这本航海日志里最重要的部分都念给你们听了,再说我已经看到了巴塞罗那的房屋和海港,我们得准备下船了。我还想补充一点的是:哥伦布给这个岛起名为圣·萨尔瓦多——'拯救者之岛',并以费尔迪南、伊莎尔和基督之名占领该岛。他的首次航行很幸运,信风帮了哥伦布很大的忙,航行中他们从来没有卷进暴风雨中,而且,他和他的手下人谁都没有患上坏血病。他的航行——包括到加纳利群岛的航程——费时约两个半月,即从 8 月初至 10 月中。不过现在是 1493 年的 4 月,你们能从清新的空气中感受到春天的气息。我们靠岸了,到前面来吧。"

塞内克斯急匆匆地赶路。他们几乎没有功夫看一眼巴塞罗那港湾里停靠的船只和港口两侧修饰整齐的房屋。也许周围来来往往的行人更吸引他们。他们马上感受到了空气中洋溢着的兴奋之情。人们载歌载舞，穿着节日的盛装，女人们头上披着宽大的面纱，男人们则戴着宽沿黑帽，长长的帽带随风摆动。塞内克斯让他的同伴们互相拉着手，以免被人群冲散。罗曼和斯蒂芬高兴地将贝蕾妮克夹在他俩之间，她也微笑着看着他们俩。

欧洲最负盛名的宫廷

他们走了一小段路，穿过城墙，进到城内。"巴塞罗那当时是西班牙加泰隆语区的首府。"塞内克斯在人流中对三个年轻人大声说道，"这里住着一位大主教。大约40年前，即1450年，这里建立了第一所大学。这是一个生机勃勃、进步开明的富庶城市。"

他们很快来到各第可（Gótico）区，大教堂的四周是盛装打扮起来的古老房屋和宫殿。窗户外挂着色彩鲜艳的壁毯和哥白林双面织花挂毯。他们经过市政厅，看到修道院旁的大主教府邸。人越来越多。卖鸟的贩子搭起了棚子，待售的小鸟在笼子里唱着歌。

他们来到王宫前的中心广场。王宫所在地原是巴塞罗那伯爵的官邸，正处于旧城的中心，它由灰色的石头建成，朴实无华。除了低矮的墙檐下那简洁却不失灵巧的弧线外，别无其他装饰。这里聚集了王侯贵族、豪绅巨富、高官显贵和他们的持骑士盾牌的侍从，还有女人、儿童以及他们的仆从，个个亮丽光鲜，耀眼夺目。

塞内克斯解释说："这里就是欧洲最负盛名的、甚至可以说是最富丽堂皇的宫廷，而且在当时也许可算是最强大的！"

他们来到一个铺着石子路面的正方形的大院子。在它的一侧，宫墙和一个小教堂之间，人们搭起了一个观礼台。国王夫妇——伊莎贝尔和费尔迪南——坐在台前的王位上，他们旁边是年轻的王子堂·璜，后边是宫廷侍从和全体朝臣。兵器甲胄和织锦花缎在四月的阳光下闪闪发光。

塞内克斯、贝蕾妮克、罗曼和斯蒂芬在观礼台的侧面坐下。塞内克斯说："哥伦布马上就到。他第一次远航归来，衣锦还乡，他在军官、仆人和七个印第安人的陪同下从塞维拉（Sevilla）经科尔多瓦（Cordoba）来到巴塞罗那。他从岛上带来许多东西，你们马上就能看到了。从塞维拉到巴塞罗那，要横穿西班牙，一路上到处是列队而立的人们，大家都想看看这盛大的场面。你们看——他来了！"

欢声雷动。人们纷纷将头转向大门口。在一列色彩缤纷的队伍前面走过来一个身材高大衣着华丽的人，他从佩带武器、手执长戟的士兵队伍中间走过，那张还算年轻的脸上表情丰富，肤色很浅但满是雀斑，银灰色的头发闪着亮光。即使站在远处，人们也能看到他那双正凝神注视着国王夫妇的闪亮的蓝眼睛。

塞内克斯小声说："哥伦布快50岁了！"

当这个航海家进来的时候，除了国王夫妇之外，所有的人都起立致意，在平时人们只向西班牙大公表达这种敬意。欢呼声和掌声像潮水般响成一片，旗帜摇动如山。

皮肤黝黑的漂亮人儿

哥伦布迈步走向王后和国王。他的脸上洋溢着骄傲和自豪。他步伐沉着而隆重，却掩饰不住内心的欢乐和胜利的豪情。费尔迪南和伊莎贝尔这时也站了起来。

哥伦布走到他们跟前，单腿跪下，亲吻国王夫妇的手。他说："我仁慈的主宰，我已遵照上帝的旨意并在他的保佑下完成了航海旅行。请允许我向您禀报详情。"

接着，有人抬来一张椅子放到王座之间，这在觐见仪式中是很少见的。有人示意哥伦布在国王夫妇和王子之间坐下，对一个来自热那亚的出身低下的人来说，这是一个绝无先例的荣誉。

与此同时，传来一阵更大的欢呼声，锣鼓声响，军号齐鸣。哥伦布的战利品装在大银盘里被抬进门来，特别显眼的是黄金，数不清的金子，整块的、未经加工的拳头般大小的金子。此外还有小面具、小雕塑、小金盘、圆珠、谷粒、琥珀、珍珠、棉花、香草、热带水果、珊瑚——那么多东西，看得人眼花缭乱，目不暇接。除此之外，还有装在柳条笼子里的长着黄绿色羽毛的鹦鹉，以及西班牙人从未见过的其他鸟类。

接着进来的是六个被称为印第安人的土著人。人们惊讶地注视着他们，向他们呼喊。这些皮肤黝黑的漂亮人儿半裸着身体，下身用花布遮盖着。但这仍是尴尬的一幕，因为他们戴着链条——虽然是银的，甚至还戴着笼头。他们跪在国王夫妇前，好像在乞求自由，恩准他们返回家乡。

人们试图使他们平静下来。然后哥伦布开始讲话，他讲得很长，因为国王想了解一切。他们向他提出一大串问题，让他讲解所有他们未曾见过的东西。仆人们将银盘高高举起，王侯贵族满怀激动地倾听着哥伦布的讲述，因为，他们深知此时此刻有着何等重要的意义。哥伦布沉浸在胜利的喜悦中，他像一个和王公贵族平起平坐的人一样，语气中充满自信和说服力。他有时注视着王后，王后的喜悦之情溢于言表，满脸发光。

"我们现在走吧，"塞内克斯向他的三个同伴耳语道，"这个伟大时刻接近尾声了。我们比这些人更了解后来所发生的事情。走吧，我们今天还有别的计划哩，那事至少和这件事一样重要……"

发现者的到来意味着天堂的结束

暮色即将降临，阳光变得更加温暖而柔和。

巴塞罗那的港口停靠着"圣·玛利亚"号。他们一上船，船马上起锚开航了。一股平和的风把四边形的风帆吹得鼓鼓的，上面的红十字几乎与朦胧暮色融为一体。

"你们在这里可以找到折叠躺椅，"塞内克斯说道，"这种椅子在哥伦布的年代当然还没有出现，虽然那时的人们也使用一种带坐垫的折叠椅，可就舒服程度而言，当然是现在的好，再说我们现在是在进化公园，而不是在现实生活中。我们很快就要吃晚饭了，一切都已准备就绪，还有酒，真正的加泰隆酒。"

塞内克斯带领他们来到船后面的甲板上。瞭望台下四张躺椅围成一圈，中间有一张圆桌，上面摆着简单的饭菜，一盏风灯，一瓶特别涩、味道却很浓郁的红酒。

他们的帆船在平缓有节奏地向前驶去。风儿轻轻地唱着歌。

"我们现在去意大利，我想利用船上的这段时间跟你们谈谈哥伦布的发现所产生的后果。"塞内克斯又开始讲了，"首先还得先交代一点：哥伦布一共航行了四次。在他的第三次航行中——他还一直以为自己是到了印度，——他于1498年的7月31日停靠到一个小岛旁，他称其为千里达岛，并声称找到了'世界上最美丽的一片土地'，认定那里就是人间天堂。那时它的确是一片乐土，但是紧随哥伦布而来的淘金者却毁坏了这个伊甸园。"

"也就是说，发现者的到来意味着天堂的结束。"

"是的，罗咪。哥伦布就曾经很贪婪地寻找过黄金。他也想到过把当地人贩到欧洲当奴隶。"

这回轮到贝蕾妮克气愤了："人真是没有廉耻，为达到自己的目的什么事都做得出来，这点至今毫无改变。"没有人吭声反对。姑娘停了一会儿，然后说道："对此我们不能沉默，否则我们就无法认识进化公园里所展示的人类艺术和文化的成就。"

"你说得很对，"斯蒂芬赞同道，"人是神和魔鬼的混合体。"

"我们不应忘记，人具有双重性，而且这种双重性体现在两个方面。一方面，善良和邪恶的因子以同等程度存在于人的体内，另一方面，他的思考和行动可以既理性又疯狂。"塞内克斯说道。

人类的历史即是残酷的历史

"即使这些伟大的发现开创了新大陆的历史和新的文化,但它们所产生的后果却无法使人对未来充满希望。"塞内克斯接着说,"发现者的到来不但使那些从前我们了解甚少的伟大而令人赞叹不已的人类文化遭到了破坏,而且新的文化也开始萌芽和发展。"

"永无休止的血腥残暴使得一个个种族消失了,而所有这一切都是发生在这个象征符号之下。"斯蒂芬指着上方,那个十字在鼓起的风帆上依稀可见。

"我得承认,你说得对,斯蒂芬,虽然这只是事情的一方面。人类的历史几乎总是残暴的历史。评论这段历史的道德价值不是我的任务,更不用说去谴责诅咒那时的人了。如果你们认为自己有资格的话,你们也许可以这么做。事实上,当地的土著人都被征服了,变成了奴隶。而且在发现了西印度群岛之后不久,就开始了对印地安人的集体屠杀。于是,宗教裁判所特有的傲慢、对怀有其他信仰的人的蔑视和迫害便与无耻的贪欲混在一起了。甚至还有人狡辩:《圣经》里没有提到过这些土著人,所以他们不配存在。"

"那时一定也有一些有识之士认识到这种行为是错误的吧!"

"可惜太少了,罗曼。尽管有人提出了自己的意见,其中包括巴托洛梅·德·拉斯·卡萨斯(Bartolom de las Casas),他是一个贵族的儿子,1474年生于塞维拉,在圣·多明哥他成为神父。他认识到欧洲人对印第安人犯下的滔天罪行,从1514年起他坚持不懈地反对这种暴行,可惜他只是一个例外,而且这也超出我们的话题,因为这个问题远远超出了欧洲的范围。日新月异的造船技术使欧洲与新大陆的定期联系成为可能,加上火器和大炮的发展,尤其是新型的船炮更使欧洲人……"

"假如贝特霍尔德·施瓦茨能料到这些的话!"

"……占了较大的优势。那个不久后被称'亚美利加'(Amerika)的大陆使欧洲人……"

"'亚美利加'这个名字是从哪里来的?"

"来自一个佛罗伦萨商人,他叫亚美利哥·威斯普奇(Amerigo Vespucci),他的名字成为两个美洲的正式称呼。他受美第奇的委派来到西班牙,在这里他也受到'探险狂热'的传染。后来,受西班牙和葡萄牙的委托,他出航到过南美洲沿岸,并深信这不是亚洲,而是一片新大陆。制图员将他的名字作为发现者的名字写到地图上,由此他的名字便流传下来了。可我想说的是,探险家们经历了一连串的意外和惊奇,这对古老的欧洲并不是没有影响的。他们发现了一个生长着不知名植物和动物的新世界,更为重要的是——他们还发现了罕见而又令人着迷的种族。遗憾的是,非常令人遗憾的是,自哥伦布起就已开始将新大陆看成自己和西班牙的财富源泉。"

"这就像科幻小说里写的一样，"斯蒂芬说道，"现在的人们已经想到要到其他的星球上寻找在地球上已枯竭的能源。"

"但在外星球上开采能源并不意味着就要涂炭生灵、灭绝物种或毁坏其他文化。"

"这我承认，罗咪，这可是一个区别。"

一个新时代的开端

"那时，"塞内克斯重拾话题，"继哥伦布之后兴起的发现热推动了一场巨大的经济革命，地中海区域失去了它的统治地位，大西洋登场了。从此，西方人开始将世界当成一个相互联系的整体来看待，有的是通过自己的经验，有的则通过报道认识到这点。现在，欧洲的航海家们到达了世界上大多数有人居住的地带，勘测到至今不被人所了解的广大地区。我们今天所知道的世界的轮廓，就是在那个时候确定下来的。来自美洲的黄金越来越多，地中海沿岸各国失去他们的经济地位的速度就越快，那些与意大利有着密切经济往来的南德城市如奥古斯堡和纽伦堡也受到了影响。而大西洋沿岸各国却为他们不断增长的人口，为他们的冒险家们和罪犯们找到了一条出路。正在发展的工业也找到了一个永不饱和的市场，虽然那时的工业还是以手工业为主。西欧从来没有这样繁荣过，欧洲的重心也从地中海沿岸转向了大西洋沿岸。有航海传统的国家如葡萄牙、荷兰及英格兰特别受益于这一历史的转变。欧洲的厨房也由此变得丰富起来，土豆、西红柿、洋蓟、甜瓜、可可以及玉米纷纷从美洲传进来。当然烟草、豆角、菠萝、向日葵、南瓜和黄瓜也渐渐在欧洲的田地和菜园里扎下了根——还有火鸡，它在此之前还是一种不为人知的禽类。"

"听起来似乎一切都蛮不错的。"

"你总有说的，斯蒂芬，"贝蕾妮克忍不住冲他说道——当然并无恶意，"你老是自己跟自己过不去！"

塞内克斯转向斯蒂芬说："你说的有道理，我们对新大陆的发现及其对欧洲乃至整个世界的影响的估计远远不够。人们对哥伦布有很多抱怨，指责他虚荣、自负、沽名钓誉，当然还有他的贪婪——为了那份从新大陆得到的黄金而无休无止地讨价还价。所有这些批评也许都不无道理，但无论如何，他索取的——当然还有他实际上得到的——比理应属于他的要少得多。美洲的发现归功于他的想象力，而不是那些毫无灵性的技术的进步。因此，哥伦布是历史上的一个伟人。"塞内克斯沉默着，略加思索后接着说道，"还有一点我们当然应该提到，新大陆的发现也导致了欧洲社会风气的败坏，新移民动辄大打出手的作风到处受到效仿，暴力行为和性行为的开放迅速泛滥。另一方面，与从未接触过的、陌生的文化相接触也对欧洲的思想产生了长远的影响，人们开始越来越多地对那些伟大宗教的教义提出疑问。由于整个世界都赤裸裸地呈现在人们眼前，所以一切都成为可能。新时代以一种冷静的、充满希望的步伐大踏步地向前走去。当天主教徒和新教徒还在以残酷的战争相互争夺时，他们宣扬的教义却越来越受到尖锐的质疑。"

"这为启蒙运动铺平了道路。"

"你说得对，斯蒂芬！"

"至少还有能让我正面评价的事物，"斯蒂芬说，"我想，所有发现和思想都是联系在一起的，没有天文学家、数学家，甚至包括哲学家的帮助，航海家们又会怎样？"

塞内克斯向后一靠，喝了一大口酒，一副打算放松的模样。

啊，我多么渴望太阳的温暖

过了一会儿，塞内克斯说："谈了这么多政治和经济之后，我想把你们再拉回到艺术中来。让我利用这段航行向你们介绍一位德国艺术家吧，他也在这个时期进行了一次旅行。"

"您说的是谁？"

"我说的是阿尔布莱希特·丢勒（Albrecht Dürer）。为了向威尼斯画家学习艺术，才22岁的他便从家乡到了意大利，他徒步从北部的纽伦堡漫游到南部的威尼斯。"

"这在当时算不上是什么非同寻常的举动吧？"

"尽管如此，斯蒂芬，这趟旅行却在艺术史上享有特殊的地位。就是在这趟漫游中欧洲最早的风景水彩画诞生了，这是专为欧洲的艺术而创造的。丢勒早些时候在纽伦堡附近也曾画过水彩，但那些画与老派的风景画还很类似，虽然他的画精于写实，注重细节，到今天仍属于那个时代最宝贵的见证。这是头一次有艺术家完全忠实于自然，他相信自己的眼睛，并为自己亲眼所见的东西感到兴奋不已。丢勒不像发明家，而是像编年史作家那样作画。他充满欢欣地观察世界，并用画笔记录下他所看到的一切。对他来说，阿尔卑斯的高山就像新大陆对哥伦布一样陌生。比如他画因斯布鲁克（Innsbruck）[1]时，成功地运用一种注重气氛的新颖画面，来展示玲珑剔透的城市风光，看上去宛如城市在英斯河上漂动。他离开阿尔卑斯山区越远，他的视野就越自由。他选择那些能激起创作欲望的题材——不是那些高耸的建筑物，如城堡和城市，而是那些在他的同时代人的眼中毫不起眼的、从没有人画过的题材。

---

[1] 奥地利蒂罗尔洲首府。

他还以同样轻松的笔触画菜场上的海产或者是路边破败的茅舍。当他在纸上画一个正在山里的磨坊边专心画画的风景画家时，他是在让我们分享他的创作。这是艺术家第一次只把自己当成风景画家。他不再是应教会、贵族或赞助者的委托，而完全是出于自己的创作冲动来作画。更加令人敬佩的是，那时的阿尔卑斯山区还被看成是蛮荒之地，只有经过艰辛和危险的攀缘才可以翻越它，到达意大利。他独自一人徒步旅行，这是非常有勇气的举动，同样他下定决心专门去描绘山区的景色也需要同样的勇气，因为他画的并不是为以后的绘画准备的草图，而是一幅幅独立完整的作品。他或许意识到，他从中可以获得在德国不可能得到的经验。他的水彩画画面柔和而透明，几百年之后的画家才再度掌握了这种技巧。丢勒在二度旅行之后回到家里时，他长叹道：'啊，我多么渴望太阳的温暖。'丢勒领导了一股不可阻挡的从北往南迁徙的艺术家潮流，这其中也包括歌德。通过那些深受我们喜爱的风景水彩画，丢勒向他的同时代人显示了威尼斯的文艺复兴艺术的光彩和新颖之处。"

塞内克斯沉默了。

推翻一切的思想和发明

人可以忍受自己所能承受的极限

稍微停顿一下后，塞内克斯接着说："在我们到达今天的目的地之前，我还想简单地谈一下另外一个不应被遗忘的人。他与我们要去见的那个人有着某种精神上的联系。我指的是那个背叛多明我会的修士乔丹诺·布鲁诺，他于 1600 年 2 月 17 日在饱受了长期囚禁和痛苦的刑讯之后，在罗马的天使堡附近的德·费奥里广场被公开活活烧死了。"

"他到底是个哲学家、自然科学家，还是如教会所说的异端？"

"我想，罗曼，他全是。不管怎么说，他是一个典范，他的行为表明了一个人为了忠于自己的信念，可以去忍受他所能承受的极限，甚至能经受最恐怖的死亡。"

"那么他到底有什么特殊贡献呢？您刚才说过，他是一个修士，而且还是个背叛了自己修会的修士。"

"这里我只能简略地说一下，贝蕾妮克，我们还有很多别的计划哩。布鲁诺 17 岁加入了修会，人们认为这是他一生中最为灾难性的一步，但他 28 岁时纠正了自己的错误，脱下了教团的修服。此后便开始了他的流浪生活，他走遍了半个欧洲，直到 1592 年在威尼斯被捕，并被送交罗马宗教裁判所。"

"可是为什么要抓他呢？"

"很早的时候，他就针对教会，特别是修道院的各种弊端进行了尖刻而毫不留情的批评。他深受文艺复兴精神的激励，做教士的时候他肯定读过哥白尼的著述，并对之留下了深刻的印象。有人称他为他那个时代最重要的自然科学家，是除了伽利略之外的最有名的异端。他的一些认识就是我们今天的人看来也很现代，他认为，我们的感官并非是认识宇宙的工具，由于受到地球的局限，所以我们的感官无法记录事实或理解真相。虽然我们的眼睛能看到光、颜色和运动，而真相我们却认识不到。"

"这不足为怪，因为对于我们的祖先来说，这种超越自身视野的思考对于他们的生存并不重要，因此这种意识没有得到相应的发展。"罗曼说道。

"我们还是来谈谈乔丹诺·布鲁诺吧。他认为，人如同镜子一样倒映出周围的一切，也就是说，他看到的一切都与他自身有联系。人是万物的镜子——就如万物是人的镜子一样。乔丹诺·布鲁诺提出了一些引人注目的自然科学论点，有些观点甚至超越了哥白尼和伽利略——比如说地球在两极趋向扁平的倾向，关于几颗行星的说法，关于太阳的绕轴旋转的论点。他还认识到行星的椭圆形轨道，认为行星的旋转速度取决于与太阳的距离。"

"他为何被烧死呢？"

"贝蕾妮克，因为他有勇气将哥白尼的假设与一个新的宗教宇宙观联系起来。他认为宇宙是一个有灵魂、有组织的整体，它在时间和空间上可以无限发展和延伸。宇宙是由无穷多的太阳和无穷多的世界组成的，它是无所不在的上帝的一面无边无际的镜子！"

"这话听起来就像今天的人说的！"

"是的，罗曼。乔丹诺·布鲁诺认为宇宙是一个无穷无尽的循环和一个永远持续着的创造过程，它在时空上没有开始，也没有结束。这些论点已经足够惹恼教会了，罗马教廷裁决布鲁诺犯了异端邪说罪，因为布鲁诺否认，在上帝和世界之间存在着一个绝对的区别，而且他还声称上帝和宇宙同为一体。不仅如此，他还不再把上帝当作一个人来信仰，基于这种认识，他也就不再相信耶稣是上帝的儿子，不再相信耶稣因为被钉死在十字架上而拯救了世界。"

"这可击中了教会的要害！"

"是这样的，斯蒂芬。他早就拒绝圣母崇拜和对其他圣像的崇拜。他认为基督教就是一种偶像崇拜教！在他看来，一个人自诩为上帝或上帝亲生的儿子，这简直是对上帝的亵渎。一个与他同时代的人曾说，乔丹诺·布鲁诺认为天主教徒的最大愚昧之一就在于宣称面包会变成肉。布鲁诺还反对做弥撒，他认为基督是个骗子，他精通骗术，所以他可以轻而易举地预言别人会绞死他——除此之外布鲁诺还有其他种种抨击教会的言论。"

"怪不得他会受到审判！"

"我们必须知道的是，那时反对宗教改革的势力完全改变了意大利的思想氛围，教士们认为再也不能听之任之了。哪怕与教义有一点儿偏差，就会被密告，到处都有宗教裁判所的密探。由于乔丹诺·布鲁诺曾是多明我会的修士，所以他的处境更为困难，他被送上了罗马宗教裁判所的法庭。审判整整持续了七年。这个不幸的人饱受刑讯的摧残，身体崩溃了——但是，即便如此，他还发人深省地说过：'也许判决我罪行的你们，比接受判决的我更为恐惧。'"

"他被烧死了。"贝蕾妮克轻轻说道。

"活活地被烧死了，而且是当着无数看热闹的人公开烧死的。他还说出了令人震惊的话语：'在这样一团美丽的火焰中，在这样一个高贵的套索里，美丽将燃烧我，高贵将窒息我。我一心享受燃烧的火焰和对高贵的屈从。面对高贵的索套，自由逃走了；面对美丽的火焰，坚冰害怕了。这种火是如此奇特，我燃烧，却不被烧毁。'我们知道，从中世纪后期起，有数十万人被宗教裁判所抓了起来，并在它的指使下被处死，没有人知道确切的数字，异端在被烧死前往往被割去了舌头。而对乔丹诺·布鲁诺，他们只需将他的嘴堵住就够了。一个目击者说道，布鲁诺脸色苍白，他因遭受无数次刑讯拷打而大量失血，身体极其虚弱，他的胳膊毫无生息地垂挂在两侧，那是因为他们对他施以车磔之刑[1]时将胳膊从关节里拉出来了，这还不够——恐怖的刑具还将他身上不少地方的肉从骨头上刮了下来。"

罗曼摇了摇头。

"后来有人说过一句称颂布鲁诺的话，这就算是一种对他所遭受的苦难的补偿吧，但是这一补偿却来迟了，太迟了。西班牙哲学家约瑟·奥特加·里·加塞（Gasset）称赞布鲁诺是一个巨人，一位英雄般伟大的修士，一位精神领域的海格立斯（Herkules）[2]，他使哥白尼的理论从一个个体的发现变成了改变世界的工具。"

他们抬起头，若有所思地注视着天上的星星。流水潺潺，风在歌唱，无数水手曾听到过这歌声，并以各自的方式听懂了。天空变得灰白。金星，这颗黑夜之星，闪闪发光。在太阳沉下的西方，大海被染成了红色，然后渐渐变深变暗。他们陷入了一种梦幻般的境界，几乎搞不清楚自己到底是在文艺复兴的末期还是在20世纪。

中世纪的地方显得有些失真

终于，塞内克斯再度开口了，声音很小："刚才我曾谈到新大陆的发现以及由此带动起来的研究，以及这些研究所产生的一系列巨大变化。这两者——发现者和研究者——都丰富了哲学家和诗人的想象。"

"就像一列排列整齐相互撞击的钟摆。"

"钟摆……"塞内克斯大声说，"罗曼，你的话正好把我们引到了下一个要谈的题目。"

斯蒂芬举杯啜了一口，然后问道："请告诉我们，我们现在到底是去哪里呀？您虽然暗示过我们将回到意大利，可意大利很大呀。"

"我们在巴塞罗那从西班牙的海岸出发，这是在1493年的4月初。我们将到达意大利海岸，准确地说是比萨，但那时应是1611年的复活节。期间我们跳过了118年的时间——我们以后还会再谈到这一时期的。小小的时间混乱是不可避免的，否则我们将会把历史事件及其主人公扯得支离破碎。虽然如此，我还是会尽量依照一

---

[1] 古代一种分裂肢体的酷刑。
[2] 希腊神话中的英雄。

个内在的关联和顺序给你们讲解。有时我也许会搞混,那得请你们原谅我并及时给予纠正。看,我们到了。"

水手收起船帆,船减慢了速度,他们调转船身,对准码头慢慢地靠岸了。陆地上天已经黑了下来,几乎看不清港口附近的房屋了。铁丝小笼里的火苗发着亮光,仆人们举着火把等候着,火光照亮了四辆又窄又高的带小窗的轿子,每个轿子旁各有两名轿夫等候着。

他们刚从小跳板跨到堤上,塞内克斯便让他们上轿:"我们直接去托斯卡纳大公爵——科西摩二世的宫殿,复活节期间他正好在比萨。"

在火把的带领下,他们一路小跑地穿过城市。这三名参观者没能看到什么名胜古迹,如大理石的白色大教堂、浸礼堂和圆柱环绕的斜塔。他们不时听到城市的声音,匆匆经过的脚步声、小孩的笑声、叫喊声、女仆的歌声。有一次他们听到从远处传来了钟声。有些墙壁上挂着装在小铁丝笼里的沥青火把,隐隐约约闪烁着的亮光,使这个中世纪的地方显得更加浪漫而失真。

轿夫小跑着穿过一扇大铁门,大门两旁站着身穿制服的男仆,他们手里举着照明的火把。大门后是一片漆黑如夜的草坪。在一座城堡似的别墅大门前轿夫停住脚步,将轿子放了下来。即使在昏暗的灯光下,人们也能看到别墅的墙壁装饰得十分华美。大家都从轿子里钻了出来,塞内克斯一边挎着罗曼,另一边挎着贝蕾妮克,斯蒂芬独自一人跟在后边。他们穿过一个富丽堂皇的大厅。大公爵的客人们正悠闲地四处游荡,他们身着华丽的服装,款式各异,质地考究,色泽鲜亮,使人眼花缭乱。

在最大的大厅里塞内克斯停住了脚步,他指着一幅衣着特别华贵的男人肖像说:"这是科西摩·德·美第奇二世,托斯卡纳大公爵。他是著名的美第奇家族的旁系亲属,与'了不起的洛伦佐'是远亲。你们马上就能看到:他二十出头,刚刚结了婚,通晓多种语言,对哲学、物理和自然科学都很感兴趣。孩提时代伽利奥·伽利略当过他的老师,他十分好学。先说这么多吧——我们到露台上去。"

许许多多从未见过的星辰

他们穿过敞开着的玻璃门来到外面。宫殿里些许微光照到外面。

"光线不能太亮,否则会影响我们这次观察实验的。"塞内克斯解释道。

男仆将好奇的人们挡了回去,只有塞内克斯和他的朋友们顺利地进去了,好像他们是隐形人似的。

露台的白色大理石栏杆前,一群人正围着一台固定在木质三脚架上的仪器。一位年轻人——他就是画像上的大公爵——正弯腰朝一根约有一臂长、直径 4 公分的管子里看。

只见他直起身来，对紧靠在他身旁的一位约 50 岁的男人说道："真令人难以置信，太奇妙了，伽利略先生。以前我们曾探讨过阿基米德理论，谈到过游泳，讨论过重物在水中的沉浮。现在您已闻名世界，向我显示了崭新的星空奇迹。这台仪器——您刚才怎么说来着——能放大多少倍？"

在火把的光线下，伽利略那天才的头颅闪耀着光芒，他天庭饱满，嘴角充满骄傲和坚毅，眼睛明澈，目光锐利。

"这是历史上最高贵的面孔之一。"塞内克斯喃喃道。

只听伽利略对大公爵说："我改进的望远镜能使被观察的物体显得近了大约 30 倍，殿下。它能放大约 1000 倍，是迄今为止我在威尼斯的作坊里造出的最好的望远镜，我还没卖出过一架，给您呈上的是第一架，虽然我的订单堆积如山。"

"我相信您，非常感谢。可您是怎样想出这项发明的？"

"功劳本不应归于我。我曾听说，一个荷兰人设计出了一种管子，用它看远处的物体就如同看眼前的物体一样清晰，人们纷纷传说这项成功的发明，这使我下决心也要制造出一件类似的工具。我从光线折射的原理出发，找到了问题的关键，并且不断地改进——我工作的最新成绩就在您跟前，殿下。"

"那用它观察陆地和海洋就更一目了然了！"

"是的，当我在圣马可塔上向威尼斯的贵族元老们介绍我的望远镜时，他们感到万分惊奇，至今还没有人见过类似的东西。远处的岛屿和船只显得如此之近，好像只要伸出手就够得到它们。我将那台望远镜送给了元老院，第二天我就被任命为数学教授。"

"由此您招来了帕多瓦（padua）[1] 大学的许多妒忌和攻击。"

"这倒是真的，但我并没有气馁。我将注意力转向了天空。肉眼只能看到悬挂着小星星的黑色苍穹，可现在不同了！我们可以看到许许多多从来没见过的星辰。"

"在这次观察实验之后您就写作了《星辰的消息》一书，并寄到佛罗伦萨给我？"

"那是第一本，油墨还未干哩。"伽利略不无骄傲地说。

"现在您亲自向我展示您对天空的发现，我看见了，感到非常惊讶。我还想让您给我解释所有这一切。"

"我在书中首先描绘了月亮的外貌，然后是对银河系和一些不太重要的星辰的观察和研究结果，最后是对恒星和四颗尚未被人看到过的行星的记录——为了向您表示敬意，我把这几颗新发现的行星称之为美第奇星体。"

---

[1] 位于意大利东北部。

"多谢您！"公爵高兴地大声说。

围绕木星旋转的卫星

伽利略继续说："我发现了一个全新的星辰世界，它比我们至今所认识的要多十倍。"

"多么令人陶醉的数量啊！"

"一个充满奇迹的世界出现了，"伽利略高声说，"用肉眼永远看不见的星图呈现在我的眼前。我在宿星团看到了 36 颗星星，而不是至今为止人们所看到的 6 颗，那些歌颂过昴星团的诗人们都弄错了。"

紧紧站在公爵身旁的一位上了年纪的妇人开口说道："那时候的诗人知道的还太少。"她的语调充满傲慢。

"她是大公爵夫人，科西摩的母亲，"塞内克斯轻声解释着，"来自洛林 (Lothringen) [1] 的克里斯蒂娜。她对伽利略的天文知识尤其感兴趣，曾让他为自己画过一幅星相算命图，当然它的预言并不准确。"

伽利略接着说道："还不止这些哪！在猎户星座的皮带和剑的位置上人们以前只看到过 9 颗星星，而我却看到了 80 颗。我还看到了 4 个围绕木星旋转的卫星，就像行星围绕太阳旋转一样……"

"围绕着木星的卫星？"听众中传来一阵惊奇的议论声。"在金星那里我发现了跟月球位相类似的位相，说明这颗行星本身并不会发光，而是从太阳那里接受光亮！土星则被一个巨大的环所包围！还有银河系！我们不是还以为它是模糊的一团吗？不是这样的！不，不！它在我眼前显露出的面貌是多得无法想象的星星和星群，它是由上千颗，或许几百万颗星星组成的一条巨大的带子！"

"真难以置信。"公爵喃喃自语道。

"我也很吃惊，"伽利略解释道，"感谢上帝让我有幸发现了如此伟大的奇迹。看看月球——我们的邻居，它离我们这么近，好像还没有地球直径的距离那么远。"

公爵弯下腰再度通过望远镜观看着："它的外表看起来并不光滑！这可是全新的发现，到目前为止，人们一直认为一切天体都拥有理想完美的球状外表。可月球上到处都是褶皱——峡谷和山脉，同我们的地球一样。"

"那上面也能生长植物吗？"一位一直没有吭声的女士问道，她的声音听起来像孩子的声音一样清脆。

---

[1] 法国的一个地区。

"这是公爵夫人,玛利亚·玛德莲娜,哈布斯堡大公爵卡尔的女儿。"塞内克斯低声说道。

"为什么不能?"伽利略大声说道,"我能想象橘子树在上面生长,也许那里还有被城墙包围着的城市哩。"

"什么?难道我们不是宇宙中唯一的人类吗?"公爵喃喃说道,"伽利略先生,可别让教会听到您的想法!"

"这只是一个假设,一个玩笑罢了。"伽利略回答道。

"我早已看得眼花缭乱,"公爵说道,"银河系里有上千颗或许上百万颗星星!"

"或许实际上还要多得多,谁知道呢?"

"是啊,除了上帝之外,谁能知道到底有多少星星呢?"

"无数颗,数不胜数,我们无法看见,也许是因为我的望远镜太差了?但我能想到,那是一个处在完美和谐状态中永恒天体的苍穹。也许以后的天文学家能描画出一个无边无际、万物生长的宇宙,发现上亿颗星星,它们深深地淹没在时间之中,处在人类无法想象的遥远地方,这些星星像太阳一样存在,或像太阳一样在大爆炸中化为灰烬,撒向宇宙。"

"伽利略,别说了!"

我们应该理解这个伟大的宇宙

"谁又能知道,我们今天描绘的星图是不是就是真实的?"伽利略问道——他更像是在问自己,"真正的星图也许还要浩大得多,广博得多……"

公爵轻声说道:"这是一个使人害怕的想法,我情愿将它逐入梦乡,您也应该保持沉默,伽利略先生!"

"我们从希腊人托勒密那里学到了许多知识,他曾经说过,造物主创造了人就是让他去听、去看的。我们应该去理解这个伟大的宇宙,去认识它最庄严伟大的部分——天空,还有那令人赞叹的天体运动。"

"但这想法太危险了。"一位上了年纪的看上去像大总管一样的先生说。

"乔万尼先生,"伽利略对他说,"请别忘了,我并不是唯一一个观察天空、探索它奥秘的人。"

"您是在暗示哥白尼的著述吗?"

"不仅仅是他,殿下。当然,我是他理论的追随者。从现在开始,木星及其他的卫星为我们展示出了整个太阳系的微缩图。金星位相只能通过哥白尼的理论才可以得到解释,这一点将会有越来越多的人理解,因为以前在我们这里只有最高等的修士和僧侣才能研究星体，或许还有几个贵族，现在却不同了！富有的老百姓也可以将他们的目光投向天空……"

"那是因为您给他们提供了工具！"大公爵夫人克里斯蒂娜大声说。

"是的，大家都定做了天文仪器。在许多人家里我们都能看到星盘、太阳四分仪、圆周、半圆、六分仪、球心角体以及天体仪。能够制作这些仪器的手工匠急剧增加，将来还会有更多的金匠、珠宝匠和金属匠，别忘了还有那些磨制镜片的工匠。现在我可以预言，不久就会出现造镜片的行业公会。"

"我们的祖先对探索星空没有兴趣。"科西摩大公爵说。

"伊斯兰人就不是这样，"伽利略解释道，"是他们把许多探索天空的工具传给了我们。"

"是通过十字军东征吗？"年轻的公爵夫人玛利亚·玛达莲娜问道。

"正是，殿下，"伽利略肯定地说，"通过十字军、朝圣者以及被萨拉逊人占领的西班牙和土耳其人。除了仪器和工具外，他们还给我们传播了许多知识。"

"至少这也算得上是那个可怕的年代留下来的一份收益吧。"科西摩大公爵说，"请告诉我，伽利略先生，您是怎么想到要对亲眼看到的事物进行探究和思考的？您为什么不理所当然地相信一切呢？"

"这是我的本性使然，殿下。自孩提时候起，我就不会轻易地满足于一个答案。我有过这样的经历，那是在我年轻的时候。有一次我在一座高山上漫游，平常我在家乡从远处看这座山的时候，总觉得这山看上去光秃秃的，潜藏着危机。但是当我站在山顶上的时候，我看到的只是满山的灌木丛、树木、草和鲜花，相反我的家乡看上去却是那么渺小，只是一个黑乎乎的小点，模糊不清。"

"我明白了，"科西摩公爵说，"您的意思是说，我们的眼睛也可能会欺骗我们的。"

"是的，于是我便开始不再理所当然地接受一切，而是去思考存在的事物及其现象。您看，是希腊人托勒密将地球推到了世界的中心，并指出是太阳围绕地球旋转。伟大的亚里士多德告诉我们，行星是挂在相互交错滑动的固定晶状天体上的。我却认为，天空上不可能有什么固定的天体。但我认为，在我们之上，直到最遥远的星星，伸展着一个自由开放的空间，所有的天体，包括地球和其他行星，都在这个空间里转动。在我看来，有一点是确凿无疑的：天体每天的运动只是一个假象，造成这种假象的原因是地球的自转，同时地球和所有其他行星一样围绕太阳旋转。"

"您描绘了一幅崭新的天体世界图，"科西摩公爵说道，"我们很难理解。在这个广博得难以想象的世界面前，我们人类是如此渺小！"

"与此同时我们也在成长，"伽利略大声说，他的声音因受到鼓舞而有些微微发颤，"我们已经成长为不断认知的人啦！"

"但我要警告您！您将会激起暴风雨般的反对！"

"暴风雨已经来了。"

伽利略的发现驳倒了亚里士多德

"当我把木星的卫星指给佛罗伦萨的教授们看时，"这位科学家继续说道，"他们看都不愿看一眼，对我的望远镜也不屑一顾。这些人认为，在自然界中找不到真理，真理只能在与文献的比较中去寻找。他们害怕看到与前人的论述相矛盾的东西。"

"在您来之前，一些教授们就已经和我争论过，他们认为您向我敬献的那些美第奇星体从逻辑上根本不可能存在。"

"在博洛尼亚有人专门开设了课程，对我的《星辰的消息》一书逐一进行批驳，教授们拒绝相信我的发现。人们不仅咒骂我，而且还威胁我，说我是心智不健全的疯子。他们指责我破坏信仰，我甚至还有性命之忧。我只能把我的反对者往好处想，认为他们之所以如此激烈地反对我的观点，是因为他们还不曾看到殿下您刚才所看到的一切。我觉得，感官的直接经验将最终说服我最激烈的反对者，并能战胜愚昧、忌妒和恶意。"

"因此我建议您回到佛罗伦萨，我希望我以前的老师能够时时在我身边。"大公说，"我任命您为'比萨大学首席数学家'和'大公爵的首席数学家及哲学家'，您不必授课，年薪1000佛罗林。[1]"

"您给了我一处庇护所！我深表感谢！"伽利略弯下腰，亲吻科西摩公爵的手。

大公爵招手示意他的大总管，后者递给伽利略一个很重的钱箱。他从中取出一条沉甸甸的金项链，在火把的照耀下金项链闪闪发光。项链的下端挂着一个圆形雕饰，"是您的肖像，殿下！"伽利略高兴地呼喊，"您的宽厚仁慈使我倍感惭愧。"

塞内克斯转向他的年轻的同伴们小声说道："这条金链价值400杜卡特[2]。9月份的时候伽利略独自一人来到佛罗伦萨，他的情人——也就是他孩子的母亲没有陪他同来。在这里的参观到此结束。我们现在离开大公爵的宫殿，回住所去。你们可能已经意识到，这次我们下榻的地方是在比萨，在那儿我将再跟你们谈一谈这位处于新旧交替时代的伽利略。他向大公爵揭示的宇宙秘密戏剧性地改变了宇宙的面貌。伽利略的发现驳倒了亚里士多德的关于一个变化无常的、不完美的地球与一个完美的、永恒的、不可改变的宇宙的区别。星星的数量要比人们至今想象的多得多——这一事实也击败了迄今为止的所有学说。而且这些发现还证明了哥白尼的学说是正

---

[1] 古金币名。

[2] 古金币名。

确的。在我看来伽利略是我们称之为自然科学的新学科的最重要的创始人之一，他的天才之举在于，他认为事实不再需要与经验相符，而是需要与实验相符。"

塞内克斯和他的三个同伴穿过大堂和前厅，又回到宫廷府邸的入口处。仆人举着火把已经在等候他们了，摇曳的光亮在鹅卵石路铺就的路面留下了不规则的、相互交织的圆圈。轿子门已打开，他们钻进去在窄小的位子上坐下，轿夫们一路小跑地穿过了花园。

不一会儿，他们便回到了旅舍。路上他们什么也没有看到，因为是坐在轿子里被直接抬到大门口的，所以他们也不能确定这里与前一天晚上有什么区别，他们完全有可能是在埃及、希腊、罗马、美因茨——或者在另外一个完全不相干的地方，其实在哪里对他们来说都无所谓。他们怀着安全感回到现代的舒适生活中来，接待大堂里电灯明亮，他们的房间钥匙像往常一样放在那里等着他们来取。

"虽然今天已经很晚了。"塞内克斯说道，"我们还得再谈一谈。我建议，大家稍微梳洗一下，十五分钟后我们再在这里碰头。"

贝蕾妮克、罗曼和斯蒂芬点了点头，便回各自的房间去了，房间里他们所需的东西都已备好。贝蕾妮克刚好来得及冲了个淋浴。

"啊，太舒服了。"她心满意足地感叹道。

第五晚
疯狂的黑暗时代

转变中的世界

伽利略最重要的功绩

"伽利略不仅仅是天文学家和新星辰的发现者!"当他们在餐厅坐下的时候,斯蒂芬开口说道。

"你说得对。伽利略是天文学家、哲学家、物理学家和数学家。他于1564年生于比萨,他的父亲是佛罗伦萨一个穷困潦倒的音乐家。伽利略是他那个时代最伟大的科学家,是17世纪科学革命的先驱。他最伟大的贡献在于,他将物理学确定为一门精密的科学学科,刚刚25岁他就成为比萨大学的数学教授。

他的第一个发现是关于钟摆摆动的速度与摆臂长度的关系,因为他没有表,所以只好用自己的脉搏来测量时间,同时,他还用这种方式准确地测出了自己的心跳。"

"因此今天在路上提到钟摆时,您马上就联想到了伽利略。"

"是的,贝蕾妮克。伽利略宣称两个不同重量的铅球下坠的速度是一样的,他的这一论点激起了他所在学校同行的反对,因为他竟然敢挑战伟大的亚里士多德。"

"据说他是在比萨斜塔上进行这项实验的。"

"有可能,罗曼。但这只是伽利略的一个朋友的说法,而伽利略本人和其他两位同时代的人对此都保持了沉默,这段有趣的小插曲大概只能算是一段寓言吧。不过人们当然可以做这种想象！不管有没有在斜塔上做实验这件事，伽利略后来还是去了帕度亚，那里较比萨的思想更为自由开放。他在帕度亚度过了18年，这也许是他一生中最幸福的时光。他不停地做研究和实验，证明物质不灭。他还提出了杠杆和滑轮原理，并证明自由落体的速度等速率增加。他在斜面上进行了无数次实验，证明物体下滑的速度会随着斜面的倾斜度大小而改变。他还认识到，一个在完全水平平面上滑行的球体只有通过摩擦和空气的阻力才会停下来——由此他提出了惯性定律——虽然他不是这样命名的，这一定律对于我们今天的人来说这是理所当然的事实，也是我们能够将卫星发射上天的前提条件。"

"上物理课我可够费劲的！"罗曼叹息道，"物理从来就不是我的强项！"

"现在我们再回忆一下毕达哥拉斯，"塞内克斯说，"你们已经知道，是毕达哥拉斯发现当一条弦比另一条长一倍时，它发出的音将低八度；它是另一条弦的一倍半长时，它的音将低五度；如果它比另一条长三分之一，它的音将低四度，由此毕达哥拉斯推论出，音程——如四度音、五度音和八度音——可以由简单的数字关系如四分之三、三分之二和二分之一表达出来。伽利略把音乐的音调归于空气震荡的波长。音符的高低视其弦线在某一特定时间内振动次数而定。他告诉我们，只有当振荡波有规律按节奏地传到我们的耳朵时，它制造的音响才会听起来和谐有韵律。他还说，只有那些能通过数学表达的物质特性如维数、位置、运动及密度才真正属于物质，而其他特征如声音、味道、气味、颜色诸如此类，只能产生于人的意识中，没有活生生的观察者，就没有这些特征。他假设，有朝一日这些次级属性也可以转化为能用数学测量的一级属性。"

"正如他所预料的，"斯蒂芬说道，"今天至少音调和色调已经可以转换成数字，那就是数字化！难道我说的不对吗？"

没有比真理更难以让人接受的了

塞内克斯点了点头："你说的完全正确，斯蒂芬。现在我们谈谈最重要的：天文学。起初，伽利略相信托勒密的地球中心说，他也认为地球是宇宙的中心，太阳围绕地球旋转，但当他读到哥白尼的论述后……"

"是假设！"

"是的，罗曼，不过伽利略却很快就把这一假设看成了科学论据，至少他把这个假设当成了一个严肃的命题。他对此深信不疑，他在一封致德国著名天文学家约翰·开普勒（Johannes Kepler）的信中谈到了自己的这种观点，这封信被保存下来了。除此之外他还小心翼翼地保留着他的看法。他改进指南针，并对磁学和热量测量产生了兴趣,直到他的《星辰的消息》出版,他才在欧洲名声大振。"

"如果他的书没有印刷出版,肯定不会有这么大的影响。"

"你说得对,罗曼。你们肯定还记得,哥白尼的那本具有革命意义的书就是在纽伦堡出版的。伽利略当然也受到了攻击。"

"没有比真理更难以让人接受的了,"斯蒂芬说道,"如果他声称人死能复活的话,可能马上就有上千的追随者了。"

"在佛罗伦萨,伽利略在大公爵的特别任命下成为宫廷数学家和比萨大学的哲学家。你们刚才参加的就是那个有纪念意义的聚会。1613年他写了一本关于太阳黑子的书,这表明他已经接受并赞成太阳中心说的宇宙观。"

"但是教会反对他!"

"是的,斯蒂芬,还在佛罗伦萨时他就遭到教会的抨击。而他并不是第一个说出这种观点的人。开始时,有不少聪明的教会人士站在他这边,其中有些人甚至还加入到新的天文学研究行列中。教皇乌尔班八世也满怀兴致地关注伽利略的工作。可是后来渐渐地这些高层教会人士被他的反对者拉走了。许多神学家发现哥白尼的天文学理论与《圣经》的内容不一致,他们担心由此会影响人们对《圣经》的信仰。这段纷争历时漫长,后世对这一历史过程的描述又充满矛盾,其中不乏对教会的辩护。不管怎样,有一点是可以肯定的:伽利略受到了宗教裁判所的传讯。"

"他不知道自己处在何种危险中吗?"

"唉,贝蕾妮克,"塞内克斯回答说,"起先他太着迷于他的观察试验和计算,对别的毫不关心,也许他是有意不去考虑这种危险的后果。后来,宗教裁判所判定:'认为太阳静止不动地位于宇宙的中心,是一种非常愚蠢的看法,从哲学上来说这种看法是错误的,是地地道道的异端邪说,因为它违背了《圣经》。认为地球不是宇宙的中心,它每天自转一周的结论在哲学上是荒谬的,会将人引入歧途。'伽利略再也不能宣扬太阳中心说了,而且也到了该查禁哥白尼著作的时刻了。"

"伽利略被关押起来了吗?"

"那倒不至于,罗曼。伽利略回到了佛罗伦萨。不久,他的处境变得更为严峻,因为他又发表了一篇文章,而且他还把这篇文章敬献给了教皇。刚开始倒没有引起什么反应,教皇似乎也打算听其自便。但是七年后,当伽利略在他发表的辩论文章中,将他的反对者——包括教皇——丑化一通后,他的反对者终于忍无可忍了。"

"他被当作异端烧死了?"

"没有!伽利略的书是在1632年2月出版的,10月份,在人们检查了这本书的内容后,他被传讯去罗马,但他因身患疾病不能成行,直到第二年的2月他才动身。在罗马他受到——至少是暂时的拘禁,不过不是在监狱,而是先后住在佛罗伦萨的领事馆、美第奇别墅,稍后又转到梵蒂冈。但是,教会对他还是以刑讯和严厉的惩罚相威胁。我们简单了解一下就行了,其中曲折的过程对我们来说并不重要。不管怎样伽利略毕竟想保命,他假意表示悔改,并发誓以后永远尊崇教会的教义。要想理解他的'懦弱'——如果非要这么说的话——你们必须记住,才在此前33年,乔丹诺·布鲁诺为了捍卫自己的理想,还被推进火刑堆活活烧死了。"

"的确,这是一个多么可怕的结局啊!如果伽利略遭受同样的命运,对谁也没有什么好处。"

"'地球是自转的'——他后来真的说过这句名言吗?"

"这点无法证明,罗曼。在通常的情况下,这个传说很可能是对当时的情况所做的简明扼要的说明。从内容上看,伽利略当然有可能说过这句话。伽利略的言论和约翰·开普勒的文章都被列入禁书的行列。这个在当时颇为大胆的与主流思想对抗的理论也沉寂下来。只有后世的人们才将伽利略看作一个在黑暗时代高举智慧火把的殉道者。"

"教会后来承认了错误,并为伽利略恢复了名誉。"

"那可是在近400年之后,罗咪。"斯蒂芬叫道。

"庞大的组织机构想要有所改变总是特别困难的。"塞内克斯说道,"而且科学史和基督教史很难分开,它们的关系错综复杂,难以分离。"

"伽利略后来怎样了?"贝蕾妮克问道。

"晚年的时候,他那位当了修女的女儿照料他的生活。他们住在佛罗伦萨附近的一座庄园里,他一直致力于科学研究,写出了他最后一本巨著,为机械物理奠定了基础。他是一个孤独不幸的老人,病魔缠身,双目渐渐失明。伽利略死于1642年,就在同一年英国物理学家和数学家伊萨克·牛顿诞生了。直到1737年伽利略才得以以基督教仪式安葬。1992年他才被天主教会宣布无罪并恢复名誉——这你们肯定都知道了。"

离开中世纪

吃完饭后,塞内克斯提出一个建议:"在意大利很少有像今天这样温暖的复活节之夜,何况我们是在比萨,还不是在最南部,你们有兴趣再到花园里坐一会儿吗?今天我们不但看到的东西很多,而且还经历了一个极其丰富多彩的时代。这其中的转变虽然不十分明显,但是一个新的时代已经开始了。"

"我想,我知道您想说什么。"斯蒂芬说道,"我们将离开绝对信仰的时代,进入自然科学的时代,从此我们将不再赤手空拳地面对自然和它的威胁了。"

大家都想在花园里再待一会儿。贝蕾妮克甚至觉得,如果现在大家就各自回房间休息，那太遗憾了。

他们围在一张低矮的圆桌前，桌上点着一盏风灯，但它那微弱的光亮并不能完全驱除黑暗。他们头顶上是黑丝绒般的夜空，墙边有一个好莱坞电影中常有的秋千，贝蕾妮克美滋滋地坐在上面，斯蒂芬和罗曼则分别坐在左右两旁的软椅上，塞内克斯坐在他们对面，背冲着花园。一股香味飘过来，在这个季节一般还闻不到这种花香。

"难道紫藤花开了吗？"贝蕾妮克如醉如痴地问。

"当然了，贝蕾妮克，"塞内克斯回答道，"这是由于地中海储藏着很多热量的缘故。"

"塞内克斯，您提议我们在这里留一会儿，一定有什么想法吧。"

"是啊，斯蒂芬。但我现在觉得有点为难，因为我不知道我还能让你们看些什么，还能跟你们说什么了。我们站在一个对于人类来说至关重要的关口。从现在起，人类的自然科学知识的发展日新月异，可以说是出现了知识大爆炸。我们现在该谈谁？又能漏掉谁呢？"

"这全由您决定，塞内克斯。"

"虽然我现在不可能把所有重要的都一一提到，但我至少希望，我能唤起你们将来继续研究的兴趣。可供学习和研究的材料浩如烟海，成千上万的人终其一生也未必能了解透彻！"

"我们接受这个富有教育意义的提议。"贝蕾妮克笑着往后靠了靠。

"好的，我赞成。当然我也不反对偶然选择的原则。"

"我们人类正是由于生物偶然选择的原则才获得了生命，罗咪。"斯蒂芬插嘴道。

塞内克斯解释说道："我们可以利用今天晚上，再次回到我们匆匆跳跃过去的那个世纪。"

"您指的是介于哥伦布和伽利略之间的那段时间吗？"

"实际上还要广泛。我们要在离开中世纪之前，对这一时期做个总结。"

但是，塞内克斯并没有马上开始他的总结发言。

我们不是世界的主宰

"请你们再抬头看看天空！"过了一会儿塞内克斯说道。

头顶上是黑暗的无边无际的苍穹，上面点缀着成千上万颗闪烁的星星——他们能看到那些大的星座如猎户座、大熊座、天鹅座和仙后座。这些星座的周围是白羊座、金牛座、双子座、巨蟹座、狮子座、处女座、天秤座、天蝎座、人马座、摩羯座、水瓶座和双鱼座。

"我告诉过你们，"塞内克斯说道，"哥白尼的理论彻底改变了人类的世界观。当然，这个改变的过程没有我们今天想象的那么快，与传统观念决裂是非常痛苦的，不可能迅速而彻底地进行。但是一些科学家和继他们之后的哲学家却开始以新的眼光注视着这个世界。"

"我相信，这一过程至今还没有结束。"斯蒂芬说道，"可惜我们人类还不愿意去理解这个宇宙，否则我们就会承认，我们不是宇宙的中心，也不是万物之灵长。"

"由于我们不理解宇宙，所以我们把一切都破坏了。"罗曼补充说道。

贝蕾妮克也表示同意："我们也应该这样理解进化公园门口的启示：'放下你们的高傲和自大'。"她闭了一小会儿眼睛，好像在进行反思。烛光透过玻璃罩忽闪忽闪地照在她的脸上，只见她双眼紧闭，长长的睫毛在微微颤动。突然间，罗曼似乎觉得这不是一张属于现实世界的脸孔，他仿佛在南方的夜晚里看到一个来自遥远年代的面具。

"我曾说过，从这个时候起现代科学诞生了，"塞内克斯继续说道，"人们经历了对天上和地下的崭新发现之后，经院哲学的论题——你们一定还记得——逐渐失去了意义。"

"我们老是听到经院哲学，听到托马斯·阿奎那这个名字，可我还是没完全弄懂，到底什么是经院哲学，对我来说经院哲学就是中世纪的玩意儿。"

"我简要地说一下，贝蕾妮克。经院哲学试图将基督的启示与哲学的思维联系起来。但是从现在起，人们开始在所有领域更加深入地探索事物的真正本质，特别是在数学和物理学领域。在这方面荷兰人的成果尤其引人注目。他们发明了显微镜、望远镜——正如我们刚刚听到的——温度计、气压表及钟摆。在新教兴起的英国，前进的步伐也比其他地方快。曾经当过上议院议长的弗兰西斯·培根（Francis Bacon）[1]就指责那些大部分从古希腊人那里接受过来的哲学太幼稚。这种地区差别很容易得到解释，因为在西班牙和意大利，人们惧怕以火刑堆为要挟的宗教裁判所。教皇保罗很狂热，他甚至扬言：'如果我的父亲成为异端，我也将亲自堆积柴火去烧死他。'相比之下，西班牙的气氛稍微缓和一些，从16世纪中叶开始，宗教裁判所下令所有书籍必须用拉丁文出版，以此阻止知识的传播。在法国，科学家也不能呼吸到自由的空气。1662年他们还烧死了寓言诗人拉封丹（La Fontaine）的一个同事，因为在他的文章里发现了反宗教的言论。"

"那时路易十四已经19岁了，30年之后，伏尔泰[2]就出生了。"

"就算现在，亵渎神明不是也要受到惩罚吗？教徒动不动就觉得自己受了侮辱，他们反应激烈，好像这是什么弥天大罪！"

---

[1] 弗兰西斯·培根（1561—1626），英国近代唯物主义哲学家。
[2] 伏尔泰（1694—1778），法国讽刺作家、哲学家、剧作家、历史学家。

"但你现在说这种话,就没有人烧死你,斯蒂芬。"罗曼反对道。

"恐吓和威胁可一直存在,就算大部分是匿名的!"

科学离不开数学

塞内克斯接着说道:"在德国,科学却没有得到发展,因为30年的宗教战争压制了一切,毁灭了一切。相反,在英国,弗兰西斯·培根却可以提出对物质世界本身进行深入的研究,不能再把一切当成既定事实来接受。他认为,人的思想要彻底清除所有成见,人生的目标不应再是推断和猜测,而是发现和认识。"

"这人很合你的口味,斯蒂芬。"罗曼大声说。

"但培根也没有完全摆脱那种过时的实证方法。"塞内克斯说道,"除了少数的例外,大多数的欧洲思想家内心深处并不承认自然科学的发现与《圣经》的教义是不一致的,虽然他们原本抱定与经院哲学决裂的决心。"

"他们是不是走进了一个死胡同?"

"是啊,贝蕾妮克。所以他们力图将不得不相信的事实与可以证实的事物当成完全不同的两回事来看待。"

"直到今天人们不还在这样做吗?"斯蒂芬说道。

"在科学领域,在一切可证实的世界里,在每个研究领域,离开了数学都是行不通的。我们甚至可以这么说,科学的进步完全依赖于数学。这里我们将再次遇到尼克劳斯·冯·库斯(Nikolaus von Kues),他教导我们,宇宙并不是无序和毫无计划性的,而是上帝按照精确的数学原理创造出来的,人们若要了解其中的规律,就要掌握数学的思维方法。在此我要谈一谈我特别感兴趣的一章,而在大多数情况下这部分内容经常只是附带提一下。"

"请千万别谈什么公式、法则和方程式!"

经　济

从一开始计算就不是件容易的事

"我想说的完全是另外一回事，贝蕾妮克。我说的是数字——或者说是数字符号。整个中世纪人们用的都是罗马数字，虽然罗马数字特别不实用，但人们也不愿放弃它，因为他们把罗马数字看成拉丁文化的一部分。原本来自印度的阿拉伯数字在宗教领域备受怀疑。中世纪教会由于迷信所产生的恐惧完全排斥阿拉伯数字。生活在弗雷德里希宫廷里的数学家比萨的雷奥那多将阿拉伯数字引进了欧洲。教士们竭尽全力阻止人们用阿拉伯数字进行计算。甚至到了18世纪，法国的总会计署还在使用那些晦涩的罗马数字，法国大革命后阿拉伯数字才算得到了广泛的运用。"

"人们是怎么认识这些数字的呢？"

"贝蕾妮克，刚开始时，阿拉伯数字是被印在香料袋上传到欧洲海岸的，很快商人们便发现用这些实用的阿拉伯数字进行计算要简单得多。早先人们是用棍子或干了的动物粪便球来计算数目的，从一开始计算就不是件容易的事。现在我们来谈谈数字吧。你们说说看，到底哪个数字最重要？"

"1。"贝蕾妮克随口说道。

"现如今，有两个数字最重要，1和0，"斯蒂芬说，"计算机只用这两个数字，用1和0就可以实现数字化。"

"你说得对，但最重要的数字是0，没有0就没有技术，没有进步和科学。0的发现和把它作为乘数的作用真是了不起。看来为此我们也应该感谢印度人。"

"尼采[1]认为，数字和计算是人类最伟大的发明。"斯蒂芬说。

"他说的有道理。在计算和占有的快感之间存在着极为密切的关系。数字也是各种生产形式中必不可少的辅助工具。裁缝需要量尺寸，木匠和建筑师同样需要丈量尺度关系。数字同时也能显示我们人类的处事方式。大自然并不需要数字去创造动物和植物，动物也不会数数，只有我们人类才需要靠数字去操纵世间的万物，数字能使我们把握和理解这个世界。而且当数字不再依附于某一事物，变得抽象起来的时候，数字就获得了它最大的胜利。"

---

[1]　尼采（1844—1900），德国哲学家。

阳光下闪烁的金色指针

月亮从一棵雪松树后露出头来,远处的塔楼大钟敲了十声。

斯蒂芬问:"从什么时候起有了机器制动的塔楼大钟?"

"据我们所知,首次提到机械钟表是在 1271 年。大钟安装在大家都能看得到的地方,如教堂和市政厅。"

"当时肯定非常轰动。"

"当然啦,贝蕾妮克,人们像潮水般涌向教堂和市政厅,抬头注视着阳光下闪烁的金色指针。"

"如果没有精确的时间计量,现代生活会是什么样?时间被精确划分为秒、千分之一秒,现在时间甚至可以用原子控制和无线电遥控。没有时间的划分,就不会有火车、飞机,当然也不会有登月。"

"有一次,"贝蕾妮克若有所思地说,"我站在一座英国大教堂里,听到了那座举世闻名的中世纪大钟的鸣响,当时我默默估算了一下,发现自从这座钟安装上去后,至少已经响了五亿次。"

"可我们的生命又是多么短暂啊!"斯蒂芬回应道。

劳动是有价值的——一个具有革命意义的想法

塞内克斯沉默不语。过了一会儿,他说:"也许我还应该再说说那个来自奥古斯堡的商人雅各布·福格,就算举个例子吧。从来没有一个人像他那样代表过一种全新的权力,这种权力不再建立在王侯特权或占有土地的基础上,而是建立在金钱的基础上。商人不懂得对土地或人的占有,他们努力做买卖,从工业和贸易中赚取金钱。这时,新的规则出现了。头一次,决定一个人社会地位的不再是家庭出身,而是拥有财富的多少。通过劳动——当然还有运气——每个人都能改变自己的命运。效率、成就、工业化的思维方式,所有这一切都在那时出现了。"

"在谈到洛伦佐·美第奇时,您就提到过福格这个名字。"

"贝蕾妮克,美第奇和福格是两大极具影响力的商人家族,'了不起的洛伦佐',以艺术家、艺术的扶持者和政治家闻名于世,不过他却是个糟糕的商人。雅各布·福格却不同,他树立了通过经商而获得权力和财富的前无古人的成功典范。从对基督教的信仰中,人们对劳动产生了一种新的认识,并对劳动做出了正面的评价。在古希腊罗马时代，人们普遍认为劳动是低贱的，只让奴隶去做，你们知道，那时就连手工艺技术也得不到承认。亚里士多德声称，不能让手艺人成为公民，谢诺风（Xenophon）[1]扬言，从事手工业者活该是不体面的，理应受到蔑视。而圣徒保罗则提倡：'不劳动者不得食！'奥古斯丁（Augustinus）[2]甚至说，劳动对人来说，不是负担而是修身养性。他在劳动中看到了上帝造物的延续。"

"或者说是进化的一种自然延续。"

"这个么，斯蒂芬——当人本身也参与了造物时，他也就塑造和改变了万物。天主教本笃会的教义，他们的修道生活——即开垦土地，还有他们的信条'祈祷和劳动'，所有这些同样属于这个范畴。劳动是有价值的——这是一个具有革命意义的想法，直到今天这一思想还在发挥作用。于是，商人也站到了手工业者和工人那一边，他们彻底改变了欧洲的面貌，成为一种政治力量。这其中有建造了许多宏伟哥特式城市和教堂的汉莎同盟（Hanse）[3]——如根特、布鲁日、安特卫普[4]、不来梅、卢贝克、施特拉尔松、格赖夫斯瓦尔德[5]和雷维尔[6]；有北海和波罗的海的贸易联盟；还有一个崭新的市民阶层。这些实行自我管理、高呼'城市的空气使人自由'的城市是今天民主制度的萌芽。他们不再屈服于贵族的统治之下，王侯的专制也被城墙挡在了外面。至于说商人的最高目标还是跻身于贵族阶层，这是另外一回事，这是人类的虚荣心在作怪。城市繁荣昌盛，第一次形成了属于城市本身的纯粹的市民文化。用钱能买到雇佣兵，能供养军队；用钱能贿赂选帝侯，影响皇帝的选举；用钱能收购和控制王侯的领地。"

"雅各布·福格就是这个圈子里的人吗？"

"是的，罗曼。他发迹很快。他生于1459年，起初他想成为教士，因此加入了圣方济各会。但由于家庭的原因，他进入兄弟的公司工作，不久他便控制了全局。他的第一个重大成就是将复式簿记法从威尼斯带到了奥古斯堡，为此他也许只需要运用一点自己的聪明才智就够了。这种方法是将每项生意上的变动都做两次书面记录，卖出货物时就记下货物售出和钱款进账；买进货物时就记下货物购进和钱款支出。他很快意识到，固定的开销也要计算在内。他的商业天才已崭露头角——除此之外我们找不到更合适的词语来形容他。在经营纺织品生意后，他在铜矿和银矿的开采方面取得了最初的重大成功。接着他就开始了在银行领域的发展。他早就毫无顾忌地干过许多在我们今天看来不足为奇的事，比如经常贿赂有影响力的人物，不

---

[1] 谢诺风（公元前430年—前355年），希腊哲学家、作家。
[2] 奥古斯丁（公元354—430），罗马哲学家、神学家，被称为"西方教会之父"。
[3] 13世纪到17世纪北欧城市结成的商业、政治同盟，以德意志北部诸城市为主。
[4] 根特、布鲁日、安特卫普均为比利时城市。
[5] 不来梅、卢贝克、施特拉尔松、格赖夫斯瓦尔德，德国城市。
[6] 雷维尔，今立陶宛。

论这些人是在宫廷里做官，还是在政府的管理阶层做事。那时人们称这种贿赂为'润手膏'。与众不同的是，他以定期发薪水的方式给别人涂'润手膏'。所以不久他就有了一大批可靠并依赖于他的帮手。福格还不到30岁的时候，侯爵和伯爵们的名字就已经列在他开出的薪水单上——还有教士，最高的到梵蒂冈的神职人员。他还是皇帝马克西米利安（Maximilian）一世[1]的'私人银行'，没有他就不会有皇帝卡尔五世。福格的商业分号遍布各地，从俄国的诺勾洛德（Nowgorod）到里斯本，从伦敦到那不勒斯，从汉堡到布达佩斯。他在国外分店的负责人大概就像今天的经理人，薪水很高。但也要做许多工作，掌握多种外语，尤其要举止得体，懂得谨慎处事和保守秘密。

福格最好的顾客是教会。按规定神职人员不得将钱借出去赚利息，但实际上谁也不遵守这条规定。他们在极为保密的情况下通过雅各布·福格来做这种买卖。

不久他就掌握了教会内的职务，并通过出售职位牟取利益。谁要是想成为主教大教堂教士会成员或想得到一个教区，就将钱汇给福格，他再将其中的一部分转到罗马，他在那里的分店频繁地进出梵蒂冈。自1503年起福格在德国、匈牙利和波兰垄断了所谓的'赦免业'，聚敛了大量钱财。靠花钱来赎罪，由此逃避地狱般的惩罚——这是多少罪人求之不得的事。只要教皇宣布一项赦免——例如，为建造彼得大教堂募捐，那么每个国家就会有一个专门负责收款的人，主要是当地的红衣主教，而在德国收款的人就是雅各布·福格，所以当年路德反对这种赦免交易时，曾提到过福格的名字。"

"可是，当奥古斯堡人今天夸赞他们这个伟大的儿子时，对此却是只字不提。"斯蒂芬说。

谁可以享受生活的甜美而不去享受，谁就是傻瓜

"和以往一样，"塞内克斯接着说，"世界在改变。所有的新事物都在侵蚀着传统习惯，也侵蚀着本来就深深扎根于农业社会的宗教。我敢说：越有钱的人，越没有信仰。英国讽刺作家约翰·古尔（John Gower）在14世纪就曾写道，英国商人对死后的一切毫不在乎，而且还说：'谁可以享受生活的甜美而不去享受，谁就是个傻瓜，因为没人能知道我们死后走哪条路，去哪里。'"

"这种说法可严重违背了教会宣扬的教义！"

"我想这样解释一下，罗曼。在更早的时候，十字军东征的可怕失败就使人们对

---

[1] 德国皇帝。

基督教教义产生了疑问。而当土耳其人占领基督的城市君士坦丁堡，赶走了信奉基督教的皇帝，并使之悲惨死去的时候，人们更加深了对宗教的怀疑。"

"更何况现在已经有了新的科学的世界观。"

"不错，贝蕾妮克。我前面曾提到过弗兰西斯·培根，这位才华横溢的英国哲学家和政治家，是他将哲学从神学中剥离出来。这真是了不起的举动！他支持经验主义，追求在'纯粹经验'基础上的'科学的伟大更新'。他认为经验是知识唯一可靠的源泉。因此，他也成为了自然科学的开路先锋。在我们领略了现代天文学和解剖学的黎明之后，紧接着就能听到数学和物理学快速前进的脚步了。"

从上至下的改革

人类史上最重要的革命

"尽管如此,占统治地位的还是信仰,"塞内克斯继续说道,"说到这个题目,就要提到宗教改革,尤其是雅各布·福格的同时代人马丁·路德(Martin Luther)。我们谈谈他好吗?"

三人马上表示同意。

"那我就开始讲啦。宗教改革所领导的也许是人类历史上最重要的一次革命。从发生在路德时代的农民战争中就可看出,大众对改变社会生活的愿望越来越强烈,那是一个充满叛乱的年代。葡萄牙航海家麦哲伦环游地球,最终证明了地球是圆的。市民阶层创造了自己的文化并要求得到政治权力。在科学领域,人文主义精神得到了弘扬,它要求科学知识为人类服务,反对无知,反对教会的独裁专制和过时的中世纪经院哲学那一套;在艺术领域经历了文艺复兴;而在宗教领域里则掀起了宗教改革运动。要进行宗教改革——这个想法并不是刚刚才有的,公元300年西班牙苦行僧、阿维拉主教普利西安(Priscillianus)就因其'异端邪说'受到审判,因为他抨击了教士的挥霍无度,后来他被交到国家权力机关处理,在特里尔被处以火刑,从此基督徒对基督徒的迫害开始了。普利西安的支持者们遭到最血腥残暴的杀戮。后来的教会也常常利用国家机器对那些试图批评和改革教会的人进行报复。许多人都认为这是基督教在世界史上走过的一条歧途。这也是自康斯坦丁大帝统治以后将国家政权与教会相结合的一个后果,虽然康斯坦丁大帝被基督徒称为伟人、被东正教徒封为圣人,但他仍是一个颇有争议的人物。不管怎么说——普利西安的命运那时已经表明,批评教会将面临怎样的危险。尽管如此——阿西西的圣方济各实际上追求的也是对教会的改革;在中世纪末期——即路德的年代——佛罗伦萨的僧侣萨佛纳罗拉(Savonarola)[1]也试图反对那个光辉耀眼而又令人捉摸不透的波吉亚家族的教皇亚历山大六世,他因此被处以绞刑,尸体被焚。西恩那(Siena)[2]的圣卡特琳娜也以较为温和的方式来争取教会的革新。在英国,托马斯·莫尔(Thomas

---

[1] 萨佛纳罗拉(1452—1498),意大利僧侣,宗教改革家,殉道者。
[2] 意大利中部一城市。

Morus）[1] 则幻想着一个没有私有财产的神权政体。14世纪的牛津神学家约翰·威克利夫（John Wiclif）[2] 曾提出过许多路德后来发表的改革言论，在某些方面他甚至比路德还激烈，他根本不想对教皇和教会进行改革，而是要完全废除。他本人虽安然逃脱，但他的大批支持者们却被残杀。布拉格的冉·胡斯（Jan Hus）[3] 在威克利夫的言论里更添加了民族主义思想，1415年他被烧死。由此可见，宗教改革早在酝酿之中，路德只不过是它的完成者。自14世纪以来，多数人在教会不公正的沉重压制下苟延残喘。在中世纪，至少三分之一有劳动能力的人没有工作和收入。我们当然没有准确的数据，因为那时还没有统计。教会被越来越频繁地推上被告席，引起争议最多的赎罪符买卖只是其中的一项罪名，这桩买卖是专门掠夺信徒钱财的。此外，教皇制度的危机，教皇过分的统治欲，文艺复兴时期教皇的世俗化以及许多高级、低级教士的不公正行为，都使教会陷入了困境。"

"路德打算给宗教注入全新的、更为真诚的内容吗？"

反叛的农夫之子和虔诚的僧侣

"是的，罗曼。路德宣扬：公开的信仰是一场闹剧，只有私下的信仰才是真正的生活。在教会正醉心于粉饰和炫耀自己的时代，这可是十足的异端论调。路德不仅改变了欧洲的精神面貌，而且他还极大地影响和改变了欧洲大陆的政治版图，在这方面他的影响比其他任何人的都要深刻，这种影响一直持续到本世纪。其实就其思想而言，他更属于中世纪。他以坚强不屈的反抗精神和扣人心弦的语言力量推翻了那个早已过时的制度。他既是一个具有反叛精神的农夫之子，又是一个虔诚的僧侣。他一生都相信精灵、女巫和魔鬼，他确信魔鬼与女巫私通。他本人虽然结了婚，但他认为所有的女性都是品德败坏的，都有变成女巫的可能，这种本能是女人自夏娃以来天生就有的。他大声咒骂，认为不能让女巫活下来，应该折磨和杀死她们。即便如此，路德还是成为了通往新世界的中间人——虽然也许这违背了他的本意。"

"我们不应忘记路德对德国语言和文学的影响，特别是他翻译的《圣经》。"

"你说得对，罗曼。他认为，拉丁语不应成为人们怎样说德语的标准，而要去问问那些母亲、孩子和普通的老百姓，'看看他们是怎么说的'。这大概就是他的《圣经》译本大获成功的原因。《新约》刚印出来，旋即就售出了5000册。这惹恼了很多人，因为现在连裁缝、鞋匠以及所有的妇女都能读《圣经》了。路德也许可以算

---

[1] 托马斯·莫尔（1477—1535），英国政治家，空想社会主义者。
[2] 约翰·威克利夫（1320—1384），英国神学家，哲学家。
[3] 冉·胡斯（1370—1415），捷克宗教改革家。

得上是德国历史上最重要的人物之一。这个外表朴素、有如木刻的男人，其才智肯定不能跟他的战友菲利普·米朗克逊（Philipp Melanchthon）[1]相比，更比不上他的同时代人——来自鹿特丹的伊拉斯谟[2]，可他却成了启蒙运动的开路先锋——即使这并非出于他的本意。他为康德、费希特、叔本华和黑格尔铺平了道路——虽然他本人和整个新教对自然科学颇不以为然。路德以《圣经》为一切出发点，如我们所知，他还拒绝承认哥白尼的天文学。与他并肩作战的战友中只有菲利普·米朗克逊研究物理、天文学——而不是星象学——数学和医学，并教授古代数学史，但是他被路德的强大人格挤到了一旁。"

"就这样。可以自由地思想的时机被错过了！"

欧洲的光芒

"自由地思想……"塞内克斯深思着，"这或许是提醒我们该回忆一下伊拉斯谟。他本来可以成为给宗教改革提供精神文化基础的合适人选，但他却无法在天主教和宗教改革之间做出选择。作为哲学家、语言学家和诗人，伊拉斯谟有一段时间曾是那个时代最为人敬仰的人物，他是最伟大的人道主义者和学者。皇帝、国王和大臣们都征询他的建议。他的智慧和他犀利的文笔为他带来'欧洲的光芒'的称号。所有的随笔作家都尊崇他为开山祖鼻。"

"他是荷兰人？"

"是的，贝蕾妮克，他大概于1466年出生在鹿特丹，是一个神职人员的私生子，后来他加入了奥古斯丁教团，学习并热爱上了美妙的拉丁语和诗歌，他嘲笑当时盛行的枯燥乏味的经院哲学。他经常旅行，除了巴塞尔（Basel），很少在一个地方安定下来，1536年伊拉斯谟在巴塞尔以七十高龄去世。"

"这就是全部了？"

"当然不是！他曾发表了许多讽刺文章和书籍，不断嘲笑死板的教会传统和仪式，他认为人类的每一种行为都是因愚蠢造成的。我还想提一点，伊拉斯谟是最早公开反对战争的人物之一，他称士兵的工作从本质上而言跟'杀人犯的行为'没什么区别，所以他禁止士兵祈祷。他对宗教改革的主要贡献是将希腊文的《新约》翻译成与教会的《圣经》（Vulgata）大相径庭的拉丁文通俗译本，为此他遭到梵蒂冈的激烈抨击。没有这个译本，路德对《圣经》的翻译也许根本就无法实现。"

"那么说路德得感谢他了？"

---

[1] 菲得普·米朗克逊（1497—1560），德国学者，宗教改革家。
[2] 伊拉斯谟（1466—1536），荷兰学者，文艺复兴的领导者之一。

"伊拉斯谟在许多方面都走在路德前面。"

"那他为什么没有得到应有的成功呢？"

"因为他只用拉丁语写作，他期望能按照理性和逻辑的原则，以及最大限度内的宽容，进行一次从上至下的教会内部改革。"

"因此他很快就失败了。"斯蒂芬叫道。

"是的，普通老百姓并不接受，他们更容易受那个激进的路德的感召，路德向众人允诺进行一个'又好又圆满的改革'。路德获得了成功，虽然他只是如当时的传单所写，'将伊拉斯谟早就产下的蛋孵化出来'罢了。"

"那就是路德和伊拉斯谟英雄所见略同了？"

"并非完全如此，虽然伊拉斯谟原则上同路德反对赎罪符买卖的观点一致，但他认为与宽容相结合的理智和判断远胜于狂热的冲动。"

"伊拉斯谟越来越转向路德的对立面，他起先还没有屈服于教会的压力，公开宣布与路德决裂，到他最终不得不这么做时，他也是极有节制的。这两个男人的争执不断升级，路德对伊拉斯谟表示和解的态度不予理睬，而且伊拉斯谟的许多朋友都支持宗教改革，他们躲着他，把他晾在一旁。这个伟大人物一直在寻求中庸之道，因此他既受到了天主教的压制又受到新教的攻击。他的著作被天主教列入黑名单，同时新教的人又指责他不停地鼓吹和平与人道主义，没有坚决地站在支持宗教改革的立场。"

"他最后是在孤独中死去的吗？"

"大概是这样吧，贝蕾妮克。尽管他去世前不久得到一个迟到的荣誉——教皇授予他红衣主教的头衔和一笔可观的薪金，但他拒绝了，'难道我这个行将就木的人，还要去承受我一生中一直拒绝承受的负担吗？'他一直是一位热爱自由、永远不愿只为一个党派服务的特立独行者。他一直工作到生命的最后一刻，甚至在垂危的病榻上他还与朋友和学生们辩论——当然是用拉丁语。这个一生只说拉丁语和希腊语的男人，在咽气的时候用自己的母语像孩子一样低声唤道：'亲爱的上帝。[1]'"

一个感情冲动的人

"那路德死后情况怎样呢？"

"路德的支持者们气量更小，斯蒂芬。瑞士宗教改革家卡尔文（Calvin）和茨温利（Zwingli）对自然科学毫不以为然，对艺术也是这样。路德还在世时就发生了所谓的维藤堡画像风暴，在这次事件中，人们把所有的绘画和雕像搬出教堂，他们要

---

[1] 原文为荷兰文"Lieve god"。

的是书而不是画像。在以前,图画是门外汉的书,但现在的人认为再也没有门外汉了。圣像被挖走,圣人的遗骨或遗物被践踏,绘画被焚烧。萨佛纳罗拉在佛罗伦萨上演的悲剧,这时在荷兰和瑞士又重演了。"

"那后来又怎么发生了转折呢?"

"原因很多,贝蕾妮克。那时发生了许多社会变革。在维藤堡乞讨制被废除了,僧侣们应该劳动,富人应该供养穷人。如果有人要当印刷匠、金匠、裁缝、鞋匠,或者干脆想学门手艺,而手里又没有钱,他就可以得到官方的支持。僧侣能成为面包师、木工,还可以结婚。"

"那么说来路德也反对教会对性进行诋毁和攻击了?"

"我想换一种说法,贝蕾妮克。你知道的,路德娶了修女卡特琳娜·冯·波拉(Katharina von Bora)为妻。他曾明确地说过,自然界里到处都有性关系。他甚至引用了圣经里造物的故事,他写道,上帝将人分成了两类,雄性和雌性,男人和女人,一个他和一个她,上帝对此很满意。路德认为教皇的法令是该诅咒的,可耻的。"

"真够有勇气的!"

"但他也有阴暗的一面!我们还会谈到他反对犹太人的这一不可救药的观点。同样糟糕的是他对待起义的农民和其他被压迫者的态度,他完全站在王侯贵族一边。他大声呼吁,要打杀农民,勒死他们,刺死他们,就像打死一条发疯的狗一样——不论是暗地里还是公开场合,因为他认为没有谁比造反的人更有毒、更有害、更邪恶。他还做了许多更过分的事情,但这里我就不想再多提了。"

"这使路德看起来又像变了个人似的。"罗曼说道。

塞内克斯思索了一会,然后说道:"也许我该为路德争取一些理解。他老年时身患重病,身体和精神都面临崩溃的边缘,他患有严重的神经恐惧症、抑郁症、幻觉和昏迷症,饱受肾结石、痛风症和高烧性风湿症的折磨,还有慢性中耳粘膜炎和动脉硬化症引起的小腿溃疡,除此之外还患有潜伏的心机能不全。他知道自己将不久于人世。要知道,那时候的医生对这样一个疾病缠身的人是回天乏术的。他常常哭泣不止,一直哭得浑身痉挛。跟人谈话时他根本无法倾听,而是不停地打断别人的话。他暴躁易怒,无法控制自己的情绪。我们知道,他毕竟也只是一个人,而且是一个感情丰富的人。关于路德本人就谈到这儿吧。"

妇女也在被解放的人之列

"请再谈谈妇女的情况吧。她们也从宗教改革中得到了好处吗?"

"是的,贝蕾妮克,可以这么说,宗教改革彻底改变了妇女的地位。宗教改革者们丢弃了中世纪天主教教义的基石——守贞。人们开始珍惜婚姻，神职人员可以结婚，女人们简直就是被催着去结婚。我们前面曾提到过，路德就结过婚，而且他还说，女人能给男人带来许多好处，她们可以征服男人，别的宗教改革家也说过类似的话。天主教教义确定了妇女的两个品质，首先是贞洁，然后才是婚姻和孩子，而新教教义则更看重后者。信奉新教的男人如果爱他的妻子，就会把她当成是自己的快乐和创造力的源泉。"

"这还差不多！"

"但你千万别上当，贝蕾妮克。在婚姻中还是男人说了算。婚姻之外新教确实给妇女一些独立自主的机会，而在天主教教会里只有少数女性才能得到这种自由。于是一些妇女比自己的丈夫更早改信新教，不过因此也带来了一个负面影响：那些不愿结婚的妇女现在再没有机会戴上面纱躲进修道院了。"

只有太阳的灵魂能够感受到寰宇的和谐

塞内克斯啜了一口酒，接着说道："现在我想谈谈德国天文学家约翰·开普勒（Johannes Kepler），他是这个时代最后一位对文化和科学产生过重要影响的人物。在此之前，从柏拉图到哥白尼，人们都认为行星围着太阳旋转，而开普勒的杰出贡献却在于，他认为行星的轨道是椭圆形的。开普勒这一理论超越了哥白尼，排除了哥白尼理论中最后一点不确切性。有了开普勒的理论，以太阳为中心的世界观便迅速被人接受。"

"开普勒不是伽利略的同时代人吗？"

"差不多吧，贝蕾妮克。约翰·开普勒生于1571年，卒于1630年，而伽利略却一直活到1642年。"

"开普勒将每一颗行星围绕太阳旋转的速度比作音阶上的一个音调——这使我想起了毕达哥拉斯——开普勒认为，所有的行星旋转运动合奏出'寰宇和谐之音'，这种天籁只有'太阳的灵魂'才能感受到。谈到哥白尼的理论时，开普勒说道：'我打心底里认为它是正确的，我还以难以置信的痴迷愉快地思索着它。'"

"教会对此有何看法？他们可是强迫伽利略收回了自己的言论。"罗曼问道。

"开普勒的著述被列入了黑名单，就因为它们证明了哥白尼的理论是正确的。幸运的是，这对约翰·开普勒本人没什么影响，他是一位虔诚的新教徒，并不依附于罗马，他在相当长的一段时期内享受着富裕的生活和事业的成功。虽然他很理性，但脑子里却充满了幻想，至于他是否也像当时的大多数人一样相信巫术——关于这点我们后面还会谈到——我们不得而知。他可能不信，因为当他的母亲被视为女巫受到指控，被捕入狱时，他为她进行了激烈的抗争。他母亲在经受了 13 个月的牢狱之苦后终于被释放，但不久就去世了。这场悲剧以及 30 年战争和经济上的艰难使开普勒生命的最后几年蒙上了阴影。开普勒对天体研究的贡献是不可估量的。在他看来宇宙是一座有规律的大厦。在这座大厦里面行星——包括地球在内都按照同样的规律运行。另外，开普勒算得上是一位预言家。他曾断言：'将来那些有勇气的人们会闯入那个极其遥远的地方'——那个遥远的地方他指的就是太空。"

"真令人惊讶。"斯蒂芬说道。

疯狂和信仰的爆发

神秘的教义使人神魂颠倒

塞内克斯接着说道:"在我们离开中世纪之前,我还要提一下一个极其多样化的复合体。"

"那是什么?"

"我想谈一谈最广泛意义上的信仰,不仅是宗教,还包括迷信和巫术,谈一下宗教改革以及基督教如何逐渐脱离罗马教会的控制。这些话题用一整夜的时间都不一定谈得完,我们要谈的就是所谓的'黑暗的中世纪'。"

"为什么说是'黑暗的'?那时也有阳光普照哇。让我们亲身体验历史,这正是这次在进化公园漫游最惬意之处,如果只是看书,我们肯定无法认识得这么清楚。"

"你说得好,贝蕾妮克。这正是我所希望的。"塞内克斯说道,"中世纪之所以被称为'黑暗的中世纪',主要因为中世纪的迷信、巫术和对犹太人的迫害,以及对罪恶、死亡、魔鬼和地狱的恐惧。"

"这在我看来就像是处在人类的青春期,"斯蒂芬叫道,"许多事都显得那么不成熟和孩子气。人们似乎玩尽了一切可玩的游戏,其中包括一些很残暴的游戏。"

"他们可是十分认真的,"塞内克斯反对道,"我们还是再回到过去吧。你已经看到,人类是如何发展的。人类对知识的渴望越来越迫切,他们热情地追求知识,不再满足于《圣经》提供的解释,而是试图理解事物的本质。人类将目光转向天空,但这已不再是《圣经》里所描述的天堂——尽管人们仍将这本书称作'圣书'。人类在寻找真理。同时——这点我不得不经常强调——迷信观念以及阴暗的秘术不仅在普通老百姓的灵魂深处根深蒂固,而且这种困惑有时甚至也深深扎根于学者和自然科学家的心中。"

"这种现象至今也没有改变!迷信从来没有完全根除,理智几乎永远站在失败者的一边!"

"可那时的情形毕竟要比现在严重得多,斯蒂芬。神秘的教义使人神魂颠倒,就连历史记载也是一种记录、传说和童话的混合物。旅行者幻想一切不着边际的事情。人们什么都信,尽管荒谬至极。上帝、撒旦以及全体恶魔到处插手。如果不考虑到这种笼罩一切的氛围,就无法理解那个时代的狰狞恐怖和人们当时的可怕行径。人们确信有精灵、女妖和地神,相信到处都有魔鬼那双贪婪窥视着的眼睛,认为这些鬼魂妖怪也许能带来好运或使人免受伤害。每个数字、每块矿石、每棵植物和每种动物都拥有神秘的力量。所有的一切都可以源于上帝的好意或他的愤怒，同样也可以追溯到撒旦的邪恶。

"虽说教会将北欧从异教的迷信中解放出来，但它对此也毫无办法。因为就连教士，包括那些与大众联系最紧密的神父们也是满脑子迷信。几乎所有的人都痴迷于星象，只有极少数的有识之士能认清这不过是骗人的无稽之谈。1572年波罗那大学将星象学从课程表中划掉了，十年后它遭到西班牙宗教裁判所的抨击……"

圣坛和王位的结合

"您提到宗教裁判所，"贝蕾妮克打断塞内克斯的话说，"宗教裁判所是什么时候出现的，它有什么作用？"

"宗教裁判所最早可以追溯到11世纪，它是1184年基于教皇和弗雷德里希红胡子皇帝（Friedrich Barbarossa）[1]之间的一项秘密协约成立的。皇帝弗雷德里希二世下令严惩邪教，教皇格里高利九世也颁布了处置异端的布告，他后来被认为是宗教裁判所的真正创始人。这个为神圣的教会服务的世俗机构自此专对异端和教会分裂派大打出手……"

"到底什么是教会分裂派？"

"教会分裂派是指那些偏离官方教会的信仰团体成员。到了15世纪，宗教裁判所的势力日趋强大。它完全引用了《圣经·约翰福音》里的一节：'谁不愿留在我这里，就会像葡萄藤一样被丢弃，干枯而死，然后被人拣起扔进火中……'1542年成立了罗马宗教裁判所——或者说是神圣教会联合会。开始有六名红衣主教担当宗教裁判大法官，他们怀疑谁，就可以抓谁，赦免的权力只有教皇才有。最为可怕的是：信奉天主教的西班牙在菲利普二世统治时期，宗教裁判所进行了大量的异端裁判和异端火刑，即所谓的Autodafés。[2]"

"什么是Autodafés？"

"是为信仰而采取的行动，贝蕾妮克！"

"简直不可想象！"

"别忘了，斯蒂芬。人们真的相信这个！而且，圣坛和王位的结合之所以成功，还因为受害者能带来经济上的好处。在整个中世纪宗教裁判所到处可见，其危险在于，宗教裁判所既是原告又是法官，受审者根本没有上诉的可能——而上诉制度早在古罗马时

---

[1] 巴伐利亚公爵、罗马国王和皇帝。
[2] 原文为葡萄牙文。

代就已经存在了。宗教裁判所的审判结果并不总是火刑。惩罚还包括禁食、慈善义务、朝圣义务、佩带代表异端论者的十字标志、没收财产、流放、毁坏其房屋、不受法律保护或剥夺其市民权。如果教会没有感到真正的威胁，它也会做得温和一点，以显示自己的宽容。在12和13世纪，有几位哲学家和大学教授正是得益于这种有限度的宽容慈悲，他们仅仅受到教士的监视。一般情况下，如果异端见解仅限于学者之间，没有流向大众，他们也没有呼吁百姓放弃信仰或教会，宗教裁判所也就会睁一只眼闭一只眼。"

"可是——我还是看不出宗教裁判所有什么好的。"

"有道理，罗曼。可是，在严厉谴责宗教裁判所和它们对异端的迫害时，你们也别忘了，那时的罗马教会深怕失去影响力，它认为若不坚决采取措施，教会就将分崩瓦解。"

"我同意您的说法——但是，中世纪的教会只是基督教的一种表现形式，它完全有可能被一个不看重钱财、不依靠政治权力、更符合基督精神和基督信仰的组织替代。"

"你又开始玄想了，斯蒂芬！"

"无论如何，中世纪的宗教裁判所与基督的宽容精神是相背离的。人们至今对此还保持沉默，将它看成是遥远的年代里的一次失控。至今这历史上可怕的一页仍未得到整理和还原。"

几百年基督徒都陷入恐惧之中

塞内克斯想了想，然后说道："撒旦！不管愿不愿意我们都必须详细地谈谈魔鬼撒旦。撒旦是构筑西方文化的三大人物形象之一。"

"哪三位？"

"耶稣、玛利亚和魔鬼撒旦。耶稣我们已经谈过了，玛利亚后面还会讲到，现在我们先说说撒旦。一代又一代的基督徒都非常害怕他，因为几百年来关于魔鬼的传说不断。"

"还有对魔鬼的恐惧！"

"你说得对，斯蒂芬。对与自己不同的一切事物的憎恨和对性的厌恶以前是现在仍是撒旦的本性。"

"这是为什么呢？"

"圣徒保罗就说过，两性结合只能在婚姻中才能进行……"

"甚至在婚姻中也是不自由的，摆脱不了良心的自责。"

"我相信，教会总是想方设法去控制性行为，从而达到控制人的目的，"斯蒂芬插嘴道，"即便今天还是如此，想想那些反对手淫、避孕和同性恋的运动。到处都有魔鬼横插一脚。"

"对魔鬼撒旦的迷信是怎么产生的？古老的文化显然并不认识撒旦，反正我们在古埃及、古希腊和古罗马都没有遇到撒旦。"

"撒旦可能最早出现在伊朗，是由宗教创始人查拉图斯特拉（Zarathustra）[1]在大约公元前500年创造的，是他将有关罪恶的想法引到了世界上。"

"但邪恶怎么可能在上帝的世界里存在？上帝难道不是至善至美而又全知全能的吗？"

"传说撒旦——或恶魔（Luzifer）[2]——想与上帝平起平坐，贝蕾妮克，因此大天使米歇尔便将他从天堂赶下地狱。所以说撒旦是一个堕落了的天使。但《圣经》里并没有记载这个故事，它只出现在犹太传说中。直到《新约四福音》书中，这个地狱的主宰才以狰狞的面目出现，整个新约都充斥着魔鬼撒旦和他手下那些恶魔的邪恶行径。"

"撒旦是怎么进入新约的？"

"可能是通过犹太教分裂出来的爱森那教派（Essener）[3]，贝蕾妮克。光明与黑暗的较量影响着他们的世界观。耶稣有可能是爱森那教徒。犹太人没有地狱，但有'沉默和遗忘的处所'，那是一个'空寂的地方'，一片'没有归路的国土'。根据《约伯记》记载，那是'一座所有生者聚集的房屋'，里面既有好人，也有坏人，既有国王也有奴隶。"

"不仅是罪犯，而是所有人——包括好人，都无一例外地要到那里去？"

"是的，贝蕾妮克。既不存在地狱，也没有什么炼狱。可是基督教却宣扬灵魂的得救，而拯救灵魂和获得永生，又与魔鬼、地狱和罚入地狱的诅咒之说是分不开的。这两者在中世纪是无所不在的。人们将魔鬼撒旦雕刻在教堂大门或教堂的椅凳脚上。就讲到这里吧，如果要我讲述魔鬼的所有故事，那就没完没了。"

"几百万所谓女巫的死其实也是源于对魔鬼的迷信。"

"尽管如此，斯蒂芬，今天那些聪明的僧侣都很清楚，不是魔鬼点燃了火刑架，而是那些像魔鬼一样对待别人的人干的。"

"今天不也是这样吗？教会仍在利用人们对魔鬼的恐惧。'谁不承认撒旦和恶魔的存在，谁就背离了《圣经》和教会的教义'，这是1975年教皇在有关教义的宗教会议上提醒大家的。我知道这些，是因为我对此做了深入的研究。"

"斯蒂芬，有些天主教《圣经》研究者对此持不同意见，他们认为对魔鬼的迷信有着异教徒的色彩，是根本不符合基督教精神的，他们认为，并不需要将魔鬼补充到福音书中。"

---

[1] 大约生活在公元前600年左右的波斯宗教创始人、预言家。
[2] 拉丁语，意为光明的使者，是罗马神话中的晨星，在基督教时代被等同于圣经里的撒旦。
[3] 公元前150年至公元70年之间的古犹太的一个苦修教派。

普通人家的孩子

塞内克斯思索着，然后他说道："我刚才提过，构筑西方文化基础的一共有三大人物。先说了撒旦，因为他正好与我们的话题有关。现在我们再谈谈玛利亚，她值得我们专门开一章。关于这位历史上真正的圣母我们所知甚少，她大概是个普通人家的孩子，嫁给了一个木匠。婚前她可能一直住在父母家，平日从井里打水，从仓里取粮，做饭织布。"

"就这些？她没有上过学吗？"

"没有，贝蕾妮克。一个女孩子得不到受教育的机会，她只需每天祈祷就是了。在犹太人那里，妇女由于所谓的不洁被隔离开来，她们住在专门的房子里，不能和男人一道吃饭，也不能主动跟他们说话。"

"耶稣诞生时，她有多大？"

"这就没人知道了，也许她还非常年轻，因为那时的姑娘13岁就要嫁人了，有推测说她14岁就生下了耶稣。当然她有可能更大一些，如《圣经》所述，她在耶稣之前已经生过孩子，甚至这些孩子还有可能是前一次婚姻中所生。"

"什么？那么说上帝没有挑童贞女来做圣母，而是选了一个曾结过婚的女子？"

"是的，妮克，"斯蒂芬说道，"我们在罗马时谈过这点。"

"可为什么没人了解实情？"

"因为关于她的传说被一改再改。"

"那么说她的身世是编造的了？"

"这个么，在《新约》里最早提到耶稣的四个兄弟，后来又被说成了继兄弟，再后来干脆变成了堂兄弟。"

"圣母为什么一定要是童贞女？"

"贝蕾妮克。我们马上就该谈到童贞女生子的现象。在早期的文化里这种事随处可见，几乎没有一个神或者半神不是这样的出生。就连古埃及法老的身世也带有这种传说的色彩，而这些传说都来自人类初期。那时的人们相信妇女可以独自创造新生命，当然如果有一个看不见的神灵介入，那就更神奇了！"

"我明白了，也就是说，耶稣不可能有一个人类的父亲了。"

"你说得对，贝蕾妮克。圣徒保罗没有提到童贞女生子的事，后来的路加福音和马太福音才提到。"

"公元649年的拉特兰（Lateran）宗教会议确定玛利亚是'永远的童贞女'，这意味着，她的童贞在生育前、生产中和产后都没有破，她成了母亲，却没有被'弄脏'。"

"如果我没理解错的话,教会将一个古老的象征说成了生物学上的事实。"

"人们需要一位女性认同的形象,斯蒂芬。当今一位有名的女神学家认为,如果没有圣母玛利亚,仅凭耶稣一人,基督教是不会有这么大的吸引力的。母性在任何一个宗教里都起着巨大的作用。公元431年以弗所(Ephesus)[1]举行的由教皇主持的宗教会议上人们宣布玛利亚为'Theotokos',意思是'上帝的分娩者'。"

"但童贞崇拜也造成了对妇女的敌视。"

"是的,贝蕾妮克。这一点是无可否认的。玛利亚成了那个所谓邪恶的夏娃的对立面,在人们眼里玛利亚是受人爱戴的圣母,而夏娃却是魔鬼的工具。人们让玛利亚在神秘的光辉里闪耀,而夏娃则一直被当成女巫,人们认为原罪是从她那里传到别的妇女身上的。而圣母玛利亚则散发着越来越多的魅力,她体现了夏娃所没有的一切优良品德:贞洁、谦卑、恭顺和屈从。中世纪到处是对圣母的赞美,同时,那些玛利亚的崇拜者们还告诫大家要警惕凡间的妇女。"

"玛利亚是完美的化身!"

"老百姓肯定这样认为。普通的妇女和母亲在玛利亚姐妹般的形象里找到了安慰和希望。人们不可能对另外别的什么形象产生类似的敬畏,也不会有另外一个形象能获得人们如此大的敬仰。僧侣们为她吟唱最美丽的赞美歌。我们知道,对玛利亚的崇拜无限地充实了艺术。几百年来,教会的男人们充当着现行道德的捍卫者,爱上了一个根本不存在的理想女性。所以那些饱受压迫的妇女的负担更重了。教会要求她们以脱离实际的道德贞操观为准则,将自己看成是一切罪恶的根源。"

"我又想起了这个可怜的犹太姑娘,她天天祈祷、织布,13岁嫁给了一个自己并不爱的木匠,根本无法上学,"贝蕾妮克嘟囔着,"人们骗取了她的一切,而这一切在我们今天看来是理所应当拥有的……然后又将她百般美化!"

"这再次证明,人既不想知道真相,也不愿接受事实。人类情愿相信可以轻而易举戳穿的童话。"

塞内克斯举起手来:"斯蒂芬,有比能用理智验证的更为深刻的真理。在玛利亚身上集中了在其他任何人身上都没有的希望,那是人类最深层的渴望,特别是那些受苦受难的人们,没有人真的去怀疑。"

妇女在两百种不同的行业中劳动

"我们还是再回头谈谈那些普通的世俗的妇女吧。"塞内克斯提议道。

---

[1] 古希腊的一个小城。

"那些不结婚的妇女为了糊口不得不劳动。在农村,已婚妇女和年青姑娘们必须下地帮忙干活,包括最繁重的田间劳作。她们的报酬总比男人低,就连得到的食物也比男人少。在城市里她们也靠自己的劳动谋生。她们做蜡烛、卖铁器、织渔网、加工皮毛、制鞋等等,甚至还有当金匠的。在14世纪的法兰克福,妇女在两百多种行业里劳动。甚至还产生了妇女行会,纺丝女工经过培训也可成为女教师。女孩子从12岁之后就被送到师傅那里去学手艺。"

"那么妇女都很独立吗?"

"一般是这样,贝蕾妮克。在一些城市,妇女们甚至还垄断了某种行业。然而,即便妇女能够独立工作并有所成就,赢得社会的尊重,但她们仍不能进入男子同业行会。"

"那些女教师的情况如何?"

"一般来说,男人们反对妇女当教师或者参加公开辩论。不过妇女也还是逐渐渗入了这个行业。有些女教师,同时还是洗衣妇或修女,她们在一个由修道院学校、街道学校、私人学校及城市学校组成的大杂烩里教书。"

"女孩子也可以上学吗?"

"可以,但只有少数人学习读书、写字和计算的本领,当然她们更不可能掌握拉丁语了,这些人大多来自工匠家庭或小市民阶层。拉丁语一般只有男孩才学,特别是当他们想当僧侣或其他神职人员时。"

效法基督的团体

"僧侣——我们经常谈到修道院和僧侣,他们在中世纪起了非常重要的作用。僧侣不一定都是宗教狂热分子,他们中的大多数人满怀信仰,而且在文化方面做出了杰出的贡献。"

"是的,罗曼,僧侣在社会等级上超过了所有其他阶层。婚姻为生育繁殖服务,僧侣则为上帝服务。他们给中世纪的文化面貌打下深深的烙印。他们日常的生活内容就是祈祷、进食、劳动、布道、礼拜、照顾病人和冥想。许多修道院还是进行科学研究的中心。除此之外,他们还开垦土地,建桥修路,当然更主要的是参加修道院和教堂的修建工作。妇女则在修道院里找到安全感,她们在那里教育姑娘,照顾穷人。"

"这还不够吗?"贝蕾妮克叫起来,"这对她们来说无非就是一种囚禁。"

"尽管如此,许多妇女仍在她们的姐妹们当中,在自己的虔诚信仰中找到了安全感。这个话题就谈到这儿吧。"

中世纪最黑暗的一章

塞内克斯稍微停顿了一会儿,看得出来他内心思想斗争很激烈。他犹豫着是否应该继续说下去,最终还是开口了:"我感到很为难,但我们无论如何不应将这最黑暗的一章,这人类史上最可怕的一段一笔略过。就其内容来说它属于我们刚刚谈过的'妇女'这个话题。它历时几百年,但在文艺复兴末期和宗教改革期间达到极为恐怖的顶点,是啊,我们可以这么说,这个邪恶也就是在新时代到来之际才更加猖獗。它似乎并没有出现在所谓'黑暗的中世纪',我称它为文艺复兴带有的罪恶印记。"

"您指的是对女巫的审判!"

"我指的是那种相信女人能变成巫婆的疯狂想法,斯蒂芬,这种想法当然是源于迷信……"

"或者是信仰。可是迷信和信仰之间的界限又怎么能划得清呢,塞内克斯?在迷信和信仰之间只有一种渐次的而非绝对的区别。"

"我们还是让心理学家和神学家来回答这个问题吧。当时人们认为女人能变成巫婆,这种疯狂的想法比反犹太主义更难以解释,后者还有能说出来的深层原因——即人们认为犹太人要为基督被钉死在十字架上而承担罪责。而在女巫的问题上,人们却坚信魔鬼能将其超自然的力量附着到人类身上。所有的人从小就被灌输了这种可怕的想法,他们都坚信必须烧死女巫和术士。"

"巫师也要被烧死吗?我还以为,这种疯狂的举动只是针对女人哩!"

"并非全然如此,贝蕾妮克。在某些地区甚至只有男人才是这种迷信的受害者,可这与那些悲惨死去的数不胜数的女人相比当然算不了什么。不仅仅是老年妇女,而且还有年轻女孩子,甚至包括小孩都可能成为这种迷信的受害者。在这些受害者中,除了接生婆之外,女厨子和懂医术的聪明女人首当其冲。"

"怎么会这样子?"

"也许人的灵魂的运转是一个机械的不可抑止的流程,在这一过程中,一个极微小的动作最终都可能酿成不可估量的震撼。这类精神现象会像瘟疫一样扩散,毫无根据的传言和谣言有如细菌一样迅速增生蔓延,而这一切都是无法用理智解释得通的。相信女人能变成女巫这种疯狂的迷信就是这样一种精神瘟疫。"

"所有的思想都是这样的精神瘟疫!"

"很遗憾,是这样的,斯蒂芬。甚至有名望的机构,包括许多大学的法律系也加入了打击所谓女巫的运动中。无数学者、有教养的人、文学家也对女巫和魔鬼的存在深信不疑。知识渊博的法学专家、大学教授和学者为这种迷信提供'科学'依据,他们不仅为刑讯和死刑辩护,而且迫不及待地为此大声呼吁。他们还专门制定了一本法典——所谓的《女巫之锤》(Hexenhammer),里面包括了审判过程的详细规则。

官方认可的宗教裁判官可以根据法典里的各种规定来审判女巫。在这一点上，就连宗教改革家路德和卡尔文也与学者们、甚至还与他们最大的敌人——教皇——的意见一致。教皇说过，他对女巫毫无怜悯之心，他会把她们全部烧死。而宗教改革家们则在翻译成德文的《圣经》里为这可怕的烈火找到了足够的理由。可悲但却真实的是，天主教徒和新教徒都争先恐后地将女巫推上火刑架。"

"可这到底是为了什么？"

"唉，贝蕾妮克，这些不幸的女人可以因为任何事被人告密，人们指控她们的法术可以呼风唤雨，可以使乳牛断奶，还指控她们对病人施巫术——在这里我根本不想一一列举。在宗教裁判所里，审讯官先指控她们的所有'犯罪'细节，而这些莫须有的罪名都是这些被指控的可怜虫自己根本不知道的，然后在刑讯时审讯官又会再逼迫她们招供这些'罪行'。"

"可我还是不明白，为什么只有妇女备受其害。"

"对此有许多研究材料和堆积成山的文献，最深的根源肯定在于性别仇视，那时的教会就是据此对妇女进行迫害的。他们认为，女人是万恶之源，是专门引诱男人的。教义说，蛇在伊甸园里咬了夏娃而不是亚当，这不是偶然的。《女巫之锤》的作者们写道：'每种巫术都来自肉体的快乐，而女人对这种快乐是永不满足的。'而且，男人总是享有特权，因为耶稣就是男人。人们相信，男人是由上帝直接创造的，而女人则不过是男人身上的一根肋骨。"

整座村庄和整个地区的人都被赶尽杀绝

塞内克斯接着说道："遭受迫害的主要是接生婆。"

"为什么？难道人们不应为她们的工作而对她们心怀感激吗？"

"人们本来是应该这么做的，贝蕾妮克，而且他们不应该好坏不分。教会认为，那个'与魔鬼私通的女巫团伙'之所以如此猖獗，就是因为女巫在接生的时候就对孩子施了巫术。告密的人越来越多，随之，人们对所谓女巫的迷信也迅速蔓延，到处是熊熊燃烧的柴火堆，整座的村庄，甚至整片地区都被赶尽杀绝了。刑讯是15世纪初开始采用的，起先得到了法庭的默许，到了1535年，卡尔五世在雷根斯堡（Regensburg）帝国会议上将刑讯合法化，确立女巫应当被烧死。虽然按所谓的'死罪法庭刑讯规则'，审判过程中应当排除迷信的成分，被告只能通过两个证人的证词或本人的自首坦白才能被定罪，也就是说不再借助上帝的审判——如通过火刑验罪法[1]来判决。这么看来，'死罪法庭规则'还体现出了理智的胜利，但它同时又允许

---

[1] 中世纪宗教法庭采用的一种刑法。具体做法是：用烙铁烫被告人的手或足，如不被烧伤，则判无罪。

'在足够的怀疑下'可以使用刑讯,因为要不这样又如何能让犯人屈打成招?我们在设计进化公园时考虑了许久,不知道该不该让你们体验一场真实的焚烧女巫的场面。虽然我们打心底里不愿意,但是考虑到这个可怕话题的重大意义以及它暴露出的人性的罪恶一面,我们仍决定向你们展示一下不那么恐怖刺激的焚烧女巫的场面。当然,让你们接受这种刑讯方式实在还是太难了——你们还是自己看吧……"

灰色的浓烟蒙蔽了天空

塞内克斯做了一个手势,在他们面前出现了一面像是汽车电影院里的拱形幕布,让人觉得自己如同身在一座中世纪的城市里,周围是褐色的木架房屋。对面耸立着一座大教堂,上面有窗户、扶垛、塑像和滴水嘴。教堂前挤满了人,一些身着黑衣的僧侣站在最前面。

"他们是多明我会成员。"塞内克斯解释道。僧侣们唱着歌,吟唱着赞美诗。

"这是当时的一首新歌,它表现了那个年代对死亡的巨大恐惧。"塞内克斯说。

这歌听起来阴森森的,非常恐怖。

广场被隔出一块空地。手执长矛的男人紧挨着站成几排,但他们还是无法控制住拥挤的人群。

教堂的大门前,在一棵剥了皮的、一人高的树干下摆起了一大堆劈柴,上面堆满了干草、干柴枝和浇着沥青的小树枝。

只听一个女人尖叫道:"女巫!女巫!时辰到了!"

"她犯了什么罪?"贝蕾妮克轻声问道,她已经被这场景震住了,早已忘了自己不过是在看戏。

"她被指控与魔鬼私通。"

"她承认了吗?"

"是的,只有这样她才能摆脱那难以忍受的严刑逼问。他们打断了她的胳膊和腿,压碎了她的手。她被控告,用巫术使得一些小孩死在摇篮里!"

广场上喧哗声不断,乱成一团。那女人过来了,是一个差役背过来的,因为她根本无法行走了。刽子手和差役跟在后面,宗教裁判所将她交给世俗法庭。

接着,世俗法院的人宣布判决,四周站满了全副武装的差役。

这时似乎每一个人都惊呆了,大家僵在那里。姑娘毫无血色的脸上只有那双呆滞的眼睛在冒光。罗曼和斯蒂芬真真切切地感受到了这女人的恐惧。贝蕾妮克喃喃道:"她一定吓傻了!"

"在惨遭刑讯的万般折磨后,她已筋疲力尽,根本无力反抗了。"塞内克斯说。

差役将姑娘放下来，把她拖到柴火堆边，举起放在火刑架上，再将她同树干紧紧绑在一起，不让她滑下来。姑娘摇摇晃晃地直了直身子，然后又无力地垂下头。

　　这时，意外的事情发生了：这个女人开始呼喊上帝，向上天求助。

　　"她在亵渎神灵！"站在前面的一个围观者叫了起来。

　　两个手举熊熊燃烧火把的差役走向前去。人群中响起一阵呼喊声："烧死她！烧死她！"

　　干草被点着了，柴火堆马上在三处地方同时燃烧起来。

　　"以圣父、圣子和圣灵的名义。"神父说着在胸前划了个十字。

　　木柴劈里啪啦响成一片，火焰窜了上去，灰色的浓烟遮住了天空。

　　人们又一次看到这个女人的眼睛——浓浓的烟雾中露出的一双充满无名恐惧的眼睛。鲜红色的火球腾空而起，浓烟笼罩着教堂和教堂的大门。烟雾升到空中，乌云片片。柴火堆在燃烧。

　　银幕上的图像消失了，幕布也不见了，一片黑暗。

　　塞内克斯特意留出些时间让三个孩子慢慢回味。过了一会儿他才说道："我们以此纪念圣女贞德，她于1431年在法国的里昂被烧死。她一定是所有被害的女巫中最有名的一个了。"

一派胡言

　　"可那个年代真的过去了吗？"斯蒂芬问道，"疯狂并没有被战胜，只不过它不再以这种形式出现罢了！"斯蒂芬激愤得说话有点结结巴巴的，但马上又恢复了正常。他嘟囔道："不，不，我本来不愿提起希特勒对犹太人的屠杀，但这种屠杀不也有着与焚烧女巫一样的根源吗？"

　　"我永远也不会明白，人怎么会变得如此疯狂。"罗曼说。

　　"可是为什么有那么多人相信巫术的存在呢？"

　　"他们怎么能不相信呢？贝蕾妮克。当时的教会和那么多的学者都在宣扬巫术怎样害人，宗教法庭的诉讼更是将巫术渲染得有声有色。如果连教士都相信的确有巫术这种玄妙的伎俩存在，用刑讯和火刑来对付女巫，一般的老百姓怎么能不陷入对魔鬼的极度恐惧呢？"

　　"是的，人们的确很难对此加以美化。教会——或者说，那些组成了教会的人们——煽动人们深信有女巫存在。尤其是在中世纪，我们必须将基督教与作为一个组织机构的教会区分开来。我承认，这并非易事。1484至1492年执政的教皇英诺森八世的训谕最为臭名昭著。我不想详细援引其中那些恶心的言论。他说，那些跟女巫淫乱的魔鬼不但灭绝种子，而且还消灭男人、女人、绵羊、牛。"

"真是一派胡言！"

"而这种言论的后果却是毁灭性的，斯蒂芬。我要再次提到那本1489年在斯特拉斯堡出版的《女巫之锤》。书中的每一页都几乎明显暴露了作者对性的变态心理。"

"这事就发生在古登堡的第一本《圣经》出版后的30年？"

"是的，罗曼。《女巫之锤》无疑是历史上最丑恶、后果最严重的书。更为灾难性的是该书的出版使得教皇训谕作为最具权威的教皇言论得到了迅速的传播。直到1669年，这大约200年间，教皇训谕在所有的29版《女巫之锤》中都被印了出来。"

"是啊，教皇也饱受对魔鬼恐惧的摧残吗？"

"教皇和教士也是那个时代的人呀。"

"难道就没人站出来反对这种无稽之谈吗？"罗曼气馁地小声问道。

"可惜太少了。瑞典女王克里丝蒂娜曾竭尽所能制止对女巫的迫害，可惜理智的时代来得太慢了。"

魔鬼的居室

"我还想再解释一下，"塞内克斯说，"讲魔鬼的书，即告诉人们如何与对自己有所帮助的魔鬼建立联系的书籍在中世纪极受欢迎，仅在1568年一个书商就售出了1200本！浮士德博士的传说之所以在整个中世纪都广为流传，主要是因为他与魔鬼缔结了契约。路德也称这个世界是魔鬼的居室：'不论去到哪里，魔鬼都像主人一样在那里驻守。'但是我也能举出几位反对巫术迷信的人，而且他们是最早站出来反对残害女巫的。第一位是皇帝弗雷德里希二世的同时代人、英国哲学家罗杰·培根。他试图以数学和自然科学的研究成果反对那些脱离实际的经院哲学。令人遗憾的是，弗雷德里希二世本人也将火刑作为有效的措施在全国推广，关于这点我们曾经提到过。"

"这也许证明了，人们不能将全部错误都归咎于教会。"罗曼说道。

"可是以传播爱为大任的宗教却没能阻止这场残忍的悲剧，罗咪。"

"罗杰·培根曾写过一封关于魔鬼巫术根本就是无稽之谈的信，他勇敢地向中世纪受教会制约的狭隘的思维方式提出了质疑。"塞内克斯接着说道。

"那么说总算还有理智的曙光啦？"斯蒂芬的精神为之一振，"别人听他的吗？"

"没有人听，斯蒂芬。培根的著作遭到查禁，他本人也被关进了监狱。尽管如此，处在千年之交时的中世纪教会还算有节制，它至少能拒绝接受'女巫骑着扫帚到处飞来飞去'之类的鬼话。但到后来教会却改变了主意，应该为此承担责任的是经院派哲学，而且不仅是中世纪中期的经院哲学，还有托马斯·阿奎那的哲学思想。

他以混乱的辩证法研究了以幻体出现的神魔是怎样使妇女受孕的。他还认为，女魔，即那些与世人私通的魔鬼，吸取了熟睡的男人的精子并迅速地放到女人的阴道里。我说这些，并不是为了诋毁这位中世纪著名的精神领袖，而是要说明愚蠢的思想是如何深深扎根在人们的头脑中——包括最聪明的人的脑袋里。我们又怎么能将责任推到大众身上？这位机智敏锐的经院哲学家还得出结论说，这样生下来的孩子并非魔鬼的孩子，而是'被吸走了精子的男人'的孩子。托马斯·阿奎那肯定对自己的见解深信不疑。这种对魔鬼的恐惧和对女巫的迷信给这个世界带来了一场疯狂的闹剧，而托马斯·阿奎那就是这场闹剧的始作俑者。"

"他居然还被奉为圣人。"斯蒂芬嘟囔道。

"虽然我并不想贬低托马斯·阿奎那的贡献，但确实有些人比他更有头脑——比如那个知名度低得多的巴黎大学教授威廉·阿登那（Withelm Adeline），他宣称，所谓女巫狂欢节的说法不过是幻想出来的罢了。"

"那他后来怎么样了？"

"他被判处终身监禁，"塞内克斯回答道，"不过只关了四年。"

"后来被释放了？"

"没有，罗咪，他惨死在狱中。尽管如此，各方争议仍此起彼伏。后来甚至出现了这样的情况：罗马宗教裁判所的官员告诫神父，要向老百姓解释有关巫术的说法是荒谬的。而另一方面，教皇格里高利十五世在1623年要求处死那些利用巫术导致他人死亡的人。1637年教皇乌尔班八世则批评罗马宗教裁判所对女巫的任意而不公正的迫害。令人吃惊的是，女巫迷信在南部国家几乎不算一回事，在意大利、西班牙和葡萄牙，天主教教会和宗教裁判所的地位是不可动摇的，他们掌握一切权力，而这里只出现了为数很少的女巫审判案，而且还是以最温和的形式处理的。自16世纪以来，在西班牙和意大利只发生了占全欧洲十分之一的女巫迫害案。当然，从葡萄牙到俄国，从苏格兰到西西里到处都有对女巫的迫害，但是在神圣罗马帝国范围内的德国和瑞士领土上对女巫的迫害却是最为残忍的。实际情况是，随着文艺复兴运动的兴起，教皇的权力开始瓦解，国家已经争取到了更多的司法审判权，可迫害事件反倒急剧增加。16和17世纪，越来越多的宗教裁判官反对严厉惩罚女巫，一般采取的也是罚款之类的惩处，只有世俗法庭才无所顾忌。"

一本最可怕的书

"皇帝的态度怎样？"罗曼问道。

"1568年皇帝马西米利安二世发布政令，要求所有的供词都必须受到审查，还让被告公开表演他的巫术，最严厉的惩处也不过是流放而已。"

"总算有了一线光明。"罗曼喃喃道。

"这线光明来自米兰的圣方济各会修士卡西尼（Cassini）[1]，他激烈反对所谓魔鬼可以背着人飞去过女巫狂欢节的说法。令人惊奇的是，除了收到多明我派修道会的抗议信外，他没有遭到迫害。1596年，特里尔大主教下令烧死120人，理由是他们借助魔鬼的力量使严寒的冬天持续太久。而另一个人们认为比较开明的人——萨克森的选帝侯奥古斯特——也在1572年下令处死所有女巫，即使她们谁都没有伤害过。同时受到两个基督教教派承认的伊拉斯谟是著名的天主教人道主义者，他声言，所谓与魔鬼的契约既不存在于罗马法典中，也不存在于天主教的法规里，纯粹是臆想出来的。"

"您前面提到过《女巫之锤》，"罗曼心情沉重地说道，"您说这是所有被印刷出来的书中最可怕的一本。"

"我把它看成是媒体给社会造成危害的最早例证之一，罗曼。这本印刷便宜的书造成的后果是严重的——今天的媒体也常常如此。《女巫之锤》传播迷信，渲染对魔鬼的恐惧，煽动轻信者的情绪，使他们变得不可理喻，从而残忍地迫害他人。"

"《女巫之锤》出版后，对女巫的残害有增无减，是吗？"

"是的，贝蕾妮克。这种残害在16、17世纪愈演愈烈，席卷整个欧洲，连斯堪的那维亚和英格兰也在所难免。这本用拉丁语写的书在全欧洲，包括意大利，一再再版发行。审判女巫的法官把它当成指导手册。"

"可是，几百年来难道就连一个持反对意见的教皇都没有吗？"

塞内克斯摇了摇头："1749年在维尔兹堡还有焚烧女巫的事件，最后一次迫害案大概发生在1793年的波兹南。"

理智的人越来越多

"什么时候这种疯狂才告结束呢？"

"正如我说过的，贝蕾妮克，理智的呼声越来越响。我想特别提一下德国天主教耶稣会教士及诗人弗雷德里希·冯·斯皮（Friedrich von Spee），他听取了近200名被控施巫术的人的忏悔。在自己的书中斯皮严厉谴责了对女巫的迫害行径。但是实际上他已不再属于中世纪，而是一个巴洛克时代的人物。他虽然相信女巫存在，但他反对在毫无根据的情况下滥捕无辜、虚假审判和严刑拷问。他说，在这种酷刑的摧

---

[1] 意大利天文学家，曾任巴黎天文台长。发现了木星的四颗卫星和土星光环白缝隙。

残下'就是教会的学者和主教也会屈打成招的'。渐渐地，对女巫的迫害事件平息下来了。1633年后，德国的30年战争失去了它的宗教色彩，变成了一场纯粹的争权夺力的政治斗争，信仰失去了力量，正是这种力量曾在人心中制造出了相互的仇恨。新建的学院和大学给学者们带来了一股新鲜的空气，以理智为中心的思想方式逐渐形成，在它的指引下，一种现实的注重今生今世的生命观重新得到尊重。"

"有多少人，或者说有多少女人受到过残害？"

"绝大部分文件都被销毁了。最高的估计数字为900万，也有些人认为'只有'6万被烧死的女巫，我认为肯定远远不止这些，因为仅仅17世纪的德国就有10万个柴火堆在燃烧。"

"能暂停一下吗？我想缓缓劲儿。"贝蕾妮克请求道。

"我给你们讲一个小故事吧。这故事虽然与我们的公园没有直接关系——因为进化公园所涉及的内容只限于地中海范围，但再也没有比它更适合给这阴暗的一章带来轻松转折的了。1644年生于伦敦的贵格会（Quker）[1]教徒威廉·潘是宾夕法尼亚州的建立者和统治者，他曾问一个被告：'你是女巫吗？你骑扫帚在空中飞来飞去吗？'当这个女人做了肯定的回答后，他说道：'你完全有权利这么做！'"

"多么聪明的人。"贝蕾妮克说道。

永远被奴役的犹太人

"我们没有忘了什么重要的事吗？"斯蒂芬问，"与女巫这个话题有关的还应该涉及对犹太人的仇恨和迫害吧？"

"你说得对。教会之父奥古斯丁，这位古代欧洲最重要的教会学者，在公元4世纪就提出犹太人应该永远被奴役。托马斯·阿奎那则说得更为露骨：'犹太人将永远被奴役，王侯可以占有他们在世间的一切。'他还说过，'犹太人是教会的奴隶，教会可以任意处置犹太人的财产。'"

"也包括随意处置他们的生命吗？"

"财产和生命两者本来就无法完全分开，罗曼。皇帝弗雷德里希二世接纳犹太人为'内室侍从'（Kammerknechtschaft），看起来好像在保护他们，实际上他借这种'保护'行使自己的权力，他之后的所有统治者都毫不顾忌地这样做。教会和国家在对犹太人的迫害手段及动机方面都不甘落后，他们经常携手合作，而且正是一些杰出的人物煽动了憎恨犹太人的情绪。马丁·路德和皇帝卡尔四世同样都站在反犹排犹

---

[1] 基督教的一个教派。又称教友派、公谊会。

的最前线，后者甚至还与很多城市缔结杀害犹太人的条约。他声称，皇帝在他的权力范围之内可以对犹太人'为所欲为'。1349年6月卡尔四世将处置法兰克福城犹太人的权力交给城市，换取了一笔数目可观的钱。他等于是将犹太人完完整整地高价卖了——'他们的身体和财产，他们的庄园、房屋、教堂和学校，他们的田产和遗产'。他还预先保证，即使这些犹太人死了，城市也可免受处罚。仅仅几星期之后，法兰克福人便突袭了犹太人，犹太人绝望地焚烧自己的房屋，许多人自己也葬身火海，他们的财产则被没收充公。卡尔四世还与纽伦堡做交易，他们专门就谋杀犹太人和抢夺他们的财产缔结条约。更多的例子不需要我再跟你们讲，你们自己想得到，类似的事情在其他城市也在发生。"

"这种对犹太人的血腥屠杀与希特勒惨绝人寰的大灭绝真是一脉相承。"斯蒂芬喃喃道。

"可以肯定的是，中世纪的人被黑暗的想象所困扰，受尽各种恐惧的折磨，让他们正常地和犹太人打交道并不是件轻松的事。犹太教严格的宗教法规对许多基督徒来说荒唐且不可理解。犹太人不仅被别人排斥在外，而且他们自己也想与异教徒隔离开来。他们想让别人觉得，只有他们自己才是被上帝选中的民族。"

"可这并不能成为残杀他们的理由啊！"斯蒂芬激愤地大声说道，"而且——为什么犹太人在摩尔人时代的西班牙就能和其他宗教和平共处，而只是在基督教国家就做不到这点？在那里他们的风俗习惯与在法兰克福或布拉格并没什么不同！"

"西班牙的基督徒对犹太人是不是要宽容些？"

"可惜不是，贝蕾妮克，西班牙是个天主教国家，那里的教会和宗教裁判所比其他任何地方都强大。斯蒂芬刚才特别提到摩尔人时期，他说的是对的。在15世纪，当费迪南和伊莎贝尔——这两位我们在讲哥伦布时提到过——将摩尔人驱逐出去之后，犹太人的生存环境彻底改变了。宗教裁判所大施淫威，他们甚至拒绝给那些愿意皈依天主教的犹太人受洗，因为他们不相信犹太人会改变自己的信仰。1492年下达的有关犹太人的诏书里列举了对犹太人的种种指责，诏书下令驱逐犹太人。大约有20万犹太人陷入了悲惨境地：他们有的在海上丧命，有的落到海盗手里被当作奴隶卖掉，而且还要饱受病痛和饥饿的折磨。可他们的金银财宝却不得不留在西班牙。他们中大约有一半人逃到了葡萄牙，而在那里也只有虚假的'幸福'，成年人被强迫洗礼，年幼的孩子则被强行从父母身边带走。"

斯蒂芬摇了摇头着头："我无法想象还有哪种宗教像基督教那样犯下这么多的罪行。"然后他转向塞内克斯说道，"也许您能告诉我，基督教到底给西方带来了哪些好处。"

基督教和教会

千百年来教会激发了艺术的灵感

塞内克斯思索了一会儿才回答:"基督教给西方带来的益处肯定比它摧毁的要多。基督教给西方世界带来了秩序与和平——虽然并不总是这样。它也有善良而智慧的教皇、主教和神父。请想想那些开垦森林、给沼泽地排水的僧侣们,他们为无数人创造了生活的空间。斯蒂芬,你必须承认:西方社会的历史与基督教是分不开的。历史是无法假设的,没有'如果……',没有'如果不是……',也没有'假如……'。你也不能将早期的教会、中世纪的教会与今天的教会完全等同起来。因为教会总是由那个时代的人组成的。教会永远无法传达纯粹的基督福音,它永远都是人造的作品。不管怎么说,教会还是为整个欧洲编织了一个精神的文化的网。"

"想想基督教的艺术。斯蒂芬——倘若没有教会,没有那些修道院、大教堂、圣坛、绘画、雕塑、诗文和书籍,我们的文化会是个什么样子?宗教激发了成千上万的建筑师、雕塑家、画家、诗人和音乐家的灵感。"

"可是,罗咪,你不能这么说,好像是基督教造就了艺术似的,好像没有教会在欧洲就没有艺术似的。两千年来艺术家们只盯着耶稣、玛利亚和圣徒。在这种情况下,自由的精神又怎能得到发展呢,更别说真理了。"

"基督教是否建立在真理的基础上,我认为这一点并不重要,"罗曼说道,"没有它,世界就会变得贫乏得多——这对我来说就足够了。当我认真思考过去的几天里所看到的、体验到的东西,我就会觉得近两千年来教会满足了人们对宗教的需要,我认为这点是非常重要的。这也是我好久以来认真思考过的问题。"

"罗曼说得对,"塞内克斯插嘴道,"宗教一直给人以支撑,今天仍是如此。"

"你对基督教进行了抨击,斯蒂芬,在许多问题上我赞同你的观点,"罗曼说道,"的确,所有这些以教会的名义干下的可怕事情,能使一个真正的基督徒动摇自己的信仰。"

"但教会也培养了一批学者、哲学家、法官、外交家和政治家,他们中有些人后来成为了教会最严厉的批评者,"塞内克斯说道,"中世纪还孕育了新的文化阶层,其最活跃的代表就是那些四处漫游的大学生们。这些倔强的年轻人勇于反抗,他们对社会、贵族、教士、教会的等级制度和教会的财富进行了尖锐而激烈的批评。他们笑着，吵闹着，唱着走过各地——这也是西方社会的一项文化成就，正如欧洲的大学是中世纪送给新时代的礼物一样。往往是教皇将大学从主管教区的主教手里解放出来，使大学生和教授们得到自由发展。事实是，教会不仅促进了艺术，而且——虽然往往是无意的——促进了科学的发展，在我看来，这是它们为人类文化的发展做出的最伟大的贡献。"

共同的信仰使人感到彼此息息相关

"我不理解，您说的这些并不能使我信服，我还得重复我的问题，那就是，没有基督教和教会，没有这么多的折磨、迫害和犯罪，文化是否也能得到发展——或许它的发展会更顺利、更完美、更自然吧？"

"这个问题永远也得不到合乎逻辑的回答，斯蒂芬，"塞内克斯说道，"没人能证明，因此猜测也是多余的。教会为欧洲各民族提供了统一的道德准则。不论哪个民族，教会的拉丁语都是所有早期文化领袖的通用语言。共同的信仰使人感到彼此息息相关，教会可以——虽然这点并非毫无争议——成为最终的对所有人都有效的主管机构，它甚至能约束某些君主毫无节制的行为，从而促进和平。"

"难道大多数战争不是打着宗教的幌子而进行的吗？"

"是的，你说的没错，斯蒂芬。你当然可以保留你的意见。我并不是说只有我的意见是对的，我只是希望，你们都能思考一下！"

塞内克斯沉默着喝完杯中酒，然后说道："今天就到这儿吧。我担心今晚所谈的内容对于你们来说已经太多了。我要走了，祝你们晚安。"

他的突然告别使三个伙伴吃了一惊。塞内克斯站起身来，向他们点点头，随即便消失在黑夜里。

几乎同时，从城里的教堂钟楼传来了敲钟声。已经十二点了。

午夜过后

结　局

现在只剩下三个伙伴了。他们品着酒，沉思着。

终于斯蒂芬开口了："我想，我们正处于这次漫游的转折点。看到人们是如此受其信仰的奴役，我感到震惊和难过。我更加确信，信仰带来的坏处比好处要多。"

"真能这么一概而论吗？"贝蕾妮克问道，"信仰也赐给了人们许多幸福和安慰。"

"是的，如果它没有变成一种疯狂的话，但信仰往往会使人疯狂，特别是当它不容怀疑的时候——这点我们从历史上看得太多了。"斯蒂芬回答道，"我这里只要稍微提一下就足够了：十字军、残害女巫、焚烧异端、迫害犹太人及压制科学。我从来没有像现在这么清楚地认识到，人是一种疯狂的动物，弗雷德里希。尼采也说过类似的话。我们的文化自古罗马起就是由三个虚构的人物主宰着，这难道不令人震惊吗？"

"你指的是谁，斯蒂芬？"罗曼问道。

"我指的是作为上帝之子的基督、圣母玛利亚和邪恶的化身撒旦。没有其他任何别的事物能在影响力方面超过他们。我们看到过无数教堂、神学家、神职人员、教团、修道院，但只有一样东西没看到：那就是上帝的儿子——这个伟大的救世主。

所以，从这个意义上说，玛利亚和撒旦也不存在，后者甚至连一个历史人物的原型都没有。这么看来，每一座教堂的尖塔不都是人类疯狂的象征吗？"

"不，不"贝蕾妮克连忙大声叫道，"每一座教堂的尖塔都体现了人类的希望！你的评价太片面了，斯蒂芬。我认为，这正好证明了这三位的巨大作用，他们是真实的，因为不存在的就不会起作用，不是吗？这正是这次漫游向我揭示的。"

"另外，"罗曼说道，"即使真实情况和你所说的一样，斯蒂芬，也正因为如此人类才是可爱又令人惊奇的造物，这是我的认识。在此我想到的不仅是那些伟大的名字，而且还有那些竭尽全力为生活挣扎的、善良的、乐于助人的小人物。总而言之，我的感觉是，我们人类还没有发育成熟，我们还在发展——当然希望是朝着好的方面！我们三个才刚刚来到中世纪的末期，将来的几天——我指的当然是未来的几百年——我们将看到完全不同的事物，我已经有些迫不及待了。我认为人类的发展，从最早的混沌时期到伽利略，再进入后来的时期，真是令人震惊。谁知道这种发展还会将我们带到何处。"

贝蕾妮克点头道："从现在开始才变得有些意思了！看到女性在古希腊和基督教统治的几个世纪备受屈辱和压迫，令我一次次气愤难平。当然，我们女性现在也没有完全被同等对待，但我还是为自己能生活在今天而感到庆幸。我有这么多的自由！在发生了那么多变化之后，我猜想，从现在开始就能亲身体验到这种解放了。"

"我也是这么想的。"斯蒂芬表示赞同，"我还想就我刚才的看法说几句。我看到，我们人类是宗教的发明者和神的创造者。起先，我们崇拜并畏惧电闪雷鸣、水和地神，然后我们膜拜太阳，接着是宙斯——或丘比特，再接着是耶和华，最终我们创造出基督教，接着该是什么呢？人是很不安分的造物，永远都不满足。我想，下一步该是对宇宙的崇拜了。我希望，这是理性的胜利，因为只有作为有理智思考能力的人我们才可以生存下来。"

"你所理解的理性肯定不会是过激的物质主义吧？"罗曼想弄清楚。

"不，不，这两者常被混淆，但这是完全错误的。关于理性我们还会讨论许多，我期待着！"

"而我期望，妇女能在由男人主宰的世界里得到适合她们的位置，不只是作为个别现象，而是普遍性的！"贝蕾妮克大声说，"我们在这条路上还会遇到谁呢？"

斯蒂芬还很固执，"理性……"他说道，"它还从来没有实施过。信仰总是节节胜利，它比思维要来得简单。人不需要学习就可以去信仰，只要有梦想而且乐于被别人引导就行，而寻求真理可费劲多了。若不是这样，就会有更多的人去思考研究自然科学、宇宙和天文学，而不是去琢磨天堂；去思考研究进化而不是灵魂的不灭。这也是我在这五天里得到的启示。"

"可信仰并不是无知，"罗曼叫道，"信仰是知识的补充，它带领我们进入了理智永远无法进入的空间。"

"我也这么认为，"贝蕾妮克说道，"即使人类的理智不断进入新的领域，它还是不能解开最终的谜底。因此，就女性而言，即使将来有了更多的女科学家，也仍然还会有许多对未来充满幻想的女神秘主义者。"

斯蒂芬沉默了，对此他无言以对。

罗曼也在思考这个问题，他说："我扪心自问，我能否对此就感到满足。"

"你这话是什么意思？"

"斯蒂芬，是这样的：在虚空中有一团密度极高的质量体，它产生了原始大爆炸。大爆炸后，产生了上亿的天体，在其中的一颗天体上又产生了有智慧和意识的生命。我无法接受这样的事实，即如你所说的，人类的灵魂不过是脑子里的化学作用和电流活动。不，按照熵的原则，万物都有死亡的一天，我不满意这样的说法。这么看来，整个历史不过是一系列巨大而且毫无意义的过程中的短暂插曲。"

"我们恐怕得学会接受这种观念，"斯蒂芬回答道，"以我之见，只有这样我们才可以发展出以人为本的伦理——一种没有美化的伦理，一种以人和地球而不是以来世为中心的伦理。"

"也许在这个世界的背后的确有某种意图存在，"罗曼说道，"我们在过去的五天像看快动作电影一样经历了进化的过程，我一再问自己，难道这一切都是偶然的吗？进化使我们拥有越来越多的脑活动和越来越多的感觉能力。"

"只有少数人能承认宇宙是无限的、寒冷的。"贝蕾妮克补充他的想法，"我就不能接受这个观点。我们真能在一个对我们毫无了解的宇宙中感到快乐吗？"她指了指天空的上亿颗星星，然后若有所思地说："也许正因为如此我们才更加热爱我们的地球？"

这是一个她不指望得到答案的问题。大家都沉默不语。

"有时候时间不再起作用了，"贝蕾妮克又说道，"人从来不想停止下来。我现在的感觉正是如此。我觉得自己相当渺小，但很适意。"

"你这是什么意思？"

"我不知道——也许是不那么孤单了！"

"我也有同感，"斯蒂芬说道，"我们都是这个地球的孩子，正如地球是宇宙的孩子一样。我们活着，只是作为进化链条的一个环节。"

"有可能，但并不排除另外的可能性，"贝蕾妮克说道，"当我们结束这次参观游览后，谁知道我们又会怎么想呢。后面还有那么多的人和事，也许还是最为重要的事——那些即使在今天仍然会深深打动我们的事。"

说完，她把双手放到面前的桌子上，罗曼本能地将他的手伸向她的左手，斯蒂芬则握住了她的右手。

树丛里散发出阵阵紫藤香味。

后　记

这是一篇后记，但同时也是一篇前言，
因为它居于全书的上册和下册之间，
它结束了一本书，
又开启了另一本书。
读者也不必非去读它。

在我童年时，亨德利克·房龙（Hendrik van Loon）出版了名为《人类的历史》一书。为了教育我，我的母亲为我朗读了这本书的选段。作者在书里描绘了一幅朴素的历史全景图，从人类诞生的最初岁月一直写到作者当时生活的年代，即"金色的二十年代"。这是我了解人类及其历史的入门书。作为启蒙读本，这本书的确使我获益匪浅，但我觉得对某些事物今天需要用完全不同的眼光来看。作者虽然才比我们早出生几十年，却缺少了一些非常重要的认识。关于这点我稍后将再做解释。

首先关于主题：依我之见，人类的文明像地上疯长的蘑菇一样，不断地伸延着，直至世界的最后一个角落，而它的源头在地中海区域。人们完全有理由去指责所有其他伟大文化的"西方化"倾向，但这不是本书的主旨。就算我们察觉到了这点，也根本用不着为此而沾沾自喜——无论如何这只不过是个事实罢了。古希腊人首先敲开了通往自由、联想和冷静的思想大门。科学也是在希腊诞生的。古希腊人将思考的能力遗传给了欧洲其他民族。没有任何一片地理区域可以与地中海地区相提并论，特别是就其文化上的意义而言——也许只有中国文化是个例外，但中国文化停滞不前，而地中海地区的文化却欣欣向荣。在这一方面地中海区域的文化远远领先于其他所有民族，甚至超越了他们。的确，西方文化对任何一种神秘事物的痴迷比其他民族更甚。当然，他民族文化中也不乏对宗教的狂热与偏激，这种现象在土著民族中不仅过去有过，现在也存在。但在别的地方是否出现过像在欧洲的中世纪所发生过的那种普遍的宗教暴乱呢？中世纪的欧洲那种近乎野蛮的痴迷达到了登峰造极的地步，它痛恨任何宗教上的偏差，甚至到了钻牛角尖的程度，而所采取的手段既混乱不堪又荒诞不经，这种情况我在其他地方没有见过。与此相反，佛教、中国的道教和其他亚洲哲学流派则显得宁静致远、淡泊超然！中世纪的欧洲是一个危机四伏的漩涡，那里既有让人生生不息的幸福的安宁、闪耀的精神和生机勃发的美丽；同时也丛生着恐怖和残暴的邪恶之花。但幸福和灾难是紧密相连、缺一不可的。形成于地中海地区的西方文化是现代文明、知识爆炸及科技进步的基础，它与其他文化的根本区别在于，它过去是，现在还是一种永不满足于自己和业已取得的成就的躁动不安的文化。

或者换一种说法：进化尤其偏爱地中海区域。当然，到处都有人类生活过，他们发展了各自的文化，世界上曾出现过许多高度发达的文明。但是，我们所说的最广泛意义上的进步，不仅是指技术和科学的进步——即使这种进步是最显而易见的，而且还应当包括艺术和音乐方面的进步。在别处没有出现过一种可与之相比的进化过程。进化由地中海向世界各地扩散开来，既带来了好处，也带来了厄运。我这种以欧洲为中心的观点并不否认其他高度发达的文明，特别是中国和亚洲的文化，当然也不否认南美、中美、北美大陆、印度和非洲的文化。但所有这些文化都像一个有机体，它们独立自主，自给自足。只有地中海文化不断向外扩张，最后爆炸式地越过大洋，被其他国家和大陆贪婪地接受和采纳，他们有的仅仅采用了，有的则将它继续发扬光大。基督教和西方科学遍布全球。人们完全有理由为此感到遗憾，但却不能否认这个事实。文化的进步，或者更确切地说，人类文化的发展，其源头在欧洲。欧洲就是地球的心脏，古埃及孕育了文明，并将其果实传播到古希腊和古罗马，直到中世纪，文化在一个比其他任何时期都更加黑暗的年代得到了全面的发展。

以上就是我为什么只关注这个区域的原因。再说，如果要描述各个大陆所有文化的发展，仅其浩如烟海的内容就使得我不敢去进行这种大胆的尝试。

另一方面，我也认为，研究欧洲人类的发展如果仅从其高度发达的文明期开始——比如说从古埃及开始——将会使我们得出错误的结论。我们不能忽略人类最早的进化，如狐猴、能人，不能不提到人类所经历的冰河纪、石器时代、工具的进步、农业的发展，森林的开采，以及人类智慧缓慢的积累过程，当然，也不能不提到从原始大爆炸中诞生的地球和海底淤泥中产生的最早的细胞，这些都是了解我们人类的起源和进化时必须搞清楚的，因为过去和未来是密不可分的。不了解人类是怎样诞生的，又怎能去描述人类文化的历史呢？只有了解历史，才能认识和敬仰人类的文化成果，或者对之提出质疑。

这个题目太大，所以有必要将涉及的范围局限在一个区域。

当然，这本书不可能包罗万象，我也不敢期待自己能做到面面俱到。我的工作越深入，资料堆积得越多，就越不得不放弃或跳越某些部分，只有这样才有可能保留一条主线，而不至于同于细节中。然而，在写作该书的过程中我也不止一次地差点儿陷入细节中不能自拔。

这的确很遗憾——但这也不足为奇，因为这本书同时也是我毕生思考的结果，我在查找资料的过程中有既定的方针，也是偶然的选择。没有无数的参考书籍，我肯定无法完成这本书。荷兰文化哲学家惠成格（Huizinga）[1]在他的《游戏的人类》（homo ludens）一书的前言中写道："弥补所有知识的空白，对我而言是不可能的。对我来说，要么现在下笔，要么根本不写。要写就写我心里最想写的东西，所以我就开始了写作。"我也有同感。可这就意味着我不得不相信先人和先人留下的知识。因为许多东西我早已遗忘，剩下的只是一些沉积于心的想法。为此我得寻找新的、补充性的和最近的资料。前面提到的房龙的书为我的写作奠定了第一块基石，随后是教科书和所有那些伴随我成长并给我的思想打下烙印的书籍，当然还有图书馆和古籍书店所提供的一切。同时，我——几乎是痛苦地——越来越清楚地认识到：正如我不能做到面面俱到一样，要想让书中的内容做到完全正确或绝对真实也是不可能的。作为该书的座右铭，我可以引用法国哲学家方丹（Fontenelle）[2]的格言："如果不是身着盔甲，靠错误壮胆，人们很快就会失去勇气。"我还要加一句，不论目的何在，除了这条布满错误的道路之外，我们别无选择。这句话不仅适合这本书，也适用于整个生活。言归正传：该书所列的年代应该是正确的，其他一切都有赖于说明和解释。我们所能看到的，只是一些历史的片段，而对这些片段的选择也受到偶然因素的影响，这种偶然因素包括个人的偏爱、有意识的选择和随机的选择。因为可供使用的资料浩如烟海，我不得不进行筛选，而筛选也属于创作的一部分，因为它不仅带有主观性，而且还带有很强的随意性。本书所涉及的题目是无穷无尽的，即使有几生几世也不足以彻底研究它，但终归我最后总得画上句号。

为了符合筛选的原则，我在书中设计了一个展览公园。显然，如果我使用不同的资料来源，我对每个章节的处理也会有所不同。书中的内容也不可避免地会跟这些作者的著述有近似或完全一致之处，因为作者们的思想和写作手法有时十分相似，难以区分。除此之外，我还采用了累积了几年、甚至几十年的读书笔记，其内容的出处我今天根本无法弄清了。甚至在通俗小说中我也找到过宝贵的材料，因为这些作家在创作中也要搜集材料。那些经常被我视为权威的资料在我后来的研究中反倒被我推翻了。即便是教科书里的内容也不一定是纯粹的事实，更不会是完整的真相，那里也有作者们代代相传的顽固错误和不正确的描述，虽然每一个资料来源都经过作者的过滤，但这毕竟是他根据自己的经验、自己的观点和自己的信仰做出的选择。可是，世界每天都有新的发现，人们的世界观每天都在发生着变化。世上

---

[1] 惠成格（1872—1945），荷兰文化历史学家。
[2] 方丹（1657—1757），法国哲学家及作家，启蒙运动之重要先驱。

万物是如此纷繁复杂，人们最终会发现根本无从下笔，世界是一个巨大的、不断变换着的万花筒，也许我们所看到的一切都是错误的，或者我们看到的只是万花筒里的小彩色玻璃片，稍一摇动，里面的整个景象都会改变。而且作者本人也会受到外界的影响，他是否总能按自己的意志行事，这是一个难以回答的问题。那么，假如我采用的是别的资料来源，会不会产生的是一部与此完全不同的作品呢？肯定会的，但总会还在我所设想的范围之内吧。这一点在本书描述中世纪这一部分时显得尤为明显，因为对这个时期存在无数不同的解释。这有点像从一团混乱中理出一个头绪，或造出一个"人造人"[1]，这永远也不可能是完美的。在完成了古典时期的成熟过程后，人类突然又变得像小孩一样天真幼稚。中世纪是一个伟大的信仰时代，它肯定不是西方人类的幼年时期，也许更多的是一种向童年时期的倒退。而我们今天则生活在人类的青春期，正经历着一个充满躁动、渴望、不安和震撼的过程。人类的成熟表现为对知识的牢固掌握，对其他事物的兼容，对命运的妥协和对命运的反抗，距此目标我们还相差甚远。中世纪仍然是活生生的，也许比其他任何时候都更加活跃。中世纪的阴影遍布各处，看看那些数不胜数的邪教团体，对女巫的迷信，对撒旦的恐惧，各种宗教流派，不可思议的迷信等等——所有这些都令人恐怖地达到了登峰造极的地步。尽管前人有过那么多精辟的论述、全面的分析和毫不留情的揭露，人们还是忍不住要懊丧地自问，我们的认知和理性能对抗得了疯狂吗？我的回答是令人极度沮丧的：对此我们一筹莫展。不时地有人会突发奇想：似乎所有伟大的思想家从未认真地思考过这个问题！从遥远的古代，经过古希腊时期一直到那些尚不被人完全了解的清醒的思想家——从苏格拉底、柏拉图、亚里士多德，到那些求实的、清醒的、不带偏见的罗马哲学家，再到那些充满探索精神的中世纪精神领袖，从雄辩的霍恩斯陶芬王朝的腓特烈二世，到那些试图从过时的思想束缚中解脱出来的哲学家，到崇尚自由精神的文艺复兴代表马厦维利和里奥那多·达·芬奇，再到那些我们今天的思想解放赖以为基础的启蒙运动时期的思想家，再到伏尔泰、普鲁士的腓特烈二世、康德、黑格尔、叔本华、尼采以及我们今天的思想家们——只有极少的人能通过自己的思考从中获得教益或得出结论，而只有具备了独立思考和自我反省能力才使人最终成为人。

人——从宇宙的混沌中诞生，从浑浊的泥水里爬出，开始直立行走，学会清楚地发音，成为火的主宰，后来成为了猎人，农夫，商人，雕塑家，思想家——他征服了世界上最后一个角落。他学会了征服自然，也懂得了怎样摧毁自然，为此他也将走向毁灭。这是一个逻辑的推断，因为人类自己也是自然的一部分，当他摧毁自然时，同时也摧毁了自己。

---

[1] Homunkulus，歌德《浮士德》里的人物。

那么是否能改变这一点呢？书中的主角提出了这个问题，这也是本书探讨的内容。书中指出，我们至今没能从人类石器时代的行为模式中解脱出来：那时的武器技术和摧毁欲就远远地凌驾于道德准则之上。过去一直如此，将来看来也不会改变。因为我们只会在保护自己的时候对别人使用道德的武器。对于我们远古时代的祖先来说，为了生存，残忍和攻击比道德更为重要，这不是我们的过错，这是大自然赋予我们的，因为是它将我们人类放在了一个极其恶劣的环境中。为了在这种环境中生存下来，人类不断提高自己的认识和发明能力。而到了今天，我们应该拥有一套高度发达的、自然而然的伦理道德规范，也就是说这种道德规范应该是本能地发挥作用。但是我们从哪里尽快得到这种规范呢？宗教那种关注来世的思想对我们毫无帮助。人类自己创造的世界就像一个电影脚本，在这里人只能按道德准则行事，在最广泛的意义上考虑和照顾到其他，包括植物、动物和生态环境。但他至今仍不明白，为了自己能生存下来他需要道德。在一个只能以最敏感的方式维持其平衡的生存环境里，他仍像原始人那样手持大棒跺着脚大声怪叫，到处打杀、抢掠、勒索、毁灭和破坏一切；痴迷于萨满教[1]和各种各样的迷信——而他今天不仅拥有大棒，还有坦克、飞机和核武器。在今天，任何一个傻瓜都可以将地球毁于一旦。而他将会这么做，因为他是一个傻瓜；成千上万的人都会这么做，因为几乎所有的人都是傻瓜。而这还不包括那些我们用于破坏生态环境的大棒。

我再谈谈这本书：写书是不可能完全不出错的，这不仅因为作者本身就是一个会犯错误的人，他对某些资料会做出错误的解释，还因为各种资料常常是相互矛盾的，它们的作者各自依据自己的政治、宗教或科学观对这些资料做出符合基督教的、反教会的、无神论的、经济学的、社会政治学的、资本主义的、反自然科学的、相信自然科学的结论——在某些情况下根本没有可靠的结论可言。人们也可以就不同的观点不停地进行争吵。我越深入对资料的研究，就越沮丧地认识到这点。对此我们不必大惊小怪，因为大家都知道，即使在一个简单的交通违章案的听证过程中，证人的证词也不可能完全一致。况且人们很难清楚地回首自己的过去，解开那些编织了自己命运的复杂关系，更不用说去解开人类祖先的谜团了。尽管如此——不论这本书的目的何在，我尽了最大的可能力求准确。但另一方面我也不想以此去取代科学著作，写作此书不过是能激励我更加深入地去钻研这些著作罢了。本书所附的图书目录的目的正是在此。我更想描绘一幅彩色的图画，而不是去写一本教科书；是提问，而不是提供一些教条的答案。我的构思迫使我不能仅仅严格遵守科学传统，以便写出一本文笔流畅可读的书，同时我也不得不放弃将各种资料来源附在书中的打算。从某种意义上说这是一本小说，我设计的是一个天衣无缝的整体。在我认为

---

[1] Schamane，一种原始宗教，现流行于亚洲和欧洲的极北部。

必要的情况下，我到处征集资料，而且几乎总是得到资料提供者的许可，当然有时也会得不到任何回复。因此。如果我无意中侵犯了别人的权益，我不仅要请求原谅，更要敬请来函指正。我不想使别人误认为我在挑选资料时是随心所欲的。我当然有自己的意图，有一个内在的方向。尽管我很依赖于资料，但我还是尽量带着目的去搜集，并从中选取我认为重要的、符合我创作意图的部分。

那么我的意图是什么呢？它们与其他类似书籍的区别何在？因为我必须承认，在此之前已经有了许多出色的、甚至更好的文化史方面的书籍。所以本来没有必要再写一本这类的书，但所有这些文化史书原则上都是"不带评判"的。我的意思并不是说，这些作者没有自己的意见，而是他们写的大部分内容主要是就事论事的报道。客观的事实，以及深入的研究——在这方面他们比我强多了。在此我只想提一下弗里德尔（Egon Friedell）那本杰出的《近代文化史》（我有意没有将它当成资料来源），比这更好、更透彻的文字我永远也写不出来。但弗里德尔以及其他所有我认识的作家所缺少的是，他们没有意识到人类已经面临毁灭，而这些作者所研究的人类的精神和哲学、文化方面的成果也难逃厄运。我们是第一代可以将目光投向遥远过去的人，我们也是最早看到地球在宇宙中自由转动的人，这难道不应该改变我们的思想——更重要的是——我们的感受么？前人只能试图去想象，而他们的感官却仍然停留在地球上。现在则不同了——现在人人都能看到在宇宙运行轨道上的地球，还有我们的人造卫星拍摄的宇宙的相片！我们也是第一批站在历史转折点上的人，与前人相比我们更应该展望未来。因为前人即使不去思考自己行为的后果也能生存下来，而如果我们也这么做，就将失去所有机会。除此之外，我们还是第一代深入宇宙空间，探索宇宙诞生的人，我们能感知在这个宇宙的周围还有别的宇宙存在（此处提到的"别的宇宙"并非印刷错误）。虽然我们的后代在这个科学领域内必将远远超过我们，但他们也解不开最后的谜底，而且如果我们毁灭了他们生存的基础，他们也就根本无法做到这点了。

事实是这样的：自从有了可记录的历史，人类一直在不断进步，他总是深信，能站在前人的肩膀上走得更远。这种感觉肯定早就存在，它产生于15世纪以来的大发现时代，并随着哥白尼和伽利略之后的自然科学的发展而膨胀。也就是说，并不只有我们才怀有这种感觉，然而我们却是最早看到这种进步的不利一面的人，知道我们将可能走向毁灭。

我还可以用更简单的语言来表达：在大部分文化史书中只有客观的描述和赞美之词，而没有对其产生的负面效果进行批评。其实这也不足为怪，我也沉迷于人类的文化成果，因为人类尽管有种种弱点，犯过许多错误，但仍不愧是一个令人着迷的造物。即使再卑微，即使有种种缺点，人类的精神创造力仍然使人成为万物之灵长。（可历史告诉我们，人类曾经有过多少顶着"万物之灵长"这个光环的暴君和恶人啊。)无论如何:从生活在最初的大混沌中的变形虫开始,人类过去几千年的辉煌成就令人叹为观止。展现人类影响深远的发展过程当然也是本书的主旨,但它也不是唯一的主旨。人类是自然的最了不起的造物,但这不是他的功绩,而是他的义务。他是大自然的恐怖和魅力的产物,是自然的原始性和敏感性的承受者。他体现了自然的一切可能性。人类的丰富多彩使他成为自然的领导者,同时——很符合逻辑的——他也是自然的实施者。因此我们要在人类可能灭亡的前提下重新讲述人类的历史,讲述人类那些残酷的、智慧的、精彩的、有创造力的和致命的游戏,这些游戏将最终毁灭他自己和这个地球。

也许情况不会如此?

我思考的是最终将走向毁灭的人类的历史,一个必然走向堕落的进化过程——从居住在阿特米拉(Altmira)山洞的石器时代的古人开始,到古埃及、古希腊、古罗马,到充满疯狂迷信备受宗教折磨的中世纪,再经过启蒙运动,直至今天的通过全球性的通讯联络而更迅速发展的知识大爆炸的年代。现如今,在同一个时期内有比自苏格拉底以来的几千年里的研究人员的总和还要多的自然科学家在研究探索。也许一切是早已注定的,也许在第一个人发出了被另一个人理解的音节时就已注定了?如果我们在毁灭之前能看到人类最终的真面目及绝对的真理,我们就会发现,这个过程充满了导致灭亡的种种错误。如果我们能认识到这种发展的必然性和逻辑性,我们就能预知这种绝对真理,因为逻辑推断将证明,那无可比拟的人类的精神力量毕竟太小了,远远不足以预见或抵抗人类玩火自焚的结局。

我写这本书的第二个理由是:新的认识将使我们以新的眼光看待早已熟知的一切。我们正站在自哥白尼以来最重要的认识新起点上,我们必须尽快改变思想,保持自己的限度。必须学会不再对自然及其造物实施专制暴政,学会与自然界和平共处的民主制度——就像政治上的民主一样。然而我们却遗憾地发现,专横地对待自然很容易做到,而对所谓的"自然共和国",即"生态共和国"能否实现却深表怀疑。

难道我们不该为自己感到惋惜么?不久前我在一个山区过夜,我在昏暗的夜色中看到了一座建在山脊上的村落,那里的窗户装饰得如节日般美丽,微小的灯光在清冷的月光下闪烁着。那时我不禁感叹,在这寒冷的夜晚——或者从某种意义上说是在这冰冷而不好客的宇宙中,人类为自己创造了舒适和温暖,这不是一种奇迹吗?

在我们毁灭之日,我们肯定可以指出两个相互矛盾的伟大成就,这两项成就同时都带着祝福也带着诅咒。一个是由我们人类创造的天神,它们使宇宙充满生机,并促进了教会的精神和艺术的发展;另一个是科学的成就,它从虚无中诞生,人类对微观世界和宏观世界进行了彻底的探索和研究。我们的认识汇入书籍的海洋中,给我们的日常生活打下了深深的烙印,今天的科学家甚至能做出一个物体,把我们发射到天体运行的轨道上（我们把它称之为"太空"，而不称"天空"是为了怕亵渎神灵），让我们看到遥远的银河系和时间的开始——即便也许根本不存在什么时间的开始。

基于上述考虑，我发现了这样一个问题，即今天的年轻人生活在一个物质过剩、知识过剩的世界里，他们漠然地看待这个过于丰富的世界，同时他们又有足够清醒的意识去思考他们将要面临的问题，那么人类的历史能告诉他们些什么呢？这大概只能是一种尝试，我知道也许我永远无法实现这一目标。但是，我仍想将一切尽可能地展示在他们面前，让他们能亲身感受到：这一切与我息息相关。我是从这里来的，我是其中的一分子。我的这一创作意图借助书中三个年轻的主角——贝蕾妮克、斯蒂芬和罗曼——得以实现。当然在找到一个适合我创作意图的形式前，我进行过许多思考，做过各种尝试。因为我知道，我的这种设计在文学上是多么站不住脚，多么容易招来批评和指责。如果我的坦白仍然不能被理解的话，那我在此特别说明：我没有找到一种更好的办法。后来，在我试过所有我认为可行的方式后，我的那些一开始曾经反对过我采用这种方法的朋友也支持我，因为他们认为尽管这种方法那么不完美，但我的确无法找到别样的形式来说出我想说的话。毕竟形式必须服从于内容。于是，在我的脑海中渐渐出现了这三个人物的形象，贝蕾妮克、斯蒂芬和罗曼。这三个年轻人不是该书的点缀和陪衬，作为生活在今天的孩子，他们是具备独立思考能力的人。但愿至少在每天晚上——尤其是在第五晚的对话中，我把人物的这种性格表现出来了。我希望，青少年读者或成年读者能在这三个年轻人中找到与自己产生共鸣的人。因为我相信，至少有百分之九十九的人，当他们离开这个世界的时候，根本没有意识到，生命对于他们来说曾是一个多么难得的大好机会，因此我想做些尝试，解释一二。人们觉醒一次——哪怕仅仅一次——看一眼几千年来人类在地球这个巨大的舞台上上演的伟大戏剧，尽管已经预知未来人类将面临毁灭，但如果把在地球上上演的一幕幕戏说成是"死亡之舞"[1]，那就大错特错了。因为死亡只会出现在一切毁灭的一瞬间。不，这是生命之舞，在这场舞蹈中，乞丐和富豪，国王和骗子，病人和健康的人，白痴和智者都在扮演着自己的角色。带着上帝曾经赋予他们的理性，人类在地球上铺上了一层地毯，地毯最初的线头伸在远古时代的黑暗中，而它最后的线头我们现在还看不见，但每个人都在参与编织这张地毯。然而地毯的图案只是一个不太完整的形象化比喻，因为它缺少重要的第三维，有了这第三维，人类的生命之舞才会变得形象立体。第三维要到宇宙中去寻找。不管怎样，能够有机会清醒地、带着我们自己的思想投入地观看这场演出，是生命赠予我们的礼物，生命给予我们的比给予任何前人的都多，因为我们的未来比

---

[1] 中世纪绘画题材，象征死亡的骷髅带领众人走向坟墓的舞蹈。

他们的更宽广、更丰富。我们越多看到这块地毯，对它知道得越多，我们越了解它的构造，我们就能越多地认识生命的意义，并且就会知道，我们来到世间的目的就是共同来编织这块地毯。我还想指出，人类是怎样在我们这个星球上适应环境的，他们怎样试图把自己从劳役中解脱出来，把自己的生活安排得越来越舒适；他们怎样献身于艺术，美化生活，给生活提供新的内容；他们是如何发明了宗教，对世界和生活有什么样的看法，并对世界和生活进行哲学思考。他们怎样不断向新的认识领域进军，不管它最后带来的是好处还是坏处，他们都不放弃。我希望，大家能有"人类真是了不起的造物"的感觉。人类这个来自海洋、来自动物王国、来自远古时代、来自冰河纪的动物到底是什么？他们建造了什么，他们所想的是什么，所做的是什么，还有他们不同的文化，不同的生活模式以及丰富多彩的历史——对于这一切，我们有着与前人不一样的感受，而且我们的感受也许更加强烈。

也许来人世间走一遭，死也是值得的！

再回头谈谈我这本书。每个人都知道，人类的政治历史是一部争权夺利、自私残酷的编年史。我想指出的是，人类的文化发展同样也与人的思想和宗教联系在一起。甚至科学的历史也是这样，因为认识产生于宗教，虽然它也在某些方面反对宗教的阻力，反对宗教裁判所，反对火刑。中世纪的人对自己、对自己的灵魂和器官知之甚少，对自然和自然的界限也了解不多——面对超出自己感觉的巨大奇迹，面对他能察觉的发生在他身边的奇迹，如果他的精神和才智根本没有能力认识这些奇迹的话——他所有的，只剩下信仰了。与中世纪的人相比，我们现代人知道的很多。我们更深刻地认识到，不为我们所知的事物还有很多（也许我们永远也不会知道）。我们正身处两个世界的交接处，在认识的黎明期，有的认识正渐渐变得明亮起来，有的只是朦朦胧胧闪着光，有的则完全还处在黑暗中。在这个交接处，我们也摇摆于信仰与怀疑，认识与预感，信心与气馁之间。基督教——在好的或坏的两方面——与这种发展是如何紧密相连的，这点我通过我的工作比以前认识得更清楚了。这也是为什么宗教在本书中所占篇幅很大的原因。当然不仅是宗教，还有知识本身，年轻人包括我们所有人是多么备受这些疑问的折磨啊。我希望我这方面的观点——包括支持的和反对的意见——都足够清楚地表达出来了。我还要再次强调的是，迷信、邪教、宗教极端主义及各种神秘主义等等的蔓延多么令我不安。就算我们再努力去认识实际的东西，如果我们缺乏理智，所有努力都将白费。因此我无法分享眼下时兴的对想象力的过分推崇，虚幻主义者和充满想象力的诱惑者已经够多了。

人类的发展史完全是一部寻找轻松享乐的历史，这种对轻松的向往后来简直到了一种如醉如痴的程度。相反地，主动寻找艰难费力的事还从未出现过，除了极个别的例外。我们所有的努力都是为了寻找更多的轻松和乐趣。我们为什么会这样呢——因为一个以艰苦为享乐的世界似乎是不可想象的。

最后还有一个无法回答的问题：在十万年后——这是短得可笑的时间距离——我们再回到这个地球上，人类的生命，所有的努力，所有的仇恨、战争、热情和爱，还能保存下来多少？十万年？——也许仅仅一百年吧！我们能看到未来吗？也许我们情愿闭上眼睛，浑身战栗地等着死亡的降临。到那时谁又能在宇宙中讲述这个令人着迷的故事？谁来讲述在无声无息的荒漠中诞生的生命是怎样无可比拟地多姿多彩？它的多彩和伟大完全可以跟宇宙相比，其形式、色彩、命运、高潮、低谷、痛苦和欢乐与此相比也同样不相上下。谁来讲述这个肆无忌惮地膨胀着的、最终吞噬了自身的生命？而我们每一个人都曾是其中的一个小泡沫。谁又能——或者说又能给谁——讲清楚，"这一切"都曾经发生过呢？

最后，我要对所有帮助过我的人表示深深的谢意。首先要感谢我最可爱的妻子，此书是献给她的，她来自一个完全不同的、有着其自身历史渊源的文化圈，她受的教育也与我们的完全不同。她以她那持之以恒的耐心帮助我整理和筛选资料，忍受了我变化无常的情绪。是她帮助我解决电脑方面的难题，准备好研究的资料，制作图书目录。我还要感谢那些长年累月将自己的书籍无条件地提供给我使用的朋友们——他们根本无法料到能否完整无损地收回自己的书。最后我还要向在慕尼黑的莫妮卡·霍夫科（Monika Hofko）、路兹·斯坦霍夫博士（Dr Lutz Steinhoff）致谢，感谢他们为我提供的建议，他们对本书进行了细致而带批评眼光的审阅，再审阅，对书中的内容进行了修正和压缩，发现模糊或错误之处，鼓励我不断改进。最后当然还要感谢不计风险出版了这本书的出版社。

一九九六年十一月，（我七十五岁生日时）于彭茨贝格（Penzberg）

Im
Weiten Land
Der Zeit

文明的故事
从原始大爆炸到二十世纪

[德]马克斯·克鲁泽 著　By Max Kruse
郭颖杰 译

下

今天，西方思想似乎正经历着一场深刻的划时代变革，而且其规模是我们的文明史中从未有过的。我深信，只有接受历史的教育，我们才能恰当地参加到这场变革中去。每个时代都得在自己面前再现自己的历史；每一代人都得从他们各自的立场出发，去考察那些塑造了他们对理解世界的思想，并重新经历它们。

——理查德·塔尔纳斯

目 录

III
从莎士比亚到启蒙运动

第六天　渡过英吉利海峡 / 003

前奏·时代的转折点·英国的繁荣·莎士比亚的时代

第六晚　新思想改变世界图景 / 029

牛顿与自然科学·巴洛克，艺术与折磨

第七天　如日中天尼德兰 / 045

航海家和商人，艺术家和思想家·思想的启蒙·黎明
巴洛克的音乐

第七晚　两极的巴洛克 / 086

困苦的巴洛克·夸张的巴洛克

第八天　思想的启蒙，艺术的洛可可 / 093

向游戏性的变迁——洛可可·理性之光
启蒙运动——一个划时代的事件·飞进新时代
机器的时代随着蒸汽开始·普鲁士和奥地利的启蒙运动
启蒙运动的集大成者
维也纳与音乐的繁荣

第八晚　不世出的音乐天才 / 149

一个洛可可时代的世界级音乐天才

IV
从法国大革命到今天

第九天　大革命与拿破仑 / 157
墨丘利和维纳斯・法国大革命・拿破仑演出的插曲
资产阶级自封贵族

第九晚　变革、变革、再变革 / 183
变革的世纪・技术改变了生活・资产阶级的壮大

第十天　从歌德到黑格尔 / 201
魏玛古典主义・毕德麦耶尔派时期・浪漫主义・唯心主义

第十晚　工业化时代 / 236
作为价值的印象・大众的时代・社会问题

第十一天　进化与进步 / 253
达尔文的转折・怀疑与悲观主义・寻找新价值・技术与资本主义

第十一晚　超人与心理分析之父 / 274
艺术家和思想家，联合起来！・弗洛伊德的转折

第十二天　科学的年代 / 281
突破中的自然科学・最后的白色大地
我们生活在空间、时间的连续之中・社会主义——共产主义
存在与虚无

第十二晚　回到原点 / 318
在二十世纪

后记 / 328
尾声与展望

III
从莎士比亚到启蒙运动

第六天
渡过英吉利海峡

前　奏

三个年轻人

贝蕾妮克醒了，她伸着懒腰，一时间以为自己还是在梦里，一双深色的眼睛在那金色的发丝下忽闪个不停。

她一骨碌坐起来，用两条胳膊支着身子，四下里打量——她这是在哪儿啊？这房间她很熟悉，可地点呢？她侧耳倾听——反正她肯定不是在家里，否则她会听到车来车往，嗒嗒的马达声，刹车的吱吱声……嘈杂得简直能掀了屋顶。

但这儿却只有纯粹的寂静，静得让人有种不真实的感觉。

她跳下地，光着脚溜到窗边，推开窗子。展现在眼前的不是塞满车的街道，而是宁静的原野；墨绿的松柏镶嵌着一片辽阔平坦的翠绿，犹如布景围着舞台；灿烂的阳光照耀着渐渐模糊下去的地平线。

"多好的空气啊！"她惬意地叹了口气，"像丝一样。在北部的家里可不是这样的。"

这么说她仍然在进化公园里了？如果是，那她此刻究竟是在哪个地方、哪个时代呢？这些她不可能预先知道，因为她和两个伙伴投宿的这家旅舍像是个旋转舞台，有只神灵的手将它轻轻一拨，时间地点便在一夜之间彻底改变。在这座舞台上上演的，哪些是现实、哪些是想象呢？

贝蕾妮克这会儿完全醒了。

是的，那当然都是现实。过去的五天里，她——不光是她，还有"浪漫的冥想家"罗曼和"怀疑主义者"斯蒂芬——他们三个确确实实由那位友好而神秘、似乎是长生不老的塞内克斯带领着，不停地观看、惊叹、询问……

不，一切都是幻象！不是吗？自打会读书，贝蕾妮克就总是梦想着能见到活生生的那些书中主角，年龄大一些后则希望见到那些人类历史中的人物。而在这里就是这样的——差不多就是这样！

她迅速地冲了个澡，穿上那条缩水变短了的牛仔裤和那件染上了颜色的圆领毛衣，袖子一直捋到肘弯处。

在旅舍门前，三个人碰了面。罗曼和斯蒂芬分别在贝蕾妮克的脸颊上吻了一下，表示问候。

"这些天真是太精彩了！"贝蕾妮克喊道。

"全是历险。"罗曼答道，"好在做这样的历险保证不会被狮子吃掉——至少我是这么想的。"

"你这么想，罗曼？"斯蒂芬笑道，"虽然不会被狮子吃掉，咱们却得绞尽脑汁呢。"

罗曼点点头："但愿这会对我的毕业考试有好处。"

"嘿，千万别跟我提学校的事儿！"贝蕾妮克嚷起来，手挥个不停，好像要赶走什么东西似的，"幸好要不了多久就毕业了。"

"做了这次奇特的旅行，我的心境和以前恐怕大不一样了。还没回过神儿来呢，五天就已经过去了。我们坐在电车上，不知怎的就到了一个从没听说过的公园里，碰上了塞内克斯，然后就开始上下几千年地漫游。照我估计，我们到现在为止充其量才走了一半的路——原始大爆炸、冰川时期、古埃及、古希腊、恺撒们的古罗马、中世纪、文艺复兴……"

斯蒂芬点头接道："昨天咱们还聊到了宗教，聊到了人是一种多么容易受引诱的疯狂的动物，聊到了人对真理的寻求，也聊到了战争、十字军东征和烧死异教徒的事。"

贝蕾妮克又一次注意到斯蒂芬准确表达事物的能力，这一点让她很喜欢；而她对罗曼的欣赏之处则是后者敏锐的感受力。要在他们中选出她更喜欢的一个，可就让她为难了——咳，胡思乱想些什么呀，她根本没必要在两个男孩儿之间做出选择，现在这样不是挺好！她从眼角打量着斯蒂芬——他长得很漂亮，身材修长，样子坦率，并不厚密的浅金色头发正像他聪慧的头脑一般明亮。贝蕾妮克觉得他的颧骨长得很奇异，很有些亚洲人的味道。眼镜在他不高的鼻梁上从来待不住，总是要滑下来，害得他不得不一再去扶，好让那双狭长的眼睛清晰地看到一切——清晰，这就是他的座右铭，并且不只是在看东西的时候；他对一切都加以怀疑，同时又极敏感，结果这敏锐很容易使他自己痛苦。

他穿着条棕色的灯芯绒裤子，膝盖处微微鼓出个包来，上身松松地穿着件衬衫，敞着领口，背上像背着个背包似的背着件深色毛衣，毛衣的袖子在胸前打了个结。

罗曼呢？贝蕾妮克也偷偷打量着他。他身上的一切都显得柔和些，他的性格也是如此，不那么锋芒毕露，而是十分和谐。他厚厚的栗色头发很不服帖，乱七八糟地支棱着——真是个可爱的家伙！他对作家和诗艺的爱好使他显得有些不合时宜，另外，贝蕾妮克有时觉得他太宽容、太顺从——他不仅是名字像浪漫主义者。罗曼同贝蕾妮克一样穿的是牛仔裤，上身是件棉布套衫，圆领子宽宽的，肩上还搭着件浅绿色的亚麻布外衣。

我们在哪儿？

"噢，太阳！"贝蕾妮克欢呼一声，指着树枝间冉冉升起的那个大火球。

"我倒是更想知道咱们在哪儿。"斯蒂芬说，"咱们所处的时代倒不难猜出来——至少我觉得不难。"

"这个嘛，从随便哪棵松树的树冠上都能看出来。"罗曼回答道。

"你又在胡说八道了！"贝蕾妮克摇起头来。

"我没有——你仔细看，就在那儿，黑色的字母，以深色的树枝为背景：**十七世纪**。"罗曼用食指在空中划着字母。

"信口开河！"贝蕾妮克喊着，"你这么说，只是因为咱们昨天去过利用望远镜发现了好多星星的伽利略那里，这很容易猜出来。"

罗曼点点头："塞内克斯随时会到，咱们快吃早饭吧。"

靠墙设有餐台，他们在树荫里的一张小桌子前坐下来。

贝蕾妮克一边把浓浓的牛奶浇在她的麦片上，一边说："这个进化公园，难道不是有点像个以进化为主题的迪斯尼乐园吗？"

"说'发展'比说'进化'更准确些。"斯蒂芬道，声音清晰明亮。他正在和从他面包上滴下来的蜂蜜较劲。"'进化'指的是生物学意义上的变化，而这个进化公园主要是关于文化方面的进步的。"

"——如果那是进步的话。"罗曼正享用着一大份煎土豆炒蛋。"在迪斯尼乐园里，你知道你是在一个童话世界里，一切都是庸俗的娱乐，可在这儿！这儿的一切都像是处于现实世界中，而且无边无际——至少我感觉是这样。"

"当初我们为什么得答应运用我们的头脑，这个，我现在清楚多了。"斯蒂芬简洁地说。

罗曼沉思着："我们人是什么，我们从哪里来，我们的生命有什么意义——这些我还是不知道。我很想弄清楚是什么感情推动着人类的行动，人类创造了什么，又引出了什么新的创造之路来。"

"尤其是你那些当作家的前辈兼同行们——你不是打算有朝一日踏着他们的脚印走吗？"斯蒂芬打趣道，"我倒是希望能够把握思想发展的重大线索；我想知道，为什么一切东西是它们现在这个样子，其原因何在。总不会有什么东西是眨眼之间产生的，一切都有一个漫长的前奏，而这个前奏也有其思想根源。"

"错，"罗曼说，"过去是一个关于情感和由情感产生的东西的故事。"

"早上好！"

三个人循声望去——这声音来自一个瘦长的形体，阳光从他背后射出光芒，使他看上去像一幅剪影，身体和脸都是黑的，却被光镶上了一道金边。长长的影子无声地在他身前移动。

"塞内克斯来了，还是像以往那么神秘。"

他们的向导踩着石子路向他们走来。他身材不高而清瘦，微微有些驼背。他脚下的石子几乎没有发出任何嚓嚓的声响，似乎他接触地面时极轻。

"我觉得这个人很神秘。"斯蒂芬喃喃说道，"如果他像五天前神秘地出现在咱们面前那样神秘地消失，我一点都不会惊奇。"

贝蕾妮克大声地向塞内克斯问好。

他举起一只手来作答。走近他们的桌子时，他给人的那种不真实感消失了。他穿着件单排扣上衣，是那种很细密的灰色料子。

我怎么从来没注意到他的眼睛和衣服是同一个颜色？贝蕾妮克友好地注视着他。他额头上细细的皱纹与从眼角向太阳穴散开的纹路连在了一起，使他看上去总像在微笑——这笑意甚至也透过他的眼镜片散发出来，而他窄窄的唇上也像是挂着一丝笑意——可谁知道呢，说不定他实际上很忧伤。然而谁也别想看出什么。嗳，但愿实际情况正相反吧。贝蕾妮克想，看到他这个样子，你会忍不住想去拥抱他，保护他；但那时你可能会惊觉怀里什么也没有！

她发觉自己在审视他，便赶紧将目光移向地面。

塞内克斯装作没注意到她的目光，开口道："很抱歉，有一点晚了。你们已经吃完早饭了吗？那好。我已经在我的房间里吃了面包，喝了咖啡。怎么样，可以出发了吗？"他的话音很轻，但很清晰。

"塞内克斯，我们这是在哪儿？"

"还在比萨附近。我很愿意和你们一道去威尼斯，但是这个我们先为以后留着——我保证会带你们去。现在拿上你们的野餐袋吧，我们要穿越这片神奇的松柏森林。"

时代的转折点

每个旅行者都自己照料自己

不久他们到了一个小地方。"这儿是玛丽娜底比萨（Marina di Pisa）——比萨的港口。"塞内克斯朗声说道，"从这儿启程，我们就又要出海了。"

一幢幢房子歪歪斜斜地靠在一起，尘土在墙壁多孔的浅色水质涂料上蚀出道道花纹。狭窄的巷子里，渔夫、船夫、商人、篮子里装着鸡鸭的农民、女商贩、骑马的、驾牛车的来来往往，一片嗡嗡嘤嘤。其间，一个身穿黑衣的议员老爷掩着鼻子，小心翼翼地迈着步子，生怕踩上马粪和屎堆。

码头里，大大小小的船只在水上摇荡。这里停靠的，有带桨的橹舰、甲板上带船舱的帆船，上面横七竖八吊着缆绳。盐、海藻和大海的气味儿在空气中飘荡，到处是一片嘈杂。那比手画脚的，是谈生意的人在讨价还价；那往来穿梭的，有水手、船上的小厮、挑夫和码头工人。葡萄酒桶辘辘滚动，车子隆隆地在地上碾过，箱子、盒子晃晃悠悠，棉花包、丝绸卷堆成垛……在这一切之上则是海鸥的鸣叫。

塞内克斯引着三人走向一条吃水线上长满了海藻的帆船。船长，一个生着细长眼睛、上衣和裤子晃里晃荡吊在身上的男子接待了他们。

贝蕾妮克有些迟疑，悄悄说道："这人像个'船怪'，也像个魔法师。"

"大海经常是喜怒无常的，"塞内克斯开始解说，"过去乘这些船旅行的人，去朝圣也好，去北美也好，去马耳他也好，去西西里也好，不管去哪儿都得自己照料自己。不管是干什么的——商人、香客、骑士、贵族、学者、医生，都要买屠宰好的绵羊、山羊、家兔或鸡，带上磨好的谷物，要么就用水把谷粒泡软；水是配给的，但由于水很容易变质，人们更喜欢带葡萄酒，可这让很多船长不乐意，因为他们不希望船上有醉鬼。一次航程需要多少时日，谁都无法预告，因为这事儿由风做主。连续几天甚至几星期没风都是有可能的，船根本走不了。另外还得提防着海盗。有些旅客踏上的是他们最后一次的航程。"

他们坐下来，倾听风儿在缆绳间吟唱，嗅着海藻的味道，眺望着大海。贝蕾妮克闭上眼睛，让脸庞迎着太阳。

船启程了，缓缓驶进了地中海，尚未升得很高的太阳被抛在背后。

塞内克斯接着讲道："昨天晚上我们见到了伽利略，谈到了他最重要的发现，也听了教会对他的审讯。你们知道，他收回了关于地球环绕太阳运行的话——他这样做是为了救自己的命，实际上他的见解并没有改变。在我看来，伽利略最大的功绩在于，他发明了用来排除非真实假设的实验方法，而以前没有人做过如此坚持实践的尝试。他以此赋予科学一种新的维度。"

"您是说，现在人们可以检验一切了。"

"在伽利略以前，人们主要是依据圣经里的话，并且试图对它做繁琐的阐释。从伽利略开始，情况就变了。"

"我还是觉得我们不去威尼斯很可惜。"贝蕾妮克说。

"以后会去的，"塞内克斯回答，"我向你保证。不过现在你就要尝到些威尼斯的味道了，因为我这就给你们讲这个时代的杰出人物中的另一位，而他主要是在威尼斯活动——你们能猜出这是谁吗？"

三个孩子摇摇头。

"在威尼斯生活、工作着那个时代最伟大的作曲家——克劳迪奥·蒙特威尔第（Claudio Monteverdi）。他是圣马可教堂的第一任乐长。蒙特威尔第是世界上第一位重要的歌剧作曲家，与不及他有名的同时代人一道创造了歌剧这种新的表演形式。他们的歌剧，情节大多来自古希腊神话，载体则是音乐和歌唱。而且演出不再在露天举行，固定的歌剧院建筑十六世纪就已经有了，剧院里面，戏在观众席前上演。最有名的要数维琴察（Vicenza）的奥林匹克剧院（Teatro Olimpico），由文艺复兴时期的著名建筑师安德烈亚·帕拉第奥（Andrea Palladio）设计建造，全木结构。随后，世界上第一座公共歌剧院于1637年3月6日在威尼斯投入使用，市民也涌来观看演出，从此，年轻的歌剧不再是贵族的特权。经营剧院要赚钱，就必须考虑到广大观众的口味，这一点大大改变了剧本的特点。"

"蒙特威尔第是歌剧的发明者吗？威尼斯是第一个上演歌剧的城市吗？"贝蕾妮克问。

歌剧在威尼斯走上胜利之路

"第一部歌剧是在佛罗伦萨上演的，"塞内克斯继续说，"那是十六世纪末一群喜好歌剧的学者搞的。一开始，他们只是想更新古希腊悲剧，把歌剧从当时盛行的极其复杂的多声部音乐中解放出来，而剧本内容也应该更容易让人理解。这些人中的一个就是天文学家伽利略的父亲，名叫文森佐，他把但丁《神曲》中的诗句改成一种说唱的形式，这就是歌剧取得胜利的真正开端。蒙特威尔第的第一部舞台作品《奥菲欧》作于1607年，当时他还在曼托瓦（Mantua）的宫廷里服务。"

接下来，塞内克斯沉默了一会儿，两根手指顶着太阳穴，似乎在考虑什么，然后才说下去："对歌剧的激情很快就烧成了燎原之火，威尼斯接二连三地一下子冒出十四家歌剧院，彼此竞争起来。"

"所有的剧院全都生意兴隆吗？"

"那可不，罗曼，歌剧迷住了所有人。贵族和富裕的商人为他们的家庭租下包厢，有的甚至成了代代相传的家产呢。市民则涌向剧院顶层楼座。观赏歌剧成了公众生活的一部分，成了一桩社会事件。歌剧院像经济实体那样经营，重要的是最大限度地盈利，而竞争使付钱看戏的观众对作曲家和剧院的曲目产生了越来越大的影响。威尼斯的道路直接引向拜洛伊特（Bayreuth）音乐节剧院和纽约大都会歌剧院。威尼斯那些具有商业性质的歌剧院的歌手和乐手来自意大利各地，此外还有些东西是我们现在只能从书上看到的。"

"我猜到您指的是什么了！"罗曼喊道，他被贝蕾妮克头发上的香味儿吸引着，越靠越近，"阉人歌手。"

"没错！蒙特威尔第也为阉人歌手创作，也就是为那些在青春期变声之前就被割去了睾丸的男子。"

"多不人道啊！"

"这是摧残，也是牺牲。那些歌手虽然保留了听众爱听的童声，几年之中可能被捧上天去，但他们却有生理发育上的障碍，老了以后则被遗忘，往往陷入贫困，更何况他们也不可能有子女来照顾他们。"

"这真是太违反常情了！"贝蕾妮克厌恶地摇着脑袋。

"但那时候的人可不这么想。"

"总之蒙特威尔第是个很有成就的天才喽？"

"是的。他令乐队奏出了新的色彩，将声乐与器乐融为一体。他很特别的一点是，他从没创作过纯粹的器乐曲，因此被视为第一位人声作曲家。蒙特威尔第六十七岁时去世，威尼斯知道自己损失了什么，为他在金碧辉煌的圣马可教堂举行了隆重的葬礼：威尼斯向一位音乐之王告别。"

他们默默地想象着那一幕情景。塞内克斯摘下眼镜，擦擦镜片："蒙特威尔第给音乐世界注入了青春的活力，通过他，歌剧取得了长足的进步，正像话剧通过与他同时代的莎士比亚获得了很大发展一样。但是请原谅，我这话说早了。"塞内克斯举起一只手搭成个凉棚，眺望着大海。

斯蒂芬满怀期待地看着他："您提到了莎士比亚——我们是去英国吗？"

围裹着他们的光更加明亮了，但也散乱起来——他们钻进了一片雾海之中。塞内克斯含义丰富的微笑让他们捉摸不透。

"空间与时间的界限就这么变得模糊了。"他喃喃低语，"要不了多久，我们就会置身另一个世界了。在这之前,我还得赶紧给你们讲一个生活在巴洛克向启蒙运动过渡时期的人物。他与女王伊丽莎白一世同时代,但不是她的臣民。他是法国人,这对我们航行的路线来说也很合适,因为我们在抵达下一个目的地之前要经过法国。"

"您指的是谁啊?"罗曼伸直了腿,后脑勺靠到桅杆上。

话题像沙拉里的菜

"我指的是米歇尔·德·蒙田(Michel de Montaigne),现代文学以他为开端,通过他,好奇心、冷静从容的自我意识及明朗的智慧进入了文学。"

"我父亲有他的一本书,但我没读过,学校里也不讲他。"罗曼的兴趣被勾了起来。

"他的生活经历没什么特别的,1533年生于波尔多(Bordeaux)附近蒙田家的府邸,一度担任公职、四处漫游,当过波尔多的市长,但很快就回到自家的府邸中,专心致志写他的书。严格讲来,他不是一个哲学家,但他的头脑睿智而富于哲学思辨色彩。尼采认为,正因为有了蒙田的写作,人活于世的乐趣才大大增加了。"

"这可是极高的赞扬了!"

"他配得上,因为他被认为是随笔(Essay)的创造者。他发明了这个名字,翻译过来的意思是'尝试'。他自嘲地称自己的作品是'沙拉',指的是自己写作的主题涉及广泛,就像可以把各种菜拌在一起做成沙拉。他承认,他自己就是他书中唯一的内容。奥地利文化史家埃贡·弗里德尔(Egon Friedell)认为,蒙田知道一切,理解一切,对一切都报以微笑。在我看来,他是最早的自由思想家之一。"

"如果他思想自由,那我猜他一定得罪了教堂。"

"是的,他的随笔被批为在道德上大有问题。尽管如此,他的思考方式仍然被许多写作的人如饥似渴地接受了,随笔一跃成为最受欢迎的散文形式。蒙田的作品被译成他国文字,也译成了英语。如果没有蒙田,莎士比亚就不会是我们所认识的那个莎士比亚,因为他从蒙田那里接受了很多东西。蒙田的全部作品贯穿着怀疑,他想要更好地理解他自己和他周围的人。"

"举个例子吧!"

"他认为,我们生来就是为了做事情;死神应该趁他种卷心菜的时候找上门来,因为他当时不会操心他的死,更不会操心他还没种完的菜园子。"

"伊壁鸠鲁也可能说出这样的话!"

"人们常拿蒙田和伊壁鸠鲁相比。蒙田知道,正因为生命如此短促易逝,人才更应该深刻、充分地享受它;他要人将一切事物都与真理和理性联系起来。他讥讽地断言，无知是个有益于健康的软枕头。他是一个充满怀疑精神、博闻广识的人。关于儿童教育，他的观点远远超出了他的时代，但他的建议直到二十世纪才结出果实。"

"是什么果实？"

"蒙田第一个认识到让孩子自由发展以及教育孩子独立思考的重要性。"

"您认为今天这些已经实现了吗？"罗曼皱起了眉头，"真能那样就好了！"斯蒂芬和贝蕾妮克一齐点头。

"蒙田批判教育过程中的任何强制手段。他相信，人不能通过理性、聪明灵活的办法达到的，也永远不可能通过强迫达到。他反对学校里的刻板，指责体罚孩子的做法，希望学校能用花草装饰教室，希望学校里充满快乐、开朗的气息，他把这称之为'盛开'和'优美'。他说，所有对孩子有益的菜，都应该加上糖。"

"那时还没人提到过蛀牙，"斯蒂芬喃喃说道，"不过他言之有理。"

塞内克斯没接话，而后，他向贝蕾妮克微笑起来："我现在要说的你听了肯定高兴——因为蒙田作品首次得以出版全得归功于一位妇女。二十三岁时，她就是那个时代里的一个特殊现象——她被蒙田深深吸引，蒙田也被这位异常博学的女性所吸引，她违背了母亲对她的婚姻所做的打算。"

"是一段罗曼史吗？她叫什么名字？"贝蕾妮克将一绺卷发从额前撩开。

"她叫玛丽·勒·雅尔·德·古尔内（Marie le Jars de Gournay）。她之所以引人注目，还因为她在一篇名为《男女平等》的文章里称两种性别在道德上是相同的——这很大胆，因为到那时为止，妇女争取获得平等地位的努力一直是徒劳的。她是一个没落贵族家庭的长女，不顾当时的所有偏见，自学掌握了丰富的知识；她想做一个'femina docta'——女学者。这就是她认为蒙田的作品对她意义极其重大的原因，不亚于认识他本人。她一生都致力于管理他的作品，把它们印了十一次，这使她得以接触许多科学家。她办了一个学者沙龙，人们猜测，这个沙龙就是法国科学院（Académiè franÇaise）的前身。"

"法国科学院是由一个妇女缔造的？这肯定没几个人知道。"

雾逐渐消散，眼前，海洋变成了河流的景象。塞内克斯站起来，指向前方："看，伦敦的泰晤士河！"

英国的繁荣

在伊丽莎白一世的王国里

"我们乘着帆船逆流而上,城市主要是在河北岸伸展,你们能看到伦敦塔的钟楼。城堡位于城里最古老的部分,过去英国的国王往往住在那里。我们则更多的是把伦敦塔和它阴暗的过去,和监狱、处决犯人的地点联系起来。那后面就是伦敦桥!"

"它可真够大的!"

"它横跨在泰晤士河上嘛,是那个时代的一件杰作。那边的船是三桅帆船,就是它们把英国和与之通商的其他国家的港口城市连接起来。"

"那条打扮得那么漂亮的小船呢?"贝蕾妮克用两手的食指比划着。

"那可是女王的豪华游船。伦敦是女王居住的地方,虽然她也时不时住在城外。"

"那桥上的建筑是什么?"

"那一部分是住家,一部分是店铺,排在道路两旁,鳞次栉比。人工岛上立着一根根尖尖的拱柱,它们是用来截断水流的。还好,今天路边没有挑着被处决之人头颅的长矛排在那儿,那可是一种骇人的景象。"

"我猜,您这还算是轻描淡写呢!"

"我们的祖先会觉得我们太娇气。不过更重要的是那建在下面的泵水设备,不管怎么说,那完全是新式的,一个大水轮把河水输入城市的供水网,这被很多建在河边的大城市所效仿。不管是进城还是出城,一切都要经过伦敦桥。街道上,房屋之间,车辆来来往往,家庭妇女在购物,伙计在运货,人们在彼此交谈。我们到岸了,你们注意到什么了吗?"

"那还用说!"贝蕾妮克大摇其头:"怎么一切都显得那么绝望啊!"

一条阴暗的胡同

他们踏上铺石路面的防波堤。塞内克斯走得很急,他脸上的线条突然僵硬起来,但他的目光十分坚决地投向前方,似乎他要把什么东西甩在身后似的,他领着三个人进了一条胡同,胡同里,不幸犹如毒气附着在每一座房屋上。

贝蕾妮克紧紧闭住嘴巴，还捂上一只手。

"鼠疫正在流行，"塞内克斯喃喃说道。他用一块手帕掩着鼻子和嘴，结果说出来的话瓮声瓮气的，"1592年底，腹股沟淋巴腺鼠疫又一次侵袭了伦敦，几乎没有一个家庭能躲过。谁都不想别的，就想怎么才能救自己。剧院、娱乐场所和其他公共设施都关闭了。"

"那时候人们还不知道传染这回事，不是吗？"

"对，但人们已经觉察到其中的联系，只是还不知道真正的原因。人们在恐惧之中捕杀流浪的狗，但他们不知道死神是老鼠身上的跳蚤带来的，而老鼠是来自东方的船只带来的。瘟疫由港口城市迅速蔓延开来，人们用各种草药炮制的药一概不管用。"

"那还用说！"

"人们尝试了各种偏方——包括最稀奇古怪的——比如把活鸡放在病人肿胀的肢体上，甚至有在羊骨头上蹭来蹭去，或者把灌了水银的榛子壳挂在脖子上之类的方法。人口中的大约十分之一被夺去了生命，人们担心，整个城市就要毁灭了。"

"我的上帝！"

"关闭剧院还有另外一个原因。那时的宗教狂们极为猖獗，他们利用人们的恐惧挣钱，因为人们什么都相信——预言、星相、信口开河的解梦和巫婆的胡扯。"

"利用人们缺乏主心骨和恐惧——这类没良心的人总是有的，"斯蒂芬愤愤地说道，脸色苍白得可怕。

"江湖医生赚的钱如流水一般，"塞内克斯的声音从手帕后面传出来，"他们把他们的'预言'印出来，人们就像疯了似的买那玩意儿。"

"这下肯定有更多更大的恐慌散布出去了！"

"没错！日复一日，天天都有预言说世界的末日就要来临了。所有的街上都能看到贴在墙上的广告：'这儿住着一位预言家'、'这儿有一位星相家，他能为你预告未来'。这些倒比官方教堂牧师对瘟疫流行所做的解释更让人相信——据牧师说，瘟疫流行完全是风化腐败、罪恶泛滥造成的，而看戏也是该追究的罪恶之一。"

"演员是不是也受到了诬蔑？"

"是的，但他们反正也逃到外省去了。威廉·莎士比亚大概是回到他的出生地斯特拉特福（Stratford）去了。在那儿，他既然不能上演他的剧目，便不停地写作。这样就产生了他的第一部并非以上演为目的的作品——《维纳斯与阿童尼》，一首叙事抒情诗。这首诗给他带来了运气，因为伦敦的贵族喜欢它，欣赏它优雅的诗句，并由此开始注意它的作者。别的演员则试着在乡村和小城市里演出，有的把他们的剧本卖给印刷商，还算能勉强维持下去。因此在鼠疫流行期间出版的剧本数量超过了那之前的许多年。"

"也包括莎士比亚的剧本吗?"

"很可能。我似乎能看到那动作敏捷的人走进一家店铺,门上的铃铛响起来。铺子里很黑,空气污浊,布满灰尘;墙边的架子上塞满了印刷品、书籍、本子、小册子、写着字的纸张。一只乌鸦嘎嘎地叫着,一只猫正窥伺着台阶下面窸窸窣窣发出声响的老鼠。主人终于出现了——一个弓腰驼背、戴着乱蓬蓬的假发的小老头,说他不修边幅还算是恭维他呢。他戴着副无边眼镜,令他那张本来就十分狡猾的脸孔显得更加诡计多端了。那位戏剧天才……"

"他又不能为他那副可怜相负责!"

"喂,贝蕾妮克,这下你把我的诗意打断了!那位戏剧天才把自己的杰作之一交给了这家伙,然后——如果运气好的话——再经过半天的讨价还价,莎士比亚才能得到几个子儿。"

"真不公平!"

"这在过去是所有艺术家的命运,除非他们成了神的宠儿——也就是说受到了贵族和富人的青睐。"塞内克斯清了清嗓子。他似乎本想掉头回去,但想了一下之后,他又向前走了几步。

生命短暂,死神常在

又一次站住的时候,塞内克斯对他们说:"你们好好地看看吧,我们的祖先就只能生活在这样的环境之中——我指的是所有的东西——饥饿、贫穷、不安定、妒羡猜忌、头脑狭隘、没有任何公共保障、没有真正有效的医疗救助、卫生条件极差、夜晚只有可怜的一点照明、没有暖气,一点也谈不到今天我们视作理所当然的舒适!生命短暂,死神常在。莎士比亚也有两个姐姐在年幼的时候就夭折了。他出生的那一年,鼠疫夺走了埃文河畔斯特拉特福(Stratford-upon-Avon)七分之一人口的生命。1616年,也就是莎士比亚去世的那一年,阿尔丁(Arden)的森林里,穷人家的孩子大批地饿死。"

"他们大概从来没有过不怨天怨地的日子。"

"不,贝蕾妮克,我想还是有的;反正他们不知道除了这样还能怎样。"

狭小的房子里传出叫喊声、哭声、女人和孩子的呜咽声。

"我受不了了,塞内克斯。"

"我们继续往前走吧。这条现在看上去毫无生气的街道,不久以前还满是伙计、女佣、凑在一起家长里短的妇女和玩耍的孩子。"

哀怨之声越来越响,但这儿那儿也会有空无一人的房子,店铺的窗子大多关了,门上钉了木板，偶尔有壮汉手持长矛在门前守卫。

"这些房子的主人逃走了，"塞内克斯解释道，"这些看门的要守着房子，不让人闯进去抢东西，他们穷得没有别的办法，只能冒这个险。"

从一条侧街上踉踉跄跄地跑出来一个人，赤条条只穿着件肮脏的裤头冲向他们，骨瘦如柴，既像个傻瓜，又像个乞丐。这人不成人、鬼不像鬼的家伙敲着面手鼓，但不一会儿就停了下来，叉着腿站在那儿怪声怪气地叫："快走吧！快离开这个地方！好不要沾上这儿的霉气！我是被派来向你们布道的！想想吧，还有四十天，四十天过后伦敦就要毁啦，惨啊！快逃吧，祈祷吧！"

话音消失了，他又敲起他的手鼓，跌跌撞撞地往前走起来。

"但是那些不能逃到乡下去的人，总不能就在紧闭的门后生活啊，"贝蕾妮克喃喃地说，"他们总得去提水、找东西吃呀。"

"是的，他们必须得走出家门，这就使情况更严重了，你总不能存起食物，因为那很快就会腐烂，所以只能每天亲自去市场，或者派当差的和孩子去，而他们中间已经有人被传染上了，把死神带回了家；市场上的女贩、卖肉的都有可能染上了病，有的街道几乎没一家店铺开门营业了。时时处处都有谣言在流传，更增添了人们的惊恐。"

"塞内克斯，怎么看出来谁得了鼠疫呢？"

"高烧，呕吐，无法忍受的头疼，后背疼痛，最后病人会痛苦得发疯。很多人脖子上、腰上、腋窝里肿起来，长了溃疡，只要没有发开就疼痛难忍。运气好些的人被疫病无声无息地击中，热度会慢慢销蚀他们的精力，他们几乎感觉不到什么，直到有一天突然失去知觉，死去。"

"这样的人真可以感谢上帝呢……"罗曼喃喃地说，但马上就被他自己话里的残忍吓了一跳，赶紧又加了一句，"我只是这么说说而已！"

"如果鼠疫在某一个城区肆虐起来，那里的街上就会到处布满尸体。"

"我讨厌这个词。"罗曼嘟囔了一句，"死者会被运到哪儿去呢？"

"天一黑，掘墓人就把他们装在车上，运到万人墓去。这些家伙已经什么都不怕了，他们翻遍了死者的口袋，把他们还能用得上的衣服扒下来，拿去卖。这些没有经过消毒的东西便把疫病的种子继续传播。所有的坟墓都得在天亮前盖起来。只有那些有名望的市民才有可能享受在教堂里举行葬礼的奢侈。"

三个年轻人的脸上现出惊骇的神情。塞内克斯直起上身，透了口气："现在你们就理解大多数疫病被消灭对人类来说意味着什么了。但幸好——那时候不只有贫穷和瘟疫。"

满是人的街道和广场

有光了!死亡胡同到了尽头!这胡同通到一条明亮宽阔的大街上。塞内克斯松了口气似的说:"鼠疫肆虐的时期过去了,人们回到了伦敦。"

这里也有车子辘辘地驶过,马蹄敲击着地面。有人还在一个房屋拐角处安了护栏,试图以此来防止房子的墙被人流挤坏。阳光反射在房子的凸窗上,一家铁匠铺里冒出一股浓烟,其中夹带着锤子叮叮当当的敲击声。另一家箍桶铺里也很热闹,锅啦罐儿的当啷乱响。井边,水在水桶里咣当。挑夫弯腰驮着摞得高高的货物,被压得不住呻吟,还得努力保持平衡。一乘乘由奴仆抬着的轿子里坐着他们的主子。广场上,吼叫之声不绝于耳;商人在他们的店铺里陈列着他们的商品。街头说唱艺人唱着叫着兜售他们的歌片,而车轮的吱吱嘎嘎和人们的喊叫声几乎把他们的声音盖了过去。

"注意他们的衣服,"塞内克斯插上一句话,"你们看到的可是莎士比亚时代的时装。男人的头和女人的一样长,而他们的胡子至少要得到同样精心的护理。"

"这些大人先生们看起来都很虚荣嘛——他们打着细褶儿的领子至少和妇女的一样宽。"贝蕾妮克说。看到人们一举一动端着架子的那股劲儿,她觉得很好玩儿。

"那领子是用平纹亚麻布或麻纱做的,必须得由用硬纸板和铁丝做成的托儿撑着。"

"多不方便啊!"

"那时候人们发现了浆洗淀粉——一种白色的液体,用它可以把领子上细密的褶子固定住。这一时髦样式首先是由法国的卡特琳娜·冯·美第奇(Katharina von Medici)穿出来的,不久就被人们加以夸张,最后这领子上的装饰简直都有车轮子那么大了。假发那时已经很常见了,上等人用它来打扮自己——这是跟女王学的,她希望自己能够青春不老,红颜长驻。穷人则按照重量出售他们的头发,这是我们从莎士比亚那儿知道的。"

"戴着这么个庞然大物,妇女就没法戴帽子了吧?"

"她们只戴顶小帽或是透明的发网,好让头发的魅力显现出来。女士们还描画她们的脸,把眉毛画长,为佩戴耳环、耳坠穿耳朵眼儿,珠光宝气的;她们也不怕把自己的胸脯几乎全部暴露出来。你们看到她们的裙子臀部以下是多么宽大了吗?为此得穿衬裙,上面一圈一圈缝着不同大小的箍儿。女王还倡导了穿长筒丝袜呢!"

到处都是那么脏脏,到处都充斥着脏水味儿——人们就那么从楼上往街上倾倒脏水,站在窗户下面可不行。斯蒂芬做了个鬼脸,堵住鼻子。

塞内克斯给逗乐了,说:"走吧,我们的马车在那边等着呢!"

没有女孩子上的学校

街道另一边停着辆马车,红色的车厢,前面套着四匹马。塞内克斯在前面边走边说:"人们知道马车的时间还不长。道路坑坑洼洼的,旅行可不是件舒服的事。上车吧!"

他们两个两个面对面坐着。车子吱吱嘎嘎地动了,他们笑起来,因为很不容易让自己在位子上坐稳。他们沿着泰晤士河行驶,越过伦敦桥。桥上的交通非常拥挤,他们得时不时地停下来。

塞内克斯快活地继续说:"马车一出现就受到人们的欢迎。女王的第一辆马车是1565年在荷兰制造的,但那辆还不如这辆舒服呢。"

"什么?"

"那辆车还没有钢质弹簧,但车厢毕竟有皮带吊着,由此剧烈的颠簸好歹减轻了一些。开始时马车还是一种奢侈品。"

"也就是当时上层社会的'劳斯莱斯'喽?"

"这种情况很快就改变了。六十年后,马车就多得使得私人车辆遭到禁止了,以免造成严重的交通混乱;只有女王和上层贵族使用马车不受限制。"

"总是富人和女王!"只听贝蕾妮克在一片嘈杂声中喊道。"普通的妇女过得怎么样呢?"

"她们大多生活十分困苦,当女仆——不仅在乡下当,也在贵族家里当,没有她们,贵族的奢侈生活就是不可想象的。就这样,她们还算是享有'特权'的呢,因为她们至少不会饿死,至少不用靠卖淫求生。伊丽莎白的父亲亨利八世使英国教会脱离了罗马;等他关闭了修道院以后,女孩子受系统教育的道路就完全被切断了。男孩子却可以上初级学校。"

贝蕾妮克点着头:"我就知道!"

"在伊丽莎白女王的时代,女儿必须对父亲俯首帖耳。她们就像是一种交易品,婚事通常都是由父母,尤其是父亲在经过激烈的讨价还价之后定下来的。再过些年,做女儿的就变成了为孩子、家务操心的憔悴妇人。"

莎士比亚的时代

莎士比亚笔下的女性——有血有肉的人物

塞内克斯想往后靠一靠,却被猛地向前甩了出去,幸亏他手快,抓住了什么东西,才算呆在了座位上:"你必须了解当时妇女所处的状况,否则你就不能真正赞赏莎士比亚那些往往很具有革命性的剧本和他对妇女、妇女追求爱情的权利的支持。他在作品中涉及了这其中产生的矛盾并对其做了艺术的加工。顺便说一句,我们现在正前往他的一个剧院。"

"是环球剧院吗?"

塞内克斯点点头:"我发现你对这些很熟悉啊,罗曼。我保证你会惊讶的。"随后他又对三个孩子说道:"莎士比亚的名气首先来自他那些描写社会与女性及两性之间的不和谐关系的剧本。"

"《驯悍记》是不是一个例子?那里面的凯特最终只能顺从她的丈夫。"

"表面上,罗曼,只是表面上!"贝蕾妮克插嘴道。

"《理查三世》也是。其中理查三世向成了寡妇的公主安娜求婚,站在她丈夫的尸体前说:'我,杀害她丈夫的凶手……抓住她,被她全心憎恨……我要拥有她——可也不要长期留下她来。'"

"'我,杀害她丈夫的凶手,要拥有她——可也不要长期留下她来!'这真是岂有此理!"

"正是这位作者,也创造了《罗密欧与朱丽叶》——讲述男女之间真挚爱情的最美的剧本。这对那个时代来说是很新鲜的,因为从不曾有过一个剧作家敢像他这样毫无保留地肯定爱情和性。除了他,谁创造出过这样一个人物——在遭人驱逐、离开爱人所住的地方之后,他嫉妒起他的猫和狗来,只因为它们能看到朱丽叶,而他不能;又有谁让一个少女吐露这样的心声……"

"停,塞内克斯,让我来!"罗曼喊道,"在迫不及待地盼着婚礼之夜时,朱丽叶说:

来吧,黑夜!来吧,罗密欧——你是黑夜中的白昼!
因为你乘着夜的翅膀,
像新雪落在乌鸦的背上,

来吧，温柔、充满爱的夜！
来吧，给我带来我的罗密欧！"

塞内克斯点点头，"伦敦那些市民阶层的观众对本该嫁给另一个人的朱丽叶的忤逆大为震惊，但莎士比亚肯定爱情，恰恰也把矛头指向了父权，这种姿态令伦敦的青年人——无论男女——全都兴奋地表示赞同。与仅是男人贪欲对象和藐视对象、忍受命运的"理想形象"的奥菲莉娅与苔斯迪蒙娜不同，朱丽叶是个有血有肉的人物，她追求她自己的目标。"

"像《温莎的风流娘们儿》，她们一起报复了自高自大的福尔斯塔夫。"

"这些妇女植根于市民小资产阶级，当时由此出现了一种新的家庭资本方式，父母儿女共同为其他企业进行生产，这就是家庭手工作坊的开端。许多家庭都成了微型工厂，纺织羊毛、亚麻，制草药，蒸馏酒精。伦敦的人口迅速增长起来。"

"即使在有鼠疫影响的情况下吗？"

"对，很快就从五万增加到二十万。"

"据我所知，莎士比亚的很多剧本剧情都发生在意大利，"罗曼插话道，"他怎么会想到要选择这些对当时的英国来说肯定是十分陌生的国外素材呢？"

"他的动力首先来自书籍。当时书籍的数量不断增长，尤其是很多书店还自己印书，人们把书籍称为"时代病"，因为满世界都是书，人们根本无法消化日复一日出现的大量无价值的书。意大利小说也很受欢迎，不光是薄伽丘（Boccaccio）的《十日谈》。"

精神病人像动物园里的动物

"但还是让我对当时的英国再说几句。社会状况糟得一塌糊涂。莎士比亚出生前的一年终于开始征收贫民税，用以建立"封闭式收容所"，收容无家可归的人，包括乞丐、病人、贫困者、娼妓及其子女，严厉地鞭笞他们，好让他们能重新派上用场——至少是这么设想的。事实当然要严重得多。"

"这听起来真是精神分裂！一方面出现了一点点社会责任的萌芽，另一方面又把弱势人群关起来与世隔绝。"

"疯人院也跟监狱一样向私人出租。人们交了入场费就可以像参观怪物似的去盯着病人看，付钱多的人还可以打他们；另外还有一些'企业家'经营有利可图的妓院。"

"妓院？不，够了！"罗曼咕哝了一句。

"撇开这些弊端不看，伊丽莎白的统治给国家带来了政治上的稳定和经济上的增长,为后代的进一步发展奠定了基础,莎士比亚也从中得到了好处。"

"女王长什么样?"

"她肯定算不上个美人,上身又长又窄,而她穿的一种到腰部以下收成一个尖儿的紧身胸衣还引导了服装潮流。"

"那么莎士比亚这个戏剧天才长得怎么样?"

一个演员能成为天才作品的作者吗?

罗曼想向前挪一挪,好让身子更舒服地向后靠——他一对什么东西特别感兴趣,就喜欢这样做。但偏偏凳子太窄,他无可奈何地耸了耸肩,只好重新坐直。

"据说莎士比亚身材魁梧,是个社交天才。在斯特拉特福他的墓上有一座胸像,另外他的作品第一次以对开本形式出版时,封面上有一幅版画,两者对他的表现都是:光头,唇上留着小胡子——胸像的下巴上也有胡子——鼻子很尖,目光中带着沉思,但是从哪儿也看不出这个人心中藏着的能让他写出如此动人的作品的那种火焰。"

"莎士比亚的生活呢?"

"这个几句话就能讲完。他很可能是1564年生在埃文河畔的斯特拉特福,与伽利略生在同一年,米开朗基罗(Michelangelo)也是在同一年去世的。他是一场'婴儿潮'的'产物'之一。当时这场'婴儿潮'使英国人口在五十年内翻了一番。他出身于一个名望很高但绝不富裕的家庭,上了拉丁文学校,十二岁时他父亲成了市长。年纪轻轻他就去了伦敦,想在戏剧这个行当里谋生,结果成了一个出色的演员,而和人共同导起戏来就更出色,写出了反响最好的剧本。但他的成就却不是在伦敦,而是在他的出生地做出的。他十八岁在那儿成婚,是两个女儿的父亲。他那极富感染力的天才魅力使他受到贵族甚至女王的青睐。女王死后,他先是感到一丝冷清,但很快也得到女王的后继者詹姆士一世(James I.)的赏识,1604年他回到斯特拉特福,过着一个受人尊敬的生活,直到去世。"

"他上过拉丁文学校,这对女孩子来说大概是不可能的吧?"

"对。只有男孩子有人关心。尽管女王本人受过很高的教育,并且在某种意义上引导了一场'教育革命',但到1600年左右会写自己名字的妇女连百分之十都不到。与此相反,男孩却必须要在七岁到十二三岁期间拼命用功,他们学的是拉丁语,并学一点希腊语入门。"

伊丽莎白的英国——一个自成一体的世界

"您说莎士比亚对伊丽莎白的死很难过吗？"

"是的，而且当伦敦的丧钟为伊丽莎白敲响时，他有充足的理由心情沮丧；伊丽莎白的统治给莎士比亚带来了很多好处。女王死前不久，他还在她的宫殿里演了一次。大厅的一头儿是舞台，四周是无数的廷臣侍从，乐手奏起前奏曲，女王是最后一次欣赏莎士比亚的作品。她的衣裙缀满珠宝，脸部的线条全都消失在抹得厚厚的白粉后面，红色的假发围着那张化妆化得十分夸张的脸，但她超人的思想仍让所有人感触至深。几星期后她就死了，那是在1603年。葬礼规模宏大，但入夜时，街上已放起庆祝的焰火，人们喊着'女王死了！国王万岁！'可以说，正因为莎士比亚生活在伊丽莎白的王国里，他的天才作品才能产生。"

罗曼拧起了眉头："您这是什么意思，塞内克斯？"

"从原则上来说，我认为对一个社会做出结论的最好的方法，就是看这个社会在多大程度上能让莎士比亚这种天才发挥自我。女王伊丽莎白一世的国家是一个经过几百年的不安定之后的全新、稳定的国家——并且还不止如此，它还是一个自成一体的世界，因为，由于通往东印度和美洲大陆的新航路的开通，这个岛国扩展了它的疆域。国家体制、英国圣公会、公众生活、私人财富——一切都获得了在欧洲史无前例的推动力。伊丽莎白的英国不是一个文明高度发达的国家，也绝不是特别富于文化，更谈不上是一个堪称道德典范的国家了。有海军将军干海盗的勾当兼做奴隶交易，有教士出售神职，药剂师炮制毒药，而且轻而易举就能找到下毒的医生。"

"一句话——情形很可怕，我想。"

"这还没完呢，军队不讲道德，投降的'好处'往往是士兵和罢战人员横遭屠杀。巫婆被烧死，耶稣会教士被送上断头台，然后被撕成碎块。那也是一个残忍而寡廉鲜耻的时代。"

"可您还说，这恰恰是培育莎士比亚天才的沃土？"

"某些力量给了他动力。在长达数百年之久的死寂过后，这个国家经历着一种兴奋，有一股对散文、诗歌，对哲学、戏剧的热情。就像从前但丁（Dante）或拉斐尔（Raffael）时代的意大利，现在英国开始向世界说话，世界也开始倾听它的声音。当时曾有人说：在剑桥，福音新教虽然有人教，但却没有人学；没人重视风化问题，没人讲礼貌；人人追求新鲜刺激的事物，新书，新时尚，新观点，新法律——追求一片新的天空，但那也许是个新的地狱。哥白尼（Kopernikus）刚刚把地球从世界的中心推开，乔丹诺·布鲁诺（Giordano Bruno）刚在牛津宣讲了新的天文学，讲了宇宙的无边无际、讲了焚烧自身而发光的太阳、讲了在原子雾中分解的行星。"

"这动摇了有些人脚下的大地！"

"是的，但是旧观念的铲除、思想的解放、对新希望和新梦想的热烈追求——这些同样给伊丽莎白的王国打上了烙印。不可遏制的精神力量、对生活的热爱以及自由的思想、特殊甚至有些怪诞的对美的感受全都表现在其中。"

"英国与欧洲其他部分大不相同的到底是什么？"

"英国的岛屿地位——以此为庇护，英国出现了一种新的建筑样式，用玻璃、石头造出有黑白图案的宫殿，而且不必围上护城河及围墙，因为不用担心会有敌人来进攻，这使得它的居民可以直接走进大自然。"

"走进英国花园！"

"莎士比亚就生活在这个世界里，而他的国王喜欢戏剧。莎士比亚知道伊丽莎白让他进宫是何等的荣耀。四十岁时，他的地位就已经很突出了，而后面还有很多次胜利等着他——即使是在伊丽莎白死后。"

艺术家几乎没有权利

"这么说莎士比亚挣得不少喽？"

"他是环球剧院的所有者之一，罗曼，估计他一年的收入可达到二百镑左右。"

"这算很多吗？"

"大概是一个收入很好的教师收入的十倍。他靠发表作品挣的钱很少，很多作品都以盗版的形式发表，或者根本不发表，因为演员不乐意让他们的成功之作落入他人手中，在别的剧团上演。那时候没有著作权，也没有版权，所有印出来的文字就成了所有人的财产，谁想拿它干什么都可以。作家向一个戏剧团体出售他的作品大概可得四到十镑，靠这点钱他最多能活几个月。当他又需要钱的时候，他就得写个新剧本。因此一个像莎士比亚这样能为自己的剧组写剧本、而且演戏收入也很好的演员使那些只靠写作谋生的本来就处境艰难的作家很吃亏。"

"这么说也得不到版税吗？"

"那个时候还没有这个概念，一个作者在他的作品上演的时候往往得不到一便士。不用经过他的允许，剧本就可以上演、印刷、改编，弄得乱七八糟。尽管如此，英国的市民阶级作家还是在几年内就将传统的戏剧转变成了充满活力的艺术形式。走在最前列的是克里斯托弗·马洛（Christopher Marlowe），他写出了第一个有世界级水平的剧本，向世人证明英语是可以发挥诗歌的魅力的。"

"但莎士比亚自己并不穷。"

"对，所有演员在当时的戏剧繁荣局面中都可能致富；但另一方面剧院也是商业实体，票房收入必须足够好，因为这是衡量成功与否的唯一标志。幸运的是，莎士比亚参与建立的剧团在一段时间里是伦敦最成功的。"

有片刻工夫，塞内克斯闭上了眼睛。

艺术与消费者之间的新关系

塞内克斯又继续说道："我已经给你们讲了，威尼斯的歌剧也是像经济实体一样经营的。这是种新事物，是随文艺复兴和宗教改革而来的自由市场的产物。莎士比亚年轻那会儿，就有教士和信徒在教堂前演出宗教'神秘剧'，或者手工业者试着在行会大厅里演古典文学作品题材的剧本。演戏开始面对普通人、每个人。莎士比亚挣了钱，把钱投在地产上。他在伦敦买了所房子，在斯特拉特福也置了房产、地产，但他自己却在一个手工业师傅那里租房子住。"

"如果说他那时已经取得了很大的成功——您把这归功于什么呢？"贝蕾妮克问。

"主要是他的戏剧天才，另外他的语言的独特性也是无可比拟的，是所有文学中最丰富的，共有一万五千个词汇，包括各种领域的专业词汇——徽章学，音乐，体育，还有方言和街上的土话。他似乎醉心于创造词句，随随便便地就令它们从他的笔下喷涌而出。他在每一个剧本中都造就出一个世界，而且他还不满足于此——他还用神奇的形象、精灵、巫婆、幽灵装点梦境、森林和荒野。他的思维是形象的，所有的思想都变成图画，任何抽象都变成了可以感觉到、看到的东西。"

"这听起来像是作文学校里学出来的！"

"他就是知道该怎么写，没办法！而且他自己就是剧团里的，了解一切技巧。他那个时代的剧作家没有一个能像他一样有那么多的实际经验，同时又能直接控制演出效果。他集作者、剧评、剧院经理、导演和演员于一身，二十年里，他为他的剧团写了将近四十出戏，大约每年两出——这也是必要的，因为他是在一个专为演出而建的剧院里演。这样一个演出场所的建立不仅改变了演员的演法，而且改变了观众的需求和戏剧的特点。"

"当然了，一个流动剧团有几个剧本就够了，因为是在不同的城市里演；要是总在一个地方演，观众是相同的，我想，那就得不断推出新剧目。"

"戏剧不再像整个中世纪时那样，只向人们提供一种'宗教教育'或是年节市场、旅舍客栈里的噱头了。人们付出他们含辛茹苦挣来的钱，想要得到好的消遣。莎士比亚仔细观察他的演员，写适合他们、与他们能力相符的角色。他写了一出又一出，他的人物形象越来越真实，越来越复杂，越来越深刻，及至写《哈姆雷特》

和《李尔王》时,他已经达到了哲学的高度。"

"莎士比亚肯定非常了解人性,但他对我们在宇宙中所处的位置还无从知晓。"斯蒂芬喃喃地说了一句,便陷入了沉思默想之中。

世界是一个舞台

车夫抖直了缰绳,车厢呻吟着,摇晃着,终于停了下来。车轮滚过地面的隆隆声消失了,取而代之的是男女老少的说笑喊叫声。

塞内克斯第一个跳出车厢,罗曼和斯蒂芬也跟着跳了出去,然后两个人都向贝蕾妮克伸出一只手。她弯着腰正要下车,这时停住了,笑起来,自己抓住木头框子跳了下来。到了地上,她把胳膊举过头顶,做起了伸展运动:"我全身都坐僵了!"

他们面前耸立着一座显得十分笨重的八角形木质建筑物,涂了灰浆,茅草顶上冒出来一个小塔尖,上面飘着一面旗子。塞内克斯解释说,这面旗子表示的是某一出戏。"下面那个牌子上画的是古希腊那位肩扛地球的神赫拉克勒斯。"他又指着一块板:"剧院的名字'Globe'(环球)就是这么来的。"环绕着画面的是一句拉丁文名言:"Totus mondus agit histrionem"——世界是一个舞台。

人们三五成群地来了,有走着的,有坐马车的,也有乘船由泰晤士河上过来的——剧院就在河的南岸上,与城市隔河相对。

塞内克斯解释道:"这个地区不受伦敦当局管辖,因此渐渐发展成了一个受欢迎的娱乐中心,有很多剧院、斗兽场、射箭摊儿、酒馆。"

剧院入口处站着一个身穿口袋似的黑色衣服、瘦得像根竿儿的人,他尖尖的食指在贴出来的一张布告上移动;一方面,他得把纸拿得离自己远一点——他大概是近视眼——另一方面又要把它举高,好让人们都看到。他高声喊着,唾沫星子乱溅,嘴角堆满了白沫,然而却是白费力气。即使有人瞥他一眼,也都是漠不关心的神气。"人们啊!难道你们想让自己的灵魂中毒吗?你们想学会怎么欺骗你们的配偶吗?你们想知道怎么才能成为妓女吗?你们想听到人是怎么逢迎、撒谎、谋杀、亵渎上帝的吗?那你们就进去吧,让那些演员,那些人类的渣滓给你们展示这世上的罪恶吧。"

他抖了抖那张布告,让它在他瘦骨嶙峋的手里舞动起来,"你们想看那些装扮成女子的男孩子吗?他们这些小怪物,身为男子,却在兽欲的支配下和别的男人纠扯在一起,干那些淫乱的勾当!"

"他指的是什么?"

"在伊丽莎白一世的时代,妇女仍然不能上台演出,因此人们让尚未变声的男孩子穿上女子的衣裙扮演女角。"

"难道要我想象男孩子演奥菲莉娅、仙女之王泰坦尼娅和朱丽叶吗？这个，我可不知道……"

那个自命的布道者还在那儿吼叫。

"他不是唯一大肆叫嚣攻击剧院的，清教在整个英国的影响都扩大了。伦敦的市长要把城里所有的'罪恶'场所都清除掉，而首当其冲的就是剧院；可他的成绩却不大，因为戏剧具有神奇的吸引力，无论男女老幼，也不管是什么阶层——学徒、市民也好，大人老爷、贵妇也好，乡下人、外地人也好——人人都喜欢看戏。"

只见前来看戏的各色人等先是挤在售票处前买票——包括穿着寒碜、每花一便士都得掂量掂量的穷人；然后大家便都涌向入口。

塞内克斯饶有兴味地看着这一切："他们简直是急不可耐！他们想赶在喇叭吹响前找到座位，因为喇叭一响，演出就要开始了！"

一切都在天光之下

塞内克斯拉起贝蕾妮克的手，冲罗曼和斯蒂芬点点头，四个人便进去了。遮护着后台、坐席和包厢的只不过是一片屋顶的突出部分，场子不大，而且大部分都是在露天之下——不管是站席还是舞台，一切都在天光和云彩变幻的控制之下生动起来——当然下雨也是一样。舞台尽头模拟出一座房子的样子，带有屋顶、小尖塔、柱子、挑楼、阳台和牛眼窗。

"舞台的活板门里会冒出幽灵，裂开的坟墓里可能会发出巨响，不知从哪儿会变出魔鬼或地神，伴着鞭炮的劈啪声在烟雾中上升。舞台的前部什么都可以代表——一间大厅，一个战场，也可以是随便哪条街道。"

"观众得自己想象这一切吗？我看这很现代嘛。"

"得发挥想象力才行，不过这对人们来说并不困难，不管怎么说还有滑轮等设施，让那些假鸟、怪物、神灵什么的飞上台去。演员也会从天上飘下来，比如奥林匹亚山的众神之父朱庇特。焰火造出打闪的效果，铁球在盆子里模仿着隆隆的雷声，干豌豆瓣里啪啦地掉下来——那就是下雨、下雹子了。"

场子里简直容不下这么多人，可还有小贩在其间挤来挤去，身体如杂技演员一般灵活地转来扭去，兜售他们的糕点、苹果、干果、香肠什么的，还有烟斗、烟草，篮子在人们的头顶上传来传去。观众们有的抽烟，有的喝饮料，很多人一个劲儿地往前挤。开演前兴奋的交谈声、议论声震得空气都嗡嗡响起来。

"即使是在演出过程中，人们也不停地七嘴八舌。"塞内克斯转向三个人，"这儿最多能容下三千名观众，他们喧闹起来非把演员的声音盖过去不可。"

"抽烟还是个新生事物,对不对?"贝蕾妮克皱起鼻子,因为有个粗鲁的家伙把烟直喷到她的脸上。"这是什么烟叶啊!"

"这是来自新世界的毒品!诗人、航海家、发现者沃尔特·雷利爵士(Sir Walter Raleigh)曾一度是伊丽莎白的宠臣,是他把抽烟引进了宫廷。末了他自己在不得不上断头台前,还抽了几口呢。在伊丽莎白女王统治期间,伦敦人已经能在七千家店铺里买到昂贵的烟草了。早在那时,就已经有人警告抽烟的危险,并试图用罚款来减少抽烟现象。"

宽大的领子之上、饰有羽毛的黑色帽子或白色面纱下是一张张好奇的脸……

舞台上的血

塞内克斯指着一条长凳:在那儿,还奇迹般地空着四个位子。"已经过午了,"他说,"你们也跟别人一样吃点、喝点东西吧,有干粮嘛。"

贝蕾妮克拿起一小瓶葡萄酒,啜了一口,脸颊立刻泛起了红晕。

塞内克斯还在不停地讲着:"世界上再没有哪家剧院能这么便宜地经营了,一方面是在装饰上大大减省,另一方面,与希腊戏剧不同,这儿不需要合唱队充当群众,也不怎么奏乐。不过今天是个小小的例外!那些不全是由莎士比亚写的剧本里,结局往往十分惨烈,但见刀光剑影,人头滚动,或者人被施了魔法,变成动物——既然观众要看激烈的场面,要看凶杀,这些便都被表现出来。演员在衣服里面藏起装有动物血的尿泡,让它在恰当的时刻破裂。看受刑或处决的场面让人觉得很过瘾。"

"今天难道就不是这样了吗?我们的电视里不也差不多少吗——哎呀,收视率降低可就惨啦!"

太阳的光线益发倾斜,将影子拉长。舞台后部的幕布间走出一个演员来,宣布演出开始,并念了一段引子。楼座上的观众都坐好了,下面的观众还在推推搡搡,说说笑笑,一个扒手利用这个机会开始干他的勾当。

戏开场了。台上的公爵对他的三个手下的乐手说:

假如音乐是爱情的食粮,那么奏下去吧;
尽量地奏下去,好让爱情因过饱噎塞而死。

罗曼的眼睛亮了起来:"《第十二夜》!我最喜欢的喜剧。"他一下子就认出了这出戏。
塞内克斯狡黠地笑着点点头,好像在说他早就知道了。
罗曼看着、听着。他发现,要想习惯另外一种过分清楚、粗犷的表演很不容易;

但渐渐地他还是忘了自己在哪儿，忘记了他正呼吸着其中的空气的时代就是这出戏上演的时代，他也忽略了舞台的简单和缺少装饰。在他眼前，伊利里亚（Illylien）[1]和它的海岸从海中升起，他被带进了公爵奥西诺的宫廷，为薇奥拉被那勇敢的船长救起而高兴。

"她难道不是很美吗？"他问斯蒂芬。

罗曼已经忘了，漂亮的薇奥拉是由男孩来扮演的，而公爵疯狂爱着的美丽的伯爵夫人奥莉维娅，其声音和身体也来自一个男孩子，只是现在装扮成了女子。而那男孩儿扮演的薇奥拉呢，又要"女扮男装"，起名叫西萨里奥——想理清头绪简直是徒劳的。

演出施展着它的魔力。罗曼被宫廷小丑和两个爵士安德鲁、托比那幸灾乐祸的表情逗得开怀大笑——他们偷听了爱慕虚荣的总管马伏里奥的话，简直是乐不可支。

"那可怜的家伙实在让人同情。"罗曼向贝蕾妮克耳语道。

但这同情很快就过去了——当不断产生的误会终于结束，当兄妹重逢，相爱的两对恋人拥抱在一起时——公爵拥抱着换了女装的薇奥拉，后者的孪生兄弟西巴斯辛拥抱着老把他当成薇奥拉的伯爵夫人奥莉维娅——罗曼已经忘了马伏里奥受到的捉弄。最后，小丑唱歌作为尾声：

当初我是个小儿郎，
嗨，呵，一阵雨儿一阵风；
做了傻事毫不思量，
朝朝雨雨呀又风风。

暴风雨般的掌声响起来，罗曼这才如梦初醒。

"现在你可以把我的手放开了吗？"贝蕾妮克微笑着问他。

他往左边看去，这才发现自己紧紧抓着她的手："哦，对不起！"

谁都没有注意到光线的变化。

"傍晚了。"塞内克斯站起来，深深地透了口气。"带上你们的东西，别落下什么。这就是莎士比亚的环球剧院，我们还要到泰晤士河边去。"

英语中最神秘的抒情诗

太阳挂在西方的地平线上，从建筑物和树木后面探出头来。窄窄的路已经被踩

---

[1] 译者注：伊利里亚（Illyria），巴尔干半岛上的古地名。

宽了，然后他们又沿着河岸在草地上走了一段，直到塞内克斯在灌木丛后发现一个他中意的僻静地方。他坐到一块石头上，三个孩子则坐到草丛里。

河水在最后的暮色中闪着光。

"现在您要给我们讲什么了，塞内克斯？"贝蕾妮克蜷起腿，双臂抱膝，把头枕在上面，长长的发丝便飘垂下来。

远处，太阳在一片通红的暮色中落下去了。

他们的陪同者十指交叉，伸直咔巴直响的骨节。"还要讲讲莎士比亚，但是作为诗人的莎士比亚，他的十四行诗在诗歌艺术中达到的高度绝不亚于他的戏剧在戏剧艺术中达到的崇高地位。顺便说一句，他的绝大部分十四行诗都是写给一个年轻男子的。"

"什么？给一个男子写情诗？人们知道他是谁吗？"

"可能是十九岁的南汉普顿伯爵（Graf von Southampton），他喜欢在伦敦和他自己的庄园里与诗人及其他有思想的人来往；不过也可能是那个圈子里的另一位。总之那肯定是个又漂亮又有修养的人。戏院因瘟疫流行而关闭时，莎士比亚转向了抒情诗，写下了英语中最出色的抒情组诗。"

"您能背一首十四行诗吗？"贝蕾妮克问。

"德语中有很多翻译过来的版本，我只给你们朗诵一下六十六首十四行诗中的最后一首，因为这一首被一位德国浪漫主义文学时期的女子模仿过，那就是多萝茜亚·蒂克（Dorothea Tieck）。莎士比亚先写了世界上一切令他厌恶的事情——因为有那些事情，他可以轻易放弃这个世界。但在结尾中，他却写道：

厌了这一切，我要离开人寰，
只是，将死的我，也要远离我心爱的人。

"是心爱的男人，而不是心爱的女人……"罗曼重复道，"不过，在我看来这没什么，就像萨福（Sapphos）爱她那些女孩子，还有古希腊人的娈童恋——这些都没什么大不了的，重要的是诗艺本身。再说，也没有人怀疑莎士比亚结了婚，而且有孩子。"

"对，这是事实。"

"也许，他灵魂中男性的一面和女性的一面的分裂，正是他天才的奥妙所在。"贝蕾妮克思索着说道。

"这个，我们可以当作一个问题带到晚上。"塞内克斯答道。

这时天已经全黑下来。"入夜了，是我们宿营的时候了，"塞内克斯说，"宿营地就在那一大片灌木丛后面！"

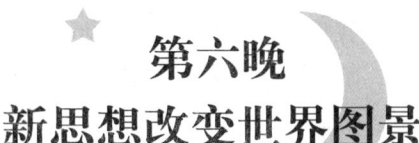

第六晚
新思想改变世界图景

牛顿与自然科学

世界是如何改变的

透过枝叶交织在一起的桤树和柳树,他们看到草地上孤零零地立着一座桁架式房子,屋顶铺着茅草,屋檐低低的。

"太好了!"贝蕾妮克拍起手来。

"进去吧。我们半小时后再见,像以往一样。"

电灯光照亮了房中各个角落,现在贝蕾妮克觉得这简直是毫无品位。他们各自拿了房间钥匙上楼。房间里,干净的换洗衣服、香皂、毛巾已经准备好了。

洗过澡,换好衣服,他们在自助餐厅里又碰了面。

"咱们已经在多少地方过了夜啊,真是棒极了,而且每天早上都在一个新地方醒来。"罗曼说,"而且之间隔着多远的路啊,就更不用说还隔着几百年、上千年的时间了。"

"而且对咱们来说,算上今天才不过六天,"贝蕾妮克表示赞同,一边叉起一片不听话的生菜叶,"但世界的变化却多大啊!"

"变化确实显著,但同时又很缓慢,"塞内克斯给自己斟上红葡萄酒,"从现在开始,发展的速度才加快——虽然这也是个渐变的过程。"

"就是说,不是在六秒钟内就从零变到一百!"

"不是,斯蒂芬,绝对不是。可话又说回来——与整个进化的过程相比,那只是弹指一挥间的事。言归正传,我想告诉你们,各地的人口都大大地增加了。"

"尽管有黑死病和瘟疫,有饥荒和儿童早夭的问题,人口还是增加了?"斯蒂芬津津有味地吃着一份鳕鱼就米饭。

塞内克斯继续说:"要让我说的话,我会说欧洲所有的地方都已经被占据了——连那些在恺撒的时代还是原始森林和荒野的地方,现在也冒出了城墙环绕、由条条加固了的道路连接起来的城市。书籍的印刷不仅传播了新知识、新认识,也给人们带来了消遣。"

"和今天完全一样,"罗曼嘟囔了一句,在自己的勺子里往叉子上卷着意大利面条。

"你们已经看见了:水磨和风磨磨碎谷粒,减轻了人们的劳动强度。奴隶和农奴依然存在,但数量减少了,而且在城市里也不再起什么作用。高耸的教堂和尖塔随处可见。"

贝蕾妮克吃完了沙拉,把空碗推到一边,又把一盘子千层面拉到面前。

斯蒂芬发现塞内克斯吃得非常少,只吃些正餐前的小菜,而毫不耽误他的讲述。"宗教上的纷争不仅发生在天主教和背叛了天主教的福音新教之间,也发生在福音新教内部——它分出的派别可不是只有新教、英国圣公会、清教主义、卡尔文教派。大大小小的教派之间纷争不断,摇撼着整个时代。在德国爆发了由宗教及政治原因引起的三十年战争,饱受蹂躏的国家当时分裂出三百多个自主的公国和帝国自由城市,或由宗教领袖、或由世俗领袖统治。"

"我想,从根本上来说,战争是残酷的!"

"但这场战争展示了一切疯狂的特征。除此之外,人类随着新工具和新思想的发展进入了宇宙未知的领域,他们对世界的设想改变了——尽管是在寒热交加的战栗之中慢慢地才意识到这一点的。"

塞内克斯把他的空盘子推到桌子中间。

观察时代的顶峰

"请你们回想一下伽利略——我是从意义的角度提起他,即并非跟他这个人相关,而是联系他的科学。我现在想说一说英国最伟大的物理学家。"

"是伊萨克·牛顿(Isaac Newton)吧?"斯蒂芬已经开始吃巧克力冰激凌了。

"他生于1643年,也就是莎士比亚死后二十七年——我赶到时间前面去了,不过这样我们就能呆在英国了。"

"明白了。"罗曼说着，腿在桌子底下向前伸去，上身往后一靠——物理可不是他所热衷的领域。

"在讲到牛顿在科学上的重大意义之前，我先要提醒你们一下——别忘了在那个时代里人们有多么迷信！"

"什么？迷信和牛顿有什么关系？"

"甚至是他这位世界级的数学家、物理学家也去琢磨那些预言世界末日的无稽之谈；另外他还很看重星相学。尽管如此，他还是发现了微积分，写出了万有引力定律。"

"我想，没有万有引力定律就没有宇宙航行。"

塞内克斯又点点头："据说牛顿思考的灵感来自一个苹果。花园里，那苹果从他身旁的树上掉到地上，激发了他的想象力。他推论，令一个苹果掉到地上的力，肯定也是使行星始终不脱离环绕太阳的椭圆形轨道的力。"

斯蒂芬喃喃说道："这么说他在花园里的苹果和天上的星星之间建立了联系？"

罗曼皱起了眉头，说这想象也太离奇了。

斯蒂芬的看法却不同："或许这是一种天才的抽象能力！"

"牛顿知道伽利略在比萨做的试验，也知道尼古拉·哥白尼关于行星环绕太阳运行的理论，那么他就想了，为什么月亮会绕着地球转圈儿，而不会直直地飞出去——按说应该是那样的。他推断，一定还有别的什么力在月球的轨道上起作用，而这个力只能来自地球。他坚持不懈地研究这个问题——是不是地球有一种吸引力，一种重力场呢？这种重力是不是决定了月球的运行轨道呢？他宣称，宇宙中的每一个天体都通过一种力受另外随便哪一个天体的吸引，而这另一个天体越大，二者的距离越近，这种吸引力也就越大。反过来，两个天体之间的距离越大，它们之间的吸引力也就越小。他把他的想法用公式确定下来，以此奠定了经典理论物理和天体力学的基础，并且以潮汐现象为例描述了其他与重力有关的现象。他的著作不仅是时代的一座高峰，是人类观察史上的杰出贡献，而且在某种意义上成了以后几个世纪的科学家心目中的'圣经'。可牛顿却把他的笔记在写字台里锁了十五年之久。"

"为什么？"贝蕾妮克小口地啜着意大利浓缩咖啡。"他用不着担心受迫害吧？"

"牛顿是一个异常害羞的人，不注重衣着和外表。他更乐意在自己的田庄上过清静日子，而不是在伦敦皇家学会里和他的同行辩论。他是那么厌恶社交，竟至于请求把自己的名字从成员名单上划掉。虽然没获得允许，但他在经济上应尽的义务被免除了。"

"歌德（Geothe）好像也反对他来着，不是吗？"罗曼嘟哝了一句，他刚给自己从餐台那里拿了份布丁回来。

"对，但那只是颜色学的缘故，歌德以为自己能够驳倒牛顿的理论。牛顿发现，纯粹的阳光包括彩虹的所有颜色。在实验中，他借助棱镜证明，阳光中包含的七种光谱色混合起来后又会变回纯白色。歌德持不同的看法，但对的还是牛顿。他的发现引起了很大的反响，因为到那时为止人们一直认为太阳的光是'纯粹'的、'完美'的。"

征服地球之乐

塞内克斯喝了口酒，然后问道："你们吃完了吗？吃完后我们还要出去一下。夜晚的天气十分温和，英国位于墨西哥湾洋流边上，气候宜人。我带你们看看晚上的泰晤士河和伦敦。"

他们遛达到外面，贝蕾妮克跟着斯蒂芬和罗曼，两只手分别轻轻地搭在两人肩头。

塞内克斯将他们引到一条长凳上，从那儿，他们可以眺望河水。深暗的河水载着几条渔船，渔火点点；河水之上是明亮的月光。在它那神秘的照耀之下，河对岸那座仍带着中世纪特征的城市成了一幅剪影——高高低低的房屋、尖尖的屋顶、教堂的高塔，窗子中透出点点朦胧的灯光。

这座大城市还没有安静下来，大街小巷还充斥着嘈杂声，而且越过河水，直传到他们耳边。

塞内克斯把手搭在长凳的靠背上，几乎完全拢住了三个年轻人。"这就是伦敦，伊丽莎白一世及其后继者统治下的不列颠王国的首都，也是克伦威尔和他的议会统治下的英国的首都。伊丽莎白统治时期，英国经历了突飞猛进的发展，人们占领了地球，发现了地球。异邦而来的商品丰富了市场，财富增长了。一股清新的风吹进结了痂的顽固脑袋，人的精神从旧思想中解放出来；教堂的影响受到抵制，总的教育状况得到改善，人们对文学和戏剧的兴趣也更大了。"

"您是不是把这看得太理想化了，塞内克斯？"斯蒂芬推了推眼镜，眉毛已经拧了起来。

"当然，这只是金牌的一面，我现在说的只是社会上那些享受到特权的人。他们人数很少，但却很重要，因为他们指出了走向未来的道路。"

"但大多数人怎么样呢？尤其是大陆部分发生了什么呢？"罗曼望着河水，向后靠去，像是不经意的一般靠在了贝蕾妮克的肩头。

"人们在日常生活中为一些基本的事情担惊受怕，这是我们今天无从想象的。此外，巴洛克时代也能听到悲叹世界空虚的声音，这声音比以前任何时候都大。英国虽然也是这样，但这主要是在大陆，大陆上又以德国最为严重，因为那里简直是恐怖的天下。"

"您指的又是三十年战争吧?"斯蒂芬问。

"三十年战争是极其阴暗的一章,但其实和平时期的情况就已经够严重的了;人们的状况可以说是一种渗透到灵魂深处的不安定,这种不安定又被无视道德标准的放肆加剧。我认为,一方面,由于恐怖灾祸比比皆是,人们试图寻求补偿,但同时又诅咒所有罪恶,淫欲、饕餮、酗酒、嫖妓、赌博、通奸——这还只是罪恶名目中的一小部分。人们悲叹说,每个人都想用压制他人的方式来抬高自己。"

一场释放人的最低级欲望的战争

贝蕾妮克把头向后靠去,仰脸望着月亮,头发上闪着光。"他都见到过什么啊?"她悄声说道。

塞内克斯继续说:"我还得谈几句三十年战争的事,因为它给时代刻下了至深的烙印。"

"三十年战争,1618年到1648年……"斯蒂芬喃喃念道,像个脑子里随时记着一大堆数字年代的模范学生。

塞内克斯话音很轻:"从根本上说,这场战争是信奉新教与信奉天主教的统治者之间的冲突。虽说所有的战争都是无意义的、混乱的,但我却要说,这是最没有意义和最混乱的一场,没过多久就已经没人知道发动它的原因到底是什么了。它勾起了人最低级的欲望,什么可怕的事都做得出来;到处是肆无忌惮、胡作非为,一切都由战争的法则做辩护,这法则是战争自己写下的,每个人都可以随意去阐释它,尤其是那些专断独行的公侯们,不管是天主教一边的,还是新教一边的,全都没有一丝一毫的责任感。这场残杀在恐怖的漫长历史中树立了一个令人毛骨悚然的高峰。"

"真够严重的!"

"这场战争像一面哈哈镜一样照出了人的心灵状况——在宗教的疯狂和政治的无度之中,它像一场寒热,折腾得人死去活来。"

"一个医生大概会说这些都是病态。"

"肯定会的。欧洲中部到处是一片可怕的景象,这从一篇题为《日耳曼的劫难》的文章中不难看出,我从中选出一段给你们念一念:'那些新兴的大城市样子是多么可悲!先前有过上千条街巷的地方,如今大概不足一百条。那些小城市也是一片惨相,到处都被毁坏、烧光、坍塌,既见不到门窗,也见不到屋顶的橡梁。他们是怎么对待教堂的啊——把钟拉走,把它们烧毁,使它们变成了垃圾堆、马厩、商贩的货摊儿和嫖妓的角落，祭坛成了粪堆。天呐，村庄的样子又是多么凄惨！你走上十里路也见不到一个人，一头牲口，甚至是一只麻雀。到处的房屋里都堆着横七竖八的尸首，男的，女的，孩子，仆役，还有马、猪、牛——要么是被鼠疫，要么是被饥饿夺去了生命，尸身上爬满了蛆虫，还被狼、狗、乌鸦啃食。你们知道吗——在角落里，地下室里，人们相互厮杀，父母吃自己的孩子，孩子吃死去父母的尸体。许多人乞讨只能讨到一只狗或一只猫。你们还记得吗——穷人在牲口的死尸堆里刮下腐尸上的肉，砸碎骨头，用骨髓烧肉吃，而那肉上曾爬满了蛆虫……'"

"求求您别说了，够了！"贝蕾妮克厌恶地摇着头。

塞内克斯把嘴抿成了窄窄的一条缝。"不仅是战争，"他喃喃地说，"还有鼠疫、饥荒、火灾、凶杀、抢劫、强奸妇女、无度的残暴——这一切造成了普遍的恐慌，人人都听到了约翰启示中的号角声。那号角声宣布了末日骑士和死亡天使的来临，与他们同来的就是世界末日。宗教秩序、世俗秩序似乎全都崩溃了，路德（Luther）就已经看到了末日审判的临近。"

"这让我想起了安德雷亚斯·格吕菲乌斯（Andreas Gryphius）。"罗曼小声道。

"他努力想用他的诗歌感动那些罪人，令他们悔改，他的悲诉动人心魄。你也了解他的诗吗？"

"了解几首：

……这样的生活算是什么？
我们是什么——你们，还有我？
我们臆想的是什么？
我们想要什么？
如今我们自高自大，
明天却将被埋葬，
今天的鲜花，明天的粪土……
我们又做了些什么啊，
除了夹杂着辛酸恐惧的梦。"

最后，罗曼说："我可不想在这样一个时代里生活！"

"我猜我们谁也不想。"

"但不仅是在这场战争、这个时代中人人都倾向于夸张；夸张不仅体现在坏的方面，也同样在好的事物中体现，这个你们也要知道。我要强调的尤其是艺术方面的成就，但与之并存的是无尽令人厌恶的东西。"

塞内克斯的目光越过河水，投向对岸的城市。河面上月光闪烁……

第一部小说——巴洛克的文学创作

有一阵子,几个人默不作声,最后斯蒂芬开口了:"今天大概已经没有人能理解这个;得有亲身的体验才有这个可能。"

"我们只能依靠当时人的描述。"塞内克斯答道,"没有一个人比约翰·雅各布·克里斯托弗尔·冯·格里美尔斯豪森对这些可厌可恶的事描述得更加形象。你肯定知道他的书吧,罗曼?"

"《痴儿西木传》。"

"书的本名听起来太啰嗦了,我们用不着知道。但就是这些刻画描写也远不能与事实相比。"

罗曼闭上了眼睛,以更好地集中精神。"格里美尔斯豪森的另一部作品《流浪的枯拉什妈妈》是贝尔特·布莱希特(Bert Brecht)写作他的《大胆妈妈》的蓝本,对吧?"

塞内克斯点点头:"虽然《痴儿西木传》也是一部讽刺小说,有的地方粗俗滑稽,但它的主题就不同了。主人公西木总是一再地体会到,过一个真正基督徒的生活是件多么不可能的事。他听到他那颗基督徒的良心的声音,但不能听从它,因为那样的话,他在这个世界里就会毁灭。"

"但每个人对基督教信仰的理解都是不同的,至少我是这么想的。"

"那是一个宗教情况很复杂的时代。你们知道,尽管有十字军东征,尽管遭受迫害,瓦勒度派依然生存下来;在法国有对胡格诺教派的斗争,最血腥的是圣巴托罗缪之夜[1],当时有七万人被杀。"

"真令人难以置信!"

"在瑞士占统治地位的是卡尔文(Calvin)和茨温利(Zwingli),在波西米亚有胡斯(Hus)[2]信徒,在德国有新教徒,主要是路德派。英国通过亨利八世(Heinrich VIII.)脱离了罗马,建立了英国圣公会,起因是教皇拒绝同意他与卡特琳娜·冯·阿拉贡(Katharina von Alagón)离婚。除了这些大的教派外还有很多小的和更小的;人

---

[1] 译者注:圣巴托罗缪之夜,也叫圣巴托罗缪惨案,1572年8月24日的前夜,巴黎天主教徒对胡格诺教派的屠杀。

[2] 译者注:胡斯(Jan Hus,约1369—1415),捷克爱国者和宗教改革家,出身农家。毕业于布拉格大学,历任该校教授、文学系主任和校长。1401年受神父职,次年起兼任布拉格伯利恒教堂教士。反对德意志封建主与天主教会对捷克的压迫和剥削,严厉谴责教皇兜售"赎罪券",反对教会占有土地,抨击教士的奢侈堕落行为,主张用捷克语举行宗教仪式。教皇和德意志天主教会视之为仇敌。1414年康斯坦茨会议诱骗胡斯到会,然后加以逮捕,并于次年7月以"异端"罪名处以火刑。胡斯之死激起捷克人民的极大义愤,加速了胡斯战争的爆发。

们在日常生活中以自己的方式、在私人的圈子里敬奉上帝。在忠实于梵蒂冈的人中也有许多遭诋毁,被说成是狂徒和异端;还有些人是神秘主义者,寻求隐秘的上帝。在这些虔信派教徒中有西里西亚人安格鲁斯·西雷西乌斯(Angelus Silesius),他写有箴言诗——有没有你知道的,罗曼?"

"这我可答不出了,我只知道那些诗很美,很质朴。"

塞内克斯便帮了这个忙:

要找到我的终结,我的开端,
我只能在上帝中寻觅我——在我心中发现上帝!

"他的意思是说,对上帝有生动而真实的体会,那是在人的心灵之中,所以上帝其实是在人心中复活的。"

"这我可听不出来!"斯蒂芬嘟囔了一句。

"那再听这首:

我知道,没有我,上帝就是虚无,
我若是无,他也不得不退隐。"

"这听起来很异端嘛——即使不说是傲慢!"

"但它却表达了深深的虔诚———一个时代的见证人心中的虔诚。"

"那个时代我们大概永远也理解不了!"

"但要注意,这些诗句中表达出来的已经不再是那种对一个长着白胡子的慈爱上帝的幼稚想象了。"

新知识的加速发展

河水汩汩地流向远方。

塞内克斯给了三个年轻人一会儿沉思默想的工夫。当他再次开口时,就仿佛是顺便说说似的:"现在我们看一看大陆那边。人们犹疑着向前迈出了最早的几步,比如在医学方面。在这个领域盛名不衰的主要是帕拉塞尔苏斯(Paracelsus),因为他的认识对医学来讲是突破性的。"

"帕拉塞尔苏斯?我知道他的名字,但对他的事迹一丁点都不了解。我想象出来的不过是一个穿着深色长袍的中世纪人物。"

"然而他却是一个'新式'人物。比如，他是自古代以来将医学与自然及自然法则联系起来的第一人；由此他把医学从装神弄鬼的骗术和魔术中解放了出来。他第一个建议使用化学物质治病，如汞和锑。他还推荐了一种鸦片酊剂，他将其称之为'鸦片酊'。"

"还有什么？"

"进步确实是有的。1500年前后就有一个瑞士医生给一位妇女做了剖腹产，这是头一次……"

"肯定没有麻醉吧？"贝蕾妮克的肩膀耸了起来。

"那可怜的女子大概疼得晕过去了。离麻醉术的使用还早着呢。但人们在有限的条件下做着研究和实验。1543年出版了第一本带插图的、还算比较正确的人体解剖书。三年后有个意大利医生发表见解，说疾病是像种子一样的构造，可以从一个人传给另一个人。"

"他大概被人用乱石砸死了吧？"

"他倒没有，但他的一个同行为自己的认识付出了生命的代价，那就是米格尔·塞尔韦特（Michel Servetus）。他先是很聪明地匿名发表了一本书，他在其中说，血液在心脏和肺之间循环流动。人们查出了作者以后，他因持与神学观点相悖的观点被烧死在日内瓦，下令的是宗教改革家卡尔文。"

"我就知道结局好不了！"

"这一次残忍狭隘的是卡尔文派教徒，而不是天主教会。"罗曼插了一句。

"不管怎么说，新的认识是势不可挡的。那时候就已经有了对红细胞的描述。"

"真的吗？"

"近十六世纪末时，一个荷兰人造出了第一架由好几个透镜组成的显微镜，不过它工作起来还很原始。"

"这一切都是同时出现的吗？"

"在区区几十年内。"

"在技术上人们是不是也超出了磨坊和塔楼大钟的水平呢？"

"是的，只不过一切变化都比今天慢得多。在威尼斯，人们发明出了用活字印刷乐谱的方法，这一进步促进了音乐的胜利，使它不再囿于国家的界限和语言的障碍。彼得·汉莱恩造出了第一块怀表，它靠弹簧发条能走上四十个小时，并且一到整点就报时。欧洲处处都摇起了有踏轮的纺车，还出现了一种火柴！"

"想想我们的老祖宗那个时候，取火有多费劲！"贝蕾妮克喃喃说道。

"第一只潜水钟罩的发明虽然可能更轰动，但对人的实际生活来说，火柴却更重要，比第一艘用桨驱动的潜水艇还重要——那潜水艇在这泰晤士河的水下航行了好几次，潜到了五米深处，船上载了二十四人——在当时实在是件稀罕事。在意大利有针孔照相机的实验,在英国设计出了第一台能编织长筒袜的机器,一个意大利人写出了第一本关于'飞龙升空'的书。"

"这就是飞行的开端吗?"

"离真正飞行还早着呢。但是计算尺获得了发展,布莱兹·帕斯卡(Blaise Pascal)设计出了算术机,能做加法和减法。十七世纪就已经发明出了一种能对着水车的叶片鼓出蒸汽的机器。"

"汽轮机吗?这么说人们已经认识了瓶子里的精灵——沸水的力量吗?"

"还不只如此。第一个带阀门的蒸汽锅加快了食物变熟的过程,最早的蒸汽发动机起初是用来驱动喷泉,并且用在矿山里。气泵的发明也很重要,因为为了做气泵,首先得能够制造真空——到那时为止人们一直认为这是不可能的。但真让十六世纪末的人震惊不已的是当时造出的最早的机床;虽然它们还不够精确,但仍然被叹为奇迹。人们还为修建南运河[1]炸开了一条隧道……"

"这么说人们不用再辛辛苦苦地用尖嘴锄凿石头了?"

"人们第一次开始利用火药的爆破力。自罗马帝国衰败后,大多数城市的供水系统都坏掉了。伦敦桥下的第一个抽水机你们已经见到了,伦敦的水网成了欧洲最先进的,更不用说伦敦城本身了。伦敦城的中心现在也开始在夜间用油灯照明,与之类似的在古罗马和阿拉伯统治时期的西班牙科尔多瓦(Cordoba)就已经出现了。欧洲其他地方从十四世纪开始零星地用墙上或柱子上安的油灯做夜间照明。1545年,第一座植物园在意大利的帕多瓦(Padua)建成,二十年后向日葵就开遍了整个大陆。"

"在那以前没有吗?"

"向日葵是通过西班牙从美洲引进的,贝蕾妮克。人们现在也开始科学地研究植物了。一个德国人描述了四百种国内植物和一百种外国植物,比如来自新世界的胡椒、南瓜和玉米。在一本自然史里,鸟和人的骨骼被分了类并加以比较。意大利人弗拉卡斯托罗(Fracastoro)讲到地球有一个磁极,另一个磁极也是一个意大利人发现的。最后要说的是,在十六世纪结束以前,尼德兰的莱顿建起了大学,而且是作为一个世俗的机构建立的,对所有的信仰都开放。"

"啊,一线光明出现了!"

"你们还会看到宽容精神在尼德兰有更丰富的结果呢。"

---

[1] 译者注:南运河为连接地中海与法国西南部城市图卢兹的运河,全长237公里,主要修建于1661至1683年间,1996年被选为世界遗产。

人们第一次想到我们称之为进步的东西

蝙蝠像黑色的箭在河流和草地上方倏然飞舞，突兀地改变着方向。远处有只小猫头鹰在呜咽。

"在所有天主教统治的范围内，耶稣会把握着整个学校教育；戏剧也同样如此：每个大的天主教城市里都有一个剧院，而人们应该从那里上演的虔诚戏剧里受到好影响。"

"好让他们不变成新教徒吗？"

"对，但也是为了更坚定他们的信念。新教那边也做同样的努力，按他们的意图教育人们——在日常生活中，在家庭里，在城市里，也在乡下，在宫廷里。"

"一个一天天变得狭隘的时代，我想。"

"不能这么说，人们也在寻找自由。他们开始把自己的思想向未来投射，并开始想那些被我们称之为进步的东西。我提到了几个技术上的进步，而作家现在也开始铺陈他们的想象力。英国哲学家和政治家弗朗西斯·培根（Francis Bacon）死后（他生活在1561到1620年），他的书《新亚特兰蒂斯》出版了，这可能是第一本乌托邦小说。"

"是科幻文学的开端吗？"

"你尽管这么称它吧，罗曼。他在里面预言了机器人、电话、录音机和电动机！"

"我听说过，人们认为法国人西拉诺·德·贝尔日拉克（Cyrano de Bergerac）是科幻文学之父。"罗曼还在接着刚才的思路说。

"这也不全错，至少在看他的作品数量时可以这么说。但培根死的时候，他才七岁，另外还隔着英吉利海峡和语言的障碍。不管怎么说，他是个思想极端自由的人，不仅攻击哲学教条，也攻击宗教教条，因此激励了像伏尔泰这样的大胆的头脑。在他的一本小说里，他描写了从地球前往月球的七种可能性，其中六个我们忘了也就罢了，但他提出的第七个就是火箭。"

"真奇怪，怎么没有哪艘运载火箭或宇宙飞行舱是以他的名字命名的呢？"

"法国人大概把这个给忘了，虽然他们平素总是迫不及待地强调他们的伟大国家。"塞内克斯微笑起来，沉默了，望着西方那黑暗中的波涛——他在期待着什么吗？

巴洛克，艺术与折磨

堂·吉诃德的创造者，一个西班牙天才

几只迟归的摇桨小船正往家赶。塞内克斯继续说："我们再谈一会儿文学吧。总的来说，巴洛克是一种时髦的风格，它表现的是一种过剩——一种从某些方面来看是'黄金时代'的时代的过剩。"

"但肯定只是对少数人来说——命运给了他们好父母。"

"每个时代其实都是这样。"

"但是我想，今天的人们能够认识到这种不公平，并且力图做些事情来抵制它。"

"这在那个时代还谈不上。除了莎士比亚以外，那个时代的另一位文学巨匠是米格尔·德·塞万提斯（Michel de Cervantes），他的作品《堂·吉诃德》是不朽的巨著之一。顺便说一句，他与莎士比亚是同一天去世的。塞万提斯创造了那位'形象凄惨的骑士'堂·吉诃德·德·拉·曼恰（Don Quijote de la Mancha）、桑丘·潘沙（Sancho Pansa）和被堂·吉诃德捧为神明、倍受膜拜的杜尔西内娅·台尔·托波索（Dulcinea von Toboso）；他想出了风车大战这个情节，这几乎已经成了家喻户晓的典故。这些你们都很熟悉，因为已经有那么多对这部作品进行改编后的作品，包括适合各个年龄段的人看的——有缩写本，还被改编成剧本、拍成电影、绘制成连环漫画，至少也有个音乐剧，在这儿就不用多说了。《堂·吉诃德》大概是除了《圣经》之外最成功、流传最广的一本书了，已被翻译成六十八种文字，印刷次数超过了二千三百次，很多大师为它做过插图，如奥诺雷·杜米埃（Honoré Daumier）、古斯塔夫·多雷（Gustave Doré）、保罗·塞尚（Paul Cézanne），还有我们二十世纪的巴勃罗·毕加索（Pablo Picasso）、霍尔斯特·扬森（Horst Janssen）——不一而足。正像亨利希·海涅（Heinrich Heine）说的那样，我们对这位西班牙天才之所以崇敬，是因为他是现代小说的先驱。"

"他是第一位选取人的疯狂做题材并对其进行讽刺性描述的作家，对吗？"

"对。而且他与莎士比亚是同时代人，这也不是偶然的。在许多人眼中两人有许多共同之处——生命力、戏剧性、对小人物的热爱；我们在莎士比亚那里感受到的他对'傻瓜'类人物的热爱，同样体现在塞万提斯对桑丘·潘沙的描述中，这是为人所熟知的。读《堂·吉诃德》可以使我们了解乡村、破败的城堡及酒馆客栈里的生

活，了解人们在他们各自的天地里是如何行动的。"

一颗并非浑圆的珍珠

罗曼抹了下眼睛："描写这些大概就是一个作家的任务吧。"

塞内克斯点点头，但却没有接他的话头。"咱们还是回过头来说说那个时代。那是一个夸张的时代，尤其是在王公贵族那里。专制主义盛行，在这方面登峰造极的是法王路易十四，他被称为'太阳王'。他敢说出'朕即国家'的话，因为他确确实实不受任何限制。让我们感兴趣的倒不是作为'陛下'和政治家的他，而是作为人的他——要知道人这种'智慧动物'可以达到何等的穷奢极侈、狂妄自负，他正是一个极好的例子——一个盛装华服、穿金戴银、顶着长长假发的偶人。"

"肯定没有人敢说他不魅力四射吧？"

"那可是要犯死罪的。路易十四可以下达任何命令，而他的任何命令都要被执行，不管是流放（这是当时的一项重罪），还是入狱、死刑。他那种无限度的自高自大、穷奢极欲，当然只有在被同时代人接受的情况下才是可能的。没有任何一个时代像那时那么重视仪式礼节。"

"怎么会成这样的呢？"贝蕾妮克问。

"样板来自西班牙，在那儿，自皇帝卡尔五世以来发展出一种宫廷礼节，巴洛克风格的荒唐之处在其中暴露无遗。为此就需要一大批臣仆，太傅啦，财政总管啦，元帅啦，等等等等，直到最底层当差跑腿的、生壁炉的、倒夜壶的。此外，人的权利根本没有保障，王公贵族们任意横行，毫无顾忌，腐败行贿都是理所当然的事。"

"您一提到巴洛克，我想到的首先是对形式和色彩的沉迷陶醉。"

"每一个人都想压过其他人——每个王公贵族都想压过别的王公贵族，每个主教都想压过其他主教，而艺术家之间也是这样，华丽、堂皇、排场、繁复、矫饰，这些全都属于巴洛克风格。"

"这么说，虽然当时有那么多的穷困现象，人们却奢侈得要命？"

"人们的生活通常是很艰难的，贝蕾妮克。但这并不矛盾，巴洛克风格显示了内部的贫乏和外部的恢弘之间的强烈反差；在每天都饿肚子的时代很少有节约这回事。人们极尽奢华之能事，用纵情享乐、大宴宾客、庆祝、舞会、放焰火等来抵偿他们心中的恐惧。"

"真是夸大狂啊！"

"金牌也有它的背面。王公们互相攀比，一个比一个讲排场，想要抽身出来、置身于外却越来越难了。他们的影响力可能很快就会丧失，那他们就什么也不是了，所以他们要抓住一切机会举办大量庆祝活动——不管由头是多么微不足道，从办生日到下葬，什么都要搞得人声鼎沸的，持续数天还不够，往往还会持续几个月。为此他们得倾其所有——即使这将意味着倾家荡产。"

"到头来还是得老百姓为这一切付出代价，我想。"

"没错，是老百姓付出代价；但在他们穷困的、压抑的、受尽煎熬的日常生活中，他们也需要那种大肆的挥霍——他们可以旁观，这倒确是他们的权利。他们可以目瞪口呆，赞叹不已，甚至可以以这种极有限的方式'享受'那豪华奢侈，在饭铺、酒馆、农舍里久久地回味、讲述、议论，这就是他们的牺牲换来的报酬；他们觉得，在上帝安排的世界秩序之中，这是理所当然的。"

"人们居然相信如此的不公和荒谬是上帝的旨意，这种情况还要持续多久啊？"

"还持续了一百多年，再往后讲排场的时代就过去了。"

"'巴洛克'这个词到底是什么意思呢？"贝蕾妮克问。

"它本来指的是没有完全磨圆的珍珠，其引申意就是'怪诞的艺术'。"

"怪诞？"

"这指的是巴洛克艺术是对文艺复兴时期古典观念的反动。文艺复兴时期，人们追求完美，自然被视作最伟大的教师，它意味着清晰的线条、明亮的光、高贵的人、美丽的女性。"

"您指的是圣母像！"

"随着文艺复兴而来的巴洛克反其道而行之，不厌其烦地搞繁复、矫饰、奢华富丽、在色彩上玩花样，另外，疯狂地纵欲，追求一切畸形的、异常怪诞的和病态的东西也包括其中。"

第一位明星出现在即兴艺术喜剧中

"请您再说一点妇女的情况，塞内克斯。"

"这方面可说的多着呢，"塞内克斯回答。"妇女的地位在十七世纪也没有重大的改变，她依然受到压迫，只有少数的几个例外。在伦敦，近十九世纪末的时候有些妇女在书籍的出版、印刷、销售方面取得了成就，但实力雄厚的大书商想尽一切办法要挤垮她们，于是便有些寡妇为了能把生意做下去而和她们的伙计结婚；然而，男人想把独立的女性完全挤到一边去，这已经是不可能的事了。日子最好过的是富裕或有声望的家庭里出身的女子，她们可以在艺术、文学甚至科学方面有所作为。自1560年起，妇女可以登台演出了，我认为这是妇女解放的一幕。"

"在哪儿登台，塞内克斯？"

"据我所知,第一个女演员是一个意大利女子,她在巴黎首次登台。她名叫伊莎贝拉·安德莱尼(Isabella Andreini),在即兴艺术喜剧中取得了胜利。"

"那她大概就是那一长串儿戏剧、电影明星中打头儿的一个了,不是吗?"

苦力

斯蒂芬说道:"这毕竟是例外,一个手工业者家庭的日常生活又是怎么样的呢?"

"自古以来,手工业行当中都要搞分工。男人制造物品,这是他多年学徒学会的一门手艺,女人则主管家务,照管孩子和学徒,为订货的事情操心,用背篓把作坊的产品拖到市场上去,或者走街串乡去叫卖,大多数的小本经营往往就靠她们的聪明和三寸不烂之舌呢。"

"那么农村的情况呢?"

"出身于底层的妇女要能找到个工作,就可以说是够幸运的了。"

"什么工作?做女仆吗?"

"是的,这可是件辛苦事儿。农村还存在着农奴和依附农,不管主人仁慈与否,他们到老都得对其俯首帖耳。女佣的生活就更是凄惨,繁重的劳动往往把她们累到筋疲力尽,因此有很多当女仆的从一个地方迁到另一个地方,希望能找个好点儿的活计,就这样屡屡地找,屡屡地失望,几乎处处受到虐待。有时她们也奋起反抗,但通常不会有结果,境遇反而更加糟糕。许多人指望通过结婚求得一点点独立,但这种'升级'也大为可疑,因为只有极少数人能找到一个不是拿她当牛做马、把她们的血汗榨干、逼到崩溃地步的丈夫。即使是在坐月子的时候她们也不能休息,作为女人和母亲,沉重的工作压在她们身上,为全家和仆役做饭,养育孩子,往往住在摇摇欲坠的房子里,地方很小,却挤着很多人,周围是一片污秽、凌乱、肮脏。她们得在泉边冰冷的水里洗衣服,在家里、牲畜棚里操劳,纺线织布,外加帮着干田里的活儿。"

"那男人们呢?"

"男人主外,耕地、种田,还有放牧——如果女人不用管这事儿的话。"

"难道连一线希望、一丝慰藉也没有吗?"贝蕾妮克迟疑地问。

"如果说有,那也是在大农庄里。如果她们赶巧了嫁得不错,或者她们自己就出身于一个大农庄,那她们就用不着做工做得那么苦了。虽然在大农庄里也有分工,但主妇有帮手和仆役去干那些重活儿,有时她只需监督监督、发号施令就可以了。如果农庄主妇有自由支配的时间可以用来进行社交、阅读、编织、学习知识,那她们就可能请客、交际、举办节庆活动。如果她们运气很好,就能成为家庭的中心,提高家庭的声望。"

"您指的是她们的丈夫的声望吧?"

"也包括这个!"

"这是个什么样的时代啊!"

"这样也就可以理解为什么不只是男子,而是妇女们也寻求一个更好的世界了。1620年11月,第一批共二十八名女性移民乘'五月花'号从普利茅斯港出发,前往北美洲。她们是英国清教徒,是因信仰问题而背井离乡的。"

跳跃的音符,富丽的和弦

贝蕾妮克还想问些什么,可塞内克斯已经指向了西方。从那边驶来一只船队,船上点着灯火。它们顺流而下,打头的是摇桨的小船,里面坐着举火把的人,跟在后面的是较大的平底船,其中的一条上灯火辉煌,灯光倒映在水中。

开始,一切还是无声地进行着,但等船队越来越近后,岸上离他们的长凳不远处突然乐声大作,号角声,隆隆的鼓声,弦乐奏出一段旋律,华美的音符似乎把夜都震得跃动起来。

"你们现在听到的是格奥尔格·弗里德里希·亨德尔(Geog Friedrich Händel)的《水上音乐》,看到的则是王家的豪华游船,周围簇拥着的是贵族的船只。我又超前了,但我向你们保证,我们还会回到十七世纪上半叶的。"

贝蕾妮克只知道听那音乐了,她觉得,连那些咏叹调、布列舞曲、号管舞曲、小步舞曲之间的间歇都充满了乐音,黑暗成了音乐,星斗成了音符,每个空气分子都吸饱了音乐。那音乐声如潮水一般,一忽儿退下去,一忽儿又涨起来,直到最后一切又都幻化为新的乐音的瀑布。

贝蕾妮克闭上眼睛,头向后仰起来,眼前似乎出现了一个烛光照亮的大厅,有舞者在那里随着音乐的节拍翩翩起舞,身体仰合旋转,脚步时前时后,手臂时举时落,洒了香水的丝绸料子在地板上掠过。

这幅图景突然又破灭了,原来是人们放起了焰火。随着花炮在空中炸裂开来,夜空显得更加黑暗。那些焰火之花一朵接着一朵竞相开放,又一朵朵地黯淡下去,垂落下来。远处城市的屋顶和塔尖都被照亮了,绿色、蓝色、红色的瀑布飞流而下——这是向国王表示敬意的焰火。

塞内克斯突然之间打断了此情此景。"赶快上床睡觉吧!明天我们还要再打开今天这本书呢,只不过要往回翻几页。"

"翻到哪儿?哪个国家?哪个城市?"

"不在伦敦,在南方,隔着英吉利海峡。"

第七天
如日中天尼德兰

航海家和商人,艺术家和思想家

在尼德兰

第二天早上,睡足了觉的贝蕾妮克从楼梯上跑下来的时候,塞内克斯正打开门,和罗曼、斯蒂芬往外走。在他们面前展现开来的是一个广场,右侧以一条人工运河为界。运河另一岸上蓊郁的榆树在河水中投下它们的影子。一座窄窄的小桥像拱起的猫背一样架在河上,桥下,天鹅优雅地伸着脖颈在水上浮动,听得见呷呷的鸭子叫、咕咕的鸽子叫,其间还夹杂着鸟鸣,远处传来悠悠的钟声。

"我们是在荷兰(Holland)吗?"

塞内克斯点点头。"这个城市没有确定的名字,我叫它模斯特丹。它是尼德兰许多城市的一个混合体,因为如果不这样的话,我们今天就得不停地换地方。也就是说,我们想到哪儿就可以到哪儿,阿姆斯特丹(Amsterdam)、海牙(Den Haag)、哈尔莱姆(Haarlem)、鹿特丹(Rotterdam)、乌德勒支(Utrecht)、格罗宁根(Groningen)、莱顿(Leiden)——这并不重要,不管怎么说,我们是在从西班牙的统治下解放出来的尼德兰(Niederlande),甚至佛兰德斯(Flandern),我们也把它算在内,虽然它当时仍属于西班牙。"

铺石路面的广场四周,房屋一幢紧挨着一幢,连个空隙都没有,而且幢幢都很窄，立面是褐色或红色的缸砖，窗户上白色的栏杆使它们显得生气勃勃，此外还有石膏花饰以及各式各样的、往往是阶梯形的三角墙，没有一座房子超过三四层。房顶之上是明亮的蓝色天空，云像新洗过一般，被风撵着匆匆飘过。

"是尼德兰，这没错，但是在什么年代呢？"斯蒂芬纳着闷儿。

"这是尼德兰的繁荣时期，我们又往回跳了一段。此时的荷兰等级制共和国是地球上最成功的贸易国家，它的帆船出航远达澳大利亚、北美洲、印度尼西亚和挪威的斯匹次卑尔根群岛（Spitzbergen）、拉丁美洲的库拉索岛（Curaçao）和南非。除了少数几个例外，可以说它统治了全世界。它建起一个个贸易站，目的就是为了剥削、奴役当地土著，正是由此，荷兰的财富持续增长。但现在进去吧，我们要吃早饭了。"

地球上最成功的贸易国家

大家吃饱肚子以后，塞内克斯继续讲述，试着为他们理清一团乱麻似的尼德兰历史。北部的七个省于1579年摆脱了西班牙阿尔瓦（Alba）公爵的统治，随着乌德勒支同盟的成立获得了独立，而南部的佛兰德斯仍被西班牙占领着，统一的语言区被分割成了两个不同的政治、宗教地区，属于西班牙的部分是信仰天主教的，尼德兰则信仰新教，主要是卡尔文教派。

塞内克斯讲道："尼德兰人是冷静而讲求实际的商人，卡尔·马克思（Karl Marx）后来对他们的殖民经济有过严厉的批判，称其为背叛、行贿、暗杀、卑鄙的写照，称荷兰为十七世纪典型的资本主义国家。但另一方面，尼德兰从西班牙宗教裁判所的控制下解放出来，变得开放，获得了一定程度的自由，但还受到狂热的新教徒的干扰。但人们毕竟感到了一种无拘无束，可以举行集会，发表见解，并将其付印出版；他们生活在一个独立的共和国里，受到国民军队的保卫——还有雇佣军。阿姆斯特丹尤其具有这种两面性：它一方面有很多重要人物，富于思想和实验精神——要知道，最早的望远镜和磨制玻璃镜片就出自荷兰。人们在这里搞投机，建起了一个交易所，出海远行。另一方面，这里又盛行着卡尔文教派的狂热和狭隘。卡尔文主义从本质上来说是严格的，而它的教规也是如此。"

"投机和交易所——我猜这两者都和郁金香有关系吧？"

"关系太大了。人们像发疯了一般搞郁金香球茎投机，谁都可以到交易所去参与郁金香的交易；一夜之间，乞丐可能会变成暴富，百万富翁也可能倾家荡产。很快就出现了空头买卖的情况——不管是买主还是卖主，根本没人见到他的郁金香球茎。但正是通过郁金香球茎，证券交易所兴旺起来。在这种气氛之中，人们对那些在其他国家和城市里待不下去的少数派也比较宽容——他们之中有因为政治或宗教原因而遭放逐的英国人、法国的胡格诺教徒，他们的到来扩大了自由思想者、学者、出版商、印刷商的队伍。他们建立了自己的协会、俱乐部，还有类似于共济会的组织。最后到了一种什么地步呢？是否能取得成功成了道德评价的标准；那些没有成功的人会被成功的人视为落伍者，遭到唾弃。伦勃朗（Rembrandt）就是这样孤独地死去的：因为他破了产，别人把他排挤出了卢卡斯协会——这是一个画家、木刻家和铜版雕刻家组成的联盟。谁要是贫穷，那就意味着上帝背弃了他。"

"这就是基督教的博爱！"斯蒂芬嘟囔了一句。"我想耶稣曾劝人要守贫！"

塞内克斯皱起了眉头："咱们先不要争论吧。人们毕竟得到了公民自由和一定程度的宗教自由，这吸引了很多人。大概有三万五千名移民迁进了这个新生的共和国，主要是商人、艺术家和手工业者。卡尔文主义促进了资本主义的形成，尤其是卡尔文（Calvin）还使利息的计入合法化。大阿姆斯特丹港几乎不比伦敦港差。那里桅杆林立，库房都装得满满的。来自很多国家的海员来来往往，操着不同的语言。这一切和那位有作为的执政者的设想真是太合拍了。"

"执政者？"

"就是奥兰治的威廉亲王（Wilhelm von Oranien）。你们大概知道歌德的悲剧《哀格蒙特》吧，那里面的威廉亲王是个起主导作用的人物——虽然歌德并不一定完全遵循了历史的真实。不管怎么说，卡尔文主义切合所有人的构想，也很合商人的意。另外，人们也敢按自己的需求去阐释《圣经》而毫不觉得羞耻。"

"这倒不让我觉得奇怪，直到今天都是这样的嘛。您能举个例子吗？"

"比如从《圣经》中得出结论说，海盗行径不是一桩罪恶——要知道当时海盗可是很猖獗的。人们的目的只有一个——赚钱，其他一切都要服从这一目的。靠着这股劲儿，尼德兰成了世界强国。"

吃过早饭，塞内克斯催大家上路："我们要跨过政治意义上的国界了——当然只是在'进化公园'里，而且仍留在尼德兰语言区内。由于这个原因，人们也把我们马上要去拜访的那位大画家称为尼德兰人，虽然他一生的大部分时间都生活在西班牙统治下佛兰德斯的安特卫普（Antwerpen）。佛兰德斯和尼德兰的宗教信仰不同——一边是罗马天主教，一边是宗教改革卡尔文教派，其文化的发展也很不同。鲁本斯（Rubens）和伦勃朗、凡·戴克（van Dyck）和佛兰斯·哈尔斯（Frans Hals），他们的艺术彼此之间是对立的，不过我们还是可以把他们放在一章中。"

丰沛流溢的形式和色彩

他们漫步走过广场。孩子们在场子上玩耍奔跑,女孩儿都穿长裙,男孩儿则穿扎脚灯笼裤。路上有很多身穿黑衣的人,有的停下来聊天。有几个先生佩着剑。

带阶梯形山墙、立面窄窄的房子全都粉刷得十分仔细,彼此连接在一起,墙缝儿抹得细致入微,构成几何图案。露天台阶的栏杆是熟铁做的,十分漂亮。

塞内克斯和三个年轻人跨过小桥,沿着运河走在榆树荫下。

"这儿住着手工业者、商人、小商贩、工商业者。"塞内克斯说着。过了一条宽阔的大街,他们来到一座富丽堂皇的房子前。房子一层有一条宽阔的敞廊,大门两侧分别守着一个浅色的半裸体巨人石像。一个身穿绿色制服的侍从在大门处迎接了他们。他默默地点头鞠躬,引着他们穿过一条走廊。这条走廊又宽又高,一辆马拉的车可以从从容容地开进去。房子的穹顶之后又是一个宽敞的内院。

"这简直是个小宫殿嘛!"贝蕾妮克惊叹道。

"彼得·保罗·鲁本斯(Peter Paul Rubens)是个富人,不久后他还会给自己买一座城堡,并获得贵族称号。他不只是个画家,也是个外交家,热心于维护和平。他和许多王公、主教有私交,被众星捧月一般地恭维着,订货多得只靠他自己都完成不了。他的画室像一个小工厂——或者我们宽容一点说,像一个有很多伙计的工场。"

鸽子在窗棂上咕咕地叫,圆形的彩色玻璃窗反着光。

侍从引着他们穿过院子,走向宽大的大理石台阶。他们的脚步清晰地回响着。

大师的画室在二层,俯瞰着内院。它的门就够雄伟的了,而等他们迈进去的时候,罗曼对里面空间的高大更感到惊讶了。

"多大的大厅啊",他小声说,"还有这上面的阳台……"

就在这内阳台上,有一支小乐队正在奏乐,是小提琴和大提琴,由一架羽管键琴伴奏。

厅里是数不清的画架,每个画架前都有一个画家在工作。

"他们都是大师的学生和帮手。"塞内克斯解释道,但马上又住了口,因为一个上了年纪的、身材不算高大的人从一张画布后面走了出来,走向旁边的画布,就这样一张一张地看过去,给伙计们讲解,自己也不时拿起画笔补充补充、改上一改,再指点接下来该怎么做。

塞内克斯鼓励三个人再往里走走,走过那些完成了一半的或刚刚开始画的画儿。贝蕾妮克不喜欢那些画,那些扭曲的身体,一点也不符合她的苗条理想,瞧那些肥硕的臀部!另外那些历史场面和圣徒人物也让她觉得很陌生。

斯蒂芬顺着墙根蹓达着，那儿的地上成行地摆着画完的作品，有的是摞在一起的。他揉揉眼睛，摘下眼镜，擦一擦，再戴上，嘴里嘟囔着："这样也好不到哪儿去！"

罗曼却被一幅肖像牢牢吸引住了，在他看来，这幅画可与众不同。它表现的是一个年轻的女子，年轻美丽；她坐在窗边，拨着琉特琴，阳光落在她闪亮的金发上。

紧接着大师走上前去，他宽宽的脸盘儿上皱纹满布，其中有一对眼睛在狡黠地闪动——它们习惯于眯缝起来做仔细的观察。他的鼻子向上耸起，好像不愿意跟上嘴唇上那两头尖尖的胡子离得太近。鲁本斯身上裹着件棕色的天鹅绒外衣，分成很多层的白色领子很宽大，一直垂到肩膀。他审视自己的作品时，下巴向前伸去，这下他梳理过的小胡子便耷拉下来。

塞内克斯从后面把一只手搭在罗曼肩上，"美丽的弗洛拉（Flora），"他耳语道，"弗洛拉是罗马的花神和青春之神。"

罗曼点点头。贝蕾妮克和斯蒂芬走过来的时候，塞内克斯看出他们都兴趣不大，便说："鲁本斯是欧洲当时最有名的画家。除了西班牙画家委拉斯凯兹（Velasquez）（他用冷静的目光为马德里〈Madrid〉的西班牙王室画像，也画宫廷小丑、侏儒等社会的边缘人物），鲁本斯是巴洛克时期绘画艺术的典型代表，所以有"鲁本斯时期"的说法。他丰沛的色彩和大胆的构图从某种程度上说是对巴洛克的概括，就如同他将巴洛克的光芒收集在了他的棱镜中一般。我承认，他对我们来说已经有一点陌生了，但作为布鲁塞尔（Brussel）的西班牙执政者的宫廷画家，他是一位杰出的艺术家，单从数量上来说就够惊人的了——约有三千幅。"

"他要是个作家，人们会皱皱鼻子，不屑地说他不过是个'多产作家'，"罗曼喃喃说道，"而现在您说起他，就好像他是那个时代的化身。"

"他确实是。"

"但是肯定也有其他样子的艺术家命运，以它们各自的方式反映那个时代。"

"当然，罗曼，我们会结识其中一位的。"

他们很容易就找到了走出房子的路。塞内克斯引他们穿过一条狭窄的小巷，解释说："我们现在离开了布鲁塞尔，再回到荷兰去。现在，模斯特丹就是阿姆斯特丹。"

在一个通往港湾的小广场上，看得见悠闲的男人，蹓达的狗，一边晒太阳一边舔着毛的猫。海鸥在空中大喊大叫，燕鸥从桅杆旁滑翔而过。

离堤坝几步远处有一座屋顶倾斜，摇摇欲坠的小房子。

"我的老天，真可怜！"贝蕾妮克叹了口气。

"这和鲁本斯的大宅相比当然是天壤之别了"，塞内克斯站住了，同时也阻止三个年轻人继续往前走。"但这里却住着造型艺术领域中最伟大的天才之一，也是一位画家。我们就待在外面吧，我觉得在他穷愁潦倒的时候去走访他不太合适。"

"我猜您说的是伦勃朗。"

"对。他体现了巴洛克绘画的高潮——不,肯定不只是巴洛克绘画,他的意义远远超出这一点。或许我应该说他的意义更加深入,也就是深入人的灵魂深处。大概没有人比梵·高(van Gogh)表述得更好了:'伦勃朗是如此深入隐秘之境,他画的东西在语言中是找不到对应词汇的。'"

笼罩着神秘气息的画

"伦勃朗 1606 年生在莱顿,他父亲是莱茵河边的磨坊主,因此他的名字是凡·莱茵,全名是伦勃朗·哈尔曼松·凡·莱茵(Rembrandt Harmenszoon van Rijn)。他死于 1669 年。"

"这只是平淡无奇的数字罢了。"

"——尤其是相对于他的杰出成就和令人动容的生活来说。在我看来,伦勃朗的伟大之处正是在于他从不只是反映事物的表面,而是深入到表面上不可见的精神层次,去反映性格或本质。他的画上似乎笼罩着一层神秘,令人难解,感人至深——他越来越多地在光影效果方面——也就是明暗对比——进行实验,以达到这种境界;他的明暗对比达到了尽善尽美的地步,也是他的激情所在。他也许是画家中最伟大的心理学家。1631 年他在阿姆斯特丹安下家,从此就几乎再也没有离开过那儿。"

"开始他不是取得了很大的成功吗?"

"可那时他算是最伟大的画家。他日子最好过的时候住在犹太区,他家是知识分子汇聚的地方。他还和不同的宗教派别、协会有联系。在意大利文艺复兴的影响下,他将带有某种地方狭隘性的荷兰艺术提到了极高的境界。"

"我了解的主要是他的《守夜人》、他母亲的画像和一些自画像。"

"所谓的《守夜人》虽然是他最有名的作品,但却不是最重要的。他画了一队射手的出行——过去从来没有一个人敢于像他那么大胆任意地画一组人物。他画的不是僵硬的制服,而是活跃的生命。伦勃朗总是偏爱表现人,不管是单个人还是一群人。同时他总是寻求现实的、戏剧性的东西,而从不是美的、和谐的;他也从不将他的模特理想化。"

"而这惹恼了别人吗?"贝蕾妮克问。

"至少是得罪了当时占统治地位的观点。他的委托人把他的画退回来,改让别人画。伦勃朗画他的《守夜人》时,他挚爱的妻子萨斯吉娅(Saskia)刚生下他们的第四个儿子提图斯(Titus),生命垂危。他们的头三个孩子也都死了。"

"真可怕!"贝蕾妮克喃喃说道。

"当时的每个家庭里都有孩子夭折的事发生。随着萨斯吉娅的死,伦勃朗在经济上也开始走向毁灭——他的艺术生涯大概也是这样。他那幅母亲画像具有一种独特的魔力，他向我们展示的是一位正在读书的老年妇女。"

"这么说她识字！"

"是的，但她因生活和生活中的痛苦而疲倦，便从那本大厚书里寻求安慰。我们很容易就能看出来那是本《圣经》，因为伦勃朗把老妇正读着的地方也画得清晰可辨。老妇人那布满细细的皱纹的手停在《圣经》上，也许从前她就是这样抚摸他的儿子，而这个儿子的天才是那一个磨坊主家的普通主妇所无法理解的。萨斯吉娅死后，伦勃朗日益缩回到他的孤独之中，主要是在大自然中作画。他用版画和素描形式表现阿姆斯特丹四周的景色，而且他的风景不仅是点缀、陪衬；他就是为了风景而画风景。"

"他好像画了很多自画像吧？"

"大概没有一个画家留下的自画像比伦勃朗留下的多，可能有六十甚至上百幅。我只想提其中一幅，那就是他把自己表现为耶稣门徒保罗的那幅，是他的自画像中最动人的一幅。他画的是个五十五岁的人，但我们看到的是一个多么苍老的老人啊！他认清了这个世界，认清了人，他不再抱任何希望幻想，简直就是绝望的化身——但同时他又似乎在微笑着俯瞰所有仍在心中构筑幻想的人。他深色的眼睛抓住了我们的心，与他手中的书一道告诉我们，他已经逃向了人类最后的避难所。"

"您指的是精神，对不对？"贝蕾妮克小声问。

"伦勃朗临摹了他自己的整个生涯，从青年时代的他到被人遗忘、疲惫不堪地站在死神门槛上的年迈的他。面对债主，他的儿子和新妻子亨德莉克·斯托福尔斯（Hendrickje Stoffels）努力保护他。"

"亨德莉克·斯托福尔斯？"

"她本来是以女仆的身份进他家门的，但很快就成了提图斯的母亲。提图斯十七岁时，他们两人共同开了一家艺术品商店，以此供养伦勃朗。困境之中，他只好搬到你们眼前这所破烂的小房子里。主要是多亏了亨德莉克，他的晚景才不至于一片悲惨。她为他生了一个女儿，科尔内莉亚（Cornelia）。他又画出了几幅伟大的作品，为亨德莉克和提图斯画了充满柔情的画像。然而，亨德莉克也在他之前就去世了，那是1662年。"

"那以后他就完全孤独了吧？"

"差不多，因为提图斯也死了。最后这位已经疲惫不堪的人就只和科尔内莉亚及一个老女仆生活在这所冷清破烂的小房子里。他留给女儿的财产，不过是画具、床、一条被子、衣服、手帕、硬币和圣经。但这位西方绘画中最伟大的天才之一却为我们留下了无与伦比的作品。"

烘焙咖啡的香气

他们继续漫步向前走到了市中心。刚才还是小港口荒凉忧郁的景色，现在他们又穿行在铺石路面的巷子里。太阳和风雨在那些窄窄的房子上红色的石头和白色的窗栏上画出了细致的痕迹。

"我喜欢这个城市。"贝蕾妮克说。

他们走到了一座教堂前。教堂的顶是石板瓦的，还有一个顶部跟洋葱头似的钟楼。塞内克斯让他们往里看一眼。"你们看到的是被卡尔文主义的破坏圣像运动一扫而空的教堂内部。"

一切都平淡实在，没什么吸引人的，但整个教堂里却充盈着透过毫无装饰的玻璃窗泻进来的光，建筑的结构由此而更加明了了。教堂里空阔冷清，只在祭坛那儿有一男一女两个人在聊着什么；他们身穿黑衣，像参加葬礼的客人似的。

"这儿的手工业者用这一建筑证明了他们的能力。"塞内克斯压低了声音说，"另外尼德兰人在造机器、船只和堤坝方面是无人可以匹敌的。"

他们继续往前走去。周围越来越热闹，店铺里陈列着从西印度和神秘的东方来的稀奇古怪的东西，包括瓷器。空气中流荡着充满异国情调的香料味道，其中就有焙制咖啡的香味儿。在他们面前豁然出现的广场上，一家店的老板把桌椅摆在了树荫下；男男女女各色人等坐在那儿，有学者、律师，也有海员、土耳其人、萨拉逊人[1]、西班牙人和葡萄牙人，各种语言响成一片。

塞内克斯带着他们走向一张桌子，点了咖啡。新鲜的咖啡盛在一个褐色的壶里端上来，此外还有四个没把儿的大肚儿瓷杯、掼奶油和冰糖。

塞内克斯点头示意他们看那些东方打扮的人，一边呷着咖啡一边说："这些外国人不想放弃他们喝惯了的饮料。"

红褐色铺石路面的广场上生机勃勃，大多数人都穿黑衣服，只有一个身材秀气的年轻男子引起了贝蕾妮克的注意。他穿着绿色紧身上衣，下面是骑手穿戴的靴子和马刺，一条宽得夸张的皮质绶带斜挎在身上，一柄剑挂在上面，晃晃悠悠的，银色的末端时不时触着地面，一根硕大的羽毛插在他的宽沿儿帽子上。

"好一只猴子！"贝蕾妮克嘟囔了一句。

塞内克斯笑了："看错人的事有时是免不了的！我正要请你们注意观察这个小'公子哥儿'呢，因为我们这就要讲很多关于他的事呢。当然了，你们还不知道他

---

[1] 译者注：欧洲中世纪对阿拉伯人的称呼，后来泛指伊斯兰教徒。

是谁!"

"您就别吊我们的胃口了!"

"为什么不呢?他是欧洲最聪明的脑袋瓜之一——不仅是在他那个时代,而且是在数百年间,也许可以把我们的时代都算上。"

"什么?就是这位吗?不可思议!"

"不信也得信——你们看到的是勒内·笛卡儿(René Descartes)!"

"那就怪不得了!"斯蒂芬惊讶得皱起了眉头。"这我可得赶快擦擦眼镜!"然而他没把眼镜摘下来,而是眯起眼睛,伸长了脖子。"笛卡儿——就这么个小人儿!"

"当心!"塞内克斯把手放在他的胳膊上。"他是个出色的剑手。这会儿他正在和伊萨克·贝克曼(Isaak Beeckmann)谈话,贝克曼是尼德兰医生、哲学家、数学家、多德雷赫特教会学校的校长。他那时也低估了笛卡儿,居高临下地对待他;但这种情况很快就改变了——贝克曼不久就成了笛卡儿的仰慕者。"

——只见一个正经八百的人正在规劝着笛卡儿,他那一丝不苟的黑衣服和白色的尖领子证明他是卡尔文教派的。

两个人说着话,渐渐走远了。

他们消失了以后,塞内克斯敲了敲他的咖啡壶:"现在说说咖啡吧。可以说随着它的出现,文化史的一个新时代开始了,至少是出现了社交的新形式。"

"人们是怎么知道咖啡的?"

"人们是从伊斯兰教国家那里认识咖啡的,而伊斯兰教国家又是从埃塞俄比亚那里知道咖啡的。最早很可能是威尼斯商人在康斯坦丁堡(Konstantinopel)认识了咖啡,也就是今天的伊斯坦布尔(Istanbul)。1642年,第一家咖啡馆在威尼斯开张,随后,咖啡馆、咖啡屋便在所有重要的港口城市接二连三地开起来,包括伦敦、马赛(Marseille)和汉堡(Hamburg);它们的增长速度快极了,正像咖啡迅速受到人们的青睐一样。举一个例子:十七世纪末,仅伦敦就已经有了两千家咖啡馆。"

"我还以为咖啡是从维也纳传过来的呢!"

"维也纳的第一家咖啡馆是1685年开张的,咖啡馆的发展在那儿确实格外兴旺,简直可以成了一种独特的文化。"

"约翰·塞巴斯蒂安·巴赫(Johann Sebastian Bach)还写了《咖啡康塔塔》!"

"对,但那是在莱比锡,不是在维也纳,罗曼。1671年就已经出版了第一本关于正确饮用茶、咖啡和巧克力的书。"

两位上了年纪的先生从他们身旁走过,说的是拉丁语。

"欧洲所有受过教育的人都可以用拉丁语进行交流,不管是哪个国家的。这对我们的文化来说好处太大了,怎么说都不过分。但还是回过头来说咖啡吧——即使是在路易十四(Ludwig XIV.)的巴黎它也不仅仅是成为一种时髦,而是成了一种

'瘾'，什么也不能和咖啡匹敌。另一方面，很多地方的人们试图用它来抑制酒瘾。"

"它怎么就会变得如此受欢迎了呢？"

"通过咖啡馆啊！咖啡馆获得了重大的社会意义，因为不同来历的人都可以在那里抛头露面，那儿的气氛是中性的，和酒馆里可不一样。因此在法国，人们也把咖啡馆称作'bureau d'esprit'，翻译过来可以说成是'思想汇聚的地方'。在那儿，你会有很好的自我感觉；你来了，而且还会来——你在这儿聊天、谈生意、写信、思考、作诗、读报、玩儿、密谋。根本没法说清有多少秘密组织的间谍是在咖啡馆接头、有多少次革命和暴动是在咖啡馆中发起的。"

"而且一直到现在还有——至少我这么猜。"

"可以这么讲。咖啡馆成了诗人、艺术家、记者、政治家碰头的地方，此外喝咖啡的习俗还促进了沙龙的形成——在沙龙里是聪明的女子说了算，因此妇女能够得到解放不应只归功于启蒙和宽容，也得感谢咖啡，甚至更该感谢咖啡！"

"塞内克斯，您对咖啡简直是赞不绝口！我可不能想象妇女真的欠咖啡这么多的情。"

塞内克斯抿嘴笑了："等着瞧吧，贝蕾妮克，我还有另外一个小故事要讲给你听呢。"

笼子里的女学生

塞内克斯向后一靠，半晌才说："1607 到 1678 年，在这个我们现在称为乌德勒支的城市里生活着一位博学的妇女，她名叫安娜·玛丽亚·冯·舒尔曼（Anne Maria von Schurman），但人们称她'乌德勒支之星'，或'尼德兰的萨福'，不过萨福是一个女诗人、女歌手，而安娜·玛丽亚·冯·舒尔曼虽是位令人惊异的女性，二十七岁时就比许多学者对科学和艺术懂得还多，但她却没那么有文学天赋。不错，她也写诗，在音乐和绘画方面也受过训练，但她主要擅长的是有富有学识的谈吐、数学、经院哲学、自然科学和神学。她喜欢辩论，据说掌握十门语言。由于她如此聪明，还得到了一项特别许可——她获准在莱顿大学听讲座。"

"有什么不一般的事儿，塞内克斯？"

"你马上就知道了：人们在授课的大厅里安置了一个笼子——特地给她的，好不让别人打什么歪主意！"

"这真是太过分了！那她就像只动物园里的猴子似的坐在栏杆后面吗？"贝蕾妮克脸都气歪了。

"她本人强烈地宣扬她的观点：女性基督徒应该得到上大学的权利。为此她还写过一篇论文。"

"男人们有那么严重的偏见,她肯定是白写了。"

"但瑞典女王克里斯蒂娜(Christine)却愿意听她的话,两人有书信往来。"

"您讲讲女王吧!"

"以后再讲,让我再就安娜·玛丽亚·冯·舒尔曼说最后几句。晚年的她成了虔信主义者,参加了一场信仰复兴运动,我们可以把那称为一个教派!"

"教育不能防止愚蠢,"斯蒂芬嘟囔道,"但塞内克斯,请您先不要开始新的一章,我认为我们还没说完尼德兰的绘画。为什么偏偏在这么小的一个国家里出了这么多有名的画儿呢?而且几乎没有宗教题材的了,别的地方可不是这样,对吗?"

"一句话:你说得对——我们能够了解当时人们的生活,正是要感谢尼德兰绘画。"

为兴旺的资产阶级服务的艺术

"鲁本斯在安特卫普,也就是西班牙的佛兰德斯,主要是为王公、总督作画,而尼德兰的绘画则主要受到正处在上升期的资产阶级的扶掖。尼德兰成了一个新世界的中心,在这不平静的铺石路面上,艺术家也从老榜样的束缚中解放出来了,因为这儿已经没有宫廷和宫殿,也就是没有宫廷画家了。新教方面的人也不向画家订货,因为他们要的是朴素的教堂。而另一方面呢,市民阶级要人为他们画像——群像、室内画、风俗画,还有大自然!人们想要的不再是宗教题材的画,而是农民站在他的茅草屋前,或者喝得醉醺醺、抽着烟的人,想发迹的先生们要给他们的家人画像。"

"也就是日常生活中的人!"

"是随处可见的人。画家们在艺术上得到如此这般的自由,简直是陶醉了。他们用异样的眼光打量街道,在他们的身边发现了新的题材。现实中充满了惊奇。"

"也就是充满了挑战!"

"外科学成了时尚,解剖学课程开设起来,射击协会经常亮相。每个市民,只要有能力,就会装饰他的住宅和工场,为此,游戏的儿童、砖顶房子、在窗前读恋人来信的姑娘都被表现在画布上。"

"那是代尔夫特的维梅尔(Vermeer van Delft)画的!"

"……喝醉酒的农民……"

"那幅是彼得·布勒盖尔(Pieter Brueghel)的,人们叫他农夫画家布勒盖尔!"

"……还有滑冰的快乐!"

"啊，这回我想不起来是谁了！"

"是亨利克·阿维坎普（Hendrik Averkamp）。这些艺术家表现他们的时代和他们周围的人，你们要想知道那时候人的样子，只要看看佛兰斯·哈尔斯、艾缀因·布劳尔（Adriaen Brouwer）、扬·斯丁（Jan Steen）等很多人的画就行了。他们向我们展示了城市、教堂、房屋、起居室，还有手工业者、商人、医生和农民，他们的生活，他们的工作。"

思想的启蒙

一个想读世界这本大书的人

塞内克斯又点了一次咖啡,问道:"如果你们愿意,我们再把目光转向那个穿绿衣服的小个子男子吧。考虑到他的重大意义,我可不想把他叫做'小人儿'。我们讲尼德兰绘画的时候,时间已经又过去了几年,你们不要再把笛卡儿想象成穿着绿色紧身衣的人了——他过着放荡的生活,主要是在性生活方面。"

"一个卡萨诺瓦(Casanova)?"

"可以这么说,但他的意义可比卡萨诺瓦重大多了。"

"笛卡儿怎么会在尼德兰呢?我想他是法国人啊。"

"他是法国人,是除了伏尔泰、拿破仑以外的另一个法国最伟大的儿子——当然不是以皇帝的身份,但他像拿破仑一样震撼了世界,思想的世界。勒内·笛卡儿(René Descartes),也可按拉丁写法称雷纳图斯·卡提修斯(Renatus Cartesius),1596年生在图赖讷(Touraine)[1]。他的家庭属于小贵族,拥有一个庄园,这虽不能使他成为巨富,但也足以使他一生衣食无忧。他对他的父亲极其厌恶,他父亲是个坐在议院里的法院顾问,身披红袍,这样,人们就看不出溅上的那些被他施以酷刑并处死的可怜人的鲜血了。议院、民事法庭、刑法及上诉法院当时在迫害所谓的巫师和巫婆,进行大规模的集体行刑,有时候一天里就点起四百个火刑堆。还是学生的笛卡儿向学校里的学长倾诉了他对这一切的憎恶。法国教会更希望能对这些'魔鬼的牺牲品'施行'驱魔'术,而世俗的法官却对此采取置之不理的态度——也是奉着国王的旨意,当时的统治者是亨利四世(Heinrich IV.)。"

"亨利四世?就是那个'好国王'吗?"

"他曾尝试推行宗教宽容政策,但那犹如走钢丝绳一般危险,他失败了。你们也许知道他的名言——'星期天每个法国人的锅里都应该有一只鸡'。"

"他这是什么意思?"

"这在我们听起来没什么了不得的,我们每天都可以有烤仔鸡吃,但在这位国王的时代里,食物匮乏,经常闹饥荒,所以他提出的是一个革命性的要求呢。笛卡儿

---

[1] 译者注:图赖讷是法国历史上的一个行省,行省这一区划已于1789年取消。

十四岁的时候，亨利四世被人刺杀了，继位的是路易十三（Ludwig XIII.），首先由他的母亲玛利亚·德·美第奇（Maria de Medici）摄政。年轻的勒内上的是一所耶稣会的教会学校，在那儿，人们发现了他的数学和天文学天赋。他发现了一些令他不能容忍的错误和矛盾。由于这一学业有很大局限性，令他深感无聊，便终止了学业。"

"那他想干什么？"斯蒂芬这时对那个年轻人生出了好感。

"他不想再读原来那些书了，他要去读世界这本大书。"

"这听起来很泛泛。"

"他学习剑术，被他的父亲送到荷兰去受军事教育，因为尼德兰人战胜西班牙以后获得了很高的声誉。笛卡儿是见习生，所以得为自己的装备和服务操心，也不领薪饷，只得到一个象征性的金币，叫他保存了一辈子。三十年战争使欧洲陷入危机的时候，笛卡儿二十二岁；等这场混乱过去，他只又活了两年。注意这一点，因为他在这场战争中的体验和战争的恐怖实际上给成年后的他的整个生活刻下了深深的烙印，就像火烧巫婆事件一样，对他的哲学起了决定性的影响。1619年，他到了法兰克福（Frankfurt），以不领薪俸的军官的身份为巴伐利亚（Bayern）公爵服务，在多瑙河（die Donau）附近过冬，把他的房间烧得过热，做他的梦——或好或坏的梦。"

"那又怎么样？我每天晚上都做梦，可又谁关心呢？"罗曼把身体挪到椅子的前沿上，然后向后一靠——以这种懒散的姿势他可以听得更专心。

我思故我在

塞内克斯微笑了："如果你的梦会对你起他的梦对他那么大的作用，五百年后还会有人谈论你的梦的！笛卡儿做了三个梦，前两个告诉他，迄今为止他的生活全都是误入歧途，第三个梦告诉他，从此以后真理的精神将会为他指引道路。他写道，他找到了一个看世界的新视点，一种体验和理解世界的新方法，他自己称之为'inventum mirabile'——一个绝妙的发现。这是人类的一个历史性时刻。"

"听起来太棒了！"

"笛卡儿想要为一门新科学奠定基础，并由此建立一门全新的理论。他确信他能发现世界的模式、解开世界上一切奥秘的钥匙。"

"我想，我们今天不也还是在找吗！"

"但这并不能抹煞笛卡儿的功绩。"

"我知道。"斯蒂芬推推眼镜，"我们永远也无法体验真理，即使偶然找到了，我们也不知道那就是真理——是不是这样？我当然知道笛卡儿的世界模式。"

"他说过一句话——大概没有哪句话比这句让人引用的次数更多了；每个人，即使是根本不了解笛卡儿的，也知道这句话。对笛卡儿来说，那是他存在的不可辩驳的证据……"

"我思故我在。"

"法语是：'Je dense, donc je suis'，拉丁语是'Congito,ergo sum'。这是思想发展中决定性的一步，因为它教给人一种新的思维方式。"

"那也许是重要的一步，但我想可能不是具有正面意义的一步。笛卡儿说的是否有理，在今天比以往任何时候都受到更多的质疑。"

"没有永远正确的真理。"

"我承认，塞内克斯，但它的革命之处到底在哪里呢？"

"笛卡儿说他现在终于有把握了。对他来说，这句话是建立科学大厦坚不可摧的地基，它超出了试验和谬误，能够用数学的清晰总结一切知识。他认为，就算我们所有的感官都欺骗我们，世界上的一切都只在人的幻觉之中存在，这一点仍然是肯定的：我思故我在！在笛卡儿看来，感官是谎言之源，在这一点上他和英国人弗朗西斯·培根（Francis Bacon）相似；培根也坚信真理只有通过实验才能够得到证明。"

"人们批判的恰恰就是这一点，这使得人的感觉和心灵被抹杀了。"罗曼喊道，"如果只有证据算数，那人本身还剩下什么呢！"

"人们确实为此指责笛卡儿，但我现在要说的不是这个。当时他推论说：假如我不存在，我就不能对我自己进行思索。一个能透过现象和存在进行思索的人毫无疑问是存在的。这意味着，确信是从怀疑中成长出来的。笛卡儿把怀疑变成了他的方法，他要通过怀疑抵达真理，他认为，只有能够被质疑的才有可能是真实的。他在对一切人可以想得到的东西发出质疑的时候，不得不自问还剩下什么；总得有什么东西是可以让他确信的。他要把一切哪怕稍有可疑的东西都排除掉，将其宣布为谬误。于是他推出结论：我们可以认为没有上帝，甚至认为我们自己既没有手，也没有脚，连身体都没有，但我们不能认为想着这一切的我们不存在。或者换句话说，即使人怀疑一切，他也可以确信，他的思想证明了他的存在。"

"这些都是他梦到的吗？"

"当然不是。他写了一本薄薄的小书，只有五十页，而且是用法语写的，对于一个学者来说，这在当时是很少见的，给他招来了许多批评。他想要得到不拘泥于旧哲学书的读者，而且他明确表示自己也想到了妇女。我们知道，那时候女孩子是不能上公共学校学习的。笛卡儿想让她们也明白他的意思，让她们有自修的能力。他的作品《Discours de la méthode pour bien conduire sa raison et chercher la vérité》，也就是《方法论》，直到1637年才发表，那时他已经四十一岁了。"

"为什么这么晚才发表呢？"

思考并做出自己的结论

"因为他的尼德兰修士兄弟为他在莱顿找到了一个印书商。"

"修士兄弟?"

"他加入了玫瑰十字会,但它与今天的玫瑰十字会一点关系也没有。玫瑰十字会的弟兄们不传播什么学说,没有教规,但有义务遵守一些戒条,对这些戒条我们不感兴趣,只除了一点:他们拒绝一切'错误的知识',希望自己能根据自己的亲眼所见、亲耳所闻去下判断,从自己的经验出发思考并得出自己的结论。"

"笛卡儿也这样想!"

"就是啊。笛卡儿给印书商二百册书作为报酬。他是匿名发表他的作品的,因为他怕受迫害,另外伽利略受罗马宗教裁判所审判的事也让他不安。他也知道自己得和力量强大的经院哲学作斗争,知道这有多么危险。1624年他年近三十岁的时候,巴黎的议院就对企图反对亚里士多德(Aristoteles)的物理和公开反对经院哲学的人判处死刑。笛卡儿的新方法不啻于一纸宣战书。"

"也像是自杀!"

"笛卡儿面临的危险并不是他胡思乱想出来的。虽然 1624 年大权到手的黎塞留(Richerieu)[1] 脑子里并没想着火刑堆,他有更大的目标,但欧洲的大气候是不宽容。因此笛卡儿搬到了新教的荷兰,那儿的风气更自由。其他欧洲国家经历摧毁和混乱的年头正是尼德兰的黄金时代,其他地方的禁书在那里出版,印书商像伦敦的一样,同时是出版商、书商和校对。一些重要的印刷厂和出版社就在市政厅的附近,它们中的几个今天还存在着。对进步的思想家来说阿姆斯特丹成了避难所,约翰·洛克(John Locke)那些具有突破意义的关于宽容的信件和大量其他作品都是在阿姆斯特丹首版发行的。"

"约翰·洛克?"

"他是哲学家、医生、教育家,新时代的启蒙主义哲学及英国经验主义的创始人。他生活的年代比笛卡儿晚些,笛卡儿的《方法论》发表时他才五岁。由于笛卡儿清楚地知道占统治地位的经院哲学是科学进步的障碍,他便想创立一种胜过它的哲

---

[1] 译者注:黎塞留(Armand Jean du Plessis, Duc de Richelieu, 1585—1642)法王路易十三的宰相,枢机主教(1622)。执政期间(1624—1642),取消胡格诺教派的政治特权,惩治叛乱贵族,各省设监察官,控制地方行政、司法和财政,并奖励工商,增殖财富,加强了专制主义。对外鼓励航海和殖民掠夺。三十年战争中,支持德意志和瑞典新教徒,反对天主教的哈布斯堡王朝;1635年正式参战。这些措施提高了法国的国际地位。因捐税繁重,农民一再起义(1636—1637, 1639),均遭黎塞留政府镇压。

学。他用蒙田的一句话开始他的《方法论》：健康的理性是世界上分配得最好的东西。"

斯蒂芬叹了口气，皱起眉头："我却只看到理性是世界上分配得最不好的东西。几乎所有的人都太缺少理性，极少的人又拥有太多的理性，只有一小部分人拥有不多不少正合适的理性。"

"尼德兰比较自由，其原因只在于卡尔文主义吗？卡尔文主义恰恰是很不宽容的呀！"贝蕾妮克把一绺头发从额头上捋到一边。

"不，绝对不只是靠卡尔文主义，虽然人们比在天主教的西班牙思想自由些，但新教的顽固不化可以和天主教媲美，你说得对。笛卡儿的一个朋友说神学家都像猪：'你要是拽了其中一头的尾巴，他们全都会嚎叫起来'。但毕竟有种追求成功的劲头儿占了上风，荷兰表现一个商人民族的面貌，精于算计，同时又可以被算计。笛卡儿自己说：'这儿除了我以外没有人不经商，每个人对他自己的利益都是那么斤斤计较，我可以一生都待在这儿，也不用担心会被谁注意到。'"

"不被人注意到——也许这就是他想要的吧？"

"他在玫瑰十字会的弟兄们总是关注他、钦佩他、支持他。如果他没地方住，他们就收留他。但由于他怕自己成为别人的累赘，就一再更换住处，所以他不停地搬家，大概超过二十次。这也就是我为什么在开始的时候说，如果我们不发明出这个模斯特丹，我们就得不停换地方的原因。有了模斯特丹，我们就可以总待在这儿，因为它可以代表任何一个城市，不管它是在尼德兰还是在佛兰德斯。每搬一次家他都到最近的大学去登记注册，因为他需要那儿的图书馆，荷兰是他理想的避难所也是因为这个。他发现这儿有出色的科学家，连一个普通的农民都能读会写——这在欧洲是个例外。这是伦勃朗和鲁本斯的时代，当然他并不知道他们，但佛兰斯·哈尔斯在哈勒姆（Haarlem）为他画了像。他在阿姆斯特丹有一个爱人——他的女仆，1635年盛夏，他的女儿出生了。"

中世纪的物理仍然占统治地位

"但还是再说说笛卡儿的哲学吧。他是最早发现人需要新的思维方式的那批人中的一个。占统治地位的经院哲学继承了已有两千年历史的亚里士多德哲学，试图使它与基督教学说合上辙，于是科学和哲学背上了神学这个大包袱而变得迟钝不堪。为了正确评判笛卡儿，我们必须明确一点：那时候占统治地位的还是中世纪的物理学，据此，世界是由水、火、空气和土四大元素组成的，这些元素处在持续的对抗之中。"

"很诗意、但又很幼稚的设想！"

"而且是不能用实验方法检验的设想，那时候不能，今天也还是不能。"

"我想,除了伽利略,那时几乎没有人做实验。"

"人们辩论起来旁征博引,全是理论,听起来像在背诵圣经。"

"而且深信圣灵就站在自己一边!"

"笛卡儿要用他的《方法论》走自己的认识道路。他的小书从根本上改变了西方思想的方向,可以说它是划时代的。笛卡儿得出一个结论:他必须改进数学。他相信,有了数学的帮助,一切都可以得到解释,不管世界是多么缥缈不定,你都可以信赖数学。不管我是睡着还是醒着,二加三等于五总是对的,一个正方形总是只能有四条边。笛卡儿同时又是数学家,很多人都更倾向于把他看作一个自然科学家而不是一个哲学家。尽管如此,他仍然是现代哲学的奠基人。"

"我还记得我们在数学课上听到过他的名字!"

"他也是解析几何的创始人。有 x 轴和 y 轴的直角坐标系是以他的名字来命名的:卡提修坐标系[1]。他改革了代数学,比如他在代数中引入了新的写法,我们今天还在使用,如幂的写法,10 的 2 次方——2 字要写在 10 字的右上方,这是从笛卡儿那儿来的。不过笛卡儿从来没想过为数学而数学,而始终把它当作可以解决问题的工具,而且——我认为这是很重要的——不仅是精于此道的数学家的工具,也是每个人的工具。"

"我想,这他可高估我们这些凡人了!"

"他对正蓬勃发展的自然科学感到欢欣鼓舞,于是想将其数学化。"

斯蒂芬说:"我仔细一想,就发现他的话'我思故我在'也是无比自豪的。它赋予我们那么多的独立自主,可以说,它给了我们一种面对自然的新的尊严,在那以前我们还从不曾有过。难道你能说'我信故我在'吗?不能,不能,绝对不能!只有思想能证明自己的存在。"

"可我还是不明白他异乎寻常的意义到底在哪儿!"罗曼反驳道。

"我会试着用最简洁的话把它表达出来。笛卡儿的方法就是彻底怀疑一切的方法。只有当一个陈述的证据显然可以排除一切疑问的时候,这个陈述才能被视作是真实的。因此笛卡儿是从检验陈述的可质疑性开始去探求真实的陈述的,他想要建立一个自成一体的世界体系。他想要回到最简单的认识,通过直觉就可以把握的。而要达到这种把握,他怀疑一切,单单不怀疑自己的存在,因为他思想——如果他不存在,他就不能思想了。他以此为出发点,宣扬精神实体与其广延即物质实体是完全分离的,二者之间存在着一种二元性,正是这一点引发了人们对他的机械论和唯物论的指责。人们说,在笛卡儿主义者看来,世界像是一只钟,其中的一切都精确地咬合,一切都可以得到校正——但这么说其实是不对的。他的书展示了一

---

[1] 译者注:现在常称"笛卡儿坐标系"。

幅新的世界图景：观察、分析、定理。在他看来，一切都是可以看透的，可以解释的——这虽然是个错误，但却硕果累累。在他的论文中，一切都是新鲜的；人们看到的不是充斥着教条的论文，而是对思想的历程和个人的思索的报告。他用了第一人称，因此使他的文章更有人性。"

"而人们还为此指责他吗？"

"他将这历史上最重要的文章之一交给他同时代的人们，却马上遭到了攻击。人们指责他要把科学庸俗化，也就是要把科学拉下来，拉成平平常常的东西。你们肯定还记得，霍亨斯陶芬的腓特烈二世皇帝（Kaiser Friedrich II. von Hohenstaufen）是最早用民众的语言、用俗语做诗的人之一，但丁创作不用拉丁语而用托斯卡纳方言，路德把《圣经》译成了德语，笛卡儿则用法语解释他的'方法'。人们谩骂他，因为他废除了知识的特权——知识本来只应该是那些掌握拉丁语的精英们的特权，他却使其成为所有人都可以接近的。"

现代世界的序幕

"十七世纪僵化迟钝的社会是中世纪以来结成的层层硬壳，笛卡儿的《方法论》是个火种，是一场政治行动，就如同揭开了现代社会的序幕。用笛卡儿的《方法论》，每个人都可以进行自修，发展科学技术，独立自主，甚至不上学也可以。"

"这我还不太明白。"

"为了达到正确思想的目的，笛卡儿提出了四个基本的准则，在法国，这四个准则直到今天还被传授给学生们呢。第一个准则是：只有那些能够被人清晰地认识、毫无可怀疑之处的东西才能被称作是真实的。第二，应该将每个问题恰当地分成若干个简单的部分来处理。第三，对于这些简单的部分，必须认识或重构它们之间的关联，然后先解释其中最简单的，再解释较复杂的部分。第四，应该用完全的列举和全面的统观来保证没有漏掉任何问题。小书最重要的部分是最后的十来页：数学将是研究者、科学家、技术人员在今后的三百五十年间即将构建的大厦中最关键的一块石头。笛卡儿认为，人将会认识到：必然有一种能够探明一切、解释一切的普遍科学，而它本身又不受制于任何一门学科；他认为那就是普适一切的数学，它包含了其他一切科学门类。"

"可我想，这就是我们对他的批判所在，我们再也不是用纯数学的、或者说纯机械论的眼光看待世界了！"

"这确是人们对笛卡儿所做的指责。但你们也要顾及到，那时候的人们被机器的魅力深深地吸引。已经出现了巨大的天文钟以及最早的怀表，还有许多具有了生物形状的自动机制造出来，其中有的能奏出音乐，也有了关于机械制造的带插图的书籍。机械在当时的世界图景中是主角，因此很容易让人以为，人本身也是按照相同的法则来起作用的。但问题是，很多人都不能超越这最早的变革思想的萌芽。身体的功能从它自身看来，不管怎么说也比身体与灵魂，或者说身体与精神之间的联系更容易理解些。我们一直还在问：身体究竟是怎么让头脑能够思想的？在笛卡儿之后四百年的今天，我们虽然相信二者之间是有联系的，但它到底是怎么起作用的，我们仍然不知道。"

"我敢说我们现在还一点门儿都摸不着呢！"

"我们今天知道的虽然比以前多得多了，但依然不够。那时候的人们迈出了最初的探索的脚步，笛卡儿的功绩就是看到了身体与精神、肉体与灵魂是共同起作用的。但对他来说，有机体是一种机器，直到今天还有些学院派的医学家持这一观点呢。由于这些思想的萌芽，我们虽然可以将笛卡儿看作现代医学之父，这没错。当我们批判这种'机械医学'的时候，我们应该想到，假如没有医学的进步，没有疫苗接种，没有器官移植，没有人造心脏瓣膜，没有癌症手术，等等等等，无数人早就死了。"

"是啊，我想，人不能既想占着事情好的一面，又对不好的那一面不依不饶。"

降伏自然，重构世界

"三十年战争那无法形容的残酷时时刻刻都印在笛卡儿心上。他热爱人类，想帮助人们，而在他生活的时代里，人们像苍蝇一样死去。"

"人肯定不会从非人本主义的思想出发，想到通过学习征服自然去帮助人类。"

"当然可以指责笛卡儿通过割裂肉体和灵魂而把人的肉体当成了没有灵魂的机器，但在他看来，将生物机械化是个意义重大的好处。他把灵魂从肉体中分离出去，这样他就可以把没有灵魂的肉体当机器来对待，并且希望能够由此掌握这个复杂的机械装置。"

"像一个钟表匠对待他的表！"

"他还说，人的身体是一种机器，是由骨头、肌肉、神经、血管、血液和皮肤组装起来的，即使没有意志的控制，也就是即使没有精神，它也能够实施一切动作。"

"可这是错的呀！"贝蕾妮克一拍椅子扶手，叫道。

"正是通过谬误——也许恰恰是通过谬误——我们才一步步抵达真理的。笛卡儿相信，如果用数学、物理和生物学原理去分析身体的机械构造，也就能够修理它；这样他的想法便与英国哲学家弗朗西斯·培根不谋而合了。培根是最早把科学看成征服自然、重新构筑世界的手段的人之一。"

"但一个有机体却是大于它的各部分的总和的——反正我是这么想的。"

"身体是个充满相互作用的复杂系统，但我们的这一认识也多亏了关于怀疑、不带任何偏见的思考以及实验的必要性的学说。要是没有笛卡儿，或者他那些才能，那我们今天还在学究气地辩论来辩论去呢。"

"人们还会挨饿并且被瘟疫夺去生命。"

贝蕾妮克用怀疑的目光瞟了斯蒂芬一眼——他说的有道理吗？还是他太低估感觉的作用了？

哲学像一棵树

"我想试着做一个总结性的评价。我们可以把哲学比作一棵树，这棵树扎根在形而上学之中，以'物理'为树干长高，并伸出它的枝枝杈杈，那就是其他各个科学门类；这些枝杈又可以归结为三大领域：医学、机械论和伦理学。因此，也正是笛卡儿在这三方面的理论，给欧洲的思想带来了革命。他的目标不在于论据，而在于技巧；不在于可能的原因，而在于对工作的构想和指导。"

"他肯定是个多面手。"

"笛卡儿研究数学和代数，奠定了实验研究和现代科学的工作方法的基础。他向法国数学家、物理学家和宗教哲学家布莱兹·帕斯卡建议，在奥弗涅（Auvergne）的多姆山（Puy de Dôme）上做真空实验，最后得出了真空并不存在的结论，因为那细小不可见的物质会通过微孔钻入物体。这是对的，因为微粒——它们中的一些是没有质量的——散布在空间里，能钻进最难以进入的物体里。这是物理学的最新认识。笛卡儿说，光是由小球组成的，运动速度无比之快。今天我们知道了，光既是由能量，也是由物质组成的，而且关于它的速度是否真的不能被超越，我们已经不能肯定了。笛卡儿还发明了一种磨制透镜的机器，宣传和证明了英国医生威廉·哈维（William Harvey）关于血液循环的理论，在进行解剖研究时发现了心脏瓣膜——使血液通过动脉和静脉总是能向一个方向流动的'小门'。这一学说在医生当中掀起了轩然大波。他还说，每个天体都产生并携带一个漩涡，其他天体的漩涡又会使这个漩涡发生变形；他死后几个世纪，理论家证明了物质能够使空间变形。天文学家已经证实了大多数星系都像流体物质那样做漩涡式的旋转，超星系集团——数以十亿计的星系总和——也同样遵循这一运动规律。时间与空间的关系也被改写了，物理学家只能用譬喻来表达它。笛卡儿说，每种运动都是某种形式的旋转运动；今天，理论物理学已证明了这一点。由于物质使空间弯曲，光——能量的运动是曲线运动。

天文学家观察到，由其他星球来的光线在经过太阳时发生了转向。"

"这么说没有'直线'这一说喽？"

"没有——它只存在于我们的头脑中。直线是一种几何抽象，笛卡儿说得对。在他的一篇小论文中，笛卡儿首次把'功'理解为'力的功效'——他说得对。这一数学理论使后来机器的发展成为可能。人们对他的认可日益增长了。"

新哲学的奠基人

"最后他成了伟大的勒内，新哲学的奠基人；老朽的经院哲学破产了，弗朗西斯·培根的预言成了现实，摆脱了一切障碍的人类思想走出了被学究带进去的死胡同。笛卡儿开创了物理的机械时代，牛顿是在他的《方法论》发表六年后才出生的。技术开始连连奏凯，对它来说，一切似乎都是可能的，一切都是允许的。科学开始盲目地倚赖人类的理性。"

"您讲到过笛卡儿的恐惧，他怕像伽利略，或更有甚者，像乔丹·布鲁诺那样遭到审判。那笛卡儿是无神论者吗？"

"不是，恰恰相反。他受的是耶稣会的教育，很可能是他的教会的一个好信徒。他致力于证明上帝的存在。从人因为是'思想着的我'而存在这样一个结论出发，他证明说上帝是存在的，其推论是：只有一个完美的存在才能诱发关于完美存在的思想。他从属的玫瑰十字会认为宇宙是没有尽头的，这便提出了一个问题：你怎么设想上帝和人之间的联系呢？因为既然人只占据着茫茫宇宙中的一个小角落，他几乎无法获得那么高的地位。笛卡儿反对这个，他宣称宇宙不是没有尽头的，而是无限的，因为人找不到界限。时间也是这样。上帝也是无限的，因为他是无法定义的，因此，'至高的善'是给上帝的最好的称呼。"

"那他倒确实超越了他那个时代的神学！"

"然而还是信仰上帝的。我想就此结束关于笛卡儿的话题了。当然了，可说的还有很多……"

塞内克斯沉默了，搅着杯里的咖啡，越过桌面，看着不知什么遥远的地方——也许只是看进自己的内心。

妇女能掌握最难的事情

三个人充满期待地看着塞内克斯——下面该讲什么了？塞内克斯对贝蕾妮克说：

"也许还有一点：我说过，笛卡儿热爱女性，一位妇女也成了他的命运，这就是瑞典女王克里斯蒂娜。她邀请笛卡儿到她在斯德哥尔摩（Stockholm）的宫里去。笛卡儿开始很犹豫，这或许证明了他有很强的直觉力，因为他后来就死在那儿。"

"这我可不知道。"

"瑞典女王克里斯蒂娜是她那个时代最重要的女性统治者之一，一个强国的女王，她的父亲在三十年战争中领导了反对皇帝和天主教集团的新教集团。那时女王刚刚参与签订了威斯特法伦和约，她的王国在欧洲历史上占有很重的分量。此外她还想把她的宫廷变成一个缪斯和科学的圣殿。她以她清晰的头脑证明了女性完全可以像男性一样掌握最难的事情，女性也是可以理解科学的。瓦萨王朝古老的宫殿里到处是学者、艺术家、科学家和哲学家，女王还和无数重要人物有密切的书信往来。还有件事几乎没人预料到：她正在考虑改信天主教！"

"为什么偏偏是她呢？——她有那样一位父亲，还有这样的历史。"

"是啊，这真是那个时代令人难以置信的一件大事。1649年，宗教的分裂也使欧洲四分五裂，一般来讲，统治者皈依哪一宗，就决定了他的臣民也皈依那一宗。因此，如果克里斯蒂娜改信天主教，那将是当时政治意义极其重大的事件。她已经和罗马牵上了线，耶稣会教士——你可以称他们是反宗教改革的精英战士——秘密来到斯德哥尔摩，他们应该把那女君主引到罗马教廷的怀抱中去。好了，让我们回过头来接着说笛卡儿：经过多年的犹豫不决之后，笛卡儿决定接受女王的邀请。女王极其隆重地接待了他，他住在法国大使那儿。时值严冬，气候很不友好。笛卡儿都好多次不得不大清早五点钟就起来到女王那里去，为她讲解自己的学说。人们开始窃窃私议，还不仅是因为讲解学说这一件事。总之，这对那位一向喜欢睡懒觉睡到中午的人来说简直是受罪。他病了，染上了肺炎，死掉了；但或许他是死于砒霜中毒？这一类谣言在人群中广为流传，因为耶稣会和梵蒂冈肯定不乐意女王听那位自由思想家讲授现代哲学。当然了，证据是没有的。笛卡儿被静悄悄地埋葬在斯德哥尔摩，从他的墓碑上我们可以读到：

他从根本上革新了哲学，为凡人指出了一条通往自然最深处的道路——一条新的、坚实的道路；他只留下了不甚明确的一点：他是否拥有更多的知识和谦逊？

"当他谈到嫉妒者对他的攻击时也怀疑过会不会有人给他下毒。那克里斯蒂娜女王怎么样了？"

"她后来谢了位，移居到了罗马，以一心一意地献身于艺术和科学。她皈依了天主教，但这对她的臣民来说已经没有任何意义了，因为她不再是女王了。"

塞内克斯把杯子里剩下的咖啡喝完，站起身来："我们上路吧。"

黎 明

两个重要人物

他们悠闲地信步走着，塞内克斯接着说："现在设想我们的模斯特丹是海牙吧。我要把你们领到那儿的一座小房子去，欧洲最卓越的人物中的两个在那里会面，他们是德国数学家、哲学家戈特弗里德·威廉·冯·莱布尼茨（Gottfried Wilhelm von Leibniz）和尼德兰哲学家、光学家——或者说一个真正的磨镜片的工人，因为他是靠这个谋生的——巴鲁赫·德·斯宾诺莎（Baruch de Spinoza）。斯宾诺莎是一个犹太家族的后裔，其家族成员中的一部分从西班牙被驱赶到葡萄牙，后来又越过法国迁到了尼德兰——这是一个战胜了宗教裁判所的老祖宗的国家。"

"既然他是犹太人，那他是不是只能住在犹太人居住区里？"

"不是，贝蕾妮克，阿姆斯特丹从来没有过真正的犹太人居住区，犹太人住在哪儿都可以。"

他们穿过窄窄的巷子，阳光射进巷子，把牛眼形的窗玻璃变成了一面面小镜子。人们在聊天，男人拿着手杖，戴着宽沿帽子，鞋上有银色的带扣，领子和尖尖的硬袖口都很昂贵。孩子们在滚铁环、抽陀螺。

塞内克斯继续说："莱布尼茨1646年生在莱比锡，上大学学的是法律，在美因茨（Mainz）大公的朝廷里致力于改革罗马法，二十六岁时接受秘密使命前往巴黎，要说服法王路易十四袭击埃及，牵制那儿的土耳其人，目的是将路易十四的注意力从莱茵河和尼德兰转移开。这个计划落空了。后来拿破仑才重新捡起这个计划并将其付诸实施。路易十四则袭击了尼德兰和莱茵普法尔茨（Rheinpfalz）。莱布尼茨在巴黎了解到科学和哲学的新动向。他回德国的时候，走访了巴洛赫·德·斯宾诺莎。回到德国后，他领导汉诺威公爵（Herzog von Hannover）在沃尔芬比特尔（Wolfenbüttel）的图书馆。在斯宾诺莎的倡议下，莱比尼茨在柏林建立了一个协会，那就是后来的普鲁士科学院，莱布尼茨是它的第一任主席。他获得了很高的声誉，1716年在不伦瑞克（Braunschweig）死于痛风。关于他的生活就说这么多。腓特烈大帝（Friedrich der Große）认为，西方国家有各种理由景仰这位天才数学家、巴洛克时代德国最伟大的哲学家、最后一位全能渊博的巨匠学者，他本身就是一座完整的科学院。"

"好吧，那我们就景仰他吧。"斯蒂芬回答，情绪很好。

"莱布尼茨设计了一种可以进行四种基本运算的机械算术机，可以对十二位的数进行运算，而帕斯卡的算术机只能算加法和乘法。莱布尼茨也认为我们的世界可以用数学符号来描述。他阐释了微积分的基本特征，但更重要的是他构想出了二进制……"

"就是可以用两个数字0和1表示一切数的那个二进制吗？"

"这个'游戏'直到我们这个世纪才显示出它的用途。"

"您指的是计算机技术，不是吗？"

"莱布尼茨也从哲学意义上阐述这个想法。他写道：'从什么也没有、从零之中通过万有的一，通过上帝，通过造物，产生了宇宙。零和一不是不可调和地对立着的，因为由二者的联合之中产生了宇宙的无限多样性。'好了，没几步远了，你们马上就要自己见识这位哲学家了。"

"我以为我们是去斯宾诺莎那儿啊？"贝蕾妮克挽着斯蒂芬和罗曼的手臂，这时插上了一句。

"也对。斯宾诺莎1632年生在尼德兰，十八岁时他就表达了自己对犹太人自视为被上帝选中的民族而存在的怀疑，甚至是对犹太教教规本身的怀疑，因此他被赶出了犹太教会。他进行统计计算，用气泵和测温仪工作，得到了最早的化学知识。他对自然科学的兴趣这实践性的一面——再加上笛卡儿的影响——促使他写出了论文《折射或光线折射理论》，得到了新的结果。专业人士和业余爱好者要求他做出精度极高的放大镜，他又没有其他收入，还非常骄傲，因此学会了磨制光学镜片，并从此以此为生，结果当然害上了肺结核，最后就死在这上头。总而言之他磨制并销售眼镜片。像霍布斯（Hobbes）和笛卡儿一样，他也把数学视作不会欺骗的科学。斯宾诺莎于1677年去世，也就是他与莱布尼茨会面后一年。这个离经叛道的犹太人冲撞圣经的权威，传播异教的自然观，他死后，他的作品遭到国家明令禁止，被说成是'世俗、无神论和亵渎上帝'的。——我们到了！"

一场奇特的谈话

塞内克斯在一条运河边站住了，墨绿色的河水上泛着微光。他指指一座红砖盖的房子，其横向和纵向上各有三个窗户，窗框涂成白色。尖尖的山墙，明亮的外窗台十分引人注目。窄窄的门和窗户很相配。塞内克斯推开门，四个人沿着狭窄的台阶上楼，台阶吱吱扭扭地在他们脚下响着，一直把他们引到一个布置得很简朴的房间里，塞内克斯称之为书房，但房间里也有一张睡觉用的床。侧面墙上中部的一扇门通往旁边的房间,那里面有磨制镜片的工作台和工具。只有充斥着书的那面墙显示出这个房间的用途,并赋予它某种舒适的感觉。

窗边面对面坐着两个人,一个大约是三十岁,很年轻,充满活力,中等个子,身材细长,打扮得像个王公似的。他戴着顶黑色的假发,无数的发卷儿环绕着他苍白的脸,一直垂到肩膀上。他的前额分外地高,眉毛像表示惊异似的轻抬着,嘴唇窄窄的,给人的印象是,他是个智力很高、地位很高的人物,并且他很清楚自己地位的重要性。他说话的声音轻而明亮,这和他很相配。

他对面的人年纪大一些,个子矮一些,他的头发——那肯定是他自己的头发——也是黑色的卷发,已经变得稀疏了。他穿着件睡袍,上面满是玻璃的细末,但他并不给人以不修边幅的感觉。他双颊凹陷的脸似乎显示出某种病症,但较深的肤色不能掩盖他的南方出身。他胡子刮得很仔细,富于表达力的线条上落着忧郁的阴影,尤其是他的眼神表现出消沉。

塞内克斯让几个人在门口墙边的椅子上坐下,解释说:"这就是莱布尼茨和斯宾诺莎。他们的谈话虽然没有逐字逐句地记录在案,但人们知道他们主要是讨论了关于上帝的概念和上帝存在的证据的问题,结果斯宾诺莎使得莱布尼茨对基督启示的信念产生了些许动摇。斯宾诺莎代表的观点是,上帝等同于自然,而这是有着重大影响的。"

那位身为光学师的哲学家平心静气地给对面的人分析阐释,他的话不断被他自己的咳嗽打断。他说:"上帝和自然,物质和精神,思想和存在——即使它们不是同一样东西,那也是一个不可分而无限的实体的两面,其创造出来的凡物只不过是其中的不同种类。"

莱布尼茨回答说:"我在单子中看到了唯一的实体。"

"在单子中?"

"我理解的单子是绝对的基本粒子。您知道,希腊语中的'monas'意思是单子,即不是由其他东西组合成的东西。因此单子是一种简单的实体,意思是说,它不是由一些部分组合起来的,它不能再分了。它没有延展,没有开口儿——这就是说,它不受外部的影响。"

显然,要对这种设想有一个概念,这对斯宾诺莎来说不大容易。他清了清嗓子,说:"如果我理解得对,您的这种思想远远超出了那些理性主义者的思想。"

莱布尼茨像受了奉承似的微笑了:"您这样想吗?我认为,单子是能量,或者更好的说法是能量点,是充满活力的,是有灵魂的。"

"您说活的能量,莱布尼茨先生?"

"对,我把能量和实体看成是互补的!"

"但是,您想怎么描述能量和力呢?"

"它们是冲力、运动、压缩、张力。"

"是力场吗?"

"您尽管这么称呼它吧,巴洛赫·德·斯宾诺莎。这种能量、活力,就在于单子有活跃的思想、愿望、追求和意志。此外单子也有一个等级秩序,最上面的元单子,我把它看作上帝。在它下面依次有思想、灵魂,然后是生物,就这样一层层下去。"

"这可是诗意的设想啊,莱布尼茨先生!"

"您有什么异议吗?我也可以用数学的方式来表达:上帝单子等于无限除以一……。"

"就是说,上帝单子是无限的,您是这个意思吗?"

"对。"

斯宾诺莎咳嗽起来:"那人的单子呢?"

"人的单子等于一除以无限!"

斯宾诺莎用手指尖敲起了自己的掌心:"太妙了!所以人是无限分之一!"

莱布尼茨又微笑起来:"我看,您明白我的意思了,我深感荣幸。现在您想一想,有无限多的单子,无限多的个体,它们可以自己把自己组织起来,成为众多。"

"它们组合起来,是吗,莱布尼茨先生?"

"我就是这个意思。"

"但是——如果我理解得对——这样,您不只是把每个单子看成是一个不可分的个体,而且也把它看成是独一无二的东西。"斯宾诺莎咳嗽得浑身颤抖起来,他低声说了句:"请原谅!"

"我们别谈了吧?咳嗽对您不依不饶呢,巴洛赫·德·斯宾诺莎!"

"不,不,您只管接着说吧——我什么时候有过像您这么充满思想、有趣的客人呢?"

莱布尼茨身体向后一靠,两条腿交叉起来:"这些单子不管是在与其他单子的关系方面还是在它们各自的设想方面都是独一无二的。"

"那就又有了第三个标准,不可分、活跃,而且独一无二。这给您的思想更添了光彩了!那您是不是也认为,每个单子都是宇宙的一面鲜活的镜子?"

"对,斯宾诺莎先生,这是因为,每一个单子都在它自己的设想之中反映着宇宙,而且是从它自己的视角出发。"

斯宾诺莎喃喃地说道:"那么它们对宇宙反映的清晰程度是有高有低的了?"他的声音低得几乎听不清。

莱布尼茨没理会到他的话,激情洋溢地一个劲儿说下去:"您可以把每一块物质都想成一个种满了植物的花园,或者是一个游着很多鱼的池塘。而植物的每一根枝杈,动物的每一个肢体,它的体液中的每一滴,又都各自是一个花园、一个池塘。"

"太惊人了！"——不知道斯宾诺莎的意思是不是莱布尼茨的设想是惊人的愚蠢。似乎是为了确定自己的看法，斯宾诺莎问："那么植物之间的土和空气呢？鱼之间的水呢？"

莱布尼茨完全被他自己的光辉思想照晕了，他喊道："虽然它们自己既不是植物也不是鱼，但它们却包含着植物和鱼——虽然大多数情况下十分微妙，是我们所无法辨认的。"

前定的和谐

窗边的两位哲学家继续着他们的谈话。斯宾诺莎问："但是，莱布尼茨先生，这么多又这么微小的活跃的东西，又没有开口儿，那它们怎么能共同起作用呢？"

莱布尼茨考虑起来，似乎不好意思说出他的一个想法，因为这个想法对他来说意义重大，他担心说出来了不会被人理解。终于他克服了自己："通过前定的和谐！"他吐出这句话，话音轻得像呼出的一口气。

斯宾诺莎却听得很一清二楚，他直起身，喊道："请您做进一步的解释！"

"前定的、不可改变的和谐原则可以解释灵魂与肉体的统一——或者说一致，以及它们的共同作用。我对笛卡儿关于灵魂与肉体在松果体内结合的观点不以为然。不不，灵魂有它自己遵从的法则，肉体则有肉体的法则；但由于一切物质中都有前定的和谐，它们便聚合到了一起，因为它们全都代表着同一个宇宙。"

斯宾诺莎又咳嗽起来，咳嗽过后他忍不住说道："我往下想这个问题的时候，我就发现您是个非常乐观的人，莱布尼茨先生，因为您认为，在单子之中，因此也就是在世界之中，追求和谐、追求善的意志是从一开始就设定好了的。"

这个问题似乎惹恼了莱布尼茨，他嘟囔道："我可绝对不想让自己受您的无神论的传染，巴洛赫·德·斯宾诺莎！"

"我的无神论，莱布尼茨先生？可您听到的都是错的。不错，我还很年轻的时候，犹太教会就因为我的观点——让我们暂且说'我的非正统的观点'——把我革出了教门。早在那时候，对我来说研究犹太教法典就已经没什么价值了，我对其中那些吹毛求疵的意义一年比一年更加怀疑；另外《旧约》中的矛盾之处对我来说也是障碍。"

"您的批判精神太过强了！"

"这可是研究哲学的前提啊。确实，教会上层也像发了疯的野兽一般盯着我，因为我不把《圣经》看成是神圣灵感的作品，而是把它看作没那么了不起的凡人之作，其中有的部分是伪作，只是为了教导人们以完人基督为榜样，博爱、听从上帝。"

看得出来，这一观点令莱布尼茨震惊了。他生硬地说："圣经是根据人的方式和流传下来的民众的观念来进行论证的，它的意图不是教授哲学，让人们变得博学，它是要叫人们服从。"

"是啊，"斯宾诺莎喊道，"这就是我说的呀！就算我再佩服那些文字，我也不能相信奇迹和那些预言家的神赋灵感。他们是些想象力丰富的人，但正因为这样，他们不太有能力进行逻辑思考，因此他们作为权威都是些废物，正像我们那些毫无宽容之心、向圣经顶礼膜拜的'宗教改革家、预言家'一样。他们在人们心中煽起一种希望，希望自己的愚蠢在彼岸能够受到上帝的高度奖赏，而人们的信念——我们暂且不说那是迷信——则是通过对死后受酷刑的恐惧来维持的。"

上帝不会把我的眼泪看作美德

斯宾诺莎愈发激动起来，他的双颊泛起了发烧般的红晕，折磨人的咳嗽使他全身颤抖，拼命吸气。莱布尼茨跳起来扶他，等斯宾诺莎平静了一些后，他才又在扶椅上坐下。

斯宾诺莎用疲惫的声音说："您看见了，莱布尼茨先生，有时候我太容易激动了，我同卡尔文主义、清教徒关于罪孽的概念势不两立，这概念夺去了人们生活中的色彩。那灰色、晦暗的迷信禁止人们享受人生，我的人生观与之对垒！请您相信我，没有一个上帝、没有任何一个人会因为我的无能和闷闷不乐而感到愉快，把我的眼泪和恐惧视作美德——除非他嫉妒成性。恰恰相反——能够激发我们的快乐越大，我们就越是趋向更高的完美。利用并享受事物——当然不要过度——这正是一个智者的生活准则。我们应该有节制地享受佳肴美酒；但享受就是享受，就是欣赏芬芳的气味、盛开的花、装饰、音乐、戏剧等诸如此类，而不要由此给其他的人造成损害！"

"这样说来，您就像伊壁鸠鲁！"

"难道这该承受指责吗？"

"不是指责，但教会的看法不同；而且不光是卡尔文教派的，对热爱生活的天主教会也有不同的看法！"

"呸！您肯定是读过教会史的吧，莱布尼茨先生。那您肯定也知道，罗马的教皇是用什么样的手腕在基督出生后的六百年间攫取最高权力的——总不是上帝亲自指派他为自己的代言人的吧。"

莱布尼茨有些生气："但我们是不是可以相信，我们拥有智慧，我们的哲学是所有的哲学中最好的呢？"

他得到的回答是："啊，我可不会提出这种要求！不过我知道我能认识到真实的东西。"

"您怎么知道？"

"正像您知道一个三角形的三个角等于两个直角一样。因为真实的东西是检验它自身和虚假的东西的试金石。但我相信上帝，由他的本性可以得出，只有他才能理解他自身。上帝是以唯一真实的、无限的、必然的实体的身份存在的，他的缺席是不可设想的，因为如果没有他就根本谈不到思想家和思想。这实体是无限的，因而它是一切；它是唯一的，因为如果说有第二个与它不同的实体，那将是荒谬的。"

莱布尼茨一副打算和解的样子："由此，一切从人的特征投射出一个造物主或是最高审判者，在此基础上设想出一个上帝的做法都是胡闹。"

"是的，如果一个三角形会说话，它会说上帝是三角形的，而一个圆圈会说上帝就像个圈儿，谁都可以以这种方式给上帝加上他自己的特征，让上帝跟他自己相像。另外我认为任何一种礼拜行为也是个难以说清的问题，因为礼拜靠的是奇迹；而奇迹和无知都是一样的荒唐，因为，如果说人们是试图用奇迹去支持上帝和宗教的存在的话，那人们是用一个不明不白的东西去解释另一个不明不白的东西。不不，莱布尼茨先生，我不相信天使和奇迹，不相信个人的灵魂和灵魂的不朽！那么好了，我不仅否认犹太教关于上帝的启示，也否认基督教的。耶稣基督对我而言不过是一个独一无二的人物，也可以说他是个可以为人楷模的人，但我不把他看成是上帝和人之间的中介。基督教义的三个基本概念，即三位一体、圣灵、肉体复活以及最后的审判对我来说都是空洞的。"

莱布尼茨轻轻地敲着自己的大腿，可能是无意识的："可这样的话您就是个无神论者啊，也许是个出类拔萃的无神论者！我感到奇怪：您居然还说'上帝'这个字眼，而不是只说'自然'！"

"您想到哪里去了！我只是想废黜迷信，把研究自然作为拯救无知和对死亡的恐惧的手段来进行，通过肯定生命的理智态度来创造内心的力量。"

莱布尼茨点点头，他大概觉得有必要做出让步。他对这个已病入膏肓的人感到同情，用宽慰的语气说道："我们在这里想到一起去了，斯宾诺莎。我关于前定的和谐的思想虽然来自乐观主义，但它同样是理性的。"

"请您解释一下！"

"我认为，在单子中，也就是在世界上，任何一种理智的伦理学的基本原则，即向善的意志，都是预先设定的。在我看来上帝就是宇宙的充分理由，他从自己的完美出发为每个单子都设定了一种基本法则，不管那是假设还是乌托邦式的梦想。"

"而您想以此证明上帝，甚至为上帝辩护吗？那我把这叫做您的神正论。"

"随您怎么说吧。反正我认为这个世界是所有可能的世界中最好的一个。"

"也就是说,您不相信上帝以他的仁慈和完美造出这么好的世界来吗?"

"对,斯宾诺莎先生,因为那样的话我会认为是太玩世不恭了。罪恶当然是存在的,毋庸置疑,但这都是人的自由导致的,即他决定自己是向善还是向恶的自由!我们必须承认,宇宙比哪怕是最智慧的人的所有愿望都高明,不可能让世界比它现有的样子更好。我们理应热爱一切善的创造者,并愉悦地观赏他的完美!"

"这一套跟我可不对路。"斯蒂芬喃喃说道。他站起身,因为塞内克斯已经站了起来,并向他们做了个上路的手势,他们便跟着走了出来。

乐观主义像生命一样重要

外面阳光灿烂,四个人都眯缝起眼睛。

"一年以后斯宾诺莎去世了"塞内克斯说,"据说莱布尼茨在这次谈话之后很久都'不受神学偏见的影响'——这是他朋友的原话。"

"我开始喜欢斯宾诺莎了。"斯蒂芬宣布。

"可我觉得,莱布尼茨本该得到更高的评价。"

"罗曼说的不是没有道理,因为莱布尼茨的思想——我指的是他关于单子的学说——是理性主义的体系之中给人印象最深刻的一个。我认为,直到今天,它也仍然是可以给我们最多教益的一个。他追问世界最基本的组成部分,追问实体。笛卡儿的说法是有三种实体,即一个没有尽头的——上帝,两个有尽头的——一个是外延的实体,肉体,一个是思想着的,是精神。无论是谁都不太满意这种观点;人们更容易赞同莱布尼茨的观点。在经过三十年战争的动荡之后,他发展出了他最好的、可能也是最大胆的思想:前定和谐的思想,将其作为抵挡战争带来的困境的一道堤坝。"

"但是,塞内克斯,正是因为存在这种困境,如果一个人相信某种前定的和谐,那他不就是盲目地乐观了吗?"

"莱布尼茨的乐观主义斯宾诺莎也提到了,斯蒂芬。"塞内克斯微微晃着头,"我认为乐观对于我们所有人来说都像生命一样重要。但我们还是在帕维辽恩运河(Paviljoensgracht)边再坐一下吧;我们看看那些天鹅,并在脑子里再到法国去一趟。这以后我就想结束十七世纪的哲学家和数学家这一章了。眼下我脑子想的这个名字以前已经提过好几次了,最后一次提是跟最早的算术机有关系。"

"是布莱兹·帕斯卡(Blaise Pascal)!"贝蕾妮克喊道。

所有这些哲学家都是杰出的数学家

塞内克斯闭上眼睛:"请你们想象一下法国的中部,中央高原地区。在多姆山脚下,绿意青葱的火山锥的环抱之中,坐落着小城克莱蒙—费朗(Clermont—Ferrand)。1623年帕斯卡出生在这里,而仅仅三十九年后他就在巴黎去世了。"塞内克斯又睁开了眼睛:"如果我们今天在书店的目录里寻找他的名字,仅在德国我们就能找到五十个,但大多数冠以他的名字的都是计算机程序设计语言。"

"为什么?"

"我想,这是因为他在青春年少的时候被视作数学天才。年仅十六岁时他就写了关于圆锥曲线的论文。不管做什么,他都做得飞快,匆匆忙忙的,连喘气的工夫都没有,就好像他知道自己剩下的时间不多了一样。他很少做改正的工作,总是匆匆地向前赶新的工作,写的文章几乎从不读第二遍。"

"巴洛克时期所有的大哲学家似乎都是杰出的数学家。"

"虽然工具书都把帕斯卡称作宗教哲学家,但我提帕斯卡是要提他与哲学的关系。"

"您认为说工具书的说法局限性太大了吗?"贝蕾妮克把胳膊支在运河的护墙上,眼望着天鹅。

"是的,因为在很多种哲学史里根本找不到他的名字——除非哪本哲学史具有宗教倾向。这我就要说到他的特别之处了。我们今天提到的笛卡儿、斯宾诺莎和莱布尼茨三位哲学家,不管他们有多么不同,但有一点是共同的。"

"因为他们三个都承认有一个创造世界的造物主,虽然他们不把耶稣看成是上帝的儿子。"

"对,虽然他们赋予了上帝不同的名字——至高的存在也好,至高的实体也好,至善也好。虽然可能只是出于习俗的力量,中世纪的信仰依然占着统治地位——这种情况是将要得到改变的。但在伏尔泰诅咒教会,法国大革命捣毁祭坛上的圣像之前,布莱兹·帕斯卡站出来了。以他天生敏锐的、分析式的数学头脑,再加上他的潇洒,他走了另一条道路。如果把人类走向理性主义的发展历程比喻成一条越流越急、越拓越宽的水流的话,那么帕斯卡就是一个站在急流中央,伸开双臂,试图阻挡它的人。"

"白费劲儿!"斯蒂芬蹙起了额头。

"但是我对他有好感。"罗曼以肯定的声调喊。

"你尽可以对他有好感。"塞内克斯回答说,"中世纪那种对信仰的激情在遭到理性分析的无情进攻之前似乎在帕斯卡身上再一次凝聚起来。我眼里的布莱兹·帕斯卡是最后一位真正无条件地信仰耶稣基督的严肃的哲学家。在他身上，基督教的虔诚和哲学思想、数学的洞察力结合在一起。"

"人们对他的生活都知道些什么？"

"和阿西西（Assisi）的圣方济各（der heilige Franz）差不多，他先是过着一种所谓的'花天酒地'的生活；他乘着四驾乃至六驾的马车出游，连疾病也无法阻挡他去享乐。"

"他有病吗？"

"某种麻痹症使他不得不靠拐杖走路，而且他还患有抑郁症，那时被称为'忧郁'。像圣方济各一样他经历了一次顿悟，他自己称之为'火'。在一篇所谓的'备忘录'中他提到了这个。"

"出了什么事？"

"有两件事，贝蕾妮克。一次，在巴黎的一座桥上，他乘的马车出了事故，不知是运气还是偶然，他竟没有受伤。他认为是上帝伸了援手。另外他姐姐的疾病被治愈，他认为这是个奇迹。"

"这是怎么回事？"

"她眼睛上生了肿瘤，吻了荆棘上的刺，据说那荆棘来自基督的荆冠。"

"而因为她的病治好了，他就投进了教会的怀抱？"

"是投进了信仰的怀抱，不是投进天主教会的怀抱，斯蒂芬。帕斯卡受扬森派的影响——扬森派是一个有着严格的信仰原则的宗教改革派。帕斯卡把贫穷看作崇高的理想，把财产分赠出去很多，在自己家里收留了一户贫穷的人家，甚至当那家里的一个孩子得了天花的时候，也不要求他们搬出去，搬出去的倒是他自己。他立遗嘱把他财产的一半分给了穷人，在受了临终涂油礼以后死去。"

"多么矛盾啊！这么说，虽然他自己是一个有头脑的人，但他却受一些不能用理智来解释的经历的影响——我说得对吗？"

"帕斯卡大概也是这么想的，因为他提出了'心的逻辑'这个概念；他根本不想解释他的顿悟。"

罗曼大概还想说些表示赞同的话，但当他的目光落在斯蒂芬身上，看到后者含讥带讽撇起嘴的时候，他把话又咽了回去，咬住了下嘴唇。

上帝与人之间的距离是无限的

斯蒂芬这时问道："这么说帕斯卡的信念与理性是对立的？"

"更好的说法是'与理性主义'对立，斯蒂芬。有些人把帕斯卡看作是一个宗教天才，他在宗教的上帝中看到了比哲学家们的上帝更多的东西。对他来说比理智更重要的是信念和感觉，他的观点是，我们不能只用理智认识真理。"

"这我很理解。"贝蕾妮克不在乎斯蒂芬讽刺的微笑。

塞内克斯对此也没理会。"在我们遇到了那么多批判信仰的哲学家后，我觉得给你们介绍一下对立面是很公平的。帕斯卡认为上帝与人之间的距离是无限的，你们见到的他是一个敏锐的、反对理性主义的人，尤其是反对笛卡儿的理性主义。帕斯卡的观点是，人只有通过心灵，在神赋灵感的道路上才能获得关于上帝的知识，理智没有探明心灵深处的能力。在大哲学家中，帕斯卡是个例外，他为基督教写了辩护词，即《思想录》。由于生病，这部作品没有完成，但它依然是一篇为信念所做的光辉辩词。"

"这在那时候有必要吗？"罗曼终于又开口了，他把手向贝蕾妮克那边挪过去。

"当然有。一种放纵的风气日益向四周蔓延，帕斯卡反对这个；甚至许多教士也觉得卖弄这种放纵是很风趣的事。帕斯卡却写了心中没有上帝的人的痛苦以及心中有上帝的人与上帝同在时的幸福。他说出了人对宗教是多么轻视、憎恨，因为他们怕宗教不是真的。为了纠正这些，他想先指出宗教并不与理性相悖，然后他想促使人们心中生出一种愿望，愿宗教是真实的；最后他想证明宗教是真实的。"

"他成功了吗？"又是那种讥讽的目光。

"唉，斯蒂芬……"

塞内克斯转向另外两个年轻人："帕斯卡的《思想录》虽然没有完成，但他却是在他以后所有向基督教发起进攻的人必须认真对待的一个对手，比如伏尔泰、保罗·瓦勒里（Paul Valéry）[1]、尼采等等。此外帕斯卡是第一位科学批评家。他是一个敏感的哲学家，用心血写作。针对哥白尼和伽利略以来人们对宇宙的新设想，他说：'这无边无际的空间的永恒沉默令我战栗。'"

"他有病，您说过的！"

"所以人们用他的这一缺陷来解释他的信仰。比如十九世纪的文学批评家圣博夫（Sainte—Beuve）说：'帕斯卡有病，我们在读他的著作时得想到这一点。'人们还说，帕斯卡之所以这么激情洋溢地斗争，是因为他自己就从来没有摆脱过怀疑。正是因为帕斯卡了解无神论者的怀疑，他既吸引了虔信的人，也吸引了无神论者。在他的文章《致外省人书，关于耶稣会的伦理学》里他从扬森派的角度抨击了耶稣会，这篇文章被认为是法国古典散文修辞艺术的巅峰。"

"但他不只是个宗教哲学家，还是数学家和物理学家。"罗曼感到自己有必要为这位信仰的保卫者说话。

---

[1] 译者注：保尔·瓦勒里（Paul Valéry，1871—1945），法国象征派诗人和理论家，作品中宣扬世界主义和极端个人主义，认为人的理智不能领悟事物的本质。

"如果不是这样的话,今天就不会有以他的名字命名的程序语言,也不会有气压单位'帕'。他发现气压随高度的增加而降低,高度可以用气压计测量出来。他的一个朋友在多姆山山顶上做了最初的试验。帕斯卡还研究了真空。我们知道'帕斯卡三角'是一种几何排列。他设计了一种加法机,发展了概率计算,发现了连通管法则。所有这些都向我们展示了另一个人:一个杰出的自然科学家。"

一时间谁都没有说话。

巴洛克的音乐

音乐史上最伟大的天才之一

每个人都沉浸在自己的思索中,让思绪随着缓缓的流水源源不绝地流淌——也随着午后运河上那闪烁着的点点阳光。

随后塞内克斯说道:"时间过去了。你们看到那边那个小教堂了吗?我们要利用黄昏这点余光,在教堂里变得太黑之前进去看看。"

他们走过一座拱桥,桥栏上蹲着鸽子和麻雀,装饰雕塑一般,他们经过的时候也不飞起。

教堂的木制大门虚掩着。塞内克斯建议坐在离门最近的板凳上。教堂中厅在他们面前伸展,空荡荡的,给人一种无遮无拦的感觉。一切都是光秃秃的,墙壁也是石灰白色的。高高的窗户明亮而无色,只有温暖的光线投进来。

"这个卡尔文派教堂里所有的画像都被清除出去了。"塞内克斯说,"正好,因为现在你们应该动用你们的想象力了。音乐不会在这个教堂里奏响,因此,我现在脑子里正想着那个人对于自己虽是新教徒,但却属于路德教派感到很高兴——他受不了禁欲的卡尔文主义。当然,我们本来应该去莱比锡,但道路实在是太糟糕,而且对这个天才来说,地点并不重要——他属于世界,也属于尼德兰,在这儿,他的音乐也享有同别的地方一样的崇高地位。"

"您说的是约翰·塞巴斯蒂安·巴赫(Johann Sebastian Bach),不是吗?"贝蕾妮克问道,眼中满是快活的神色。

"我个人认为巴赫是音乐史上最出类拔萃的人物之一。我们在尼德兰讨论他并非毫无意义……他从没到过这儿,但复调音乐在这儿产生,多声部音乐从这儿传到全欧洲,最主要的首先是声乐作品,而巴赫是这方面最杰出的大师,他的名字简直可以说是复调的代名词——当然赋格曲也属他拿手,因为他创造出了它的最高形式。"

"那么对位呢?"

"也包括对位,罗曼,但要对对位法追本溯源的话,应该追到意大利人帕莱斯特里纳(Palestrina)[1]那里去,他的功绩我们当然也不能抹煞。但巴赫并不因此而显得

---

[1] 帕莱斯特里纳(Giovanni Pierluigi da Palestrina,约1525—1594),意大利作曲家,少时曾充作教堂歌童。1551年起历任罗马教堂乐长。

逊色——没有一个作曲家能像巴赫那样永远、处处在人们的生活中——唯一的例外是莫扎特。"

"但如今的世界上,基督教的影响日益减弱,您觉得巴赫的地位能保持住吗?"斯蒂芬问,一边不厌其烦地再一次推推眼镜。

"是的,因为巴赫的创作是纯粹的音乐,既不是宗教的也不是世俗的;他的创作超出了这些范畴,到今天就更是如此。当代作曲家毛里西奥·卡格尔(Mauricio Kagel)说,可能不是所有的音乐家都信仰上帝,但他们全都信仰巴赫。这也是为什么巴赫在过去的半个世纪中极为流行的缘故——不光是在教堂和音乐会大厅里。巴赫的作品被改编成了爵士乐,被糟蹋成了消遣音乐,或被当作电影的背景音乐,广告业也大肆利用巴赫作品受喜爱这一点。然而事实证明,巴赫音乐的实质内核始终是不可损毁的。只要还有人要听音乐,就一定会演奏巴赫的作品,而每一代人都按自己的意图对其进行加工。"

"他是什么时候生的?他比亨德尔大还是小?"

"他们同岁。约翰·塞巴斯蒂安·巴赫和格奥尔格·弗里德里希·亨德尔(Georg Friedrich Handel)都生于1685年,出生地相距几乎不到一百公里——巴赫是在图林根(Thüringen)的埃森纳赫(Eisenach),亨德尔是在萨勒河边的哈勒(Halle an der Saale),然而他们的生活道路截然不同。"

"有时候我觉得巴赫当上托马斯教堂合唱队的指挥,不得不创作很多教堂音乐是件很可惜的事。"

"但他却以他的赞美诗、基督受难曲和圣诞清唱剧、康塔塔、经文歌将教堂音乐中最伟大的作品奉献给了教民,而且是不同教派的教民,因为他用最完美的音乐语言表达出虔诚——虽然他在托马斯教堂的乐长和教师这个职位上遇到的是重重矛盾,往往没有快乐可言。"

"巴赫当托马斯教堂的合唱队指挥不是违背他自己的意愿的吗?莱比锡本来根本不想要他。"

"当时人们说,既然找不到最好的,只好拿中不溜儿的将就——'最好的'指的是泰勒曼(Telemann)和另两个更没什么影响的作曲家。莱比锡人当时首先并不是要找一个好音乐家,而是要找一个合唱队指挥和教师——尤其是拉丁语教师,而这是巴赫很厌恶的事。后来他经常抱怨上级对他缺乏理解以及别人对他的妒忌和迫害。"

尘世的欢呼和神圣的欢乐

四个人都琢磨着罗曼的话。"对此还有很多可说的。"塞内克斯继续说道,"巴赫确实是一个天才,而且是个多面手。他不仅是托马斯教堂的合唱队指挥,还先后做过萨克森—魏玛威廉公爵(Herzog Wilhelm von Sachsen—Weimar)的宫廷管风琴师、宫廷首席小提琴,然后又到克滕(Köthen)的安哈尔特大公利奥波德(Leopold von Anhalt)那里做室内乐指挥,最后才到了莱比锡,而且留了下来。他有一个大家庭要养活。我认为,他自己并没有对世人的欢呼和天堂的快乐做过区分。"

"他是个什么样的人?"贝蕾妮克问。

"是个巴洛克式的人物。据说他很活泼,戴着顶厚厚的假发,人们对他的描述是肩宽体胖,一张丰满的脸,面色红润,有个壮观的大鼻子,眉毛弯弯的。他大概是个很有激情的人,总是急匆匆的,很固执,但又是个热情、好脾气的大个子。他善豪饮,生了二十个孩子,其中有些夭折了,另一些则被他教育成了出色的音乐家——这是他除了其他在宫廷和托马斯教堂的使命之外的另一项成就。但他总是缺钱,在报酬和奖赏方面都受骗,还得受王公、官家、教会上层人物的压迫、蔑视和冷嘲热讽,像个农奴似的受管制、受逼迫,不得不委曲求全。没有征得市长的允许,他不得离开莱比锡。"

"那肯定是一种令人厌恶的陈腐的小城气氛。"罗曼喃喃说道。

"巴赫忍受了这一切。从现在尚能找到的书中我们了解到关于他和他的家庭的一些小事。他从魏森费尔斯(Weißenfels)收到过别人送的野味,喜欢发酵的果汁和烧酒;他的妻子安娜·玛格达蕾娜(Anna Magdalena)料理花园,喜欢黄色的康乃馨,希望能得到一只爱唱歌的金翅雀。"

"这听起来是资产阶级情调的嘛,不过也挺有人情味的。那时候还没有人料想到他的价值吗?"

"有些人已经感觉到了。担任托马斯教堂合唱队指挥的巴赫成了为人所公认的权威,学生在他那儿出出进进,音乐家征求他写鉴定,市议会找他去鉴定新的管风琴,遇到要在空缺职位上安排人的时候征求他的意见。而他的日常工作估计是压力很大的,他要给新学生考试,安排乐手,监督市属的乐器工场的工作,还有好多别的事。"

"而他还谱了那么多曲!"

"那真是巨大的成就!每星期他都写一个新的康塔塔、宗教的和世俗的音乐;他为教堂工作以后仍然写世俗的音乐,在这儿我只提一下他为腓特烈大帝作的《哥德堡变奏曲》,还有《音乐的奉献》。"

"那么《平均律钢琴曲集》呢?"

"那里面只有第二部分是在莱比锡写的,前一部分在他成为托马斯教堂合唱队指挥之前就开始写了。任何一个音乐家都不能跳过巴赫,不管他是吹长笛的、吹双簧管的,还是弹管风琴的、弹羽管键琴的,弹钢琴和拉小提琴的就更不用提了。在克滕他写出了为长笛、古大提琴和小提琴而作的奏鸣曲,这些奏鸣曲显示了他创作才能的巅峰;为独奏小提琴创作的奏鸣曲和组曲也是这样。虽然巴赫自己也拉小提琴,但他并不偏爱这种乐器,然而他还是写出了小提琴作品中的极品,可以说完美无缺。他的《恰空舞曲》是最美的音乐之一,其中,巴赫在一件小小乐器的四根弦上变幻出一个充满思想和情感的世界;此外他还为独奏大提琴写出了六套组曲。这些作品都显示了最高的思想性和技巧性,它们令演奏者得以用独立的、创造性的语言同自己对话。克滕时期的作品还有《长笛独奏组曲》和小提琴协奏曲——双协奏曲是其中的明珠。巴赫的小号已经成了一个固定的概念。在《勃兰登堡协奏曲》中,他用参加协奏的乐器圆号、双簧管、小提琴、小号、竖笛、低音弦乐器和羽管键琴造就出丰富的色彩。今天,有些演奏家专门演奏巴赫的作品,在全世界飞来飞去地做巡回演出,从东京到纽约,从伦敦到巴黎、莫斯科,从西班牙到德国、奥地利和瑞士。他的《平均律钢琴曲集》是他为钢琴写出的最为丰富的作品——当然那时人们用的还是古钢琴。他在其中为二十四个调式中的每一个都写了一首前奏曲和一首赋格。当时有名的萨克森管风琴制作家族西尔伯曼(Silbermann)刚刚开始制作最早的、尚未完全成熟的钢琴,巴赫在其产生的过程中起了很关键的作用。"

"您还提到了对位,对位到底是什么意思?"

"对位是复调中的概念,用意译的方法翻译过来就是'音符对音符';其中多个声部在旋律和节奏两方面都可以比较独立地交互进行,巴赫是这方面无可争议的大师,他以高超的技巧令几个声部丰富地变幻,同时又紧密地交织在一起。他无论哪方面都擅长——技巧、各部主题的精彩呈示、丰富的想象力、强有力的表达,同时又思想深邃。"

巴洛克音乐中的特别之处

贝蕾妮克从窄窄的凳子上直起身,说:"我脑子里想着那么多的事,塞内克斯。比如,巴洛克音乐的特点是什么?应该怎么给它下定义呢?不管是哪个作曲家的曲子,如果是巴洛克风格的,刚听上几个小节你就能辨认出来。"

"一方面,我会说巴洛克是通奏低音的时代,一个或几个旋律声部在同一个和谐的基础上进行——也就是在均匀进行的通奏低音之上进行。另一方面,巴洛克音乐中贯穿着新和旧、宫廷的华丽和手工业者的脚踏实地、庄严富丽和内向含蓄、歌剧音乐和宗教音乐。作曲家的创作一方面源自传统，另一方面又深深地扎根于现代，也就是他们的时代。"

"我从那些基督受难曲和清唱剧中，还总能听到一种生活重压之下的呻吟，这真让我受不了！"斯蒂芬小声说。

"那个时代人恐怕是太有理由呻吟了。在宗教音乐中，尘世给人带来的痛苦可以按照它们本来的样子被表现出来，因此它可以给人以安慰，令人振作。"

"巴赫本人是那么虔诚吗？"

"他信教，但肯定不是那么狭隘，而是留心地观察着周围的一切发展变化；他与百科全书派成员生活在同一个时代。"

罗曼立刻追问道："百科全书派是什么？"

"百科全书派成员首先指的是参与了法国的狄德罗（Diderot）和达朗贝尔（d'Alembert）主持编纂的《百科全书》工作的人，大约有二百个；这部百科全书是第一次对时代的全部知识做系统把握的尝试。从狭义上说，百科全书派则指那些以百科全书为启蒙运动创造传声筒的哲学家。当时广大民众的知识水平——连受过教育的市民阶层也算上——是极为低下的，至少在我们今天看来是这样。"

"难道今天的知识水平就更高吗？对此我的看法可不同。"

"当然了，如果与当今爆炸一般增长的知识资料比较，人知道的一点也不比那个时代的人多；但那个时候占统治地位的还是中世纪的观念，人们所理解的世界不是处在持续不断的变化之中，而是一成不变、静止不动的；变化在人们的感觉中是微不足道的，不会从根本上动摇上帝创造的世界体系。人们对历史的看法也模糊不清，认为它和'现在'没什么大区别，认为古人的生活和今人的生活一模一样；就算做历史性的思考，也只是把时间分成基督出生前的时代，即《旧约》的时代，基督出生后的时代，即《新约》的时代。"

"虽然那时已经出现了哥白尼、伽利略和笛卡儿？"

"我现在说的不是寥寥无几的学者，也不是受过较高等的教育的人，因为直到那个时候情况才开始极其缓慢地有所转变，而启蒙运动对此起了很大的作用。巴赫对哲学大概了解得很少，他有没有听说过笛卡儿、莱布尼茨和斯宾诺莎。普鲁士国王腓特烈大帝那些非宗教的观点和他与伏尔泰那些在宗教方面很自由的通信大概让巴赫看不惯。面对死亡，巴赫相信耶稣的复活更胜过相信自己的亡灵会被唤醒。他得了白内障，眼睛瞎了，最后可能是死于一次失败的眼科手术。"

"这是什么时候的事？"

"莫扎特出生前六年，贝多芬出生前二十年——几个迥然不同的天才之间的间隔就是这么近，变化的速度加快了。"

不知不觉地，暮色已透进教堂的窗户，黑暗之中，教堂里的一切都成了剪影。

"我们走吧，旅舍就在一条小巷里，不远。"

塞内克斯挽起了斯蒂芬的胳膊——他觉得这个男孩有点被冷落。和贝蕾妮克走在一起的罗曼学塞内克斯的样，挽住了她。贝蕾妮克微笑了，不过没人注意到，因为她脸庞的颜色和轮廓都沉浸在黑暗之中了。

几乎没有光从周围的房子里透出来，只有远处的一个屋角那儿燃着一只插在铁丝筐里的火把。塞内克斯引着他们向那里走去。

第七晚
两极的巴洛克

困苦的巴洛克

粗鲁而缺少教养的孩子

　　自助餐厅里,他们把吃的端到桌子上,然后各人坐在自己的老位子上。外面一片寂静,老城无声地沉睡着。电灯光笼罩着他们的桌子和餐台,让他们有一种与世隔绝的感觉,就好像他们是在一个孤岛上。历史是现实吗?或者现实是历史?

　　今晚的菜是荷兰的海外殖民地风味,主要是亚洲菜:印尼炒饭、火锅、米饭、酸甜汤、两份青椒炒牛肉、杂碎、蘑菇笋片鸡肉等等,饭后甜食有香蕉和蜂蜜杏仁水果。只有在饮料方面,那位不露面的主人还是照老样子,准备了矿泉水、果汁和葡萄酒。

　　吃过饭,塞内克斯建议不要再出去了:"我希望能再跟你们谈谈莱比锡和德国,再做一些思考。"

　　三个吃饱喝足、懒洋洋的孩子表示赞成。"那好,我已经提到过了,巴赫的任务之一是为托马斯教堂合唱队的学生教授拉丁语和声乐课,可惜,这些男孩子和今天托马斯教堂合唱队的孩子可没法比。巴赫曾抱怨说,有些既没有音乐天赋又不喜欢音乐的孩子也被招收进来了。这是些缺少教养的孩子,由于他们总是在多风的莱比锡街道上扯着嗓子喊,声音已经变得嘶哑了。他们经常赤着脚跑来跑去,叫喊,乞讨，纠缠路人，搞各种各样的恶作剧，打架斗殴，乱扔石块。要是赶上博览会或年市，学校放假，他们就折腾得更厉害，因为那时有外地来的商人。另外，他们往往不得不在风吹雨淋中唱，在潮湿的空气中唱，在火炬的浓烟中唱，这更是加剧了他们嗓子的毁坏程度。他的学生也从来没有足够大的睡觉的地方，只能挤在一处；他们经常生病，然后又在狭小的空间里相互传染。"

"有医生吗？"

"有，但那也算医生吗？他们能干得了什么呢？谁又会为治疗一个捣蛋鬼出钱呢？于是安娜·玛格达蕾娜·巴赫就得往药房跑，要不就试试从她母亲或是祖母那儿传下来的药方。"

"巴赫就是让这些孩子唱他的康塔塔作品吗？"

"每个星期四他把他们带到教堂去，为即将到来的星期日排练；时间又这么短，练出来的东西成个什么样子就可想而知了！"

"至少乐队的乐手该比较好吧？"

"根据巴赫本人的记载，那些乐手接受的训练根本不够，今天的学生可以上的音乐学院那时几乎没有，人们一般都是在家里教孩子或是请私人教师。"

"莱比锡那时候是什么样，塞内克斯？"

一个繁荣的贸易城市

"莱比锡当时大约有一万五千名居民，在我们看来这很少，一个小地方而已，但那时整个地球上也不过才有大约五亿人，可到 2000 年就要有大约六十亿人了；也就是说，从那时起到现在，人口增长了十二倍。

当时的莱比锡是一个繁荣的贸易城市和博览会城市，其重要性超过纽伦堡和法兰克福。资产阶级日益增长的权力和财富就表现在他们那宫殿般宏伟的住宅和店铺上。人们需要街灯，还需要排污水的闸清理街道，需要有人监督咖啡馆，又由于开博览会时有很多外地人来此，所以还需要有音乐。博览会期间的莱比锡城简直是人满为患。

莱比锡早就是一个图书贸易中心，而它渐渐地也成了一个启蒙文学和舞台艺术的中心。1731 年，戈特舍德在莱比锡导演了他的正规剧《濒死的卡托》，1748 年，莱辛上演了他的处女作《年轻的学者》。到 1765 年歌德来上大学的时候，莱比锡已经是德语区的思想中心了。

成千上万的妇女生活在大街上

塞内克斯停顿了片刻，然后接着说："顺便说一句——富有的城市居民与乡村居民的生活之间有着天壤之别，这也包括妇女。富裕的市民阶层中的女性生活优裕，乡村中较富的女性农民日子也过得很好，甚至用不着干很多活儿，可富有的人实在是太少了！绝大多数妇女，尤其是农村妇女，日子很艰难。手工业中妇女生活状况的差别也极大，从总体上说手工业的情况不好，贫穷程度加剧了。妇女往往得在工场里帮忙，还得操劳家务，包括照料帮工和学徒的生活。最惨的是所有那些生活在路上的人，或者不如说是那些不得不得过且过的妇女；她们中的很多人只得以卖淫为生——这就是那些被社会排斥在外的人们的命运。社会对她们漠不关心，也根本不想关心；她们生活凄惨，也随她们去，而且还蔑视这些不幸的人。"

"听起来真是暗无天日啊！"

"当然是这样，否则我们就不能正确地评价我们今天这个并不完美的时代。那些孤身一人又怀了孕的女子也很苦，既没有家也没有住处；即使不能说那时的人还不知道避孕，但极少有人避孕，也不大会避孕。有的人竭力要摆脱这桩倒霉的事，这便出现了把生下来的孩子弄死的情况，比如把孩子掐死在床上。"

贝蕾妮克轻轻地叹了口气。

"但孩子夭亡大多数是自然造成的，因为生活是那么艰辛。妇女生了孩子，往往连找块布给孩子做衣裳的能力都没有，接生婆只好讨来几个布头，勉勉强强把孩子裹起来，这样的小可怜虫怎能不挨饿受冻呢？当妈妈的也顶多有点水和面包，一点白兰地就是她对付一切疾病的药——可以想见，她的奶对孩子是多么有害！艰苦、冷酷、男子的漠不关心，这一切都早早地把当了母亲的女子赶出家门。她们也许能在哪儿找到什么工作，要不就得在池塘冰冷的水边洗孩子的衣服。不难想见，她们往往就是这样凄惨地一天天走向死亡。死亡是人们再熟悉不过的事了，没有目睹过亲戚或家里的老仆、年幼的兄弟姐妹死去的，大概一个都没有；妇女在坐月子的时候死去也是常事。"

像牲畜一样过活

塞内克斯有片刻工夫没说话，好让他们回味一下这一切，然后接着说："生活凄惨的首先是农民家庭，当时就有人说过，所有造物中最可怜的就是农村人——农民像奴隶，雇农则简直和家畜没有分别。在有的村子里，孩子们几乎是半裸着跑来跑去，追着旅行路过的人乞讨，希望他们能施舍点什么。他们的父母自己也是破衣烂衫。些许几头瘦骨伶仃的奶牛被用来耕田，还得负责产奶。谷仓里空空如也，茅草屋摇摇欲坠。农民就像畜生一般生活，受不到任何教育。他们从早到晚在地里干活，而用的工具又是那么原始！"

"他们难道就不反抗吗？"

"很少。我们知道有农民战争。情况最糟的是东部，上西里西亚（Oberschlesien）到波兰那边的地区。在那儿，一匹马的价格是十个、十二个杜卡特[1]，或者更多，雇农、女佣得到的则只是一句命令：'到院子里干活去！'于是他们就得在那里一年到头累死累活地干，过得还不如古罗马的奴隶。如果不能拥有可以养活他们自己的田地，他们就不能结婚，而他们就是没有地。他们得到的报酬是那么少，根本不够买衣服的。一年里他们充其量能吃上八回肉，还往往是有病或本来已经死了的牲畜的肉；此外就是大麦、黄米、豌豆什么的，还不够。因此，当主人用'送进牢里'这样的话来威胁反抗的雇工时会得到这样的回答就不足为怪了：'宁肯坐十年牢，也比给仁慈的大人您干两年活强！'"

"人对人就是狼啊。"斯蒂芬喃喃说道。

---

[1] 译者注：杜卡特，十四到十九世纪通行于欧洲的金币名。

夸张的巴洛克

享乐，谈情说爱，彬彬有礼

塞内克斯定睛望着那戴眼镜的男孩子。"让你说着了。知道了这个，你们才能理解我下面要说的东西。'仁慈的大人……'——这就是金牌的另一面，金色的一面。权力和财富掌握在少数几个人手中，最上面是封建统治者——在法国是路易十五（Ludwig XV.），在维也纳是玛丽娅·特蕾西娅（Maria Theresia），在普鲁士是腓特烈大帝，在大批侯国里则是它们各自的君主。他们中的很多人对他们的臣仆们或多或少地漠不关心，而且没有丝毫良心上的不安。你们简直无法想象——那些自私自利、冷酷无情的封建统治阶层的脑子里除了享乐和谈情说爱以外什么也没有，可说的只有所谓的'彬彬有礼'，只有美丽的夫人，高贵的先生才算数，别的什么也没有。他们中的所有人都是完美的骑士，美丽绝伦的夫人。在这抹香扑粉的景象里，只有最高贵的人、规矩和习俗，一切都只围着艳遇、金钱、财宝、官职和虚荣转。

"法国革命给这一切神神鬼鬼画上了句号，我想。"

"受奴役的人在艰难困苦无法忍受时才奋起反抗，但还是明天再说这些吧。我现在离开你们可以吗？"

他们点点头，塞内克斯便离开了他们。

什么是理性？

三个人面对着面默不作声。贝蕾妮克和罗曼在回想着一天来的经历，斯蒂芬则在思考塞内克斯最后的思绪。"启蒙运动……"他迟疑地嘟囔了一句，一边撕下一块白面包。

"我打赌，我们醒来后会是在法国！"

"这个不用打赌，我也是这么想的！"贝蕾妮克问："人们真的变得更理性了吗，斯蒂芬？"

"大概没有，妮克。但我们到底怎么理解'理性'这个词呢？也许每个人的理解都不同吧？"

"你是怎么理解的?"罗曼问。

斯蒂芬想了片刻:"我最好是说说我眼中的启蒙运动不是什么。"

"我没意见!"

"好吧,理性既不割断感觉,也不压制想象。理性不是一味地盯着用途目的,它并不意味着不惜一切代价地追求成功,更不是赤裸裸、不管不顾的实利主义。"

"啊哈!"罗曼很吃惊。

"那么理性是什么呢?"贝蕾妮克问。

"理性意味着认识必要的东西,根据这一认识行动。理性要实现各种可能性中最好的。"

"那么它还是看重成功的!"

"也是也不是,罗曼。理性也能看到它自己的局限,要不它就不是理性了。比如,理性要是认识到人需要那么一种宗教的家园,好让生活变得易于忍受,那么把宗教从人们那里夺走,就是不理性的——只要这种宗教不打击迫害信仰异教的人。如果理性看到,要解决一个问题,人需要跟分析思考能力同样多的想象力,那么把人变成一种毫无想象力的动物就是不理性的。在我看来,只有当理性试图考虑一切后果的时候,它才配得上这个名字。"

"可这又成了赤裸裸的自私自利!"

"恰恰不是,罗曼。最好的结果很可能不那么实利主义。当今的时代,令增长速度慢一些是理性的,因为增长快只会加快我们毁灭的速度。当今的时代,消费少一些是理智的,因为任何一种消费都会消耗资源,也就是原材料和能源。"

"但消费恰恰又是理性的,因为它给人们提供了工作职位。"

"确实,这是一种进退两难的处境。那我们就需要权衡了,而要做到这一点,我们需要的正是理性。换一种方式组织劳动,对劳动下一个新的定义,这是理性的。工作岗位应该是足够的,要说这个,我能说半天。不过我就简单地说吧——我认为理性就是网络性的思考。如果我理性地行动,我就会尽可能去考虑所有的可能性,并且选出对我的目标最有用、带来的负面结果又最小的那一种。"

"还没人能给我解释得这么清楚呢,斯蒂芬。"

"不管怎么说,这也比剪短了头发,穿黄大褂,在冬天穿着凉鞋跑来跑去,唱颂'哈瑞—克瑞须那(hare Krishna)[1]'或者在每棵树上都看见精灵要好些——不过这些还是可以做的——只要你不以此回避你本来负有的使命的话。"

"那是什么样的使命呢?"

"这个你和我知道得一样清楚,妮克。我们必须让我们周围的人生活得更轻松一

---

[1] 译者注:克瑞须那是源于印度的一种宗教派别,曾在西方流行一时。"哈瑞—克瑞须那"是礼赞克瑞须那神的颂歌的开头,信徒每天要唱此颂歌16回,每回重复108遍。

点，更健康一点，更安全一点——一句话，让生活更值得生活。我认为启蒙运动者想要的就是这个。为此，我们得运用我们头脑的全部力量。"

"但还有感情！"贝蕾妮克说，"不过这意味着投入。"

"或者换个词——是服务！"

"如今没人愿意服务了！"

"这个我们大概得重新学习，"斯蒂芬把撕下来的面包塞进嘴里，"我们可以信任理性。"

"为什么？"

"因为我在这个进化公园里认识到，在发展的过程中，能最好地生存下来的总是那些能听从他们的理性的人。"

"但有一点不同，"罗曼插嘴道，"过去人运用理性只是为了让他自己生存下去，如今他却要为所有人的生存去运用自己的理性，这意味着每个个人都得牺牲自己的利益。我很怀疑咱们是不是能做到这个。"

"确实，一切都取决于此！"

贝蕾妮克很喜欢斯蒂芬充满激情的话语；他能够带着批判精神去思考，然后表达出自己的见解，这是她喜欢他的地方——即使她自己的观点可能并不相同。她对他微笑了，他便也用微笑回答她。可她像是干坏事被抓住了一样，赶紧转过头说道："今天可真够漫长的，走了那么多路，看了那么多东西，我累了，可明天我还想精神抖擞的呢！"

于是他们站起身来回房间，在各自的门前互相道了晚安。

第八天
思想的启蒙,艺术的洛可可

向游戏性的变迁——洛可可

一个人工小村,一个天然公园

如果说三个年轻人本来期待着能在巴黎醒来,那他们现在却得去适应另一个地方了。走出门外的时候,他们面前是一派园林景象,轻捷的白云倒映在一个人工小湖明镜般的水面上。

除了他们这个由几座桁架结构的农舍组成的住所外,就看不见别的建筑物了。

"这些真的是农舍吗?"怀疑论者斯蒂芬问。

"要是真的,那也太新了。真正使用中的农舍一眼就能看出来。我想,像'进化公园'里其他的一切那样,这是模仿的农舍,同时也是真实的。"

"你是说,这是博物馆的展品?"

贝蕾妮克突然拍起巴掌来:"我知道这是哪儿了,我曾经到过这儿!"

塞内克斯从房子里走出来:"你认出来了?对了,这就是小特里亚农庄,是法国王后玛丽·安托瓦内特让人造的小村子,她还说这儿是她最喜欢呆的地方。她在这片虚假的布景中打扮成牧羊女,和她的宫女或朋友过乡村生活。"

"那时的人本来就喜欢牧羊戏。"

塞内克斯点点头:"而农民的生活有多么艰辛,他们是丝毫不会费脑筋去想的。

来吧,穿过这道门。"

道路向前延伸而去。塞内克斯侃侃而谈:"前面那座浅红色的两层小宫殿就是小特里亚农宫。"

高高的窗户上接房顶,下抵地面,窗玻璃映出天空和云朵,这座样子像亭子似的建筑周围是一圈花坛。"如果我们再往前走,你们就能看到凡尔赛宫长长的立面了。"

紧接着出现在他们眼前的是一片开阔的草地,草地上高大的树木葱葱郁郁。

"嘿,看那儿……"贝蕾妮克喊了起来,但又马上用手捂住了嘴巴,她指着一个戴着扑了粉的假发,穿着制服式长裤、戴丝质花边儿的先生和一位衣服上缀满刺绣、钟式裙拖在地上的女士。她的袖口和相当开放的低领边一圈都镶有花边儿。她叽叽喳喳地对同伴说着,一把画满花的折扇在她化了妆、扑了过多的粉的脸孔前翻飞,像蝴蝶扇动着的翅膀。

这一切简直就像戏台上的表演。两个人笑着消失在灌木丛后面了。

"这是一个侯爵和他的情妇。"塞内克斯伸出手臂,大幅度地比划着他们面前延伸的园子,"你们在这儿看到的是两种风格截然不同的花园设计。我们面前是凡尔赛宫的法国花园,是太阳王路易十四命人修建的。我们身后的是较新的所谓英国花园,自然在其中得以充分的展现。两种不同的花园形式表现出从巴洛克到洛可可时期人们在生活态度上的转变。巴洛克时代,花园如果显示出人对自然加工的巧手技艺,那么它就是美丽的。这与巴洛克时代重新繁荣起来的戏剧艺术密切相关,因此有'巴洛克的戏剧幻觉艺术'一说。不只如此,对巴洛克来说,生存就是一场戏,一场表演,人自觉像是演员,生活在幕起幕落之间,把世界看作舞台、布景,当时戏剧演出中的布景也确实完善到了极致。在这个意义上,人们在花园里把自然变成一处处布景——为他们自己引人注目的出场作背景。直到18世纪,风格自由的自然造型才得以实现。浪漫主义不再遥远。英国花园是在洛可可时代诞生的。"

"洛可可时代?"罗曼问,"我们今天不是要见识启蒙运动吗?"

"两者都要见识,等着瞧吧。"

"洛可可是什么意思?"

"这个词源自法语的'rocaille',指的是一种贝壳式的不对称装饰形式。这种丰富变形的风格在各式各样的墙壁、天花板花饰中表现得最为充分……"

"墙壁和天花板花饰是用什么做的?"

"它是石膏、沙子、石灰和水的混合物,很容易塑造成型,而且会变得像石头一样坚硬。早在古典时期、伊斯兰文化时期和巴洛克时期,人们就已经开始使用它了。但到洛可可时代它才大获成功。它会被人当成大理石,但又比大理石便宜得多,引得人禁不住诱惑,耗费钱财大兴土木,所以说一提到洛可可,人们想起来的主要是视觉艺术，造型艺术——建筑、绘画、音乐、服装。洛可可延续的时间一般来说是十八世纪，但甚至到十九世纪也还有零星的出现。启蒙运动则不同，它指的主要是思想史上的一个时期，也可以说是一场哲学运动，也就是金牌理性的那一面。启蒙运动对社会产生了极大的影响，其实它使人类的生活整个发生了改变。人意识到了他的自由。我们在很多方面的发展都多亏了启蒙运动。"

"其实它还没有结束，或者说它中断得过早了，因为启蒙永远是必要的啊！它永远不应该结束。"

"连我也这么想！"

塞内克斯表示赞同斯蒂芬和罗曼的话："启蒙运动是我们历史上的一股推动力。"

"它是什么时候开始的？"

"人们认为，启蒙运动时期从 1650 年就开始了。对于斯宾诺莎是否应该算作启蒙主义者，人们有所争论，可不管怎么说，他产生了很大的影响。但我们还是先继续谈洛可可，它接替了巴洛克，可以说带卷儿的长假发变成了辫子。你们先看看眼前的法国花园吧——一切都为礼仪服务，有着严格的几何排列，有线，有圆，有矩形，道路笔直，游廊，水池，喷泉，一览无余，是规则与自由的统一。一切都是对称的，不管是树木还是草地间的花坛，不同的部分由树篱和灌木隔开。紫杉和雕塑在台阶两侧起着装饰作用，台阶前是水盆。人们喜爱林荫道上绿色地毯一般的草坪和长长的水渠。喷泉建了一千多个，其水池的大理石边缘上立着青铜雕塑，表现的是法国的河流。其实到处都有很多立像，希腊、古罗马的神像啦，儿童形象啦，大理石花瓶啦，应有尽有，但也有农民、青蛙、蜥蜴和乌龟。"

"那英国花园呢？"贝蕾妮克指着另一边。

"巴洛克时代的几何式花园被另一种园林取代了，其中充当艺术家的是自然本身，人们让来自远东的花草在这里争奇斗艳，让小溪潺潺流淌。小溪又汇成小巧的湖泊，随意环绕着岩石，不再有人为的边界。就这样，洛可可式的花园创造了一种幻觉，它一方面凝缩了自然，同时又让世界各地的不同宗教和民族进入其中。于是我们可以看到小小的印度寺庙，带佛像的塔，微型哥特式教堂，埃及的方尖碑。在他们的花园里，人们梦想甚至造出了一个世界，就像威尼斯人提埃坡罗（Tiepolo）[1]在维尔茨堡行宫里的天顶画上，让各大洲汇聚到了一起一样。但人们寻求的主要是沉静的自然，喜欢树木、岩石的掩映，喜欢流水和草木，并将雕像置于其中。长久以来自然给人的恐怖感消失了，它变得和人亲近起来。"

"过去人类视自然为敌，不是吗？"

"它也确实充满了让人惊恐的东西，罗曼。现在，花园成了忧郁梦幻的地方，它

---

[1] 译者注：提埃坡罗（Giovanni Battista Tiepolo，1696—1770），意大利画家，十八世纪威尼斯画派的代表人物，生平为意大利、德国、西班牙的许多教堂和宫廷作壁画，尤其是天顶壁画。

虽然也是人的作品，但看上去却像是自然形成的。与此同时，荒谬的礼仪不那么严格了，矫饰过度的法国文化也渐渐让位给一种谦逊朴素的市民阶级教育。循规蹈矩的法国花园过时了，笔直的林荫道变得蜿蜒曲折，小河从茅草小屋旁流过，上面架着玲珑的小桥。不过那并不是天然的河流，河水是利用蒸汽机才引来的。王后玛丽·安托瓦内特也热衷于英国花园，让人给她在小特里亚农庄后面建了一个。但人们并没有完全放弃人造的东西，比如把磨坊盖在贝壳做的人工岩洞，把人工做的古希腊神庙废墟建在荷兰的风磨旁边，还盖起小小的农舍、亭子，其中的房间布置是所谓的中国风格。"

"我想象中的洛可可就是这样。"

"来吧，我们要离开凡尔赛宫了。野餐的口袋没必要带，因为从现在开始就到处都是酒吧、旅舍、饭馆和咖啡馆了。"

凡尔赛宫失去了它的意义

他们信步特里亚农大道，不久凡尔赛宫那长得一眼望不到头的立面和那成百上千扇窗户便清晰地凸现在他们面前，给人一种没落潦倒的感觉。塞内克斯也不想在介绍它上面多耽误时间，因为它的巴洛克风格对他来说是属于过去的。

那个巨大的庭院也很让人失望。虽然它的宽广给人印象深刻，但寥寥几个人一进去就像消失了一样。不错，是有马车在那里等着主人，是有仆役用轿子抬着官员走过，是有宫女的身影在这扇那扇门间出没，是有教士在庭院中穿行，但一切在巨大的空间之内显得是那么渺小无力。两个如瓷娃娃般玲珑的女孩儿在打羽毛球，还有些女孩儿在抖空竹。

"往左拐，看那辆主体是蓝色、窗户很矮的马车，它被用作王宫和首都之间的急使邮车。我们可以乘着它舒舒服服地到巴黎去——当然是历史上的那个老巴黎，而不是我们今天的巴黎。生活重心渐渐地转移到了巴黎，凡尔赛没人乐意去了，失去了它的意义。人们尽可能地呆在首都，在那儿，他们有住所、房子或宫殿。"

他们登上马车，由于只有四个人，车里的地方是很大的，因为车的定员是六至八个人。

宽阔的巴黎大道两侧镶嵌着成行的榆树和山楂树篱，隔着树，后面就是放牧马匹的草场、田地和森林。他们在络绎不绝的车辆中穿行，车后卷起团团灰尘。他们超过八驾的马车、载着板条箱的大车，又被疾驰的快马超过。他们还看到旅行的车队，由先行的骑手开路；有饰着精致族徽的华丽马车，车尾的踏板上站着仆役，衣服上镶着边儿，整个人僵立着一动不动，跟木偶似的。

艺术昂起了头

塞内克斯接着说:"洛可可并不总是能与巴洛克晚期明确地区分开来,两种风格有一段时间是平行发展的。"

"我想,这些名称反正只是些辅助的手段。"

"洛可可是专制主义后期的事。这是一个充满对立和矛盾的时期。这个社会由宫廷和富裕的市民阶层构成,但在骨子里还是君主贵族式的。对立在思想领域中也存在——或者说新生的思想正在露出端倪。人们与基督教的过去决裂了,但又没有完全将其摆脱。艺术头一次像在戏中那样昂起了头颅,显示着自恋、享乐、优雅,甚至淫荡,富于装饰性,对花朵和藤蔓情有独钟,尤其是玫瑰。"

"富有装饰性的曲线!"

"人们景仰东亚,尤其是中国,美化那儿的一切,但又没有认真地对待那儿的一切。色彩变得柔和,玫瑰不再有刺。大概从不曾有哪个时代的人——我指的当然是特权阶层——像洛可可时代的人那样,认识到享有生命的幸福。至少我觉得它是中世纪以来各个时期中最明朗的一个。这是一个在丝带吊起的秋千上悠荡的时期。"

"这么说人们大概压抑了以往哪种处在威胁中的感觉。"

"洛可可热爱自然中开朗快活的一面,超自然的东西也丧失了它的意义,人们想用自然的东西去取代它。"

"这听起来很好啊,"贝蕾妮克把头发甩到脑后,"但我还是要问,就没有个'但是'了吗?"

"我说的只是与启蒙运动的思想发展密切联系在一起的艺术风格,但只有富裕的阶层才能享受到所有那些快乐,这是事实。"

他们超过了一辆马车,车上坐着个夫人,正高傲地俯瞰着车窗外。

"洛可可试图在现实之外建立一个美丽的幻觉世界。在这个意义上,它从巴洛克全盛时期庄严而矫揉造作的风格中脱离出来,转而欣赏逗人喜欢、令人陶醉的东西,尊严变为妩媚,雄伟变为优美,最时兴的是轻浮圆滑,在这样一种轻率的氛围中,一种自由的精神得以发展起来。"

"我猜它的矛头经常是指向宗教和教会的。"

"甚至还时不时地有个把热爱生活、博学多识的高级教士参加进来呢。很多在几年以前还会遭到严厉处罚的事儿现在都允许做,或至少是被容忍的。"

不时有四轮轻便马车和房子般的大型豪华马车从他们的车旁驶过。农民背着超过他们脑袋那么高的大背篓弯腰驼背地走过。有些人驾着狗车或驴车,有的用牛车驮着水桶。

"这些人来自农村,大多是卖菜的小贩和卖花女、卖牛奶的姑娘、卖面包的和卖鸡鸭的、卖水果的,还有一些人被称为'醋人',因为他们卖的是腌渍的酸味食品。"塞内克斯停了片刻,将本来叉开了的手指尖又凑到一起。"诚然,除了自由精神以外,虔信依然存在,只是它不再是时代的唯一特征了;它更像是明朗的生活之下一股恒定而有载负力的潜流;它不会改变世界,进步也不会由它产生,但人们接受它。人们还业余从事各种艺术活动,向女性膜拜……"

一辆车掉了个轮子,倾斜着停在了路边,车夫和一个当差的正忙着修理。

"车轴断裂,车轮脱落,这我一点儿都不觉得奇怪,车颠得太厉害了。"贝蕾妮克得始终抓住座位才能坐稳。"我浑身上下哪儿都疼!"

"道路的状况一塌糊涂。此外车子还没安上弹簧,将车厢吊在其中的皮带几乎不能减缓任何震动和撞击,轮毂每天都得上油润滑。不过过不了多久就要有一种车轴发明出来了,上好油后可以用上一个月之久。现在还是回到我们的主题上来吧。艺术交易和艺术市场都在增长。人们喜欢美丽的东西——画儿、家具、饰物、时装、贵重的瓷器什么的。"

"但您说过,只有极少数人有能力去享受这些东西。"

"但是像这一小部分人那么耽于享乐的,自古以来从没有过。在那以前一直为贵族和高层教士把持独占的东西,现在成了任何人都能得到的东西——只要他付得起钱。奢侈打破了社会阶层的界限。巴黎出现了沙龙,每年还举办各种艺术创作的年展。法语成了全欧洲上层社会的通用语,除此之外他们往往还说意大利语和一点英语;说法语到处可以和人交流,它进一步排挤了拉丁语。但拉丁语也好,法语也好,重要的是存在着一种优雅、能表达丰富思想的共同语,让所有但凡受过点教育的人,都能用它进行交流。俄罗斯的叶卡捷琳娜大帝生为德国公主,在俄国宫廷里则说法语;普鲁士的腓特烈用法语和伏尔泰通信——这只是成百上千个例子中的两个。洛可可时代的欧洲在思想上太受法国左右了,简直可以说当时的欧洲是法国的欧洲。"

"真可惜没能一直这样下去——你们不这么觉得吗?"

没有人回答。

塞内克斯做了结论:"法国把它的文化赋予了欧洲。"

"对我们并没有害处。"罗曼又强调了一遍。

"但同时英国的影响也很大。首先,人们认识到英国的议会制比大陆的好;因此在受过教育的人当中,一种对英国的迷恋增长起来,摆绅士派头可能是其中最典型的现象——即使不是最重要的。虽然洛可可没有像文艺复兴和巴洛克时代那么多重要的艺术大师,但这个时期的作品却显得更善感,不过力度上也差一些。"

"我觉得它更矫揉造作,"斯蒂芬插了一句。

"但他们已经不那么把矫饰当回事儿了。'好品位'——用法语说是'bon sens'——成了一个固定的概念。建造供游乐的行宫是当时一个新冒出来的念头；过去英雄主义的东西，现在成了情欲的，往往很淫荡，维纳斯成了受膜拜的女神，甚至连一些大主教也不管不顾地崇拜她。"

"那么微妙细腻的感情呢？"

"哦，人们很乐于接受这个，看不起粗犷的东西，并且一味地迷恋暗示影射，洛可可是一个快乐告别的时代——同陈旧的东西告别，同古典时代和中世纪告别。"

"当时的人意识到这一点吗？"

"有些人可能意识到了，至少是感觉到了转变。一个新时代露出了曙光。自然科学与技术的发展速度加快了。如果跟十九、二十世纪发生的一切比较，我们会觉得这算不了什么，但洛可可时代的人们强烈地感受到了转折。有句诗很流行：'一朵秋天的玫瑰比其他任何一朵都香。'这句诗中肯地刻画出了那个时代。"

"比其他任何一朵都香——这么说是比任何一朵在夏天盛开的玫瑰香喽？"

"就是这个意思。一种正在凋零的美——这也是洛可可。世界再也不会像过去那样了。有些人可能觉得通往天堂的门在他们背后关上了——是的，人确实失去了这个天堂，因为相信圣经里的伊甸园的人已经少而又少了。尽管有些伤感，新的享乐还是占了上风。陌生的、异国情调的东西大受欢迎，想象力抬起头来，大获全胜。"

"我以为当时是把理性提出来作尺度的？"

"这并不矛盾，逻辑与想象可以良好地互相补充。"

"那么宗教怎么样了？"

"民族国家变得重要起来，取代了信仰的位置。"

"我想这不是一种正面的发展。"

"可情况就是这样。大量的小国、王国、侯国、伯爵领地对所有生活于其中并认同它们的人来说日益变得重要起来。人们对一切新生事物，对别人、别的书籍、别的城市和国家的兴趣也越来越大。"

"那人们一定经常出去旅行喽？"

"是的，迁移和旅行都成了时髦，而且走多远都不怕，因为旅行的条件越来越好，马车越造越精良，跑得也越来越快，使旅行越来越容易。既然人们看到了很多新鲜东西，那么也就乐于放弃传统。但人们也体会到，传统有着十分顽强的生命力。"

"这我可以想象！观念改变起来可慢了！"

"新的思想就是表达出来很容易，但要变成一种新的行为，则需要很长的时间。"

敞开的门里散发出的腐败气息

他们离城市不远了，来往的车辆越来越多，房子也更多了，房顶颜色各不相同，黑色、蓝灰色、铁锈红、黄色、橙色，如果砖被太阳晒褪了色，那就是粉红色。

马车辚辚滚过铺石路面，街道的两侧是高大的建筑，他们穿过古老的护城墙，又穿过一道门，上了林荫大道。大道上华丽的马车往来穿梭，轿子晃晃悠悠，各种声响混杂在一起。他们一路上经过了宫殿、银行、交易所，有的巷子窄得几乎连两辆马车都无法相让。在那些肮脏的街边立着最旧的房子，有五到七层，烟囱像一根根炮管指向天空，房子的一楼是杂货铺或工场，那里的人们夸耀着自己的产品和商品，人声嘈杂。杂耍的、变戏法儿的，扯着嗓子叫卖的，这一切让人觉得是到了一个大年市。一片熙熙攘攘之中，他们终于到了一座跨在塞纳河上的桥边。塞纳河再往下就分出了两条支流。

"这是新桥。"塞内克斯的情绪很好，"你们也可以从亨利九世的立像上认出它来——看见了吗？在那儿。桥虽叫'新桥'，但却是巴黎最古老的桥。"

贝蕾妮克向下望去，瓦蓝的天空让河水泛出微光。水流载着驳船，在肮脏的绿色河岸边堆放着桶、板条箱、树干什么的。

他们又经过了一条巷子，其中的噪声更大。有一会儿工夫，一辆运水车把路堵住了。但车夫吆喝着马，车轮便滚过了路上的沟，八个马蹄子又在路面上清脆地敲起来了。这时出现的房子已经很高了，连天空都被它们挤成了窄窄的一条，漏下来的光所剩无几。宏伟的建筑物旁，摇摇欲坠的小房子紧巴巴地挤在一处。到处都很难闻，腐败的臭气从地下室里泛上来，窗户下部都快接触到地面了，所以只好用栏杆加以保护。徒步走路的人会被马拉的车挤到墙根，其中有些是跟着师傅扫烟囱的半大孩子。

"他们差不多还是孩子，而且个头儿必须得非常瘦小，这样才能钻到烟囱里去活动，干活的时候，他们手脚并用，还有膝盖和胳膊肘儿都得用上。他们在头上套一只袋子，这样烟灰就不会跑到眼睛里面去了。他们简直就是能说会跑的刷子。"

"真可怕！"贝蕾妮克喊道。

"那时候这都是自然而然的事。穷人家的男孩儿为得到一个能挣上几个钱的活儿而争抢。一个孩子算不了什么，被卡住了，憋死了，孩子还有的是呢。"

他们的车一拐弯，上了巴黎圣母院前的广场。

"我们现在是在'城岛'上，"塞内克斯解释道，"这座主教座堂矗立在这儿已经有大约五百年了。你们肯定注意到了，很多古时候的建筑现在都还可以用。"

"比如教堂！"

"不只是教堂，还有宫殿和城堡；遗产越来越丰富，当然遗留下来的负担也越来越重。古典时代的建筑，如古罗马广场，曾被毫无顾忌地当成了采石场。这种事对一座基督教教堂来说自然是不可能的。后来，像许多别的教堂一样，巴黎圣母院里的许多塑像都遭到人为的毁坏——法国大革命也是一场反宗教的'文化大革命'。"

教堂那饰以玫瑰花窗的主入口向上延伸，成了两座光秃秃尚未完成的塔楼，大钟正沉重地敲响。马车开过来了，曳着长裙的女士们从车上下来，后面跟着戴宽边帽、双颊红润的女孩子。仆役上前帮助她们，还有佩着花边儿胸饰和珠宝纽扣的先生陪伴着他们。他们在教堂投下的阴影里走向雕花的主门。也有市民匆匆赶往教堂，他们穿着朴素的外衣，里面露出绣花的背心。

塞内克斯指向街道对面，说："看那家咖啡馆，我们可以在那儿一边谈启蒙运动，一边观察过往的行人。"

和别的建筑不同，咖啡馆的这一座立面维护得很好，有着花形图案和雕塑做装饰，十分吸引人。

走到近前时，塞内克斯让三个孩子注意看广场左侧。"那是'上帝的客栈'，也就是给穷人开的医院。"

很多人在那儿出出进进，有的人拄着拐杖一蹦一跳，有的人绑着肮脏的绷带，一个个瘦骨伶仃，忧愁而憔悴，迎送他们的是好心的修女，身着黑衣，袖子宽大，白色的领子遮住肩头，她们的船形帽白色的帽尖在风中飘摇。

理性之光

巴黎——欧洲的思想之都

塞内克斯打开咖啡馆的门:"进去吧!"

三个人惊异了——这里多豪华啊!

"这是那些去巴黎圣母院的高雅人士汇聚的地方。家具还保持着'路易十五风格',这种风格以路易十五的名字命名,最纯粹地体现了洛可可之风,是一种装饰性的风格,带着浓厚的宫廷气息、优雅、精致。这你们可以从精雕细琢的护壁镶板和大量装饰用物品上看出来。路易十五是太阳王的重孙。太阳王活过了他的儿子和孙子,而这第十五个路易,1723 年时才十三岁,便被宣布为成年并继任做了国王,由他的叔叔奥尔良公爵菲利普(Phlipp von Orléans)摄政。这个漂亮的男孩儿被他那些教师训练得言谈举止高贵优雅、毫无瑕疵。从七岁起,他就得不时地接待客人、接见臣属、主持游行仪式、宣誓仪式、颁发奖章、荣誉,在无数张陌生面孔前变得腼腆羞涩。长成青年男子后,人们说他英俊、优雅、强壮、早熟,但这仍不是聪明有效地统治国家的好条件。不过你们先坐下吧,别拘束,这儿什么也打不碎。这家咖啡馆布置得如此豪华,也得感谢那些把巴黎认作他们的精神之都的人们,他们不顾一切不便,大批来到巴黎。"

塞内克斯走向窗边的一张圆桌,外面就是广场,上面行人来来往往。

欧洲历史上最重要的思潮之一

装饰得过分华丽、繁复的店堂里响着嗡嗡的交谈声。客人们穿的都是那个时代的时髦衣裳。

塞内克斯环顾了一下四周,"虽然天还很早,但他们已经来了,有花花公子,有游手好闲的人、文人、恋人、银行家、税务官、军官、来巴黎碰运气的人、赌徒、自称贵族的骗子、教士以及与他们为伴的公爵夫人、伯爵夫人、女演员——看——还有某一类年轻女子。"

那些年轻女孩子看上去像瓷器做的小人儿似的,肤色白白的,脖子细细的,四肢柔弱。

"她们到这儿来干什么,这个,最好别问。"

人们有的在阅读摊开的报纸、传单、法律书,有的在专心致志地下象棋、跳棋或是玩儿多米诺骨牌,形状优美的杯子被姿势优美地举到唇边;很多先生还抽烟,烟草气息充满了店堂。人们做得最多的事还是讨论。

塞内克斯向旁边那张还空着的桌子点了点头:"马上就会有人占了这张桌子的。"

"我真想马上知道那是谁!"贝蕾妮克答道。

"可以理解——马上你们就要看到走在时代前列的几个人物了。你们都知道,我把启蒙运动看成是最重要的思想潮流之一。"

"为什么?"

"因为自智人(Homo sapiens)在大约四万年前出现以来,它是最重要的人类发展纲领。"

"您这个断语非同寻常啊!"

"我一般避免这么明确地表达我的个人见解,但启蒙运动是个例外。有个聪明人曾说过:'在启蒙运动中"变形虫"成熟了。'既然你们可以说是经历了变形虫的变化,那你们应该能理解这个。"

"走着瞧吧。但是来人会是谁呢?"

"我希望会有像伏尔泰和卢梭这样截然不同的人物在场,也许再加上狄德罗。对柯尼斯堡的康德来说到这儿来可能太费劲了,尤其是因为他根本就不喜欢旅行。但是不管怎样,这样一场聚会从来就没有发生过,就像'进化公园'里的一切。"

"我想,我们反正再也不能把'诗'与'真'彼此分清楚了。"

"没有发明精神就没有创造。"塞内克斯以哲学家的风度回答,"在我们的第一个客人来到以前,我还要就时代说几句,说一下启蒙运动能够出现的前提,尤其是,启蒙运动发生在十八世纪。"

侍应送来了咖啡、攒奶油、冰糖和蛋糕。

"这套磁餐具来自万塞讷(Vincennes)。"塞内克斯拿起一只空杯子对着光,使它透出亮来,"工场不久就要迁到色佛尔(Sèvres),并且将会以这个名字获得很高的声誉,至少与迈森(Meißen)齐名。"

手工工场数量在增长

塞内克斯啜了口酒:"手工工场——这个词很关键。您会感兴趣的,贝蕾妮克,因为它也涉及到妇女,而且属于被称为'Ancien Régime'的时期。"

"Ancien Régime？"

"意思是古老的政府或古老的政体，指的是法国大革命以前的波旁王朝的统治。那时候，没有工作、生活脱离了正轨的妇女数量增长很快，很多人四处流浪，以乞讨或卖淫为生。没有被这样一种命运压垮的人，便在数量越来越多的手工工场里做临时工。"

"手工工场都制造些什么呢？"

"各种各样的东西，在色佛尔是瓷器，在别的地方主要是纺织品，但穷人即使找到了工作，也仍然是吃大亏的。从他们身上我们看到的是从手工劳动到机器生产的发展链条中最薄弱的一环，从早到晚得累死累活地干，没有工会，没有利益的代言人，也从来得不到帮助。"

"这是地地道道的剥削嘛！"

"事实正是这样，而情况的改变非常缓慢，太慢了，启蒙运动为此改变也作出了贡献——虽然我不想说启蒙运动的目标就是改善社会条件。"

人们想要一种纯洁的信念

贝蕾妮克试着想象女工们的日常生活，她目光低垂，搅着杯子里的咖啡："那启蒙主义者想要什么呢？"她盯着塞内克斯的目光十分严厉，就好像他也有错。

"我请你们回忆一些笛卡儿，他希望每个人在任何时候都能独立地思想。我先说启蒙运动最显著的一条特征：启蒙主义者——为了简单起见，我就用这个笼统的概念。启蒙主义者严厉批判他们那个时代的教会，是因为教会极其富有，给经济造成了很大的负担，还因为教会实施政治权力，控制人们的思想。尤其是罗马天主教廷压制一切异己的信仰，在教育中也占着主导地位——从学校到大学都在它管辖之下。伏尔泰和德尼·狄德罗受的都是出色的耶稣会教育，笛卡儿也是一样。现在这些人的弟子们开始反对书籍审查制度，他们老师的作品也在禁书目录上。"

"或者可以把一个针对革命的词稍稍改动一下——宗教释放了他自己的孩子！"

"是不情愿的，斯蒂芬！"

"启蒙运动主要就是反对教会和信仰吗？"

"人们想要一种纯洁化了的信仰，它可以和理性、良心及自然科学统一起来。这种思想主要是在新教的北德、英格兰、苏格兰、斯堪的那维亚和瑞士的卡尔文教派地区传播。许多聪明人都认为信仰和进步不一定互相阻碍。他们想对宗教信仰进行更有力的改革，更甚于路德对教皇统治的教会所做的。不管是仪式还是教条都应该摆脱中世纪那种过度的夸张，比如相信地狱烈火这种事。但即使是英国哲学家大卫·休谟（David Hume）这样的大怀疑论者也认为宇宙秩序不大可能是从偶然中产生出来的。"

"我也觉得不大可能，就像莎士比亚的《哈姆雷特》不可能是一只猩猩在笔记本电脑上敲打出来的一样！"罗曼说，"它还是我们的近亲呢！"

"给它五百代的时间试试！"斯蒂芬笑着回答。

塞内克斯继续说："对很多启蒙主义者来说，即使他们不想放弃有一个超自然的造物主这一点，一个基督教的、像人一样的'神奇上帝'的存在也是大可怀疑的。因此，成立于这个世纪的共济会的成员只说'一切世界的万能建筑师'。"

罗曼看到斯蒂芬疑惑地皱起了眉头，便问塞内克斯："启蒙主义者也想获取政治权力吗？"

"在这一点上他们比较犹豫，当顾问和批评家让他们感觉更好。他们不知道能用什么来替代君主制，而政治党派只会让他们联想起以私利为目的而又毫无结果的派别之争。"

"这倒是很有道理。今天还不是一样！"

"启蒙主义者又怎么能相信民众有搞政治的聪明呢？在他们眼里，民众是无知、落后、迷信、胆怯的，是愚钝的一群，对王冠和祭坛一味盲目地忠心耿耿。在他们看来，更重要的是政府做起事情来效率能高些，并且能宽容一些。"

"我以为这本来就应该是政府最主要的任务。"斯蒂芬又推了推眼镜。

"人们刚刚目睹了欧洲变成血流成河的宗教战场。如果以上帝的名义可以发生如此多的血腥和恐怖，那么各种教派的高层和因信仰而与之结盟的世俗君主带来的显然不是福气，而是惊恐。"

这时，塞内克斯把手指抵在嘴唇上，用目光向门口处示意。

启蒙运动——一个划时代的事件

启蒙运动的领袖

三个人走了进来,其中一个个子特别矮,简直说得上是孱弱,长着个硕大的鼻子,脸部线条清晰,双颊凹陷,薄薄的嘴唇,尖下巴。他衣着华丽,上身是一件有着金线编带的猩红色外衣,同样颜色的背心,下着长裤和靴子。他弓着背进来,却掩不住他的高傲。他那双灵活的眼睛咄咄逼人地打量每一个人;他扑了白粉的高高的额头像是显示着他的睿智。他的头发卷成发卷,一直垂到肩上。

第二个人看上去像个有学问的,头顶几乎全秃了,浓密的眉毛到了眼睛中部的上方就结束了,使得外眼角显得光秃秃的,嘴巴四周诙谐活泼的线条令人惊讶。第三个人的样子格外引人注目,他也许不是法国人,因为他周身裹在一件东方风格的长袍里。他的头发剪得很短,那张表情生动的脸上,一双眼睛目光锐利,但刹那间又会变得柔和迷蒙起来。

"他们是伏尔泰,本名弗朗索瓦—玛丽·阿鲁埃(Francois-Marie Arouet),德尼·狄德罗(Denis Diderot)和让—雅克·卢梭(Jean-Jacques Rousseau)。卢梭刚从日内瓦来到这儿。"塞内克斯用半大的声音解释道,"先说说卢梭,他对后世的影响最大。他是一个日内瓦钟表匠的儿子,没受到正统的教育,四处漫游,有时给雕刻匠当帮工,有时当仆役,后来他主要是靠给人抄乐谱维持生计。"

"可他居然还能那么出名?"

"巴黎和凡尔赛的沙龙向他这个羞涩腼腆的人敞开了大门。"

三位先生刚在圆桌旁坐定,侍者就送上了咖啡和糕点。

"您的《百科全书》的下一卷什么时候出版,狄德罗?"伏尔泰问坐在他右手的狄德罗,"我认为您的著作是我们这个时代里最重要的作品。"

"您这么说吗,伏尔泰?您才是我们最杰出的作家啊!您是我们国家的荣耀。至于达朗贝尔(d'Alembert)和我的《百科全书》——您知道,为此工作的是最优秀的学者;这部书应该包含我们这个时代的全部知识和我们的思想。"

伏尔泰点点头:"从牛顿以来自然科学上的重大成就看来,我认为经验和实验是通往真正认识的唯一道路。"

这时,卢梭清了清嗓子。他头一次发话了,声音虽然很轻,但充满不容争辩的意味。"人只有在自然的状态下才能善良、快乐,而文明会使他变得恶毒和不快乐!"

伏尔泰盯着这个穿长袍的人,目光简直是毁灭性的。但他没有说话——好像觉得日内瓦钟表匠的儿子不配得到他的回答似的。

卢梭没注意到这个,或许是不想理会,他继续说:"在我的小说《爱弥尔:论教育》中,我提出了一种接近自然的教育思想,用自然和心灵的感受取代理性。"

"好了,听说您连自己的五个孩子都不那么关心呢!"伏尔泰到底喊了起来,"您把他们全都送到一家育婴堂里去了!"

卢梭浑身一凛,喃喃说道:"当时这对他们是最好的!"

"呸!"伏尔泰说,"谁都知道在那种地方等待着那些可怜虫的是什么!"

卢梭受了伤害,气咻咻地说:"我们自己养不起他们!人是生而自由的,但却无往不在枷锁之中!"

狄德罗和伏尔泰吃惊地瞪了他好大一阵子,因为他们一时听不出他的话和伏尔泰对他的指责有什么关联。不过他们还是随即明白了卢梭想表达的意思——命运缚住他和妻子的手脚,他们没有别的办法。卢梭很快地说下去:"但我们不是为了说这个才来这儿的,狄德罗。顺便告诉您一下,我正在为《百科全书》写作我最后一篇关于音乐的文章。如果我没数错的话,我写的文章已经超过三百五十篇了。"

"伟大的让—菲利普·拉莫(Jean—Philippe Rameau)拒绝写,这是您的幸运。"伏尔泰挖苦道,"我认为他是在世的最伟大的作曲家。"

"嘿!我也写过芭蕾歌剧!"卢梭生气地喊起来,"而且获得了很大成功!"

显然伏尔泰不想听这些,他望着狄德罗说:"那么,您的《百科全书》编到什么程度了?"

"我们遇到了数不清的困难。前七卷刚遭到巴黎法院和教皇的审判,政府取消了我们的印刷权。"

卢梭这会儿也伸展开四肢,很骄傲的样子,因为他也在受迫害的人之列,甚至还胜过那两个人呢。"巴黎议会还对我下了逮捕令!如果说有哪个机构沾有可耻的污点的话,那就数这个巴黎议会了!这也是我为什么乔装打扮,穿这奇怪的长袍的原因。"

"我们谁都不能让自己丧失勇气,"狄德罗说,竭力保持谈话的和平气氛。他把手搭在卢梭的胳膊上,说:"只要有勇气!在我们法国,打着捍卫真实信仰的旗号对人严刑拷打、施加火刑,还有宗教裁判所和十字军东征都是过去的事了。幸好我们的基督教会已经变得迟钝了,在某种程度上也宽容起来了!"

"而在西班牙,每当为了所谓的真实信仰而执行火刑时,空中就会弥漫着尸体烧焦的气味,"伏尔泰道,脸颊上泛起了激动的红晕,"甚至那个本该嫁给我们国王的年轻的西班牙公主从巴黎返回西班牙的时候,迎接她的也是九个人的火刑,他们刺耳的呼救声、喊声吓坏了那少女。每年的八月二十三到二十四那一夜,也就是圣巴托洛缪大屠杀之夜,我心中都会重新涌起憎恶之情,而这已经是两百年前的事了!我认为,我们的教会还不仅仅是陷在谬误之中,或是没良心的问题,它的统治根本就是残酷的、灾难性的。它宣扬和平,那纯粹是虚假的表象,实际上他们撒播的是不和与屠杀的种子。在过去两个世纪的宗教战争中流淌的鲜血简直能汇成海洋。"

狄德罗像是要安抚伏尔泰的激动心情似的,用劝解的口气说道:"您说得对,伏尔泰。因此《百科全书》的大部分篇幅都是关于艺术、手工业、自然科学和技术、工业、农业的报告,也就是毫无例外地都是达朗贝尔和我认为法国要想现代化就绝不能放弃、不能忽略的领域。"

接下来是一阵沉默,塞内克斯利用这个机会,说:"卢梭是最重要的启蒙主义者之一,但他超越了启蒙运动,因为他将世界上的一切弊端归结为文明化的结果,并为人类的自然状态而战。在他的《社会契约论》一书中,他提倡一种根本性的转变,即让个体的意志自愿地服从于全体的意志。他的观点是,真正的自由就存在于人自觉自愿的自我约束之中。他本人的性格十分暴躁,总幻想自己遭人迫害,是个偏执片面的思想家,但他的影响还是很大的。他主张只教给女孩子宗教和手工,不让妇女接受较高层次的学校教育。"

贝蕾妮克伸出大拇指指向地面。

塞内克斯微笑起来,眉毛凑到了一块儿。"卢梭讨厌聪慧的女子,他希望看到的女子是羞涩和谦逊的。他认为她们没有男子聪明,所以她们受的教育仅仅应该使她们可以更好地服务于她们的男人。"

贝蕾妮克的气愤眼看就要溢于言表了,然而伏尔泰比她开口快——他又接上了刚才被打断的话头,冲卢梭喊道:"我很清楚您受不了我,这您已经多次向我表现出来了,包括在您那些针对我的诽谤诗里。您想做什么随您的便,但您是个极端自负的对手。"

卢梭只撇了撇嘴。"我们最好还是谈《百科全书》吧。"

教育民众——这正是我们要做的

伏尔泰表示赞同:"对我们这个腐朽的政府来说,《百科全书》犹如一匹特洛伊木马!"

"我希望它为启蒙做些贡献!"狄德罗的回答要谦逊一些,"我们的政治体系当然是不理想的,伏尔泰,但您想拿什么来取代它呢?是啊,我们要是在英国就好了!但法国特色的议会制简直是个废物!"

"对,它只是为所有维护自己贵族特权的人开的一家自助商店。"

卢梭抬起头：："在《社会契约论》中我阐释了一点，国家应该是一个'由个体意志汇合成整体意志的自愿结合体'。因此我认为，所有的主权都应来自民众！"

"呸！民众！"伏尔泰像吐一口痰似的吐出这个字眼，"民众是由一大帮文盲、农民、打短工的和农奴构成的。他们在官方的文书上画叉，而不是写名字。我们为此感到遗憾，但我们可不能把执政权交到他们手里！"

"那就得让他们受教育，伏尔泰。"卢梭说这句话的时候，就像是在给一个无知的人解释什么不言而喻的事，"这正是我们要做的啊——教育民众！"

"您还是先想想怎么先让人们能填饱肚子、学习读书、写字吧。然后很多结果就会自然而然地出现了！"

"同意，我觉得比政治影响更重要的是知识分子重视百科全书！"

"但谁会去买这么贵的一部书呢，狄德罗？"

"肯定不会是民众，连思想激进的市民也不会买。"狄德罗无可奈何地耸耸肩，"买书的人也不会是商人，虽然我们把重心放在贸易和技术上。法国的市民感兴趣的只是怎么尽快捞到钱和名誉。我们的读者主要是在层次较高的职业中，比如法律人员、管理人员、官员、大贵族、庄园主、各省那些德高望重的绅士，还有——您权且听着——还有高级教士。"

"这不奇怪。"伏尔泰讥讽地撇一撇嘴，"一方面在高层教士中有受教育程度很高的人，另一方面他们又要知道，我们对他们有什么威胁。我们对一切教会监护越来越不满了嘛！"

基督教和理性就像水与火

卢梭抹了抹下巴，他很想应对点什么，但却一时找不到合适的话。这时，狄德罗发话了，表示支持伏尔泰的进攻，虽然语调要柔和些。

"但愿我们很快能从思想的桎梏中解脱出来。"

"只有头脑简单才会去相信灵魂和天使、魔鬼和巫婆，理性却知道这类东西根本没有。"

"只有自然！"卢梭喊道。

"自然也不过是一个由各种物体组成的系统，别的什么都不是。"伏尔泰居高临下地说，"如果我们用理性的目光去看待基督教，就会看到它一无是处。所谓的奇迹不过是寓言、脑子里精心编织出来的疯话，只是为了去对无知的人施加影响，堵住他们的嘴，令他们恐惧！但自然科学会揭穿他们的装神弄鬼。"

狄德罗点点头，谨慎地向卢梭溜了一眼，说："我也认为让基督教与理性达成妥协是白费气力的事，它们是水火不相容的！"

"对！"伏尔泰喊道，"我们知道上帝在创造了世界以后，就不曾再对它施加影响了。他也不会借助启示和我们说话，因此我持自然宗教的观点。"

"我喜欢听这个。"狄德罗说，他知道伏尔泰喜欢听奉承话。

"好，我先是相信一种毫不教条的信仰，其中有个心肠很好的上帝，但自从里斯本发生大地震，三万多无辜之人倒在血泊之中以后，我这个想法就消失了。"

这时卢梭半直起身，双手抓着桌子，激烈的话语炮弹一般冲着伏尔泰发射过去："胡说！里斯本的灾难您既不能让自然负责，也不能让上帝负责，而要让所谓的进步负责。是这种进步促使人们盖起了两万座六七层高的楼房，地震一来，它们当然会倒塌。您，伏尔泰，您本人生活富裕快乐，把世界描写成痛苦的深渊，而不告诉人们这些不幸是他们自己造成的，并告诉他们怎样才能避免不幸！"

"请您别激动！"狄德罗轻轻地把卢梭按回到椅子里，再用另一只手把正要站起来的伏尔泰按住，说，"我的朋友们，我们走的道路虽然各不相同，但要达到的目的都是让人们更自由，更幸福，更无忧无虑，摆脱迷信的恐惧，摆脱教会的监护。在这一点上，我们是统一的啊！我们不都想让人民运用他们的理性吗？"

卢梭和伏尔泰顺从了狄德罗。这时狄德罗问卢梭："您要去伦敦吗？"

"我大概找不到别的避难所了！"

"那么——"伏尔泰的语气平静些了，因为卢梭面临的危险让他觉得他们是在同一个战壕里，"那么您就能见到大卫·休谟（David Hume）本人并听他亲口说出相信造物本身是上帝存在的证据是毫无道理的。对他来说，一个有能力进行理性思索的人相信奇迹，这本身就是个矛盾。我也是这个观点，我发起的进攻开始也只是针对教皇、耶稣会和神父的，但如今我甚至反对基督教的上帝。"

伏尔泰压低嗓音问道："您说，狄德罗，就人的起源和使命的问题，《圣经》给了我们什么样的答案呢？难道世界果真像其中声称的那样，只有六千年的历史吗？亚当真的是第一个人吗？伊甸园里真的有条蛇与他和夏娃交谈过吗？一个仁慈的上帝真做得出让大洪水把除诺亚一家以外的整个人类都毁灭这样的事吗？"

"这些怀疑又引发数百个其他问题。"狄德罗回答，"历史、道德、科学、神学等各方面的问题。其中有一些，达朗贝尔和我希望能用《百科全书》来做出回答。"

"但绝不会是在教会的意义上！"

彻底消灭一切卑鄙

伏尔泰和狄德罗越说越激动。卢梭正在向伏尔泰发火："您的做法，就好像那个您根本不承认其存在的上帝侮辱了您本人似的。"

"我的一生都在和虚伪的宗教这个魔鬼作战。"伏尔泰答道,"开始时我只是为宗教自由而斗争。但我对教堂越来越反感!"

"但如果您今天要求'彻底消灭一切卑鄙',那您就做得太过分了!"被激怒的卢梭气咻咻地喘着粗气。

伏尔泰在袖子上掸掉一粒假想的灰尘,声音尖锐地喊道:"我再重复一遍——消灭一切卑鄙!"

卢梭定定地盯着他,像只瞪着对手、顷刻之间就要尖嘴利爪地扑过去的公鸡。

狄德罗愣住了,一副茫然无助的样子。房间里顿时安静下来。所有的脸孔都像面具一般苍白,所有的眼睛都望着争论的两个人。

斯蒂芬本不相信超感觉体验,但此时此刻,他眼前突然出现了一幅幻景:咖啡馆的四壁消失了,四周是一直延伸到地平线的人群,沉默着,谛听着,凝望着。

奇怪的是,塞内克斯好像看到了类似的东西,对他耳语道:"这场辩论惊动了全欧洲的知识分子!"

幻觉消失了。狄德罗又恢复了常态,卢梭却仍在咆哮:"伏尔泰,您到死都会是一个无神论者!"

"那将是我的荣幸!"

"我希望您进地狱!您是我们这个时代的反基督徒!"

"您两位都是急脾气!"狄德罗开始调解战斗。"对我来说,启蒙意味着认识各种现象的原因的能力!科学的巨大成就肯定会对人的思想起作用。"

伏尔泰向后靠去,任何一点思想上的辩论对他来说都是一种头脑的享受。他表面上看起来十分暴躁,但从根本上来说,他永远不会激动,一切只是唇枪舌剑。"理性将解放世界,赋予人们做出杰出成就的能力。"他说着,就好像在读一篇信仰宣言。

渐渐地,咖啡馆里的其他客人都从三个讨论家身上转移开了注意力,又去下棋、聊天、享受咖啡和糕点了。

狄德罗对卢梭说:"您不也对机构化的宗教持怀疑态度吗?首先,我们都同样指责关于原罪的野蛮教条,而且我们不也都深信人不靠超自然的力量也能理解宇宙体系吗?"

"我只不过是反对夸张。"卢梭回答,极力保持平静,因为他在经济上受制于狄德罗这个委托人,"但理性的独自统治不应该是我们唯一的目的。我们同样需要想象力,善感,需要感性认识。"

"好了,"伏尔泰宣布,"脱离了经验和感受的理性肯定会导致荒谬。"他带着倨傲而宽容的微笑说:"这已经在我的小说《憨第德》中表现出来了!小说的主人公受莱布尼茨关于现存世界是所有可能存在的世界中最好的断言的蒙蔽，对于他面前发生的一切痛苦都无动于衷。如果说我对上帝的仁慈怜悯发出质疑，那么我也同样摒弃苍白的理性主义，而这种理性主义很容易隐藏在一种哲学式的乐观主义背后。我敦促人们做出实践行动！比如我主张天花疫苗接种——它在英国的实行取得了很大的成功，而在我们这儿却遭到神学系和医学系的双重抵制！"

狄德罗点点头："人甚至会为这个被投到巴士底狱里去！"

"海峡对岸的人却要开明得多！我们这儿由于存在着不理性的偏见，到现在仍然每年都有三万人死于天花。"

疾病和苦难不是前生注定的

狄德罗深深地透了口气——卢梭和伏尔泰之间动起武来的危险似乎是消除了；他很想谈谈宗教之外的另一个领域。"进步当然不是轻而易举的，但是可以做到的；自然科学、技术和工业肯定能够使我们控制自然。您怎么想，卢梭？"

卢梭一副疲倦的样子："我看重的首先是风俗的改善；我不认为科学和艺术对此能起到什么作用。"

"思想自由、言论自由、出版自由、信仰自由以及自由从事宗教活动的权利——这些必须是我们的基本要求。"伏尔泰说道。

"这意味着革命！"卢梭喊起来，"这我已经写在我的小说《爱弥尔》里了。危机正向我们步步逼近，大君主国不可能再长久地维持下去了。"

"您要的是'回归自然'吗？"

"当人们还在为确保他们的生存而劳作时，他们是生活在纯朴、自由、均衡的牧人群体中。"卢梭此时俨然是个讲师，"那是人类最快乐、最稳固的时期。糟糕的是，随着劳动分工和商品交换的发展，一切都变了；自然淳朴的人生观发生了变化，自私自利产生了。那第一个圈起一块地，说'这是我的！'的人其实就是我们的社会的创建者。如果有个人拔掉界桩，高喊'小心，不要听那些骗子的！'他会为我们免掉多少罪恶、战争、杀戮和恐怖、苦难啊！从自然向文明状态的过渡就是一切罪恶的根源！"

对一种自然的教育的要求

看得出来，伏尔泰很乐意斗下去。"再没有人像您这么激烈地抨击人类社会的可憎之处了。"他对卢梭说，唇上又浮现出一片讥讽，"谁能像您在力争把我们重新变回野兽的时候那样让思想放射出如此灿烂的光芒呢！您简直让人渴望重新四脚着地行走！"

"唉，伏尔泰，"卢梭半是无奈，半是生气地答道，"您让我觉得无聊。这话您有一次已经给我写过了。我可没有想过要让我们恢复那种动物式的单纯。在我的《爱弥尔》里，我提出了用自然的教育取代传统的教育方法的要求，它可以避免文明的有害影响。"

"难道您赞美人类的原始状态是黄金时代吗？"伏尔泰笑着问，"值得追求的不是人们赤身裸体地跑来跑去、吃橡子、无意识地瞎哼哼的时代，而是人们享受着科学和艺术的进步为他们带来的一切欢乐的当今时代。唉，卢梭，我仔细地读了您的《社会契约论》，并且不得不告诉您，其中到处是谬误和矛盾。"

"它也正是为此而在日内瓦成了禁书，在巴黎被焚烧！"卢梭嘲讽道。

"这可与我无关！"伏尔泰声明，"我会为捍卫您自由发表见解的权利而自己走上火刑堆的，这您是知道的。但回到我们的主题上来：我们对人的天性了解得还太少，这方面的探索还需要大力进行。为此，我们也需要那些在自然科学中越来越多地得到运用的方法。遗憾的是我们指望不上那些大学，能帮助我们传播我们的思想的连一所也说不上，连巴黎索邦大学也做不到。"

"可惜正是这样。"狄德罗点点头，"我们只好不停地去寻找新的途径。最有帮助的是沙龙——谢天谢地，这样的沙龙有很多。我简直不知怎么赞美那些为我们的思想出力的夫人们才好，是她们使我们得以结识那些有影响的人物；她们传播新的真理，她们的言谈中带着我们的学说。要不是通过她们，我们上哪儿去寻求支持呢？"

塞内克斯转向他的三个年轻朋友。"狄德罗说得对，人们在日后也只能确认这一点。那时候，所有的夫人们都争着在她们各自的沙龙里介绍伏尔泰或卢梭，而这两位先生则往往很恼火，对他们用锋利的笔端攻击其存在权利的那个阶层充满轻蔑，但他们受到的钦佩景仰还是让他们很受用的。这种崇拜简直发展到了连国家官员和高级教士都放弃抵制，转而支持新哲学的地步。"

飞进新时代

一个刻有罗马数字的圆盘

塞内克斯突然皱起眉头，似乎想起什么重要的事儿来。他从兜里掏出一个系在链子上的银色小盒子，按了一个小小的按钮，圆形的小盖子便弹了起来，露出来的是一个明亮的圆盘，上面刻着精致的罗马数字和两根大小不同、装饰繁复而又精美的指针。

塞内克斯把它平放在掌心上，说："这块表产自卢梭的父亲在日内瓦的工场。直到发明了弹簧驱动装置和游丝以后，钟表才不再受制于必须固定放置这一条，从此人就可以制造小巧并且可以随身携带的表了，并且这神奇的小玩意儿也达到了前所未有的精确程度。表不仅走得更准，价格也便宜多了。人们由钟表制造业看到了劳动分工的好处。弹簧是由专门做弹簧的工人制造的，另外又有专门做齿轮的、做链条的、做表壳的、做表盘的……有各种由经过专门训练的人员经营的小工场，在英国它们主要是在伦敦城外，因为那儿的劳动力廉价得多。"

斯蒂芬往上抬了抬眼镜。"好家伙！这不仅是劳动分工，这简直称得上是全球化了！"

"可以这么说，只不过程度还没那么高。我们将经历它的开端——那迟迟疑疑的第一步。但还是回过头来说表吧——英国的国民经济学家和哲学家亚当·斯密（Adam Smith）在他划时代的著作《国富论》[1]中说，由多个专门工人分工合作制怀表比单个人制造好得多也便宜得多。有的人做齿轮系统，有的人做弹簧，有的人做表盘，还有的人做表壳。凭着他们的专业化和知识，钟表匠现在成了人们渴求的专业工人。在别的领域里也是这样。好了，现在钟表把一种新的节奏强加给人，令人臣服于时间；在它的机械性质之外，钟表也有了哲学意义。不过，这块表告诉我现在已经十一点了——我们要去参加一场历史事件，一场名副其实的'历史性'事件。走吧，我们的马车还在等着我们呢。"

"我们去哪儿？"贝蕾妮克问。

"回凡尔赛去。我们坐在这儿的工夫，时间已经又过去了二十年。现在的统治者

---

[1] 译者注：这部著作的全名是《国民财富的性质和原因的研究》。

是路易十六（Ludwig XVI.），他是大革命和拿破仑之前的最后一个法国封建专制主义君主。"

所有通往凡尔赛的路都堵住了

塞内克斯站起来的时候，贝蕾妮克再次暗自惊叹了：他是多么纤瘦啊，简直几近于透明！三个年轻人跟在他身后，在巴黎圣母院前的广场上信步走着。大教堂沐浴在阳光之中，阳光在立柱、雕塑和花窗之间投下了奇形怪状的影子。

塞内克斯拐进一条小巷，他们的车就停在那儿，马儿垂着头，车夫坐在驾驭台上，打着瞌睡。塞内克斯轻轻一捅，他就惊了起来。等他们在填得鼓鼓的坐垫上坐定，贝蕾妮克喊道："太好了，讨论了这么长时间以后又可以让眼睛满足一下了，我简直等不及了！"

车子滚动起来，轮子在铺石的路面上轧出的辘辘声一时间盖住了所有的谈话，车辆、行人的数量已经大大地增加了，有时候人多得几乎走不动。到处都是行人，其间夹着带宽沿帽的骑手，还有或华丽或朴素的马车和运货的棚车。

"出什么事了？"罗曼问，"似乎全巴黎都出动了！"

"还不只是这条街上！所有通往凡尔赛宫的道路都堵住了，凡是有轮子的，都被用作交通工具。还好我们中午前就到了凡尔赛宫，再晚点就几乎不可能了！"

"您不想告诉我们这是为了什么吗？"贝蕾妮克问，"好吧，没关系，我感觉这像是在圣诞节分发礼物前的时刻！"

塞内克斯微笑不语。他们的车只能以步行的速度前进，在窗口晃动着的总是同样一些脑袋，身体、脸庞、帽子和手帕汇成了海洋。辘辘的车轮声中混杂着谈话声、笑声、喊叫声，有时还有歌声。

他们在路上花的时间比从凡尔赛宫到巴黎长了一倍还多才终于到了。车停下来，再也没法往前走了，因为到处都挤得水泄不通。每个窗户里都有人探出头来。屋顶上有人搂着烟囱，或者骑坐在窗台上。期待在空气中振荡。

塞内克斯他们被挤到了一堵弧形的石头胸墙边。那上边已经坐着好多人了，像站在电线上的乌鸦似的。"就呆这儿吧！"塞内克斯说，"我们没法再往前走了。反正在这儿也能看得一样清楚。"

人们从四面八方涌来。

一个四边形的台子吸引了人们的视线。台子旁边竖着两根细杆子，像马戏团里用的那种。台子周围是一圈围栏，还有持枪的士兵。让贝蕾妮克惊奇的是一个只有几米高的圆形框子，类似篮子或是一面鼓。在这个怪模怪样的东西之上吊着个棉布织物和纸做成的罩，下端是开口的，它看起来像个被两根杆子挑在空中的长袋子。虽然那东西瘫软着，不成模样，而且还有很多褶子，但贝蕾妮克还是看出了那上面的彩色画，她已经猜到那是什么了。从那东西上还引出八条绳索，有工人拽着。

这时塞内克斯将小秘密公开了："你们看到的虽然不是世界上第一只热气球，但却是第一只载有活物的热气球。"

"是人吗？"

"不，不是人！"

"但这是一个蒙戈菲尔气球吧？"

"这可不是随便哪个——它就是那第一个蒙戈菲尔气球。"

热空气比冷空气轻

斯蒂芬快活地看着塞内克斯，请求道："您就快讲吧！您不是一直等着给我们讲呢吗？"

塞内克斯透了口气："蒙戈菲尔兄弟在这不久前发现，热空气会膨胀，从而变得比相同体积的冷空气轻，能够抬升物体。"

"这么说他们已经做过气球飞行试验了吗？"

"做过几次，虽然挺费劲的。1783年六月在昂诺内的市场广场上，气球第一次升上了天空，不是在巴黎，也没有载任何活物，但还是很成功的，飞升了大约四百五十米。现在他们打算在国王亲临现场的时候再做一次试飞。"

"我们就是为这个来这儿的吗？"

"天气好极了，只是在高空中有些风，但对此还无法测量。"

人们在高出一块的平台周围留出了一条通道。塞内克斯继续介绍："气球下部用柳条编成的篮子里有一个铁丝做成的架子，是用来放置燃料的，燃料是草和干柴。"

号角吹起来了，隆隆的鼓声盖过了人群交谈的嗡嗡声。一位略胖而衣着华丽的先生和一位美丽出众的女士从宫殿里走出来，由大批随从陪同，部长啦，宫女啦，侍从啦，官员啦……穿制服的仆人为他们留出一条通道。

"国王和王后。"

"哪个国王？哪个王后？"

"路易十六和玛丽·安托瓦内特！"

有人欢呼了几声，但并不怎么有激情，大概所有人的注意力都被气球飞行吸引住了。国王及其家人走到平台上，有人登上台阶，把头伸进气球的开口和篮子里去张望，随后国王试了试绳索的力度，算是鉴定。然后他态度庄严地让人给他解释技术上的细节，热空气较轻并趋于上升的原理等。最后他点点头，把手伸给他的妻子，两个人又轻盈地步下台阶，在平台前坐下来，国王还优雅地交叉起双腿。

一声清脆的爆竹声响令所有的人都吓了一跳。仆人爬上台子，点燃了气囊下的燃料。空气变热，充满了气囊，于是它立刻动了起来。它像一头饥饿难耐、有气无力的巨兽一般试图立起来，可重又跌倒了；但它的个头大了起来，由此也长了力气。这时，有仆人搬着个笼子过来了，笼子里关着一只咩咩叫的绵羊、一只嘎嘎叫的鸭子，还有只公鸡从里面探出头来张望。他们把笼子和气球下部牢牢地拴在一起，放在一边。本来在几根竿子之间的气球升了起来，轻微地摇摆着，越来越圆，最后终于整个支棱起来了，球面上蓝色、金黄色、红色的装饰闪闪发光，气球的鼓肚上挂着打褶的绸布旗子，像饭馆里跑堂的腰间挂的毛巾。

多么令人惊讶，多么热切的期待啊！气球已经是一个圆圆的球了，更圆了，简直要爆了！观众骚动、欢呼起来——还从来没有人见到过这么大个的东西悬在空中。

就好像要加入到这欢庆的气氛中似的，那只绵羊和那只鸭子又叫了起来，那只鸡也打起鸣来。又是一声炮响，绳索被砍断了，气球下部张开的"喉咙"里吞吐着火舌，烟从侧面钻出来，飘到空中。观众都站在那里，个个像中了魔一般，简直都忘了喘气。广场上的空气滞重起来，但气球在上升，缓缓地飘浮上去，成了一朵蓝色的云，下面吊着那个装着动物的笼子，人们冲着它们欢呼、鼓掌。笼子摇晃着、向上升着，人们在它周身插的小旗在风中翻飞。

现在，气球已经得意洋洋地在空中航行，人们的惊异化成了一声长叹。

然后又是掌声和"乌拉"的欢呼声。

气球从容地转动着，向太阳飘过去，变小了，像一个蓝色的月亮。人们向它送去热情的锣鼓和号角声。

接着气球潜入了一朵云彩——这种事可还从来没有人看到过！过了一会儿，它又露了一小面儿，人们看到它向侧面飞去。可随后，在如此顺利地升空之后，气球突然卷进了一股风的漩涡中，球面撕裂了，它开始下坠。

"飞行了十分钟后气球落在了一片树林子里，离凡尔赛宫有一个钟头的路程。"塞内克斯说。

"但真有意思！"贝蕾妮克兴奋地跳下胸墙，兴之所至，她按住了一下塞内克斯瘦削的肩膀。人群向街道上散去。

塞内克斯很高兴，等贝蕾妮克收回胳臂以后，他才继续说道："两个猎区管理员找到了破了的气球，它挂在树顶上了。除了可怜的公鸡被那只绵羊踩了一脚以外，几只动物都安然无恙。国王不久就批准让人做空中飞行，第一个做这一尝试的人叫让—弗朗索瓦·皮拉特勒·德·罗齐埃。"

"那他是世界上第一个宇航员。"罗曼快活地喊道。

"这么说有点过分,但不管怎么说,人类开始了对天空的征服。从这一天起,又过了大约一百年,也就是到了十九世纪末,人类才真正谈得上飞行。"

"一百年算什么!"

"现在一切都发展得越来越快了,贝蕾妮克。又过了不到一百年,人类就开始在地球轨道上摆弄改锥、锤子了,甚至登上了月球。"

"我想,这一切都和哥白尼、伽利略、牛顿、笛卡儿和启蒙运动有关!"

塞内克斯肯定了贝蕾妮克的说法:"人把自己上天的自由与新的思想自由联系在一起,很难说哪个更重要,它们是彼此密不可分的,科技的进步与思想的解放总是肩并着肩。但我们还没有结束启蒙运动这一章,因为它太重要了。观看气球飞行只是暂时中断了我们的谈话,而不是结束它。来吧,要不了几步我们就能走到一个花园小馆,那儿的木头长凳虽然不大舒服,但是那儿的树很大,我们可以坐在树荫下,那儿的服务也很周到。"

理性与清晰的思想

木头桌子和长凳散布在已被踩平的草地上,栗子树像一把把撑开的大伞,给客人们提供了阴凉。贝蕾妮克的头发闪着金属一般的光泽,还些须笼着一丝铜绿色。

只有一张桌子还空着,很小,将将够他们四个人坐下。客人们一排排坐着,面前摆着一杯杯啤酒或是葡萄酒,还有面包和香肠。人人都很快活,很兴奋,他们的话题没别的,就是气球。这次飞行让所有的人都很兴奋,他们意识到自己是一个历史事件的见证人。他们手舞足蹈地聊着,发挥着他们的想象力,做着大胆的预言,俨然看到了在空中飞来飞去的驿车、乘着气球的军队乃至乘着气球去圣地亚哥—德孔波斯特拉(Santiago de Compostela)[1]和罗马朝圣。

"他们不知道将来现实会超出他们的想象多远!"罗曼若有所思地挠着后脑勺。

他们也听到零星地表示拒绝乃至警告的声音。有一个人向他的同胞呼吁想上天之前应该先把地上的事搞好了再说,应该消灭饥饿和困苦,治愈各种疾病,约束狂傲的贵族。否则,上帝一定会惩罚这种不知天高地厚的行为的。

塞内克斯把打开了表盖的表放在自己面前的桌面上,朗声说道:"你们看,人是多么受时间的约束啊。我们的驿车大概两点钟左右来,我们可不能误了车。"他给每人都点了一小份点心,有法国淡苹果酒、白面包和奶酪,然后接着说:"宽容、竞争、教育和研究,这些都是启蒙运动的产物。启蒙运动的产物还包括后来的普遍义

---

[1] 译者注:圣地亚哥—德孔波斯特拉(Santiago de Compostela),西班牙加利西亚自治区的首府,是天主教朝圣胜地之一,1985年被列为世界文化遗产。

务教育、国立学校和高等学校事业、剧院、乐队、博物馆、档案馆和图书馆，对公众负责，由国家资助。另外启蒙运动对新大陆，也就是年轻的北美洲的民主化进程也起了很重要的作用。所有大西洋彼岸的重要政治领袖都是从启蒙运动中脱颖而出的。"

"如果说我们今天有那么多不同的信仰、派别、学说、世界观、拯救者、大师等能够并存，那么没有启蒙运动的话恐怕就是不可能的。"

"今天那些鄙视启蒙运动的团体能够存在恰恰要感谢它；虽然启蒙运动首先是要求理性和清晰的思想，但它同时也促进了一种到那时为止尚不为人所知的宽容。在这种宽容之中，所有的宗教都能得到一席之地，到今天仍然如此。"

"对我而言启蒙运动包含的一个特征就是'人道'。"斯蒂芬说。他的脸颊红红的，不知是因为喝了苹果酒，还是因为内心的强烈感受。"启蒙运动是古希腊以来最人道的事情，不是吗？"

塞内克斯呷了一口酒："我同意。启蒙运动以摆脱迷信为目标，它要求理性的人建立一个理性的世界，所以说这个时代是'醉心于理性的时代'是很中肯的。但可惜——结果人们虽然真的从科学、技术的角度去理解世界，但也出现了新的疯狂念头。"

"这么说思想的解放没带来什么了？"

"怎么没有！我们今天能够自由地生活，这得感谢启蒙主义者。比如在从来没有过启蒙运动的伊斯兰教国家里，野蛮的戒条仍然左右着人们的生活，例如对女孩子残忍地实行割礼、判'亵渎神明'的人死刑、用石头砸死通奸的女子等等。在启蒙运动的作用下，我们从政治的及思想的暴政下解放出来，在法国它导致了大革命的爆发和封建专制王朝的覆灭——这，人们在巴士底狱被攻占以前大概就预感到了，因为在这个具有世界历史意义的日子到来之前十一年，也就是伏尔泰去世前几个月，他放弃了他的庄园，回到巴黎，受到了人们热烈的欢迎。不管他走到哪儿，人们都报以掌声，来自各个阶层的人——据说有成百上千——跟着他的马车。从来没有哪个君王受到过这样的欢迎，他被称为世界上最著名的凡人。要是他走进一座剧院，演员和观众会起立并大声向他喝彩欢呼。"

"但革命并不是他要达到的目的啊！"贝蕾妮克插嘴道。

"对。和他同一战壕的战友从不曾呼吁人们拿起武器，他们只为赋予人们一切人权的自由社会奠定了基础。卢梭要是知道1793年巴黎的革命党是多么暴戾，他会吓坏的，但他的《社会契约论》第一次阐述了人民的主权，这却是一个事实。"

启蒙运动的对头与信徒

斯蒂芬把一块奶酪面包塞进嘴里，问："启蒙主义者难道没有很多对头吗？"

"对头主要是天主教会,比如在法国、西班牙和意大利,教会把启蒙主义的书籍列在了禁书的书单上,先后有《百科全书》、伏尔泰的著作、卢梭的著作和无数其他人的著作;卢梭的《爱弥尔》也被巴黎大学、教士全会和巴黎议会禁止。启蒙主义者被指责为没有信仰及脱离宗教。人们担心人类的知识和能力被过分夸大,判断力变得狂妄自负,以及道德败坏。浪漫主义从某种意义上来说是启蒙运动的反动,浪漫主义者认为,世界上还有比启蒙主义哲学家在他们的白日梦和书房里拥有的多得多的东西,那就是想象、感觉和心灵深处的秘密。人不仅是思维着的动物,也是感觉着的动物。"

"事实也确实如此。启蒙运动使世界丧失了魔力!至少我是这么想的。您怎么看呢?"

"生命的历程当然会在摇篮和坟墓之间有所变化。启蒙运动有很多实际的结果,就说医学吧:这时有很多进步的医生提倡在妇女分娩时让受过训练的男助产士取代'无知'的产婆;婴儿不应该再被紧紧地裹着,而应该让他们'自然'地活动。不应该娇惯孩子,而应该让他们在户外的新鲜空气中跑来跑去。如果人们能够更关心他们自己的身体健康,而不是只去关注心灵得救与否,那他们就能比《圣经》里说的七十岁活得更长。而等死亡来临之际,人也能正视它,而不是陷入古老的基督教徒对地狱之火的恐惧之中。"

"像入睡一样自然地死去?"

"启蒙主义者希望能这样。他们传达的讯息影响深远,超出哲学的界限,进入了自然科学领域、社会领域、技术和教育事业、学校事业、法学、管理。启蒙运动的一个典型的丰硕成果就是亚当·斯密(Adam Smith)出版于1776年的《国富论》,它的英文题目我已经向你们提到过了。这本书指出,富裕的源泉是工作。它还分析了价格、资本、劳动力的作用以及供求规律。斯密的书影响了后来所有的经济学家,在工业社会的膨胀过程中也有着它的意义。"

"这有什么新鲜的吗?"

"比如认为劳动分工的一个结果就是,职业性的生产会大幅度增长,在一个管理有方的国家里可以导致普遍的富裕。他希望的是国家不再左右经济。"

"一种自由的市场经济?"

"他阐释道:大国从来不会因为私人的挥霍而毁灭,而往往是因为公开的挥霍而毁灭。他谴责道,在大多数国家里,税收被用来支付那些不事生产的人。在这一点上他态度激烈,说如果国王和部长们是他们国家中最挥霍无度的人,这种情况是'最大的肆无忌惮和狂傲'。他说,国家管理机构和官员的工资不是由市场决定的,因此与其劳动成果的关系也不成比例。"

"多现代啊!"

"亚当·斯密的书还证明了魔力是怎样从公共生活中消失的，理性和分析如何取代了神话；但这并不意味着所有的启蒙主义者都是无神论者，或人们都不再信教了。很多启蒙主义哲学家都是教徒。你们见到了卢梭，但还不知道他曾想过当牧师吧？他很早就从一个卡尔文派教徒变成了天主教徒，虽然并非一直到最后都是天主教徒，但他晚年时对一种感情和精神成分大于理性成分的虔诚大唱颂歌。法国大革命以后，欧洲经历了宗教的复兴，但宗教再没达到过从前那种绝对的统治地位。为了弥补这个空当，自然与善感将在十九世纪被抬高到近乎神圣的地步。但填补了这个缺口的主要是爱国主义——可惜这又是非理性主义的一种，至少跟宗教的非理性一样严重。"

贝蕾妮克问："启蒙运动到底为什么能有那么大的成就呢？"

"启蒙运动如果只局限于区区几个人的头脑，那它的意义肯定不会如此重大。但它的思想涉及范围很广，首先吸引了受过教育的市民阶级；它落在了肥沃的土壤中，因为启蒙主义者说出了很多人能感受到但却表达不出来的东西。现在这些话被说给他们听了，他们还可以买书看。夸张一点说：古登堡（Gutenberg）印刷《圣经》，是要让所有的人都能读到它并坚定自己的信仰，但实际上他却加速了宗教的溃败，因为他为启蒙主义的自由思想势不可挡的广泛传播提供了手段。"

"您是说时机成熟了？"

"财富的增长使印书业得到了好处，越来越多的人学习读书写字，启蒙运动就是这时候来临的。虽然能读会写的人在十八世纪末只占成年人口的百分之十五到百分之二十，但这个数字在持续增长。在许多城市里出现了名字叫做'协会之家'、'友谊圣殿'、'书厅'、'艺术之屋'、'舞厅'、'咖啡厅'、'台球厅'之类的组织，人们在那里读书、做报告、进行讨论，连乡村里感兴趣的人也结成了读书协会。启蒙思想也被许多并不知名的普通人共同传播，比如曾有过一个十分周密的联络网，由赞同启蒙主义的人和大胆的市民组成，他们收留遭受迫害的人并传递消息。有时候启蒙主义者甚至得到重要人物的秘密帮助，这些人地位显赫，无视禁令。在这个意义上，可以把法国的最高审查官马莱尔伯（Malherbe）看成是法国启蒙主义者的朋友中最有势力的一位。"

塞内克斯停顿了一下，喝了点酒，抬起头，用他那双无法形容的灰色眼睛把三个孩子一个挨一个地看过去，高声道："总之，我们可不要低估了咖啡馆里进行的讨论，其中之一你们也经历了。那绝不只是咖啡馆里常客的闲聊天，人们热情洋溢地谈论的是各种新思想。根据巴黎警方统计的数字，1723年时还只有三百八十家咖啡馆，可六十年后就有了一千八百家。此外还有很多书商、出版商，他们使作品得以传播；只要有丰厚的利润诱惑，他们就天不怕地不怕。文学第一次开拓了广阔的市场。公共舆论确立了它的影响。"

"嘿，越来越带劲儿了！"斯蒂芬喊道。

记者——一门新职业

其他桌的客人纷纷付钱，离开了花园小馆。塞内克斯看了看他的小表，说："我们还有点时间，驿车大概半小时以后到。"

"驿车？"

"它已经坐着更舒服了，车费很贵，这样它成了高级的公共交通工具，乘客的数量限制在七个以内，由一个携带武器的警卫护送。这会儿的车有钢制弹簧，重心很低，速度相当快。"

"我问的意思倒不是指交通工具，而是想知道，咱们不在巴黎呆着了吗？"

"我们今天还要旅行一次，而且路程很远；但我们此刻还是在这儿，在启蒙运动时代。那时产生了一门新的重要职业。"

"是产业工人吗？"

"那还没到呢，罗曼。是记者——他们有时愤世嫉俗，甚至不讲良心，但也很尖锐，笔头儿很快，不断追逐一切新鲜事物。日报的数量增长迅速，图书馆也出现了。启蒙主义者的新作也伴随着大量周刊、月刊的出版。人们也在追求娱乐，追求一种每个人都能懂的新风格。批评成了写作的知识分子最喜爱的体裁。按照尼采的说法，人们经历了批评的诞生，而它是从理性精神中诞育出来的。"

"这听起来简直太好了，好得不像是真的！"斯蒂芬怀疑地嘟囔道。

"书越来越多，也越来越便宜，它们的写作和出版所耗费的时间缩短了。从这时候起，文艺小说也开始了它走向成功的历史。渴望阅读的读者想得到娱乐、教育，想受感动，想动情。游记、爱情小说、家庭小说、《罗宾逊·克鲁索》、《曼侬·莱斯戈》、《汤姆·琼斯》、《新爱洛伊丝》、《伤感的旅行》……人们乐此不疲地写作、抄袭、剽窃，格言是：'如果有几只黄蜂毁了几只蜜蜂的巢，那又有什么关系呢？'《罗宾逊·克鲁索》就有好几种变体：《快乐的罗宾逊》、《西里西亚的罗宾逊》、《有德之人罗宾逊》。除此之外还有歌德的《少年维特之烦恼》，其中表现的多愁善感和语言均达到了艺术的高度。这些，人们都想见识，文学变得更加丰富多样。那些道德家们对此颇多微词：'小说像毒品一样让人上瘾。'"

"肯定也有人恰恰是为了不思想而去读书。"斯蒂芬沉思着说，用一块布擦着他的眼镜。

塞内克斯继续不紧不慢地说："作家需要的是感受着、思考着的读者；读者想要感觉、醒悟、受鼓舞、修正自己的判断。小说能让人深入私人领域，以前这一直不为人所知。现在的读者面临的是一个丰富的情感世界，他在其中或许会认出他自己，或许感到惊奇和兴奋。"

"而这些都是新鲜的吗？我还以为对内心冲突的刻画是文学中最重要的呢。"

"艺术普遍有所收获，可以说，正是通过启蒙运动，艺术才取得了独立地位，脱离了宗教，并发现其他真理的存在，包括美学真理。启蒙运动甚至坐上了神圣的交椅——当然说这个得谨慎——因为1773年教皇克雷芒十四世（Clemens XIV.）解散了耶稣会。启蒙运动也吸引了贵族：玛丽亚·特蕾西亚（Maria Theresia），尤其是她的儿子约瑟夫二世（Joseph II.）进行了深入的社会改革，普鲁士的腓特烈大帝钻研伏尔泰，任命法国物理学家和数学家莫泊丢（Maupertuis）为一个新科学院的院长，后来又想让达朗贝尔（d'Alembert）[1]继任，后者拒绝了，但愿意以自然科学问题顾问的身份前往柏林。边疆伯爵卡尔·弗里德里希·威廉·冯·安斯巴赫（Karl Friedrich Wilhelm von Ansbach）的书桌上放着一座伏尔泰的胸像，萨尔茨堡大主教则更喜欢卢梭的胸像，并委任伊曼努埃尔·康德的一个学生为神学院的院长。"

"这么说每个人都被传染上了？"

"知识分子、官员、贵族——这场运动吸引了所有人。庄园里，人们进行了农业现代化的实验；从哥本哈根（Kopenhagen）到米兰（Mailand），处处都有读书会建立起来，以共同探讨历史、哲学和未来；很多国家的一些措施都是在启蒙运动的推动下实行的，并往往由那些开明的部长带动。"

妇女的作用

"萨尔茨堡大主教……但您刚说过，启蒙主义者遭到教会的猛烈攻击。"贝蕾妮克插上一句。

"两者都对。总的来说，作为一个机构，教会是站在启蒙运动的对立面上。"

"而且他们的理由也够充分的！"

"但神职人员并不都是这样。我们已经讲过狄德罗了。《百科全书》的四十本样本在贝利戈尔（Périgord）出售时，单是神职人员就买去了二十四本。哲学家的著作

---

[1] 译者注：达朗贝尔（Jean Le Rond d'Alembert，1717—1783），一译达朗伯，法国数学家、启蒙思想家、哲学家。对偏微分方程有贡献。提出一个力学的原理，后来被称为达朗贝尔原理。曾任《百科全书》副主编，在该书第一卷卷首语《知识图》和《初步论断》中，主张按弗朗西斯·培根的原则，将人类知识分为历史、哲学（科学）、美术三大类；强调技术和科学的关系，并指出《百科全书》的目的不仅在于提供知识，而更重要的在于改变读者的思想。在哲学上主张知识来源于感觉，反对"虚构的实在"或天赋观念说，但又认为精神不依赖于物质，上帝是创世主。主要著作有《哲学原理》、《力学原理》、《数学论文集》等。

可以在修道院的图书馆里找到——甚至是在西班牙的修道院里。但它的影响在政府官员、律师、医生、地主、记者、作家和大学教授那里最大。"

"塞内克斯,"贝蕾妮克把手搭在塞内克斯的小臂上,"我就是不能想象,这一切没有妇女的帮助怎么会是可能的。"

"但一般来说,没有女子,男子什么也做不了!"

"男的说这话只是想让我们闭嘴!"贝蕾妮克摇摇头。

"在启蒙运动中,新思想确实是在女性的沙龙里最早被人们热情地接受。伏尔泰、卢梭和狄德罗已经提到这个了。沙龙这种交际场所在我们今天这个信息时代里可惜见不到了,可那时候它就像一个个鸟巢,新思想在其中插上翅膀,翩翩飞起来。伏尔泰的情人沙特莱侯爵夫人(Marquise de Chatelet)、狄德罗的妻子索菲·沃朗(Sophie Volland)都不只是极为聪慧,而且都有很高的修养,善于谈吐,比那个时代的大多数男子受的教育都高得多;她们掌握稔熟的谈话艺术,写起信来也那么高超。"

"启蒙主义者想要女子获得更大的自由吗?"

"他们看重的是从老得掉渣的旧观念中解放出来,而不是妇女的解放。十八世纪有杰出的女作家、女小说家,但是,能有可观数量的妇女能在公众中有所影响,那还要再过一百多年。"

"但是女皇呢?女沙皇呢?"

"那是例外。在王朝统治时代就有许多女王和女性贵族曾大权在握,你刚才提到了两个,贝蕾妮克——玛丽亚·特蕾西亚和叶卡捷琳娜大帝,后者也被人称为'宝座上的女哲学家'。但除了这些超群出众的女子外,离教会容许妇女表现自我还早着呢。"

"但要是女圣徒或是女神秘主义者,那就多多益善了!"

"起初是一个开明的君主普鲁士的腓特烈二世,也就是腓特烈大帝,第一个同意一位女子——多萝台娅·克里斯蒂安娜·艾尔克斯雷本(Dorothea Christiane Erxleben)在哈勒大学医学系取得博士学位并开业行医。1742年她写了一本《关于女性无法上大学的原因的彻底调查》。"

"那么她是一个例外!"

"是个别现象,绝对的。她走得比她的时代远得多,但即使是她,后来也得顺从当家庭主妇、生儿育女的命运。她早逝的原因可能就在于此。"

贝蕾妮克耸了耸肩。她闭上眼睛,看上去就好像没兴趣再听下去了,但这只是假象,因为她马上又接着问道:"但启蒙主义者不是在教育方面有很大成就吗?"

"能上学的年轻人的数量比以前多了,授课水平也提高了。这也为伟大的瑞士教育家亨里希·裴斯泰洛齐(Heinrich Pestalozzi)奠定了一个基础;他生于十八世纪中叶，也就是1746年。他在他的著作《林哈德和葛笃德》中阐释了自己的思想。裴斯泰洛齐建立了他自己的一所私立学校，还为公立学校设计了纲领计划，由此引起的兴趣是启蒙运动前从没有过的。"

塞内克斯把他杯子里的饮料喝光，看了一眼表，叫道："我们得赶紧了。"他迅速站起身来。"走吧！我们要离开巴黎了。不过我们还会再来，因为现在巴黎就如同欧洲的首都；几乎所有改变欧洲的推动力都来自巴黎。伦敦、马德里、圣彼得堡都很边远，意大利由很多个城市国家组成，德国则还根本不存在——它那时四分五裂，有三百多个领地，包括世俗的和教会的，还有五十多个帝国城市。"

机器的时代随着蒸汽开始

第一辆蒸汽推动的车

塞内克斯情绪很好,他挽着罗曼和贝蕾妮克的胳膊,斯蒂芬游离在外,一会儿在左边,一会儿在右边,一会儿又在后边。贝蕾妮克再一次感觉到,塞内克斯触到她的小臂,那接触像羽毛一样轻,简直是超凡脱俗的。

但马上她的注意力就被引开了——塞内克斯说了起来:"驿车现在所有的人都能坐了;它也管送信和其他东西。驿车是十七世纪中期开始投入使用的,我所知道的第一条驿车线1784年出现在英国,连接起伦敦和当时的时髦温泉胜地巴斯(Bath)。驿车在路途中,马匹每隔一段时间就要在中继站替换,这样就总是有缓过劲儿来的马匹供人使用,这一点很重要。此外,路上也逐渐地安全多了,旅客受到应有的保护,不再常遭匪帮抢劫了,不过这种事情总还是存在的。而且人们意识到,一些基本设施也是很必要的,于是邮路上出现了众多驿站旅舍。"

"现在您倒是说说,我们去哪儿啊?"

"去很远的地方,非常远,贝蕾妮克。这一回我们不必赶时间,因为在路上有好多可以说的。路途漫长,因此我们没有利用另一种为道路发明的东西,当时造了一个样品。"

"为道路?不是为铁轨吗?您指的不是火车头吗?"

"还不是,但它是往那个方向上迈出的第一步——虽说是尚很笨拙的一步。我指的是法国军官尼古拉·约瑟夫·居尼奥(Nicholas Joseph Cugnot)1769年造的第一辆车,一个真正的大怪物,看上去像只巨型昆虫:它有三个大轮子,控制方向用的前轮前面安着一个铜制的蒸汽锅。这辆车看起来很怪异,而且对今天的我们来说,也实在是没法用,因为它的速度就像是蜗牛爬,只有每小时4公里。这车很难操纵,造它的目的本来是为了运大炮——所以不是为你们三个这样的轻量级造的。第二辆样车居然达到了每小时10公里的速度,但它马上就以如此的'高速'撞上了一堵墙,坏掉了。"

"但它是用蒸汽的?"

"对!"

"我以为是詹姆斯·瓦特(James Watt)造出了第一台蒸汽机。"

"确切地说，是他的一个朋友1759年向他建议用蒸汽给道路用车作动力，但居尼奥的'汽车'就是比他的早；而且就连居尼奥也不是第一个。1654年法国人丹尼·帕潘（Denis Papin）就做了最早的空气压力试验，并发明了蒸汽气压机原理，但当时没有得到实际应用。1765年，有一个名叫维尔毕埃斯特（Verbiest）的佛兰德斯传教士[1]在北京城里曾开着一辆蒸汽做动力的车，车上用开放的煤火烧热一个水锅里的水。居尼奥的实验之后，又过了二十二年，瓦特才在1781年造出了靠传动装置和飞轮工作的蒸汽机，在旋转运动中存储转动惯量。他又做了一些改进以后，1784年蒸汽机实际上就已经成熟了。接下来的发展便如疾风骤雨一般了。好了，我们'老式'驿车马上就要拐过来了！"

手工劳动的结束

他们在花园小馆的篱笆外面等着。没过多一会儿，号角就悠扬地吹起来了。随后，那辆高高的四驾马车就拐过了街角，裹在扬起的一团尘烟里。前面的驾驭台上，两个戴高帽子的车夫高高在上。他俩后面还坐着两位先生，是出资较少的乘客。车厢的顶上堆着旅行箱、旅行篮，用皮带绑缚着，上面盖着张挡风遮雨用的帆布篷。车厢后面一个窄窄的位子上还猫着一个仆人。

车夫一抖缰绳，大声吆喝着，马便停了下来。那仆人从后座上跳下来，打开车门，将一块窄窄的踏板打开，放下来。

塞内克斯和三个孩子上了车。车上已经有两个乘客了，正兀自打着盹儿。

车没停多一会儿，因为没有什么货物、邮件或行李要装车。驿车的号角又吹起来了，像要催人去打猎似的。只听一声"嘘"、一声鞭子的脆响，车轮便开始颠簸着滚过路上的车辙，越过石头，辘辘地轧过路上的坑坑洼洼。

巴黎郊区没什么可看的，塞内克斯道："我们谈谈话，路就不会显得太漫长了——我已经说到了蒸汽机，从那时候起，所有的技术领域都开始了突飞猛进的发展；我打算只提一提最重要的。比如在英国有一个发明：虽然早在1678年就有一个法国海军军官设计出了一种机械织布机，但结果证明不成功；真正可用的是英国教士埃德蒙德·卡特赖特（Edmund Cartwright）1784年发明的一种织布机，而且几年后还达到了自动化。"

"卡特赖特？"

"织布机可不简单！这项发明具有革命性的意义，工业革命由此开始，手工劳动

---

[1] 译者注：中文译名南怀仁，耶稣会传教士，1658年前往中国，曾造红夷炮助清帝国，有历法著作多种，1688年逝世于北京。

的时代接近尾声了。我们已经讲过亚当·斯密，他对工业革命影响的研究是最具预见性的。在前资本主义经济时期，产品销路少，生产手段具有与此相对应的典型特点：每个手工师傅都是自己把每件活儿从原料一直做到成品。"

"那么每一件东西都是他的作品，他可以为它的外观和质量感到自豪。这个，却没有哪个产业工人能说得出来了，我想。"

"是的，只是，手工生产的效率不够高。鞋匠只是根据皮子的种类来区分的，有加工普通皮子的，有加工哥尔多瓦皮[1]的，有加工摩洛哥羊皮的，而每个鞋匠都把自己做成的鞋直接卖给他的顾客。现在人们按照制造阶段来进行劳动分工：在制鞋厂里，有的人负责鞋模子、后跟，有的负责裁剪，还有的负责缝制。这也改变了手工业者和商品出售者之间的关系，分出了工厂主和工人。技术肯定使人们变得更自由了。"

"同时又以另一种方式使人成了奴隶。"

"这是我们这个时代才有的认识，没有什么进步是不伴随着弊端的。那时候的人也看到了行将出现的弊端，因此熟练的亚麻织工和羊毛织工有很长时间阻挠机械织机的发展；他们害怕失去工作，这是很有理由的。"

"这种斗争直到今天还存在呢！"

"而且可能会一直这样下去，并且是在各个领域。那时候，医学领域的进步提高了人的寿命，迅速增长的人口又对机械化的发展起了很大作用，简直可以说是逼着它发展，于是在十八世纪的最后三分之一的时间里，纺织工业成了英国经济的支柱。"

新时代里最大的教育运动

他们坐着车穿过平坦的绿色田野。一个疑问在贝蕾妮克的脑子里转，塞内克斯看出来了，问："你心里想什么呢？"

"我还在想学校的问题，与妇女有关的，或者再说具体点，与女孩子有关的。您不是讲了吗，由启蒙运动受益的首先是学校和教育，那么确实有所改进的有哪些方面呢？"

"迄今为止，教育的特点一直是强迫和权威。拉丁学校起初只对男孩子开放，女孩子不能进。谁要是想从事学术方面的职业，就必须掌握拉丁语。但现在人们认识到了：不只应该学习一门死的语言，而且也需要科学的知识。这意味着逻辑与思想

---

[1] 译者注：哥尔多瓦皮，一种以摩尔人的方式用矾鞣制的细致羊皮，过去往往用来制靴，现在主要用来装订书籍。

自由的结合。此外人们转向了古典时期及其人道主义思想。"

"这可是太怪了！想介绍科学知识，却转向古典主义！"

"这是个进步，因为人们背离了宗教的正统主义，去寻找一种新的伦理。"

"不教宗教，改教伦理——有点像我们现在那样？"

"还没有那么远。但是对尘世生活的肯定以及由此而来的思想，希望对年轻人……"

"是男性年轻人！"

"……进行必要的着眼于现实的教育，等等等等——这些进一步排斥了教会学说，提高了实用学科如数学、物理学、自然科学、历史和地理的地位。它们走出了它们那年代久远的阴影。这也要求使用一种新的语言，不再拘泥于僵化、老气横秋的经院拉丁语，而用生动的日常口语：法语或者德语。"

旅程颇有些催眠作用，斯蒂芬的眼睛闭上了，不久罗曼和贝蕾妮克也睁不开眼了，于是，半梦半醒之间，他们没看见什么，没注意到车子更换了马匹，对糟糕的路况也习惯了。他们也没有遇到任何危险：没出事故，车没翻，车轮也没陷到污泥里去。风景对他们来说无所谓，就这样，他们也没看见路上一些本会吓坏他们的景象——大多数地方的交通要道要经过用刑和处决犯人的刑场。比如某条路的两旁都是一人高的柱子，上面挑着水平放置的车轮子——那是用来车裂违法者的；还有绞刑架，尸体还吊在上面，脑袋耷拉在一边。

"这是为了达到震慑众人的效果。"塞内克斯本来打算这样解释的，但这下用不着了。

普鲁士和奥地利的启蒙运动

一个开明的君主？

他们就这样穿越法国，跨过了莱茵河。这时，塞内克斯才又一次开口："我们的目的地是普鲁士。但你们看不到什么特别之处，普鲁士在十八世纪时是一个不和谐的混乱的国家，很多地方都无人居住。对我们来说普鲁士是值得注意的，是因为它对德国的启蒙运动来说很重要。"

三个孩子都坐了起来。"是因为腓特烈大帝，对吗？"

"他的父亲腓特烈·威廉一世（Friedrich Wilhelm I.），人称'军曹国王'的，不是一个喜欢奢华的君主，其简朴在当时的公侯中是很少见的。他是个冷静的统治者，脑子里丝毫没有启蒙思想，正相反：他把当时最重要的德国哲学家克里斯蒂安·沃尔夫（Christian Wolff）驱逐出了国境，他的儿子又急忙把沃尔夫召了回来——这件事显示出父子两人有多么不同。

但专横的统治并没有因此而结束，腓特烈大帝也实行专制统治，人民仍在捐税的重压下呻吟——这主要是为军队。腓特烈大帝采取严厉的征兵措施使士兵的数量增加到了二十万；每年他得为他的军队付出一千三百万塔勒[1]的军费——不过付出这一千三百万塔勒的当然是普鲁士的老百姓，而这充其量是三百万个生灵。除此之外还有别的赋税。"

"可您说过，腓特烈大帝对启蒙是很开通的。"

"在思想上是开通的，在行动上可没那么开通。'老弗里茨'——这是人们对他的另一个称呼——他的统治从1704年延续到1786年。他的人格具有分裂性：一方面他有极强的自信心，非常专断，另一方面他又让伊曼努埃尔·巴赫（Emanuel Bach）做自己的宫廷羽管键琴师，有一次还把他的父亲约翰·塞巴斯蒂安·巴赫召来，专心致志地听他的演奏，《音乐的奉献》的主题也许就是他给巴赫的。他还是文学爱好者，当然了，喜欢的只是法国文学，并且不带偏见地对哲学感兴趣，与伏尔泰有通信联系，写过一篇《反马基雅维利》；他在其中试图描述仁君的使命，并宣称，马基雅维利在国家生活中播下了堕落败坏的种子，而他，腓特烈，将会把人性

---

[1] 译者注：塔勒，十八世纪还通用的德国银币。

重新赋予国家生活。为此，他支持法国胡格诺派教徒入境，并于1704年六月写道：'所有宗教都应该得到宽容……因为在这里，每个人都应该按他自己的理解获得幸福。'"

"这说明他极为宽容啊！"

"腓特烈大帝本人可能是个坚定的无神论者；他很清楚启蒙运动的意义，因为他1758年就认为，他这个世纪将是世界历史中划时代的。他写道，他和他的同时代人都经历着世事变迁中最异乎寻常的事件。"

"而他自己并没有经历法国大革命！"

"他感觉到了巨大变革的临近。他促进了德国自由思想的发展，并且不局限于普鲁士，由此为自由主义的进步做出了决定性的贡献。他把柏林变成了德国启蒙运动的中心，把法国哲学家召进他的宫廷。他改进了法律制度，整顿了财政，增加了收入，而自己只要了其中的一小部分。为此，诸侯中出现了效仿他的人，这表明，强有力的人格不是没有影响的。"

"这真让人惊奇。您能举个例子吗？"

"可以，斯蒂芬！"

在奥地利有七百多座修道院被解散

塞内克斯张开十指，指尖相对，压了好几次。"受腓特烈影响最大的可能要数他死对头奥地利女皇玛丽亚·特蕾西亚的儿子约瑟夫二世。身为军队统帅、政治家、哲学家和音乐家的腓特烈以他的人格力量迷住了约瑟夫二世。受他和启蒙运动的启发，约瑟夫二世废除了他帝国内的依附农制度，改进了教育，进行了税制改革，促进贸易。他取消了许多限制，比如婚姻方面的规定、就业方面的规定。他倡导了一种新的司法制度，取消了贵族的很多特权。他还实行了教会改革——这对他的时代来说，可能太激进、要求得太过分了。他禁止朝圣、举行宗教游行、护身符以及向圣像或圣徒遗物祈祷。"

"多可惜啊。"斯蒂芬喃喃说道，话音里带着一丝嘲讽。

"约瑟夫二世不让教堂里有那么多装饰，让人把祭坛、还愿板和圣像都请出去，于1781年解散了很多修道院。他追求教会和国家的统一，力争建立一个独立于罗马的奥地利教会；他希望能让他的臣属相信，不必听梵蒂冈的，他们也可以依然是天主教徒。此外他还颁布了一道宽容权。假如他当皇帝的时间能超过十年，也许他可以成功地重建国家，但他死得很早。"

"您说他很景仰普鲁士的腓特烈，腓特烈不是在西里西亚发动了血腥的侵略战争吗？"

"人们可以为他出征西里西亚而诅咒他，但对他来说，当时普鲁士面临的形势十分危急。他要为一个易受伤害、四分五裂、边境过长的国家负责。他可以在他的遗嘱中说：'公民的第一项义务是为他的国家服务。我一生都在不同的情况下试图做到这一点。'"

"这让我听起来太正面了。"

"他是一个严厉的统治者，他的战争损失惨重，他剥削了萨克森。与他同时代的人都被他分成了追随者和反对者。歌德在年轻时很倾心于他，并称自己很有'弗里茨的思想'。他肯定是很有些特殊之处。从他对他的使命的态度上来看，他配得上'大帝'这个别名。他缔造了一个新的普鲁士，巩固了他父亲创造的'普鲁士美德'这个概念。他让他的建筑师克诺伯斯多夫（Knobelsdorff）在德意志的土地上建造了洛可可式宫殿中最迷人的一座。"

"波茨坦（Potsdam）的无忧宫。"

"比它的榜样凡尔赛宫更朴素、更和谐，也优美得多——腓特烈在他的葡萄园之上创造了一件小小的艺术作品。"

在莱辛那里，一切都渗透着精神

有片刻工夫，塞内克斯闭上了眼睛，再睁开眼的时候，他说："由此我们就要提到莱辛（Gotthold Ephaim Lessing）了。他与腓特烈大帝生活在同一时代，生于1729年，也就是比'老弗里茨'[1]小十五岁。我认为他是德国启蒙运动中最杰出的人物；在我眼里，他简直就是个特殊现象，因为他具有一些在德语区内极为罕见的东西：他的头脑既是富于批判性的，又是明朗的。是他说出了一句毫无德意志气息的名言：'艺术的终极目的是享受。'"

"真让人惊讶——这真的是从一个德国人嘴里说出来的话吗？"

"而且还是个德国批评家！莱辛痛恨一切虚假的声音，所以他宁可根本不表达感情。不管他做什么，他都带着理性、批判精神、认识和一个科学家的热情勤奋去做。对他来说，科学不仅仅是件涉及记忆的事，不是死记硬背的东西，而是个逻辑的问题。"

"如果是这样的话，那我猜他是笛卡儿的信徒。"

"莱辛当然是个怀疑论者，是个不断发展中的批评家。他下判断的时候很严厉，

---

[1] 译者注："老弗里茨"是对腓特烈大帝戏谑的称呼。

但绝不教条。他远离一切党派政治,因为他认为,谁要想做出理性的判断,就不能喜欢党派这种东西。"

"他指的肯定不只是政党。"

"他指的很可能是一切拉帮结派的现象,包括信仰某种'理论'的团体。在他的剧本《智者纳旦》中,他也并没有对任何一种宗教表示认同,而是宣扬无限的宽容。"

"而且是在犹太人被迫害了数百年以后。"

"他把情节安排在十字军东征的时代,这并不是偶然的。《智者纳旦》呼吁人与人之间、宗教与宗教之间的爱,真切地预告了启蒙运动。"

一位演丑角的精力旺盛的妇女

旅途漫漫,贝蕾妮克把左胳膊肘儿支在罗曼的肩头,嘟囔道:"莱辛,又是个男的。"

"我可以弥补你的遗憾。"塞内克斯向她喊道,"莱辛还很年轻的时候就和一位十分了不起的女士走到一起了。"

"那会是谁呢?他的妻子还是情人?"

"都不是!应该说是他的剧团经理,名叫卡罗琳娜·诺伊博尔。她是个精力旺盛的女演员,但又是实际上的剧院经理:因为当时不允许女子正式领导剧团,所以剧团名义上由她丈夫挑头儿,但说了算的还是卡罗琳娜。找新剧本的是她,写序幕和表示效忠的诗歌、钻研剧本、决定巡回演出的是她,在舞台上她也是举足轻重的人。莱比锡举行博览会期间,她和她的剧团在板子拼成的临时舞台上演出,四周就是观众坐的板凳,因为那时还没有固定的剧院。直到卡罗琳娜死后六年,也就是1766年,莱比锡才建起了第一座砖石结构的喜剧院。卡罗琳娜自己还写了一个剧本,其中的丑角被别人一顿饱打,赶下台去。卡罗琳娜得保证剧团演的戏能招来很多观众,保持上座率,但她还是有勇气把最得观众宠爱的角色赶出舞台。"

"我向她致敬!"罗曼说。

"她能这样做,只是因为她的观众主要由市民阶层构成,他们至少都是能读会写的。文盲,也就是人口中的大多数,是看不起戏的,这和莎士比亚时代的英国完全不同。而起决定作用的这一小部分人,也就是来自市民阶层的观众,易于接受理想。"

"好吧,但卡罗琳娜·诺伊博尔从哪儿找来理想、取代丑角呢?"

"她发动了约翰·克里斯托夫·戈特舍德和她一起工作。戈特舍德是位学者、作家，以法国经典戏剧为榜样，创作高乃依和拉辛风格的悲剧。戈特舍德为卡罗琳娜写剧本，但德国戏剧的创造者是戈特霍尔德·埃夫莱姆·莱辛。1748年的他是莱比锡的一个大学生，他为卡罗琳娜翻译了法国玛里沃和伏尔泰的剧本，此外还把自己的一个剧本——《年轻的学者》也交给了她；她很喜欢这个剧本，将其上演，并取得了成功。后来，对她充满感激的作者曾为负债的她做担保，结果不得不连夜逃出莱比锡。他的持久成功是由《汉堡剧评》奠定的——这是他为汉堡的戏剧活动撰写的评论，极为精彩，他在其中为导演、演员及戏剧作家阐述了戏剧中一些原则性的东西，这使他成了德国戏剧批评之父。但我们也不要忘了他创作的剧本。"

"除了莱辛，就没有别的德国戏剧家了吗？"

"还没有，罗曼。当时首先得让观众接受好的剧本。莱辛那出1755年在奥德河边的法兰克福首演的《萨拉·萨姆逊小姐》被称为第一部德国市民悲剧。前去观看首演的人们像着了魔似的听了三个半钟头，随着剧情的发展而动情、流泪；要知道，这些来自市民阶层的观众是第一次观看舞台上演绎的与他们有相同问题的人的命运，就像在镜子里面看他们自己。当他们在《爱米莉雅·迦洛蒂》中看到莱辛刻画的那个厚颜无耻的公爵，看到那个更卑鄙的侍从官，看到他们的对立面——一个市民出身、纯洁无瑕的姑娘时，他们的心震撼了。这出剧在莱辛那个时代是个革命的创举，它在今天的人看来可能显得无足轻重，但当时德国戏剧所处的环境条件绝对称不上'优越'；这不仅是指戏剧的内容方面，也指外部条件。仍以莱辛的剧作为例：他的《明娜·冯·巴恩赫姆》刚在汉堡上演的时候，剧场里几乎是空的，为了招揽观众，只好在幕与幕之间插演杂技。"

"德国戏剧就是在这样的条件下发展吗？这下我可知道莱辛、席勒、歌德、克莱斯特取得的成就有多大了。"

"莱辛对于人的价值所在也有自己的观点。他对那种自以为掌握了真理的态度嗤之以鼻，而对真理孜孜不倦的追求则是一切。他把神圣的理性看成是永远处在形成中的东西，因此真理也只能处在形成中——这是一条通往更伟大的明晰的道路。那时没有一个人能像他那样照亮德国。"

他们沉浸在谈话中，丝毫没有注意到和他们同车的那两个旅客已经下车了。现在车上只剩下他们几个了。

启蒙运动的集大成者

这个时代的一个大城市

阳光的颜色逐渐温暖柔和起来,影子也拉长了。他们到底走多远了?车轮有规律的辘辘声,马蹄的"得得"声,马匹的喘息声,这一切都令他们昏昏欲睡。

他们是醒着还是在梦中呢?

当车子又走在铺石的路面上,声音突然有了变化,马蹄声也更加清脆了的时候,他们在位子上直起身来。贝蕾妮克飞快地向窗外望了一眼。他们正行进在一条狭窄的街上,窄得他们简直可以摸到车旁掠过去的房屋外墙。

车在一个小广场上停下了。塞内克斯揉揉眼睛,解释道,最后一段路他们得步行了,这条街只适合行人走,而不适合车辆走。

"去哪儿啊?"贝蕾妮克问着,从车上一跃而下,没有使用车子那几级台阶。

"去一个哲学家那儿——也许是最重要的哲学家。"塞内克斯走下车后回答,"我们现在是在柯尼斯堡。"这时,钟楼的钟正敲着三点。

"东普鲁士——从巴黎到这儿有多远啊!"罗曼喃喃说道。

"对这个时代来说,柯尼斯堡是一个大城市。"塞内克斯继续说。

"哪个时代?"

"十八世纪中叶。柯尼斯堡有四万居民,比柏林多一倍。正像你们所看到的,这个城市还是一副中世纪的样子,三次大火灾也没使它改变多少。防火措施很不完善,大多数街道都很狭窄,火苗很容易蔓延开来。这些街道也没有都铺上石头路面,但前几年这里总算引进了街道照明系统,虽然区区一千二百盏小油灯发出的光弱得可怜,而且也只是在冬半年才点亮。城墙环绕之内并非处处都盖了房子,有些街道和城墙之间还有农业用地,那儿有工商业设施,有水磨,有鞣革作坊,有木材场;在港口有造船厂、仓库、海关,又窄又高的仓库是每个汉莎同盟[1]城市中都可以见到的。街道清洁系统很糟糕,居民从井里打水,和古罗马时代类似,甚至还不如古罗马时代方便。我给你们讲这些,只是为了让你们对那时的生活有个感性认识。"

"这么说我们要讲伊曼努埃尔·康德了,我们肯定得费不少劲才能理解他!他真

---

[1] 译者注:汉莎同盟是13到17世纪之间德意志北部城市之间形成的松散的商业、政治联盟。

的从来没有离开过柯尼斯堡吗?"

"康德可能是他那个时代最不爱旅行的人了,他极少离开柯尼斯堡,从来没见过山,很可能也从来没见过海,虽然海近在咫尺。所有想聘用他的大学都遭到他的拒绝,他生在柯尼斯堡,死在柯尼斯堡,但他的心中却装着一个宇宙,一个思想的宇宙。"

他们走近了一座老房子。"这房子背临花园、墓地,还有那座有着四百年历史的宫殿,包括它的塔楼、监狱和无数猫头鹰。春夏时节,这儿可以显出十分的浪漫气息。进去吧。"

塞内克斯打开那扇朴素的门,房子里的寂静顿时引起了三个孩子的注意,什么声音也没有。但突然一只狗吠了起来,还有一只猫"喵喵"的叫声。

"它们是女厨子的宠物!"塞内克斯悄声道,"如果没有聊天的对象,她就和动物说话。"

"要是没有它们,我会以为这房子没人住。"贝蕾妮克说。

"这可就大错而特错了——比如这下面就有一个讲堂,时不时地会有很多人来听讲;楼上是餐室。其他房间都很小,厨子的房间和客房也很小。楼上有康德的书房、卧室和给老仆人朗佩的房间,由于他的主人,他在文学上还小有名气呢。康德没有马车夫,没有车和马。由于当时还没有公共交通工具,只要没人让他搭车,他就总是步行。他也很少到房子后面的花园里去。康德终生没有结婚。"

他们走上吱嘎作响的楼梯,穿过一个大房间的前厅。塞内克斯打开下一扇门,这门通向一个更简朴的房间,里面摆着两张桌子、一个沙发、椅子和一个五斗橱,中间空着。较大的那张桌子上已经摆好了咖啡具,只缺咖啡壶。

他——哲学家伊曼努埃尔·康德——他就坐在两扇窗户之间的书桌旁。他是坐着吗?不,他是蹲在一把三只脚的半圆圈椅上。

他们在墙边的几把椅子上坐下来。康德的羽毛笔在一张大纸上沙沙作响,这声音和眼前这景象让贝蕾妮克觉得很有趣,同时也让她感动。她转向罗曼,冲他耳语道:"我们现在有了电脑和最棒的程序,可又怎么样呢?相反,这个举世闻名的人却用羽毛笔在粗糙的纸上写字。"

什么是人的认识?

罗曼被伊曼努埃尔·康德那瘦削的身形感动了——这伟大的哲学家好像有一点畸形。他似乎在等待着什么,时不时抬头向门的方向望去。

"他肯定在等咖啡。"罗曼喃喃说道。

塞内克斯向他们低声道:"你们看到的是启蒙运动的集大成者,从某种程度上也可以说是超越了它的人。"

"为什么可以这么说?"

"因为他称他的主要作品为《纯粹理性批判》,而启蒙运动宣扬理性为最高目标——人怎么能批判他的最高目标呢?康德的《纯粹理性批判》追问关于人类认识的真理。简单地说,他将人类能够认识的和不能够认识的加以区分;他要知道,人类的认识是什么,不是什么。他认为,理性无须自然的批判。"

"这是什么意思?"斯蒂芬问。

"意思是说理性能够给予我们知识,而不需要经验加以证实,就像我们知道六乘以六等于三十六,或者某种效果必定有一个起因那样。这些都是'纯粹理性'的例子。但康德继续追问理性迄今为止做到了什么,于是得出了一个毁灭性的结果——他认为,与物理和数学完全不同,哲学在其超过三千年的发展过程中,从来没有真正进步过。"

"他认为哲学没有给人带来过任何实际的好处吗?"

"至少不能和自然科学方面的认识相比。"

"每个问题不能只有一个正确的答案吗?"贝蕾妮克问。

"康德认为,理性在回答世界的真正本质这个问题上肯定要失败,之所以人们的答案各有不同,原因并非在于哲学家的愚蠢或任性,而在于人类的思维本身。比如,你可以认为,世界在时间上是有一个开端的,而在空间上——他的原话是'按照空间'——则是局限在一定的边界之内的。但你同样也可以说,世界既没有开端也没有边界,在时间和空间两方面都是无限的。两个让人完全可以理解的陈述便以这种方式导出了无法统一起来的结果。一面说世界是有限的,一面又说世界是无限的,这让人如何是好呢?"

对命令把义务称为神的戒条

罗曼还在回味着刚才那句话,身子靠在椅背上,手揣在裤兜里:"现在我们又从世界和宇宙回到了对上帝的追问上——康德是无神论者吗?"

"康德不否定上帝,但他宣称,上帝是不可证明的;对康德来说,上帝是一个纯粹的假设,它是不可言说的,你只能相信它而为此放弃知识。亨利希·海涅的结论是:康德以此消灭了德国的自然神论。"

"自然神论是什么意思?"斯蒂芬问。

"就是相信上帝在创造了世界万物以后便退出了世界。海涅说,在这之后,就再也没有了无所不在的怜悯,没有了天父的仁慈,也没有了彼岸的酬报和灵魂的不朽。"

根据康德的观点，人只有放弃知识，心中才能给信仰留下位置。这样的信仰和教条当然没有关系，而与实践理性有关——这是典型的康德观点；因为如果人是一种理性的动物，那么他行动起来就好像确实有上帝、自由和不朽一样。康德认为其他一切都不可忍受，对于道德来说信仰是个前提。"

"那么他认为信仰是绝对必要的了？"

"是的，康德称信仰是一个不可或缺的理性概念，他说，如果道德和社会秩序不应该只建立在对法律畏惧的基础上，我们就必须支持宗教信仰——即使它只是一个起调节作用的原则。"

"可这和真理没有任何关系！这纯粹是功利的想法。"斯蒂芬喃喃说道。他的声音很轻，轻得塞内克斯根本没有听见，或许是不想听见。

塞内克斯接着说下去："所以我们必须这样行动——就好像我们知道有一个上帝，知道我们的灵魂是不朽的，我们的意志是自由的。"

"我和康德的想法可不一样！"斯蒂芬到底还是下决心宣布他的想法了。

"我想你有这个自由——这我们已经学到了！"

"谢谢！——看来康德不过是把上帝看成是一种实用的虚构。"

"这个虚构是我们人想出来的，为的是让道德规则可信。康德说，上帝并不是我们之外存在的一种实体。"

"那是什么呢？"

"上帝是我们心中的一种道德关系，因此，如果宗教能够提出预示可信的真理的要求，那人就可以放弃宗教。在康德那里，取代了宗教的是哲学，因为对他来说——这是一句很重要的话——哲学思考意味着不受他人的引导而运用自己的心智。"

"这个我喜欢。"斯蒂芬重复着自己刚听到的话，"……不受他人的引导而运用自己的心智。"

"康德写道，只有当人能够独立地走通往真理的路，他才算是真正成熟，成了完全意义上的人。康德的绝对命令没有预设一种从上界下令的、在我们之外的'实体'；它就是我们理性的命令。"

"绝对命令已经过时了，不是吗？"

"这个问题得你自己回答，而且人与人的想法不同，国与国也不同。绝对命令把义务称为上帝的戒条，但意思并不是说它是一个上帝给我们的。"

"这么说没有西奈山上得到'十诫'启示的摩西了？"

"没有，而是理性像上帝一样对我们下达指令。康德把人看成是具有理性地行动的能力的'animal rationale'（理性动物），因此这些要求对每个人都适用。"

"绝对命令是怎么说的来着，塞内克斯？'应该能使你行动的座右铭可以是整个人类行动的座右铭'吗？"

"从意思上来说是对的。我知道两个版本，说的基本上就是这个意思，第一个、而且肯定更准确的版本是：'你的行动应该使你意志的座右铭随时都可以做普遍立法的原则。'这是康德在他的道德哲学主要著作《实践理性批判》中写的，这部著作出版于1788年。"

"这是法国革命的前一年！——另一个版本呢？"

"另一个版本是：'你应该这样行动——你从来不把人性当作单纯的手段来使用，而总是使它同时也是目的——不管是你个人的人性还是任何一个人的人性。'"

"我觉得第一个说法更容易理解。"

"我们的意见一致，贝蕾妮克。康德深信他的要求同耶稣的要求没什么两样，即我们的义务是：期待周围的人怎样对待我们自己，我们就怎样去对待周围每一个人。"

自由与平等通往博爱

那坐在桌边的小个子把羽毛笔插进玻璃墨水瓶，从背心口袋里掏出怀表，打开表盖，摇摇头，又把它揣起来，然后接着写下去。

塞内克斯继续说道："康德在等客人。在他们到来以前，我再谈谈他的作品。对康德来说，理智地行动意味着按照绝对的、无条件的、不羁于一切前提条件的习俗规则行事。这一习俗规则的最高戒条就是人性。既然我们每一个人都是理性动物，那么每个人都是自由的，所以每个人和别的人都是平等的。什么也不能为压迫和不平等做出理性的辩护。或者说，自由和平等通往博爱。"

"这可是预示了法国革命啊！"

"根据康德的观点，理智的行动与逻辑没什么关系，而是与伦理相关。如果我们从这个角度出发回顾一下人类过去的政治行为、经济行为，那我们看到的是一大堆瓦砾碎片。"

"但今天还不是一样！"

"可惜，这是事实。政治行为很少考虑到要合乎伦理。好了——在这儿探讨康德的主要著作《纯粹理性批判》、《实践理性批判》、《判断力批判》就会打乱我们的计划了，我们可只有几天的时间啊。"

康德写着写着停下了，用羽毛笔管搔搔后脖颈，凝神听了片刻，叹口气，又接着写下去。

塞内克斯道："好，再说两点：据我所知，康德是第一个思考了和平问题并把它提高到道德范畴的哲学家。他写了一篇小论文，是第一部世界和平秩序的哲学纲领。很可能它是和平论争中起决定作用的一篇哲学文章。康德提出，国家应该有一部共和宪法，因为自由的公民肯定没兴趣发动侵略战争；他说，为了一个普遍的和平秩序，他们不需要一个世界国家，而需要一个联邦，也就是一个世界共和国。"

"那时就有这种思想了？我还以为国联的思想是第一次世界大战的产物呢。"

"我们是这么认为的，斯蒂芬；但康德已经有了这个思想，而这是很不寻常的，因为从赫拉克利特（Heraklit）以来，哲学家大多赞美战争是万物之父；康德以前还从没有人把和平抬到哲学的基本概念之列中，不像自由、公正、幸福等等。"

"那么说康德怀抱着一个人类的梦想喽？"

"他想要一种自由、平等、博爱、和平的世界秩序。他的论文1796年在柯尼斯堡发表，让普鲁士国王弗里德里希·威廉二世（Friedrich Wilhelm Ⅱ.）的检查机构很是不满。腓特烈大帝当时已经死了，但我怀疑，即使他还活着，他会不会为康德的论文感到兴奋，因为除了共和宪法及囊括世界的国家联合体外，康德还提出了对普遍的世界公民权的要求，以及从原则上放弃暴力干涉及侵略战争的要求。"

"这肯定会让'老弗里茨'看成是对他出征西里西亚的批评。"

"而且他有理由这么看，因为康德还提出，即使是小国家也是不容侵犯的，并要求在世界范围内取消常备军。"

"这么说他简直是所有和平运动的领袖啊！"

"但可惜，一切都只是乌托邦罢了——虽然他的思想影响深远，而且他的要求也被今天高度工业化的国家接受了——至少是在原则上。"

"永恒的和平肯定不是一个空泛的理念。"

"对，贝蕾妮克，它是一项持久的任务。但再说一下启蒙运动——康德那篇划时代的文章《什么是启蒙？》更是与启蒙运动息息相关。我有一个1784年的旧版本——《柏林月刊》，是用当时通行的曲里拐弯的哥特体印的。"

塞内克斯递给斯蒂芬一本皱皱巴巴、灰黑色的杂志。斯蒂芬打量了一下，就递给罗曼，最后它又到了贝蕾妮克手里。

"对我来说，这简直是中文或阿拉伯文嘛！"罗曼说。

"我会念给你们听的，不过只念几句。康德把启蒙定义为对迷信的反对，并创造了一句以古罗马诗人贺拉斯的话为依据的口号'Sapere aude！'——'勇于去了解吧！'康德这篇文章在全欧洲受到了重视。"

"那就请您念念吧！"

停留在不成熟状态是那么舒服

塞内克斯展平纸张："'启蒙运动意味着人走出了自己造成的不成熟状态。'"

"自己造成的……"斯蒂芬喃喃说道。

"'不成熟就是没有别人的引导就没有能力运用自己的理解力。'"塞内克斯的声音这时听起来像玻璃一样澄澈,"'如果其原因并不是人缺乏理解力,而是缺少决心和在无人指引的情况下运用自己的理解力的勇气,那么这种不成熟就是人自己造成的。Sapere aude!——大胆运用你自己的理解力吧!这就是启蒙的箴言。'"

"启蒙的箴言——这是您说的还是康德说的?"

"这是康德说的,是他自己在惊叹号后面用小字接着写的。"

"这么说那时候他就已经用上'启蒙'这个概念了?"

"当然了,斯蒂芬。"罗曼这时喊道,"他还把它用在书名里了呢,连腓特烈大帝都知道这个词。"

"这个我都忘了!康德指的是各人自己的理解力,这就触及了我们这个时代的根本弊端,也许是人类普遍存在的弊端,并且肯定是所有狂热分子和原教旨主义者身上存在的弊端。他们投身在他人的权威之下,毫无自己的意志。"

"但是告诉我为什么!"

"康德自己给出了答案。"塞内克斯答道,"他那时候就已经做出了回答:'懒惰和胆怯就是为什么有很大一部分人在自然早已让他们脱离他人的引导之后仍然终生乐意停留在不成熟状态的缘故……停留在不成熟状态是那么舒服。'"

"他真是一语中的——停留在不成熟的状态实在是舒服死了!原来康德不仅是哲学家,还是心理学家。我倒很想握握这位老先生的手呢。"

"这个你就算了吧!"塞内克斯喊道,一边笑着抓住斯蒂芬。斯蒂芬嘟囔道:"严禁触摸展品!"

"再听听康德是怎么说的吧——'要是我有一本书能替我具备理解力,有一个人替我照管我的灵魂和良心,有一个医生替我决定该吃什么,等等,那我就用不着自己费劲了。只要我付得起钱,就不必思想……'最后的结论是(即使不是全文):'现在如果有人问:我们是生活在一个已经启蒙了的时代吗?答案是不,但也许这是一个正在启蒙的时代。要想让人们做到在宗教方面运用自己的理解力而不受他人的牵制,那还差得很远。然而,已经有明显的迹象表明,他们面前现在已经展开了自由发展的广阔天地,阻碍他们走出自己造成的不成熟状态……的藩篱也逐渐减少了。从这方面看,这个时代就是启蒙的时代或者说是腓特烈的世纪……'"

"康德说得有道理吗?我们真的已经从自己造成的不成熟状态中解放出来了吗?"

"也是也不是,斯蒂芬。如果没有启蒙运动我们迄今还会生活在中世纪,但可惜的是，启蒙运动不只带来了思想的自由，也导致了以为人什么都可以做的臆想的自由。"

"没错，人们的轻信总是被肆无忌惮地滥用，尤其是权力的滥用。"

塞内克斯又一次将十指交叉起来，把它们掰得咔吧直响。"康德还希望，人类在知识上的进步、对自然的理解以及人对自己的认识能使人类大步向前迈进；但今天我们已经认识到，他只是在一定程度上言之有理。"

话音刚落，塞内克斯便指着那位坐在写字桌边的瘦小先生说："他站起来了！"

康德是个合群的人

康德驼着背向门口走去，他穿着件浅绿色的丝质外衣，纽扣扣得乱七八糟，从领口和袖口都露出里面的花边儿；白头发贴着头皮，目光专注而友好。与此同时有三个人走进来，都和他年龄相仿，衣着也差不多。

塞内克斯对三个年轻人耳语道："这些是他的朋友，可以说是知心朋友。康德是个合群的人，差不多每天都有客人来吃午饭，或者像今天这样来喝咖啡，人数从来不会少于三个，最多则不超过九个——"三"是美惠女神的数目，缪斯女神则是九个。但是，贝蕾妮克，来找他的从来没有女人，都是男的——搞贸易的、银行家、游学的教授、从大卫·休谟和伊萨克·牛顿家乡来的英国人、从让—雅克·卢梭的第二故乡来的法国人，还有在当地落了户的法国人——有许多胡格诺教徒在柯尼斯堡安了家。"

"康德仇视女人吗？"

"不是，他甚至想过要结婚；在剧院里他是银行家雅克比美丽妻子的常客，也喜欢给两个女画家做模特，还很欣赏他的女厨子……"

"他的女厨子——太妙了！"贝蕾妮克一甩手，语气中带着讥讽。

塞内克斯站了起来："我们今天还得继续旅行呢！"

"去哪儿？"

"去维也纳。我们会在傍晚的时候到那儿。哲学我们暂且放在脑后，现在我们要放松一下，去听歌剧。"

他们在台阶上碰上了仆人朗佩，他是个头发稀疏的小个子，端着一个放有咖啡壶和蛋糕的盘子。他们贴在墙上让他过去，然后贝蕾妮克便跑在了头里。她在房门前用梳子梳通了头发，伸伸胳膊。柯尼斯堡的大钟正敲着四点。

马车的门敞开着，男孩女孩赤着脚丫，腿上沾着脏脏的泥巴，手里拿着柳枝，把鹅群赶到池塘里去。

他们还不曾交换只言片语，车子就已经颠簸着走出了城门。

"现在请您告诉快我们要看什么歌剧吧，塞内克斯。"贝蕾妮克的话音中充满期待。"既然您没让我们听蒙特威尔第的歌剧，我们的要求可是很高的啊！我一想这个时期里都发生过什么事，想到的就是莫扎特了——对不对？"

"说中了！我们要去看莫扎特《费加罗的婚礼》的首演。但我想先就那个时代再最后说几句：康德的世纪——批判哲学的世纪，以自然科学的繁荣为其突出特点。数学领域取得了长足的进步，天文学和物理学也是这样，所有人都受哥白尼、伽利略和伊萨克·牛顿的影响。牛顿死于1727年，那时伊曼努埃尔·康德才三岁。人们满怀激情地研究一切自然力，如路易吉·伽伐尼（Luigi Galvani）在观察青蛙腿颤动的基础上发现了电。化学也迈进了新天地：瑞典人格奥尔格·勃兰特（Georg Brandt）发现了钴元素，瑞典天文学家安德斯·摄尔修斯（Anders Celsius）建议用零度来表示冰点，在此基础上有了以他的名字命名的温度测量标准。1745年，荷兰物理学家彼得·穆申布略克（Pieter Musschenbroek）首次在用于储电的'莱顿瓶'里制造了电击；一个英国医生发现令所有海员闻之色变的疾病坏血病用柑果可以治愈，等等。"

"真有趣。还有什么？"

"还比如分离空气中的氢气和氧气以及氯气，还有光合作用，但这些都是学校课本里的内容。我想说的是，所有这些新的发明、发现，只要让康德知道了，他都表现出极大的兴趣。他本来就不只是一个哲学家，比如，他很早就开始追问地球的起源；以牛顿的认识为基础，加上自己的认识，1755年他还是个三十一岁的硕士时就已经尝试着要做一番大事业了。他把自己的论文命名为《普遍自然史及天空理论或试述世界大厦及其机械起源——据牛顿原理》。"

"详细得不能再详细了。"

"这种关于地球及天体产生的理论以'康德—拉普拉斯[1]学说'的名字进入了科学史；此外康德还研究月球对恶劣天气的影响及地震现象，就1755年十一月里斯本的那次大地震他写了《对最奇特的地震的自然描述》，那场地震摧毁了里斯本这座当时世界上最富裕的贸易城市之一，你们肯定还记得这次灾难也使伏尔泰极为震惊。康德对什么都不放过，什么都在他的研究之列，因为康德想象力的伟大和丰富与他思想的深刻、尖锐是并驾齐驱的。"

塞内克斯向后一靠，闭上了眼睛。

---

[1] 译者注：皮埃尔—西蒙·拉普拉斯（Pierre Simon Laplace，1749—1827），法国天文学家、数学家和物理学家。在概率论、毛细现象理论、天体力学和势函数理论方面都有重要贡献。研究成果大部分收集在《概率论的解析理论》和《天体力学》两大著作中。1796年独立于康德提出太阳系起源的星云假说，并从数学上做了论证。以他命名的拉普拉斯变换和拉普拉斯方程有广泛的应用。

维也纳与音乐的繁荣

音乐史上的一桩幸事

时光消逝,然而它又不仅仅是在"消逝",它也总是在重新诞生——斯蒂芬这样想着;他发现,这是一件很值得思考的事。有那么一阵子,只能听见辘辘的车轮滚动的声音,也只能感到路上的坑坑洼洼。贝蕾妮克有一点想念现代高速列车那无噪音的飞驰了,甚至渴望起乘坐喷气式飞机的舒适来。

过了一会儿,塞内克斯对他们说道:"《费加罗的婚礼》是一部无与伦比的杰作,只是那时候的维也纳人还没有立即意识到这一点,反而是布拉格人对这出歌剧表现出极大的热忱。你们一定知道,莫扎特那三出以意大利为背景的歌剧《费加罗的婚礼》、《唐·璜》和《女人皆如此》的产生都得感谢莫扎特与意大利人洛伦佐·达·彭特(Lorenzo da Ponte)的合作——这是一桩少有的幸事。"

"洛伦佐·达·彭特是什么人?"

"一个典型的时代之子——我指的是洛可可时代。我的辞典里称他是一个意大利作家——他也确实是作家,但他同时又具备一个探险家的特点,像卡萨诺瓦,也像卡萨诺瓦一样具有两面性。但不管怎样,他为莫扎特写出了他最好的三个歌剧脚本;只要音乐仍然受到人们的喜爱,他的名字就会和莫扎特的名字一起被传诵下去。"

"您为什么单单要讲《费加罗的婚礼》呢?"

"因为'费加罗'这个题目正好吻合我们的谈话内容,贝蕾妮克,因为《费加罗的婚礼》这个剧本,也就是《Le nozze di Figaro》的'Libretto',和启蒙运动有很大关系;讲过之后,你们才能正确评价其中革命性的成分,要知道,我们这些生活在二十世纪的人对这些东西已经不能很好地理解了。歌剧来源于法国人博马舍题为《Le mariage de Figaro》的话剧本。启蒙运动以前,做仆人的充当剧中主要人物的情况就算有也会是极为罕见的,更不用说这个仆人还以他的幽默机智最终战胜了他的贵族主人了。莫扎特在构思剧本方面与洛伦佐·达·彭特密切合作,让超越一切等级差别的情爱占据很大分量,剥夺人尊严的'ius primae noctis',即'初夜权'(即主子有权第一个占有女性奴仆的身体)遭到谴责与嘲笑,单是这个就已经是对贵族的辱骂了。莫扎特提高并深化了剧本,他辉煌的音乐则以其洋溢的热情和挑战性刻画烘托了各个人物,其艺术性至今无人能超越。"

"那么莫扎特是启蒙主义者吗?"

"不是,他看不起伏尔泰;伏尔泰认为基督教充其量是让人安分守己的一种必要手段,一种'神话',这种观点令莫扎特惊骇。他毕竟是一位作曲家,他只生活在音乐中。伏尔泰死的时候,他正巧在巴黎,对那个老叛逆者之死掀起的波澜很不理解。他在给住在萨尔茨堡的父亲的信里说,像条狗一样死掉,这是那个不敬神的恶棍应得的!虽然莫扎特受他那些共济会兄弟的影响,反对教权,但他还是参加了一次圣体节的游行。"

"一个人执着于信仰不一定意味着他拒绝接受其他启蒙运动的、政治方面的思想!"车轮的滚动声中,罗曼竭力让自己的话被人听清。

"莫扎特赞成更多的人权而反对贵族特权,这一点,他用《费加罗的婚礼》做出了证明;正是在人物之间的相互关系上莫扎特和达·彭特脱离了滑稽歌剧以来的老一套。他们塑造的伯爵夫人不仅是一个对丈夫失望的妻子,而且是个生机勃勃的年轻女子,侍从凯鲁彼诺的魅力在她内心引起了骚动,而后者又招来了伯爵的嫉妒。剧的新意尤其在于,女性角色起了主导作用,她们的计谋让伯爵的打算落了空,因此《费加罗的婚礼》也是第一部具有社会批判精神和启蒙主义思想的伟大歌剧。问题是维也纳的贵族能不能接受它,他们会不会感到自己遭到了攻击,一个当过理发匠、又毁了主人艳遇的仆役的狂傲会不会触犯他们呢?莫扎特来自萨尔茨堡,那儿的大主教、他从前的主公柯罗雷多伯爵有知识、有文化,敬佩卢梭和伏尔泰,这也许还是起了一定作用的。不过他也是一个专政的暴君,莫扎特不愿意为他工作,受他控制。"

"莫扎特是什么时候离开萨尔茨堡的?"

"在他创作《费加罗的婚礼》之前五年,他辞去了在萨尔茨堡宫廷的职位。"

"这对他来说是件很冒险的事,不是吗?"

"他决心付出这一代价,做一个自由创作的作曲家。《费加罗的婚礼》是第一部由他自己做主创作的作品,而不是事先接受他人的订货并讲好价钱。在那之前四年,他写了《后宫诱逃》,这是第一部德语歌剧;现在他又在一部喜剧中出色地刻画了各种人物性格,达·彭特不能在歌词中表达得太清楚的,也被他用音乐表现了出来。约翰内斯·勃拉姆斯在讲到《费加罗的婚礼》时说:'每一段演唱在我看来都是一个奇迹,我简直搞不懂一个人怎么能创作出如此完美的东西——再也没有人创作出这样的作品,即使是贝多芬也没写出来。"

歌剧艺术的一座高峰

斯蒂芬虽然一直沉默不语,听得倒还津津有味。这会儿他清了清喉咙:"一出被您称为革命性的歌剧怎么居然能在维也纳上演呢?那儿不是皇帝、贵族和官员说了算吗?"

"这我们又得感谢一个幸运的偶然:当时掌权的是那位受启蒙运动思想影响很深的约瑟夫二世。尽管如此,达·彭特还是得依据皇帝的愿望缓和原作中博马舍的剧本对社会的尖锐批判,因为据称其中包含了革命观点,会触怒朝廷。就算约瑟夫二世很有些革命思想,但他能允许上演这出喜剧基础上创作的歌剧吗?这个任务很'刺激'达·彭特,最后他达到了目的,而又不必完全压抑作品中富有攻击性的讽刺成分。皇帝的使者命莫扎特带着总谱进宫,他去了,奏了其中几段,皇帝陛下立刻就喜欢上了它。"

像在柯尼斯堡一样,街道突然变了样子,从土路和碎石路变成了铺石路面。太阳已经贴近了西方的地平线,一座座低矮的房屋立在阴影之中。

塞内克斯站起来,揉了揉眼睛,把那块小表取出来,打开表盖:"维也纳到了!而且时间正合适——六点钟。我们虽然还在城外,但马上就要到达目的地了。今天是1786年5月1日,三年后巴黎将爆发革命。我们要去的是城堡剧院,更正确的说法是宫廷城堡剧院。女王玛丽亚·特蕾西亚是把它作为'城堡附近的剧院'建起来的,她的儿子约瑟夫二世即位后宣布它为国家剧院。他是想把一系列民族国家统一在德意志——也就是奥地利的领导之下。——到了,我们下车吧!"

缰绳猛然一抖,几匹马都站下了,车停了,还在微微摇晃着。许多车辆都向剧院驶来,寻找着空当儿,好让主人下车。有些车刚刚离开,又有新的车辆拐进这条街。坐轿子来的人更多,轿夫迈着细碎的步子。看戏的观众络绎不绝,忙着入场,洛可可式的衣着五颜六色,一派从前的油画上可以看到的景象,一个个长长的身影使他们看上去似真似幻,像要倏然而逝。

看着那些木偶似的人物,塞内克斯兴致勃勃。"维也纳大概从来没有过像此时这样奢华的宫廷阶层,我们能看到《费加罗的婚礼》,也多亏了他们对音乐、戏剧和娱乐的需求。"

说完,他便和三个年轻人一起走进剧院前厅,最后的阳光还没有消逝。塞内克斯让三个人透过观众席敞开的一扇门往里看。序曲刚刚奏响,塞内克斯耳语道:"观众想来就来,想走就走,这在当时是很普遍的。"

虽然已经点起了数百支蜡烛,天花板上还垂下长长的冠状吊灯,但金黄色的光线仍然不甚明亮。大厅里已经坐满了人,最下面是坐在板凳上的观众,往上是包厢,一层一层的。穿得五花八门的观众,白色的假发,大厅内的布置,天花板上的画,深红色的幕布——这一切更加深了隆重的气氛,再加上那音乐……

乐队的位置在舞台前面,和观众之间隔着一道矮栏。莫扎特坐在前面指挥,面前是一架羽管键琴。

人们虽然在倾听，有些膝上还摊着歌剧脚本，但也有七嘴八舌的闲谈声。

塞内克斯领着三个孩子走进过道，一个管开关包厢门的替他们打开一间离舞台很近的包厢的门。挨着护栏的三把椅子空着，塞内克斯自己则坐到第二排的一把椅子上。

情节一开始是在即将结为夫妻的费加罗和苏珊娜的新卧房里。舞台前部和观众席之间的蜡烛和油灯照亮了舞台布景，而布景之间也安置了蜡烛，有的放在梯子上，有的放在带轮子的架子上，按照需要的亮度或远或近。观众们看到一个仆人和一个女侍是剧中的主要人物，先是显得很惊奇，但等后来费加罗含讥带讽地描述凯鲁彼诺未来的士兵角色时，当他最后唱出他的咏叹调："凯鲁比诺，快奔赴胜利，快奔赴光荣的军队！"时，他们像是被电流击中了一般。他们如梦初醒一般欢呼着："好啊，大师，好啊！莫扎特万岁！"同时热烈地鼓起掌来。

莫扎特向观众鞠躬致意，舞台上那位歌手也走到台前。

塞内克斯悄声道："只有客座演出的艺术家才能在观众面前鞠躬，对剧院长期雇用人员则是禁止鼓掌的；当然了，观众并不总是遵守规则，艺术家们都热切地渴望自己受人欢迎。"

贝蕾妮克像着了迷似的望着莫扎特，他离她只有几米远。这位天才的作曲家是个小个子，相对于他小巧的身体来说，他的头显得很大，那张窄窄的脸上，尖鼻子显得十分突出。他的目光不停地在观众上方游离。贝蕾妮克发现他长得并不漂亮，但他的一头金发能让人忘掉他的很多缺陷；然而另一方面，他的装束——蓝色燕尾服、金色的纽扣、花边衬衣、银色的丝裤——却又突出了那些缺陷。

这时，莫扎特又迅速坐回到他的乐器前，就好像迫不及待地要展示更多他准备好的宝贝似的。弦乐器组先调了一下音，随后，大师抬起双手，打出起音的手势，乐声再起，莫扎特时不时地站起身来指挥。

塞内克斯稍稍向前躬身，小声说："很新颖——不只是新在所有人物性格的细致刻画上，还有对众多演员表演的巧妙安排以及那些合唱场景，都让人感到惊奇。"

这之后他便不再说话，好让三个年轻人专心致志地观看演出、欣赏音乐。

我的布拉格人理解我

这是歌剧艺术第一次达到高峰，而时间又是多么奇特啊！贝蕾妮克、罗曼和斯蒂芬已经熟悉了每个音符：凯鲁彼诺恋爱中的迷惑、伯爵夫人的怨诉、读信一场的二重唱、苏珊娜的"玫瑰"咏叹调，还有不断认错人的终场的演唱，直到最后伯爵请求夫人的原谅。

掌声如潮，但也有人喊喊喳喳表示不满，不过欢呼声和喝彩声还是占了上风。歌手们和莫扎特出来谢幕，幕布缓缓落下。

"人们的兴奋开始时还是有所保留的，"塞内克斯解释道，"但没过多久，《费加罗的婚礼》就掀起了演出季节的高潮。特别是宫廷人士很欣赏剧中的俏皮之处，就像我们今天喜欢的那种卡巴莱轻歌剧，它用幽默的方式说出让人不舒服的真理，本该让人哭，但又使我们得到消遣。维也纳的贵族甚至很乐意自己在舞台上遭人揭露，尤其是因为，所有的讽刺都让人开怀，但同时他们坐在包厢里又感到安全。我们走吧——你们大概已经感觉到了，莫扎特的所有人物都很有人性的深度，一些真实的东西仅通过他的音乐得以表现。莫扎特对所有的人物都不遗余力地加以表现，次要人物也不例外。以此，他将歌剧艺术引向了高潮，而这不过是歌剧在佛罗伦萨首次上演一百八十八年之后的事。"

他们走到了出口处。

外面天已经黑了，照明的只有仆人手里的火把。马车等在那里，轿子还搁在地上。观众从剧院里涌出来。出租马车的马由举着灯的仆人牵着。

"走这条侧街。"塞内克斯向前一指，并招呼一个仆役。那人默默地在他们前面引路，举着火把。

"皇帝很喜欢《费加罗的婚礼》。"塞内克斯说，"懂音乐的内行们也认为该剧是一部杰作，就像洛伦佐·达·彭特在他的回忆录里说的那样。但莫扎特在维也纳受到的欢迎远远不如在布拉格那么热烈——那是次年的事儿，他在布拉格又演了一场《费加罗的婚礼》，虽然这次他只是以指挥的身份受到雇佣。这次的成功毋庸置疑，以至于莫扎特说：'我的布拉格人理解我！'经理人又委托他写一部新歌剧——又是一桩幸事，我们因此有了《唐·璜》。错了，斯蒂芬，向右拐！"

塞内克斯指着一座黑暗之中几乎看不清楚的建筑。

他们推开门走进去，明亮的电灯光马上包围了他们——又到宿营地了，他们在柜台上找到了房间钥匙。

第八晚
不世出的音乐天才

一个洛可可时代的世界级音乐天才

由父亲推出的神童

吃过晚饭,塞内克斯建议:"我很想再给你们讲一点莫扎特的事,不过只讲他生活中最重要的。他是一个音乐神童,从小就被父亲拖着到处表演,走遍了欧洲,在父亲的教导和带领下,早早地就对成功习以为常了。六岁时,他就和他的姐姐在维也纳的宫廷里演奏羽管键琴,在一次历时三年的旅行中到过很多德国城市,也去了巴黎和伦敦。十三岁时,萨尔茨堡大主教任命他做首席小提琴手,同年,他又去了意大利,如此等等。你们都知道,莫扎特移居到了维也纳,成了第一个完全独立的重要作曲家。1782年他与康丝坦策·威伯结婚,也许你们读过关于他俩的事,或者看过众多关于莫扎特的电影中的某一部。歌德回忆过那男孩儿的一次音乐会,回忆起那个'戴着假发、佩着剑的小人儿'——是他父亲把他打扮成这个样子的。我们先说说他的歌剧。在阐释剧本方面,莫扎特赋予了音乐一种前所未有的表现力,并把终曲提高到了戏剧性的高度。他的《魔笛》是世界上上演最频繁的歌剧。但,尽管成就斐然,莫扎特终其一生都拮据贫困,体弱多病;他总是缺钱,不得不一再求他的资助人借钱给他;他甚至想典当他的家具,但没来得及——这个我们都知道。但对莫扎特来说更糟糕的是,1790年歌剧《女人皆如此》首演后不久,皇帝驾崩,这下莫扎特失去了资助人。这部歌剧停演了，他其他的舞台作品在他的有生之年也没再出现在维也纳的演出剧目里。莫扎特死于1791年。"

"您为什么只提歌剧？莫扎特写的比这可多得多啊！"

"他在短短三十六年的生涯里写出了大量丰富的作品。路德维希·克歇尔（Ludwig Köchel）编的全集目录中列出了六百二十六部作品，奏鸣曲、三重奏、四重奏、五重奏、协奏曲、嬉游曲、舞曲、小夜曲、交响曲、咏叹调、歌曲、歌剧——一部部都是杰作。莫扎特对他那个时代的所有音乐潮流以及前辈大师进行了消化吸收，包括约翰·塞巴斯蒂安·巴赫，莫扎特研究了他的《平均钢琴律》。莫扎特的音乐，旋律上的丰富无与伦比，形式与内容结合完美而均衡、织体透明、音响感受细腻，他的高度再也不曾有人达到过。"

塞内克斯站起来，走到餐台边，给自己拿了一瓶瓦豪[1]红葡萄酒。

音乐像呼吸一样自然而然

斯蒂芬从塞内克斯手里拿下酒瓶，把开塞钻拧进软木塞里，把它拔下来，又给塞内克斯斟满一杯酒。

"谢谢！"

贝蕾妮克略略倾身在桌上，好离塞内克斯更近些。"唐·璜的形象成了追逐女性的登徒子、肆无忌惮的诱拐者的象征；莫扎特是从哪儿得来的这一素材呢？"

"这一题材在西班牙文学中时隐时现，已经存在了很久了。达·彭特采用了它，而且受到了皇帝的喜爱，这又称得上是一件幸事。莫扎特一见到它，也是兴奋不已，但时间紧迫，他直到首演前几个小时才创作了序曲——那是一段完美地预示了全剧的悲剧及喜剧因素的音乐。莫扎特可以视谱演奏任何音乐，因为他看特定的音符组合看得太多了，可以把它们看成是一个音符。"

"就像常看书的人可以一目十行那样。"

"据说，音乐对他来说就像呼吸对我们那样自然而然；他自己说：'我整天就是和它打交道。'他的妻子康丝坦策写道，他也会拿其他东西，如帽子、包儿、表带、椅子什么的当钢琴弹；有时候，他一边听另一出歌剧的演出，一边继续他那种无声的作曲。他总是随身带着乐谱。在布拉格，他写下了《唐·璜》的第二个终曲中的定音鼓和小号声部，写的时候根本没用其他乐器声部的总谱——全部的音乐都在他的脑子里呢。首演已经一拖再拖，现在，总谱总算赶在演出开始前到了乐队手中，谱

---

[1] 译者注：瓦豪（Wachau）是多瑙河位于下奥地利的一个河谷地区，盛产葡萄酒，文化历史悠久，2000年被联合国教科文组织选为世界文化景观。

纸上的墨迹还没有干，这样，演出等于没有经过排练，乐队直接视谱演奏。布拉格人立刻就感到他们听到的非同小可。你们一定还记得启蒙运动时期记者业、尤其是批评的出现吧——当时，《维也纳邮政总报》做了评论，大意是，行家和音乐家都认为，布拉格还从未上演过可与这出歌剧相提并论的东西；其他报纸也表达了同样的兴奋。洛伦佐·达·彭特在他的生活回忆录里提到了这次首演——这是一份音乐史和戏剧史上的重要文献，我把它带来了。"

塞内克斯从上衣口袋里掏出两张纸，摊开在桌子上。"'《唐·璜》在布拉格的首演我没有看到，但莫扎特立刻就把演出获得的巨大成功告诉了我。'瓜尔达索尼写道：'达·彭特万岁，莫扎特万岁！所有的，所有的艺术家都该赞美他们。只要他们两人还活着，人们就不会见到戏剧陷入窘境的情况。'皇帝把我召去，用他那种特有的和蔼态度对我大加赞扬。又送了我一百个采希纳[1]，并说，他简直等不及要看《唐·璜》。莫扎特回来后马上把总谱交给了抄写员，后者则赶着把各声部的谱子抄出来，因为皇帝马上就要出征土耳其。《唐·璜》上演了，但人们不喜欢它；除了莫扎特，所有的人都认为它缺了点儿什么。于是又加了些东西，调换了咏叹调的位置，重新演出，可人们还是不喜欢它。皇帝怎么说呢？'这出歌剧气势恢宏，也许比《费加罗的婚礼》还美，但它不对我这维也纳人的口味。'我把这话讲给莫扎特听，可他面不改色，答曰：'那我们就给他们些时间，让他们好好品品滋味。'他说的没错。我根据他的意思，让这出歌剧反复上演，每演一次，它受到的欢迎就多一些。渐渐地，维也纳那些味觉比较迟钝的先生们品出了《唐·璜》一剧的滋味，理解了它的美，给了它应有的地位。从此它被认为是曾上演过的最美的歌剧之一。'达·彭特的话我们就听这么多吧。"

声音阐释意义

塞内克斯把两张纸又揣了起来。"后来，罗西尼把《唐·璜》称为所有歌剧中最伟大的一部；它也给歌德留下了极深的印象，以至于他在给席勒的信中说，可惜莫扎特活得太短了，没能给《浮士德》谱曲。直到今天，人们对《唐·璜》依然赞叹不已。"

"有一件事我已经想了很久了。"罗曼说，"不仅与莫扎特有关，也涉及贝多芬和舒伯特，在某种意义上也与巴赫有关，肯定还有很多我没说到的人——所有这些天才都总是处在拮据的经济状况之中，而假如他们活在今天，会是世界上最富有的人。

---

[1] 译者注：采希纳，古代威尼斯金币。

我读到过，若是在今天，莫扎特单靠版税就足以买下整个奥地利，可他的结局却是埋在穷人的墓地里。"

"我们所有的人都自然而然地把前辈为我们留下的财富看成是礼物，但我们应该把它用来鼓励现在的年轻艺术家。莫扎特创作歌剧得到的报酬很一般，即一百杜卡特。歌剧《唐·璜》使他得到了二百二十五杜卡特[1]，今天上演该剧可获得好几百万。莫扎特不会理财，他的妻子康丝坦策就更不要提了。莫扎特把钱都用在日常开支上，要花钱买乐子，要买漂亮衣服穿，还要满足前来请求帮忙的朋友的愿望。他欠的债远远超过了他的收入，只好写些可怜巴巴的求援信。此外他还身患重病，1790年8月他写道：'今天我的情形糟透了，整夜疼得睡不着……您为我设身处地地想想吧——病歪歪的，还得操心……您就不能恩惠我几个子儿吗？眼下无论什么对我都是帮助。'就这样，这位音乐史上最伟大的天才得到了十个古尔登。"

"这么说他不是被他的竞争对手萨列里或是那些共济会成员下毒害死的了？"

"这些说法全都证据不足。他很可能患有肾功能不全，但我也要说一说他精神上的痛苦。心理学家认为，莫扎特虽然对自己的能力深信不疑，但从根本上来说他不爱自己，而且渴望得到爱。他非凡的音乐表现力有可能是受着对爱和好感的追求的驱使。"

斯蒂芬向上推了推眼镜，他开口的时候像是在自言自语："谁知道渴望会给一个人带来什么样的影响呢——不管是积极的还是消极的！"

贝蕾妮克惊奇地看了他一眼，现出若有所思的样子。

罗曼转向塞内克斯："'共济会'这个字眼儿让我想起了《魔笛》。"

"从其意义上来说，《魔笛》也是启蒙运动的产物，因为最早的共济会分会就是那时候成立的。维也纳的一些重要人物纷纷加入共济会——官员啦，商人啦，艺术家啦。莫扎特本人就是分会成员，在他的引荐下，他的父亲也进了分会。歌剧第二幕中僧侣上场时唱的歌词就是表达共济会重新建立基督教兄弟之爱的要求的。这就是共济会式的音乐，大祭司的咏叹调《这座圣殿里没有仇恨》也是这样。剧院领导兼歌词作者伊曼努埃尔·席卡内德把《魔笛》的场景布置得极为豪华，有富丽的装饰和服装、火、瀑布、野兽、飞行的气球（你们还记得蒙戈菲尔气球吧），舞台效果是一流的，维也纳剧院的票几乎总是一抢而光。莫扎特最后一部歌剧在他死后成了他最伟大的歌剧，在世界各地受到广泛的欢迎。歌德也把它列在1794年魏玛的演出剧目上，《时尚日报》报道了这个歌剧获得的巨大成功：'此剧在所有的剧院上演已经有若干年了，一直盛演不衰，就像萨满教的魔鼓，总能把远处的观众吸引来，装满剧院的钱箱；这也包括那些简易的小剧场，演出时不过是几个歌手、几把提琴、一

---

[1] 译者注：杜卡特，欧洲十四到十九世纪通用的金币名。

块幕布、六个布景而已。"

天才是怎么来的?

　　罗曼向后一靠，把手插进兜里，伸长腿，眉头一皱，道："我想，莫扎特的音乐永远不会过时。"

　　塞内克斯呷了一口葡萄酒："丹麦的宗教哲学家索伦·克尔凯郭尔（Søren Kierkegaard）曾想建立一个教派，不仅把莫扎特置于至高无上的地位，而且根本就不容其他人。汉斯·维尔纳·亨策（Hans Werner Henze）[1] 称他是下凡的阿波罗神，还有阿尔弗雷德·爱因斯坦（Alfred Einstein）——注意：不是阿尔伯特·爱因斯坦——德国一个有名的音乐学家，说莫扎特是一个伟大的人，像所有伟大的人一样，是一种独特生物的例证——这种生物可以说是肉体与精神、兽与神的结合体。"

　　罗曼继续刨根问底："这我就要问所有问题中最大的一个问题了，尤其是逛了进化公园，我就更憋不住要问：人类在发展了数十万年后，是怎么产生这么一个也许再也不会出现的天才的呢？"

　　"可以肯定的是，特定的条件结合在一起造就了这个天才，而这种结合是极为罕见的。"塞内克斯喃喃说道，"首先是遗传来的天赋，再加上那孩子的好胜心、父亲的督促、社会上普遍的兴趣、时代的趣味与莫扎特独特才赋的吻合。没人能猜出这个谜，但我们可以记下，进化是可以造就出极端情况的，人类大概不能达到更高的程度了。"

　　"您是说，莫扎特的父亲也有一份功劳吗？"

　　"那时候家境较好的德国家庭里的孩子每人都应该学一样乐器，列奥波德·莫扎特也坚持这一点，南妮儿十一岁时就已经是演奏羽管键琴的高手了，沃尔夫冈三岁时就能弹出和弦，四岁时就能凭记忆演奏曲子，五岁即能作曲，他一边弹，父亲一边记谱。列奥波德没有把沃尔夫冈送进学校，莫扎特后来对没受过良好的普遍教育耿耿于怀——他父亲没有给他这个时间。他不太关心其他艺术门类和文学，但对于这个孩子的天才来说，任何经历都是某种教育。"

　　"难道不总是这样吗？"

　　"大概是吧。孩提时的莫扎特也会自己一连几小时坐在钢琴前，没人命令他的话，他就会一直坐下去。列奥波德是个毫不留情的老师，在对位、通奏低音和作曲诸方面对儿子进行了严格的训练。"

---

[1] 译者注：汉斯·维尔纳·亨策（Hans Werner Henze），生于1926年，最重要的德国当代作曲家之一，生活在意大利。

"请您再说说进化的问题。"

"我们永远也无法探明究竟哪些因素组合在一起会唤醒一个人潜在的种种可能性。决定天才的不是人,甚至不是人格,而是人身上等待被利用的那些可能性。"

"就像一只行将跃起的猫!"

"还有偶然!莫扎特的时代儿童夭折的比例还是非常高的。莫扎特自己有六个孩子,但只有两个活到了成年。"

"您是想说,他本人没有在很小的时候就夭折,这其实是个偶然,或者说是个奇迹。"

"当然。"

"那该有多少人在他们身上潜伏的天才还没发挥出来之前就死掉了啊!"贝蕾妮克思考着,"我这个微不足道的人能够存在,也是偶然又偶然的结果,那我对此要加倍地感激了。"

"我也很高兴有你这么个人。"斯蒂芬哑着嗓子说。

罗曼咬住了下唇。

塞内克斯微笑起来:"明天我们又要去另一个地方了!"

IV
从法国大革命到今天

第九天
大革命与拿破仑

墨丘利和维纳斯

耀眼的珠宝

又是一个灿烂的清晨。时辰还早,但塞内克斯和三个年轻人已经上路了。他们发现自己是在威尼斯醒来,都很高兴。此刻他们正站在吉乌代卡(Giudecca)运河岸边,这条运河在圣马可广场附近注入威尼斯泻湖。

塞内克斯早早地就把贝蕾妮克、罗曼和斯蒂芬从床上轰起来了。从他们的住处出来走不了几步,穿过一条铺石路面的小巷,就到了一条窄窄的运河边,一条"贡多拉"[1]在水上轻轻摇荡。船夫协助他们上了船,便站到座位后面的平台那儿去,摇起长长的船桨。他们滑过狭窄的水上街道,两侧是房屋的墙壁。那些墙壁大多是用红色的砖石砌成,并且还是见过十四世纪的阳光的呢,因此带着些破败的痕迹,但尊严依旧。

"这是另一个威尼斯。"塞内克斯解释道,"不是贵族、财富的威尼斯,而是小市民和工人的威尼斯。"

"贡多拉"无声地从一座座摇摇欲坠的桥下滑过。贝蕾妮克四下里张望着——她

---

[1] 译注:贡多拉,是威尼斯具有代表性和传统性的狭长平底小游艇,带有鸟形船首和船尾。

不是在做梦吧？她像是坐在一张悬浮的魔毯上。水光在石坝上闪动，在房屋间流溢，又渐渐变得模糊。一层细腻的银色微光笼罩着深蓝、粉红和金黄，与空气交织在一起。微风之中，水中波光粼粼，泛起层层涟漪。

他们穿过大运河，它就像是用宝石和鲜花镶嵌着的珠宝，光彩熠熠——尤其是在这晨光之中。初升的太阳还在喷吐着它的火焰，悄无声息的运河上，一切都在静止之中。古老的宫殿犹如泊在岸边的船只，与此同时，城市像是被托在天蓝色的丝绸上，从雾气的面纱中升起来。它穿一件由历史和现实织就的衣衫，缀以螺钿、欧泊、象牙和白银。

但这一切转瞬即逝，随后，吉乌代卡运河那虽不甚壮观却十分宽阔的水道展现在他们眼前。这里也是一片沉寂，只在稍远处有一条"贡多拉"，两个人在摇桨。

"现在您快说说吧，塞内克斯，您为什么这么早就把我们从床上拽起来啊？"贝蕾妮克的声音还带着清晨的慵懒。

"这就说。现在我们还没有到达目的地呢。"

他们这时大约到了宽阔运河的中央，塞内克斯向前指去："我们到这儿来，就是为了那条"贡多拉"的缘故。我们再向它靠近一点——这可不容易，弄不好会让那两个船夫加速驾船跑掉的。"

那条船上那两个摇桨的很卖力，前俯后仰地，身体几乎都快与船板平行了。船中间的坐板上有两个男子猫在那儿，不停地四处张望，亡命徒一般。

他那个时代里最让人捉摸不透的冒险家

两个乘客之一看上去像个农民，他穿着件红色背心，紫色皮裤，外罩一件华丽的大衣。

另外一个乘客穿着比较时髦，但对凉爽的清晨来说，恐怕是嫌少了些。他穿着件花边衬衫，头发拢在脑后的发网里，这使他像是从一个放荡的舞会里出来的。尽管如此，因了那顶镶着金边，插着白羽毛的西班牙式三角帽，他还是显得优雅漂亮。

这时塞内克斯说："对这两个人来说，再没有比最终抵达大陆，获得自由更迫切的愿望了。左边那个农民打扮的人是一个神父巴尔比，我们不感兴趣，他和另外那人关在一起，并在他的帮助下逃了出来，很快他们就会分手。"

右边那人就是贾科莫·卡萨诺瓦（Giacomo Casanova）。这一天早上他成功地逃出了威尼斯的监狱——总督府中那臭名昭著的铅顶囚室简直是坚不可摧的。"

"我了解他的回忆录。"罗曼轻声说。他那不听话的头发被风吹得竖了起来。"他什么细节也不放过，尤其是情爱方面的。"

"所以'卡萨诺瓦'这个名字成了追逐女子的风流子的代名词，正如唐·璜这个名字；只是，卡萨诺瓦不是文学形象，而是一个活生生的男性的例证。不错，他是个撞大运的人，还是个江湖骗子，但更重要的是，他体现了他的时代——这里我指的既包括洛可可也包括启蒙运动。他聪明、富于头脑，轻浮却又品味高雅，是个地地道道的性感魔鬼；他欺骗，但并不卑鄙；他贪图玩乐，但总是带着思索，甚或温文尔雅。他总是在恋爱，但大多数时候一文不名。一旦他得了钱财，马上又会不假思索地把一切挥霍出去。年轻时他正式做了神父，但对此满不在乎；他是个自由的灵魂，永远在旅途之上。除了卡里奥斯特罗（Cagliostro）之外，可以说他就是意大利冒险家的形象；但他又强过卡里奥斯特罗，因为他留下了一部鸿篇巨制的回忆录。他在其中以他细腻敏锐的感受力全面地描述刻画了他的时代，对自己也不留情面。他对什么也不尊重，甚至不在乎自己的名声。"

"他为什么既代表了洛可可，又代表了启蒙运动呢？"贝蕾妮克任自己的手指在水中划过。

"你只要看看他，就知道洛可可时代的骑士是什么样子的了——长及膝盖的短裤，丝质外衣，剑，假发辫。如果把洛可可看成是一个矫饰、精致及夸张的举止风度盛行的时代，那么在卡萨诺瓦那里，样样都做到了极致。可一旦他开口说话，你又立刻可以听出他丝毫不带偏见的精神，对他来说，自由——包括思想的自由——凌驾于一切之上。几乎没有一个重要人物是他不认识、没聊过天、没争辩理论过一番的，连国王、贵族也不例外。普鲁士的腓特烈大帝请他担任波美拉尼亚的军校学生团教师，在圣彼得堡的花园里，他和叶卡捷琳娜大帝讨论格利高里的历法改革。他和奥地利的约瑟夫二世谈过话，也和他称之为自己老师的伏尔泰谈过话。为了援助让—雅克·卢梭，他送去乐谱供他抄写，但同时却说，卢梭这人不管是在人格还是在思想方面都并不出众。这些会见，还有无数其他会见，都在他的回忆录里得到生动的描绘，一字不落，栩栩如生，就算你不能完全相信他写的东西都是真的，那至少也得承认他大师级的写作水平。"

"他是因为什么被捕的？"

"那时候，遭到逮捕是很容易的，尤其是在威尼斯。他被官方视作搞阴谋诡计的危险人物，总是将自己的生存建立在牺牲别人的基础上，而且行为放荡不羁，是个神秘的赌徒。终于有那么一天，他被逮住了，共和国最高法庭判他坐三年牢，但他十五个月后就逃了出去。起初，对卡萨诺瓦来说，被囚禁在那铅皮屋顶下窒热的空气里，简直无异于被判了死刑；但到了后来，却可以说这件事倒让他走了运，因为再没有什么比他那次冒险的越狱给他在全欧洲带来了更大名望、打开了更多的门的了。我不知道还有谁做这种事成功过。他对此事所做的描述成了十八世纪最受人喜爱的故事，人们讲它，笑它，对它惊叹不已。要把这事从头到尾细细道来，卡萨诺瓦自己得用两个钟头。"

"他后来怎么样了？"

"他逃出了威尼斯的边界，之后便走遍了欧洲——他横穿了路易十五和庞巴杜夫人[1]的法国，还有西班牙、葡萄牙和两个乔治国王统治下的英国，俄国和普鲁士我刚才已经提到过了。他还去了波兰，和国王斯坦尼斯瓦夫谈论贺拉斯的讽刺作品。他的生活中充满了意外和偶然，在他的性格中你可以看到彼此矛盾的能力。再没有人比他更具有两面性了，他既和王公、主教，也和妓女、演员一道欢宴嬉笑。"

"那我想，要理解卡萨诺瓦那个时代，就得读他的书。"

"卡萨诺瓦的回忆录是一座最完备的时代人物肖像馆，收藏了形形色色的对话、谈天和时代的罪恶。"

"既然他交游这么广，死的时候一定很阔吧？"

"正相反。波西米亚的瓦尔德斯泰因伯爵雇用他作图书馆管理员，给了他一口面包吃——这得感谢他写的回忆录。他觉得自己的晚景十分凄凉。好了，说他说得够多的了。我们划回威尼斯去吧，我们要在那儿看一眼狂欢节，它可以算是洛可可时代的尾声，再往后，这座舞台前就要落下厚重的幕布了。"

洛可可时代的尾声

"贡多拉"调了个头，在泻湖上滑行，这时太阳已经升得很高了。贝蕾妮克要把一切都印在脑子里——小船、"贡多拉"、货船……海洋将威尼斯拢在怀抱之中。慢慢地，教堂和宫殿越来越近了，它们犹如海上的一串珍珠。大圣乔治岛问候过了，又经过安康圣母教堂。远远地，水面上浮动着一片朦胧的绿色——那是利多沙洲。

在顶着狮子和圣泰奥多尔的柱子间他们靠了岸。小广场上是总督府，色彩明亮，由拱廊环绕着；斜对面是钟楼，鸽群正围着它高高耸立的尖顶盘旋。轰鸣的钟声响了起来。

到处是熙熙攘攘的人群。

堤道上五颜六色的小摊和帐篷像是从地里钻出来的一样，那里展示着会说话的鸟、用链子拴住的大象、笼子里无精打采的狮子或是犀牛。

后面的广场更是色彩缤纷，像个大年市，似乎全欧洲和东方把它们的各色服饰、各种语言都送到这儿来了。小孩子吹着喇叭，到处是笑声，其间夹杂着讽刺和放肆的小调儿。

三个年轻人不管往哪儿看，都能看到各式服装、头巾、尖顶小帽、条子围裙、

---

[1] 译注：庞巴杜夫人是路易十五的情妇。

闪亮的小旗儿、斗篷宽大的风帽，尤其是，人人都戴着面具，黑的、彩色的都有，没人露出自己的真实面目。有些妇女穿着土耳其式长袍，甚至戴着胡子或假的喉结；还有扮成小丑的，扮成快活女仆的，扮成法典官的，跳大神儿的，等等等等，传说故事里的神奇形象在宫殿的拱廊下挤来挤去。到处是华丽的帽子、阳伞、晃动的面纱、耀眼的绶带、飘舞的手帕、挥动的扇子，钻石和珍珠闪闪发光。这儿有个踩高跷的，那儿有个挂拐棍的，还有装扮成熊四脚着地爬来爬去的……

"太棒了！"贝蕾妮克兴奋地喊了起来。

"还不仅是棒呢——这虽然只是个肥皂泡，但其中却头一次闪烁出民主的光，哪怕是变了形的。化妆抹掉了贵族与平民、富人与穷人之间的一切界限；通过面具，所有人取得了相同的权利。每年一次，面具把这个从根本上来说贵族气息浓厚的城市变成了一个宽容而没有阶级差别的城市，每个人都戴上面具走到大街上来，不管是公爵还是女佣。差役、厨子戴着面具买菜，市场上，买主卖主戴着面具讨价还价。事务所里办事的戴着面具，舞会上跳舞的戴着面具，法庭上，公证人戴着面具念他的辩护词。戴着面具，大人先生去最隐秘僻静的地方，因为，戴了面具，就什么都是允许的，这，正是它的特别之处。"

"无论什么都是允许的吗？"

"除了犯死罪。共和国保护一切自由，只要戴了面具就不管阶级差别，于是所有的人都戴上它，就连脾气乖戾的让—雅克·卢梭去威尼斯的时候也化了妆。任何界限都不存在了，甚至也没有权威。谁都可以当'元帅大人'，不管是贵族还是扛活的，修女还是警察……"

"警察？"

"对，警察。甚至连宗教裁判所的审判官也没有了。"

"这真是太激动人心了！"

全欧洲掀起了气球热

塞内克斯把食指弄湿，举到空中："很好，"他满意地说："风也朝我们计划的方向吹呢——现在是从东南往西北刮。走吧，什么都准备好了，我们到利多沙洲那边去。"

那里的草地上悬着一只气球，被六根绳索系住了。它下面的"贡多拉"是一条小船的形状，可以乘坐四个人。

"上去吧！"

贝蕾妮克怀疑地打量着这个空中交通工具。

"你尽管放心好了。"塞内克斯安慰她，"近十八世纪末时，全欧洲掀起了气球热。从我们在凡尔赛宫看蒙戈菲尔气球升天起到这个时候,这种会飞的球数量增长之快令人吃惊。你不仅可以在所有的民间节日和年市上见到它,人们还从街道上、阳台上放飞迷你型的,用燃烧的酒精加热空气,而且不分日夜。在巴黎,充了气的小气球是孩子们最喜爱的玩具。谁都想做或大或小的飞行试验。1784年,一只没载人的氢气球飞越英吉利海峡,中午时分在肯特升空,同一天下午三点便在瓦尔纳通附近距里尔九英里的地方被一个男孩子发现。一年之后,让—皮埃尔·布朗夏尔——一个充满激情的气球先锋人物——以及约翰·杰弗里斯博士进行了第一次横越英吉利海峡的载人飞行,从多佛出发,飞抵加莱。他们在抵达法国海岸前时差一点就半途而废了,因为飞行高度降低得厉害,十分危险,那位博士已经准备牺牲自己,从海峡上空跳下去了,因为所有的压舱物已经扔完了。在最后的关头来了一股劲风,救了他们。这是布朗夏尔所做的第三十八次飞行。"

罗曼道:"这么说,他们两个人做成功了的,我们今天就更不用说了!"

"我们也不打算飞越大海,充其量飞过波河平原、阿尔卑斯山,飞入法国,最后到达巴黎。"

"又去巴黎?"

"那座城市已经大变样了,到了以后有我们看的、说的!"

他们一个接一个爬上"贡多拉",刚好在窄窄的板凳上挤下。绳索随即解开,他们升上了天空。

这次空中旅行悄无声息,连一丝风都没有,他们感觉不到空气的流动。飞越普罗旺斯,他们最后终于到了法国的心脏。放眼望去,辽阔的地平线上是城市和乡村。土地还没有被人为分割得支离破碎,城市坐落在绿色的海洋之中,像一个个圆形的小岛。有些零星的房屋散布在城墙之外,像溢出去的水。

"我们这是在从东南向西北飞,"塞内克斯解释道,"这意味着……"他狡黠地微笑了。"这意味着,我们在时间上做了个小小的跳跃,因为太阳在巴黎自然比在威尼斯升起得晚一些。虽然这实际上可能连几分钟都不到,但在进化公园里,这就是几个小时了。我们将在晨曦之中到达巴黎,确切地说是在1793年1月21日。"

贝蕾妮克看到太阳似乎正从东方落下去——这可是违背常理的啊。天色渐渐昏暗下来,虽然天空还带着些苍白,但已经有几颗星亮起来了。城市和村庄的照明还没有那么明亮,田野就更是沉没在黑暗之中。天还那么早,连一支蜡烛都没有点起来。但贝蕾妮克还是注意到他们是在一个大城市的郊区上空,她还感觉到气球正在缓缓下降。

晨雾笼罩着城市。谁也说不出他们的旅程到底用了多长时间,但他们清楚地听到了从地面传到空中来的声音,那是成千上万个声音汇集在一起,或呼啸,或喃喃。再加上鼓声,有时还有号角声、喝令声和行进的脚步声。

他们的气球接近了地面,然后震动了一下,便停住了。

法国大革命

您是来赴死的

塞内克斯第一个迈出"贡多拉",径直往前走去,并不等待三个年轻人,他们便赶忙追上去。朦胧的晨光之中,塞内克斯的身影显得是那么瘦削。

每走一步,嘈杂声就大上一分。

"我们这是在哪儿?"贝蕾妮克问。

"在巴黎,这是共和广场——不久前它的名字还是路易十五广场,而不久之后它又以协和广场的名字成为优雅巴黎的中心。著名的方尖塔还没有矗立在那里,但你们可以看到背景里的王宫、卢浮宫以及它附近奉卡特琳·德·美第奇之命建起的杜伊勒里宫。"

"这个广场真的好大啊,但我们肯定不是为了这个来的。您想向我们展示什么与法国大革命有关的东西,不是吗?"

"是断头台。它就设在已经推倒了的路易十四骑马像基座的旁边。当时的人们把这件可怕的刑具看成是一种人道的进步——比如和火刑堆相比。"

"如果这样比,那还是断头台好些,我想。"

"你们即将目睹的事件,从好几个角度来说都是很重要的。但我们会保持足够远的距离,这样不至于因为过分逼真而让你们受惊。你们也知道,我们只是在一座文化史的博物馆里,其中的一切都不是真的。"

"我早就不知道什么是虚构、什么是真实了。"贝蕾妮克喃喃地说,把手插进裤袋里,"这不正是您的意图所在嘛,塞内克斯!"

"被时间的巨口吞进去,或是沉入历史的深潭之中的东西,任是谁也无法再将它拉上来。"

"时间的指针永远不容逆转!"

"我们只能尝试着将历史再现,为此我们需要想象力。"

他们穿过由荷枪实弹的士兵站成的夹道,士兵后面是密密麻麻一眼望不到头的人群,他们的兴奋让空气都嗡嗡地振动起来了。这儿那儿有人用竿子高高地挑着自

由帽或是圆锥形帽 [1]。

大概走到一半的路时，塞内克斯让三个人停下。现在他们能看到高高矗立在台子上的那件可怕刑具了。贝蕾妮克告诉自己，这只不过就像看舞台上的魔术师表演砍头似的，被砍了头的演员最后还会出来谢幕的。

但结果整个处决过程还是令人压抑，每个人都被那股阴沉的力量攫住了。贝蕾妮克紧紧抓住了罗曼和斯蒂芬的手。

一辆简单的车子辘辘地穿过士兵组成的夹道。车上是个肥胖的男子，正试着让自己读书。他在祈祷，旁边立着个身穿法衣的神父。

车子到了那血腥的刑具前，那男子站起来，人们抓住他，把他引到台子上。

"路易十六。"塞内克斯的声音十分冷静客观，让气氛缓和了一些。"这个被赶下了王位的国王现在被称为路易·卡贝。昨天晚上，他同他的妻子、原奥地利公主玛丽·安托瓦内特以及他的儿子做了最后的告别。他命令王太子赦免所有那些要把他的父王送上断头台的人。他的妻子想和他共度最后的夜晚，但他已经与生活诀别，想要一个人呆着，只由一个修道院院长助他为走上最后一段路做准备。他睡得很安稳，人们甚至得在早晨五点钟把他叫醒。他领了圣体，摘下结婚戒指，让人把它交给他妻子，又把遗嘱交给一个官员。此刻，刽子手迎了上来，两个助手打算把国王的衣服扒掉，国王却把他们推了回去，然后自己把衬衫从脖子那儿扯开。但人们还是把他的手反绑起来，剔掉他后脖颈上的头发。这时，他突然一跃而起，面向人群，高呼：'法国的人们……'"

"他想申明自己是无辜的。"塞内克斯低声说道，"但人们用这样的话打断了他：'您不是到这儿来演讲的，而是来死的！'"

一个军官举起了剑，震耳欲聋的鼓声盖住了人们最后的话音。

君主专制制度的结束

路易十六被推到了断头台斧下。他没有动。咚咚的鼓点声中，人们几乎没有听到那金属落下来的声音和碰到肉体那沉闷的一响。

一个年轻的刽子手把手伸到篮子里去，提着头发把那颗头颅举到空中。血还在滴，头颅暴露在晨光之中的地平线上。人群中发出一片低沉的叹惜，缓解了紧张的气氛。

"这是一个象征性的姿态，刽子手以不羁的姿势转向民众，展示那颗头颅，以此

---

[1] 译注：法国大革命时期雅各宾党人戴的象征自由的红色圆锥形帽，尖端下垂。

象征一个从君主的独裁专制下解放出来的未来。然而，面对这些愚钝的民众，我们可以感觉到，那不过是一种幻想。

士兵们列队准备走了，刽子手抹掉血腥的痕迹。观众中也开始有离开广场的了。

"现在国王的尸体怎么办呢？"贝蕾妮克问，她已经放开了两个男孩子的手。

"他被装到了棺材里，然后被运到一个墓地去了。"

"那玛丽·安托瓦内特呢？"

"她也在1793年10月被砍了头——但我们还是离开这个可怕的地方吧，我主要是想让你们看到，不光是宗教的狂热和迷信会导致血腥恐怖，高尚的思想，比如自由、平等、博爱，也能蜕变成恐怖。来吧，店铺本来在执行处决期间全都得关门，但现在又都重新开张了，商贩们也又可以摆摊儿卖货了；光顾咖啡馆的人比以前任何时候都多。"

塞内克斯说着迈开了步子，他走得那么快，三个年轻人要想追上他，还得费点劲呢。

法国的自由徽章

塞内克斯有意停顿了一会儿工夫，然后说："我们也再去一次昨天去过的那个咖啡馆——说是'昨天'，实际上是二三十年前。"

他们从共和广场出发，穿过城市。塞内克斯的话音又变得和缓明朗起来："巴黎那时候还脏得要命，因为它还没有下水系统，像伦敦和德累斯顿已经有的那样。内城依然像中世纪时那么狭窄。直到十九世纪，大规模的改造工程才彻底改变了城市的面貌。"

他们沿着窄窄的街道信步走着，两侧房子的一楼或是杂货铺，或是工场作坊；无数的招牌夸耀着他们各自的商品。来来往往的人摩肩接踵的，空气中充斥着叫卖之人的吆喝声，变戏法的想方设法吸引人们的注意力——真像过年时的大集市。

他们走过新桥，走过那座精美的哥特式圣礼拜堂，到了巴黎圣母院，走进那家他们已经认识了的咖啡馆。

三个年轻人立刻看出这里发生了多大的变化——布置当然还是原来的样子，地毯、桌子、椅子什么的；但客人可变了；"昨天"还是穿着天鹅绒外套和丝质短裤、优雅时髦的贵族，今天就成了市民打扮的人。

"好好看看那些'长裤汉'！"他们走向一张空桌子的时候，塞内克斯特地提醒他们注意。

贝蕾妮克问："这个词是从哪儿来的？"

"人们一般都把'长裤汉'看作是革命者的代名词，但事实并不总是如此，比如两个杰出的革命家罗伯斯庇尔和圣鞠斯特就总是穿得很漂亮。'长裤'成为一种时髦，这还得感谢凡尔赛宫的一个高级礼仪官呢。他想让普通老百姓，也就是所谓的'第三等级'，都穿上毫无装饰的黑布外衣，好一下子就能把他们与打扮得鲜艳富丽的特权阶层区分开来，甚至显出可笑的样子。可结果，这却成了时髦。时新的还有管状长裤，其灵感来自英国的水手服，被称为'pantalon'，你们看，它与法国传统的膝盖裤不同，比较宽松，长度到膝盖以下两手宽处。在有革命行动的时候人们还要再戴上雅各宾帽，裤子则喜欢穿有三色旗颜色那样的，鞋子很简单，再拿一柄长矛。'长裤党'真正代表了与大资产阶级相对立的另一类人，他们的运动有穷人、手工业者、帮工、开铺子的和小企业主参加，他们构成了革命的核心，建起街垒，示威游行。革命的记者，如马拉和艾伯特，支持他们的要求。"

"他们提出了什么要求？"

"他们要求私有财产，但不是财富——他们痛恨富人；他们也要求得到有社会保障的工作……"

"换了我们，大概会说想要工作职位……"

"他们要的是有保障的工资和社会保险，另外还要民主制度。"

"那么他们代表的是'小人物'了？"

"他们所处的地位是在富有的市民（也就是所谓的大资产阶级）和一无所有的真正无产阶级之间。"

"很可能像伏尔泰、狄德罗和卢梭这样的知识分子并没有直接影响'长裤汉'；反正我是这么想的，因为他们中的大多数人大概连字都不认识。"

不管是不是贵族，都倒霉

塞内克斯又停了半响，然后说："你们设想一下吧，国家几乎处在经济崩溃的边缘，财政赤字持续增长，有的赤字还是路易十四的时代遗留下来的。而且，法国十八世纪的君主制完全是个废物，因此启蒙运动的思想在法国政治方面的影响是最大的，资产阶级，甚至贵族，都普遍受到它的影响。"

"人们要相信理性，把僵化的传统扔到垃圾堆里去，是不是这样？"

"在法国，古老贵族阶层根深蒂固的利益与上升中的资产阶级之间的对立比其他任何地方都更尖锐。首先，政府试图维持贵族、教士和第三等级的老格局。第三等级在政治上还软弱无力——虽然除了少数特权阶层人士外，所有的法国人都属于第三等级。"

"国王没有尝试过改革吗?"

"半心半意地试过,然而面对特权阶层,王室想改革也是无法办到的。虽然所有的人都在君主制的暴政和无能之下呻吟,但起初还根本谈不到自觉的革命运动。二千三百万人口中的四十万贵族,即第一等级,享有极大的特权,如免税。教士阶层要求的特权更多。然而,贵族阶层的经济状况不怎么样,它的成员不能去从事与他们的身份不符的职业。他们只能得到租佃地产而来的租子;他们会尽可能地结一门富贵的亲事,并从朝廷得到礼物和退休金。但总的来说,他们的开销在增长,收入却在减少。因此他们全都往由国家发给薪俸的公职位置上挤,十八世纪,他们成功地把出身市民阶层、有能力但没有政治影响的公职人员都排挤掉了。到1780年左右,一个贵族只能当军官,所有的主教也都是贵族。"

"不是贵族的人倒霉了!"

"但这种情况没有持续多久,然后就反过来了——出身贵族的人倒霉了!革命以前,贵族不仅是把市民阶层,也把农民驱入了绝望的境地。1688年,法国散文作家让·德·拉·布吕叶尔在描述路易十四统治下的时代时写道,贵族眼里的农民简直就是一群畏葸的牲畜,被束缚在土地上,顶着骄阳不停地又翻又挖,头发黑黑的。"

"太看不起人了!"

"法国革命前一年,作家尚福尔讲过这样一件事——路易十六的女儿和照管她的女仆一起玩儿的时候,惊讶地发现:'怎么!您也有五个手指,和我一样吗?'"

贝蕾妮克一副搞不懂的样子,大摇其头:"这又是一个证明我们今天永远也不能设身处地地想象过去的人类的例子!我们的感受和他们可不一样!"

"可以肯定的是,大约占人口总数百分之八十的农民过得很糟糕,大多数都是没有土地的小农,其收获之微连满足生活最基本的需求都不够,却还得向封建主赋税纳贡。人口的持续增长扩大了对肥沃土地的需求。此外农民还得在军队里服役很长时间。"

"还有这个!"罗曼向后一仰头,把腿伸到桌子底下,手又揣进了兜里。

"市民的情况好一些,有的甚至很有经济实力,但他们觉得,自己不管是在社会生活方面还是在政治方面都没有得到与此相应的承认。正是这些人被新思想吸引住了,在沙龙和共济会分会里,在俱乐部和咖啡馆里,他们形成了反对旧社会秩序的统一战线。"

"那么先起来革命的只有市民吗?还是也有农民?"

"1789年,法国的专制统治从根基上动摇了。从五月到十月,老政府即使在法律上依然存在,但实际上已经崩溃了。七月十四日,巴士底狱被攻占,这一天至今还是法国的国庆日。巴士底狱不是被攻下来的,因为还没有攻,它就投降了。无论城市还是乡村,各处的人民都起来了。农民闯进他们痛恨的地主家的宫殿城堡里,摧毁了档案室，焚烧了强令他们服徭役的文书；许多贵族和教士被杀。法国燃烧起来了。在革命的压力下，特权阶层的代表在国民会议里放弃了很多权利，当然，那些权利实际上也已经不值什么了。但最为重要的是，受美国榜样的启发，出现了一部人权宣言。"

"我早就等着您讲这个了！请您说说，'人权'过去指的是什么，现在指的又是什么！"

"那就是宣布所有的人生而自由、平等；不应该再有人生下来就享有特权——至少在法律面前不该是这样。人民的主权应该构成一部新宪法的基础。旧的秩序、包括统治者所有特权和被统治者所有负担在内的采邑制度被摧毁了。宣言的第一条就是：'人生下来就是自由的，并且应该在法律之下自由、平等地生活……'"

"对那个时代来说，这听起来确实很革命。"

"然而，如果社会差别来自'对社会所起作用'的不同，那么这差别依然存在。诚然，所有人在法律面前应该都是平等的，自由发展的道路对有才能的人应该是敞开的，但私有财产被认为是天赋的权利，而天赋的权利是神圣的。"

"事实并没有仅仅停留在这些多多少少是理论性的要求上吧？"

"没有。许多修道院和宗教团体被关闭，教会财产被没收，学校被收归国有，除宗教婚姻外，实行了民事婚姻。1792年九月出现了关键性的转折，先占了主导地位的吉伦特派和丹东、罗伯斯庇尔领导下的激进的雅各宾派决裂了，国民会议取代了到那时为止的立法会议，宣布了第一共和国的成立，下令处决国王。接下来又开始了雅各宾派的恐怖统治，不仅是差不多所有的贵族，连法国的许多优秀人物也成了它的牺牲品。及至1795年，它的领导人物罗伯斯庇尔和圣鞠斯特也被处决了。"

国家，一个危险的概念

大家都给自己倒上新鲜的咖啡。塞内克斯想改说另一个话题了："最后再说一句——后来由五人执政内阁领导的政府因拿破仑·波拿巴发动政变而告结束。1799年，拿破仑宣布革命结束了。"

"那么外国呢？法国的剧烈变革不是激起了国外敌人的愤怒吗？"

"不管你怎么批判雅各宾派，可还是得承认它很善于对付国内外的敌人。在反抗国外敌人的过程中产生了《马赛曲》，法国的国歌。"

"这是我所知道的最有感染力、最令人振奋的一首歌了！"罗曼喊道。

"不仅在法国内部八十个省中的六十个反对巴黎，德意志诸国和英国也发起了进攻。整个国家破产了。在法国内部，对教士和贵族的仇恨更高涨了，在丹东、罗伯斯庇尔和马拉的领导下，雅各宾派建立了独裁统治，断头台更是派上用场了。从长远角度看，这对法国革命的名声起了恶劣的影响。但是，丹东这个腐化然而天才的革命家以极大的热情组织起反对外国进攻的抵抗力量，普遍兵役制度开始实行。那时人们创造了'群众起义'（levée en masse）这个词。十四个月后，不仅外国军队被赶出了国界，比利时也被占领了，并且法国从此开始了在欧洲战场上连连得胜的一段历程。从这时候起欧洲人认识到了'民族国家'这个概念的危险性。比如说，那时候要是有哪个说德语的人到巴黎去，那他并不是以德国公民的身份去的，而只不过是某个小侯国或者某个城市的居民。革命则使统一的国家成为现实，这便造就了一种强烈的民族意识。不过这已经是'拿破仑'那一章里的内容了，我现在只想再提一句的是，1793年，雅各宾派的领导人让·保罗·马拉在浴缸里被人刺杀了，而且刺客是一个女子！"

"她一定有很好的理由这样做。"

塞内克斯惊讶了，望着贝蕾妮克，有一会儿工夫没言语，然后才继续说："年仅二十五岁的夏绿蒂·科黛是个受过教育、十分博学的女子，她想要把人民从那个暴君、'嗜血者'——她就是这么称呼马拉的——的统治下解放出来。几天之后，她被处决了。她的行为引起了人们特别的厌恶，这正是因为事情是一个女子做出来的。"

"这么说女子也为革命而战了？"

"首先，缝纫女工、洗衣女工、熨衣女工和制造工场里的女工提出了改善她们经济状况的要求；她们的工资几乎还不到男子所得工资的一半，而男子的工资对维持生活来说还紧巴巴的呢。革命以前，会写字的女子还不到百分之三十，男子中会写字的则占不到一半。单是在巴黎，就有大约七万名女子不得不靠卖淫来维持生计。每年都有数万名儿童遭遗弃，要么就是因为得不到良好的照顾或由于疾病而死掉。为抢一口面包吃而导致的争执斗殴是司空见惯的……至于革命在理想方面要达到的目的——革命在开始的时候当然是抱着某种理想的——妇女们并不那么感兴趣。"

"可以理解！"

"她们要求食品的价格停止上涨，这就激怒了小商人。国民会议解散了'共和国女革命者协会'，禁止她们搞政治活动。但现在还是回过头来说男人吧——罗伯斯庇尔占有绝对的统治地位之后，越来越残酷，到最后竟下令处决了丹东及其朋友；他正式废止了基督教会，树立起一种'理性与美德崇拜'——一种崇拜'最高主宰'的平民信仰。他试图实现他最为景仰、视为'神圣'的让—雅克·卢梭的理论，实行血腥的恐怖统治。"

"这些都是毫无理由的吗？"

"资产阶级不这么看。资产阶级接受恐怖，认为罗伯斯庇尔既不是特别残忍，也不是不公正，认为处决是拯救国家和革命的唯一可能。然而恐怖毁了有才能的人——那时就是这样。"

"那么恐怖是怎么结束的呢?"

"军事上的成就带来了转折,贝蕾妮克。等最大的国外政敌被消灭了以后,罗伯斯庇尔和圣鞠斯特也被处决了。"

坚定不移的统治

一直沉思着的罗曼,还要刨根问底:"罗伯斯庇尔大概是革命时期最重要的一个人物了吧?"

"和他同样,不,最好是说在他之后的还有米拉波伯爵(Mirabeau)[1]、马拉、丹东、德穆兰(Desmoulins)[2]、记者阿贝尔(Hébert)[3]和严厉无情的圣鞠斯特。马克西米利安·罗伯斯庇尔总是引用卢梭的话,他心目中的世界图景是单纯的,他的意志是明确专一的,而又不带任何可能会起阻碍作用的激情,这使他具有强大的冲击力。他的样子并不引人注目,中等个儿,面色苍白,租住一个木匠的房子,房间里布置得十分简朴。他说他自己只有一种激情,那就是为人类的幸福而战。他最喜欢用的词里有'背叛'、'谋反'、'伪装'、'揭露'和'无耻'。任何一个不是无条件地信仰卢梭学说的人都被他视为敌人。由于他总是揭发任何企图贿赂收买他的行为,他被人们称为'不受贿赂的人'。他的一个伙伴拉萨尔·卡诺(Lazare Carnot)发现,最危险的人总是那些冷酷无情、像刀子一样锐利、只知追求唯一的一个理想的人——而罗伯斯庇尔正是这样一个人。他滥用自由和思想的力量,为他的学说去毁灭他周围的人……"

"最后自己也死了。"罗曼插嘴道。

"很难正确评价这个衣着优雅、冷酷偏激、强调美德高于一切的律师。德国人康拉德·恩格尔伯特·艾尔斯纳(Konrad Engelbert Oelsner)这样评价罗伯斯庇尔:如果他真的了解人——不仅仅是盲众,如果他对历史了解得更多一些,如果他不是对

---

[1] 译者注:米拉波(Honoré Gabriel Mirabeau,1749—1791),法国资产阶级革命立宪派领导人之一,贵族出身。早年著有《论专制》一书。1789年以第三等级代表选入三级会议。革命初曾大胆揭露封建专制制度,但坚决维护君主立宪政体,极力阻止革命深入发展。1790年开始接受王室贿赂,四处为宫廷奔走。次年病死。

[2] 译者注:德穆兰(Camille Desmoulins,1760—1794),法国资产阶级革命时期的活动家、新闻记者。革命初参加科尔德利俱乐部,后参加雅各宾俱乐部。1792年9月选入国民公会,属山岳派。雅各宾专政时期,与丹东一起公开反对政府实行革命恐怖和普遍限价政策。1794年4月被处死。

[3] 译者注:阿贝尔(Jacques René Hébert,1757—1794),法国资产阶级革命时期的活动家,原为新闻记者。革命初期,在巴黎创办《杜歇老爹报(Le Père Duchesne)》,并参加科尔德利俱乐部。1792年当选巴黎公社第二检察长。1794年3月密谋起事反对罗伯斯庇尔政府,失败后被处死。

国外的情况那么无知，那么凭他的素质他本来可以成为一个伟大的人。艾尔斯纳认为，罗伯斯庇尔像所有的空想者一样，只看到事物的一面，并自认为是天之骄子。艾尔斯纳说这话的时候，对恐怖统治还一无所知，要是知道，也许他的评价会更严厉一些，因为罗伯斯庇尔就是暴政的化身，这是毫无疑问的。"

"毁灭力、杀伤力最大的总是对理想状态的渴望、过分的理想主义，不是吗？"

"卢梭用思想所做的事情，罗伯斯庇尔想通过断头台将其付诸实现。"

"那么罗伯斯庇尔和卢梭是一块金牌的两面喽？"

塞内克斯有些犹豫，但还是点了点头。

贝蕾妮克在桌面上画着看不见的小人儿："全社会又只是由男子组成的了！"

塞内克斯又掰响了他的手指："在1791年的国民公会上，妇女还没有得到选举权和其他政治权利；但是妇女在法国大革命期间扮演了重要的角色，把逃跑的国王和王后抓回到巴黎的不就是巴黎集市上卖货的妇女吗？"

"但却不是为了砍他们的头。"

"谁知道呢，妮克？"斯蒂芬用讥讽的口气说，但却又马上咬住了舌头，因为一道闪亮的目光射到他身上，那简直具有毁灭性的威力呢。

塞内克斯挽救了局面："卢梭要是知道罗伯斯庇尔如此滥用他的学说，一定会大惊失色的。罗伯斯庇尔把自己看成是卢梭的信徒，为了给他血腥的手段辩护，他总是抬出他这位老师的名字。然而罗伯斯庇尔的打算违背了革命的原则，因为他想把立法权和执法权统一起来；但要是这些权力不能分开，那也就离独裁不远了。从1790年起，革命者中的卢梭崇拜现象愈演愈烈，最后人们终于决定要把他的遗骨运到巴黎的万神殿去。"

一次彻底的全民起义

罗曼又直起身来："巴黎的万神殿是和古罗马的万神殿一个样吗？"

"只是名字一样罢了。罗马的万神殿供奉的是众神，而巴黎的万神殿建的时候就建成了教堂，实际上变成了法国人的纪念馆。"

"能与法国革命相提并论的革命大概哪儿也没有了吧？"

"法国革命虽然在表面上看起来是值得效仿的——至少在开始时好像是这样——然而实际上除了几个微不足道的例外，哪儿也没有可以和法国革命相比的革命形势。另外，法国革命与它之前发生的革命相比，其差别主要在于，它是一次全民起义，比其他革命更加彻底；后来它还在全欧洲扩展蔓延，将它的思想散布到全世界。对后来的革命运动，它始终是一把标尺。英国的君主立宪制影响也很大，它在民主制度方面与法国革命形成一种竞争，因为巴黎那充满血腥味的革命进程令很多人惊骇。法国革命被一部分人视作榜样，但却让另一部分人毛骨悚然。"

"这么说对自由、平等、博爱的梦想没有实现喽？"

"我认为，可以把大资产阶级说成是革命的最大获利者，它基本上实现了自己在政治、经济方面谋求的目标。农民也还算是满意，他们摆脱了很多负担，成了他们所耕种土地的主人；教会财产和逃亡贵族财产的出售造就了一种新的农业格局，而这是一个有活力的农民阶层得以发展的前提条件。与大资产阶级和农民阶级相反，革命后的小资产阶级、手工业者和工厂工人两手空空，一无所获；他们虽然革命热情高涨，并且付出了很高的血的代价，但他们的处境却几乎没有什么改善。他们的生活条件依然令人沮丧，而这正是因为农民得到了好处，因为农民的财产权使他们成为一股强大、稳固的力量，这股力量让无财产阶级的目标无法实现，并且在长达一个世纪的时期里起到了稳定的支柱的作用。由于农村方面有了保证，资本主义便得以在城市里发展。"

"那我猜贫富之间的巨大差距并没有消除。"

"革命没有解决社会问题，也没有创造出新的社会秩序；但它促进了自由的发展，并且超出了法国的范围。比如在法国的殖民地里，奴隶得到了解放。"

"真不容易！"贝蕾妮克的手势像是要挣脱锁链。

"是的！在启蒙运动时期反对蓄奴的呼声就已经高起来了，最早禁止蓄奴的是丹麦。1794 年，法国废除了它在加勒比海领地的奴隶制。英国这样做还要再晚一些。1815 年的维也纳国际会议上，横跨大西洋的奴隶贸易被宣布禁止。爱好自由的美利坚合众国却一直到 1865 年才废除奴隶制。最后，1925 年，联合国约定进行反对奴隶制的国际合作；在联合国的国际公约中，反对奴隶制也被明确规定为共同追求的目标。"

"那教会在这方面的态度呢？"

"教会在这方面的形象可不光彩，只有瑞士的宗教改革家茨温利（Zwingli）[1] 从一开始就反对任何形式的不自由，在瑞士的宗教改革地区和德国南部第一次实现了蓄奴禁令。但强大的天主教会直到 1965 年才在梵蒂冈的宗教会议上谴责奴隶制。"

塞内克斯啜了一口咖啡。

---

[1] 译者注：茨温利（Huldreich Zwingli，1484—1531），瑞士宗教改革运动领袖，1518年起任苏黎世大教堂牧师，得到市议会和新兴资产阶级的支持，领导瑞士东北各州进行宗教改革，否认罗马教廷权威，反对出售赎罪券，主张教士可以婚娶，解散隐修院并没收其财产。废除天主教的繁琐仪式，禁止敬拜圣像，取消"弥撒"而改行"圣餐"礼仪，称之为对耶稣的纪念。促进新教各州结成联盟，对抗教皇和皇帝，希望借此促进瑞士联邦统一于新教，遭到继续信奉天主教各州的反对。对宗教改革运动中激进的再洗礼派则进行残酷迫害。1531年在与信奉天主教的各州作战中战死。

拿破仑演出的插曲

完全变了样的法国和欧洲

接下来是一阵沉默,每个人都在思索。这时,嘈杂声传了进来。贝蕾妮克向咖啡馆的窗外望去,但隔着花玻璃,一切都是模模糊糊的。"出什么事了?"

原来是好多人从四面八方涌了过来,有单个来的,有三五成群来的,有走着来的,也有坐轿子的、坐豪华马车来的。他们都想进巴黎圣母院的大门,但只有边门是开着的。

"这是干什么?"

塞内克斯打开怀表。"这么晚了!我又说得太多了,好在我们还什么也没有错过。现在是1804年12月2日上午,我们已经进入另一个世纪了——而且也进入了一个完全变了样的法国和欧洲,一个变了样的时代。这另一个世纪不是那个我们即将谈论的人的作品,但新法国、新欧洲,甚至新时代,或者说新世界却是他的作品。"

"您说的是拿破仑?"

"拿破仑·波拿巴。虽然我们很少讨论战争和战争统帅,但他却是我们在'进化公园'里不能回避的那些例外之一;因为拿破仑不仅是一个政治家、战士、军队统帅和后来的皇帝,他还是人这个制服了火、在草原上逐猎、发明了轮子和文字的物种最出色的一个范例。你的问题也将得到解答,贝蕾妮克。几分钟之后我们就能看见他了,走,我们到圣母院那边去。"

"我们是不是去看拿破仑的皇帝加冕典礼?"

"正是!"

"约瑟芬也会在那儿吗?"

"还有很多别的人——虽然不是所有的人都来了!"塞内克斯喊道,这时他们正向着门口走去。"你当然会想到德茜蕾、约瑟芬、玛丽·路易莎、拿破仑的母亲莱提茜亚、瓦列夫斯卡夫人……新时代的政治舞台和文化史上从来没出现过类似的场景。这个人把全欧洲都搅动了,一切之上都留下他的烙印,没有什么是他不曾触动过的。人们认为他来自古代,但他却炸开了通往现代的大门。他将法国革命的思想带到了一个新时代,同时又将其做了全新的改变,由此他超越了法国革命。他自认为结束了革命——不仅结束了革命的恐怖,而且结束了表面上的民主,而那实际上并不是民主。"

"但那样他还和革命有什么关系呢？他是皇帝啊。"

"起初，他的敌人称他是'革命的儿子'。他维护了农民的解放，支持企业发展，保障法律面前的人人平等，给有才能的人提供意想不到的发展机会，开始时坚持保卫边境，从这些方面看，他确实是革命的儿子。但是，当他把自己从执政官变成皇帝，压制新闻和报业的自由，与天主教会和解，将比巴士底更糟的新监狱塞满了犯人之后，他就不再是革命的儿子了。"

"他只是野心勃勃的自大狂呢，还是确实有一个更高的目标？"罗曼把自己后脑勺上的短发挢得竖了起来。

"在他的权力达到巅峰的时候，他也许企图统治全世界，但他首先把革命从外部敌人的威胁下解救了出来。后来他想要建立一种'超国家'——一个以法国为领导的统一欧洲，但要达到这个，欧洲还不成熟，于是，作为一种反应，其他欧洲国家的力量增强了。有二十年之久，欧洲在拿破仑军队的铁蹄下颤抖。他使半个世界惊恐，但也使它着迷。"

整个国家似乎都被代表了

巴黎圣母院前的广场上，人流还在不断涌来。

"淑女们让最好的裁缝用贵重的料子给她们缝制了新衣裙，先生们也穿上了自己最漂亮的衣服，男装裁缝和制帽匠也被订货压得喘不过气来，刺绣工、鲜花贩子、鞋匠、珠宝匠……所有的手工业者和商人都有事儿干、有生意做。"

塞内克斯抬手指着周围的房子，只见很多人都挤在窗户边向外张望。"人们太好奇了，为了得到一个窗边的位置，有些人家甚至出钱出到三百法郎——那几乎是一笔小小的财富呢。教堂里的位子肯定就更贵了。"

他们被人流裹挟着进了左边门。教堂里，不仅是中堂的空间和高度都给人留下深刻印象，而且，那透过彩色的玻璃窗射进来的光色彩斑斓，把柱子也染成了彩色的，营造出一种似乎脱离了尘世的气氛。

哥特式的穹隆下，教士的歌声又响起来了，他们不仅在乞求天上那最高统治者的祝福，也在期待着教皇的到来，他的宝座就设在祭坛旁。官员代表和议员们都按照他们的级别高低顺墙列队，墙上挂着贵重的织花壁毯。虽然时值冬日，可还有鲜花做装饰。

"如此的豪华富丽几乎是前所未有的。"塞内克斯耳语道。

全法国的人似乎都在这里有代表。只见羽毛在参议员、将军的帽子上飘舞，旁边是法官深色的长袍；金光闪闪的制服挨着教会显贵华丽的法衣。教堂高处合唱队的席位上站着美丽的淑女，穿着那个时代最漂亮最时髦的衣服。

有一条板凳上还空着四个位子，塞内克斯和三个孩子挤了进去，贝蕾妮克在斯蒂芬和罗曼中间，塞内克斯在外面。贝蕾妮克仰望高高的穹顶，不由得想起了夏尔特的大教堂。从去那里到现在，他们在"进化公园"里不过又漫游了几天工夫，中间却已隔着五百多年了。在这五百年里，世界的变化有多大啊，人和人的想法也随之发生了巨变。

教士们开始唱"Tu es, Petrus ……"——一首庄严缓慢的圣歌。教皇从边门走了出来，迈上祭坛。嘈杂声消失了。

"庇护七世。"塞内克斯向前点头示意。

教皇的身形在巨大的教堂里显得十分渺小，但他是个令人肃然起敬的人物。他穿着整套礼服，头上戴着主教冠，脸上的表情拒人于千里之外，谁也读不出他在想些什么。他就是这样以一副难以接近的样子出现的，一动不动，间或闭上眼睛，等待着，让玫瑰念珠在他的手指间滑过。

他在法国刻下的烙印一直延续到今天

塞内克斯转向他的三个年轻伙伴，轻声说："波拿巴攫取了权力，但其实权力也是被拱手交给他的。他先是升为普通执政官，后来成了终身执政官，现在又升上了皇帝的宝座。他能做到这些，因为在他的统治下，本来一直被认为是无法解决的问题迎刃而解。他只用了短短几年，就用各种改革和法律改变了法国。他创造了《民法》，后面我们还要提到它。他还和教会签了协定，给了法国一个国家银行，并建立了荣誉军团。"

"革命者不是刚刚和教会决裂吗？"

"他将这个恢复为原状——是出于政治上的考虑。连伏尔泰也说过，要是上帝不存在，那就得发明出一个来。波拿巴本人却相信存在一种更高的智慧。'一切都显示出上帝的存在'，他在圣赫勒拿岛上写下此话，但'要说出我从哪儿来，我是什么，我要到哪儿去，这超出了我的认识能力'。但他也认为，灵魂不是不朽的，因为假如它是不朽的，那它在人出生以前就已经存在了。他又想向太阳祈祷，就像埃赫那顿[1]，因为是太阳使万物结出果实。他写道，如果从我们的世界诞生之日起宗教就存在，那他保证是虔信的；但既然他读到了苏格拉底、柏拉图、摩西以及穆罕默

---

[1] 译者注：埃赫那顿（Echnaton）是古埃及第十八王朝法老，在位时推行阿顿（即太阳神）崇拜的宗教改革。

德，他就不再有什么信仰了。他的观点是，一切都是人发明的。拿破仑把教会作为一种高级警察机构重新引入，因为他想让教士宣扬秩序和纪律。他还革新了许多法国在管理和裁判权方面的机构。就这样，他在法国刻下的烙印一直延续到今天。他的《民法典》成了很多国家效仿的对象。他解释了新的官员、法庭、大学和学校的等级制度，所有这些直到今天还带着他的烙印。他为许多人带来了安定和财富。"

"但这不包括那成千上万在战场上流尽了血的士兵。"

"通过政治上的成功和军事上的胜利，他改变了全欧洲的版图，大量书籍对其进行了描述、批判和探讨。他想让自己的家庭成为最有权力的家族，于是他为自己带上了皇冠，让约瑟芬这个来自马提妮克岛（Martinique）[1]的克里奥耳人[2]当上了皇后。"

"他为什么和约瑟芬离婚呢？我猜他确实是爱她的。"

"他想得到继承人，哪怕有一个孩子也好，可约瑟芬不能满足他这个愿望。此外，他想让自己的家族作为世袭君主长长远远地统治下去，而又一直苦于自己的家族算不上正统，因此他认为，如果能和奥地利皇帝的女儿玛丽·路易莎结合，获得正统地位的目的就达到了。至少他的孩子应该摆脱出身低贱这个阴影。他始终不能忘掉，自己曾是革命军里一个饿肚子的军官，连地道的法国人都算不上，他永远也摆脱不掉身上那股科西嘉岛（Korsika）丛林里的味道，即使身为西方国家的皇帝，可以向手下馈赠王国，可以挟制耶稣基督的代言人也无济于事。他自己说：'我的一生是一部何等曲折的小说啊！'"

---

[1] 译者注：马提妮克岛（Martinique）是西印度群岛中的一个岛屿，法国的海外行政区之一。
[2] 译者注：克里奥耳人指西班牙殖民时代出生于南美洲的欧洲人后裔。

资产阶级自封贵族

欧洲最令人惊叹的人物之一

贝蕾妮克交叉起双手,搭在收起的膝盖上。"那好吧,塞内克斯,他这个人怎么样?"

"人们对他的描绘是敏锐非凡、杰出、兴趣广泛、想象力丰富。即使权力的迅速扩张改变了他的性格,但他在聪明劲儿上肯定是超过他周围的人的。他脑子很快,行动起来不可战胜,但却不能在恰当的时候停止。不过,尽管有这么个致命的弱点,他仍是欧洲最令人惊叹的人物之一。他在革命中脱颖而出,创造了一种新秩序,而其中有的部分还是违背他自己的意志的。"

人群骚动起来,原来外面响起了炮声,虽然声音很沉闷。教皇稍稍直起了身子。

塞内克斯解释道:"拿破仑的队伍从杜伊勒里宫前出发,这会儿马上就要到了。天气好转了,既不冷也没下雨,天空放晴了,站在通往巴黎圣母院的街道两侧的人们可以好好欣赏那隆重的景象,而又不会挨雨浇。"

教堂里的人们显见地激动起来,又开始交头接耳了,并且坐直了身子。过了一阵,号角声、鼓声响了起来,圣母院的正门开了,光落在石头地面上;拿破仑和约瑟芬走了进来,后头跟着他们的朝臣侍从、兄弟姐妹、亲戚朋友、军官元帅、官员仆人。拿破仑引着他的妻子,缓缓走在中间的过道上——他大概意识到了自己的重要意义;但他的脸上又带着蔑视的表情。所有的观众都站了起来,在这对夫妇面前深深鞠躬。拿破仑头上戴着顶金色的桂冠。管风琴发出了鸣响,男童合唱队开始歌唱。

未来的皇帝及其皇后的宝座设在主祭坛对面,拿破仑和约瑟芬落了座,周围环绕着欧洲各国的统治者。

音乐声消失后,穿着穷极奢华的拿破仑从宝座上站起来,迈步走向祭坛。坐在那儿的教皇也站了起来,等着为他加冕。

拿破仑给人一种平静、镇定的印象,耐心地任漫长的仪式一步步进行。教皇给他涂了三次圣油,嘴里念着加冕时的套话。

拿破仑安静地倾听着,然而,当教皇的手伸向那顶皇冠时——据说那还是查理大帝的呢——拿破仑摘下他的金色桂冠,自己伸手过去抢先抓起了皇冠,并自己将这权力和尊严的象征戴在了头上。此时此刻，这小个子显得无比威严，皇冠让他的脸孔亮了起来。

随后，拿破仑用敦促的目光向约瑟芬望过去。约瑟芬站起身，走向他，跪下来，忍不住流下了眼泪；泪水滴在她交叠在胸前的双手上——与其说她是向上帝举起她的手，还不如说是向她的皇帝。拿破仑又为她戴上一顶皇冠，上面的宝石比她原来那顶头饰上的更多。但这一次只是试戴似的，他又把它摘了下来，然后再一次为约瑟芬戴上。就这样，他不用教皇，而是亲手让约瑟芬成为皇后。紧接着，就好像不愿再耽误时间似的，他和约瑟芬走下了祭坛的台阶，返回到宝座那儿。

在这整个过程中，颂歌在气氛隆重庄严的教堂里回荡。

很多女人都擦拭着眼里涌出的泪水，男人们也不是无动于衷。

"仪式结束了。"塞内克斯说，"在教堂里的人走光以前，我再就拿破仑说上几句。"

几个年轻人很愿意，因为他们还不想走，从他们身边经过的一切都是那么华丽、壮观，向着玫瑰花窗下的大门走去。现在大门是对所有的人敞开的了。

塞内克斯一边让三个人大饱眼福，一边接着往下说："拿破仑的时代反映在无数的作品中。当时有见证人说，贝多芬在创作《英雄交响曲》的时候想到的就是波拿巴——那时的他还是第一执政官，贝多芬当时对他的评价很高，在总谱的最上面就写着'波拿巴'，下面写着'路德维希·凡·贝多芬'。当大师听到波拿巴自封皇帝的时候，不由大怒，喊道：'他也不过是一介凡夫而已！现在他要践踏所有人的权利了！'贝多芬撕碎了他作品的扉页，把它重新写过，现在交响曲的名字成了《英雄》……不过这些我只是顺便说说。

拿破仑的腾达、他的影响造就了一种独立的风格，这就是'帝政风格'；这种风格远离一切贪图舒适和游戏性，一切都置于皇帝的光辉之下。古典风格这时被重新拾了起来，信奉尊严和财富。在家具上，单纯的线条取代了过去不规则的线条。远征埃及期间人们受到的启发使人们创造出新的方式——棕叶饰、桂冠、狮子、斯芬克斯和天鹅等。拿破仑让人把他的宫殿内部改装成帝政风格，庄严而富丽。"

"那时装方面呢？"

"这方面经历了一场解放。人们摒弃了过去那种可以称之为'扭曲身体'的不自然风格，而开始追求一种理性的自然。"

"理性？时装中的理性？"

"妇女们以古典风格为榜样，穿用轻盈的麦斯林纱做成的垂感好而线条流畅的裙子，腰身高，裸露肩膀。

建立统一欧洲的幻想

罗曼又把话题引回拿破仑:"他犯了哪些重大错误?"

"他在思想和行动上不知节制,这一点造成的后果最严重;虽然策划起来周全彻底,他还是常犯错误——这既包括评价人的方面也包括估计时机的方面。他蔑视小人物,不重视民众。没有民众,任是哪个统治者也做不成事;但拿破仑认为他可以是例外。其实他根本就不承认民众的存在。大众不定什么时候会提出大问题,会发动巨大变革,这,拿破仑根本想象不到。这个从法国革命中脱颖而出的小个子军官没有把人权还给人民,完成革命,而是复辟了旧贵族,创造了新贵族。他既看不到机器和自然科学日益增长的力量,也看不到劳动机械化带来的社会问题;他的目光只盯在统一欧洲这个幻想上。"

"拿破仑是一个狂热分子吗?"

"他从来不是一个魔鬼,即使在他最阴郁的时刻,他也从不曾失去过清晰的头脑。他很理智,很聪明,但又斤斤计较。他自己说,他的脑子就像一个分成许多格子的柜子,如果他不愿意再想某件事了,就把装这件事的那个抽屉关上,拉开另一个抽屉。如果他想睡觉了,就关上所有的抽屉,就可以睡着了。"

"我觉得他就像一堆火苗蹿得很快、但熄灭得也同样快的火。"

"这可太诗意了,罗曼!"

"他的时代和他拥有的传记作家、剧作家、叙事文学作家早就比比皆是了,我只说托尔斯泰。"罗曼向后一靠,闭上了眼睛。

塞内克斯拾起了这个话头:"俄国人的反抗,莫斯科(Moskau)的大火,冰天雪地中那戏剧性的撤退,冰冻的别列津纳河,这些都给皇帝以沉重的打击。他本以为降伏了俄国,可现在他遇到了让他根本无法理解的反抗。"

罗曼解释道:"他令人民和国家都反对他。"

"拿破仑是个坚定的笛卡儿主义者,所以他把思想和理性看成是一回事;没有哪个天才悄声告诉他该做什么,一切都需要思量。他常常在夜里起来工作。当然,他也是个想象力极其丰富的人。"

塞内克斯转过身,建议道:"走吧,教堂里已经空了!"

他们信步走出教堂的大门,走到皇帝加冕日的阳光下。到外面后,他们在教堂的石头台阶上坐下。贝蕾妮克身子向后倚着台阶,长发触到了石头。"天都这么暖了!"她仰望着高处——怎么,真奇怪,太阳好像移动了位置?不,这一定是她的幻觉。

"时间不仅是过去了将近十年,而且从12月2日变成了4月6日,冬天变成了春天。"

"那现在是哪年了，塞内克斯？"

"今天是 1814 年 4 月 6 日——我们的马车来了！"

在白马庭院里

马车的车门上，一个"N"字金光闪闪，字母上还环绕着一顶上端开口的桂冠。

"我们现在不是去凡尔赛，而是去枫丹白露（Fontainebleau）；拿破仑选择了这座弗朗索瓦一世和路易十五建的宫殿作为自己的住处。"

这次旅程和以前的比几乎没什么两样——这也没什么好奇怪的，因为枫丹白露是在巴黎的东南，凡尔赛是在巴黎的西南，只不过到枫丹白露的路程是到凡尔赛路程的三倍。但距离在"进化公园"里不是个问题。

不久他们就通过敞开的宫门，进了皇宫庭院。主台阶对面是列着队、举着队旗的士兵方阵，其装束是深蓝色的制服，猩红色的翻领，白色皮带斜在胸前，再加上带红色绒球的黑色熊皮帽。

"这是'白马庭院'，从现在起也将被称作'告别庭院'了。这些士兵是拿破仑的近卫军团，是最忠诚于他的人。"

塞内克斯在一棵树下为他们找到了一个座位，在那儿，整个宫廷内院和台阶可以一览无余。"我们现在即将看到的是拿破仑做法国皇帝的最后时刻。他的妻子玛丽·路易莎和被封为'罗马王'的儿子已经被人带走，和他分开了。儿子不再在他身边，这是最让他痛心的事，因为他是个典型的南方人，喜欢孩子。他的《法典》特别为儿童提供了保护。"

"那妇女呢？"

"现在我要说说《拿破仑法典》了，或者叫《民法典》。他稳固了丈夫对妻子及其财产的控制。他虽然确认了法国革命取得的大多数成果，保证所有的人在法律面前一律平等，废除等级特权，废除农奴制，在法律上让犹太人得到解放，从根本上改变了学校里的授课。但同时他也收回了许多婚姻方面的改革。像过去一样，妻子自然得服从丈夫，所谓'丈夫是妻子的保护者，妻子则有义务听从丈夫。'这一条的效力一直持续到 1938 年。在拿破仑眼里，女子是为男子而生的，男子是为国家、为他的家庭、为名声和荣誉而生的。他要求女孩子上宗教课，不让女孩子'思考'，而让她们'相信'。他对女性头脑的软弱深信不疑，认定女性的想法容易动摇，认定她们需要委身于人。他不要看到迷人的女性，要看到富于美德、严守原则、热心肠的的女性，而不要她聪慧、风趣。"

贝蕾妮克不以为然地摇着头："哼，妙极了！"

他的帝国不复存在，他征服的一切又都丧失殆尽

这时，皇帝从宫里走了出来。他走在大理石台阶的中部，让周围的一切黯然失色。

"他真矮。"贝蕾妮克喃喃说道，"而且他看上去是那么筋疲力尽！"

"在经历了这几天之后，这一点也不奇怪。他已经是强弩之末，并曾企图用氰化钾自杀，但没有成功。他最忠诚的战友要么拒绝听他的，要么向敌人投诚；他的两个最重要的部长在谋划怎么毁了他，约瑟芬欺骗了他好几次……"

"他也骗了她。"贝蕾妮克插嘴道。

"玛丽·路易莎在最艰难的时刻离开了他，他的儿子被人从他身边带走，他的兄弟姐妹要么大肆从他身上榨取油水，要么背弃了他。他早早地便衰老了，健康每况愈下，他从前犯的每一个错误，现在都找上门来。他的敌人让他感觉到他们是多么蔑视他，因为他们不用再惧怕他。青年时代的轰轰烈烈烟消云散了，他的帝国不复存在，他征服的一切又都丧失殆尽，他留下的是一个萎缩了的、血流尽了的国家。"

欧洲从前的统治者孤零零地站在宽阔的砖墙前，墙上的窗户闪着光——这一切都深深地印在了贝蕾妮克的脑子里。她知道，她是一个历史性时刻的见证人。像几天前在古罗马的时候一样，她什么也不想错过、忘掉。她望着拿破仑·波拿巴，望着他佝偻着的矮小身子和他那件有名的长大衣。他的脸色苍白，他的头与身体相比较而言显得很大，但头形很好。他的肩膀很宽，胸部隆起。一个仆人拿着他的三角帽，帽子上除了一个法国的三色标志外，别无装饰。

这一切之上是澄澈的天空，鸽群在屋顶和庭院上方盘旋，也掠过士兵组成的方阵。

拿破仑一个人站在那里不动。远远地，在宫廷院落的另一头，马车排成一长串等着。慢慢地，拿破仑开始讲话了，声音破碎。

"我的老卫队的士兵们！"他用他此时能喊得出来的最大的声音说，"我向你们告别。有二十年之久，我在荣誉与声名的道路上看到你们。你们是勇气与忠诚的典范——在好时候是这样，现在到了最后，依然是这样……"

一个卫兵忍不住流下了眼泪，他擦了擦眼睛；他旁边的人紧紧地盯着皇帝的嘴唇。

"我要离开你们了。你们将继续为法国服务。再见了，我的孩子们！"

拿破仑挥挥手。一个带着鹰和旗子的旗手向他走来。那些头发已灰白的战士们没有一个能抑制住自己的泪水，就连英国、普鲁士和奥地利派来的代表目睹了这告别的一幕，也不由得被深深地震撼了。

卫队亮枪致敬，那位前皇帝拿过那块上面用金线绣着他所有辉煌战役的名字的

绸子，把它久久地按在他的嘴唇上。

此时此刻，他在想些什么呢？

一个巨变的时代的孩子

拿破仑克制住自己，举起左手，说："再会！请你们在心里记着我！"随后，他便走下台阶，走向他的马车。他匆匆地登上去，马车便载着他驶出了宫廷的院子。就这样，他踏上了流放厄尔巴岛的道路。第一辆车里坐着一个将军和几个军官，皇帝及大元帅贝特朗（Bertrand）坐在第二辆车里，后面跟着德国、俄国、英国和瑞典各国联盟代表的车子，押后的是八辆行李车和皇帝剩下的随从坐的车。

"大约一百辆行李车已经先行走了，还有一支卫队正在去萨沃纳（Savona）[1]的路上，他们将在那里登船前往厄尔巴岛。"

"我们该怎么评价他呢？"贝蕾妮克问。

"他是从封建社会到资本主义社会过渡时代的孩子，人们有充分的理由可以把他的名字与野心、专制、血腥的战争和不知餍足的征服欲望联系在一起，然而同时也想到他在战场上的勇敢，他的天才，以及他把事情做到底的勇气；还有，他是一个政治家，他给了封建保守的古老欧洲毁灭性的打击；他曾写下简洁有力的号召和令人赞叹的信件。他让工人的子弟当上了军官，让军官当上了将军，让将军当上了元帅，让元帅当上了国王。当我们这个世纪迎来他的二百周年诞辰之时，无数关于他的书籍和文章出版、发表，研讨会召开，电视里放映有关他的节目，他这个人和他的影响又一次成了人们讨论的话题——这种讨论永远不会停止。公众依然在对这个军队统帅、自封的皇帝、这个人探讨不休。"

"争论的焦点是什么呢？"

"一些人诅咒他，又有的人，比如尼采，把他视作超人。但不管各种见解有多么五花八门，在一点上人们的意见是一致的：拿破仑拥有独一无二、令人惊叹不已的命运和让人难以解释的能力，他统治欧洲达二十年之久。不管好坏，在他之后，几乎再也不曾有哪个人可以同他相提并论，登上历史的舞台；当然这也是因为情况有了根本上的改变。不过好了，说他说得够多的了。我们去找马车吧，车门上现在已经没有那个金色的'N'字了。车会把我们带到住地去。"

---

[1] 译者注：萨沃纳（Savona），意大利西南部港口城市。

第九晚
变革、变革、再变革

变革的世纪

来自萨拉戈萨的包金匠之子

今天自助餐台上的饭菜与他们法国之旅正相吻合——薯条、填鸡、小丸子、法国的各种蔬菜,像菊苣、蘑菇、芹菜,还有鱼;饭后甜点有巧克力慕斯、冰激凌。此外还有矿泉水、乡村葡萄酒、波尔多红葡萄酒、夏布利白葡萄酒。

塞内克斯给自己选了夏布利白葡萄酒。他解释说:"喝这个可以提神,所以不仅对吃鱼来说很合适,对讨论严肃的题目来说也很合适。"他兴致勃勃地看着贝蕾妮克,想让她兴奋起来:"我们现在要谈的人和拿破仑正相反,对妇女没有敌意。不过总的来说,他对人的评价是充满怀疑的。我说的是一个画家,他生于1746年,也就是说,法国大革命爆发时他四十三岁,拿破仑退位后他又活了十三年。他经历了拿破仑的崛起、辉煌和倒台。他是个西班牙人。"

"您说的是戈雅(Goya)。"罗曼在一个小水碗里蘸了蘸他的手指。

"他的蚀刻铜版画和肖像画使他称得上是最早的现代画家之一。他是一个萨拉戈萨(Saragossa)包金匠的儿子,所以说父亲的职业和儿子的天赋之间还是有联系的。戈雅虽然在经济上靠的是订货,但他从不让自己被收买;他始终保持着批判的眼光,甚至揭露自己身边的人。而且他像个预言家,一直望进了未来。"

"这么说他很自信喽?"

"他是一代批判性的、解放的艺术家中的第一人。他带着激情和惊人的把握从事他的行当。"

"就像用他的画笔说话,是吗?"

"更好的说法是,就像用他的画笔论证。他不仅显露表面的东西,更多的是揭露内里的东西:实质、痛苦、绝望、侮辱、无耻。他毫不留情地表现人性的扭曲,以及由此而来的理性和激情之间的矛盾冲突。他先是寄希望于启蒙运动也能给西班牙带来改革,但由于国王作祟,一切归于徒劳;国王甚至助长了宗教裁判所的权力。"

"这肯定令戈雅十分忧愤。"

"戈雅在心理问题方面极其敏感,他的风格从学院派的布局和运笔中解放了出来。他一方面回溯历史——伦勃朗、佛兰斯·哈尔斯、委拉斯凯兹可能都曾是他的榜样——但他也同样着眼于未来。他以他的方式做一个启蒙主义者,因为他摘下了人脸上的面具。他成了他那个时代最敏锐的批判家,揭露阴谋诡计和权力的滥用;不管它来自宫廷还是来自教会,他以他的辛辣尖锐同等地鞭挞两者。渐渐地,他成了西班牙最有成就的画家。他的视角向新的、现实主义的转变也是在他个人的病痛和心理危机的压力下完成的。一种疾病,可能是梅毒,害得他卧病在床达一年之久,最后他的耳朵聋了,但他连这也克服了。他画了很多领袖人物的肖像,他的观察是那么仔细、表现得是那么敏锐。后来他糟糕的心理状态还表现在由八十幅铜版画组成的一个系列中,被他称为 'Caprichos'。"

"这是什么意思?"

"具有讽刺意义的是,这个题目的意思恰恰是'脾气',其实他表现的根本不是什么脾气,而是极其尖锐的社会批判。西班牙哲学家奥特嘉·伊·加塞特(Ortega y Gasset)说,戈雅是一种最高秩序的化身,他属于欧洲的命运。和他相遇总是引人深思,令人不安,无动于衷是不太可能的。戈雅让我们感觉到,艺术可以是何等的不羁;它潜入我们生活的深处,触及那些我们平时惯于回避的东西。在他那里,明与暗怪诞地交错在怪异的丑陋中,刻画它成了他的漫画手段。戈雅揭示了他那个时代的虚荣与愚蠢,腐败与迷信。男人在他的笔下成了驴子,女人道德败坏,相爱的人是不可救药的蠢货。我们看到了打着哈欠、吃得脑满肠肥的僧侣,样子可憎、正为早弥撒而穿衣服、顽固不化的人,狡猾谄媚、阴险恶毒的脑袋,下面是猛禽的身子,还有巫婆、魔鬼、插在签子上烤的孩子……一句话,都是夸张的梦境,可怕的幻觉。"

"我想,他有些像希罗尼穆斯·波希(Hieronymus Bosch)!"

"戈雅从西班牙国王的绘画收藏里认识了波希这位尼德兰大画家的画;他像波希一样,看到了人身上的魔鬼,但他更倾向于人本身,通过鞭笞愚蠢、逢迎、刻薄以及贪婪，他画出了恐怖。拿破仑战争给他留下的印象使他创作了铜版画系列《战争的灾难》。也许你们知道他那幅关于枪毙1808年马德里起义者的画；他把人画成虐待狂和野兽。他最重要的作品之一是《Pinturas negras》，也就是《黑色图画》，这是他老年时画的，那时他已过起了隐居生活。这些画是充满恐惧和灾难的幻觉的画——还有梦魇，是孤独和绝望的画。"

"这真让我难过——一个孤独、耳聋的老人！"贝蕾妮克的目光停在塞内克斯身上，这目光让塞内克斯有些莫名其妙。

巨大的变化

罗曼一边努力让一颗鲜红的糖渍樱桃滚进他的甜食小勺，一边问："关于人的观念，在经过了启蒙运动、法国革命和拿破仑战争之后，难道不是有了根本性的转变吗？"

塞内克斯点点头："我们已经迈入了十九世纪，变革涉及各个领域：医学上有了最早的值得一提的进步，技术的发展使生活日益变得轻松愉快。"

"但我们今天都知道，这也是有它的弊端的。"

"事情那时候还一切正常，贝蕾妮克。人们刚刚启程前往新的海岸，还预想不到那时候起步的发展日后会产生不祥的结果。我暂且先说说医学吧。那时候开始了天花疫苗的接种，这是征服传染病最早、最重要的一步。现在再请你们回想一下莎士比亚时代的伦敦，那时我们谈到了精神病人……"

"人们把他们像犯人一样关在笼子里，还像看动物园里的动物一样去参观他们！"厌恶让贝蕾妮克漂亮的脸蛋儿显得硬邦邦的。

"在法国，人们也把精神病人像犯了重罪的人一样绑在牢房里的墙上，企图用冰冷的铸模、施刑一般的方法和让他们呕吐的手段使他们驯服；但慢慢地，改进出现了。第一次用心理学的方法指出人在精神上患了病的是法国的一位菲利普·皮内尔（Philippe Pinel），时间是在法国革命期间。他写道，疯子没有罪责，不该受处罚。革命者让他当了一家精神病院的院长，他把他的病人从链子上解了下来，热情洋溢地开始实行改革。他写下了现代精神病学最初的篇章。"

"我想，这样的事只可能发生在人们曾为人权走上街垒的法国。"

"这是深入认识精神病症的开端，是走向更广泛的人道的一步。"

斯蒂芬用食指推推眼镜，说："走向人道主义的每一步都是重要的，但是，就连医学进步这块金牌也有它的背面。"

塞内克斯没有对此做出直接的回答："那时候的人口数量少得在我们今天看来简

直像天堂，而英国人托马斯·罗伯特·马尔萨斯（Thomas Robert Malthus）[1]已经开始考虑人口增长的问题。1798年，也就是法国大革命以后差不多十年，拿破仑崛起……"

"那时候世界上生活着多少人？"

"据我所知，人口开始迅速增长是十八世纪的事。到1702年为止，欧洲大约生活着一亿到一亿两千万人。这个数字肯定不够精确，因为那时当然还没有可靠的统计。1975年的世界人口是1650年世界人口的八倍，也就是从五亿增加到了四十亿；到2000年，世界上是有六十亿人。但别扯远了，还是回过头来说马尔萨斯：他认为，人口在和平、健康和富裕的时期会增长，而在战争、瘟疫和饥馑过后则减少。在他关于人口原则的论文中，他阐述了人口的增长是如何不可避免地、不可改变地超出同一时期食物的供应的，以及只有通过饥馑、战争和疾病才能得到控制。"

"我想，他这么说可不对！"

"许多发展他都没能预见到，但他是第一个提出这个问题的人。"

"而这在那时候还根本没必要。"斯蒂芬又给自己倒了点葡萄酒。

"马尔萨斯也反对未来乐观主义。这种乐观主义预言，只要保持住理性的崇高地位，就会有自由、幸福和足够所有人吃的食物——不管人口有多少。他对欧洲普遍存在的人口政策提出了质疑。莱布尼茨还认为，一个国家的实力就在于它的人口数量；马尔萨斯却指出了人口增长的界限，并为惊讶的人们算出，乐于繁殖后代的做法肯定会招致饥荒、瘟疫和战争。"

罗塞达石碑

塞内克斯啜了一口白葡萄酒。"那时人们还发现了回顾历史的方法。"

"怎么？"

"拿破仑征服了开罗以后建立了埃及研究所。当时人们在离亚历山大城三十英里远的地方偶然发现了一块黑色的石碑，按照发现地点，它被称为'罗塞达（Rosette）石碑'。石碑上的铭文用两种语言、三种字体刻成，也就是象形文字、古埃及文和古希腊文。拿破仑远征埃及的军队中的一名士兵让—弗朗索瓦·商博良（Jean—Francois Champollion）想到，这些文字很可能说的全都是一回事。如果真是这样的

---

[1] 译者注：马尔萨斯（Thomas Robert Malthus，1766—1834），英国经济学家、牧师和教授。拥护当时资产阶级化的土地贵族的利益。因发表《人口论》（1798年）著名。认为人口的增长快于生活资料的增长，减少人口使之与生活资料相适应的决定性因素是贫困、饥馑、瘟疫、繁重劳动、战争等，并主张采取各种措施以限制人口繁殖。又认为商品的价值决定于商品所能购买的劳动量，它代表在生产上所实际使用掉的劳动量加利润；要使商品能够全部卖掉，利润能够实现，必须有僧侣地主阶级和官僚等的寄生性消费。另一主要著作是《政治经济学原理》。

话，那么，虽然两种埃及文字是迄今为止没人能读懂的，但同在碑上的希腊文却是很多学者所熟悉和掌握的——他说得很有道理。就这样，人们学会了破译埃及文字，把了解这个尼罗河国家漫长历史的钥匙握在了手心里——当然，这可不那么容易。商博良被认为是埃及学的奠基者，他证明了象形文字是一种音标文字。"

"我们也从他的认识中得到了好处。"贝蕾妮克把她的盘子推到一边。"说到埃及人让我又想起了那些装饰、标志坟墓或者夜晚给房屋照明的灯。您不是已经给我们讲了吗——亚历山大城很早就有了街道照明系统。那么灯在十九世纪是怎么发展的？"

"有灯了！人们起初是用装菜油的灯或动物油脂做的蜡烛，后来它们又被硬脂蜡烛取代了。"

"但还是像中世纪那么落后！"

"然后人们又发现了，在烧制木炭时会分离出可以燃烧的物质，那是些气体；可以将其引到其他地方去点燃、熄灭、再点燃。十九世纪初，第一盏气灯成功地通过了检验，它烧的是煤气。煤气灯顿时大受欢迎，大约有一个世纪之久，富裕人家的住宅、房子以及大城市一到晚上就被摇曳的煤气灯光照亮。它导致的变化是巨大的，就连社交活动也因之受益。晚餐成了一项重要的社交活动，比午餐更重要，因为在晚上人们有更多的时间聚在一起。在夜间赶路也因为照明条件的改善而更加安全可靠了，犯罪的数量减少了。"

"这么说技术进步改变了人类的共同生活？"

"把黑夜变成白昼是人类一个古老的愿望，我们的祖先便是在火堆旁会集；但他们也被束缚在火堆旁。等城市和街道被煤气灯照亮了以后，人们便可以在夜间走出房子。当人们还处在黑暗之中，便总是要与'阴暗势力'作斗争，虽然这斗争可能并不是事实上的，而只存在于人们的想象之中。在人类被人造灯光照亮以前，黑暗对他们意味着什么，是我们今天所无法想象的。有了人造光，生活的一部分便发生了戏剧性的变化。'夜游神'、夜总会、晚间餐馆的时代到了。黑暗失去了它对人类的威胁力，恐惧消失了，阴暗、神秘、危险重重，都被明亮的灯光驱散，取而代之的是像白昼一样的令人熟悉的现实。"

"人造光肯定不是那个时代唯一具有开创性的发明，对吗？"

"你说得对，罗曼。要把所有的新生事物列举出来简直是不可能的。"

"那您想起来什么，就给我们讲什么。"

"比如意大利物理学家亚历山大·伏打——他曾给拿破仑演示他的'伏打柱'，它能够输送一股均匀的电流，这就是最早的电池。伏打还成功地解释了1786年路易吉·伽伐尼发现、当时无人能解释的现象：只要他用一把解剖刀碰触一只挂在铁签上的青蛙的大腿，就会发现青蛙的肌肉抖动——这就是电力的发现。接踵而来的是弧光灯的发明，不过，它可没有将蒸汽转变成动力这一发明产生的影响那么大。"

技术改变了生活

新的机器,新的需求

"当人们想到工业革命的时候,脑子里首先出现的往往是蒸汽机,但这其实不对,因为工业革命的开端可以追溯到中世纪,那时的人们就利用了流动的水。人们还只拥有可以再生的和可以重新长出来的能量来源,即人和动物肌肉的力量、水、风和木头;使用纺锤、压力机、踏轮、风磨、水车、帆等工具。现在人们用由沸腾而产生蒸汽的水而来的力取代流动的水产生的力。但为此就需要另一种能源,因为首先得产生热。人们最先用的是木头……"

"这就是说,人们去动用自然资源了!"

"但那时人们用的还是一种可再生的原料,而且消耗很有限。用瓦特发明的一种方法,人们提高了效率,这方法就是让火在锅炉内部燃烧。结果,到1829年生产出了最早的斯蒂芬森蒸汽机车——'火箭'。"

"这可有点言过其实了,不是吗?"

"是啊,能量效率才勉强达到所施加能量的百分之十,在我们看来那'火箭'简直是蜗牛爬,但在当时却已经够轰动的了,因为最早的机车毕竟能拉八节车厢,能以每小时七公里的速度行进。说到这里,就不能不提到另一个人:理查·特里维西克(Richard Trevithick)。1800年他就研制出一台高压蒸汽机,并把它安在一辆马车上。这样,他就发明了第一辆可以开的机动车,把蒸汽技术用到了交通中,甚至范围还挺大的,因为他凭着几辆小小的蒸汽车,在伦敦开办了一家出租车公司,搞起了客运。但这种交通工具没能推行下去,因为街道的状况实在太糟,车开起来通常比人步行还慢,而且根本不能出城。"

"那人们就继续乘坐马车吗?"

"英吉利海峡另一端的法国在拿破仑帝国时期,也造出了驿车——一种慢腾腾的交通工具,最多能乘十八个人,分成四个部分。它从巴黎开到雷恩(Rennes)需要四天,到里昂(Lion)需要六天,到斯特拉斯堡(Strasbourg)需要十二天,不过所用的时间逐渐缩短,慢慢减到了开始时的一半。"

"那到底有多快?"

"大约每小时六公里,而不是开始时的每小时三公里,斯蒂芬。此外,送信的驿车也搭两到三名乘客。邮车比驿车轻，由五匹马拉着，因此速度可以达到每小时十公里，后来还达到了十五公里。维克多·雨果（Victo Hugo）甚至说此车是'飞驰而去'。"

铁路有前途吗？

斯蒂芬咬着下嘴唇，一副沉思的样子。"我真想看到维克多·雨果坐在一辆城际高速列车里的样子，听听他会说些什么。后来呢，塞内克斯？"

"糟糕的街道让特里维西克想到一个主意：让蒸汽车在轨道上走。最早的轨道是用木头造的，粗糙而不平，什么毛病都有。木头是一种'活'的材料，它是会变化的，所以特里维西克后来改用了铁。1804年他造了一台蒸汽机车，它在一座铁厂里铁造的轨道上，拖着五节共约十吨重的车厢和七十个好奇而且据说'不怕死'的勇敢乘客，以每小时六公里的速度艰难地开了十五公里。虽然铁轨在重负之下发生了断裂，但人们看到，轮子是可以在光滑的轨道上拉重物的。1813年，乔治·斯蒂芬森转向搞铁路建造，他的设计是最成功的。"

"我猜以后的发展很可能就是接二连三的了，不是吗？"

"没着急。很多年里，人们对于铁路有没有前途都没把握；虽然它很早就被用在英国采矿业中，但还没带来对后世具有重大影响的变化。造一台机车的花费看来是太高了，对短距离运输来说——比如在煤矿里——这或许还值得，但除此之外……直到1814年造出一台能拉八节车厢、共约三十吨重、并且每小时能开七公里的火车，这项新发明才开始获得成功。1825年九月斯托克顿（Stockton）与达灵顿（Darlington）之间通车，《泰晤士报》对此做了报道……"

塞内克斯从胸兜儿里掏出一张业已发黄的报纸，把它展开，读道："'三台各具五十马力的蒸汽机车将十三节载满货物和各种产品的车皮拉上了一段上坡路的至高点。在那儿，一台被命名为'体验'的车头又拉起了一串载着公众人物、德高望重的绅士和股东的车厢——现在一共有三十四节车厢了，其中一节车厢里坐着乐手，演奏着欢快的进行曲；另一节车厢上装饰着一面旗，上面写着'Periculum privatum, utilitas publica……'"

"这是什么意思？"

"大意是：个人的冒险带来了普遍的用处。"塞内克斯继续读下去，"'……列车开动了，人群发出兴奋的喊叫声。骑马的先生们想要跟上火车，但很快就被抛在了后面。在下坡的坡度最陡的地方，火车达到了每小时二十六英里的速度。'《泰晤士报》的报道我就念到这儿。这份报纸在那之前十年第一次开始用一种快速印刷机印刷，这也是一项新发明，它带来了大众报刊的时代，因为有了它之后，一夜之间就能印出英国首都订阅的全部共四千份报纸。工业化的进程十分迅速，同时铁路征服了全欧洲。"

"那么蒸汽轮船呢？英国可是个岛国啊！"

"人们对他们的帆船可自豪了！第一艘蒸汽轮船是 1733 年在美国制造的，但它未能马上获得推广，罗伯特·富尔顿（Robert Fulton）的'克莱尔门'号桨轮汽船才在哈德逊河（Hudson）上成功地进行了长时间航行。接着，人们在纽约和奥尔巴尼（Albany）之间开辟了一条航线。在欧洲，一个法国人于 1783 年造了一艘蒸汽轮船，桨轮在尾部。1802 年，'夏洛特·丹达斯'号在苏格兰的福尔斯-克莱德运河上试航成功，这就是世界上第一艘营业的桨轮汽船。"

"我本来还以为工业革命是从英国发起的呢。"斯蒂芬摘下眼镜，擦了擦眼睛。

"英格兰和苏格兰的工程师们将他们强大的技术能力运用到铁路和蒸汽轮船的建造中去，并且在维持遍及全球的英帝国的一体上起到了很大的作用。1816 年，一艘蒸汽船尝试横渡英吉利海峡，但从伦敦到勒阿弗尔，用了九天才到；这条船的功率只有五马力，难以跟当时恶劣的天气抗衡。第一次在莱茵河上航行的也是一艘英国制造的蒸汽船，报界在报道中写道：'今天将近中午时分，在我们美丽的莱茵河上，我们看到了神奇的一幕：一条相当大的、没有桅杆、帆和桨的船以极快的速度沿着莱茵河逆流而上。河岸上和岸边停泊着的船只上霎时间便挤满了涌来的人群。这艘勾起了所有人的好奇心的船是一艘从伦敦开到法兰克福的英国蒸汽船。'"

层出不穷的技术新发展

天已经很晚了，但塞内克斯还不知疲倦。"通过新的机器——尤其是在纺织工业中——和蒸汽的运用，英国经济迅速地繁荣起来。"

"为什么偏偏是英国经济呢？"

"起初领先的是欧洲大陆人，主要是在关于技术的书籍方面。比如，法国人已经知道了狄德罗和达朗贝尔的《百科全书》中的描述。顺便说一句：1809 年，德国出版商布罗克豪斯以他的名字出版了一套六本《百科全书》；它和以往出版的众多百科全书不同，明确指出是面向广大读者的。在技术方面，当时的人对英国人的评价起先并不高；巴塞尔的一个轧棉机商人 1766 年时还曾写道：'谁都知道这个国家，他们在克服任何阻碍时的勤奋和执著是令人难以置信的。他们没有很多的发明可挂在口头上夸耀，但却可以说他们善于使别人的发明趋于完备。因此出现了这么一句俗话：要想让一样东西完美无缺，就得在法国发明它，在英国造出它。'不过，这种情况很快就改变了。不久，这个岛国在技术方面的发展就变得层出不穷了。等到了

1832 年时，就可以说大不列颠区别于其他国家的最显著的特点就是他们在发明、改进工具和机器方面的数量和精益求精了。"

"真的是这样吗？"

"是的。此外，在英国还出现了最早的现代厂房，它们的样子看起来和现在的差不多。比如棉纺厂设计成三到四层、没什么装饰、着眼于实用性的砖结构建筑，二十多米长，七米多宽，装置了水车，为大约一千只纺锤及相应数量的机器提供动力。起初只有少数建筑师有能力建造这种带水力设备的厂房，但人们学得很快。1780 年还只有二十家这一类型的工厂，但到 1788 年就超过了一百四十家。这些工厂之所以是现代化的，是因为它们能够用不同的机器进行生产——虽然暂时还只是用水力；还因为劳动分工是这样一家工厂的一个重要因素。这既和传统的手工作坊不同，也和集中化的工场不同。虽然它要求很大的投资，但它使短时间内生产大量产品成为可能，就这样，现代化的大批量生产开始了。"

"带来了很多负面结果。"

"也带来了许多好处，至少对消费者来说是有好处的。对工人来说，生活完全改变了；产生了以前从未有过的社会张力。早在启蒙运动和革命期间就有最早的关于社会不公及原因的公开讨论。过去人们肯定也工作得很辛苦，但相对来说工作环境还是可以忍受的。但当工业生产迁到了庞大的厂房里，过去常见的小作坊变得空空荡荡以后，过去那种生产组织就解体了。工人的工资非常低，所以一个家庭里，不仅当父亲的得去工作，当母亲的也得出去干活。如果可能的话，孩子们也去工作；年龄大些的孩子反正得去，小的往往被带去，跟着干些简单的活儿，比如清洁机器。"

"而且妇女还得干家里的活儿！"看得出来，贝蕾妮克怒气冲冲的。

"在工厂里干了一天活儿以后——那往往是十四个小时——妇女还要在家里操劳，照料孩子们。"

"还有丈夫！"

"极少有男人能适应变化了的情形，和他们的妻子分担家里、院子里的活计。不管怎么说，虽然很难，但这时下层阶级中的妇女有时能够自己挣出自己的生活费用了，而在较高的社会阶层，这几乎是不可能的。手工业中也几乎没有妇女了。"

塞内克斯喝了口酒，考虑了片刻，问道："我没让你们觉得累吧？"由于没有得到回答，他就继续说下去："从 1733 年起，纺织领域实行了机械化。在这方面英国也是领先的。1786 年，爱德蒙德·卡特赖特（Edmond Cartwright）[1] 因一种机器驱

---

[1] 译者注：卡特赖特（Edmond Cartwright，1743—1823），动力织机的发明者。英国人，原为传教士。十八世纪后期，英国棉纺业已使用动力，而棉织业还是依靠手织，致发生脱节现象。卡特莱特在访问阿克莱棉纺厂后获得启发，进行研究，于1785年发明动力织机，织布效率较前提高四十倍。但这种织机异常笨重，不甚完善，后经约翰逊（Thomas Johnson）、拉德克利夫（William Radcliffe）、霍洛克斯（John Horrocks）等人在二十多年中不断改进，才在织布业中大量推广。

动并操纵的手摇织机获得一项专利。后来，经过深思熟虑，他又将其改进成一种更好的织机，在发生危险情况的时候可以自动停止运转。1805 年，法国的丝织工约瑟夫—玛丽·雅卡尔向人们展示了第一台印花织机，它织布的速度大大提高了。由此，贝蕾妮克，他使得从事织工这门职业的人失去了赖以生存的基础。矛盾冲突激化了。1811 年发生了第一次工人暴动，工人们摧毁了诺丁汉（Nottingham）附近一个村子里的长筒袜工厂中的六十台织机机架，一大群人在旁边助阵。在这次行动中我们可以看到破坏机器举动的开端。纺织工人们抗议工资的大幅度降低、生活资料价格过高以及失去工作的危险。"

"那时候就这样了！"

"我想，从那时候起，人们需要有更多的能源供给更多的机器，是吗？"

"由此开始了那种给我们带来越来越多的问题的发展。像今天一样，人们需要能够用于提供机械能的热能，这就必须对两个问题做出回答，第一个问题是：我们从哪儿得到能源？哪些资源能够供我们利用？我们怎样才能得到它们？第二个问题是：我们拥有哪些技术手段，可以唤醒、解放并转换沉睡在原料中的能量？于是，人们扑向了石煤，这首先是在英国。"

"这意味着对我们的地球进行掠夺，掠夺它的原料，因此给自然环境造成负担，毒害大气，造成温室效应。"

每种物质都向混乱的方向发展

"确实是这样，但那时还没有出现已经可以觉察的负面后果，连想象都不曾有人想到。至少在英国，人们越来越多地使用这种不可再生的化石燃料。石煤可以变成其他材料，但是——根据热力学的第二条重要原理——它永远也不可能再回到初始状态了。你都知道，热力学第二原理说，每种物质都向混乱的方向发展，'熵'总是在增加，它从不会降低。这一过程的体现是变成游离状态和热量的散失。"

"您能不能举个简单的例子？"贝蕾妮克现在到底还是感觉到自己的眼皮开始发沉了。

"最简单的——那我可以举咖啡豆为例。它们先是在阳光下生长，然后被人采摘下来，运走，焙烤。做这些都需要力和能量。它们一旦被磨细了、放在咖啡壶里煮开了，你就再也不能把它们变回咖啡豆了。"

"我觉得鱼的例子更简洁、更形象。"

"什么意思？"

"用鱼缸里的鱼虽然可以熬一道鱼汤，但不能从鱼汤再变出鱼缸里的鱼。"

塞内克斯点点头:"只要人们还用旧的采矿技术工作,就只好为获得采矿用的能源付出高昂的代价,尤其是在煤的深井开采中。蒸汽机投入使用后情况就改变了,蒸汽机把石煤转化成了机械能。"

"但却再也不能变回石煤了。"贝蕾妮克喃喃说道,有点像是塞内克斯所做解释的回声。

"此外,以机器纺织厂为开端,各种机器的使用迅猛增长,为此需要额外的新能源;生产和运输业的机械化就此开始了它不可遏制的进程。对能源的需求越来越大,这是一个没有尽头的螺旋。"

"而这一切都是随着作为能量制造者的蒸汽机和作为能量来源的石煤开始的吗?"贝蕾妮克站起来,从咖啡机那儿给自己取了一杯意式浓缩咖啡回来。

"你手里拿的是熵。"斯蒂芬说,"它再也变不回咖啡豆了。"

塞内克斯继续说:"在这个日益机械化的世界里人们需要普遍适用的度量衡计量单位。你们还记得巴塞尔的印棉商对法国大量发明的高度评价吗?我要给你们讲讲这个民族的另一个聪明措施——在我们今天看来,那是太自然而然的事了,我们根本无法想象它出现以前世界是个什么样子。欧洲的度量衡单位一片混乱,国与国、城市与城市,甚至一个手工师傅与另一个手工师傅用的计量单位都不同。'米'作为一种长度单位,那时还不存在。在法国大革命的进程中,法国人想要度量衡单位也'理性'起来,于是他们成立了一个委员会,成员有拉普拉斯(Laplace)、拉格朗日(Lagrange)、拉瓦锡(Lavoisier)以及其他一些人。这些聪明人试图导出一种自然的、与地球能拉上关系的单位,于是他们想到把北极与赤道之间距离的一千万分之一作为基本长度单位,并把它称为'米突',这个词来自希腊语的'测量'。所有的面积和空间都可以用'米'来表示——不管把它乘上十还是一百,或是除以十或一百。事实证明,这一米制体系是合乎逻辑的,是合理的,因此在大陆上推行起来。此外法国人还有另一个发明,虽然它在我们今天看来也是不言而喻的——我只透露一点:发明者是个厨师。"

改革成了时髦

贝蕾妮克说:"如果没有巴黎的厨子还有什么巴黎菜!"

"但是在那以前所有的菜都很容易坏掉!于是厨师弗朗索瓦·阿佩尔(François Appert)[1]想到了一个主意:把食物加热到一百度,然后立刻密封起来——嘿,看

---

[1] 译者注:真实名为尼古拉·阿佩尔(Nicolas Appert),弗朗索瓦有"法国人"的意思,可能被错当成了他的名字。

呐！罐头就这么诞生了！从此它就变得不可缺少了，在家庭里，旅馆里，远洋轮船上和其他许多地方——至少是在一个反其道而行之的方法出现以前。"

"……低温能更好地保存食物！"

"但罐头还远不会消亡。"

"男人——厨师！"贝蕾妮克喊道，"那妇女呢？我指的不仅是在厨房里。"

"当然任何一个世纪都有妇女，在十九世纪她们扮演了一个特殊的角色。她们以各种各样的方式起作用，但贝蕾妮克，在说这个以前让我再说点别的。你们还记得吗——笛卡儿之后有斯宾诺莎和莱布尼茨，他们之后又跟着伏尔泰、卢梭、康德和狄德罗——启蒙运动。继启蒙运动，尤其是继卢梭之后是法国革命。这两者之后是许多国家里将教会财产移归俗用的运动。"

"这个词我经常琢磨！"

"它的意思是国家宣布教会的财产和主权无效。在奥地利，约瑟夫二世解散了许多修道院。在法国革命期间，很多教会的产业被收归国有，并经过拍卖到了私人手中。在德国，帝国代表会议主要决议废除了许多主教管区和帝国修道院进行世俗统治的权利，此外教会也失去了财产，因为世俗王侯的领地扩充了，他们没收了修道院、教会的财产。这对神圣罗马帝国的政治、社会、经济形势产生了深远的影响。"

"这也是启蒙运动的一个结果吗？"

"当然，虽然世俗化在中世纪就从神学角度得到了解释，并在宗教改革时期实行。但这些和十九世纪初期相比都是小意思。你也可以把世俗化理解为一种改革，而改革在那时成了时髦；别忘了约瑟夫二世。普鲁士的腓特烈·威廉一世在1807年颁布了一道解放农民的诏令，世袭的农奴制被废除了，因此，封建制度的基础便被消灭了。"

"这简直是一场小革命！"

"那时拿破仑正处在他权力的巅峰——包括在普鲁士。随着这一纸敕令的颁布，所有的普鲁士人都成了国家的臣仆，而不再是某个封建主、地主的奴才了。农民不用再服劳役了，他们可以自由地选择居住地；这也造成了农村劳动力的外流。各种职业之间的界限也取消了，贵族可以从事市民的职业，农民可以变成市民，反过来也一样。这便创造了一个自由的劳动力市场。庄园产业的流通也获得了自由，所有的市民都可以购买骑士封地，这样便出现了一个新兴的流动的产业主阶层。——自由的精神吹遍了全国。"

"那一定有很多人大大松了口气！"

"也有很多人恨得咬牙切齿，妮克！"

"你是指贵族，斯蒂芬。"

"还有过去的庄园主。"

"现在，富裕的市民经常购买没落贵族的府邸或骑士的庄园，启用能干的管理者使其再次兴旺繁荣起来。但显然，越来越多的自由的新职业及工业化的发展都要求受过更高教育的劳动力，而且是来自各个阶层的，不只是贵族或富裕市民，还包括受雇佣的人、工人。"

资产阶级的壮大

使人得以自由发展天性的教育

斯蒂芬揉揉眼睛:"那就得改进学校教育。"

塞内克斯微笑起来:"你们都累了,我会说得简短一点——现在,裴斯泰洛齐的时代确实是这样了。"

"我上的那个小学就是以他的名字命名的。"贝蕾妮克说。

"约翰·亨里希·裴斯泰洛齐(Johann Heinrich Pestalozzi)是瑞士人,瑞士很小,但却很为它自己内部资产阶级拥有的权利而自豪。裴斯泰洛齐被认为是大众学校和师范学校教育的开路先锋。1804年他在沃州(Kanton Waadt)建立了一所寄宿学校,在那儿尝试了他的教育理念。他的目标是'培养力量'、'自为'以及'把思想与自然感性结合起来'。在他最成功的时候,他的学校里有来自全欧洲的一百六十个富裕家庭的学生住宿、受教育。很快在其他国家里也出现了效仿他的机构及师范学校。他在寄宿学校里设立了一所穷人学校,但陷入了财政上的困境。他留下的是他的教育学文章、他进步的授课方法和关于大众教育的思想。"

"其中最重要的是什么,塞内克斯?"

"裴斯泰洛齐继承启蒙运动和卢梭的传统,认为'人的天性是好的',教育、授课应该使孩子天赋而各不相同的潜能、能力得到发展。在师范教育中,他建议要'自然'地一步步提高难度,一步步掌握。他很重视孩子'自为'的能力——这既包括思想方面,也包括实践、动手方面。他想取代机械的学习,代之以学生自己积累实践经验,形象地把握知识。"

"我们要感谢他的地方很多啊!"

"对,因为他改革了教育学——虽然他的思想经过很长的时间才被接受。"

"那他的思想也涉及女孩子吧?"贝蕾妮克问,"十九世纪妇女的情况到底怎么样?"

富裕的妇女和女仆

塞内克斯似乎透过贝蕾妮克看到了过去。"1800年到1900年期间发生了极多的变化。如果说在这个世纪初女子上大学还只是例外，那么在世纪末，课堂已经对所有的女性开放了——至少在理论上是这样；事实上呢——很多家庭或女孩子的父亲仍然认为女孩子没必要去学一门职业，更不用提学术性质的职业了，因为她们反正是要结婚的。克服这个在男性心中扎根颇深的偏见比克服来自外部和官方的障碍要晚得多。由于我不能把这个时期女性的处境和经历全部展开来说，我打算只说两个截然不同的两个方面。"

"哪两个方面？"

"法国革命是以农民暴动开始的，思想上的准备则是启蒙运动，而启蒙运动的思想得以传播多亏了巴黎的沙龙。我要讲两个女子，她们的沙龙十分有代表性。为了和她们做对比，我要讲讲女仆，她们不是流浪者，不是乞丐、窃贼，也不是妓女，但她们的生活却格外艰难，没有前途也没有自由。我就先说说生活在普鲁士的女仆。腓特烈·威廉一世 1807 年下了解放农民的敕令，但他可没有想到这些仆役，他只是让农民无须再服劳役了。"

"如果一个人被解放，那他开始时肯定是被囚禁着的。"

"服劳役正是这么回事儿，贝蕾妮克。它不仅束缚了做长工的男子，而且尤其束缚着做女佣的女子。解放农民的诏书发布三年以后，普鲁士有一项劳役法规生效了。它的适用范围很广，同时也很苛刻。根据这项法令，仆役只有义务，主人却什么权利都有。负责下达命令的必须有一本仆役簿，其中记录着所有的劳役项目，男佣和女佣都有义务要服从主人，如果必要，他们得昼夜工作，而且方方面面都得服从主人的意志。主人自然也得给他们工钱，养活他们，但如果他们病了，只有当病是在干活的时候得上的才能得到帮助——还得拿出证据来！主人可以拿各种各样的理由解雇佣人，比如女佣怀孕了这样的情况。"

"简直是狗一样的生活！"

"简直和古代的奴隶制相差无几！"

"这种蔑视人的尊严的规定能够存在的那种思想基础一直延续到二十世纪，而且今天还在许多国家继续存在呢。"

没有妇女就没有沙龙

贝蕾妮克也掰开一块面包，问："上层妇女一定过得好些，是不是？"

"主要是在巴黎。她们过得好多了，简直没法比。我只举两个例子，但我得说，在欧洲各国的首都都有类似的例子，比如在柏林、马德里、伦敦、罗马、华沙——到处都有富裕的夫人组织起社交活动的中心，吸引来那些处在领导地位的男人——

要么用她们的美貌，要么用她们的头脑。"

"您是说沙龙吗，塞内克斯？"

"自从启蒙运动以来，沙龙所起的作用怎么形容都不过分，而如果没有妇女，就没有沙龙……"

"但是，如果一个女子自己没有财产或者没有她丈夫的财产，她能承担得起办一个沙龙这样的奢侈吗？"

"当然不能。我那两个迥然不同的例子也是这样；你们肯定知道她们：一个是雷卡米埃夫人（Madame Récamier），也被她的朋友们称为'茱莉（Julie）'或'茱莉埃特（Juliette）'，另一个是史达尔—荷尔斯泰因夫人（Madame de Staël-Holstein）[1]。如果我们可以相信当时人们的描述的话，茱莉·雷卡米埃是个极富魅力的美人儿，可爱，优雅，一个天生的尤物，而且迷人，善良，品味高尚。最好的画家要是有她做模特会觉得幸福。拿破仑形容她是'国王的美味'。直到晚年她都被视作美人儿。她很聪明，嫁了一个银行家。

另一位，日尔曼妮·德·史达尔与之相反，被描绘成一个粗犷然而头脑睿智出众的女子。她很幸运——父亲是百万富翁、路易十六的财政部长雅克·奈克尔。二十岁时她与一个并不重要的贵族结婚——驻巴黎的瑞典大使，只是为了让她自己过得比在父母家里更自由，而她在父母家里已经够自由的了。参加她婚礼的一个客人，布福勒伯爵夫人，在提到她时说，她很霸道，意志坚强到了极点，她的自信是在同年龄的其他人身上绝对看不到的。虽然两位女子在外表和才赋上极为不同，但她们彼此成了好朋友，这友谊甚至超过了一切爱情上的竞争。茱莉·雷卡米埃的魔力来自她的可爱迷人，史达尔夫人吸引人的则是她的才赋；当她讲话时，会给所有的人留下深刻印象；在与人交谈中，她的言谈比所有人都高超。一位英国女子范妮·伯尔内（Fanny Burney）在文章中说她从没见过谁能在谈话中把生动的雄辩、敏锐的思考、妙趣横生的机智以及温文尔雅如此完美地结合在一起。此外她还是一位成功的作家。在那一时期有名的女子中她大概是最有魅力的一位——既是由于她头脑敏锐、机智，也是由于她乐于助人。所以我想集中谈她。"

"说到沙龙，我想起了古代雅典和罗马的盛筵。"

"不过两者最大的不同是，沙龙里的中心人物是主妇——或者说就是女子，其他一切都围着她转；而在雅典，女性根本就不在受邀赴盛筵的客人之列，顶多是使唤

---

[1] 译者注：史达尔-荷尔斯泰因夫人（Madame de Stael—Holstein，1766—1817），法国女作家，积极浪漫主义的前驱。原名安妮·路易丝·日尔曼妮·奈克尔（Anne Louise Germaine Necker）。受启蒙主义思想影响，主要作品有《论卢梭的性格与作品》，赞扬卢梭思想，小说《黛菲妮》和《柯林娜》，描写妇女渴求从家庭生活中获得解放，揭露贵族的专横阴险；论著《从文学与社会制度的关系论文学》，提出文学决定于社会和政治生活的主张。还写有《论德意志》一书，对法国浪漫主义文学起过一定影响。

的奴隶或吹笛手、舞女。"

伏尔泰也不曾拥有过同样的东西

贝蕾妮克又来了精神，她问："那日尔曼妮·德·史达尔都写了些什么呢？"

"两本小说——《黛菲妮》(《Delphine》)和《柯林娜》(《Corinne》)，不过它们对我们今天来说已经没什么意义了。此外她还写有关于文学的散文。重要的是，她热情地为妇女的权利而斗争，也为妇女自由的婚外恋、为使妇女的思想创造获得承认而战。她的生活中贯穿着她在这方面的热情投入，而且她自己的行动也与之相符。她换过一个又一个情人，并写道：'对我来说，在上帝和我的爱情之间，除了我自己的良心以外，没有其他中介。'她最早的情人之一是塔列兰（Talleyrand）[1]，那个富于思想、无视道德的公爵、主教和外交大臣、当时最有趣的男人之一。史达尔夫人的一部作品直到两百年后的今天还有读者，那就是《论德意志》。这部作品促进了人们心目中形成关于德国的一幅理想画面，这个国家里居住着远离世事的思想家和善于梦想的诗人。同时，正是在这个德国，也有一些妇女促进了文学、文化沙龙的繁荣。我只提一下耶拿的卡罗琳娜·史雷格尔（Caroline Schlegel）、拉埃尔·瓦恩哈根·冯·恩泽(Rahel Vaarnhageen von Ense)和柏林的亨莉埃特·赫尔茨（Henriette Herz）。"

"史达尔夫人后来怎么样了？"

"她费精耗神——先是为革命，后又是为救助那些在革命恐怖统治时期遭迫害的贵族；她自己也逃亡了，把她父亲在日内瓦湖边戈佩的宫殿变成了一个知识分子中心，小说家司汤达（Stendhal）说，'连伏尔泰也不曾拥有过同样的东西，思想、金钱和贵族的称号都集中在这个显赫女子的沙龙里。'她回到巴黎，和拿破仑这个全欧洲最有权力的男人作斗争，直到他的末日。她吸食鸦片，拿破仑的倒台使她体验了一种忧郁的胜利，因为她感觉到。她也快要走到头了。她是当时欧洲最重要的女作家，歌德翻译过她的作品，两人还在魏玛见过一面。奥古斯特·威廉·史雷格尔（August Wilhelm Schlegel）曾当过她孩子的老师。她很早就具有一些今天重又变得现代起来的认识。"

---

[1] 译者注：塔列兰（Charles Maurice de Talleyrand-Perigord，1754—1838），法国外交大臣（1797—1807、1814—1815）。出身贵族家庭，当过主教。1789年革命时，为制宪会议代表。1792年奉使赴英。英法开战后逃亡美国。1796年返国。1797年起历任督政府、执政府、第一帝国和复辟王朝初期的外交大臣。1814—1815年出席维也纳会议时，竭力利用同盟国间的矛盾，改善法国的地位，曾提出反动的"正统主义"原则。1830—1834年驻英大使任内，力促英法接近，并参与决定许多国际问题。他以权变多诈闻名，为十九世纪初资产阶级外交家的重要代表人物之一。

"什么样的认识?"

"比如,仅有心智的增长是不够的,知识只是认识的一个因素,另一个因素是感觉;既要有敏感的心灵,也要有敏感的感觉。她死于1817年,终年五十一岁,放纵的生活耗损了她的身体,毒品对她造成了毒害。"

"茱莉·雷卡米埃呢?"

"她也在她巴黎的沙龙里反对拿破仑,后者把她从城里被驱逐了出去。直到拿破仑退位,她才得以重返巴黎。她活到了七十多岁,晚年时她的眼睛瞎了,而眼科医学当时还处在'蹒跚学步'的阶段呢。她于1849年去世,比拿破仑三世成为法国总统晚一年,比她的朋友日尔曼妮·德·史达尔多活了三十二年,比拿破仑一世多活了二十八年。好了,提到了这些重要人物的去世,提到了新的人物、新的名字的登场,我们也该离开十九世纪初这一章了——当然了,只是离开十九世纪初的巴黎,因为我们以后还要再一次回到这个时代呢。但在我泄露太多的东西以前,我建议你们上床睡觉,已经很晚了。"

三个孩子都点点头。

第十天
从歌德到黑格尔

魏玛古典主义

精神世界的中心

三个年轻人是被一阵钟声敲醒的,那声音一下一下传来,迟疑不决,仿佛在哀悼什么损失。

接着便是一片宁静,静悄悄地没有声音;即使有,也只是人们交谈的片言只语,好像不好意思似的。

旅舍坐落在一个中等大小的长方形广场上,周围环绕着低矮的房子。房子的立面显示出它们是些深褐色的桁架房屋,只有几座是粉刷过的,被刷成浅绿色、浅黄色和浅棕色。

麻雀还算是最有生气的活物,它们扑扇着翅膀四处飞来飞去,一边觅食,一边叽叽喳喳地叫。广场边上走着的人们一个个步履沉重。

贝蕾妮克受了这压抑气氛的影响,本能地穿上了一件颜色低调的连衣裙,外罩一件深色的外套。

大家在吃早饭的时候碰了面。塞内克斯已经在等着三个年轻人。

"我们今天是在哪儿?"贝蕾妮克一上来就问。

"让我猜猜。"罗曼插上一句,"这些房子我好像以前见过……我想,我们是在德国。这个城市很小，但很重要，要不我们就不会来这儿。"

塞内克斯点点头。"对，这是德国中部的一个小城市，而我们现在是在十九世纪的头三分之一。"

"您这么一说，再猜就不难了——与这个环境最符合的德国最重要的人物是歌德。从昨天到今天，从拿破仑到歌德，这只是小小的一步。这两个人甚至曾经见过面。我们是在魏玛吧？"

塞内克斯又点点头。"歌德虽然出生在莱茵河畔的法兰克福，但他主要是在魏玛度过他的一生。今天是1832年3月26日，四天前歌德在他的弗劳恩普兰的家里永远闭上了眼睛。枢密官、魏玛公侯陵的建造者古德雷，设计了他的墓葬。这个时候，日后的帝国创建者俾斯麦已经十七岁了。"

"难道要我们去看歌德的遗体吗？"斯蒂芬好像感觉有点别扭。

"中午时分我们去参加他的遗体告别仪式。"

斯蒂芬耸耸肩膀。"今天他不就是个类似纪念碑似的人物了吗？"

"我要试着带你们更走近他一些。也许让你们在魏玛公园里散一次步会使他的形象显得更生动些——歌德经常走这条路到他的花园小屋去。我觉得这条路很有意义，并且希望你们会在那儿受到感染。这个人不是一座纪念碑，斯蒂芬，而是一种精神，是每一代人都该为自己重新发现的精神。歌德是一个特殊现象——不仅在德国是这样，而是在全欧洲、全世界也是这样；要知道，那时还没有德国，德国是在拿破仑时代过后才慢慢形成的。从他出发，可以向当时思想界的所有重要人物引出一条直线——而且还不只如此。我会再提一下拿破仑，然后是席勒（Schiller），音乐领域的杰出人物贝多芬（Beethoven）、门德尔松（Mendelssohn-Bartoldy），最后还有舒伯特（Schubert），歌德与他虽然不曾谋面，但却激发他创作了他最美的歌。"

"歌德认识到舒伯特的天才了吗？"

"舒伯特把他的作品第十九号寄给了歌德，但没引起歌德的重视。有悲剧意义的是，比歌德年轻很多的舒伯特比歌德去世还早。在魏玛，没人听他用歌德的诗谱写的歌；即使有人听，肯定也听不懂。对魏玛人来说，那些歌在音乐方面太丰富了，太难了，太富于表现力了。另一位作曲家路德维希·凡·贝多芬在卡罗维瓦利见过歌德一次。贝多芬说他在'为《埃格蒙特》创作音乐'，并为歌德在钢琴上做了精彩的演奏；歌德希望自己能够喜欢这个'非同寻常的天才'，可结果还是不能对这位作曲家对他表现出来的好感做出相应的回答。歌德认为，艺术家贝多芬虽然令他感到惊异，但可惜他这个人太狂放不羁了；他觉得世界令人厌恶，这当然并非全无道理，可这样既不能让世界对他，也不能让世界对别的人来说更富乐趣。"

"一个像贝多芬这样的天才大概不可能有别的感受，尤其是他又不能把他的感受明明白白地说出来！"

"歌德和贝多芬是两个迥然不同的人,贝多芬肯定给歌德留下了印象,而且也许比歌德承认的要深刻。歌德终生都在寻求和谐,而他看到和谐在性格粗暴的贝多芬那里遭到了威胁,因此,为了保持自己内心的平衡,他对贝多芬不予理睬。开始他和席勒之间也是这样,但这个以后再说。既然你们已经吃完了早饭,我们就出发吧。天气很温和,快到四月了。我们这就离开旅舍——这次,我们的旅舍是在魏玛有名的旅馆'大象旅馆'里面。"

绝不是一个黄金时代

塞内克斯选择的路径斜穿过一个地势略微有些倾斜的市场广场,然后穿过一条小巷,小巷又通向一个较宽阔的广场,这个广场也向着魏玛王宫的方向倾斜。塞内克斯带他们走过这个广场,只提到歌德于1775年11月来到魏玛,时值启蒙运动时期,法国革命爆发前。

他说:"魏玛当时是一个宁静的小城市,人口将将达到六千。摄政的大公爵夫人安娜·阿玛莉亚的长子卡尔·奥古斯特刚刚成年,开始跟着母亲进行统治。歌德在五十年后回想起他,对艾克曼说,年轻的公爵让他觉得像是某种名贵的葡萄酒,还正处在强烈的发酵过程之中,不知道该把自己的劲儿往哪儿使。魏玛城和萨克森—魏玛—埃森纳赫公国都还处在他母亲的影响力之下。她鼓励艺术和科学,颇有成效,把魏玛变成了一个'缪斯之殿';她把重要的人物请到魏玛,其中包括克里斯托夫·马丁·维兰德(Christoph Martin Wieland)[1]——莎士比亚作品的翻译者。"

"他是第一个翻译莎士比亚的吗?"

"翻译他的全部作品在当时可不是件简单的事。歌德还在莱比锡的时候,赫尔德(Herder)就已经勾起了他对莎士比亚的兴趣,而维兰德的翻译让他认识了莎士比亚。"

"赫尔德不也到魏玛了吗?"

"他比歌德晚一年到魏玛,是经歌德的介绍去的,他早就是歌德最亲密的朋友圈中的一员了。赫尔德是一位新教的布道者、神学家、哲学家和诗人。但我要再对维兰德说两句,因为是他出版了第一本德语文学杂志——《德意志信使》。维兰德开始是个虔诚的虔信派教徒,但后来他脱离了宗教,成了一个重视感官快乐、富于才智的人。他使德语更加优美、表现力更强,并且努力寻求感性与理性之间的平衡。"

---

[1] 译者注:维兰德(Christoph Martin Wieland, 1733—1813),德国启蒙主义时期作家。生于牧师家庭,曾任瑞士和魏玛宫廷教师,同歌德、赫尔德有交往。早期诗歌带有宗教训诫色彩,以后思想有所转变,作品多揭露时代缺点,讽刺虚伪道德。主要作品有自传体小说《阿迦通》,小说《阿伯特拉城居民的故事》、《金镜》和叙事诗《欧布朗》等。还翻译过莎士比亚的剧本。

"那我觉得他一点也没有'德国味儿'。"斯蒂芬喃喃地说。

"法国洛可可晚期那种启蒙的、练达的文化在维兰德身上刻下了深深的烙印,这种文化对他的影响比对歌德的影响大。歌德刚到魏玛那段时期,魏玛绝不是一个让人觉得舒适愉悦的城市;周围到处是战乱和革命。洛可可也不只是优美,它也是残忍的,比如把年轻男子作为士兵高价卖给其他国家。歌德朗诵他的《伊菲革涅亚》的前一天晚上,就在安娜·阿玛莉亚的'缪斯之殿'旁边,还举行了一场'夹道鞭笞'[1]。你也得把这位诗人、大自然的观察者放在这个大环境中去看,那不是歌德希望在希腊人那里找到的一种黄金时代。几乎没有人像那个时代的人一样不得不消化那么多变革、动荡——你们只消想想从马车到蒙戈菲尔热气球,再到蒸汽机和铁路的变化。"

再没有比不工作的闲人更可怜的了

"歌德在魏玛生活的时候,魏玛肯定变了,是不是?"

"作为国家的一个部长,这也有歌德的份儿,贝蕾妮克。歌德晚年时,已经到处都是新式的学校,基础课程得到了改进,还有了穷人寄宿的地方。各种组织着力于慈善活动、兴办普遍教育、农业以及犯人关怀的问题,所有这些在以前是不为人所知的。歌德很看重自己造福社会的公务活动,他在日记里写道:'忙碌的压力对心灵来说好极了,而一旦心灵卸下了重负,它就会更自由地游戏、享受生活。再没有比不工作的闲人更可怜的了,因为再美的馈赠也会让他恶心。'但他也说:'不得不做的事很难,但只有在做不得不做的事时,人才能显示出他内心的状态;任意而行,这谁都会。'你们要知道,莱茵河畔的法兰克福在歌德 1749 年降生人世的时候不过是个三万六千名居民的小城市。法国重要的小说家司汤达描写过那里有着凸出两英尺的顶层的木头房子、店铺上方雕刻得十分粗糙的动物形象、蹩脚的哥特式建筑、阴郁的太阳。歌德有个难得的快乐童年,因此他眼里的法兰克福大概与司汤达的不同。我想说的是,在歌德年轻的时候,法兰克福至少举行过两次公开处决犯人,歌德的舅舅、参议员泰克斯托参加过玛格蕾特·布兰特杀婴一案的审判。歌德写道,他不得不多次亲眼目睹行刑的情景。"

"玛格蕾特·布兰特……一个杀婴女犯……"贝蕾妮克用疑问的目光望着塞内克斯,"歌德是不是以她为原型写出了《浮士德》中的甘泪卿?"

"歌德在他的《浮士德》中对这个不幸的人物也许做了诗意的美化。但我在此想指出歌德性格上的一个特别之处:他对生活的黑暗面缄口不言。他不提这些,在公

---

[1] 译者注:受(一百名到三百名士兵)夹道鞭笞是旧时德国军队中的一种刑罚。

开场合从来不会激动发火,就更不用说政治上的事了,但他会在日后的文学创作中流露出他的深刻感触。他什么都经历了——洛可可时代、七年战争、普鲁士的腓特烈大帝、启蒙运动、法国革命、拿破仑的崛起和衰落……如果你读他的作品,你会觉得这一切似乎都不留痕迹地从他身边掠过去了,在他的文字中反映得极少,就好像他不愿记住这一切。但,造就了他和他的作品的仍然是这一切。法国革命的血腥在他心中引起了无尽惊骇,他的回应却是更强烈地转向宁静和井然有序的大自然。在这一点上,他与席勒和克罗卜史托克(Klopstock)、甚至维兰德和赫尔德完全不同——这几位对冲击巴士底狱无不欢欣鼓舞。而歌德呢——他担心的是革命的风暴会将精神、文化置于危险的境地;但他同时又认为以前的波旁王朝寡廉鲜耻而否定它。"

"他难道不希望出现变革吗?"

"他只希望有像自然界中那样的进化过程。在去世前十几年,他对他的对话伙伴艾克曼说,他不能赞同法国革命,因为革命的恐怖触目惊心,激怒了他,而革命带来的积极后果他还看不到。他也同样不赞同专制统治,他深信,假如有公正的统治,就不会爆发革命。他一生都在致力于对历史材料进行加工,把它们从时代的限制中解放出来;他的象征艺术只对超越时间的东西感兴趣,他要刻画他称之为普遍的、人性的东西。但在他漫长的一生中,他所经历的自身转变其实也是巨大的。在生命接近尾声的时候,他终究看到了工业时代即将来临。"

"他不是批判了工业时代吗?"

"那时人们已经在谈论'人对人的剥削',不久事实就证明这是个爆破力极强的全新字眼。机器时代令歌德十分不安,然而他又在《浮士德》第二部里对它做了艺术上的加工提高。他看到蒸汽轮船和蒸汽机车正在驶近,看到科学和艺术正受到技术的影响。这时,孤独的创造者、个体不复存在,也不再有万能的天才,有的只是四处奔忙、重利轻义的商人、团体和委员会。"

"我相信他一定很讨厌这一切!"

"在他去世前一年,即1831年,歌德完成了《浮士德》第二部。他在日记里记道:'最首要的事完成了;收尾;全部誊清并装订完毕。'一个月后,他封好手稿,决定这部书在他死后才能付印。歌德的《浮士德》反映了一个时代向另一个新时代的过渡。"

既是真实也是虚构的公园

这时他们已经深入魏玛公园了,公园在伊尔姆河畔延伸。树木伸展着它们的枝杈,但还没有披上绿装,但已经能感觉到美丽的芽苞正报告着树叶即将出现的消息。

因了飞来飞去的鸟儿，色彩与活力的缺乏得到了弥补，它们正寻找做窝的草杆。

"你们会感到惊奇的。"塞内克斯停下脚步站了片刻，手臂划了个大圈儿。"这个公园也是歌德的作品，至少是在他的监督下，按照他的意图建造的。造这个公园的灵感来自德绍（Dessau）附近沃利茨宫的园林。歌德关于花园的构想被他写在小说《亲和力》中。也就是说，歌德既在现实中造了一座大园林，也在文学创作中造了一座虚构的园林，这双重的创造很能反映他的性格。他本就不仅仅是个伟大的诗人；他也是个国家官员、部长、剧院经理、自然研究者、绘图家、收藏家……"

塞内克斯继续迈步向前。"我们已经提到了《浮士德》，歌德花了一生的时间写这部作品……"

"这个题材已经有歌德以前的作家写过了，是不是？"

"是的，没错，而且跨越了三个世纪。英国诗人马洛（Marlowe）写的《浮士德博士》也很有名。但若追根溯源，所有关于浮士德的故事都来自于十六世纪时的一个人物。只有歌德写出了关于浮士德的世界级诗剧；他笔下的浮士德身上发生的变化，也反映了歌德本人的思想发展，从《初本浮士德》中年轻人的狂飙突进到年迈老人的智慧。歌德创造的这部作品是德语戏剧中最深刻的一部，充满了譬喻和象征，这在海伦的出现中达到高潮，她的形象正是完美的象征。正如恩斯特·布洛赫（Ernst Bloch）[1]所说的，歌德以他的《浮士德》展示了一个最为重要的乌托邦式人物的范例；他也以这部诗剧成为德语语言的经典大师。不管从内容上还是从形式上，《浮士德》都是世界文化上的一座高峰。"

"我们在学校里学它的时候可是费了九牛二虎之力。"斯蒂芬插嘴道。

"我承认，对中学生来说，这部作品很难理解。但一个人到了青年时期就会开始感到它的魅力了。你一辈子都得时不时地在头脑中回味《浮士德》才行；但要做到这个，你得先接触它。尝试阐释这部作品的著作多得不计其数，但我仍然觉得，其思想和语言的丰富永远取之不尽、用之不竭。"

"我也认为只读一遍是不够的。"

这时塞内克斯喊道："到了！我们的第一个目标是歌德的花园小屋，这是他的卡尔·奥古斯特公爵送给他的礼物。"

整个自然是神性的表现

这座方方正正的小屋坐落在高处，浅灰色的墙，黑色的屋顶。一扇白色的花园

---

[1] 译者注：恩斯特·布洛赫（1885—1977），德国哲学家，二十世纪最重要的西方马克思主义代表人物之一。

小门直接通往屋前那几级台阶。众多的灌木丛和树木环绕着小屋。

进了屋子,他们也只迈了几级台阶,就到了歌德的书房。房间里布置得很俭朴,朝向花园的一扇窗子敞开着。罗曼走过去,靠在窗台上向下望去。"他就是在这儿写下了那首名为《致月亮》的诗:

你静静地以你的清辉,
再次洒满山谷和丛林,
终于我也如此的幸运,
将整个心灵消融无形。
……"

塞内克斯指了指三张椅子,罗曼、斯蒂芬和贝蕾妮克便坐下了。"歌德是在一个冬夜里写下这首诗的。那一夜,伊尔姆河的河水漫过了草地……自然时常激发他的灵感,比如下面这首看似简单的诗:

一切的山之顶,
沉静,
一切的树梢,
全不见,
些儿风影;
小鸟儿们在丛林中无声。
少时顷,你快,
快也安静。

歌德把这几行诗句刻在了一幢打猎小屋的木板墙壁上。"
有片刻工夫,大家都沉默不语。随后贝蕾妮克开口说道:"我们刚才说到歌德的《浮士德》的时候,我想起了'甘泪卿的问题'……"

"……那是一个是关于信仰的问题。歌德对于信仰究竟持怎样的态度呢?他可是经历了启蒙运动的,而且他也知道莱布尼茨和斯宾诺莎……"

"他把身为作家和艺术家的自己称为'多神论者'——一个崇拜众多神灵的人。但他这么说的时候肯定不是完全当真的。然而古希腊的众神是他这个艺术家所十分熟悉的。作为一个研究自然的学者,他又说他是一个泛神论者,他信仰一个神,而这个神与宇宙相一致。我想,他的这一说法是与他所处的位置最相吻合的。在我看来,他指的显然不是一个基督教的、个人化的神。神圣的与尘世的事物对他来说是一个如此广阔的王国,只有万物的感官一起才能把握一切。"

"感官?不是理智吗?"斯蒂芬拧起了眉头。

"对歌德来说,上帝是人不能用头脑来把握的,这是毋庸置疑的,而自然是神性的表现;上帝将他的精神反映在他所创造出来的千变万化的形态中。歌德的作品证实了这一点。你们都知道,歌德花费在自然研究上的时间和精力一点也不比他花费在文学创作上的时间、精力少。从年轻的时候起,他就开始研究解剖学,到魏玛后,他的研究范围又扩充到了植物学、矿物学和地质学,后来还有关于骨骼和光学的理论。经验向他证实了直觉让他认识到的东西。三十五岁时他就提出了一种进化过程,而这比达尔文早了几乎有一百年。他认为,动物和人的头盖骨都是由相近似的椎骨发展而来的。这离他内容丰富的形态学已经只差一小步了;根据他的形态学,所有的形态都在运动、变化以及消亡。对他来说,形态学是关于变化的学说;他对某种原始形式的存在以及一切生物彼此间的亲缘关系深信不疑。"

"不知怎的,这让我想起了苏格拉底的理念论。"

"你能想到这个,这很好,罗曼。歌德最后写出了关于动物变态的书,还在很多年里以传教士一般的热情将心思用在颜色学的研究上,结果竟写出了一本超过一千页的著作。"

"但他的学说是错的。"

"如果从纯科学的角度看他是错的,贝蕾妮克。反对牛顿的数学物理、反对自然中的可测量性,这是他的一桩谬误;他从观照出发,不愿看到感性、主观的东西从对自然的解释中排除出去。然而这是个天才的谬误。他坚信,数学的、量化的自然科学只能研究自然领域中可测量的部分,而他看重的却是广泛的自然观,这种对自然的观照宣告了一种新的真理(当然这真理是不可证明的)。他的目标是整个自然的统一,所以对他来说,所有单个的现象都是一个基本的原始现象的某种特殊形式,颜色也是这样。他激烈地反对牛顿关于白色中包含所有其他颜色的发现,他自己的说法是,所有的颜色都是由混合、由明与暗的共同作用形成的。就算他说的没道理,他的研究文章也是极富启发性的。"

塞内克斯向窗外望去。

逃出小城的狭隘

塞内克斯向花园里瞥了一眼后,接着说道:"在莱比锡上完大学后——他在那儿也学习了绘画和铜版画——他到法兰克福当了律师,并开始了文学创作。1772年,他去了韦茨拉尔(Wetzlar),进了帝国最高法院,并爱上了夏洛特·布夫(Charlotte

Buff），他青年时代的天才作品《少年维特之烦恼》的写成正是要感谢这次恋爱，在这篇作品里，他发出了前所未有的新鲜声音。他返回法兰克福，继《维特》之后，又产生了《葛兹·冯·伯利欣根》（Götz von Berlichingen）和《克拉维戈》（Clavigo），它们被视为所谓的'狂飙突进'时期的代表作。歌德一下子成了名。他那时候就已经想去意大利旅行了，但在海德堡，发自当时年纪尚轻的萨克森—魏玛公爵卡尔·奥古斯特的邀请信追上了他；结果他调头回来，开始为公爵服务。在小城的最初几年里，他又爱上了矜持冷淡的夏洛特·冯·斯泰因（Charlotte von Stein）、宫中女官安娜·阿玛利亚斯（Anna Amalias）和公爵的马厩总管的妻子。歌德一边在管理部门工作，一边开始动手写几部作品，但并未完成；此外他还研究矿物学和解剖学。但这一切以及魏玛小资产阶级的环境都让他觉得太狭隘、太矫揉造作，而且他的自然研究也告诉他，繁忙的公务使他冷落了自己本来的兴趣爱好。终于，当他在魏玛呆到第十个年头儿的时候，解脱自己的决定成熟了。"

"然后他就真的动身去意大利了，我想。"

"趁一次去波西米亚某温泉的机会，他在一个凌晨的三点钟匆匆出逃，时间是1786年，法国革命爆发的三年之前。只有公爵知道他的计划，并答应给他留着部长的位子。"

"他走了多久？"

"两年，这是他格外多产的两年，也是对德国文学意义重大的两年。当他归来的时候，他很清楚自己已经成了另一个人。他获得了内心的、人性的伟大，变得更加热诚；他对感性的世界益发敞开了胸怀。他变得更加广博，变成了一个视公务为负担的艺术家、平淡的魏玛小城里的一个陌生人。这回他和年轻的克里斯蒂安娜·福尔皮乌斯（Christiane Vulpius）生活在一起。"

"这下他一定冒犯了社会吧？"

"当然人们希望他只是一时糊涂。克里斯蒂安娜先是秘密前往花园小屋，去找歌德。她是个长着金色发卷、小资产阶级出身的图林根人，她的年轻、单纯、快活以及一派天真的感性吸引了歌德——尤其是在他经历了冷淡、忧郁的冯·斯泰因夫人之后。这位夫人比歌德年长七岁，她从未原谅歌德秘密逃往意大利的行为。歌德不仅让克里斯蒂安娜做了他的情人，而且不久又让她成了自己家中的伴侣。十八年后，两人在宫廷教堂里结为夫妻。但我们说得太快了。刚才说到歌德刚从意大利回来，公爵解除了他很多公务负担，使这位诗人可以更加专心致志地进行他的自然科学研究。这十年是他终于完成了许多作品的十年。这一阶段的高潮是他完成了《浮士德》第一部的写作；《亲和力》令许多文学爱好者心潮澎湃。这之后歌德又写下了《诗与真》——到魏玛时期为止的回忆录。对法兰克福银行家的妻子玛利安娜·冯·维勒莫（Marianne von Willemer）的迟来的爱促成了《西东合集》的创作，后来的人们一直无法搞清其中究竟哪些诗是歌德写的，哪些诗是玛利安娜·冯·维勒莫写的。不管怎么说，歌德的文化研究使东方成了德语文学中常见的题材。《西东合集》诗意地结合了陌生与熟悉、深刻与戏谑，它证明了歌德自身不断发展变化的能力，也证明了他永远年轻的心灵和他的想象力；它是德语文学中最动人的作品之一。后来，倾心于另一个人的无限能力又一次征服了这位年已七十四岁的老人——他爱上了优雅妩媚的十九岁少女乌尔莉克·冯·勒夫茨沃（Ulrike von Levetzow），并向她求婚。来自外界的阻挠，再加上乌尔莉克迟迟不做出回答，到底还是让歌德放弃了。这最后一次伟大的爱——他自己心里很清楚这是最后一次——在他的《玛丽恩温泉悲歌》中留下了印记。他完成了《威廉·迈斯特》和《浮士德》的第二部。他的全部作品的校勘本包括一百三十三卷，外加几卷后来补充的。好了，我们走吧！"

他像是睡着了

贝蕾妮克第一个跑下台阶，在花园里她停下脚步，伸开双臂，转了好几个圈。"太美了，这春天的香气！还有这么湿润的泥土！"她挽住了斯蒂芬和罗曼的胳膊。他们就这样走出了公园，走过宫殿，穿过广场。从那儿再到弗劳恩普兰的房子就不远了。红色而微微拱起的房子对面是个大水池，水哗哗地响着。尽管有很多身穿黑色丧服的客人纷纷涌进歌德的房子，但还是有女仆、伙计、孩子聚集在泉边一边闲聊一边打水，把水倾在桶里，然后担着走开。谁想喝水，就把他的水罐接在水柱下面。一切都是那么有生气，有活力。没有人露出不耐烦的样子。一个小男孩爬上泉水的石台，直接把嘴巴凑上去喝水。

塞内克斯走向房门。门厅的两侧是松柏枝。他们和穿丧服的客人一起走进去，男人们都把礼帽拿在手里。前厅和走廊里整个装饰成了黑色，人们向歌德的房间涌去。那逝去的人躺在他的棺材里，上身略向上倾，穿一件白色缎子做的衣服。一条黑色的天鹅绒被单盖在他身上，胸部以上露在外面。他的左臂平放在体侧，右臂则弯曲着放在被单上。他的头上戴着一顶桂冠。

"灵柩台后面，你们可以看到左边有一个架子，上边有一顶镶着宝石的金冠，这是他的出生地法兰克福在几年前给他送来的。"塞内克斯向他们解释着。"右边的台子上放着他的证书奖状什么的。中间还有一只古典风格的陶罐，上面挂着字幅——它们象征着歌德的作品。旁边放着一只金色带花饰的里拉琴。周围侍立着守灵的人，他们是由大公爵图书馆及宫廷剧院的成员、艺术家以及射手协会的代表（你们说怪不怪，歌德居然还是射手协会的名誉会员）组成的。"

"他像是睡着了。"贝蕾妮克有点畏惧地说道。她感到压抑，因为她总共还没见过几个死人呢。

"马上就要到十二点了，到时候门就要关上，很多人就得出去了。棺材将被盖上，并于今天下午五点在丧钟声中送到公侯陵去。半个魏玛城的人都跟着去了，据当时的人说，葬礼的队伍由二十五个部分组成，车子一辆接着一辆，仪仗队、亲友、医生、宫廷剧院的成员……送葬的队伍有数百人，还有数千人站在街道两旁目送。"

他们走出房子，回到明亮的阳光下。门在他们身后关上了，前来致哀的人如果刚到，也只好掉头回去。

灵魂与肉体的统一

塞内克斯和三个年轻伙伴一起沿着街道慢慢走回来。街不长，向左一转，便通向一条宽阔的林荫大道。这是魏玛人喜欢汇聚的地方，他们前后左右有很多人在闲逛。

"再往前走一段，我们就到席勒的寓所了。"塞内克斯解释说，"但这儿有一家小餐馆，我们利用中午这段时光休息一下吧。"

他们欣然走进餐馆，在离窗不远的一张圆桌旁坐下，点了些小吃。塞内克斯让他们安安静静地吃完，然后才接着刚才的话头说："歌德是个很矛盾的人，他自己发现他是由很'极端'的特点组合而成的一个统一的整体。我们不能只看人本身，也应该看到这个人的作为。我们得把歌德作为一个灵魂与肉体的统一体来把握，否则我们就不能理解他和他的作品。"

"我看反正也没法儿理解。"

"有一次他问道：'我是谁？我创造了什么？我吸收一切，不管什么，只要是我听到的，观察到的，我就学习。我的作品从成百上千各不相同的人——傻子和智者，明智的头脑和愚人——那里汲取营养。'他说他也收获了别人播种的东西。'我的作品是一个集体的作品，却顶着歌德的名字。'既然如此，我们为什么不试着从他那里吸收他能够给予我们的东西呢？你们吃好了吗？那好，我们走上几步，去席勒的寓所看看吧。不过我们不进去，只从外面往里看一眼，到时候我再就他说上几句——歌德起初根本不欣赏他。"

"他对海因里希·冯·克莱斯特（Heinrich von Kleist）还不是一样的态度！"

"对，克莱斯特他也没看准，而且没能修正这一错误，这点和他对席勒不一样。总而言之，他不知道该怎么对待浪漫主义。"

他们离开了餐馆。

浸透了革命的思想

不久他们就站在了一座窄窄的房子前，它比歌德的房子朴素得多。"考虑到席勒的出身、童年、青年时代，这房子还是能象征出它的主人与歌德相比在财产上上升的幅度更大——歌德反正终生都生活在富裕的资产阶级环境中。弗里德里希·冯·席勒（Friedrich von Schiller）则不同。他和歌德一样也不是贵族出身，而且是在窘迫的环境下长大的。符腾堡（Wurttemberg）公爵让他在卡尔军事学校里接受一种斯巴达式的严格教育。后来，年轻的席勒在大学里学习法律和医学，成了军医。但我不想给你们——介绍他生活中的细节，而只要说，截然不同的青年时代也塑造了截然不同的两种性格。席勒 1759 年出生于内卡河畔的马尔巴赫（Marbach），比歌德年轻十岁。他与歌德受的影响不同，很年轻就为启蒙运动的思想所激动，二十出头就写下了《强盗》。这部剧于 1782 年在曼海姆（Mannheim）首演，它浸透了启蒙主义的、革命的思想。"

"那么说在法国革命爆发前七年，曼海姆的舞台上就先发生了一场革命？"

"当时革命的时机已经成熟了。席勒不想让自己这个作者暴露身份、姓名；他躲在一个包厢的角落里，肯定很担心自己被捕。但演出获得了巨大的成功，一下子就使充满叛逆精神的年轻作者名声大噪。观众沸腾了，人们互相拥抱，喊叫，握起拳头向着舞台挥舞，但不是在喝倒彩，而是心中充满了对统治秩序的痛恨。"

"歌德知道这一成功吗？"

"他当然得知了戏剧上的这一轰动事件；他当时已经生活在魏玛，并得到了皇帝约瑟夫二世颁发的贵族证书。"

"那他大概根本不欣赏《强盗》。"

"他主要是从艺术性的角度出发觉得这出剧形式上不美、不成熟。《强盗》首演十年后席勒被法国革命政府宣布为法兰西共和国荣誉公民——这层关系也很少引起人的注意，这显示了他的名字已经越出国界，在德国以外传扬，在法国也赢得了名望。但很快，席勒被法国革命的恐怖惊得退缩了，开始集中精力研究康德哲学。康德哲学对他的影响十分深刻，使他的内心经历了一场转变。"

"而且由此向歌德靠近了吗？"

"他们之间仍然存在着一条鸿沟，即使席勒迁居到魏玛后也还是这样。据说他当时说过：'这个人，这个歌德，让我想到命运待他有多厚，待我有多薄。'席勒在魏玛生活了七年，歌德这个枢密顾问都不曾注意到他。歌德'使很多人为之着迷，而他自己却无牵无挂，像上帝似的；他从不会把自己交出去'，这也让席勒产生一种抗拒心理。他讽刺说：'枢密顾问大人先生是个信仰自然的人，和他的崇拜者一起搞矿物学，出去采集花花草草，和纯洁的大自然对话，在精致的花园里铺路挖洞。'——席勒拿歌德'童真的单纯'和'他的追随者'寻开心。"

"真够刻薄的！"

"也许就是出于这个原因，歌德在公爵面前表示赞同席勒被召到耶拿大学去（而且没有薪俸！），好摆脱掉这个找别扭的家伙。而正是在耶拿，两个人进行了一场被歌德称为'幸运的谈话'。两个人是在参加完耶拿'自然研究协会'的一次会议后交谈起来的。"

"他们是怎么搭上话的？"

"可能是席勒用了点心计。总而言之他很聪明，把话题引到歌德感兴趣的自然科学上，更确切地说，是歌德最喜欢的一个话题，即是否可能存在一颗原初植物的问题……坚冰敲碎了，局面打开了，结果是歌德成了席勒计划办的一份杂志《时序》的合作者，从此两人开始了一段传奇般的友谊，在这过程中席勒又回到了魏玛。好，这一来，通过与歌德的合作，席勒得以把他所有关于艺术和哲学的思索转变成文学作品，写下了他的理论文章以及'古典主义'剧本，包括《华伦斯坦三部曲》、《玛丽亚·斯图阿特》、《墨西拿的新娘》和《威廉·退尔》，还有断章《德梅特里乌斯》。所有剧本中的主人公都饱受义务与爱好之间矛盾冲突的折磨。我们又一次看到了一环扣一环的关联。"

"一种思想的进化过程？"

"一方面，假如席勒没有研究莱辛的天才著作，他就写不出这些作品；另一方面，要不是维兰德已经翻译出了莎士比亚那些关于国王的戏剧，席勒也写不出他的剧本。他从莱辛那里学到了明晰和精确，从莎士比亚那里学到的是如何将惊心动魄的历史题材搬到舞台上去。"

"两人之间迟来的友谊真的对歌德有那么重要吗？"

"我们不可能看到一个人的心里去，贝蕾妮克。但是我想，这场友谊对歌德确实是很有价值的。每个人，甚至连天才也不例外，上了年纪后都会感觉孤独——老朋友都去世了。歌德的父亲去世了，他见了母亲最后一面。他的孩子中有四个都死了，克里斯蒂安娜还活着。对席勒的好感使他得以避免陷入一种严重的隔绝状态。德语文学中最有价值的通信要感谢这十年的友谊；通过歌德和席勒，魏玛这个小城市成了德国文化的中心；到魏玛去的重要人物越来越多，比如有威廉·冯·洪堡（Wilhelm von Humboldt）和亚历山大·冯·洪堡（Alexander von Humboldt），有哲学家费希特（Fichte）和谢林（Schelling），有天才作家让·保尔（Jean Paul），有作家奥古斯特·威廉·冯·史雷格尔（August Wilhelm von Schlegel）和弗里德里希·冯·史雷格尔（Friedrich von Schlegel）、《穿靴子的猫》的作者路德维希·蒂克（Ludwig Tieck）、浪漫主义作家诺瓦利斯（Novalis），还有哲学家黑格尔（Hegel）。1805年，年仅四十五岁的席勒因肺病去世后，前往魏玛的热潮也没有平息。两位伟大作家的棺木并排安放在公侯陵里。"

毕德麦耶尔派时期

市民阶级生活状态的一幅理想图画

街上时不时驶过一辆马车,有时,一辆农家车辆辚辚地走过去,偶尔还有人策着马驰过。大部分人走在人行道上,妇女穿着宽大的曳地长裙,料子要么是不带图案的麦斯林纱,要么是浅色的塔夫绸,要么是沉重的真丝,很多还戴着别致的帽子。她们的女仆则穿着蓝色的印花棉布裙。男子多穿燕尾服或深蓝色、深棕色、黑色的棉质短上衣,白色或浅黄色的针织裤子,打褶的棉布衬衣,还打着繁复的领带。上等阶层的先生顶着高礼帽,工人则戴鸭舌帽。

席勒寓所对面的一座建筑吸引了三个年轻人的注意力,不知怎的,它看起来不像是真的。

塞内克斯微笑了:"我们只管进去!"

走廊里灯光晦暗,墙上挂着一些铜版画。房间里的家具是浅色的——椅子、一个五斗橱,五斗橱上方挂着三张剪纸,一个陈列柜,里面是些小摆设、瓷器、小人像什么的,一张折叠式写字柜的盖子掀开着,一只鹅毛笔插在玻璃墨水瓶里,旁边放着吸墨砂瓶。小窗户上的窗帘是条纹状的图案,桌布则是碎花图案。对面的墙上挂着一幅画,上面画的是一辆邮车的到达,一个士兵枪刺朝上,迎接着它。

"这就是一个所谓的'好房间'。"塞内克斯开始了他的解说,"人们只在特殊场合下才用它,它体现了某种艺术风格的特点。"

"那肯定是毕德麦耶尔派风格!"贝蕾妮克指着那家具喊道。

"对。它体现了这个时期处在上升中的资产阶级的家居文化。毕德麦耶尔风格描画了市民级理想的生活图景,这也体现在他们的居室中,我们今天还可以从当时备受欢迎的风俗画中看出它们的样子。卡尔·施皮茨韦格(Carl Spitzweg)堪称风俗画大师。这样的画展示日常生活,直观、舒适、平和、令人愉悦,正如市民阶级所希望的那样。亨利希·海涅在流亡法国期间曾中肯地描述过它:'在我们可爱的德国那里,一切可明朗得多、舒适得多了!那儿的一切是美梦般的雍容、安逸!卫兵平静地走来,在平静的阳光中,制服和房子闪着光,屋檐下燕子扇着翅膀,肥胖的司法顾问太太们从窗子里向外微笑,大街上有足够的地方,狗可以合体地互相嗅来嗅去,人们可以舒舒服服地站在那儿聊剧院里上演的戏,若是有哪个上等家伙或者次上等的家伙穿着漂漂亮亮的衣服，饰着五颜六色的带子，或者哪个穿金抹粉的宫廷元帅雍容大度地翩翩走过，他们会深深、深深地鞠躬问候。'"

"德国原来就是这样。那法国、英国、意大利呢？"

"毕德麦耶尔派风格只出现在德国和奥地利，斯蒂芬。我们这就去奥地利。"

他们惊讶地一齐看着塞内克斯。

他继续说："这所房子有点特殊的地方。我们不能总是在路上奔波，而在这段时间里，我们又得从一个城市到另一个城市，从一个国家到另一个国家。不过在'进化公园'里没有奔波的必要，一切都设计好了。这次又像上次在耶利哥那样——我们穿过一所房子，便到了另一个国家。这次我们是去奥地利维也纳，实际上，我们已经到了，只是你们还没看出来——好了，毕德麦耶尔派对后世没有什么大影响，人们只不过把这个小小的世界看成是一个风格而已。工业文化正欣欣向荣，类似的东西以前还从没有过。不过你们还是先休息一会儿吧。"

三个年轻人坐到铺着花桌布的圆桌旁那几把浅颜色的椅子上。

"我们现在面对的是一种新现象：在这以前都是由手工业者塑造并做出他们自己的产品；手工业其实和艺术的性质相去不远。过去，产品是在作坊里用手工做出来的——你们知道如今人们赋予"手工制造"的产品以什么样的价值。但这一切突然之间全变了，大工业产生了，随之而来的是大批量生产，为此就需要有模子，其造形主要是由考虑排场的资产阶级决定的，他们是产品最主要的买主。"

"而这塑造了人们的趣味？"

"这时候产生了我们今天称之为'设计'的东西。但在革命带来的变革中，市民阶级有好长时间举步不前，像一大群慢慢腾腾的人似的，构成了安稳的一极。它把目光往回投向一个过去的世界，在那里，它似乎曾经过得舒舒服服、安安逸逸。它维护植根于过去的那些价值；对它来说，启蒙运动的思想非常非常遥远。"

"我看，这和今天一样——在这一点上至今也没什么转变。"

君主反动势力的中心

他们走出房子的时候，迎接他们的是一个周围环绕着树木的广场，它较长一边的尽头有木制栏杆遮挡，挡住了栏杆外一段很陡的坡路，坡路的底端，大片房屋参差交错着在那里伸展，是典型的大城市所特有的。只见一大片山墙之中，一个更尖更突出的屋顶和一座哥特式大教堂的钟楼耸入天空。

"我们是在维也纳森林。你们眼前就是奥地利的皇城及它那座斯蒂芬大教堂。你们看见霍夫堡皇宫了吗？再远处是美泉宫（Schloss Schoenbrunn），那边是巴洛克时期的杰作贝尔佛第宫（Schloss Belvedere），曾抵抗土耳其人进攻维也纳的萨伏伊亲王欧根（Eugen von Savoyen）就住在那儿。多瑙河岸上的普拉特绿地也已经有了，那儿设起了旋转木马、秋千、演戏的帐篷，是个大众娱乐场所，大转轮是后来才建的。在拿破仑被囚禁在厄尔巴岛，以及他最终在滑铁卢彻底失败并被放逐到圣赫勒拿岛期间，维也纳一直是欧洲的政治中心，那是在歌德去世十七年前的事了……"

"我猜您指的是维也纳会议吧？"罗曼倚在栏杆上。一缕缕烟从一个个烟囱中冒出来，雾气笼罩在那一片屋顶的海洋上，空气中弥漫着烟味。

"拿破仑的死对头梅特涅公爵（Metternich）试图建立新的欧洲秩序——或者，更好的说法是，他想复辟欧洲的老格局，让法国革命就像没发生过一样。通过他，维也纳从一个国家的首府成了反动君主势力的中心。当时简直根本谈不到宪法了，哪儿也没有像维也纳那么多的皇帝、国王、公爵、侯爵、伯爵、男爵汇聚着，而哪一个都随身带着他的妻子、女官、情妇、大臣、首相、外交家、仆役——简直把整个朝廷都搬来了。维也纳的霍夫堡皇宫成了蚂蚁巢。外交家和他们的仆役进进出出，传递文件、便条、机密信件和复杂繁琐的协议。头顶王冠的人中有俄国的沙皇亚历山大一世（Alexander I.）——人们背后议论说他去参加舞会比去参加会议频繁得多。他向所有美丽的夫人献殷勤，卷进了多起桃色事件中，并喜欢匿名混迹于舞女群中。当时华尔兹成了时髦，让跳舞的人为之疯狂。几年之后，约瑟夫·兰纳（Joseph Lanner）和施特劳斯父子（Strauß）将华尔兹带达巅峰。华尔兹不再是宫廷音乐，也不是古典音乐，它是每个人的音乐，是平易近人的音乐，并且真真是恋人的音乐。满街飞的传单上写着：'俄国的亚历山大——他替所有的人恋爱；普鲁士的弗里德里希·威廉——他替所有的人思想；丹麦的弗里德里希（Friedrich）——他替所有的人说话；巴伐利亚的马克西米利安（Maximilian）——他替所有的人喝酒；符腾堡的弗里德里希（Friedrich）——他替所有的人大吃大嚼；奥地利的弗兰茨皇帝（Franz）——他替所有的人付钱。'这个维也纳是一个没完没了地举行着盛筵庆典的城市，霍夫堡皇宫里，贵族的宫殿里，没有一天是不开舞会的……这个维也纳现在就在你们脚下。"

"维也纳议会原来在跳舞！"

"不仅是议会，跳舞的激情攫住了每个人。"

"这么说娱乐不再是上等人和富人的特权了？"

"最普通的市民也在公共舞厅里汇聚一堂，贝蕾妮克，而维也纳有很多舞厅。'奥黛昂'已经开了，它是全城最大的舞厅，几乎有一百五十米长、三十四米宽的大厅里面可以容纳一万多人——你们想象一下那是个什么排场吧！舞会时得有三个乐队同时奏乐才行。约翰·施特劳斯（Johann Strauß）的父亲是维也纳宫廷舞会的指挥，为舞厅落成开张创作了《奥黛昂舞曲》，并把乐队扩充到七十名乐手。有些人一跳就是一个通宵。"

哼唱，跺脚打出节拍

"同时严肃音乐也很繁荣。那时候还没有'不插电'音乐和'电子'音乐的区别。约翰·塞巴斯蒂安·巴赫在莱比锡去世后，维也纳就成了欧洲音乐的首都。第一个不能不提的是海顿，他出类拔萃，可又往往被人们低估。他的影响主要在维也纳和埃森施塔特（Eisenstadt）。1780年莫扎特来到维也纳时，海顿四十八岁。1792年，贝多芬从波恩（Bonn）来到维也纳，想成为海顿的学生。他的资助人瓦尔德斯坦因伯爵给他写信说：'现在您到维也纳来了……莫扎特的靠山还在哀悼他的死……'——莫扎特一年前刚刚去世——'您将以毅力和勤奋从海顿手中获得莫扎特的精髓。'"

"但贝多芬成就了他自己的独特风格。"

"为了把这条线索续完，贝蕾妮克，我只想再提一下，1797年弗朗茨·舒伯特出生于维也纳，贝多芬那时二十六岁。好，我们回过头来接着说贝多芬——我们去他的住所吧，离这儿不远。我说'他的住所'的时候，你们可别从字面上去理解，因为贝多芬从没有过属于他自己的住所，这个住所也只是他暂时居住的地方之一。他经常搬家。"

他们走在一条略微有些上坡的路上，最后面前出现了一座低矮的灰白色房子，依着地势建在坡上。

"我们进去吧。"于是他们穿过内院，走进一个楼梯间，马上就听见一种奇特的声音———种哼鸣，大声而含混不清的哼唱，还时不时伴着用脚击打节奏的声音，跺得木头地板一个劲儿地呻吟。

书房里，那位大师坐在桌边，旁边是一架钢琴。贝多芬俯身在乐谱上划出一个个音符，笔上的羽毛上下翻飞。他一再地抬起头，用手打拍子，然后又低下头去继续写，划去不要了的，写上新的。

"贝多芬的耳背恶化得很快，"塞内克斯解释道，"仅仅两年，他就陷入了一片死寂的世界中，只能靠内心的'听觉'了。"

屋子里一片混乱，地板上到处是雪片似的谱纸，椅子上摞着高高的纸堆，堆得乱七八糟。桌子上，玻璃杯子被满是污迹的谱本挤到了一边，旁边是没拾掇的餐具。贝多芬浓密的黑发竖在头上、散在额头上和他鼓鼓的圆脸上。他的脸上因为害天花留下了疤痕，浓密的眉毛下，深陷着一双不安生的眼睛，闪闪发光。下巴藏在脏兮兮一直向上延伸的络腮胡子下。上门牙向前凸出，鼻子又宽又扁。他的外衣穿得歪歪斜斜，满是污渍。时代最伟大的音乐家是个有力的小个子，内心的张力外露。有时他似乎在凝神谛听，就像格外敏感的聋子常做的那样。

"他这么一副尊容，日子肯定不会好过。"贝蕾妮克悄声耳语道。

"主要是在社交界不好过，而他的委托人及资助人又都来自那个社交界。他绝对不是个英俊的男子，人们嘲笑他的小矮个，还因为他的黑发而叫他'摩尔人'。晚年时他曾叹息道：'噢上帝，长着像我这么一张悲惨的脸的人，该是多么痛苦啊！'"

"可如今全世界都拜服在他脚下！"

塞内克斯把贴着墙的一个箱子上的书和乐谱推到一边，腾出的地方将将够三个人坐的，斯蒂芬又拉过一把椅子，上面堆的东西被他堆到了桌上。

"贝多芬年轻的时候从他的出生地波恩来到维也纳，到后不久莫扎特听了他的演奏。贝多芬是个出色的钢琴家，名声已经传到了布拉格和柏林。当贝多芬用莫扎特提供给他的主题弹了一段变奏曲之后，莫扎特说：'注意那个人吧，有朝一日他会让全世界的人都谈论他的。'不过，给你们讲这件轶事，我觉得很不好意思——它简直是尽人皆知。但这件事确实证明了伟大的音乐家彼此之间的关系——不仅是通过外界的偶然，而更是在他们的音乐实质上——虽然他们各自的音乐语言都是那么独特。他们在音乐艺术进化的意义上彼此相承。很能说明贝多芬特点的是一个同时代人的评价：'这就是那个在我们失去了莫扎特之后将给我们以慰藉的人！'海顿的另一个学生在谈到贝多芬的即兴创作时写道：'在我所听过的所有创作随想曲的艺术家中，没有一个能哪怕是接近贝多芬达到的高度……他心中涌起的乐思之丰富，他的激情，他处理的多样性。他表现的或创作的音乐难度，这些都是取之不尽的。'"

"可他的家境很贫寒！"贝蕾妮克插上一句。

"他年轻时受的创伤从不曾愈合，他从不能忘掉使人感到压抑的贫穷，就更不用说所有受过的屈辱了，而且他还不得不眼看着他的父亲被酒精一步步毁掉。可惜，他的日子和命运越是悲惨——尤其是因为耳聋的加剧——他就越是频繁地也到酒中去寻求安慰；这可能也是他受肝病以及其他病痛折磨，并且死得较早的原因之一。"

贝蕾妮克充满同情地向大师那边看了一眼，悄声说："我真不明白，一个作曲家、音乐家外加杰出的钢琴家怎么能忍受耳聋呢？如果是在今天，可能他的耳聋还有治。"

"每个人的命运都不仅仅是由家境和天赋决定的，时代也起着作用。巴赫是在一次失败的眼睛手术后死去的，这在今天可能只是个再平常不过的小手术而已。贝多芬则聋了耳朵。他的《海利根施塔特（Heiligenstadt）遗嘱》是一份动人的反映了他心灵上所承受折磨的文献，他从没让人看过，人们在他死后才发现了它。幸亏当他在看乐谱的时候便能够用眼睛听他的音乐——线谱的发明我们在波姆波萨（Pomposa）的修道院里经历了。他所有的晚期作品都是杰作，他的音乐在全世界的音乐厅里回荡。"

浪漫主义

逃进理想的梦乡

塞内克斯把外衣抻平,四个人离开了贝多芬的房间,走出房子,穿过院子,出了门。贝蕾妮克、罗曼和斯蒂芬感觉到时间又已悄悄变换了。他们随塞内克斯沿着巷子漫步走去,各自沉浸在思索之中。树木的绿叶闪着光,鸟儿飞来飞去。塞内克斯又把他们领到了那个可以俯瞰维也纳的广场上。

"贝多芬1827年去世,比歌德去世早五年,享年五十七岁。我们现在离开他也是合逻辑的,因为随着他的去世,维也纳古典主义也就到了尾声,他已经让人感到了浪漫主义的临近。"

斯蒂芬说:"启蒙运动的人们才刚刚把'理性'写在他们的旗帜上,我想,理性可不是浪漫主义的特点。"

"作为一种生活风格,浪漫主义是在十九世纪初产生的,来源于对技术发展和资本主义弊端的不满。浪漫主义者从现实中逃进他们理想的梦乡,浪漫主义接替了古典主义。同时法国革命在文化上造成的震荡还在起着作用,启蒙运动的理性主义让人们在革命之后心生失望,感到自己被孤零零地撇下了,因此希望能够在无意识领域和大自然中得到充实。这意思不是政治上的反动,人们是在非理性的道路上寻求心灵的丰盈。人们想让生活之中流贯着艺术,于是他们回望中世纪、罗马风格和哥特式风格,或者寄希望于未来。人们还发现了童话及传说的丰富、精髓……"

"那是格林兄弟(Brüder Grimm)。"

"有好几个名字值得提及,而且不限于德国人;但浪漫主义像宗教改革一样,主要产生、存在于德国——这其中表现出强调感觉的北方对南方罗马语族理性占统治地位的拒绝。浪漫主义者避开'此地'、'此时',转而到别的地方去寻求他们的快乐。他们搜集古老的诗歌,感到自己受着神秘、梦幻和疯狂的吸引;他们以此希望能够避免一种无家可归的状态,那让他们充满痛苦。"

"什么样的无家可归?"

"一方面,人们不再有那种中世纪的人尚且拥有的由信仰而来的绝对安全感、庇护感,另一方面对带来不断变革和巨大进步的新世界感到陌生。这产生了乡愁和对远方的渴望,出现了很多'不带目的的漫游'。浪漫主义者渴望孤独,沉浸在他们自己的痛苦中。"

"妇女不是在浪漫主义中扮演了重要的角色吗?"

"是的,贝蕾妮克。精神生活的中心是女子主持的沙龙,这在德国主要指的是卡罗琳娜·冯·史雷格尔、贝蒂娜·冯·阿尔尼姆(Bettina von Arnim)和本来姓莱文的拉埃尔·瓦恩哈根·冯·恩泽(Rahel Vaarnhageen von Ense);她们都是各自文学沙龙的中心。这个时代最杰出的女性包括音乐界的范妮·亨塞尔(Fanny Hensel)——作曲家费利克斯·门德尔松—巴托尔迪(Felix Mendelssohn-Bartholdy)的姐姐,还有克拉拉·舒曼(Clara Schumann)。浪漫主义的音乐转向了较为短小的形式,并试图与诗歌相结合;在这种追求中,新的音乐形式艺术歌曲便繁荣起来;维也纳人弗朗茨·舒伯特成了这方面的大师。但我们无法去探访什么舒伯特的住所,因为他搬家搬得比贝多芬还勤,在三十七年的生涯中搬了十七次家,总是处在动荡和对孤独的巨大恐惧中;他尽可能去找朋友,实在不行的话甚至回到他不喜欢的父母家里。他几乎从没迈出过维也纳一步,即使出去也是去非常近的地方。1828年11月,贝多芬去世后仅一年,他便也去世了,但他已经成了一种新风格的代表。理查德·瓦格纳(Richard Wagner)讽刺说,他就像一块海绵,挤他一下,便挤出音乐来。但是让他出类拔萃的并不是他作品的数量,而是他作品的质量、深度,以及那呼出深情的每一个音符。从舒伯特身上我们看到,要跻身不朽艺术家的行列,并不一定要具备知识、教育、哲学或者对自然科学的了解;舒伯特懂得如何在他的音乐中探索人类生存中的一切高度和深度。"

"用表达他自己痛苦的方法吗?"贝蕾妮克问。

"为什么一定是痛苦呢?还有欢乐啊!但人们不仅是在音乐中开辟了新的道路,所有的艺术形式都反映了浪漫主义带来的世界观方面的转变;浪漫主义绘画的时代也开始了,我在此只提一下德国人卡斯帕·大卫·弗里德里希(Caspar David Friedrich),以后我还想再讲一个我挚爱的英国人。"

"您挚爱的人?这您可勾起我们的好奇心了。"

塞内克斯继续说:"可我们现在还在德国。在这儿,中世纪的历史、传说和童话被发现了,并被做了艺术的加工。以前从没有过这么多的小说、这么多重要的小说家——在法国有司汤达、巴尔扎克(Balzac)、维克多·雨果;尤其是雨果,他说过:'让我们把锤子砸在旧的理论、体系和诗艺上!让我们把遮盖艺术真面目的旧墙饰拉倒!'他以此要求超越古典诗艺。在德国和英国,浪漫主义文学也欣欣向荣。我首先得提的是克莱斯特和诺瓦利斯。在英国,瓦尔特·司各特(Walter Scott)为历史小说奠定了基础,成为浪漫主义典型的有雪莱(Shelley)、济慈(Keats)和拜伦男爵(Byron)。要我选出该讲给你们听的人是越来越难了。我不能略过英国年轻的狄更斯(Dickens)、萨克雷(Thackeray)、勃朗特姐妹(Brontë),俄国文学以普希金（Puschkin）、屠格涅夫（Turgenjew）、陀斯妥耶夫斯基（Dostojewski）和托尔斯泰（Tolstoi）赢得了世界声誉。从狄更斯和陀斯妥耶夫斯基那里我们可以看到浪漫主义到现实主义、自然主义的过渡。"

"我想，这也和现实世界有关。"斯蒂芬插话道，"由于技术的发展，现实世界肯定有了巨大的变化！"

"最主要的是，十九世纪文化的发展深深地刻上了科学技术成就以及工业发展中的新发现、新发明的烙印。人们对电子技术有了最初的认识。煤气带来了光。人们学会了从石煤焦油中提取人造颜料和药物，并开始制造钢和铝。科隆（Köln）工程师尼古劳斯·奥古斯特·奥托（Nikolaus August Otto）设计出了内燃机；另外，照相术发明出来了——它不是力量型的，但却以另一种方式对世界进行了革命"

塞内克斯考虑了一下："我现在应该把你们往哪里引呢？我们去过了魏玛的歌德和席勒那儿，他们代表了德国文学的一个时期。我们也去过了贝多芬那儿，他是维也纳古典音乐的高峰。但总的来说，歌德、贝多芬和——我现在要提一个新名字了——黑格尔的时代正是德国历史以及欧洲历史的高峰。在这之前，自文艺复兴和宗教改革以来，德国再没经历过类似的繁荣，三十年战争带来的严重后果给它造成了太过深重和持久的创伤。另一方面我又想带你们去英国伦敦，但既然我们不能跳过哲学家黑格尔，而且讲过一段文学和音乐后再讲点哲学也不错，那我就先带你们去柏林。我的朋友们，到我们那座有魔力的房子里去吧！"

唯心主义

令人振奋的清新，澄澈的光明

塞内克斯走向他们不久前才离开的房子。他们迈进走廊，走廊被一支蜡烛照亮了。塞内克斯引着他走上另一个方向："我们往东北方走！"

当他们再次走出房子的时候，立刻便感觉到空气的变化。和维也纳弥漫着烟雾的空气相比，这儿的清新令人振奋，明亮的天空是那样澄澈。

"柏林！"塞内克斯喊道，"普鲁士最大的城市，它在欧洲的影响自拿破仑失败后越来越大。普鲁士成了德意志的领导力量。古时候，雅典在波斯战争后一度成了古希腊的文化教育中心；而这时的柏林就是这样一个历史时刻的雅典，一个思想的中心。人们开玩笑说：'世界精神乘着一辆车来了，在弗里德里希·威廉大学黑格尔教授的课堂里下了车。'"

他们面前呈现出一个宽阔的广场，其尽头是一座宏伟的建筑，高高的栏杆把它与外界隔开，两个侧翼在建筑主体前围出一个场子。主楼中间的入口处装饰有六根柱子，一直伸到三楼处；带状缘饰之上是六个雕像。

"这就是柏林大学。它成为德国在人文科学方面举足轻重的高等学府，而黑格尔也在其中起了很大作用。"贝蕾妮克、罗曼和斯蒂芬不由得想起了近一个星期前——或者说两千年前——看到的毕达哥拉斯在克罗托内（Kroton）建立的"社团"，因为，和那儿一样，在这儿他们也遇到了进进出出的年轻人。但两者的差别可大了：在克罗托内的阳光下，年轻人都显得很开朗，穿着轻捷而透气；尤其是，那儿的女孩子几乎和男孩子一样多。可在这儿几乎看不见什么女孩子，充其量有那么一两个，还捂得严严实实的，让人从远处根本认不出她们是女的。她们的裙子长得一直拖到了地面，她们的胳膊一直到手腕处都遮住了，衣领则又高又紧。她们的头发梳得紧紧贴着头皮，并且藏在帽子底下。至于她们的眼睛——她们的目光一律直盯着地面，决不会去看哪个青年男子，更不用说向他微笑了。

庄严的大门通往一个授课大厅，里面已经坐得满满的，讲座一定是马上就要开始了。

讲台上的教授"蹲"在那儿——总之姿势很怪，你不能说他是"坐"着。

"这就是格奥尔格·威廉·弗里德里希·黑格尔。"塞内克斯将声音放轻了一些，

"他的讲座被视作是无聊的，但却又那么重要，以至于引来了越来越多的听众。最后，全欧洲各国的大学生都来听了，因为黑格尔建立起了康德之后的最为完整和最有影响的思想体系。作为老师，他不那么让人喜欢，而且演讲起来也很一般，这，你们马上就能听到了；而对女大学生，他根本就是全无好感。他和奥古斯丁及托马斯·阿奎那一样，始终囿于对女性的传统偏见，认为女孩子的命运就是结婚、只有结婚；她们的爱情与婚姻必须是一致的。按照他的观点，男人与女人的差别就像动物与植物的差别一样大。"

"哼，这可是越来越妙了！本来我还指望一个哲学家能批判、超越他那个时代存在的弊端，为一个更好的未来设计蓝图呢。"贝蕾妮克脸都气红了。

"那时候的人普遍认为不能为此指责他。他并不敌视妇女，反而和一个比他年轻二十岁的市民家庭的女儿过着幸福和感情深厚的婚姻生活。婚前在耶拿时，他和女房东生有一个私生子。那是个男孩子，黑格尔毕竟承认了他并且把他接到家里。此外他还就爱情说过一些很动人的话：'爱情的真理是什么？爱情真正的实质就在于失去了对自我的意识，在另一个自我中忘却了自己；然而在这个自我消失的过程中、在这种忘我中才真正找到了自我并拥有自我。'"

"这听起来确实不错，但这不能为他在妇女面前的狂妄态度开脱！"

"我们究竟为什么来黑格尔这儿呢？"罗曼这时插上了一句。

"因为他是德国唯心主义的思想大师。"

"怎么理解'唯心主义'这个词呢？唯心主义的代表是否都是那些我们所理解的理想主义者、或多或少与世人格格不入的狂热分子呢？"

"不是的。这个词来自'理念'这个词。位于这一体系中心的是绝对，而且是绝对的理念，是自然，是精神。'唯心主义'指的是这样一种哲学：它的出发点是，一切都可以由理念和理想导出来并为它们所解释，包括存在和世界观。"

"也包括实际生活吗？"

"是的。也许不说'生活'，而说'实际生活的态度'更好些。作为价值，理想应该决定人的行为以及个人的判断；人的生活应该遵循伦理的和审美的理想。与极端唯物主义相反，唯心主义认为，一切事物——包括物质——能够存在都是由于非物质的存在，也就是精神，精神的实质则被定义为自由。"

"那黑格尔怎么说？"

"他为此发展出了最为全面的哲学体系之一，斯蒂芬。而且，他的思想方法对人文科学以及政治社会思维产生了很大影响。"

"这是什么意思？"

"黑格尔的基本思想是，任何一个正题都必然生出一个反题。他那部被说成是既令人信服、富于挑战性又艰深难懂、令人泄气的主要著作对马克思、克尔凯郭尔

(Kierkegaard)、海德格尔(Heidegger)和萨特(Satre)产生了巨大的影响。马克思和恩格斯(Engels)接受了黑格尔的辩证法,但却把绝对唯心主义整个颠倒了一下,赋予辩证法以唯物主义的基础。卡尔·马克思相信,相互竞争的经济体系必然会相互撞击,社会主义终将占上风。黑格尔对基督教,尤其是新教神学也有深远影响。但你们还是先好好看看他,更重要的是听他讲几分钟。他今天上的可以说是本学期的最后一次结语课——对你们来说也是如此。他会给他的主要思想做一个概括——也许有些脱离了前后关联,但我还是希望你们能有所收获。"

一切现实的都是理性的,只有理性的才是现实的

贝蕾妮克发现,黑格尔是多么怠懈忧愁地坐在那儿,而他说起话来又是那么仓促。他不停地清嗓子、咳嗽,干扰自己的讲课,句子与句子都像是割裂开的,费了很大的劲才乱七八糟地说出来,成了断片。一个个词和音节好像都很不情愿被说出来,但还是被他那带着施瓦本方言的平淡声音赋予了某种强调,表现出它们的重要性。

三个年轻人感到,要想集中精神听他讲是件很难的事——是的,开始时他们越是听,越是竭力集中精神,就越是听不懂,罗曼恨不得溜出去才好。他先想,还是照顾一下塞内克斯的情面吧,可后来,他的好奇心上来了,而且渐渐地越来越强,终于变成了兴趣。

塞内克斯小声说:"黑格尔讲的东西主要出自他的主要著作《精神现象学》,但也掺进了其他作品中的思想,主要是《哲学全书》中的。他坚信自己把乍看之下一片混乱的丰富的精神现象归到了一个科学的体系之下。《现象学》连同他的《逻辑学》是德国唯心主义和哲学史上最重要的著作。在《现象学》里,他研究了不同精神现象的形式及其阶梯式的自我意识过程。他描述了意识从健康的人类理智出发,发展为哲学家的真正知识的过程,以此为哲学科学奠定了一个基础。"

现在他们开始认真地听了起来。黑格尔用他那种仓促的方式说着:"自然生活和精神生活的一切现象都可以从精神的实质中推导出来。全部的现实是绝对精神的自我发展、自我展开,其基本前提是,一切现实的都是理性的,只有理性的才是现实的。"

塞内克斯又转向罗曼:"这是黑格尔最重要的一句话——至少是他被引用得最多的一句话:'理性的是现实的,现实的就是理性的。'"

那哲学家埋头在他面前那些纸里找着,然后接着说:"哲学的意图是,正确对待现实。在现实之中有很多负面的东西,自然法则与我们对人道主义的设想相对立,

而当精神在血泊之中跋涉的历史时期，这情况就更加严重。我们今天研究的对象之一是'全体'，我视其为世界精神，这样我就可以说，真实的就是全体。一棵植物的真不在于它的芽苞，也不在于它的花或果实，不在于任何单个的部分中，而在于所有这些的集合。'真的'必须被理解为时间的系列。芽苞、花和果实是顺次出现的，它们是一个发展过程中的必要时刻。如此，上帝也不是'存在'着，他是'形成'着，他在通向我们的路上。他曾被看成是超越时间并因此而超越自然史和人类史的主，现在却被归在时间之内了。上帝也处在时间之中。"

罗曼皱着眉头喃喃说道："主啊，你的话真够晦暗的！"

黑格尔像是找不着线索了，把那些纸翻来翻去，然后含含糊糊地继续说下去："关于我们的逻辑学，我的理解和以往人们的理解也不同。我在我的逻辑学里试图阐述的，是上帝在造世界之前便有了的思想。亚里士多德把逻辑学理解为由概念、判断、结论组成的关于思想形式和法则的学说，但这只是逻辑学的一部分，因为作为一个整体，逻辑学关注的不是人类思维的形式或内容，而是精神，是超越了时间和空间而处在纯粹的'自在状态'的理念；因此概念和逻辑表述都不是思维形式，而是客观实体。世界精神的发展分三个阶段：第一阶段是世界被创造出来之前的精神，它是逻辑的对象；第二阶段是处在'外化'之中的精神，也就是它经过过渡变成它的对立面，变成自然，它是自然哲学的对象；第三个阶段是回复到自身的精神，处在发展的顶点、哲学的顶点，能够通观完整过程的全貌，它是精神哲学的对象。"

"好家伙！"贝蕾妮克叹了口气。

罗曼抽抽鼻子，从眼角里瞥了贝蕾妮克一眼，充满理解地扬起一边的眉毛。

"黑格尔在耶拿写了《精神现象学》，而且是在法国军队步步逼近的时候。"塞内克斯小声说，想帮他们更好地理解那位伟大的哲学家，"黑格尔亲眼见过拿破仑一次，他给朋友的信中写道：'我看到那位皇帝、世界之灵魂骑马出城去巡察。事实上能看到这样一个人的感觉真是好极了，他在这里骑在一匹马上，聚精会神于一点，志在统治全世界……他从星期四到星期一所获得的进展，只有他这个非同寻常的人才做得出来。'"

黑格尔一副筋疲力尽的样子，继续讲着："重要的是把握现实的中心，重要的是按辩证的步骤进行思维的技巧，这些步骤依次分为正题，反题，最后在合题之中两者和解。存在的一切维度都在一个统一整体中辩证地统一在一起。人类的所有思维和现实都充满矛盾对立，唯有矛盾才使更高意识的发展成为可能；通过对立与综合的辩证过程，世界走上通向完美的道路。"

克服、保持、上升到更高阶段

塞内克斯又轻轻地对他的三个伙伴说:"这太重要了:在《精神现象学》里,黑格尔就运用了他独特的辩证法方法,根据这种方法,三个步骤正题、反题、合题带动发展,在发展的过程中扬弃了必然出现的对立。'扬弃'这个概念有三层意思:克服、保持、上升到更高阶段。"

黑格尔好像又一次失掉了线索,结结巴巴地往下说着,不停地翻着他的本子,一会儿往前翻,一会儿往后翻的,也不知在找什么:"在思维的出发点,也就是在对爱情的追问中——爱情既是人类道德的表现,也是一种自然的需求——就实际存在着对立与和解。此外我相信在历史和各个民族的生活中有一个终极的目的。人类的理性和外部自然是一种绝对的两面,我称这种绝对为上帝。在此我指的是一个世界中的上帝,一个世界精神,它原本是统一的,后在历史中作为反题被分解为两种形式。不只是人类的理性,从根本上来说自然也是精神的。哲学认识到,作为一个整体的绝对精神历史地产生分化,于是精神作为历史发展的综合,找回自我。我说'理性的就是现实的,现实的就是理性的',意义就在于此。"

"对黑格尔的批判也正在于此。"塞内克斯解释道,"因为他指的不可能是现实,而只是他的哲学思维。但我们具体的人不仅是认识着的动物,也在实际行动着,对我们来说,现实自身总是矛盾的,而且也还没有处在发展的末端。"

"现在您也像黑格尔一样说话了。"贝蕾妮克被逗得小声说道。

黑格尔还在那儿讲,深灰色的便装都从肩上滑了下来:"现在我还要给你们说说我的最爱——这就是哲学。我的理想不是圣徒,而是智者。我不承认人类理解力的未来发展有界限。目标,也就是绝对知识,或者说知道自己是精神的精神,在它的路途中拥有不同精神的记忆。但在达到这个顶点之前很久,哲学就会认识到,真实的世界不是我们看到、触摸到的那个世界,而是由关联与规律性构成的,他们赋予世界秩序和尊严以及没有写出的法则——这些法则让太阳和星星运行,并构成非人的世界精神。哲学家会忠诚地为这一绝对理念服务,并在其中找到他景仰的对象、他的自由和一种平静的满足。"

"阿门!"贝蕾妮克嘟囔道。

"这听起来确实像宗教——反正我是这么看的。"斯蒂芬小声说。

"你们最好是听他自己说。"塞内克斯回答,话音里带着柔和的责备。

哲学是上帝的现实的完成

黑格尔继续讲下去。他脸色苍白，死气沉沉，但并不是被激情，而是被持久的思想、怀疑、寻找、摒弃弄成这样的。"我看到了绝对知识和形而上学之间的综合，在这里我也把艺术和宗教包括进去。对我而言，不仅有以抽象和测量为手段的对事物的掌握，还有文学语言向我们指出的知识或问题，由它们出发，人的需求要求我们在神学的思考中去思索人的有限性。有一段时间人们很清楚这是另一种知识，和只建立在数学、逻辑学基础之上的知识不同。人们从一开始就认为，在这里不能用与自然科学中相同的思维方式去认识，这里需要另外一种才赋。我的宗教哲学，我可以这样来概括：作为宗教发展最高阶段的基督教的内容与真正的哲学的内容是完全一致的。全部的哲学不是别的，就是证实基督教以其为中心的真理：上帝是爱、精神、实质、主体和永恒回复自我的过程。对我来说，哲学不仅是为人服务的绝对知识，也是上帝的现实的完成。"

斯蒂芬迷惑地把一条腿架到另一条腿上，扶正眼镜，罗曼则已经在他的位子上往前滑到了不能再滑的地步。

"如此，哲学之哲学，即人与神精神的自我认识在我思想的尽头便面临着一个哲学家所能面临的最高任务。此外，宗教就是一个民族定义在它看来是真的东西的处所；因此，这种关于上帝的观念就构成这个民族存在的基础。"

斯蒂芬怀疑地望着塞内克斯，小声问："这是不是意味着黑格尔是信教的？"

"不能这么说。黑格尔晚年远离了宗教。他虽然还承认宗教对性格形成及社会秩序的意义，但他太重视理性了，以至于神学的不确定性、圣徒的痴迷、对震怒的上帝的敬畏和僵化的仪式对他都不再有什么意义。青年时的他与荷尔德林（Holderlin）、谢林同屋时，曾和他们一起为法国革命欢欣鼓舞。到了成熟的年龄后，他便致力于让基督教信仰和他的辩证法相一致。"

"他成功了吗？"贝蕾妮克问。

"不太成功。他的追随者后来把他的上帝解释为非人的法则或宇宙的理性，把不朽解释为人在尘世造成的持续影响。尽管如此——在他看来，革命犯了一个错误，那就是把宗教宣布为它的主要敌人；而他认为宗教是理性自我呈示的最高表现。"

黑格尔的前额、双颊，甚至是嘴边，都像是布满了皱纹。有时他的身形使他显得很衰老。但是当一个思想抓住他的时候，他的脸就会在刹那之间生动起来。他直起身子喊道："生活的目标不是幸福，而是完成。如果一个伟大的人物出生在一个恰当的时代，他就会推动发展——即使他害得整整一代人遭殃。"

他沉默片刻后，又断断续续地说下去："哲学要把握当前的事物，而不是假设彼岸。国家作为当前的事物，应该作为一个自由的王国去统治——是通过法律，而不是通过专断。但哪里有法则，哪里就有理性——也就是可以被认识的和应该被认识的理性。所以我要再说一遍：'理性的是现实的，现实的是理性的。'全部现实都处在形成的过程之中，它不是巴门尼德（Parmenides）那个静止地存在着的世界；他宣扬实体的统一和永恒；现实是赫拉克利特（Heraklit）的那个形成中的流动着的世界。"

"他指的是那个说'Panta rhei'——'万物皆流'的哲学家。"塞内克斯低声说。

"全部的现实，所有的思想和事物，历史，宗教和哲学都处在不间断的发展中，而且是通过消除内部的矛盾，通过不停向复杂阶段迈进的步伐。"

"这让我觉得很现代。"斯蒂芬喃喃说道，"但是永远向复杂阶段迈进——这不是熵的反面了吗？"

塞内克斯震惊地看了那男孩子片刻。"这真的会把一切都头朝下颠倒过来，这值得好好思考。"然后他又接着说："在此黑格尔暗示的又是他的辩证法，以及由正题、反题、合题组成的谈话艺术：一个思想自身也包含着它的矛盾，发展它，与它做斗争，最后二者统一起来，形成一个新的、然而同样会变化的形式。"

这时，黑格尔就好像听到了斯蒂芬提出的质疑似的，紧张地说："我把历史分成三段：东方的、古希腊罗马的以及基督教的。在它们的先后顺序中，我看到了持续的发展。在东方世界，一个人有统治其他人的自由。在古典时期，某个阶层可以让其他人做奴隶，臣服于它。基督教世界则追求所有人的自由，因为每个人都拥有一个灵魂。"

"这么说可够大胆的。"斯蒂芬喃喃说道。

为所有思考着的人升起的太阳

黑格尔紧接着又把他的话校正了一下："但在奴隶贸易这件事上，这一追求遇到了抵抗，直到法国革命这一冲突才从世界上消除掉。出于这个原因，我甚至要为这场变革唱颂歌——或者最好是说为这场革命的头两年。这是一次壮丽的日出，所有思想着的人都共同欢庆这个时代。后来盲众的暴力行为使这次日出变得阴暗，但血污终于被洗清了，重要的一步向前迈出了。"

"黑格尔认识到了法国革命带来了什么样的改善——包括给德国人带来的改善。"塞内克斯解释道，"比如拿破仑的《法典》，许多封建特权的废除、人和财产方面更大的自由。"

可以感觉到，黑格尔快要结束他的讲座了，为此，他很是高兴，说起话来也放松多了："世界历史的进程——我已经说了——是一个意义重大的、有目标的事件。世界精神为了实现它的目标所运用的手段，是单个人的行动。位于非历史的个人之上的是世界历史上的重要人物。但是他们以为他们只不过是在追求自己的目标，实际上，'狡猾'的理性利用他们为普遍的目标服务，他们只是在执行世界精神的事务。出于激情，他们在他们的路上践踏了一些无辜的花朵，摧毁了很多东西，这只会让那些不理解什么是真正的伟大的学校老师烦恼。天才不是榜样，但他们也不是沾沾自喜的自私自利之徒。拿破仑不只是为了征服而征服，他是——不管有意还是无意——欧洲寻求统一和共同法则中的开路先锋。但天才如果不能体现时代精神，那就毫无办法。而个人则是代价，是牺牲；他们的自由只在于他们成为一个普遍的道德整体的成员——现在，我的朋友们，我要结束了。哲学提出的唯一的思想是单纯的理性的思想；理性统治世界，世界历史的进程也是理性的。在世界历史中，现实也是理性的，是唯一、必然的发展结果。"

"对此我可表示怀疑。"斯蒂芬嘟囔道。

那哲学大师就像卸下了一副重担似的把他的本子匆匆归置到一起，把歪歪斜斜的便装拽正，然后便离开了课堂，根本没注意听众的鼓掌声和劈里啪啦合上桌子盖的声音。

塞内克斯也迅速站了起来，学生们还在往书包里塞他们的纸张、书本时，他已经和三个年轻人离开了大教室。在大学前面的场子上，投在沙子地面上的栏杆影子长长的，像某种装饰似的。

激进的学术三人帮

塞内克斯指了指一段凸出的墙，他们半站半坐地靠了上去。塞内克斯开始解释了："黑格尔晚年在柏林教课。你们已经听出来了，他是施瓦本人，一辈子也没去掉他的口音。但他在生命的最后几年声明他认为普鲁士国家是理想的政府形式，认为它实现了自由。我给你们讲了，他年轻时曾为法国革命感到欢欣鼓舞。革命爆发时他十九岁。"

"那时他和荷尔德林、谢林是同屋？"

"对，那时他在蒂宾根神学院学神学，与哲学家谢林和诗人荷尔德林组成了一个快活而激进的学术'三人帮'，他们不只欢庆法国革命，也为上帝重新下了定义，将斯宾诺莎、康德和费希特的学说重新混合起来。黑格尔后来不再想成为神职人员，这当然毫不奇怪，因为自由的思想对他的影响太大了。除了斯宾诺莎外，他还读了马基雅维利（Machiavelli）、霍布斯（Hobbes）、莱布尼茨、孟德斯鸠（Montesquieu）、洛克（Locke）、伏尔泰、休谟（Hume）和康德的著作。比起今天，那时候人们对读书看重得多，黑格尔勤奋地读那些书，而他那本来就动摇不定的信仰被这些怀疑主义者弄得更动摇了。他很年轻，充满了矛盾精神，他成了异教徒。巴士底狱被攻占七年后，他写了《耶稣的生活》，但有很长时间都没有拿出去发表。在这本书里，他对《圣经·新约》进行了激烈的攻击，以此抢了他后来的学生大卫·施特劳斯（David Strauss）的先。黑格尔描写的耶稣是木匠约瑟和玛丽亚的儿子，而不是上帝和玛丽亚的儿子。他拒绝相信耶稣那些奇迹，要么就是用自然的原因去解释它们。书的结尾是钉在十字架上的叛逆者被埋葬，而不是他的复活。但更重要的是，黑格尔那时就对上帝下了一个定义，而且后来终生没有改变过：对他来说，神性只在于纯粹的、无限的理性。"

"我觉得这听起来像启蒙运动。"

"只是，黑格尔是用唯心主义去填充理性的概念，而这是启蒙主义者那里所没有的。至于黑格尔的生活，我只想说，他先是受雇当家庭教师，后来，在歌德的帮助下，在耶拿大学得到了一个教书的职位，由魏玛大公爵供给薪俸。黑格尔的主要著作也是在耶拿写成的。离开耶拿，又在其他几个地方呆过后，最后到了柏林。六十一岁时，他在柏林死于霍乱。"

"这么说他也是医学落后、卫生条件差的牺牲品了。"贝蕾妮克说。

"而他居然还认为普鲁士是个理想的国家？"罗曼满腹狐疑地问。

"黑格尔认为，一般人没有能力自己选择能干的统治者，因此他拒绝民主。"

"他是个反动者吗？"

"这么说他不公平，我们应该考虑到时间和地点。在拿破仑之后的混乱之中，有竭力要恢复旧王朝统治秩序的反动政府。黑格尔大概已经老得不能再表述什么颠覆性的思想了，在他看来，用没有经过检验的理论或是盲众的统治来取代旧的统治形式，这太冒险了。他更希望有一个能保证思想的自由和宗教宽容的统治形式，但也仅此而已。他以他写的《法哲学原理》成了被承认的普鲁士国家哲学家。他忠实于自己'理性的是现实的，现实的是理性的'这一思想，他把普鲁士国家说成是历史发展的高峰。"

"我想不是哪儿的人都喜欢听他这么说！"

"但是，他把建立一个自由的立宪君主国的主张与建立宪法政府、废除农奴制、承认犹太人的主张联系起来，我对此评价很高。"

"确实。"贝蕾妮克的脚尖在地上划着一个图案。

现代存在主义之父

"黑格尔对普鲁士国家的尊重为俾斯麦铺平了道路。不管怎么说，我已经暗示过了，索伦·克尔凯郭尔、卡尔·雅斯贝尔斯（Karl Jaspers）、埃德蒙特·胡塞尔（Edmund Husserl）、马丁·海德格尔和让—保尔·萨特都在《精神现象学》中清楚地看到了人在世上的生存竞争，在这个世界里，人必须得在没有上帝指引的情况下自己寻找出路。在这个意义上，黑格尔是现代存在主义之父，而存在主义最杰出的代表人物是法国人让—保尔·萨特以及比他还早一点的德国人马丁·海德格尔。但在说他们之前还要先说点别的。黑格尔是魏玛的教授，而歌德是他的国家部长，两个人结成了一种友谊。1827年，黑格尔去魏玛走访他的老朋友时讲道：'然后又走上美丽的公园里那条熟悉的、二十五年前走过的老路，问候小小的伊尔姆河的河岸和它的微波，听到那不朽的歌。'他以此证明了他有着一颗敏感的、容易接受诗情画意的心灵。而歌德也写到过柏林的黑格尔教授：'这个思想极其敏锐细腻的人很久以来就是我自然观点的朋友了，尤其是我在颜色问题上的朋友。'他在这里指的是颜色学。在另一封信里，他对黑格尔不能在魏玛呆得更久表示遗憾：'这样一个人的书在我们看来是模糊难解的，这是因为我们不能因为需要而去掌握它；但这将会在生动的谈话中成为我们自己的财富，因为我们会发现，在基本的思想上，我们和他是一致的……'"

黑格尔声称他反对牛顿关于颜色的学说，而赞成歌德的学说，歌德对此很高兴，给黑格尔写信说：'您是这样热情、这样坚定地赞同古老的、不过是由我重新提出来的颜色学说，这令我不得不对您表示双重乃至三重的诚挚谢意，因为要再次让公众听到我对这一研究对象的见解，我需要朋友和赞同者。'"

"连天才也不能没有人赞同！"

"黑格尔也不行。虽然他讲起课来漫不经心，话也说不清楚，他还是一个受欢迎的客人。在他死后，黑格尔学派兴盛起来，但并不是一个统一的方向，而是分裂成两个对立的派别——'黑格尔右派'和'黑格尔左派'。'右派'是尊重黑格尔的每一个字的好学生，只是在对《圣经》的历史批判方面与黑格尔有分歧，与之相反，'左派'则加强了黑格尔对宗教和政治正统派的进攻；'左派'对黑格尔统一上帝与理性的做法做了如下的阐释：自然、人和历史都服从于不可更改的、与人无涉的法则。他的学生费尔巴哈（Feuerbach）是这样说的：'关于上帝的知识是人自身的、关于他自己的本质的知识。'这意思是说，宇宙的理性只有在人的意识中才存在，只有人才能想出宇宙的法则。与之不同，马克思则把范畴的辩证发展转变成对历史的经济学阐释，据此，阶级斗争是历史的主要承担者并挤走了英雄人物；他对黑格尔的了解只限于他的文章。"

"现在我清楚您为什么向我们介绍黑格尔了，即使他很难懂，但他还是能产生这么大的影响，这真是太棒了。我想，人们肯定是发现他的思想很好，好得使他们忘掉了他艰深的表达方式。"

"好,在此我还可以引用叔本华(Schopenhauer)的话;针对康德,他认为人可以认识到,阴暗的不总是无意义的;但他接着说——你们好好听着——'过去人们只在疯人院里听到过的全无意义的胡诌、胡凑在一起的唇枪舌剑,终于在黑格尔这里端到桌面上来了,成了最笨拙粗俗的故弄玄虚的工具,获得了让后代看来传奇般的成就,始终是德国式'Niaiserie'的一座丰碑。'"

"原来不只是作家互相咬,哲学家也这样。"罗曼笑着说,抓抓后脑勺,"请问'Niaiserie'是什么意思?"

"意思是'瞎扯、胡闹'。"塞内克斯回答说。"但我觉得用这个来总结黑格尔是不恰当的。叔本华是个出色的思想家,如果不考虑他对黑格尔的这番猛烈批判,倒值得听听他对人的悲观主义见解。"

"这您说过了。"斯蒂芬回道。

否定,进步的一个必要因素

塞内克斯学贝蕾妮克的样,在沙子上画了一个正方形。"我还得补充一点重要得多的东西。黑格尔在世界历史中看到了上帝存在的正当性。对他来说,解释这一正当性的作用就是理解世界上的弊端,包括恶。比如,他指的是1755年摧毁了里斯本的那场地震、在拿破仑的战场上阵亡的人,甚至整个民族被征服者屠杀净尽说到底也是合乎理性的事。他想要以此把思维着的精神与他在世界里到处看到的负面消极的东西和解,因为他把否定看成是进步的一个必要因素。"

"好啊,谢谢!"贝蕾妮克抹掉了她的图案。

"啊,您要说的在这儿呢,塞内克斯——黑格尔恰恰是以他的这一观点为纳粹狂徒和希特勒屠杀犹太人提供了辩护词。他们可以按自己的理解看到黑格尔那里写着,大屠杀虽然是残酷的,但说到底却是理性的,因而是必要的!"

"事实上就是这样,斯蒂芬。黑格尔的《精神现象学》也经常被拿出来与歌德的《浮士德》做比较。在《浮士德》中,梅菲斯托说他自己是一股总要做恶事,但却总是创造出好的东西的力;这样可以把这话颠倒过来,说黑格尔是总想做好事但却做了恶事的力。"

塞内克斯点点头:"我们本来还应该讲讲费希特和谢林,他们和黑格尔一道是那时期德国哲学的三颗巨星。但在选择的问题上我又为难了。费希特是三人中年纪最长的,但他作为一个人和一个作家比他的著作更有意思;他也在耶拿教过书,是个令人着迷的演讲家,但也许太热烈,太容易激动了。谢林称他是一个'非常受欢迎的作家'。从他的书中可以读出一个失去了他的信仰、正在信仰与怀疑之间寻求一条道路的人的渴望。他越是上年纪，就越是倾向于基督教的虔诚和爱国主义。让他出名的主要是他的《对德意志民族的演讲》，其中，他想要唤醒德国人对他们的历史的自豪感，但这一点应该说更属于政治领域，因为他以此激起了人们与拿破仑做斗争的热情。出于这个原因，德国民族社会主义者宣称他是他们最喜欢的哲学家之一。"

"您对谢林有什么可以说的？他是不是比较重要？"

"我们可以这样说：对他那个时代来说，他肯定更重要些。你提这个问题，贝蕾妮克，这让我觉得很合适。谢林接近浪漫主义者，他赞同肉体的兴奋，公开承认女性的美在精神和肉体两方面都令他激动。谢林不能设想精神与物质可以统一起来，觉得它们中的一个可以导致另一个是不可想象的。他所看到的精神与物质是一个复杂、统一的现实的两个不同方面。他丝毫看不上一种仅仅诉诸于理性的哲学，认为这样的哲学不可避免地会引回到斯宾诺莎，而对他来说，斯宾诺莎的逻辑是如此僵化，简直没有任何活力。他认为力和能量是物质和精神的实质，并认为一个始终存在的上帝既不能是物质也不能是自为的精神，而是由无数力量统一起来的物质与精神的统一体。谢林以这种基本观点写的《自然哲学》既是关于诗艺，也是关于哲学的一部著作。他为所有那些被科学征服并搞糊涂了的、渴求信仰的人寻找一种新的、超验的确定感。黑格尔死后，谢林在柏林顶替他的哲学教席达十年之久，步入高年的他成了神秘主义者。但他没有能力吸引他的听众。当时世界的变化简直是疾风骤雨式的，物理和化学上的新认识、新发明一个接着一个，各种科学都经历了繁荣。查尔斯·达尔文（Charles Darwin）的著作不久就要从根本上动摇旧的世界图景的根基。有些东西你们还会看到的。"

"这么说又要去英国了？"

"是的，但不是马上去查尔斯·达尔文那儿，因为我迫不及待地想向你们介绍我最喜欢的画家，他的大胆和现代性，直到今天还有影响。"

"我都等不及了，您快讲吧。"

"他就是威廉·特纳（William Turner）。"塞内克斯说，然后停了片刻，就好像他要充分欣赏这个名字的声音效果似的，"走吧，我们去伦敦。要知道，我本来很犹豫，因为我们去威尼斯也可以，因为威廉·特纳在那儿画出了最美的威尼斯水彩画。本来也该提及的丢勒（Dürer）虽然比他去得早，但没有在威尼斯画过水彩画。不过我还是要提醒你们别忘了他在越过阿尔卑斯山去南方的路上画的水彩画。好，走吧，我的朋友们，穿过我们的魔术房子。"

比马车还快

　　穿过走廊，他们走到另一扇门前。等他们再次到了露天下的时候，迎接他们的是一个雾茫茫的、风雨欲来的夜晚。空气滞重地压迫着他们的肺，空中还弥漫着烟尘、烧木炭火的味儿以及从烟囱里出来的浓烟。他们站在港口的防波堤上，左右都是好几层高的库房，其中伸出些滑轮，样子像绞首架。坚硬的铺石路面上，一辆辆载着板条箱的马车、手推车来来往往，酒桶滚来滚去，黄麻卷摞得高高的。码头墙边，下了锚的帆船桅杆晃来晃去地在水面上悠荡。海鸥、燕鸥、乌鸦在这一切之上盘旋、尖叫。

　　一只带两个轮子的架子辘噪着从广场上穿行而过，轮子之间坐着个戴高礼帽的男子，两腿不停地蹬着。塞内克斯指着让三个年轻人注意看："这是最早的真正的自行车中的一辆。巴登（Baden）的管林员德莱斯·冯·绍尔布隆（Drais von Sauerbronn）男爵已经设计出并试验了一种'跑轮'，它在1817年得到实验。冯·绍尔布隆认为，人跑的时候如果不需要抬起全身的重量，跑起来就会更轻快；因此他相信，一个坐着的司机只需要较少的力气，在耗费相同能量的情况下，能比用两条腿走路的人前进速度快。可当时街道还很差劲。你们现在在看到的是经过进一步发展了的———辆带驱动后轮的脚蹬子的自行车。它是苏格兰的一个名叫科尔克—帕特里克·麦克米伦的铁匠制造的。当然它还没有完全成熟，还没有安上弹簧，但它已经有了可以用的车把。你们眼前这个骑车人的速度已经超过马车了。"

　　似乎为了证实塞内克斯的话似的，立刻就不知打哪儿出来了一辆马车，只由一匹马拉着跑过广场。骑车人毫不费力地超过了它。"这是当前最受欢迎的马车类型。它只有一米二宽，可以坐两个人。底盘很低，使上车、下车更加容易。最早的汽车就是从这种方便的结构方式发展来的。"

　　骑车人消失在一堆板条箱后面了，就像舞台上的木偶消失在幕布后面。马车则驶向一艘废弃的帆船。一个拎着一只小箱子的男子跳下车来，匆匆跨过甲板上一块窄窄的木板。

　　"这可能是一个医生，被人召来看病人的。"塞内克斯喃喃说道，"这种所谓的'布鲁姆'有篷单驾四轮马车（Brougham）尤其为医生所重视，因为它令他们可以更舒服地赶到病人家里去。"

　　右边一条两侧都是房子的街道通到广场，从那里又出来了一辆由三匹马拉的车，长长的蓝色车厢，他们还从没见过。车不仅在后部有一扇很宽敞的门，而且还有几节盘旋式的台阶通到车顶。车顶上有护栏，围着几只板凳。车停下来，门开了，几个人跳下来，同时车顶上也有乘客站起身来；其中也有妇女，拽着她们长长的裙子走下台阶。

"这是世界上第一条公交路线。"塞内克斯解释道。"你们肯定知道,'Omnibus'这个词来自拉丁语,意思是'为所有的人'——这也是造这种车的初衷——它应该运送所有的人,不管他们什么性别、什么年龄、来自什么阶层,只要他们交得起很低廉的车票钱就行。不过车还是由马拉的。这条线 1828 年起运行,一次可以运送二十二名乘客。伦敦已经是一个百万人口的大城市了。短短三十五年后就有了第一条地铁线——当时的发展就是这么快。"

"那我猜,人们大概头都搞晕了。"

"英国也有了第一条铁路,从利物浦(Liverpool)到曼彻斯特(Manchester),1830 年,这条线上就有了第一个客运火车站,以唤起人们对这种新式交通工具的信任。火车站是用石头造的单层建筑,有宽大的窗户、柱子和装饰。在这些东西以下三十米的深处——你得走无数的台阶——有两条轨道通到一个几公里长的隧道系统中。有八列火车为通车典礼做了准备,车上载了一千多名贵宾。斯蒂芬森本人驾驶了其中一个机车头。火车通过了一片漆黑的隧道,这就已经够轰动的了;虽然人们都很紧张,但还是觉得此行挺舒适的。悲惨的是一个事故给这件大事蒙上了阴影——一位贵宾摔了一跤,当天晚上就死掉了。尽管如此,车还是开到了曼彻斯特,并又返回,于昏暗的夜里到达利物浦。两天后举行了这条路线的公开运营典礼。在大洋彼岸,北美也兴起了铁路热潮。"

突然间,塞内克斯又把三个年轻人的注意力引向水边——一只帆船刚刚返航归来。只见一个中等个头的男子被绑在桅杆上。

塞内克斯解释说:"他并不是囚犯,这样做只是要保证自己不会被冲到水里去。"

可不,那人头也不抬,一味低头看着用一根皮带从他脖子上吊下来、水平置于他面前的板子。他正聚精会神地画着,帆船进港、靠岸、下锚一概与他毫不相关。他戴着顶很紧的皮帽、一件有防水夹层的长外衣以及高筒的橡胶靴。船停稳后,他才把自己解下来,踩着码头上的木板离开——一个黑色的身影,胳膊下夹着画板,另一只手里拎着个小箱子。他急匆匆地穿过广场,向左一拐,消失了。

"那就是他!"塞内克斯没做更多的解释,只说,"天黑了,而且天气也不好,我们最好就此找过夜的地方吧。今天够长的,我们这就去舒服舒服吧!"

他们今天的住处和其他房子左右相接,连在一起,简直认不出来。

第十晚
工业化时代

作为价值的印象

色彩、光与影

饭菜很好,量也很大,但是细节不值一提——要不是从维多利亚帝国时代的殖民地汲取了些烹调艺术的精华,英国菜就是那么回事儿。

"您还是再给我们讲讲那个看起来闷闷不乐的人吧!"贝蕾妮克提议道。

"就像我已经说过的,他工作时让人把自己绑结实。"塞内克斯回答道,"他要为大自然、波涛、激浪画速写,好让他能够回去后在画室里再现那些自然力的激荡——但并不是以精确到极点的自然主义的方式,而是将其作为印象来表现,作为'Impression'——我是有意用这个词的,因为这用在他身上很适合。直到拿破仑失败,大陆封锁取消后,他才得以从英国前往意大利,并且去了很多次。他在那里获得了重要的印象,我只提一下威尼斯和罗马。六个星期之中,他画了一千五百幅速写,并且在返回英国后对其中的一些进行了加工,在色彩、光与影方面做新的尝试,甚至让影子都说起话来。他也参观了卢浮宫,并为塞纳河(Seine)创作了光亮透明的水彩画。跟其他那些从不迈出家乡城墙一步的同行相比,他在这些旅行中学到了更多的东西。他统治了英国的绘画界,并且影响力远及欧洲大陆——虽然没那么快。他在色彩的丰富和大胆上超出了其他任何一个画家;他的大胆在于他几乎不再着眼于形状，而恰恰以此获得了极强的感染力。"

"我觉得，任何浅浅的勾勒比起精确的照相术来都更能激发人的想象力。"

"我也这么想，罗曼。特纳画上的轮廓越是模糊，它就越是能立刻给人以极其忠于自然的感觉——这就是他的令人惊叹之处。与他同时代的人却指责他只给出色彩，不给出形状，就连他的色彩也像是随意的信手涂抹，好像它们就是他表现的对象，而这，人们认为太少了。"

"我能想起来他的一幅画。"贝蕾妮克说，一边闭上眼睛，在脑海里搜寻着，"那肯定是在一个画展上，我记不清那画的是一道山脉、一座山、还是只是太阳和天空。光，也许还有云，黑色和黄色的云，笼罩在几乎看不见的山上。"

"他画上的房子和人往往只是暗色的小块儿、不显眼的斑点、笔道。"塞内克斯补充道。"而这样一来，自然就更是压倒一切，自然中更重要的则是天空。有时候你会以为他的画上除了太阳和云以外什么也没有，哦，当然也有山和波涛汹涌的海。但是，他把光线请到了绘画中，这是艺术上最伟大的发现之一。他创作了欧洲的油画和水彩画中光最充盈的作品。他向人们展示出，光线不仅是一种现实，也是可以用千差万别的方式去表现的激情。没有哪个画家对自然现象的了解能比他更多。他为艺术增添了匆匆易逝的光的效果——日出、暴风雨、薄雾，增添了一些以前从没有人用画笔和颜料创造出来过的自然现象，而且——我还要补充一下，以后也不会有人做得有他那么完美。"

"听您这么一说，谁都会相信特纳是一个印象主义者，比法国人还早。"

"我要说，特纳是一个技艺卓绝的印象主义者。就算我们再赞服法国的印象主义者，他们并不曾超越他。德加（Degas）、莫奈（Monet）、毕沙罗（Pissarro）和雷诺阿（Renoir）在几年后写信给一个伦敦的艺术商说，他们永远也不会忘掉，'在这条道路上，有一位英国画派的大师，著名的特纳，走在他们的前面'。特纳将一切都转变成纯粹的色彩，不只是光，感觉也变成了色彩；他反对持续了数百年之久的主题和样板，反对过时的规则，反对僵化的传统和奴隶般的忠实于现实以及由此而来的对想象力的蔑视，成了浪漫主义绘画在这种批判方面最强大的声音。我们很难想象这是怎样一个革命的过程，因为几百年以来，只有那些能够去抓，能够去摸，能够去接触的东西才被人们认为是现实的。"

"我们今天还是这样！"

"而艺术应该给人们造出这种错觉；所有得到公认的艺术都要求可把握性——要么是立体的，要么是清晰的线条。与威廉·特纳同时代的英国画家威廉·布莱克（William Blake）就曾说过：'如果不是正确的清晰线条'，那有什么能区分诚实和欺骗呢？特纳年纪越大，就越是执著于光的魔力；他画的对象几乎让人认不出来了，取而代之的是引人入胜的对色彩、光芒和深重的阴影的钻研。正是歌德的颜色学说激发他创作了几幅后期作品,其中的光和色几乎吞没了一切。他最后在威尼斯画的作品给人超凡脱俗的、先知一般的感觉。"

"您简直是陶醉了呢,塞内克斯!"

"可能,斯蒂芬。每个人都有他最喜欢的、偏爱的东西。你虽然可以说威廉·特纳几乎一点也不可爱,既不迷人,也没风度,但他是一块未经雕琢的宝石,是一个离群索居者。他自己几乎从不曾快乐过,并说过:'别人卑鄙地对待我。'只是到了我们,他的天才才被认识到,他之后的重大发展其实已经被他做到了。"

从艺术到技术的过渡

塞内克斯喝了一口红葡萄酒,这种葡萄酒是从法国进口的,其产地曾是英国人的地盘,一直到奥尔良的圣女贞德为止。

"人们那时候已经开始照相了,对不对?"罗曼问。

"对,而且我觉得,这一点是从艺术向技术的一个很好的过渡,因为照相术是技术方法,却介入到造型艺术之中,并对其影响深远,尤其是它从绘画那里夺走了一项重要任务。"

"摹写现实,对不对?"

"你说得对,贝蕾妮克。摹写现实——照相术在这方面确实做得更好,做起来也简单得多,精确得多。但是那时候还没有照相术。"

"那它是怎么开始的?"

"十八世纪初时,萨勒河畔哈勒城(Halle an der Saale)里一个名叫舒尔策(Schulze)的市民就发现了银盐类物质的光敏性。真正开始照相的是法国学者约瑟夫·涅普斯(Joseph Niepce)。1827年,他在一个锡盘上涂上一层沥青,然后放到一个'照相暗盒'里去感光。有光落在上面的地方,沥青变得不再溶于水,其余部分则被溶解,这样便留下了一个可见的图像。但涅普斯的'相片'还无法保存,直到1839年,一度是他的合作伙伴的法国画家雅克·达盖尔(Jacques Daguerre)才做到这一点。他的做法是把一张感光的银盘冲成正片,但是这种所谓的'达盖尔银版摄影法'也有缺点。"

"可我喜欢它!"贝蕾妮克喊道。

"但它是不可以复制的,那时候每一张'达盖尔银版照片'都是孤版,达盖尔还曾激烈地反对继续发展复制照片的方法。它们的独特当然使它们极有价值,但也限制了它们的可能性。起了改进作用的是英国的一个物理学家、化学家福克斯·塔尔波特(Fox Talbot),他在达盖尔之后仅五年就发明了冲出负片的方法,由负片可以再洗出纸质的正片。"

"照相术就开始乘胜前进了！"

"现在人们就可以拍摄风景、街道、建筑、人——男人、女人、贵族、工人——也可以拍交通工具、城市风光、时装，等等等等，而且可以随意复制。"

"这便有了风景明信片！"

"旅行摄影迅速流行起来，尤其是因为旅行也越来越普遍。摄影成了人们的一种激情，到处都可以看到男男女女带着装在三角架上的盒子，庞大而样子奇特；他们把头钻在一块黑布里，在承影毛玻璃上把他们的图像调清楚——那可能是在布朗峰（Mont Blanc）前，可能是在埃及吉萨（Gizeh）的金字塔前，也可能是在那不勒斯湾（Neapel），让冒着烟的维苏威火山（Vesuv）做背景，或是在雅典卫城的帕提侬神庙（Parthenon）。你说得对，贝蕾妮克，旧照片对我们来说有一种魅力，这肯定也是因为它向我们讲述着一段业已流逝而永不再现的时间。"

"您说照相术改变了造型艺术，这我太相信了。"

"它把绘画从尽可能精确地模仿自然的任务中解放了出来——虽然这种观念是渐渐地才普遍起来的，尤其是因为照相术还需要很多的发展步骤，才出现彩色摄影，才达到目前的高水平。"

"而这高水平现在又已经被数码照相超越了。"

"这只是些技术上的多样化罢了，可以说是从一颗原初植物中长出来的新生事物。不管是过去以化学为基础，还是现在以数码技术为基础，照相术越来越多地作为一种艺术被人们接受了。"

大众的时代

我们越来越多地遇到大众现象

塞内克斯给自己续上葡萄酒，说："新发明像下过一场温暖的雨之后从地里冒出来的蘑菇，不仅是在欧洲，也在大洋彼岸被欧洲移民垦殖居住的北美洲。有些发明家本来是艺术家，比如美国人塞缪尔·摩尔斯（Samuel Morse）。他本是名画家，创作浪漫主义风格的肖像画、历史画和风景画。快速传递消息的尝试在拿破仑时代就已经有了，要是把烽火也算上，那还早得多得多。但直到有了旗语人们才能在视野范围内传递比较精确的消息，从一个旗语台到另一个旗语台，只是还受制于天光和天气。当到人们能够通过金属线缆发射电信号后，这种情况迅速得到了改进。摩尔斯虽然不是电报的发明者，但他成功地进行了起决定作用的改进——通过摩尔斯击键和摩尔斯电码。他想出了电磁电报机的主意，并申报了专利。开始人们是在纸带上写出锯齿形的符号，后来他用长短不一的信号来代表字母，在接收者那里出现的则是道儿和点儿——这就是摩尔斯电码。人们用了它很长时间，最长的是在航海中，在海上，有了它的帮助，是可以拯救人命的。用摩尔斯电报机，人们在华盛顿和巴尔的摩之间建了第一条试用线。"

斯蒂芬把眼镜推正。"这么说现在传递起消息来更容易了，而且有了最早的火车，旅行起来也快多了。"

"不只是快多了，而且也频繁多了！从现在开始，大众现象随处可见。个体后退了，大众排斥了个体。当然了，过去那些朝圣的香客也是成群结伙的，但每个人都要靠自己的力量，靠自己的两条腿，对自己负责。"

"现在呢？"

"人们由此做起了大众的生意，而这一功劳……"

"这是个功劳吗？"

"既然世界人口急剧增加，这绝对是个功劳！这功劳该归于一个英国人，而他起先根本没想到过要做生意。他的名字是托马斯·库克（Thomas Cook），是印刷工和一个浸礼会教堂的业余牧师。他怀有毫不利己的动机。他向人们提供全包旅游的想法本来有十分明确的目标，就是为了让工人远离烟酒。他有坚定的道德原则，还很有主意，很有组织天才，他利用了不同的交通业主之间的竞争，最后得到了非常便宜的价格。1841年他组织了第一次出游，一共五百七十人从莱斯特（Leicester）出发，去了二十公里以外的拉夫堡（Loughborough），然后返回。乘车价格便宜得可笑，参加旅行的人不仅得到火车票，还得到饮料、食物、音乐，还可以跳舞。库克想以便宜的价格组织工人星期天去游览海岸，让他们在那儿透透气；然后当天晚上就可以回到家里，星期一一大早就又可以去上班了。因此这种旅行叫'库克的月光之旅'，他成了全包旅游的发明者。在这以前，旅行虽然已经容易了很多，但还是令人叫苦不迭的。"

"为此大概得有铁路网的扩建做前提吧。"

"对。事情是一环扣一环的。库克达到了集体打折的目的，这样，这种旅行就是人们可以承受的。不久他便开始向远处发展，开辟了新的路线和目的地，带人们去莱茵河畔，欣赏那里的浪漫情调和城堡废墟，他甚至还组织了带导游的瑞士之旅。这种服务尤其受到了妇女的热烈欢迎，这给了她们以前单独旅行时从没有过的机会。库克组织的旅游者目睹了苏伊士运河的开通——所以英国人称这条运河为'库克的运河'——紧接着还去了尼罗河，乘了豪华游船。他成功的秘诀是自己料理一切，并且自己带队。他办了一份旅游杂志，并且十分重视做到让他的旅游者在旅程中无忧无虑。"

"这么说是全面的成功喽？"

"度假旅游、集体旅行现在才成为可能。豪华火车、豪华客轮、宫殿似的饭店也是其结果。库克于十九世纪末去世的时候，在身后留下了他活跃于世界各地的旅行社。"

"我想，我们今天对集体旅游的态度可不同了。大众旅游业对自然风景造成破坏，这大概从那时候就开始了。"

"亲爱的罗曼，那些沾沾自喜于他们自己个性的所谓'背包旅行者'带来的问题恐怕也不会更少，不是吗？"

"你们两个都有道理。库克那个年代就绝不是所有的人都为他的事业感到欢欣鼓舞。尤其是富人嗤之以鼻，因为现在一大帮'毫无教养的粗人'也可以涌到意大利去观光了，高贵的《泰晤士报》也激烈反对'大众旅游'——虽然是徒劳的。"

"我想，今天谁也不想放过又便宜又舒适的旅行机会——虽然伴随着有很多负面影响。"

"我也这么想，每年就算没有数以十亿计的人，肯定也有数以百万计的人出行，包括我们自己。"罗曼说。

"数以百万计的人……这又让我想起了人口的增长。从公元六世纪到十九世纪初，欧洲的人口数量几乎没有变化。我们不知道确切的数字，因为那时还没有人口统计，但变化保持在很小的范围内。直到十九世纪初，人口才开始以跃进的速度增长。人们估计，1650年左右地球上大约生活着六亿五千万人。由于医疗和卫生条件的改善，死亡率首先降低了，人口繁殖的速度加快了，虽然还没到今天这种程度。"

"这是人类最大的问题。"

深深地介入家庭生活

罗曼又开始往前出溜儿，伸长了腿向后靠——他特有的思索时的姿势。"我们难道不说说日益发展的工业化吗？它与此密切相关啊。"

"这个话题也会让贝蕾妮克兴奋起来的！"

"什么话！我又没有睡着！"贝蕾妮克抗议道。

塞内克斯微笑了："工业化不纯粹是男人的事。虽然大部分发明家、工程师、机械制造家都是男子，大部分工人也是男的，但工业化，或者更确切地说，工厂生产，已经深深介入了家庭生活之中，不仅是男子、父亲的生活，也是女子、母亲，甚至是孩子的生活；而且那种介入程度是我们在今天的欧洲无法想象的。"

"您指的是女工和童工吗？"

"我们以前已经涉及过这个题目了。所有领域中都产生了巨大的需求，但我们只以纺织工业为例就够了，同时不要忘了，铁路的迅速发展在全欧洲带来了巨大变革。1780年到1850年间欧洲人口急剧增长，正因为这样，工业革命时代——人们就是这么称呼这个时代的——才得到了足够的劳动力，而且妇女和儿童也得出力。"

"劳动在体力消耗方面是不是轻些了？"

"劳动需要的知识也少了。特别是在纺织业中，操纵新式机器的活儿只限于几个动作，很快就能学会。"

"但妇女和孩子的工资比男子的少。"

"也正是因为这个，到处——只要有可能——都用妇女，因为她们不仅更便宜，而且更听话。只有管理机器的人通常是男子。重复几个单调的动作，同时要服从、守纪律，这就是工厂生产的前提。谁要是得不到工作，或者遭到解雇，那就惨了，顶好也只能去贫民劳动教养所。疾病、急难事件、年老一概没有防备措施的保障，没有医疗保险，丧失劳动能力后也得不到帮助，出现死亡事故也不管丧葬。渐渐地工人才自己创造了救助协会，比如所谓的'友好协会'。"

"人们不是希望机器能减轻人的负担吗？可现在听您一讲，塞内克斯，事实完全是相反的！"

"减轻劳动是人们追求的理想，尤其是抛弃早期文化中压在奴隶身上的沉重体力负担。但总的来说，那些工厂主们看重的首先是利润；日益沉重的肉体及精神负担肯定不是工程师们想要看到的，而且他们也无法预见到，体力较弱的人倒被雇来做据说是比较轻省的活，因为他们更便宜。结果呢，是另一种形式的奴隶制的产生，是贫困和工业无产阶级的产生。"

到处是一片混乱

贝蕾妮克继续追问："那么工程师、技术人员和发明家没有达到他们的目的了？"

"虽然人们'招来魔头驱赶恶鬼'，但我还是得承认，只有工业化才为越来越多地涌往劳动力市场的人提供了足够的工作；没有它的话，贫困会更严重。工业的增长另一方面也使工资得以提高。到处是一片混乱。起初，技术的好处仿佛妙不可言，是造福人类的大好事。原材料看起来也还像是取之不尽、用之不竭的，谁想得到人类不可能无休无止地向大自然伸手索取呢！"

"人们到现在也还没明白这一点！"

"我想今天的人们还是明白了的，斯蒂芬，只是在认识和实现之间存在着一条不可逾越的鸿沟，实践逼出来的鸿沟，没人能轻而易举地逾越。那时候人们还以为可以控制自然，今天我们必须改变想法，学会把自然作为我们的生存基础来加以维护。但这并不是说，那时候的人是完全盲目的，有少数几个人——可惜太少了——已经预感到了工业化带来的社会和生态方面的弊端。但他们被看成是'异想天开的人'，大多数人认为没必要把他们的话当回事儿，认为他们是不谙世事的理想主义者。这些人中大部分是医生，甚至有几个具有远见卓识的企业主。人们为了对付空气的污染，把烟囱建得更高，结果把有害物质散播得更远。河流到处成为容纳一切污水和垃圾废弃物的阴沟。卡尔·马克思的战友弗里德里希·恩格斯那时就写道，河流'从城市的一头儿流进去时是清澈透明的，从另一头儿流出去的时候已被各种垃圾废料弄得污浊不堪，臭气熏天'。"

"我想人们对此置之不理的态度更甚于今天。"

"那些损害看起来还没那么具有灾难性。环境卫生情况往往是差得无法形容——当然，但在很长时间里，没有人觉得自己应该为此负起责任来。城市里的工人区脏得要命，一副不可救药的样子。贫穷到处露出它忧虑憔悴的面容，但是没有人想正视它。医疗条件糟透了，疾病是家常便饭，水供应不足，就更别想水的清洁和消毒了；这方面的技术虽然已经有了，但需要它的人没有钱使用它，富人当然是去找干净高雅的住宅区居住。"

"查尔斯·狄更斯也描写过伦敦贫民区里的可怕环境。"

"只要富人过得好，只要臭气没有吹到他们那边去，官方就不会采取任何措施，或者浅尝辄止。直到两次霍乱夺走了数以十万计的生命，还带来了其他令人震惊的后果，人们害怕被传染，这才有了最低限度的改善措施，一些犹犹豫豫的试探、改善工人处境的尝试；但这些都收效甚微，而且并没有着眼于未来，环境意识还远远谈不上，连马克思也没想到过这个。那时候就和今天一样：若说运用新技术，谁都是不可遏止，既不考虑社会，也不考虑生态，对工厂条件遭到的批评更是充耳不闻。因为要顾虑这些，没有大量的投资是不行的，而投资不仅得分期偿还，而且还得值得做，要不就不会有哪个企业主愿意冒这个风险，否则他会江河日下。而且生产也不能停下来，不能拖延，不能中断。固定的花费已经在那儿，而且总是那样，很容易就会招致亏损。所以，工作时间得固定，工作时间得尽可能地长，工人要能二十四小时连轴转才好呢。"

"今天也一样能听到人这么说！"

"与家庭生产或手工业生产相比，工厂生产意味着工人得离开住所和家人；此外，他们失去了一切决定自己的工作和工作节奏的可能性——不过这一点在手工工场时期已经存在了，但还没有现在这么明显。工作时间的长短、工作日的分配、工作周等等都有严格的规定。"

"工作时间有多长呢？"

"每周工作六天，每天工作十二到十四个小时——这不仅取决于雇主，也取决于机器。一切都规定好了，包括工间休息和机器停转的时间——这里说的是机器不得不停转的情况，这是让工厂主很生气的一件事。"

"如果在今天，这就叫'利润最大化'。"

"儿童高死亡率的问题仍然威胁着家庭，其主要原因是社会条件太差，再加上普遍的、令人发指的使用童工现象。很多孩子成了残废，或者患上了肺结核。一个地毯厂的工人说，他每天早上得把他的儿子背到工厂去，等他干了十六个钟头后，晚上再驮回家；中午吃饭时得喂他，因为他得站在机器边工作，不准离开。很多孩子七岁时就开始干活，好帮着贴补家用。一天工作十八小时不算少见的。在火柴厂里，很多五到七岁的孩子就那么暴露在有毒的磷气中干活儿，脸上的骨头都被毁了。在煤矿、铁矿井里，小孩子们要拖动沉重的矿石，把它们堆到敞篷货车上，再把沉重的车推到提升矿井那里去。这些可怜的孩子们经常几个星期看不到阳光。还有些孩子得用流着血的手从矿石堆里把尖利的矿石分拣出来。农业也好不到哪儿去，使用童工也很普遍。"

"太惨了！我们已经忘掉了这些，这真是太不好了！"斯蒂芬喃喃说道。

"你是说，我们本该对当今的状况更知足些吗？"

"对，我想是的！"

人何尝有过廉耻

贝蕾妮克嘟囔道："我可没想到情况有这么严重！"

"而且——说句不该说的——完整、正常的家庭里的孩子还算是过得好的，因为，在1802年出现第一部儿童保护法以前，有很多孤儿院为了改善自己的经济状况，把院里的孤儿送到棉纺厂里去做工，美其名曰'让他们受教育'！然而这样的'教育'简直令人无法想象，孩子们往往得分成两班一天二十四小时连轴转。"

"这简直是奴隶制嘛！"

"这个词不幸用得很恰当。一旦涉及到自己的利益，人何尝有过廉耻！结果，棉纺厂得了'牢房'的坏名声，招来了严厉的批评，批评者中也包括作家查尔斯·狄更斯，罗曼刚刚提到了。有些厂子磨磨蹭蹭地做了点改进，但童工劳动的情况并没有减少，直到1833年，十四到十八岁的青少年工作量才减到每天最长十二小时，九到十三岁的儿童工作量减到每天十小时以下，而且也有人对此进行监督了。自此，童工劳动才渐渐少了起来。"

"但还不是说一切都好转了，是吗？"

"绝不是。工业化引起的变革改变了一切，无论是在经济结构、社会结构上，还是在工作方法、生活方式上，甚至连居住区的建造也受了影响。扩大了的城市、铁道、新的街道，这些都使大地的面貌有了改变。不管是哪儿，都可以很容易、很快地抵达。很多人认为这是对他们熟悉的环境的一种巨大破坏；但也有一些很兴奋的声音，新的成果一出现就陶醉欢呼。"

"这一切真是发人深思，塞内克斯。"斯蒂芬拧起的眉头更强调了他说出来的话。"我敢说，我们中间没有一个人想回到工业化以前的时代，但也同样不想回到这个工业化刚开始的时代。"

"那时候就已经有人写道，奴隶制依然没有成为过去。你只要去参观一次英国的工厂，就会看到数百个骨瘦如柴的男女工人在为一个人干活，仅仅为了维持最低的生活需求牺牲他们的健康和生命。于是人们问道：如果像对待动物一样对待人，这不是奴隶制又是什么呢？要求国家关心最贫穷、最下层阶级的呼声高涨起来。请注意'阶级'这个词——'等级'这个词已经不提了。中世纪的行会就算不完美，毕竟还能充作一种工人的组织；现在行会早就被摧毁了，难道所谓的'自由'工人就得被迫当另一种奴隶吗？从师傅的统治下解放出来，又得走到工厂主的皮鞭下吗？难道没办法解决这些问题吗？已经有人在这样提问。"

"有解决的办法吗，塞内克斯？"

"有一个回答叫做：自由结合，组成团体。"

"生产资料交到工人手里！"

"还没那么远呢。我们现在还是在十九世纪初,我们现在还是在英国,1831年的一次人口统计表明英国有公民二千四百万,很多人都认为这是不可能的;这意味着人口在三十年内翻了一番。如果遇到严冬,每十个人中就得有一人靠救济过活。中等阶层的纳税者认为界限已经达到了,他们想要严厉地对待那些'国家的脓疮'——他们用的就是这个词——为什么要帮助那些逃避工作的人呢?"

"这听起来多现代啊!"

"但有一点可不是这样。和今天相比,那时候大众忍受的困苦要大得多,对生命的威胁也大得多,简直不能相提并论。人口爆炸,而且是在卫生条件恶劣得不可言谕的环境里。地位高的人问,他们为什么要资助那些'穷家小子和穷家姑娘'结婚,生下更穷的孩子呢?这种抱怨起了作用:穷人法的附加条款颁布出来,其中规定了严厉的措施,于是穷人的日子就更惨了。所有人的救济都被无情地取消了——只除了那些病得太厉害、太老的人;他们只能去找那些可怕的穷人院,好至少得到点吃的和一点点钱。在穷人院里,人们是有意识地把穷人像犯人一样对待,以对他们产生一种威慑力。夫妻被分开,好防止他们生出后代。人们以为用这种方法就能大幅度减少接受救济的人数,就能节省大量开支了。还有那等玩世不恭的人挖苦说,这是为那些穷人好,因为这能把他们从他们的依赖性中解放出来。"

社会问题

人们遭受的一场惊吓

他们看得出来,这个题目让塞内克斯很不舒服。他匆促地接着讲下去,几乎连重音也不带:"只有当你们清楚了当时的困苦,才能理解将要到来的一切,尤其是理解那个我们今天几乎不能公正看待的人。"

"我猜您指的是卡尔·马克思吧?"

"我们的时代很难正确地评价他。以前的社会主义国家中以他的名字命名的那些城市、广场、街道现在又都改了名字。而所谓的'马克思主义'的历史不是卡尔·马克思的历史;他想的共产主义不是那个样子的。人们利用了他的思想,同时把它们与它们的创造者割裂开来。被歪曲和滥用了的马克思主义—共产主义恰恰导向了他想避开的国家形式。每种思想都是它出现于其中的那个时代的产品,在马克思的问题上具体地说是当时的社会状况。因此,了解当时的社会状况很重要,哪怕只了解一点点也好。今天被称为'马克思主义'的东西并不是卡尔·马克思创造的。"

"但共产主义思想不就是由他那儿来的吗?"

"连这个也不是他的,贝蕾妮克。当年柏拉图就开始反对私有制了,后来,原始基督教和许多教派都提出了这一要求。比如纯洁派[1]、瓦勒度派[2]、再洗礼派[3],还有托马斯·闵采尔(Thomas Münzer)。早在十六世纪,托马斯·莫尔就在题为《乌托邦》的书中描写了一种以集体财产为基础的集体形式,自成一派。十八世纪,尤其是法国革命期间,这种思想获得了新的追随者,1830年起,在法国,首先是在秘密政治社团之中引起了很大反响。十九世纪四十年代初,德国出现了无数关于社会问题的著述。1840年,法国的一本小说里头一次出现了'共产主义'这个词,从此它便迅速地广泛传播起来。"

"那时候人们是怎么理解这个词的?"

---

[1] 译者注:纯洁派是基督教的一个信仰分支,主要兴盛于十二至十四世纪的法国南部,主张灵魂高于肉体的二元论,灵为善,肉为恶,生活的目标是令人身上的善——即灵魂——脱离恶的世界,升入天堂。

[2] 译者注:瓦勒度派据说是彼得·瓦勒度(Petrus Valdes)于1176年左右创建的教派,以上帝的圣言为信仰和生活的唯一准则。

[3] 译者注:再洗礼派是宗教改革时期创立的一种派别,主张从精神上革新教会,成年后施行洗礼。

"它是一个集合概念,指的是不需要钱和私有财产就行得通的财产共同体。这种共同体中不再有统治,只有管理。它的目标是一个由革命的无产阶级创立的社会。"

"但卡尔·马克思不是写了《共产党宣言》吗?"

"那是和弗里德里希·恩格斯一起写的。文章的开头是:'一个幽灵,共产主义的幽灵,在欧洲游荡'。马克思和恩格斯是受'共产主义者同盟'的委托写这篇文章的,在其中概括阐述了共产主义理论。当他们在 1848 年 2 月发表《共产党宣言》时,还料想不到它会产生那么大的影响,会成为最广为流传的书之一。最开始它的影响并不大,只印了一千册,共产主义运动在组织上也还处在很幼稚的阶段。"

"弗里德里希·恩格斯是怎样的一个人?"

"恩格斯是乌珀塔尔—巴门(Wuppertal-Barmen)一个工厂主的儿子,本人是商人。他了解实践中的经济,而这是马克思所缺乏的。他们不仅在人格上互相补充,在学科领域上也形成互补。马克思必须得勤奋钻研半天,然后才能表达出来,而恩格斯很快就能找出问题的头绪,表达起来毫不费力,又漂亮又中肯。"

"您提到了英国的状况,提到了那儿的工业革命和工人受到的剥削,现在出版的却是两个德国人写的书,这是为什么,塞内克斯?"

"卡尔·马克思在上完大学后去了巴黎,在那儿,他和法国的社会主义者及俄国的无政府主义者保持着联系。由于普鲁士施加压力,他被驱逐出了法国,写《共产党宣言》的时候,他住在布鲁塞尔。不久之后他又去了伦敦,弗里德里希·恩格斯也去了。马克思总是处在窘困之中,而恩格斯总是慷慨地资助他,使他不必有后顾之忧。但是,为什么偏偏是两个说德语的德国人呢?共产主义者瞄准了德国,因为德国似乎正面临着一场资产阶级革命。德国的无产阶级有当时最进步的组织,可以指望在那儿取得成功,并由此拉开英国、法国无产阶级革命的序幕。"

"这是对的,是不是?"

"至少在 1848 年时,资产阶级和无产阶级是两个矛盾无法调和的对立阶级。"

"资产阶级和工人阶级之间有那么深的鸿沟吗?"

"弗里德里希·恩格斯阐释道:资产阶级是现代的资产阶级,是生产资料的所有者,雇佣劳动者,无产阶级被其利用。马克思和恩格斯最初认为资产阶级也是一个革命的阶级,是中世纪的封建社会灭亡的过程中出现的。而实际上,压迫依然存在,只不过压迫的条件变了,新的斗争形式不过是取代了旧的而已。"

"我想,马克思在历史中看到了阶级斗争吧?"

"马克思和恩格斯主要是把历史定义为一连串的阶级斗争,总是存在着自由人与奴隶、城市贵族与城市平民、贵族与隶农、师傅和帮工的对立——一句话:压迫者和被压迫者的对立。它们总是处在争斗之中,有时隐蔽,有时公开,每一次都是以社会重新建构结束,或是斗争中的阶级共同灭亡。那么,马克思和恩格斯认为,结束这种发展的时刻到了，资产阶级的灭亡和无产阶级的胜利是不可避免的。"

"但开始的发展满不是这么回事儿，对吗？"

政治方面基本上没有变化

"不只是普鲁士，在全欧洲，1848年的3月似乎就是一个新时代的开端。报业的发展简直有如暴风骤雨一般，有很多报纸出版，表达人们的普遍要求。无数协会也成立起来。但是，被作为'社会的救星'当选的总统路易·波拿巴·拿破仑（Louis Napoléon Bonaparte），那位伟大皇帝的侄子，找到了一个反击工人的借口。巴黎的七月革命遭到了血腥镇压，三千名工人被杀，一万五千人遭到放逐。统治力量对准备不足的起义者的胜利是一个信号，表明了欧洲反动势力对民族、民主运动的胜利。所谓的'美好时代'开始了。"

"可您刚才不是说了吗，德国的工人准备得更好些？"

"但德国工人的成果也几乎是零。虽然在几乎所有的德意志联盟国家里1848年春天都发生了流血冲突，报告了民主运动的消息，但并没有形成突破。这是历史上德意志人第一次追求统一和自由的努力。革命虽然失败了，但它的目标还在。德国在拿破仑战败后还是一块打着补丁的破地毯。许多在1848年提出的要求直到二十世纪才得以实现。尽管如此，革命对民主的价值还是毋庸置疑的。在德国，人们主要是要求有一部宪法，要求结束审查制度，废除所有封建特权。但是君主制太强大了，反应决绝。在农村，它很快就使三月前几周的骚乱泄了劲儿，大多数情况下只消答应废止封建特权就行了，但这只是空洞的许诺。城市里，一方面由于巴登的革命企图失败和巴黎革命的惨败，人们心中对'暴民统治'的恐惧在增长，另一方面，下层的不满日益高涨。工人要求实行社会改革，资产阶级则追求民族统一、受宪法保护的自由化和自由的私有经济。"

"哪方面得到了改善呢？"

"从根本上来说，什么变化也没有。虽然普鲁士国王和其他君主遭受了挫折，犹如迎头挨了警告的一枪，但他们还是自命不凡地任命着他们的部长，指挥着对他们俯首帖耳的军队。你可以把整个十九世纪加上二十世纪初看成是没有权利的人反对占统治地位的社会秩序的斗争，反对拥有资本因而拥有全部权力手段的资产阶级。"

"然后呢？"

"然后，在第一次世界大战末期，像一道灿烂的光芒，1917年的十月革命带来了列宁斯大林主义，这之后产生了苏维埃国家。在欧洲，封建制度实际上已经灭亡了，贵族在媒体中成了轻歌剧里那样的陪衬人物。"

"但您本来是要讲卡尔·马克思的。我发现，人们对卡尔·马克思本人了解得太少了。一个不起眼的人物，却产生了那么大影响，简直可以和耶稣相比！"

"这是个有趣的类比。耶稣和马克思承诺要拯救人类，要改善他们的处境。耶稣把希望放在彼岸，马克思则想在地球上、在此岸实现希望。但如果我们不考虑他们要传达的信息中确实存在着的相似性，那么二者之间的差别还是很大的。我们对耶稣了解得太少了，以至于总是有人怀疑他是否真的存在过、生活过。卡尔·马克思的情况不一样。他的生活从多方面都有据可查，与他同时代的人把他说成是一个由能量、意志和信念组成的人，外表则极为奇特。厚厚的黑色毛发盖着脑袋，手上也长满了毛，衣服上的扣子都歪系着。但不管他的外表有多奇怪，他还是很引人注目。他说话只用命令式，不容许有任何反对意见，用他信念的力量宣扬他的主义。他的脸部线条显示出他旺盛的精力，他心中燃烧着一团大胆无畏的灵魂的火焰。没错，通常人们把他看成是资产阶级秩序、科学及文化的一个阴郁的否定者。事实上，他是一个既英国化又德国化的绅士，在和亨利希·海涅的诚挚交往中获得了机智讽刺和快乐的能力。卡尔·马克思和亨利希·海涅做了几年朋友，我认为，他能得到那个讽刺大师的好感，这很能说明他的为人。卡尔·马克思给海涅留下了深刻印象，后者在他的影响下写出了几首带有共产主义倾向的诗和他的几篇最尖锐的讽刺作品，比如《西里西亚的纺织工人》和《德国，一个冬天的童话》。马克思被驱逐出巴黎的时候给海涅写信说'我很想把您一块装到我的行李里'——这是多么亲热、多么诚挚的一句话啊！它为我们照亮了马克思整个人。共产主义思想中吸引海涅的，当然不是它关于财产的观点——这是为他所拒绝的——而是无神论观点。无神论不一定是共产主义所特有的，但被马克思带到了共产主义中，并从哲学上做了论证。"

罗曼把两只脚搭在一起。"马克思的理论不也是以黑格尔为根基的吗？"

"马克思和黑格尔是不可分的，即使在两人有着根本差别的地方也不能截然分开。马克思解释说，哲学家只是用不同的方式阐释世界，而对他来说阐释是不够的，他看重的是改造世界。还从不曾有哪个哲学家提出过如此具有进攻性的要求，黑格尔也没有。因此马克思起来反对黑格尔哲学，因为它为现存的东西辩护。我们知道，黑格尔认为，通过他建立的体系，哲学已经完善了，未来已经不让他感兴趣了。然而，青年人的思想恰恰是针对未来的，尤其是在问题重重的情况下；马克思也不例外。尽管如此，他还是在黑格尔的意义上进行他的斗争的，因为黑格尔的哲学也有革命的一面，即他的辩证法。辩证法不把世界和事件看成是完成了的、不可改变的，而将其看成一个无休止的过程，其中的一切都始终处在不断形成和消逝之中。这也得到了马克思的赞同，但，只有当黑格尔的思想符合他的理性认识的时候，他才会承认自己信奉黑格尔。因此他必须首先以批判的目光去审视黑格尔的国家哲学；而当他做这件事的时候，他向共产主义的转变就合理地、合乎逻辑地完成了，这是一个严肃的思想家的决定。对他来说，重要的是搞清无产阶级在资产阶级社会中的地位；他认为人在退化，人的本质在异化，在以劳动分工和市场经济为基础的工业中，这种异化达到了顶点，只有通过社会革命，获得普遍的人性的解放，人才能重新赢回自己的本质。"

把工人从依赖性和困苦之下解放出来

罗曼稍微坐直了一点。"马克思不只是写了《共产党宣言》吧？"

"他的主要著作是《资本论》，但他没有把它全部完成。这部著作大概也是一部所有的人都在嘴里念叨，但又没有几个人读过的书。但我想先给你们讲一个他在伦敦最初几年的小细节。他那时候境况很糟，弗里德里希·恩格斯是到后来才替他分担了忧愁的。那时他的女儿弗朗西斯卡出生了，那是在十九世纪中叶。小女孩不久就夭折了。他的妻子写给一个女友的信清楚地表明了他们家的凄惨处境：'三个活着的孩子躺在我们身边，我们为那小天使哭泣，她就在我们身边，冰冷、苍白。这可爱的孩子的死正是在我们最穷的时候。我跑到一个住在我们附近、不久前来看过我们的法国难民那儿去，他表现出极大的同情，立刻给了我两英镑，我就用这钱买了小棺材，我可怜的孩子现在就安息在里面。她到这个世界上来的时候没有摇篮，她最后的安息之所也好不容易才得到。'"

贝蕾妮克紧紧抿着双唇。

"要想理解卡尔·马克思的处境，也不能忘掉这个。那时候他也开始了在国际工人协会的政治活动，他成了协会的领导人物。这个协会是1860年在英国和法国工人的倡议下产生的。与此相关，让我觉得有趣的是，俄国革命者巴枯宁（Bakunin）也参加了协会，但最后还是拒绝了共产主义，因为他那时就已经认清了，共产主义会集结起一切暴力，不可避免地导致一切权力和资本集中在国家手中。巴枯宁希望废除国家，'彻底消灭那种奴役、压迫、剥削、侮辱人的国家权威原则'。也就是说他比马克思和恩格斯还要极端。他也是那个时代面貌的一个组成部分。"

"马克思肯定没有料到他的作品会有那么大的影响。"

"他没有看到欧洲所有国家的群众民主党派都信奉他的那一天。1893年，第二国际在苏黎世召开大会，欢迎恩格斯的时候，他动情地说：'要是马克思能和我站在一起，看到这一切该多好……'对几代工人来说，马克思象征着他们对充满尊严的生活的希望。哪里响起《共产党宣言》中'全世界无产者，联合起来！'的战斗口号，哪里的工人就组织起来。卡尔·马克思的学说——就算没有人读过——把他们紧密团结起来，并最终为他们创造了他们在社会中的地位。"

"但又不完全,塞内克斯。他的目标为什么没有达到?"贝蕾妮克疑问地抬起了手。

"我今天还不想对此做出回答。我只能提示一下——与其说这是个政治问题,还不如说它是个心理问题。不过明天我们会就此讲得多一些。现在我只说这一点:有三个人在以往的五百年间进行了动摇基督教的革命。"

"首先是哥白尼,我想。"

"您指的大概不是卡尔·马克思,但也许是查尔斯·达尔文吧?我想,他让《圣经》中的创世史萎缩成了神话和童话。"

贝蕾妮克扬起了眉毛。"我想起了好多名字——也许有前面提过的西格蒙德·弗洛伊德吧?"

"没错,他把人在基督教中的古老形象整个颠倒了过来,用精神分析取代了基督教的灵魂学说。不是精神,而是性,被他认为是人最本质的驱动力。但我又太着急了。该结束今晚的谈话了,我只还剩下一个问题——你们对此是怎么想的?世界是变得越来越简单、明晰呢,还是越变越复杂和变化多端?"

罗曼和斯蒂芬互相看了看,斯蒂芬取下了眼镜,罗曼用食指抵住了嘴唇。他们把问题交给了贝蕾妮克。

"这还用说吗,"贝蕾妮克答道,"当然是更复杂了,但是我不会因此就不那么喜欢生活了。"

第十一天
进化与进步

达尔文的转折

一艘三桅船

"进化公园"的领导很善于让三个年轻人喜出望外。贝蕾妮克、罗曼和斯蒂芬在第十一个清晨醒来时感到很惊奇——他们的房间缩小了,缩得像船舱那么狭小;而当他们走出房间的时候,发现自己是站在一艘帆船的甲板上。

闷湿的热气迎面向他们扑来,使他们觉得自己像是在蒸桑拿。

塞内克斯从他的舱房里踱出来,解释道:"这次我们离开了欧洲,不过我们的同伴毫无例外都是欧洲人。这船名叫'贝格尔'号(Beagle),是一艘小小的三桅船;人们还不想用蒸汽。'贝格尔'号有十门炮,大概只有——如果按照历史的真实面貌——两间窄小的舱房,但为了方便你们,我们变了变魔术,让船舱多了几个——反正这船并不是最重要的。"

"那什么是最重要的呢?"

"你们向四周看看吧!"

光芒闪烁的水面包围着他们,但他们是在沙嘴或岛屿之间穿行。眼前的景象可不是像他们想象中的热带风光那样,既没有棕榈树撑着大伞的沙滩,也没有丛林茂密的海岸,有的只是黑色的火山熔岩,其上贯穿着巨大的裂缝,覆盖着被烈日烤焦的枯萎灌木。晒得干燥至极的地表面给人一种无边的孤独感，即使有那孤零零的几棵植物也消除不掉的感觉。

"什么味儿这么奇怪。"贝蕾妮克嘟囔道。

罗曼和斯蒂芬都点点头。

塞内克斯让一个水手递给他们三个望远镜，这下他们在对面的岛上发现了合欢树丛和奇形怪状的仙人掌，它们投下了小小的影子。那些植物不仅长着叶子，而且很多都在开花。

"首先要注意那些鸟。"塞内克斯告诉他们，"尤其是燕雀。你们能看出这些鸟以它们的短翅膀、身体和羽毛的形状彼此有亲缘关系吗？你可以数出十三个对加拉帕戈斯群岛（Galapagos）[1] 来说富有代表性的种类。查尔斯·达尔文发现，这些燕雀喙的大小和形状都在其他种类那里出现。他比较了锡嘴雀的喙和鸣禽的喙，发现了不下六种喙部有着细微差别的不同种类，从椋鸟式的喙到鹦鹉式的喙，什么样的都有。"

"这给了他灵感吗？"

"对，贝蕾妮克。他不仅想成为描述自然的生物学家，他还想去理解事物；所以他必须得找出加拉帕戈斯群岛燕雀变种的解释。这成了自然科学的一个历史性时刻，因为就在这里，太平洋的加拉帕戈斯群岛上，达尔文明白了，每个生命都只能理解为发展。谁能在它的生活空间内应付得最好，它就能生存下来，繁殖出最多的后代。但现在你们和我一起坐到这些桶上吧。我得先告诉你们，达尔文受推荐参加'贝格尔'号环球旅行的时候才二十二岁。这次旅行历时五年。达尔文怎么得到这个机会、他为什么要做这次旅行，这些都不重要，顶多可以提一下，达尔文本来是想研究神学的，最后却成了自然研究者。为写作他的《物种起源》他工作了二十多年，这部著作于 1859 年发表。好了，在到达加拉帕戈斯群岛以前，'贝格尔'号已经绕着南美洲航行了一遭，它的美令达尔文兴奋不已。他到过了火地岛（Feuerland）、福克兰群岛（Falkland）、蒙得维的亚（Montevideo）、巴塔哥尼亚（Patagonien）、智利（Chile）、科迪勒拉山脉（Kordilleren）、还访问了门多萨（Mendoza）、秘鲁（Peru）、利马（Lima）。现在，在他二十六岁的时候，他到了加拉帕戈斯群岛。现在我们就在这儿，时间是 1835 年 9 月。"

"他在这儿彻悟了是不是？就像帕斯卡在他姐姐病好了时候，或者笛卡儿在梦中那样？"

"说得很好，罗曼，因为达尔文确实发现了理想的研究机会。在到目前为之的旅行中，他看到了人种是多么的不同。他有一些发现，那对他思索研究地球过去时代中的生命有所启发。现在他又观察到了燕雀的变种，按照他自己的说法，它们引着

---

[1] 译者注：也叫科隆群岛，台湾译为加拉巴哥群岛，位于太平洋东部，由7个大岛，100多个小岛组成，面积8010平方公里，属厄瓜多尔。

他去研究物种的起源。"

"这是天才的呢,还是就是因为他观察仔细?"

发展取代创造

塞内克斯把一只手搭在罗曼肩上,目光掠过大海和岛屿。

"很多因素凑到了一起。从圣经时代以来,人们一直相信上帝在一次辉煌的创造行动中创造了世界、植物和动物,并一次性地赋予它们最完美的形式。达尔文现在修正了这种静态的观点,用一种动态的、扣人心弦的新过程取代了它。"

"不是从全无中一下子创造出尽善尽美,而是逐渐的发展。"罗曼喃喃说道。

他没有得到回答,也并没想得到回答。

贝蕾妮克说:"我只看到螃蟹和黄色、红色的蜥蜴——真恶心!"

"你也不用像抚摸一只埃及猫那样去抚摸它们啊,妮克!"罗曼说。

远处,熄灭了的火山以它们典型的锥形形状点缀在天空下。这儿那儿的有些零星的植物扒在干旱的地面上,与其说是绿色的,还不如说是棕色的。其他突起的地方都皲裂而赤裸。贫瘠的灌木丛中,巨蜥爬来爬去,有些睡在海岸边的岩石上。巨大的乌龟拖着身子碾过地面,爬向雨后留下的水洼,或者在路上啃着长刺的果实。还有些长得像蜥蜴的东西倏地贴着地面跑过,像蛇似的,只有它们长得像龙一般的脑袋时不时抬起来,一激动就甩起尾巴。长着小脑袋的水龟滑过海湾。

眼前的景象越来越吸引他们,但塞内克斯要求他们:"别只顾看,忘了听我讲话,我要讲讲查尔斯·达尔文。刚才我们已经说到,自哥白尼以来,对基督徒震动最大的莫过于达尔文的学说,今天他的学说在其要义上得到了公认,但那时候,哪本书也没有像他的著作掀起那么大的波澜。"

"人们为什么那么激动呢?"

"通过达尔文,一种进化论的思想开始传播。它不仅对哲学上的许多说法提出了质疑,更重要的是它把《圣经》中的创世史挪到了童话的地位上。"

"我想,《圣经》给人的感动并不因此而减弱。"

"在这方面没人会反驳你,罗曼。"斯蒂芬道。"可童话就不是真的!"

"世界的多样性是自然而漫长的发展过程的结果,而不是上帝的一次性创造成果,这一定理——注意:是'定理'而不是'断言'——把迄今为止人们一直在传授、一直在相信的一股脑儿全推翻了,比哥白尼的表述还要激进。突然之间,人就不再是上帝创造的了,尤其是,他不再是上帝完美的作品了,而是在历史中成长的、在无尽的时间中慢慢产生的一种生物,再说明白些——不过是一种极成功的动物而已!"

"但却是高度发达的!"

"只是,不再是宇宙中的宠儿了,而不过是许多彼此相像的物种中的一种而已。这当然颠覆了到目前为止人们心目中的世界面貌。现在人是什么呢?被驱逐出伊甸园的亚当和夏娃吗?是万物之长还是改头换面成了人的猴子?达尔文本人虽然从不曾提过猴子,但这个词马上就冒了出来,成了人们热烈讨论的对象。这种讨论有时很逗乐儿,但我不想讲它,因为它与事情的核心无关;猴子到底是我们的祖先还是和我们同祖先的一个分支,对我们的尊严也没什么大碍,反正我不觉得自己被贬低了。"

"但教堂可是激烈地反对来着!"

"因为这与他们的一切教条和《圣经》相悖嘛。人能是从低等的动物世界发展而来的?这哪儿行!因为上帝是一次性把我们造好的,独一无二的,而且是'按照他的样子'。基督徒心目中的世界面貌岂能容忍如此大不敬的侮辱!因为,达尔文关于造物提出的问题是:上帝,还是自然选择而来的进化?他不但提出了这个问题,还一口气回答了这个问题,而且这个回答是对宗教不利的。"

"我想,达尔文的思想本身就是进化过程的一部分!"

"这个看法很好,但每种改变生活的新认识都是这样的。我们今天提到达尔文主义的时候,指的是通过自然选择而来的进化。我首先要说的是'生存竞争'这个关键词;在生存竞争中,只有那些最有适应能力的动物才能存活下来,只有它们才能繁殖以增加自己的数量,在这个过程中渐渐物种改变,结果是向更高级的物种发展——也许更好的说法是'继续'发展。生存竞争贯穿了一切自然领域,往往被我们认为是残酷的,实际上却是必要的。达尔文认识到,没有这种斗争就既没有秩序也没有进步。假如一个物种中诞生的许多个体不是仅有一小部分能够存活,那后果将是不堪设想的。你们想象一下,要是每个鱼卵都孵出一条鱼,每颗草籽都长成一颗草,那会怎样!"

"或者老鼠、臭虫、跳蚤、蚊子没边儿没沿儿地繁殖。"贝蕾妮克喊道,"虽然从另一方面来说,所有的动物都互相吃来吃去的,这也很残酷。"

"自然既不残酷也不睿智,它只是漠然。但'生存竞争'不仅是必要的,而且是大有裨益的。只有它保证了生物平衡的维持。为此达尔文创造了'适者生存'这个概念,说的就是最能适应环境的生物能够生存下来。纳粹由此得出了'强者生存'的公式,并且以此为他们所谓'雅利安人是优等人种'的思想做辩护。但不管是在自然界还是在人类中,都不是'最强的'才能生存下来;运气、偶然、环境起着决定性的作用。如果所有的生物都无限制地繁殖,那就谁都没有足够的地方,生物平衡就会被迅速地破坏掉，所有生物的生存空间就都会毁掉。维持生命不是唯一重要的。自然选择让一对父母的后代中只能有几个——平均是大约两个——足以活到自己也能繁殖后代的时候。"

"只有人类违反了自然规则，对自己有害无利——这一点我们认识到得太晚了。"斯蒂芬又皱起了眉头。

"你指的是这个世纪世界人口的增长令人担忧——你说得对。人无视自然选择；在人没有介入的自然中，这本是一条法则。少数比别的更运气或者拥有更好的特质的得以生存。"塞内克斯继续说，"因为如果一个物种或形式被证明更适合于生存，它便占了一种优势——在生存上，也在繁殖上。"

"您是说，更好的物种由此产生吗？"

进化没有目标

塞内克斯考虑了一下："照你说的'更好的'，或者说更有生存能力的，不被'创造'出来，贝蕾妮克。进化没有意图，没有目标。它之中没有有意识的意志。大多数突变都是缺点，只有极少数有好处，而只有这少数能保持住。既不存在某种通过自然进行的有意识的选择，也不存在某种行动着的、引导和选择着的精神。绝大部分得以存活的生物都得感谢偶然。"

"或者是您刚才说过的运气！"

"首先，一个个体是不是能比它的同类更好地应付周围环境中的各种变化，这取决于它的身体是否具有更占优势的功能。进行选择的并非周围的环境，而是更成功的某种有机体的力量。"

"但环境还是起作用的吧？"

"每种发展都由生活空间提供的条件中取得发展的方向，达尔文把这称作'自然选择'。今天存在的一切，身上都可以说贴着质量验证标签，因为他们都通过了自然选择的考验。"

"那么今天活着的一切，都有着长得没有尽头儿的一系列成功的祖先。"

"没错，贝蕾妮克。我们人类拥有大脑，可以拟定计划、发展思想；我们有感觉，会生出爱和恨，但我们依然整个是自然选择的产物。"

"那您认为达尔文最重要的认识是什么？"

"他最重要的认识就是：进化是通过变体，通过自然选择，通过偶然与必然的交相作用而来的，也就是没有任何超自然的外力施加影响。"

"进化往什么方向去呢，塞内克斯？"

"不往哪个方向,贝蕾妮克。每种生物都会继续尝试以尽可能好的方式去适应它自己遇到的情况。"

"除非人现在横插一杠。"斯蒂芬插嘴道,"达尔文还不知道基因,更料想不到什么基因工程。"

塞内克斯点点头,但随后他突然中断了谈话,喊道:"下船吧,我们到了!"

怀疑与悲观主义

毫无顾忌地思想的前提

三个年轻人都没注意到,那个热带岛屿世界早就被他们抛在身后了。他们的船——可这还是'贝格尔'号吗?船驶进一个有沙滩的海湾,抛下了锚。周围生长着山毛榉和橡树,但主要还是树冠蓬乱的松树。

"我们在哪儿?"贝蕾妮克问,"这儿已经不是加拉帕戈斯群岛了!"

"加拉帕戈斯群岛已经远在天边了。我们已经又回到了欧洲,你们面前的是哈韦尔河岸——这是在德国,普鲁士的柏林。"

他们下了船,进了一片像公园似的地方,沙子路在他们脚下嚓嚓作响。在与他们的路平行、并环绕一片草地的小路上走来一位上了年纪的先生,一副急匆匆的样子。他个子矮小瘦弱,穿着件毫无瑕疵的外衣。他身旁跟着条乖巧伶俐的贵妇犬,理过毛发,头上戴着顶小发冠,尾巴梳成流苏式,脚腕上套着贵妇犬专用的"袖子",穿着件小毛衣,露出毛梳理得很光滑的屁股。

那人继续匆匆走着,根本没注意到他们。他长着活泼、专注的蓝眼睛,薄嘴唇,唇边微微露出讽刺意味的微笑,就好像他刚刚冒出个风趣的想法。翘起的两个白色发卷令他高高的额头显出机智和幸灾乐祸的样子,但他的表情里没有任何卑鄙的东西。他身上的一切——他的衣服、他的花边儿、白色的领结,都让人想起法国革命以前高雅的旧贵族。

"这位是哲学家阿图尔·叔本华(Arthur Schopenhauer)。"塞内克斯解释道。"他出生在十八世纪的但泽(Danzig),不久就迁到了汉堡,不停地在北欧旅行,学会了法语和英语,上了哥廷根大学(Gottingen)和柏林大学,住是在德累斯顿(Dresden),去过意大利,现在是柏林大学的讲师。他成为讲师——也就是教授——从根本上来说是违背他自己关于知识分子独立性的观点的,因为他蔑视所谓的'教授哲学',对他来说,这样的哲学是与思想的不自由联系在一起的;它的基础不是'为'哲学的生活,而是一种'倚赖'哲学的生活。他的观点是,完全的独立是'毫无顾忌地思想'的前提。他从直接的生活体验出发,想要从生活本身得到进行哲学思索的动机。他说:'学者是那些死读书的人,而思想家、天才、照亮世界并促进人类发展的人是那些直接读世界这本大书的人。'

"说得很好,但他现在自己不就是教书的,是个倚赖着哲学的教授吗?"

"理论和实际,罗曼。很多东西就是不能按人的愿望那样实现。也许这对他的悲观主义观点起了作用。你们看,他走得多快!这种往往要持续两个钟头的急行军式的散步是很有他的特色的。"

"这个喜欢动物的人、悲观主义者!"罗曼很感兴趣地打量着那小个子先生。"我本应该能从他的贵妇狗上认出他来。"

"他从来不会不带狗就出门;他和狗生活在一起,虽然这会带来很多不便。要叔本华放弃与两条腿的动物的交往反倒更容易些,没有狗的生活是他无法想象的。他深深地凝视它们忠诚的眼睛,把他四条腿的朋友叫做'阿特玛',这意思是'世界的灵魂'。对他来说,对动物的同情与性格的善良紧密相关,他甚至做出结论——对动物残忍的人不可能是好人。被视为人类之敌的他,有着一颗善感的心。"

"尽管如此,他还产生了那么大的影响吗?"贝蕾妮克问道,显然对叔本华很有好感,"我以为,心肠好和成就往往是不能并存的!"

"他主要影响的是思想家和艺术家。我先提一下理查德·瓦格纳,他于十九世纪中叶读到了叔本华的主要著作《作为意志和表象的世界》,并发现其中关于放弃的主要观点与他的《尼伯龙根指环》很接近。叔本华的哲学后来对瓦格纳的剧本创作及音乐理论思想有很大影响。弗里德里希·尼采钻研《教育家叔本华》,托马斯·曼在他获得了诺贝尔奖的小说《布登勃洛克一家》里有整整一章是写叔本华的,另外还有一篇关于他的随笔。好了,不说那么多人名了,只再提一个名字——那引导了动摇教会的巨大变革的第三个人也从叔本华那里接受了很多东西。我指的会是谁呢?我们已经提到过他的名字了。"

"在哥白尼之后您说了达尔文……唉,那个名字就在我嘴边。"

塞内克斯微笑了:"他有力地撞开了一扇门!"

"通向人类心灵的门!"贝蕾妮克喊道,"西格蒙德·弗洛伊德!"

"他和叔本华有什么关系?"

"可以说,叔本华以某种方式抢先提出了弗洛伊德的学说。我觉得叔本华更贴近现实一些,弗洛伊德一味地盯着性,以此他把叔本华的见解推向了极端。叔本华的观点是,性爱是除了对生活的爱以外最强大的推动力,它占去了年轻人一半的精力和思想,是每个人追求的最终目标。弗洛伊德则把他所说的最强大、最活跃的推动力说成了唯一的推动力,占去了人从年轻到年老一半的精力和思想。"

"我想弗洛伊德太夸张了。"

"我们很快还要更详细地谈弗洛伊德,但现在我们还是再说说叔本华。当歌德娶了克里斯蒂娜·福尔皮乌斯,激怒了魏玛的上流社会时,叔本华的母亲表现出引人注目的大度。做儿子的拜访过那老诗人两次,歌德说他是'一个往往不为人所认识,但也确实很难让人认识的年轻人，很值得赞扬'，他的来访提供了'互相教诲的机会'。厌世者叔本华的风度是所有厌世者中最好的。他说话的时候，伴随着活跃的、有时很激烈的动作，就像贝蕾妮克，话里夹杂着拉丁语、希腊语、法语、英语、意大利语中的套语。他妙语连珠，随时可以旁征博引，而细节上又总是十分准确。有他在的时候，人们会觉得时间过得很快。除此以外，他的生活从表面上看平淡无奇；他博览群书，以吹笛子作为放松的方式。"

"这听起来让人很有好感。可我想，重要的不在这里。"

"对。叔本华的主要著作《作为意志和表象的世界》有几十年之久没人关注。他的哲学的创新之处在于，他提出了一种无方向、无意识的原始力，一种'意志'，它指导着我们在生活中的所有表现。"

"他这是什么意思？"

"意志是每个人可以在自己心中体会到的，而且是他最直接的意识。具体地说这种意志表现为'生存的意志'，它永远在追求，却永远达不到目标。人还可以认识到，这种意志同样也是一切自然现象的最内在的本质。在植物体内起作用的力、使晶体结晶的力、使指北针指向北极的力、甚至让石头落在地上以及让地球被太阳吸引的重力，这些都被他称为'意志'。对叔本华来说，生活成为永恒的痛苦，因为意志没有止境，使之得到满足的可能性却是有限的，因此形成了新的不满足的源泉。从每个意志中都生出一种需求、一种缺乏，痛苦便由此产生。每一次满足也只是在一定的时间范围内减轻了痛苦。他认为，这就是人类痛苦的原因所在。"

生物担惊受怕的混乱场所

塞内克斯让三个年轻人在草地上坐一会儿。

"这真能让一个人深深地感到悲哀呢。"贝蕾妮克叹了口气说。

"叔本华认为，艺术能把我们从这无尽的循环中解救出来——但只是暂时的，而持久的解脱就在于放弃任何欲望——通过禁欲克服生存意志，通过冥想达到涅槃。"

"这听起来像是佛教了！"

"他就是这么想的。这个同样存在于佛教中的观点贯穿了叔本华的作品；他接受了印度哲学的思想。在基督教中，他看不到乐观主义，因为在福音书中，'世界'的概念几乎等同于'邪恶'。"

"我想我可以理解这个——你只要想想原罪就行了。"

"所以叔本华说，我们的现状被基督教视作是不可救药的，我们需要解脱。他在我们的世界上看到的是一个混乱的场所，受着折磨、担惊受怕的生物在其中活动，一个撕碎另一个，每个撕扯着的动物都是成百上千其他动物的活坟墓——一连串的折磨、死亡。他抗议那种把这个世界解释成是所有可能性之中最好的一个的说法。"

"就像莱布尼茨！"

"他想到了莱布尼茨拿宗教来解释的关于前定和谐的观点。叔本华难以接受这个，无论如何他还是更倾向于尘世的，不相信有一种成功的世界，他宣布，不管是人还是动物，一切生物的推动力都是非道德的，是追求生存和健康安好的自私自利。他认为这种自私自利是无限的，用他的话说是'巨大'；它突显在全世界之上。"

"叔本华有没有提出什么手段来对付这个？"贝蕾妮克很想得到一个肯定的回答。

"如果他没有这样做，他就只是一个描述现状的人了。他建议压制一切自然欲望，尤其是性欲。他想到的包括克服一切激情，消除一切欲望，制造绝对的平静心情；为此我们需要有思考力，因为除了去认识，什么也不能使欲望平息。"

"思想，思考力——我同意他的观点。"斯蒂芬一反常态，热烈地喊起来。他伸直腿，在草丛里用胳膊支起上身。

"我自问，如果那样的话，我们还活着干什么。"罗曼喃喃说道。

"叔本华也问自己这个问题。他说，人只有通过他自己才能得到解脱，因为他是唯一能借助他自己的理性看透他自己的本质和世界的本质的一个。由此而来的是一种摆脱存在的道德义务。"

"什么？难道他宣扬自杀不成？这个我可不同意！"斯蒂芬又喊起来。

"他认为，只有通过有意识的禁欲才能摆脱存在。"

"这个人难道从来没爱过谁吗？"

"至少他有一颗同情心，贝蕾妮克。他说：'就像火炬和焰火在太阳面前黯然失色一样，思想，甚至是天才，还有美，都会被一颗善良的心发出的光芒盖住。'"

"这个我喜欢。"贝蕾妮克点点头。

就在这一刻，斯蒂芬和罗曼两个人同时感到他们有多喜欢她。

"对叔本华来说，公正和人之爱就植根于自然的同情心中；而这种同情心本身就是人类意识的一个不可否认的事实，是它所特有的，不以前提、概念、宗教、教条、神话、教育为基础；它是原始的，直接的，就存在于人的天性之中。"

"这听起来一点都不像是敌视人类的！"

"如果我讲讲他关于'女人'的论文，你马上就会改变你的看法的，贝蕾妮克。这论文中有的观点可能是对的，但他说'女人按照其天性注定是该服从的'，这你肯定不会喜欢。他继续说：'任何一个处在违背其天性的独立状态下的女子，很快就会与某个男子结交亲近，受他的引导和统治，因为她需要一个主人；如果她很年轻，这个主人就是一个情人，如果她老了，这个主人就是一个忏悔神父。'"

"啊，关于妇女的蠢话我已经听够了，偏偏又都是些聪明的男子说出来的。"贝蕾妮克在那儿嘟嘟囔囔的。

"最后还要说说叔本华的著作。他和伊曼努埃尔·康德相似，他在不能为我们的感官所感知的事物和我们面前呈现的世界之间加以区分。"

"他指的是我们对世界的观念吗？"

"他说，世界是我的'表象'，现实是我们的'表象'。康德也解释说，我们认识事物并不是按照它们本来的样子，而是按照它们由于我们认识器官的特点而向我们呈现的样子。人必须从原则上区分'自在物'和'现象'。"

"可我们不是只设想世界，它就是实实在在的嘛！"

"但我们的意识和我们的感受给它打上了烙印，而我们的意志又改变着我们的感受和我们的意识。假如我们是蚂蚁，那一根树枝就不仅仅是树枝，而是一个巨大的障碍，一棵树不再是一棵树，一座房子不再是房子。现代大脑研究也把意志看成是意识最重要的部分。"

"叔本华为什么要去柏林呢？"

"柏林那时是人文文化的中心。1802年，叔本华在某种程度上成了黑格尔在柏林大学的竞争对手。他无比自信，把自己的讲座全都排在跟黑格尔的讲座重合的时间，黑格尔那时刚刚达到其声名的顶点。叔本华这么做可没给自己带来好处，几乎没人来听他的讲座，他遭到了灾难性的失败。只在一点上叔本华比黑格尔聪明……"

"怎么呢？"

"你们知道，黑格尔因霍乱死于柏林。叔本华则一辈子患'超级疑心病'，他及时避开了瘟疫，逃到莱茵河畔的法兰克福，在那儿一直呆到去世，而且后来也得到了承认。"

"通过什么？"

"通过他的《生活智慧箴言》。这只是一本大部头著作《Parerga unde Paralipomena》中的一部分，这个题目的意思是'附录与补遗'。其中的《生活智慧箴言》多是关于要尽可能愉快和幸福地度过自己一生的艺术的。"

"这又像是肯定生命的了！"

"尤其是在这一作品中，叔本华充分阐发了他中肯、论证得很聪明的思考。大多数提到叔本华的人都会想到《箴言》。他1860年死于法兰克福，享年七十二岁。再说一句别的：据我所知，叔本华是第一位我们能看到其本人照片的重要哲学家——达盖尔银版照片。"

"您大概又要把话题引到技术上去了吧，塞内克斯？"

"暂时还不要，斯蒂芬。来，和我一起到那棵菩提树下的长凳上坐一会儿。"

寻找新价值

我们应该研究我们的特性、我们的行为

塞内克斯翘起了二郎腿,接着道:"当然了,技术变得越来越重要。铁路网的迅速兴建带来了社会、经济和政治上的巨大变化。但在再提两个人和他们的著作之前,我还不想离开哲学这个话题。"

"可是只剩下尼采没讲了。"

"他嘛,我们留到今天晚上再讲。"

"那么是克尔凯郭尔吗?"罗曼问。

"他是其中一个,另一个绝对是他的对立面,但我想先说这个人。他们两个人都研究基督教,在这点上他们都和叔本华有关。"

"可是女性在哪里?我又只能听到男人的事!"

"世界变化了,它的变化也在对妇女的观念上。现在先让我说说哲学家路德维希·费尔巴哈(Ludwig Feuerbach)吧。在这个 1841 年发表了著作《基督教的实质》的人身上,我们看到的是到那时为止对我们的宗教进行了最严厉的批判的批评家——虽然大卫·弗里德里希·施特劳斯(David Friedrich Strauß)在他之前六年已经写了《耶稣的生活》这本书,在其中把《新约》称为关于古老智慧的神话故事集,并严厉批判了'国家基督教'。"

"我发现,那时候的哲学家确实是有勇气,他们攻击了国家的宗教,而'渎神'是肯定要受罚的。"

"这些都对,但启蒙主义哲学家,尤其是伏尔泰,已经走在前面了。好了,路德维希·费尔巴哈的宗教批判确实给他的学术生涯造成了阻碍,他代表的是一种前后一致的无神论。他认为,每种宗教都是被压抑的愿望的表达,使人与他的本质之间产生异化。他指责宗教,是它,用彼岸来欺骗我们,而这彼岸与我们的尘世生活毫无关系。我们应该更好地去研究我们的特性和我们的行为,而不是去研究神学。"

"不是每种无神论都是消极的吗?"贝蕾妮克向后靠去。

"费尔巴哈的观点不同。他想要一种肯定生活的无神论、自由和自我实现。"

"这能统一起来吗?"

"也许在未来吧……"斯蒂芬喃喃说道。随后他提高声音,问:"但您也提到了他

的战友——还有谁呢?"斯蒂芬稍稍向前弓身,显然他对这个话题的兴趣越来越大了。

"首先是卡尔·马克思,但他比费尔巴哈还极端,说宗教是'人民的鸦片'。另外一个我要说的就是索伦·克尔凯郭尔,虽然他是以基督教的方式思考。人们认为他是存在主义哲学的创立者之一。他多次到过柏林,并在那儿听了谢林的讲座,并出版了一本题为《非此则彼》的小说,他在其中阐明,人不得不总是做出抉择——或者是选择审美的生活,或者是选择伦理的生活。"

"伦理的或审美的?他是怎么理解这两个词的?"

"对克尔凯郭尔来说,审美的生活就是虚无、忧郁、自我享受的生活,它导向绝望。"

"而伦理的生活可以把我们从中挽救出来吗?"

"他是这么看的,贝蕾妮克。人只有勇敢地跃出因审美生活的虚无而来的绝望,跃入伦理生活之中,才能拯救自己。这一跳跃必须在对上帝的信赖中发生,这之后人就可以积极地行动,实现自我了。克尔凯郭尔试图分析他的时代,分析这个时代的浪漫主义和黑格尔主义,而且他不是做抽象的思索,而是思索具体生存中的人。他的基督教存在主义哲学有很长时间不被重视,直到二十世纪它的影响才充分表现出来,主要是通过马丁·海德格尔和让—保尔·萨特,然而那就和基督教没有关系了。"

给社会举起一面镜子

贝蕾妮克又以她那种安静的,然而又毫不松懈的方式质问道:"那女性呢?"

"这个我得从很远的地方讲起。我们已经谈过了十九世纪上半叶的经济和社会状况。人们估计,当时在德意志国家里,属于第一个阶级,也就是富人阶级的人,占人口总数的大约百分之五;中间那个阶级的比例是这个数字的两倍多——百分之十三;占人口绝大多数的是所谓的第三阶级,也就是没有财产的人,他们约占人口总数的百分之八十三。但什么叫'没有财产',这在我们今天已经根本无从想象了。现在我要说妇女了,贝蕾妮克,因为贫困不仅涉及到男子,也以严重得多的程度涉及到女子;尤其是因为她们除了忍受普遍的困苦、饥饿、疾病、屈辱、没有保护以外,还得承受并不想要的怀孕这种痛苦和负担。现在我们四个正在柏林,这里有很多要靠佣人劳作的官员之家、市民之家、工厂主之家,也有些艺术家之家。佣人主要是女佣,她们被更好的赚钱机会吸引着,从农村来到城市,试图通过一个中介得到一纸雇工合同。在火柴发明以前,一个重要的雇佣标准就是,看她们会不会在厨房里把火生起来。如果她们不会这个,那希望就渺茫了,其他的事就看运气了。"

"女佣的待遇怎么样?"

"通常很不好,但和工厂里的女工相比,她们至少身在一座房子里,受到某种程度的庇护——当然这庇护也往往很可疑。早晨四点钟就起床洗衣服,这一点都不少见。虽然有最低限度的法律保护,但实际上往往并不受任何保护。"

"没有人为她们说话吗?人们不会被这样的困苦、这样的处境惊醒吗?"

"提得好,贝蕾妮克!当时的作家,其中包括台奥多·冯塔纳(Theodor Fontaner),深入刻画了这种人在其中全无尊严的处境。一个生活在柏林的女作家——贝蒂娜·冯·阿尔尼姆——关心社会的疾苦,1843年发表了一本书,并赋予它一个极有挑战性的题目:《此书属于国王》。这是一个很轰动的行为,几乎没有人比她更富批判性。她与阿西姆·冯·阿尔尼姆结婚,是克莱门斯·布伦塔诺的妹妹;那两人出版了《男童的神奇号角》。贝蒂娜·冯·阿尔尼姆预感到她的书将会掀起巨大的波澜,因此她选了这个书名,希望能借此躲过审查和迫害——但却是徒劳的。人们怀疑她是共产主义者,连她的家人也对她退避三舍。"

"为什么?"

"因为没有一个社会能容忍自己在面前竖起的一面镜子里的形象是负面的,而这本书简直是一点情面也不留。贝蒂娜写了德语中的第一部社会报告文学;若是在今天,它不会让人激动,在当时却是骇人听闻的。她找到了最强有力的词句,描述柏林城里及城周围穷人的困苦。她以此激怒了所有人,骇着了上层社会的淑女,却没能让她们良心上有所发现。总之一句话,她让自己出丑了——她本人不也是'上等家庭'出身的吗?她不是一个著名作家的寡妇吗?现在她散布这些耸人听闻的政治思想,为那些受歧视受压迫的人出力说话,全然忘记了她是女人,本该谦虚、克制才行。"

"她肯定非同寻常地勇敢!"

"重要的是她具备一种到那时为止同时代的人不曾具备的东西——社会良心。贝蒂娜·冯·阿尔尼姆肯定没读过卡尔·马克思的书,也决不会接受他的全部思想,但她对社会做出了类似的清算,因此在争取更多的社会正义的斗争中,她是一个女先锋。"

"她毕竟还能出版自己的作品。"

"为出版她的书遇到的困难令她烦得要命。为了避开困难,她创建了一家她自己的出版社。她相当不容易。"

男人的特权不是天定的

贝蕾妮克仰起头,甩甩头发,她还是不满意:"那时候的男子是从根本上反对妇女的吗？我是说，反对她们的权利？"

"那个社会是父权式的。但我们也知道，在任何时代都有男人站出来为女人说话。1862年，法律史学家约翰·雅各布·巴赫奥芬（Johann Jakob Bachofen）发表了他的著作《母权》，他在其中证明了，在早期文化中，女性是占统治地位的——不仅是在家庭里，也是在政治上。"

"那他肯定让资产阶级的社会大为震惊。"

"他确实招来了他人的愤慨，先是他的同行，然后是在公众舆论界。他的调查研究明确指出，在古老的宗教时代，妇女统治原则是占主导地位的。对我们'进化公园'的参观者来说，这没什么新鲜的，我们知道妇女在史前时代的耶利哥的突出作用，尤其是她们在埃及高度发达的文化中承担的角色。雅各布·巴赫奥芬描写了母权是如何借助农业活动实现的。"

"母权？"

"是这样，贝蕾妮克，母权最明显地体现在女性继承顺序这一点上。不管听起来有多么奇怪，但是在最早的文化中人们还根本不懂得生育是怎么回事——不过埃及人已经知道了——不知道男性也参与了生育孩子。雅各布·巴赫奥芬在后来的父权社会秩序中看到了一种进步——这我们在古希腊了解到了——脱离了'物质的'，也就是女性的，而走向了'精神的'，也就是男性的。"

"男性的自大狂是永远也刹不住闸的。"

"巴赫奥芬毕竟明确了这一点：男人的优先权既不是天定的，从其作用的意义上说也不是更好的，它只不过是历史地发展来的，因此也是可以改变的。"

"只是没有人去做！"

"妇女得自己把自己的事情握到手里，这种尝试一直有，比如在古代的雅典，男人们不是已经不是那么头脑褊狭了吗，妇女能够开口说话。当然，那总是些零星的声音，但这在逐渐地改变。1865年10月，在第一届德国妇女会议上成立了'全德妇女协会'。"

"也是时候了！"贝蕾妮克松了口气。

"这不是第一次尝试，但妇女运动在1848年革命失败后被压制下去了，并经历了一个萎缩的时期；现在它又活跃起来了，出现了德国第一个有组织的妇女联合体。"

"它的目标是什么呢？"

"它为让妇女接受更高的教育、改善她们的工作条件而努力。这实现起来还有些困难，但不管怎么说，分会迅速成立起来，五年后协会已经有了一万名成员，主要是对自己的地位不满，要求做些事情改善地位的女性。可惜还有很多人没有组织起来。"

"很可能是因为她们不敢！"

技术与资本主义

一个技术迅速发展的时代

塞内克斯交叉起双手:"我现在要把话题转回到技术上了,它的发展给这个世纪打上了烙印。扮演了其中一个格外重要的角色的是电。在这个领域里工作的有维尔纳·冯·西门子(Werner von Siemens),他生活在1816年到1892年间。他与机械工程师约翰·格奥尔格·哈尔斯克(Johann Georg Halske)一道建立了一个电报台。他发现了电动原理,发明了发电机,有了它,就可以用简单的方法十分便宜地制造出强度不受限制的电流来。电动机无比迅速地排挤了水车、风车、蒸汽机。"

"而现在我们要试着回到利用风力!是西门子发展了三相交流电技术吗?"

"主要是他。1879年他建了第一条电气铁道,不久又建了第一条有轨电车道。他自己写道:'技术现在得到了一种手段,可以以便宜、方便的方式在各个有劳动力的地方制造出无限强度的电流。'可我不想对这个德国发明家讲太多,虽然他为技术,尤其是对电气技术的发展做出了重要贡献。他让哈尔斯克造一个他发明的指针电报机的模型。这个电报机,接收的一方不再是利用钟表结构来拉动电报带了,而是利用一个电传动装置,使收报的一方可以与发报的一方保持同步。和旧的模式相比,这是一项重大的改进。另外他的发明中还包括在柏林开发利用地下电缆电报火警器。"

"在地下?那它必须得是绝缘的,怎么做到这个呢?"

"他们先是试着用古塔橡胶,罗曼,这是一种类似橡胶的材料,但不能防地下水,此外还被老鼠啃了。吃一堑长一智,人们很快就解决了这个问题。另外西门子还做成了一种万能电流计,可以测量电压、电流和电阻。同样很重要的是托马斯·埃尔瓦·爱迪生(Thomas Alva Edison)的电灯泡,虽然确切地说,它的发明者是纽约的德国移民、钟表匠海因利希·戈贝尔(Heinrich Goebel)。爱迪生大大改进了它,并使它适合于生产。爱迪生还发明了留声机和收音机。我现在还得一口气提一下亚历山大·格拉汉姆·贝尔(Alexander Graham Bell),一个祖籍苏格兰的北美生理学家,他在费城的世界博览会上展出了第一部电话。"

"这么说他是电信之父了?"

"这样的'……之父'在这个世纪里有很多,这个世纪得到了'美好时代'这个名字。然而，这个时代只是对富人来说是美好的。1848年6月镇压了巴黎起义的拿破仑三世下令在拐弯抹角的巴黎城里修建林荫大道。对此我想多说几句，因为这在城市发展史上是一种新式历程。乔治·欧仁·奥斯曼男爵（Georges Eugène Haussmann）1853年成了所谓的'塞纳河省省长'，拿破仑三世向他下达指示，把城中心那些中世纪一般古老狭窄的巷子、潮湿的房子全部推倒，翻建新的。当然，城市、城区过去也曾被改造过、重新兴建过，尤其是在大火或其他毁灭性的灾难过后。你们只需回忆一下罗马大火后的重建。但巴黎现在却是完完全全的重建，业已长成的城市面貌全被毁掉，取而代之的是全新的。巴黎又一次成了欧洲的中心，有着它独特的生活方式，优雅、风度、漂亮在其中舒展，艺术家、画家、作家、高级时装裁缝在巴黎汇聚。"

"但改造肯定并不是为此而进行的吧？"

"改造的原因之一是，两次霍乱流行夺走了数千人的生命，拿破仑三世想要创造更好的生活条件。他也许梦想着能获得伟大的建设者和城市设计者的美名，永远载入史册。另外在1848年的起义过后大道拓宽，这可以增加修筑街垒的难度。"

"我更相信这个原因。"

"此外还在西部增建了居住区，伴随着一切资本主义特有的现象：地产投机兴旺起来，价格上涨，有人挣下百万家私。大量贷款使拆毁又重建的庞大工程成为可能。小说家埃米尔·左拉（Emile Zola）写道：有十五年之久，剥夺财产的体系像一架巨大的机器把巴黎犁了一遭。统一的规定为改造工程定下了规矩。街道应该显得庄严富丽，从一个广场通往另一个广场，从一个重要建筑通往另一个重要建筑，不管那是火车站，还是交易所，抑或是歌剧院。从窗内向外眺望的景致也得漂亮，因此他们让条条街道通向广场，形成星的形状；最美的广场之一就叫'Etoile'——'星'。"

"这不就是有凯旋门的那个广场吗？"

"这个广场在奥斯曼男爵的计划中占据着中心地位，在此他做出了在大城市中很不寻常的事——在空间上的奢侈——他在凯旋门四周建了条环形街道，形状像一个圆形的广场。那时候，广场上还没有拥塞的汽车交通，街道两旁的栗子树红花绚烂，漂亮时髦的敞篷马车行驶其间，车上的淑女衣袂飘飘，那可真是一道很美的景致呢。这就是巴黎，在十九世纪接近尾声的时候，成为澄澈天空下一座充满优雅和艺术情调的都市，如磁石吸引着人们。"

"那时候还有澄澈的天空！这个城市不仅从奥斯曼男爵那里得到了一件新装，而且形成了新的特色。"

"所以最美的大道之一就以他的名字命名。许多广场和街道的和谐一致都该归功于他。他不要单独的一幢幢别墅，而要建大型豪华的出租住宅，有统一的立面。他把巴黎变成了年轻知识分子和艺术家朝圣的麦加。"

"尤其是画家,对吗?"

"塞尚(Cézanne)、马奈(Manet)、高更(Gauguin)、莫奈(Monet),还有荷兰人梵·高(Van Gogh),此外还有作家埃米尔·左拉、奥诺雷·德·巴尔扎克(Honoré de Balzac)、居斯塔夫·福楼拜(Gustave Flaubert)、居伊·德·莫泊桑(Guy de Maupassant)、马塞尔·普鲁斯特(Marcel Proust),作曲家拉威尔(Ravel)、德彪西(Debussy),以及在巴黎度过了他重要时期的理查德·瓦格纳,还有,别忘了伟大的波兰人弗雷德里克·肖邦(Frédéric Chopin)。但说艺术家就到此为止吧。1889年,也就是在巴士底狱被攻克整整一百年后,在巴黎举行了第一届国际博览会。拿破仑三世那时已经不得不退位,德国人在首相俾斯麦的领导下打败了法国;普鲁士国王在凡尔赛宫被宣布为德国皇帝威廉一世。"

"居然在凡尔赛宫!对法国人的羞辱更深了一层!"

"是的,这样做很不明智。好,那么,为这次博览会,埃菲尔铁塔建起来了;到夜间,塔身上成千上万盏电灯令铁塔光芒四射,全城便沉浸在光明的海洋之中。两千万名前来参观的人什么国家来的都有,对斯图加特(Stuttgatt)工程师戈特利布·戴姆勒(Gottlieb Daimler)来说,在多次徒劳的尝试之后,这正是展示他的汽车的好时机。他这次得以成功,多亏了一个已去世的生意伙伴的遗孀萨拉赞女士(Madame Sarazin),她不仅美貌,而且精力充沛,人又聪明。"

"萨拉赞女士?"贝蕾妮克竖起了耳朵。

"在那以前三年,戴姆勒给一辆马车装上了发动机——他想把它作为生日礼物送给他的妻子,这就是第一辆'戴姆勒汽车',它的速度达到了每小时十二公里。戴姆勒想制造更多的这种车,然后出售,但斯图加特人对汽车放出的臭气和噪音大为恼火;新闻界也抱怨它给公共安全造成了威胁;有些大发雷霆的反对者甚至拿石头砸汽车。于是戴姆勒转而建造装上马达的小船,并驾小船在内卡河(Neckar)上做试航,但这也招来了愤怒,报纸号召人们向他提抗议;戴姆勒就算在黑暗的凌晨做试航也没用。"

"一连串的失败吗?"

"摩托艇慢慢地还是被人们接受了,甚至帝国首相俾斯麦也接受了这样一个礼物,乘着它在弗里德里希鲁厄湖上兜风。"

"但是肯定有人在汽车领域获得成功啊!"

"戴姆勒在民间节日和展览会上也做了尝试;他造了一辆装马达的有轨电车,它在维也纳的普拉特四个月内行驶了二万五千公里,一次毛病也没出过。接着,斯图加特马车—铁路协会也终于引入了装马达的有轨电车;还有一辆被运往荷兰,另一辆运往西西里。"

大规模采剥矿藏开始了

贝蕾妮克稍稍直起了身子，问："巴黎那边怎么样了？"

"美丽的路易丝·萨拉赞去斯图加特找戴姆勒，并很快和他达成了一致；他们之间建立起了友谊，这友谊对汽车的发展意义重大。萨拉赞想把一部发动机运过边境，运到法国去，但困难重重，幸亏她与法国政界高层人士之间有良好的关系，因此得以克服这些困难，而她的联系办法是一次次往巴黎拍电报！"

"然后呢？"

"然后，一辆'迷你'电车及时赶到了世界博览会，还有一个功率为两马力的发动机，它通过一个发电机给一个小小的灯光装置供电；还有一辆钢轮车，两条摩托艇。戴姆勒和工程师威廉·迈巴赫（Wilhelm Maybach）也去了巴黎。萨拉赞夫人乘着摩托艇在塞纳河上航行，吸引了所有先生们的目光。岸上还同时行驶着那辆钢轮汽车，车上坐着挥舞帽子的青年男子。这是一次很有说服力的宣传。"

"效果达到了吗？"

"是的，贝蕾妮克。现在戴姆勒的汽车卖出去了，工厂主埃米尔·雷瓦索尔（Emile Levassor）是第一个买主。人们本来只知道他是一个狂热的骑马爱好者，经常每天在他的两个木材加工机械厂之间来回奔驰好几趟。可现在他迷上了戴姆勒的钢轮汽车，兴奋地在巴黎城里哒哒哒地开；他也开始同样兴奋地改进汽车，签了一份执照合同，这使他有权仿造戴姆勒的马达和车子。他的谈判伙伴——萨拉赞夫人。他与戴姆勒和迈巴赫结成了终身友谊。"

"这就是突破吗？"

"这又是一次突破。我现在大概还应该提一下，1857年人们第一次开始有计划地进行石油钻探。"

"那时候就开始了？在哪儿？沙特阿拉伯吗？"

"不是，就在吕内堡（Luüneburg）荒原上。但同一年人们在罗马尼亚用锄头和铁锹发现了两个油源。"

"大概从这时候起人就开始大规模采剥地球的矿藏了。"

"而且是一项史无前例的社会进步。"

"如今，我们几天就消耗掉自然界里数百万年才产生出来的宝藏，而且还破坏了地球大气层。"

"这些都对，罗曼。但在今天，我们漫游'进化公园'所处的时代，还处在这一过程的开端。我们会亲身经历一种带来广泛后果的发展过程的开端。走几步吧，我们的目的地是柏林城边利希特费尔德的小丘。"

一个有巨大翅膀的东西

塞内克斯引着他们穿过繁忙的城市。建筑物稀疏了,他们到了一处长着稀稀落落的植物的开阔地,这儿那儿的露出了沙子的地面。远处有几个低矮的仓库,前面隆起一个小丘。

"那不是自然形成的小丘。"塞内克斯解释说,"它是人堆起来的。我们马上要看到的那个人要利用它做他的试验。他马上就要来了。"

"在哪儿?"

"往小丘上看!"

那个人出现了——一个长着巨大翅膀的东西里吊着个人。那翅膀薄薄的壳上贯穿着很多柳枝,像昆虫的翅膀那样。那个人的小臂放在一个十字形的架子上,双手抓着前面的柄,头和上身伸在那东西的外面,弓着后背,头上紧紧地戴着一顶帽子,裤管只到膝盖以下。

下面还聚集了大概二十多个观众。

"今天这个'放风筝的'要驾着他五颜六色的大翅膀从小丘上飞下来,和以前类似,但是这一次要好得多、远得多,尤其是高得多。"塞内克斯说。

"这一定是奥托·利林塔尔。"

"他快要结束他的一系列试验了;人们估计他试验的次数超过两千次。最后的一次将是在1890年8月,他驾驶一架两马力功率的飞机;一阵狂风扯裂了飞机前部,使它竖了起来。结果他摔了下来,死在医院里。"

可这会儿,他做完他的腾跃之后安全着地了,总共飞了也就是一百来米。他慢慢地刹闸,稍微有些支撑不住,往前栽。几个人上去帮他,抓住翅膀梢儿,把飞行器抬平,使它恢复平衡。

观众欢呼着:"好啊!"鼓起掌来。

"飞行的梦想——它大概和人类一样古老。高度是最后一个有待人类征服的领域。你们都知道古希腊关于伊卡洛斯(Ikarus)的传说吧?"

"是不是那个因为离太阳太近而摔了下来的人?"

"他用来固定翅膀的蜡变得太软了。你们也知道里奥纳多·达·芬奇(Leonardo da Vincis)的研究。奥托·利林塔尔从理论上研究了这些以及其他许多关于人类自由飞翔的可能性;他也了解他那个世纪里大量的滑翔模型、装了翅膀从塔上跳下来的失败尝试。但与他们不同,他先是坚信只有完全模仿鸟翅膀的扇动才可能成功;他认为,所有的先行者之所以充其量只能跳上几步,其原因是他们用的翅膀都是固定的，所以不中用。"

"他是唯一的尝试者吗？"

"绝不是，斯蒂芬。在大多数欧洲国家里都有人在做飞行的尝试，英国、法国、俄国，但结果都不尽如人意。奥托·利林塔尔的滑翔翼，不管有没有装马达，都起到了为发展指明道路的作用——也许我应该说指明'航线'的作用。飞行并不是他发明的，但他的研究使飞行的发展大大向前迈进了。他认识到，必须得先对飞行的本质做系统的探究。这一思想的结果是他在1889年四十一岁时出版了他写的书《飞行技术的基础——鸟类的飞行》，其中他探讨了鹳鸟的滑翔，而三百七十年前的里奥纳多·达·芬奇在研究中选择的方向是老鹰拍翅膀的动作。奥托·利林塔尔后来的研究还是把他引回了固定的翅膀，他以此造了第一架滑翔机，另外又造了五架单翼飞机，用快速助跑的办法起飞，飞行距离开始时有九十米，后来达到了二百米。"

"今天我们的滑雪运动员差不多也能飞这么远，而且还没有翅膀呢！"罗曼说。

黄昏渐渐降临到小丘上，飞行器被送进了仓库。在返回的路上，塞内克斯继续说："奥托·利林塔尔学的是机械制造专业，成了工程师，在柏林建了一个机械制造厂。1890年他的第一次跳跃飞行成功。他先是造了类似鸟的滑翔器，用他自己身体的重心移动来操纵。后来他造了约二十架双翼飞机。他活了四十八岁。"

"试验还在继续进行吗？"贝蕾妮克向后捋了捋她的头发。

"1901年，古斯塔夫·魏斯科普夫（Gustav Weisskopf）成功进行了第一次用蒸汽做动力的飞行，而且是在美国。他很可能过去和利林塔尔合作过。移居到美国后他改名为怀特海德（Whitehead）。但一次坠落终止了他的飞行。但利林塔尔还有很多钟情于飞行的后继者。"

"莱特（Wright）兄弟是怎么回事？"

"这两个美国人成功进行了最早的精确驾驶飞行，先是只有几秒钟，后来是几分钟，最后终于超过了半个小时。这时他们已经达到了每小时超过六十公里的速度。在德国，人们主要是集中精力制造飞艇，1900年第一只齐柏林飞艇升空。1908年法国人路易·布莱里奥（Louis Blériot）成功飞越了英吉利海峡。到第一次世界大战便有了飞行战斗中队——这真是人类的悲剧；还出现了'空中英雄'的神话。"

"而今天飞行对我们来说已经是自然而然的事——这前后还不到一百年呢！"

"是啊，罗曼，每分钟都有几千架飞机在空中飞。"斯蒂芬补充道。

天已经黑了，不一会儿他们到了旅舍。

第十一晚
超人与心理分析之父

艺术家和思想家,联合起来!

一个思想敏锐的艺术家

"今天,"塞内克斯开始了晚上的话题。"我给你们讲一讲弗里德里希·尼采。虚无主义借他发出了最初同时又是最强的声音。尼采激进的目光,富于批判精神的敏锐,以及他对未来辛辣的预见,都使他成为现代思想的预言家。"

"为什么这么说?"

"比如他说:'人是必须被克服的东西。'人的了不起在于他是一座桥梁,而不是目的地。尼采生活在1844年到1900年间,也许他是唯一可以被纳入艺术家队伍的哲学家。这么说是因为他热爱音乐,自己做过曲子(虽然是平庸的曲子),而是因为他是个语言大师,一个抒情诗人。在他身上,哲学家成了诗人,或者反过来说也可以,诗人成了哲学家。托马斯·曼说尼采的散文是'绝妙的散文'——从他的嘴里说出这样的赞语可是很难得的。尼采植根于浪漫主义,但又超越了浪漫主义;他将浪漫主义的善感与启蒙主义的怀疑精神结成了一束鲜花。一开始对他产生过影响的叔本华是个比他更冷静的思想家,而尼采则更大胆;或者换句话说,尼采是一个思想敏锐的艺术家,要说冷静可谈不上。"

"我知道他的几首诗。"罗曼说,"我很喜欢它们,因为它们不同凡响。我想,他作为一个抒情诗人受到的重视很不够。"

"他的伟大作品《查拉图斯特拉如是说》我也觉得更应该被算作文学创作，而不是哲学。"塞内克斯回答道。"你怎么看待尼采的作品都可以，它总是会触动你，要么是吸引住你，要么是激起你的反对。他写作用过很多不同的体裁，笔记、断片、警句、小册子、诗歌、散文、论战文、书信。正如我刚才说的，他还作曲。比如他曾在威尼斯给他的朋友彼得·加斯特（Peter Gast）写信说：'昨天的里亚尔托桥[1]之夜还带给我一支乐曲，令我潸然泪下。那是一支古老的行板，就好像在它以前从不曾有过行板似的。'"

"他是不是有一部作品叫《悲剧的诞生：源于音乐的灵魂》？"

"原本是古典语文学者的尼采以这部作品把自己从狭隘的古典语文学中解放出来，转向了哲学。他的同行对此态度冷淡，更显出了瓦格纳的兴奋。瓦格纳认为尼采理解自己——后来这被证明是个错误。"

"但尼采不是崇拜过瓦格纳吗——要么是崇拜他的妻子科西玛？"

"事实是，在巴塞尔（Basel）大学教授希腊语和文学、腼腆羞涩的尼采经常去菲尔瓦尔德施台特（Vierwaldstätt）湖边的特里普申（Triebschen）拜访理查德·瓦格纳和他的妻子科西玛。"

"尼采是哪儿的人？他的名字听起来很奇怪。"

求真理、求生存的意志

"尼采的祖先来自波兰，他生在吕茨恩（Lützen）附近略肯（Röcken）的一个牧师之家，上学初期生活在萨勒河边的瑙姆堡（Naumburg）。后来他上了有名的舒尔普弗尔塔寄宿学校，在波恩和莱比锡攻读了古典语文学。"

"他和瓦格纳之间的友谊为什么会破裂？"

"尼采和瓦格纳两人在性格上都不简单。尼采首先是指责瓦格纳的歌剧《帕西法尔》中包含了那么多基督教的思想遗产，而且还在形式上为其唱颂歌、美化它。尼采拒绝基督教，也反对社会主义。基督教惹怒他的地方是'伦理'，社会主义惹怒他的则是'奴隶道德'。他反对一切激起人同情的东西，他认为同情没有实际用处。实际行动才能产生有力帮助——这是他要的。但他反对被别人的痛苦压倒而又不能对此做些什么的情况。尼采认为同情只能增加世界上的困苦，因为本来是一个人受苦，现在成了两个人在受苦——那同情人的人也在受苦，这样一来，意志和肯定生命的

---

[1] 译者注：位于威尼斯，横跨大运河，文艺复兴风格。

力量就被削弱了。这一思想也渗透在《悲剧的诞生》以后的作品《人性的，太人性的》和《快乐的科学》中，尼采在其中对'狄奥尼索斯'[1]和'阿波罗'[2]做了区分。'狄奥尼索斯'意味着对生命意志的强有力表达，'阿波罗'则意味着造型和形式。"

"我对'狄奥尼索斯'没什么好感。"斯蒂芬宣布道。"我们拥有头脑是为了运用它，而不是为了把它搞得醉醺醺的，我更喜欢'阿波罗'。"

塞内克斯机械地点点头，既不表示赞成也不表示反对。"像叔本华一样，尼采也看到世界是由意志的原始力量统治着，但他的思想不久就与他的师父分道扬镳了，因为他看到的是，一个由意志指导着的生命存在从悲剧中挣脱出来的方法绝不是叔本华那种放弃和否定，而恰恰在于肯定。意志主要应该在艺术中表达出来；他在艺术中看到了一种求真的意志、求生的意志。面对它，科学显得是那么平淡。他还认为，没有客观的真理，只有主观经验的真理，它应该具有灵感的特征。他怀疑一切，并认为所有的聪明人都是怀疑主义者，他在怀疑者身上看到的是'温情的造物'。"

"我也是这种感觉，我想。"

"尼采宣扬重估一切价值，他针对的主要是传承下来的真理，尤其是道德观。在他眼里，信念就是牢笼，进行计算的科学是麻醉剂。对尼采来说，怀疑是知识分子诚实的表现。"

"尼采是无神论者，不是吗？"

"尼采宣布上帝死了——正像真理死了一样。在《瞧！这个人》中他写道：'迄今为止名叫真理的，被我们发现是谎言最无耻、最典型、最隐秘的形式。改进人类的神圣托辞原来是吸干生命、造成贫血的阴谋。'"

"我觉得这也太消极了。"贝蕾妮克宣布道。"他就没什么正面的东西可说吗？"

"当然有，但他被彻底地理解错了，尤其是在纳粹那里。尼采要是知道纳粹，肯定会对其深恶痛绝的。但纳粹把他的哲学收归己有，为他们的罪行辩护，尤其是他的《强力意志》和'主人'一说被他们利用了。他的《查拉图斯特拉如是说》则主要是文学创作，这我已经说过了。'"

"他不是提出过这样的要求吗——'你到女人那里去的时候，别忘了鞭子。'"贝蕾妮克的手攥成了拳头。

"与其说这是一条十分当真的建议，还不如说是因为爱情受挫而生出的梦想。但他很容易被误解。在《善恶的彼岸》中他宣布了一种'主人道德'，他不是像基督教那样区分'善'与'恶'，而是区分'强'和'弱'。他自己却是个多愁善感的人，不止一次地与他的时代的主导观念作对。

---

[1] 译者注：狄奥尼索斯是古代希腊神话中的酒神，主神宙斯和大地女神塞墨勒的儿子。
[2] 译者注：阿波罗是古希腊神话中的太阳神，主神宙斯和勒托的儿子，主管光明、青春、医药、畜牧、音乐和诗歌等。

"但是《查拉图斯特拉如是说》……"

"这是尼采最有名的作品,贝蕾妮克。在与哲学无关的地方,这本书也会出现在书柜里。查拉图斯特拉,波斯宗教的创立者,向所有的人发出号召,在十年的孤独隐居后向人们传达他的'福音'——说话的当然是尼采,说的又是'超人','超人'现在能够实现自我、征服世界了,因为上帝对人已经毫无意义了。"

"上帝死了!"

"随着上帝一同消失的还有同情和所谓的'博爱',尼采对此做了进一步阐发。"

"尼采是怎么想起写《查拉图斯特拉如是说》的呢?"

"这个他自己描述过。有一天他在上恩加丁(Oberengadin)的西尔瓦普拉纳湖边穿过森林,在一块巨大的岩石旁休憩,这时他的脑子里萌发出一个念头:'远离众人与时代六千英尺。'"

弗洛伊德的转折

开启心灵的钥匙

大家静默了一阵,然后塞内克斯说:"让我们现在也到众人和时代的彼岸去——那就是梦的王国。

"请你们想象一间塞满了小型家具的市民风格的房间,闻得出雪茄味,冷冷的烟弥漫在房间里。

"房间的主人大概偏爱东方,不光地板上铺了一块图案丰富的地毯,还有一块毯子盖在一张高背的沙发床上。此外还有块类似的壁毯,与之相配的是一幅阿布辛贝勒神庙[1]的刺绣,上面有四个巨大的法老拉美西斯二世的塑像。房间本身很小,几乎不比那张沙发床更宽。床末端后面的角落里挤着跟房间一样高的瓷砖壁炉,摆了浅色枕头的床头一端后面则塞进去一张躺椅。沙发床上躺着一个女子,穿的是打着褶裥的衣服,眼望着天花板,交叠的两腿穿着高筒靴,鞋带一直系到头。她用很轻的声音断断续续地讲着,头后面那张躺椅上坐着一位上了年纪、抽着雪茄的先生,膝头放着本子。他做着笔记,记的东西显然和那女子的讲述有关。他审视的目光引人注目,他的大鼻子和唇上有灰色的髭须,下巴上是修剪整齐的胡子。他的硬领此刻松松地耷拉着,开着'V'字领的背心上,一根表链子在晃动——这就是心理分析之父西格蒙德·弗洛伊德的样子。

"他在维也纳贝尔格巷的房子里从1891年生活工作到1938年,然后身为犹太人的他就不得不在纳粹侵入时离开维也纳,移居到伦敦去了。他用一种类似自然科学的观察方式,用心理分析取代了基督教的灵魂学说。"

"这和基督教有什么关系?"

"在他以前,人们认为,人不仅是上帝按他自己的样子创造的,而且是一种富于精神性的生物。现在,从某种程度上说,弗洛伊德把人整个颠倒过来了,因为他说,不是精神,而是性,是人最本质的推动力。从他以来,不仅是人像上帝这一点被打上了问号,就连人的人性也成了疑问!弗洛伊德告诉我们,人是一种有着低级本能的造物,由此在与哥白尼完全不同的领域中带来了一次哥白尼式的大转折。在哥白

---

[1] 译者注:位于埃及阿斯旺西南,公元前1264年完成,是法老拉美西斯二世在位期间在努比亚所建六座石建神庙中的一座。

尼和达尔文之后，他的心理分析第三次羞辱了我们幼稚的自豪感，因为心理分析更超过了关于地球不是宇宙的中心和人不是创造的目标和顶点这两个认识，它还确认，不管是人的精神还是人的自我都不是'自己家里的主宰'。"

"您称他是心理分析之父，那有没有祖父或曾祖父呢？"

"没有直接的，斯蒂芬。但我看，生活在两千五百年前的希腊医生希波克拉底（Hyppokrates）是心理学的老前辈，或许可以说是心理分析的老前辈，因为他已经勾勒出了性格学的基础，把人分成四种气质——多血质、胆汁质、黏液质和抑郁质。他以前还没有人想过这些。但弗洛伊德当然是心理分析的真正创立者，他发展了一种方法，用它应该能够发现无意识的或被压抑的疾病原因；他还相信，无意识可以从梦中被揭示出来。人们往往把他的梦的解析称为通往无意识的权威道路。他向迄今为止一直处在黑暗和神秘之中、对我们关闭着的人类灵魂的王国迈出了最初的几步，这个王国一直被认为是上帝赐予的、无法解释的。灵魂很早以来就是一个禁忌，而弗洛伊德改变了这一状况。清教徒式的态度是整个十九世纪的特点，这在我们今天看来只不过是压抑，人们已经不再以道德的名义诅咒弗洛伊德，因为他指出了灵魂中进行的过程是多么重要；他把我们对我们自己和我们的弱点的无知略微减少了一些。当然在过去和今天都存在着滥用他的名字的现象。"

"弗洛伊德尤其研究了性，不是吗？"

"在他那个时代，恰恰这个是不能说的。弗洛伊德确认，人不是一种温情的、需要爱的生物，而是有着鲜明的攻击性。"

"这么说他是毫不留情的。"贝蕾妮克说。

"弗洛伊德把他想的和认为是对的东西说了出来。他的学说引起了震惊，但也是突破性的，影响了心理学、精神病学和哲学。弗洛伊德提出的俄狄浦斯情结虽然在前一段时间遭到攻击，但在他的著作中仍然有着它的特殊地位。"

"俄狄浦斯情结……"斯蒂芬把这个词拖得老长，于是塞内克斯把它当作一个问题来回答了。

"俄狄浦斯情结来自古希腊关于俄狄浦斯王的传说：他在不知情的情况下爱上了自己的母亲，并且无意中杀了自己的父亲。弗洛伊德宣称，每个男孩都爱他的母亲而恨他的父亲。但这个就算没有被推翻，也早已被打上了问号。毕竟还没有人想到过儿童的性欲，就算有人想到了，人们也会在这样一件令人尴尬的事面前闭上眼睛。根据弗洛伊德的学说，每种神经症的源头都在童年时代，并在性的特征上表现出来——今天人们对此也产生了怀疑。"

"弗洛伊德为妇女做了什么？"

"他的婚姻生活很美满，但他对妇女运动不感兴趣。尽管如此，他的学说为妇女的解放做出了很大的贡献。"

"人们那时候怎么看待他的思想？"罗曼问。

"他遭到的首先是人们的拒绝和不解，渐渐地人们才认识到了他的功绩。托马斯·曼大概是说得最好的，他说，他深信人们有朝一日会认识到弗洛伊德一生的所作所为是奠定未来基础的最重要的基石之一。西格蒙德·弗洛伊德1856年生于摩拉维亚，三岁时到了维也纳，1939年在伦敦死于……"

"第二次世界大战爆发那年！"

"……死于喉头癌。不久，他的学说为年仅二十岁的瑞士人卡尔·古斯塔夫·荣格（Carl Gustav Jung）所补充。荣格提出了所有人共有的集体无意识。人们认识到，我们的认识取决于许多因素，不管是社会的、文化的，还是历史的。弗洛伊德和荣格的深层心理学考虑到了艺术、宗教和人内心的现实，听取人类命运和经历中的各方各面，处于自然科学与人文科学之间；它要把实验的精确和理性的推理结合起来，寻求一种实际的、作为疗法可以运用的知识。但是，"塞内克斯开始做结语了，"我想就此结束这个题目了。我建议，大家现在就到各自的梦乡里去，而且用不着让弗洛伊德来分析。"

三个年轻人一齐点头，互相道了别，分头去找自己的房间了。

第十二天
科学的年代

突破中的自然科学

一个突飞猛进的时代

第十二个清晨降临了！塞内克斯在等他们。"这是我们的最后一天了。我们还在十九世纪，但马上就要进入二十世纪，然后我们还要大胆地向二十一世纪望上一眼。"

他狡黠地微笑着："我们这就要利用一种新方法了。"塞内克斯指着墙上一个通往隔壁的门洞："你们在所有的飞机场都可以看到类似的东西，人通过的时候，金属，尤其是武器都会被查出来。现在，你们只要穿过这个门框，就会被数字化，然后通过信息高速公路被传送到另一个地方，在那儿重新被实物化；而你们自己什么也觉察不到。我们的'千年处理器'以光速工作。我们把这个机器叫做'远程转换器'。放心进去吧，我跟着你们。"

贝蕾妮克第一个走进去，她消失了，就像在空气中溶解了一样，斯蒂芬和罗曼跟着他，最后是塞内克斯。

当他们在另一边走出来的时候，发现自己站在一个破败的后院里，一切都显得无比悲伤、压抑和肮脏。泥地上的大水洼映出愁云惨淡的天空，那天空看起来就好像随时都会下起雨、哭泣起来。

"我们又到了巴黎。你们往左边看。"塞内克斯说。"这座脏兮兮的建筑物里就是物理学研究所，Ecole de Physique。在那儿教课的……不，等一下，在谈他以前，我想先向你们介绍一位妇女。我们再走几步，院子边上干一点。好了，你们已经知道，十九世纪是人类发展史上最有成就、最激动人心的一个世纪。"

"而我一直认为它布满尘埃而且阴郁黯淡。"斯蒂芬嘟囔了一句。

"它确实布满尘埃，阴郁黯淡。"塞内克斯回答。"但到目前为止，还从没有哪个世纪有它那种爆炸式的发展，而且是在科学与技术的所有领域。它也为我们打了基础。"

"我有一个想法。"斯蒂芬喃喃说道，半是对自己，半是对旁人。"我发现，我们是忘恩负义的！"

"你这是什么意思？"

"看，我们心安理得地接受了所有的东西，我们开车，坐飞机，用煤气或油烘暖房间，用电把黑夜变成白昼，听收音机，看电视……但这一切都是我们的祖父母、父母创造的啊！"

"那我现在讲一位对此有大贡献的人就是很合适的。她太值得我们尊敬了，尤其是因为她的研究毁坏了她的健康，最后令她付出了生命的代价。"

"玛丽·居里！"贝蕾妮克喊了起来。

"对。居里是波兰人，她未出嫁时的名字是玛丽亚·莎乐美·斯克沃多夫斯卡。她1867年生于华沙，那时华沙处在俄国的统治下。"

"她为什么去了法国呢？"

"她想上大学，学数学和物理。但当时妇女还不能进华沙大学，所以，玛丽·居里——那时候的斯克沃多夫斯卡——在巴黎索邦大学学习。学习结束后，她在巴黎一个实验室工作，二十七岁时认识了三十五岁的物理教师皮埃尔·居里。他们成了一对。新婚夫妇骑着自行车逛遍了巴黎的周遭一带——自行车当时已经可以用作交通工具了。他们勤奋工作，而且一点也不在乎经济上的得失，有最基本的东西，够他们生活就满足了。不久玛丽就发表了她最早的科学论文。好了……玛丽和皮埃尔结婚的那一年，也就是1895年，维尔茨堡（Würzburg）大学的威廉·伦琴（Wilhelm Röntgen）发现了后来以他的名字命名的X射线——伦琴射线，赢得了世界声誉。一年后一个法国人亨利·贝克勒尔（Henri Becquerel）发现了另一种穿透性的射线，它出自重金属铀。这种贝克勒尔射线被玛丽·居里拿来做了自己博士论文的题目。"

"那她肯定只能用很原始的手段进行工作吧？"

"你们只要看看周围，就知道原始得不能再原始了。玛丽·居里的实验室在左边，她在那儿做了她最初的实验。皮埃尔在物理学研究所教课。你们可以在对面看到一个木板棚屋，玻璃的屋顶早已破败不堪，一下雨就漏。过去医学系用它做解剖室，但现在人们连供研究用的尸体都不愿意往那儿放了。"

"冬天那儿肯定潮湿寒冷得要命。"贝蕾妮克喃喃地说，一边缩起了肩膀。

"这么说还算轻的。夏天这里又太热，连木地板都没有，裸露的地面只铺了一层薄薄的沥青，充作家具的就是几把厨房用的椅子，一块黑板，还有一个旧铁炉子，管子都生锈了。"

"我的上帝。"隔着玻璃窗往里看了一眼的罗曼喊道，"今天谁也不会愿意在这么一个棚子里工作的。"

"好也罢，歹也罢，皮埃尔和玛丽只能在这么一个环境里将就着。棚屋倒也有一个优点：它太破旧了，决不会有人跟他们争的。尽管条件简陋，玛丽·居里还是想弄清楚贝克勒尔发现的射线是不是从铀的最小微粒中发出来的。"

"原子……"

"就是这个词，罗曼。玛丽·居里还得干重体力活：她把一吨铀残渣从维也纳搞到了巴黎——费了多大的劲，我就不在这儿说了。一天，一辆载重汽车开来了，夫妇两人冲了出去——他们的沥青铀矿渣到了。玛丽想从中得到镭——就算得去对付这一堆恶心的矿渣她也不在乎。一项经年累月、耗精费神的工作开始了。"

"她的丈夫呢？"

"皮埃尔·居里埋头在棚屋里做艰难的实验。玛丽像在工厂里做苦工一样，穿着件被酸腐蚀了的大褂，头发松散着，裹在呛人的烟里。四年里，她一个人既是物理学家、化学家，又是工程师、苦力。她得烧里面装着熔解物的废气锅，还得守着它，再后来还得提纯、结晶那高放射性的溶液。旧桌子上总是堆着浓缩的、镭含量越来越高的物质。她把这些初始物质碾碎，分解，在沸腾的酸里熔解，冷却，过滤，蒸馏……最后她发现了一种新的化学物质，她给它起了自己故乡的名字，这就是'钋'。她是第一个在研究发出穿透性射线的物质的科学工作中使用'放射性'这个词的人。"

"这个词让我们一听就害怕。"罗曼喃喃说道。

"玛丽·居里还没有意识到会有危险。她为她发现的另一种新元素起了'镭'这个名字，它来自拉丁语'radius'，意思是'射线'。她想制出纯净的镭和钋，其结果比她所期待的更富童话色彩。在夜晚的黑暗中，分散在桌子和墙板各处的玻璃瓶里的小块儿都发出淡蓝色的磷光。"

"她就是这么得上病的！"

"是这样，贝蕾妮克。疾病一直陪伴着她。她得了肺结核，手变僵硬，皮肤上形成了裂痕和溃疡。"

"很可能她的实验室整个被放射线污染了。"

"很多玛丽·居里后来雇用的人都病了，有的很年轻就死了。她能活到六十七岁，这是个奇迹。她的第二个孩子还在母体中就受了射线的侵害，出生后不久就死了。

但没人把这归因于放射性,虽然玛丽自己也那么疲惫、有那么多病痛。好了,你们也许知道玛丽和她的丈夫皮埃尔以及亨利·贝克勒尔获得了 1903 年的诺贝尔物理奖——这是这个奖第一次颁给三个人。"

"1903 年,这已经是二十世纪了。但据我所知,诺贝尔应该算在十九世纪里。"斯蒂芬插了一句。

"对,阿尔弗雷德·诺贝尔于 1896 年去世。他是瑞典化学家、实业家、炸药的发明者,他以此成了富人。他创建了以自己的名字命名的奖项。他拿出的钱的数目并没有被动过,用掉的只是利息。奖金的数额也随着基金会的财力有所变化。目前的奖金超过两百万瑞典克朗。"

"我猜,他的发明带来的毁灭性后果折磨着他的良心。"

"据说是这样。诺贝尔奖每年颁发给不同领域中取得的成就,大概是国际上最有名望的奖项了。玛丽·居里,一个女子,现在成了获奖者。不幸的是,她的丈夫在他们的女儿伊伦出生后不久就因事故去世了[1]。伊伦就是日后的伊伦·约里奥—居里(Iréne Jolio-Curie),和她的丈夫弗雷德里克·约里奥(Frédéric Jolio)一起,也于 1935 年获得了诺贝尔化学奖。玛丽·居里继承了她丈夫的工作,成为巴黎大学第一位女教授。她的第二个诺贝尔奖是 1911 年得的,这次是独得。科学家对她越来越感兴趣,还有新闻界和公众。人们也逐渐认识到了射线造成的危害,比如烧伤、溃疡、疼痛、癌症,不一而足。玛丽·居里本人死在瑞士的一个疗养院里。"

"她是不是也不知道她的工作为原子弹的发展做了贡献?"罗曼问。

"今天已经没有人再说镭本身了。"塞内克斯解释道。"但玛丽·居里学会了分离它,这促进了人们对放射性和原子的理解。其他很多科学家,如阿尔伯特·爱因斯坦(Albert Einstein)、奥托·哈恩(Otto Hahn)、马克斯·普朗克(Max Planck)和尼尔斯·玻尔(Niels Bohr)继续进行了研究,以分裂或聚变原子——目的是为了获取新的能源。这样我们就进入了二十世纪。这条轨迹也通到了原子弹,这没错。我说'也',是因为这项研究还带来了别的、没有害处的结果,完全可以造福社会。"

塞内克斯沉默了,思考着什么。

微生物和它的预言家

想了一会儿以后,塞内克斯继续说:"好,我们还是先呆在巴黎吧,正好。十九世纪的研究者在医学上也获得了巨大成就。它把我们从许多往往致命的病症带来的

---

[1] 译者注:作者在此处记忆有误,皮埃尔·居里死于1906年,而在之前两年出生的女儿名为艾芙·居里(Ève Curie),后来成为作家,著有《居里夫人传》。

灾难中解救了出来。"

塞内克斯又站住了，打量着学校破旧的后楼，那看上去真是让人丧气。

斯蒂芬走到他身边，问道："那是不是从接种天花疫苗开始的？"

"那在启蒙运动时期就办到了，造福非浅。但还有很多疫病的传播者人们仍然不知道。今天欧洲的孩子都能接种白喉、破伤风、百日咳、小儿麻痹、麻疹、风疹、流行性腮腺炎、肺结核等疫苗，这都是几个化学家、医学家的功劳。有一位走在他们的最前列，他有几年的时间在高等师范学校[1]搞研究。"

"现在您就快说这位神秘的先生是谁吧，塞内克斯！"贝蕾妮克请求道。

"我猜是路易·巴斯德（Louis Pasteur）。"罗曼说。

"正确。只是，你们得清楚，人们虽然从十六世纪起就认识了显微镜，但没人知道存在着微生物，像细菌、藻类、真菌这样的小生物。是路易·巴斯德带来了转折。他建立了作为一门科学的微生物学，结束了人们在这方面的无知状况。在这以后，医学、卫生、保健领域才取得了重要的进步。"

"他是在巴黎出生和长大的吗？"

"他来自法国东部的多勒小城（Dole），生于1822年。他先是想当画家，因为他很有艺术天分，但他的校长也认识到了他在科学方面的才能，劝他家人让他上大学。你们知道，当时的巴黎是一个汇集各种天才的大熔炉，巴斯德也是其中的一分子。1854年他成了里尔大学新建自然科学系的系主任。在研究葡萄发酵制葡萄酒的过程中，他发现，单分子的酵母菌把糖变成了酒精。他的同事拿他和他的研究结果取笑，他们说：'微生物很小，巴斯德是它们的预言家。'但他的认识还是成了酒精制造中不可或缺的。巴斯德回到巴黎，成为他母校科学研究方面的领导者。在那儿，他的研究条件虽然也很简陋，但比玛丽·居里的条件好多了。他在一个小阁楼里有一个实验室，在地下室里有一个孵化箱，他在其中培养微生物。他长着黑色的大胡子，穿着深色西装——和我们现在的西装样子差不多。他俯身在显微镜上，鼓捣着小瓶子、小管子、玻璃烧瓶、试管和一切他能得到的辅助工具。他不仅证明了不同的微生物会导致不同的发酵过程，并第一次预感到——而且说了出来——疾病是可以由微生物引起的。"

"微生物指的是什么？"

"指的是极小的、大多是单细胞的生物，斯蒂芬。它包括水里、空气中和许多生物体内的细菌。它们的直径几乎不到一毫米的百分之一，很多都是病原体。"

"但也有很多是有用的！"

"是啊，有不可替代的作用。没有微生物就没有生命。它们构成腐殖质层，对

---

[1] 译者注：历史可追溯到1794年，是法国最好的大学校之一。

人和动物的消化起很大的作用。制造葡萄酒、啤酒需要酵母菌。但我们也知道引起疾病的病原。巴斯德成功地用加热的办法杀死了细菌，他在发酵和贮存方面的研究用处太大了。今天几乎没有不经过巴氏法消毒的牛奶了。巴斯德最后还证明了，即使是清洁的空气中也充斥着飘浮的微生物、孢子和其他小生物，可以用过滤器把它们捕捉住。最后，人们还通过巴斯德得出结论，根本不可能有什么生物的'自然发生'。"

"怎么？"

"古代的时候，人们认为，如果条件允许的话，生命可以由无生命的物质中'自然发生'出来。比如人们就是这么解释肉里的蛆和黄粉甲幼虫。后来这一看法逐渐被放弃了，至少是在哺乳动物和昆虫的问题上。但人们还是在很长的时间里认为，微生物是在富于营养的液体中'自己'产生的。而巴斯德证明了，它们是从空气中进到实体里的。今天人们持的观点是，在地质发展的漫长年代里产生了有机细胞，它们是在数百万年中从无生命的物质发展成简单的生物的。"

"我们在刚开始漫游的时候听到的那个说法更让我喜欢——生命是在宇宙空间里自由飘荡着，后来飘到了地球上。"贝蕾妮克宣布她的看法道。

"你是非得相信生命有个更高级、更'神圣'的起源不可。"斯蒂芬讽刺道。

"这两种说法都不能得到证实，至少到今天为止还不能。但我们接着说吧——由路易·巴斯德的研究出发，细菌学家罗伯特·科赫（Robert Koch）可以在实验室里培养炭疽杆菌。他说杆菌是致命的皮肤炭疽病的罪魁祸首。不久他又发现了结核菌和霍乱病原。罗伯特·科赫成了细菌学领域最重要的研究者之一，是最早证明病原和疾病之间的关联的研究者之一。他于1905年，也就是居里夫人获得诺贝尔奖金后两年，也获得了该奖。最造福社会的措施之一是，匈牙利人伊格纳斯·塞麦尔维斯（Ignaz Semmelweis）顶住激烈的反对，将消毒环境引进了助产过程。他用抗菌法战胜了令人畏惧的产褥热，在那之前，数百万妇女死在这种病上。今天，优越的卫生条件在每个诊所里都是理所当然的事情，不仅在助产方面，也在做各种手术时；在这方面，一个英国外科医师功劳最大，他叫约瑟夫·利斯特（Joseph Lister）。随着全身麻醉和局部麻醉的发展，外科医学取得了叹为观止的进步。"

"而且还在继续进步。"贝蕾妮克插嘴道。

"1878年巴斯德发表了他的论文《微生物学说以及它对医学、外科学的意义》。虽然他还得抗击来自某些方面的阻力，但巴黎向他致敬，巴斯德研究所成立起来，他七十岁生日时人们还为他在巴黎索邦大学举行了庆祝会。"

这时，斯蒂芬忍不住发表他的感想了："从托马斯·阿奎纳到这一步，这是多么漫长的道路啊！托马斯·阿奎纳也在巴黎大学讲过学，宣称魔鬼和女子做爱，使她变成巫婆——而人们居然相信他！"

塞内克斯点点头:"托马斯·阿奎纳为了想出天使的本质和形象绞尽脑汁,现在人们钻研的是微生物的本质和作用。观念的转变和知识的进步就是这样在同一所大学里得到证明。"

"由此应该得出正确的结论。"

"什么样的结论呢,斯蒂夫?"

"不要不经过检验就去相信任何不可证明的胡说八道!"

贝蕾妮克看看这个,又看看那个,什么也没说。

塞内克斯似乎没听见他们的话,接着说:"我本来想接着讲科学的,但我建议换换口味——你们还记得哥伦布吗?"

最后的白色大地

很久以前的冒险故事

罗曼点点头:"当然记得——那是一次美好的巴塞罗那之行。"

"好。我们虽然不打算乘船旅行,但还要把我们自己数字化一次,发送到别的地方去。进远程转换器去吧。"

那堵把后院与大街隔开的半倒塌的墙上,虽然好多红色砖块儿已经掉下来了,但远程转换器那不起眼的框子还是天衣无缝地镶在墙里。他们穿了过去,发现变化比他们进玛丽·居里的后院时感受到的反差还要大。

但还没等贝蕾妮克认出什么来,一股寒意就侵袭了她的全身,她缩起了肩膀。马上就出现了一个小贩,把厚厚的、一直拖到脚面的棉大衣递给他们。他还给他们带来了灰色的巨大毡靴,他们可以把穿着鞋的脚直接伸进去。最后再加上棉围脖,装备就齐了。

"这简直像是在北极嘛。"贝蕾妮克打着哆嗦说。

"我们确实离那儿不远。"塞内克斯回答。"你们是在斯匹次卑尔根岛上,北冰洋中最北的岛。不远处就是永久冰层带了。"

他们身后耸立着一座石山,上面有些像牛似的动物,牦牛,在移动。右边有一片荒凉的草地,有鸟儿飞落。

他们面前是一个海湾,岸边的一个木头棚屋前拴着一只系留气球。绿松石色的清澈海水中漂浮着小个儿的冰山,闪着刺眼的光。

天空澄澈,光线强烈。云彩迅速地从南方赶过来。

几个男子正在气球和柳条筐前忙活着。

"我们就呆在这个距离吧。"塞内克斯喊道。"这样我们倒能更好地观察。今天是1897年7月11日。你们眼前的是瑞典工程师萨洛蒙·安德雷(Salomon André)和他的伙伴。他拟了一个乘系留气球通过北极的计划。"

"他想在那儿干什么?"

"哥伦布发现了一块欧洲人从没踏上过的土地。现在人们想去发现地球上还不曾有过人类足迹的最后两块地方,只有动物在那里生活。"

"最后两块——北冰洋和南极洲吗?"

"北极和南极。为了去探究它们，有几个人不惜承受艰难困苦和孤独，他们没有任何援助，装备少得可怜。很多人付出了生命的代价，死于饥饿、疲惫、疾病、冰冻。和他们所做的事情比，环绕地球和去月球旅行简直像是乘豪华的空调轿车去郊游。如今，原子能潜水艇在北冰洋的冰层下开来开去，大型喷气式飞机在它的上空飞来飞去，这些听起来都像是很久以前的冒险故事了。"

"但人们为什么非得要去极地不可呢？"

"一种解释是，在北极，一年只是由一个白昼和一个夜晚组成，每个阶段都长达六个月。地球绕着地轴转动，指北针永远指着北极。人们在那儿会不会得到什么有趣的启发呢？最后还有，极地还从来没有人接触过，那里亘古不化的坚冰保守着什么样的秘密呢？无数男子在耶稣诞生后的头一千年里就启程往那里去了，很少有人回来，而且没有人抵达过极点。我总觉得安德雷和他两个同伴的故事是最感人的，因此我把你们带到了这儿。这是他们第二次尝试乘气球升空。去年他们在启程前就不得不放弃，今年的天气条件似乎很有利——你们看见了，云都很快地向北飘。"

塞内克斯把小望远镜递给三个伙伴。他们看到那几个人中的一个长时间地观察天空、云彩和风。

塞内克斯继续他的解说："那个圆形气球是在巴黎做的，里外三层印度丝，涂了漆，而且套在一个缆绳网里，缆绳束在一个吊环里。柳条编的小吊篮能容纳三个乘客。所有的东西都用'处女'号运到了斯匹次卑耳根。"

"气球上带那些绳索有什么用？"

"它们长度不等，拖在地上，应该能指示出气球是不是保持在均匀的高度上。拖绳也是制动的设备，可以用通过安装在吊篮上方的三只帆进行简单的操纵。没有这一制动装置，没有气球对风的抵抗，任何操纵都是不可能的。听，安德雷在问他的两个同伴，物理学家斯汀德伯格（Strindberg）和工程师弗兰克（Fraenkel）是不是可以起飞了。"

人们来回奔忙着，棚屋被拉倒了，气球做好了升空的准备。响亮的话音又一次穿过纯净的空气传到他们耳边："准备好了吗？"随后安德雷便下令道："砍断所有的绳索！"气球固定在地面上的绳索都被砍断了，气球升起来，升上了闪着光的蓝色丝绸一般的天空。

此时此刻，贝蕾妮克油然回想起蒙戈菲尔气球在凡尔赛宫升空的情景。

淡黄色的气球拖着长长的绳索，飘在这一片无边的孤寂之中，飘在清澈的大海和冰山上空，看上去像一件饰物。

他们听到了留在地面上的人的欢呼声："万岁！"

从气球的篮子里传出回答："瑞典万岁！"

气球平稳地向北方飘去，已经飘到了小海湾中部，港口上方。这时它突然失去了高度，往下降了。

贝蕾妮克惊得用手捂住了嘴。

可能是气球卷入了一股强风中，被压了下来，柳条编成的吊篮触到了水面。

"安德雷扔掉了九个宝贵的压舱沙袋！"塞内克斯说。"现在人们也发现，控制方向最重要的装置、探险计划的基础——拖绳也松了。它们是由螺丝结合在一起的部分组成的。现在，由于操纵的可能性受到了限制，本来半系留的气球成了完全没有羁绊的气球，成了每阵风的玩具。这使它走上了毁灭的路。"

气球又升起来，很快就消失在地平线上。

"安德雷和他的两个同伴都没有回来。1930年人们在斯匹次卑耳根东北部发现了他们的尸体，此外还有一本日记。气球泄了气，他们只得放弃了它。在穿越陆地返回的路上他们相继死去了。"

北极光之夜像童话一般神奇

"关于极地研究者我可以讲上半天，但我现在只想再提一个人，他虽然没有达到他的目标，但也没有死。他的旅行是最轰动的，他得到的科学结果也是最好的。"

"您说的是谁？"罗曼问。

"我想帮你们猜出他的名字。他后来因为投身于引渡第一次世界大战的战俘回国的行动而获得了诺贝尔奖。一种给无家可归的难民的护照就是用他的名字命名的。"

"不知道！"

"挪威人弗里乔夫·南森（Fridjof Nansen）。他的探险轰动了全世界。"

"可他也没有到极点！"

"但他的想法很棒。他研究了浮冰，因此试着用一只专门为此而造的小船'弗拉姆'号漂流到北极去。"

"在浮冰之中吗？"

"'弗拉姆'号冻在了旧大陆的最北端。南森决定把他的人留在船上，他们在一片寂静的冰漠中会感到安全。南森想和一个同伴步行穿过冰原。这样一次冒险很可能会以死亡告终。光是准备的时间就超过了一年。最后两个人乘着三只雪橇，带着二十条狗上路了。凡是人能忍受的，他们全都经历了：对迷路的恐惧、饥饿，渐渐地逼迫他们不得不一条一条杀掉他们的雪橇狗。为了过冬，他们造了一座石头小屋，还要和海象、熊作斗争。"

"他们有足够的弹药吗？"

"这是他们最大的担心。无边的黑暗开始了，就算紧挨着鲸油灯，气温也从来上不了零度。"

"他们靠什么生活呢？"

"靠熊肉汤、烤熊肉、海象肉和狗肉。他们就这样熬过了长得没有尽头的两年。但是——北极光之夜像童话一般神奇，浅黄色的光弧出现，犹如光线组成的王冠，光束摇曳闪烁，天空似乎在熊熊燃烧。这'焰火'慢慢才熄灭，只剩下一闪一闪的星光。"

"他们度过了冬天吗？"

"五月底他们又开始了与雪暴和流冰的搏斗，他们的独木舟经常面临着被冲走的威胁。但有一天，南森听到了一只狗的吠叫——肯定有人了。冰雪和极夜中的行程到头了。当南森和他的同伴八月份回到哈默弗斯特（Hammerfest）时，迎接他们的是成百上千人的欢呼。"

"别的留守在'弗拉姆'号上的人呢？"

"他们抵达了没有冰的水域，然后共同踏上了返回故乡挪威的路，并且获得了成功。"

"——虽然南森没有实现他的目标。"

"这一荣誉要么属于弗雷德里克·阿尔伯特·库克（Frederick Albert Cook），要么属于埃德温·皮里（Edwin Peary），他们两人都在1908年到达极点。1911年罗德·阿蒙森终于到了南极点，从这一天起就没有不曾发现的大洲了。"

斯蒂芬又一次抬了抬眼镜，向上看了一眼，沉思着说："现在人类在探索行星了。"

"太激动人心了！"罗曼喊道。"——我指的是我们这个世纪！"

"我们通过远程转换器回去吧。"塞内克斯建议。"今天我们破例，中午就回旅舍去。"

我们生活在空间、时间的连续之中

一个伟大的科学家,一个道德的典范

他们走出远程转换器,进了自助餐厅。透过窗户,他们看到松树和桦树——他们又到了柏林。

他们的出游,尤其是去斯匹次卑尔根那趟,令他们胃口大开。

"我想,"塞内克斯说。"我们有足够的理由喜欢我们的时代,并感激我们的先辈。"一块从微波炉里端出来的小蛋糕就让他满足了,所以他的饭很快就吃完了。他不想放弃的咖啡则是站着喝的。他走到他的椅子后面,抓住椅背。"我的下一个题目是阿尔伯特·爱因斯坦。他生于 1879 年,但他行动的影响主要是在二十世纪的柏林。第二次世界大战结束十年后,他在美国去世。他曾在苏黎世和布拉格当教授,在柏林威廉皇帝物理研究所当所长,1933 年成为普林斯顿大学的教授。出生时他是德国人,死的时候则是美国公民。"

"在那些可怕的年头里他的情况大概不是唯一的,至少我是这么想的。"

"是因为他是犹太人,为躲避纳粹而逃出柏林吗?"

"是的,虽然他自己根本不觉得自己是犹太人。但反犹主义和对犹太人的迫害活动使他出于忠诚成了犹太文化的维护者。他不仅是一个伟大的科学家——也许是这个时空间里最伟大的——也是一个道德高尚的人。啊——我用了一个概念,把它和爱因斯坦联系在一起很合适。你们注意到了吗?"

一阵沉默,三个年轻人回想着塞内克斯的话。

"也许是'时空间'吧?"

"就是它。把空间与时间联系起来,成为所谓的'空间—时间—连续性',这要追溯到爱因斯坦。他为三维空间加上了第四维,时间不再是独立存在的,它与空间组成了一个四维构造,空时间。空间和时间二者都可以在宇宙中通过物质和能量发生弯曲。从此以后,时间不再被看成是独立于宇宙的,而是在宇宙的影响之下。但我承认,我不可能精确地描述爱因斯坦的理论。物理学家斯蒂芬·霍金(Stephen Hawking)说,熟悉相对论的科学家始终是少数人,所以请你们体谅我。爱因斯坦创造了一种新的空间—时间理论,像马克斯·普朗克说的,它要求物理学家要有极高的抽象能力和想象力。这话不仅适用于他的狭义相对论,更适用于他后来的广义相对论——他用广义相对论解释了引力。"

"可牛顿不是已经证实过了吗——每个物体都具有引力。"

"每个物质实体都发出一种力,根据爱因斯坦的理论,它同时也造成了一种'空—时间'的弯曲。由于这种弯曲,另一个物体的方向被改变了,所以'引力场'和'弯曲'是一回事。爱因斯坦的狭义相对论中包含一个公式,按照这个公式可以计算出每一个质量或能量造成的弯曲有多厉害。这个小时候不是个好学生的年轻物理学家发表他最早的引起关注的论文时才二十六岁,那是在苏黎世。那时他已经猜测到,所有原子中的能量转换都具有量子特征。十六年后他获得了诺贝尔奖。"

"您就再多说一点吧,塞内克斯。"

"爱因斯坦发现了光量子,以此在马克斯·普朗克的理论上又进了一步。他把光描述为一种微小粒子的轰击,光子。他还证明了,电子的波长越长,能使金属中的电子'挣脱'出来的能量就越小。他阐释了光的双重特性——它既是波动,也是由粒子组成的。"

"爱因斯坦为什么能以马克斯·普朗克为基础呢?普朗克比他岁数大吗?"

"马克斯·普朗克生于1858年,爱因斯坦发表狭义相对论时,他已经四十七岁了。马克斯·普朗克为物理学奠定了全新的基础,他1900年发表的辐射定律使他扬名世界,爱因斯坦就是以这个定理为依据的。普朗克的量子理论为现代物理学奠定了基础。他放弃了可以上溯到莱布尼茨的'自然不做跳跃'的连续原则。从这时开始,物理学也开始思考跳跃式的变化了。"

"那么人大概没什么可倚赖的了吧?狭义相对论是怎么回事?"

"爱因斯坦认识到,光在真空里的传播是稳定的,而且独立于光源和观察者的运动;这就是说,光总是保持一个速度,不管在宇宙里的什么地方有什么,不管它怎么运动。换句话说,光速也是一个常量,不受测量光速的观察者速度的影响。他也确认没有什么东西能比光的速度更快——不过这一点根据最新的研究已经不完全确定了。爱因斯坦自己就他的研究说,他在阿劳(Aarau)州立中学的一年期间思考了两个问题,要回答这两个问题让他付出了多年艰苦工作的代价。"

"是什么问题?"

"第一个是:如果我跟在一束光后面追赶并且最终追上了它,那会发生什么?由此他发展出了他的狭义相对论。"

"第二个问题呢?"

"在一个自由降落的升降机里,物理过程会是怎么样的?"

"一个人怎么会冒出这样的想法呢?"罗曼百思不得其解的样子。

"爱因斯坦有个天才的头脑,无休止地追问着世界之谜。他用了十六年来思考,最后终于在他的广义相对论里做出了回答。"

"我们知道的还是和先前一样多。"

"如果我企图给你们做简短的解释,肯定会说错很多地方的。为了讲解清楚爱因斯坦的理论,可已经有很多人绞尽脑汁了。"

"就讲一两句嘛!"

"我可有言在先啊!"

一幅新的物理学世界图景

塞内克斯低下头想了想:"爱因斯坦在他的狭义相对论中证明了时间进程和空间的维度都不是常量,而是取决于系统或物体的运动状态。尤其重要的是,质量可以转化为能量,能量可以转化为质量。根据爱因斯坦的理论,质量和能量之间没有根本上的区别。他说,一个粒子的质量就是凝固的能量,一个物体的质量随着它的速度增加;以光速运动的物体,质量变成无限大。他著名的公式是:能量等于质量乘以光速的平方,即 $E = mc^2$。十年后爱因斯坦发表了包容更广泛的广义相对论,以此创作出一幅新的物理学世界图景。爱因斯坦使科学第一次走出了牛顿的天体运动理论,并且也超越了欧几里德的几何学。"

"我觉得这么说还太空泛。"

"爱因斯坦使时间和空间的概念相对化、同时也客观化了,这在我们看来好像是矛盾的。他促进了人们对时间和空间概念的裁决。但我只想讲一讲别人对他所做的工作是怎么说的:人们说他的理论是自然科学世界图景的王冠。马克斯·普朗克说,爱因斯坦的理论既涵盖了宏观自然又涵盖了微观自然,从波和微粒,即极小的物质粒子、发出射线的原子到远在数以百万计光年以外的天体的运动。"

"爱因斯坦在发展原子弹的过程中不是也出力了吗?"

"是的,贝蕾妮克,他出的力在于证明了非常小的质量可以转化为非常大的能量,随后他也对美国造原子弹表示了赞同,因为他确信在希特勒德国也进行着同样的事情,他,还有别的科学家想要赶在德国前面。谁也没想到,在有那么多重要科学家的纳粹德国并没有人在狂热地进行这项研究。但爱因斯坦其实是一个坚定的和平主义者,并于1941年成了美国公民。作为希特勒的反对者,他认为自己有义务支持美国制造核武器。但原子弹爆炸的后果使他感到震惊,因此从1946年开始他就致力于阻止一切核战争。被人称为'原子弹之父'的雅各布·罗伯特·奥本海默(Jakob Robert Oppenheimer)说,科学家现在认识到了罪恶,这一认识再也不会离开他们了。爱因斯坦写了一篇充满激情的呼吁书:'我们最庄严、最重要的使命就是尽最大的力量阻止这种武器用于残酷的战争。'他认为,如果人不重新学会思考问题,就可能会导致前所未有的灾难。他是这样表达他的观点的：我们必须对我们的思想和行为进行革命，并要有勇气革命世界各民族之间的关系。他了解伊曼努埃尔·康德那篇宣布和平为道德范畴的文章。爱因斯坦受康德的哲学影响很大。他越是欣赏康德，也就越是拒绝黑格尔——他把黑格尔的哲学称为醉鬼的一派胡言；他对亚里斯多德哲学的评价也差不多，说他的文章'晦涩、混乱、令人失望'，如果不是这样的话，也不会被人景仰了这么长时间，因为大多数人就是无比尊敬自己不懂的文字，以为一个作者的文章要是好懂，那就是他肤浅的表现。在爱因斯坦的思想中占主导地位的是认识理论，这不奇怪，因为他的相对论——用马克斯·普朗克的话说——超过了一切迄今为止人类在自然研究领域，甚至在哲学认识理论上的成就。"

"那么爱因斯坦不光是物理学家，也是哲学家喽？"斯蒂芬问。

"而且是个很有艺术气质的人。他的小提琴拉得非常之好，有一次甚至在布拉格登台表演。他还说过，我们所能经历的最美的东西就是神秘的东西——这是守护在真正的艺术和科学的摇篮边上的基本情感，谁要是没有这种感受，不能再对任何事情惊奇赞叹，那他就如同死了一样，他的眼睛也不再有光彩。"

"干巴巴的科学家是说不出这样的话的。"

"这个伟大的人格外谦虚，他对他的外表毫不在意，总是穿着旧衣服、过短的裤子出现在大学的讲台上，表链是铁的。"

"他对宇宙的原始力有如此深刻的认识，那么他还会相信有创造一切的上帝吗？"

"按他自己的话说，他的目光中充满了对大自然杰作的惊叹，对他来说，那是理性的杰作，是一切认识的顶峰，他坚信统治宇宙的是理性……"

"听起来像是启蒙运动嘛！"

"……统治自然的是和谐，斯蒂芬。他还说，他认为自己在大自然的杰作中认识到的，可以用'宇宙宗教感'来表达。"

"他这是什么意思？"

"这种感觉，所有相爱的人都熟悉，所有时代里富有创造性的人心中也充满这种感觉。他写道世界这个永恒的伟大的谜，至少它是可以部分地被人看到和思考的，深入它的秘密就是一种解放；认识是道路，手段是科学研究，目的则是掌握了科学的人被解救，得到'真理'。"

"我想没人能比他说得更好了。"看得出这些话是多么打动罗曼的心。

"我也同意。"斯蒂芬宣布。

贝蕾妮克没说话，但是从她的目光里看得出她有多么感动。

社会主义——共产主义

人们冲进了冬宫

从餐馆里面也看得见太阳已经过了正午,开始西斜了,四个人现在又都浑身是劲儿了。

"我要再次把你们带走。"塞内克斯指着墙上的远程转换器说。

谁都没有犹豫。

他们走出远程转换器的时候,置身于骚乱激动的人群中。天气很冷,很潮湿,而且天色已经暗下来了。广场上满是穿深色衣服的男子;可以听见尖锐的口令声、队列行进的脚步声和清脆的枪声,士兵在跑来跑去。但最引人注目的是给这一切作背景的那些壮观的建筑。广场另一头有另一座巨大的建筑,但却看不太清楚。

塞内克斯解释道:"我们是在今天的圣彼得堡,那时候叫彼得格勒。今天是1917年10月25日或者说是11月7日,这要看我们是用俄历还是用欧洲通行的历法。天晚了,这你们看天色就看得出来。这是俄国最漂亮的广场,也是世界上最美的广场之一——王宫广场。那边那座建筑是冬宫,是18世纪中叶意大利建筑师拉斯特莱利(Rastrelli)为沙皇伊丽莎白一世造的。虽然现在正是革命期间,你们还是应该看它一眼。沙皇们就住在那里。你们从淡蓝色的立面前那带雕塑和花饰的白色柱子上以及墙壁上端金色的缘饰上可以看出巴洛克风格与洛可可风格的混合。拉斯特莱利造了很多雄伟壮观、装饰繁复的建筑,其风格也被称为'彼得堡巴洛克'。广场中央耸立着亚历山大柱,是世界上最高的柱子,上面有一个天使。这根柱子是打败拿破仑后立起来的。在我们身后广场另一端的是总指挥部大楼,拱成半圆形,中间有凯旋门,这门也是为纪念战胜拿破仑而建的。好,够了,不久天就要黑了,让我们回到历史的现实中吧。当时的总理克伦斯基(Kerenski)的政府就躲在冬宫里,由一个妇女营守卫着,贝蕾妮克。克伦斯基还在负隅顽抗。今天凌晨两点,按照列奥·托洛茨基(Leo Trotzki)的命令,布尔什维克与'红色卫队'——士兵、水手开进了彼得格勒。他们占领了所有的战略要点,如电话中心、电报中心、各部、国家银行、火车站。但考虑到守卫冬宫的妇女营,他们尚未冲击冬宫。"

这时,大炮的轰鸣响起来了,广场上的队伍中爆发出欢呼声。他们向空中开火,举起武器向冬宫的方向做出示威的姿势。

"阿芙乐尔号巡洋舰发出了信号。冬宫背临涅瓦河（Newa）——它河面宽阔，注入波罗的海。河对岸彼得—保尔要塞的大炮也发出了示威的炮声。被包围者面临的形势极为严峻，所以克伦斯基早就溜号了。这个城市此时还叫彼得格勒，1924年它将以昨天中央委员会选出的后来的苏联领袖的名字命名。"

"列宁格勒！"

"1991年苏联解体后，城市又改回了圣彼得堡这个名字，所以说列宁与马克思同命运——在对共产主义—社会主义的狂热之中，也有很多城市、街道以马克思的名字命名——不过这我们已经说过了。现在，战舰放过炮后，'红色卫队'就要向冬宫发起进攻了。"

士兵、水手列起队来，口令声、枪炮声又响起来。一些队伍开始向冬宫进发，准备发起冲击。

"他们会很快占领冬宫，会出现伤亡，但幸好伤亡不大。我们就不看战斗场面了，我是想让你们对这个地方和当时的形势有个印象。走，我们要穿过总指挥部的凯旋门。要是再往前走，我们就要走到主街道上了。但我们这就向左拐，回到'文学'咖啡馆去，它的门牌号是'18'。这个咖啡馆是艺术家喜欢汇聚的地方，罗曼。不过今天人们都呆在家里了——可以理解。但是普希金在那儿，柴科夫斯基也在，还有别的人。我们可以在那儿好好聊一聊共产主义乌托邦。"

那建筑物闪着冷冷的光，里面也是；但花形的玻璃电灯罩营造出一种浪漫的情调，室内的温暖让贝蕾妮克觉得很惬意。

塞内克斯和三个年轻人选择了窗边的一张桌子坐下，一个跑堂的送来了用俄罗斯茶炊做出来的红茶。

"我们又往回跳了一步。"塞内克斯说。"没人能说得清在十九世纪和二十世纪开始的所有发展，更不用说按顺序了，因为各种过程都纠缠交织在一起，一切都在继续向前，一切都只是过程——技术、社会、政治、文化……现在我要说说1917年初才在德国人的帮助下回到苏维埃联盟的那个人——他的目的是在第一次世界大战末期促成停战。从此他登上了世界历史的舞台，或者——其实从根本上说，我更想讲的是与他的名字相关的那个乌托邦。这个人就是弗拉基米尔·伊里奇·列宁（Wladimir Iljitsch Lenin），这个乌托邦就是共产主义。"

"您说的是马克思列宁主义？"

"这是共产主义的特征之一。"

关于自由和平等的幻想

塞内克斯说："列宁生于十九世纪下半叶的1870年，但他施展他的革命影响力是在二十世纪，那时他已经四十多岁了。随着他，共产主义乌托邦达到了高潮，并在关于自由与平等的幻想破灭之前维持了几十年。让我们来回顾一下：启蒙运动之后是法国大革命，通过达尔文和弗洛伊德人们对圣经的信念动摇了；与此同时，迅猛的工业化让大陆彻底变了样，无产阶级的力量也由此壮大起来，并从马克思那里得到了争取更好的生存条件的思想武器。"

"其结果就是十月革命和苏联的建立？"

"我现在也还是不想列举事实。我只想说，在苏联，一种发展被推向了极端，其根源可以回溯到两百多年前。它从很多来源中汲取营养，越长越有力——而且这个时候还在继续成长。"

"您是说乌托邦？"

"再没有比这更大的乌托邦了，罗曼，一种旨在全球的乌托邦。彼岸完全被排斥了，这和宗教的乌托邦不同。卡尔·马克思是无神论者，列宁是无神论者，马克思列宁主义是无神论的，苏联按照其本质来说也是这样，虽然东正教信仰保留下来了。这样人们就更加坚信地球上不久就会实现一种完美的状态，决不只是在俄国。"

"共产主义者中也有很多知识分子！"

"有一段时间，每个要求完美道德的人都是共产主义者。正因为如此，后来那些作家、艺术家、哲学家的失望也就更大。关于无阶级社会、马克思所说的阶级斗争的历史的结束、消灭一切冲突、达到永恒和平、幸福和快乐安康的愿望让最优秀、最理想主义的头脑兴奋激动。在我看来，与其说俄国革命是一场军事行动，还不如说它是我们这个世纪里最重要的一个知识分子事件，载负着它的是尽善尽美地最终改进所有条件的信念。"

"这种愿望以什么为基础呢？"

"人们梦想这样一个社会——其中，私有财产被取消了，生产资料转归集体所有，消费建立在集体生活和财产归全民所有的基础之上，所有人的物质和文化需求能够得到同等的满足。此外，在共产主义制度下，所有的民族国家应彼此接近，最后成为一个没有物质、精神方面的匮乏，没有危机与战争的世界共同体。还有关于没有统治者——经济方面的统治者也没有——只有平等和公正的思想，这些是共产主义最吸引知识分子的地方。"

"但这种想法并没有消亡啊！"

"可能，贝蕾妮克。今天还有一些人和马克思一样相信人类有能力建立一个没有压迫、剥削和战争的社会。"

"社会主义和共产主义的本质区别是什么？"

"首先二者之间并没有一个明确的界限，斯蒂芬。它们主要都是在十八和十九世纪工业化的进程中作为对资本主义和不公正的反动而产生的。但渐渐地它们的特点就变了：共产主义者的旗帜上写的是'无产阶级专政'，而社会主义者通常却接受民主与政治多元化。在欧洲，社会民主运动开始了它的进程，自由主义潮流和议会制占了上风。"

"发展到那个地步的路可很长啊！"

"在我看来，柏拉图的《国家》是其发端，原始基督教我也算在内；十六和十七世纪不仅是托马斯·莫尔梦想按共产原则组织起来的国家。十九世纪的人设计出了没有私有财产、没有统治者只有管理者的国家的蓝图。而对马克思来说，历史是随着共产主义才走向胜利的，他和弗里德里希·恩格斯期待的共产主义是人人能够完全实现自我的社会。他们认为，如果取消了生产资料的私有制，剥削与阶级对立也就不复成为可能，政治秩序也就成为多余的了。如果生产资料到了工人手中，机器就会把一切向好处转变。共产主义想要一个没有阶级，城乡之间、脑力劳动和体力劳动之间没有重大差别的富裕的社会，其基本原则是：各尽所能、各得所需。"

"这听起来不是很棒吗？它为什么失败了呢？"

"俄国革命的失败有很多原因。俄国不是一个工业国，而是个落后的农业国，是由多民族组成的。我在这儿先不说苏维埃的暴力统治、暴政和高压政策。我认为共产主义思想的关键弊端在于不讲心理学——人是需要个人所有物的，他需要有一个他自己统治的领域，只有对未来拥有财产和改善自己境遇的希冀才能鼓舞他；他需要生存斗争，自然为此创造了他，装备了他；不属于他的东西，他就随它去；他不费力气就得到的东西，他会把它榨干。生活中，如果不是事关他的个人利益，他就会漠不关心。结果就是，什么都越来越糟，什么都不再发挥作用，计划经济中就是这样。"

"真不可思议！"

"在卓有成效的时候当然没有人知道！"

"这么说共产主义是在道德上和思想上失败了。"

"它根本就不是'无产阶级专政'，而是'男人专政'。"贝蕾妮克很肯定地说。

"十月革命在俄国建立了布尔什维克政权，托洛斯基、列宁领导了它，尤其是斯大林和后来的继承者，从赫鲁晓夫（Chruschtschow）到勃列日涅夫（Breschnew），到戈尔巴乔夫（Gorbatschow）。但也必须看到，有很多妇女是坚定的共产主义者，并起了重要的作用。"

"为什么叫布尔什维克，而不叫共产主义呢？"

"布尔什维克指的是苏维埃的共产主义理论与实践，贝蕾妮克。"

"那苏维埃是什么意思？"

"'苏维埃'是俄语'委员会'的意思，本来指的是工人士兵委员会，后来就成了对苏维埃国家所有机构的称呼。随着革命，产生了第一个表现为列宁主义的共产主义掌握了权力的社会秩序。列宁充满革命激情地说：'我们要夺走资产阶级所有的面包和靴子，我们只让他们吃面包皮，穿树皮鞋。'"

"这很明显。但开始的时候共产主义使那么多人感到兴奋激动。如果说它在俄国和整个东欧阵营失败了，那么曾对它深信不疑的理想主义者一定极为失望。"

"而且这失望还没有过去，罗曼。"

塞内克斯看上去像是在努力克服内心的某种斗争，最后他终于说："在共产主义的乌托邦里我们就走这么远吧，现在我们再回到柏林去。"

"什么，您的'数字魔术机'这儿也有吗？"

"远程转换器吗？就在你们身后。它前面挂着一块红色毡子做成的帘子，所以你没注意到。"

历史上一个不可救药的狂热分子

他们走进的是一片浸在明亮的光线中的场子，场子上停着一架三个马达的直升飞机，中间的那个螺旋桨高高地伸到空中。机身和机翼那银灰色但却很肮脏的外壳十分显眼。

"这是柏林边上的一个私人飞机场。现在是 1936 年 8 月初。上去吧！"

"这是一架容克斯—52 型飞机，容克老姑妈，我可从没想过有朝一日我能坐上它！"罗曼说。

"现在，你一旦了解了尤—52 型飞机，你就知道它是世界上最可信赖的飞机了。"

他们登上陡峭的台阶，进到飞机内部，里面的布置十分简朴，位子够二十个人坐。他们刚坐稳，马达就启动了，螺旋桨一个接着一个动了起来，飞机开始在跑道上前进。

飞机剧烈地动了几下以后，他们升到了空中，并不像在一架现代喷气式飞机里那么安静和舒服，但却让他们觉得自己似乎置身于飞行的创业时代了。塞内克斯让他们向窗外看，只见飞机低低地掠过通讯塔和一片房屋的海洋、选帝侯大道、动物园、顶上的胜利女神塑像金光闪烁的凯旋柱，还有纪念教堂、交错的铁轨、亚历山大广场。

街上满是汽车、双层公共汽车、有轨电车、摩托车，还有马车，人行道上全是人。到处都挂着旗子，主要是长长的红布旗子，中间有个白色的圈以及那个黑色的纳粹标志；不过还有很多街道上也挂着地球上许多国家的小国旗，连成一串串的，看上去就像花束。

塞内克斯试图盖过螺旋桨发出的噪音："牢牢记着这一切吧！"三个孩子听出了他沉重的弦外之音。

现在他们又飞过另一条装饰了更多旗子的宽阔大街，飞过一些体育场馆，一个建在森林边坡地上的露天剧场，它让人想起雅典的狄奥尼索斯剧场。宽阔的场地上有一座大理石白的体育场，一排排座位上黑压压的都是人。一个高台耸立在一侧，上面有个穿棕色制服的人站在那儿，不时盛气凌人地挥舞着右臂。下面，红色的跑道上，一队队身穿浅色衣服的青年人正在入场，每队前面都打着面旗子。许多人在经过高台的时候也举起他们的右臂。

体育场中间的草地上几乎站满了人——运动员已经在那里汇集起来。

体育场的入口上方有个大金属盘，再往前面一点是奥运会那五个环。

各代表队入场完毕了。

"奥运会！"贝蕾妮克冲塞内克斯喊道。虽然她就坐在他旁边，但因为飞机的噪音太大，她还是得向他俯过身去，才能使他听见自己的话。

他点点头。

体育场中央的一队队田径运动员已经排好队伍，每队前站着举国旗的人。这是一幅团结、和平和理解的图景，还有友谊——至少表面上看起来是这样。

容克斯—52型飞机在上空兜了几圈，这时几个运动员组成的小队跑过前场，领头的举着燃烧的火炬。他们拐进大门，再次从运动场的另一头露面的时候，迎接他们的是人们激动的热潮。他们环绕运动场一周，观众站了起来，向他们欢呼。他们又跑到了大门那里，领头的一个迈着有力的步子跑上通往大金属盘的台阶，面向观众举起火炬，然后便让它的火焰探到大盘里去；奥运之火升起来了。

三个年轻人在飞机里既听不见音乐声，也听不见鼓号声、掌声，但他们完全能够感觉到人们的兴奋激动。

"你们还记得我们去奥林匹亚山的事吗？"塞内克斯喊道，"这来自奥林匹克思想——令人厌恶的一场欺骗。这个过程并非没有象征性，奥运圣火的点燃也不是没有象征意义，因为三年后希特勒就将在世界上纵火。他利用奥运会让世人以为纳粹德国是一个充满和平、宽容和繁荣的国家，另一方面，在他夺取政权的三年之后便开始装备发动战争。现在我们继续飞行——在更广阔的空间和时间中飞行。"

今天仍存在对少数人的仇恨

雾渐渐围上来，挡住了一切视线。"欧洲刮起了台风，飓风侵袭了世界。"塞内克斯喃喃说道。

他们像是在一团棉花中飞行。

突然之间像是有一口气吹散了雾霭，他们又看到了下面的城市，但那已经不再是生机勃勃、充满欢乐的柏林了；那个装饰得过节一般、热闹非凡的城市不见了，变成了一片带着末日气氛的废墟、一个红褐色的坟场。绵延数公里的废墟，倾颓的房屋、烟囱、断壁残垣，冒着烟的瓦砾……

"这就是希特勒的杰作。跟在奥林匹克的和平之后的就是这个！"

塞内克斯沉默了，三个年轻人也一言不发。压抑的景象对他们的冲击太大了。飞机迅速降低了高度，草地越来越近，他们感到了冲撞和颠簸。飞机停下来。他们站起身，马达不再转动，四周一片寂静。

"我们下去吧！"他们走下飞机，三个年轻人一个个脸色苍白。

塞内克斯把他们引向机场边上一座浅灰色的低矮建筑物。进去以后，他们发现自己又在旅舍的自助餐厅里了。

他们坐了下来。

"也许你们感觉到我先前的犹豫了，"塞内克斯说，"下面这个题目是我很不情愿讲的，那太令人压抑了；但我们没法回避它。刚才我们在那高台上见到的那个人到底达到了他的目的：但凡讲20世纪的历史，谁也不能绕过他。"

塞内克斯停顿了片刻。"我们现在要讲的是人类发展进程中的一幕，尽管它实在不是光彩的一幕。人们把他与亚历山大大帝、拿破仑、俾斯麦做比较，但在我看来他们和他比起来算是人道的。和这个自命为'元首'的人相比，嗜血的罗伯斯庇尔简直称得上是个高雅的君子；当然了，罗伯斯庇尔那时没有那么先进的技术手段，再多的断头台也无法与炸弹、手榴弹和毒气室相比，而这些手段希特勒都有——德国人民把这些手段拱手交给了他。"

"但不是为了这么可怕的目的！"

"也许你说得对，贝蕾妮克。希特勒欺骗了包括与他同党的人在内的全世界，更骗了德国人民和其他民族。历史上的诸次血腥大屠杀哪次也没有他毁灭的生命多。开始时他被人们狂热的激流载负着，但到了最后，人们就只是悄悄嘀咕着，被动地、胆战心惊地跟着他走向毁灭了，只除了少数几个狂热分子——只有他们直到最后还尾随着这个最不可救药的狂徒，做他的帮凶。"

"您为什么一定要提他，塞内克斯？"

"我不打算说细节，但我一定要向你们指出，人类从石器时代开始，经过伟大的古典文化时期，几千年一步步走向成熟，发展出宗教、哲学、科学、艺术，但却仍然没有办法阻止这样一个可怕的怪物向上爬。"

斯蒂芬插嘴道："您提到了狂热和盲目信仰，我想，罪恶的政权大多不是由罪犯掌握的，而是由狂热分子掌握的。"

"希特勒不仅是一个一般意义上的罪犯，他是个搞大屠杀的凶手。他信奉的世界观，手段是战争和屠杀，其低级和凶残无出其右。在希特勒掌权以前，德国人拥有的多少算是寻常的历史，和其他民族的历史基本上没什么大区别，有战争、压迫、残酷，但也有和平、繁荣和文化。是希特勒把德国人变成了各民族中的疯子，而且——这一点我得说清楚——还不主要是因为他策动了第二次世界大战；这固然是场罪恶的战争，但他并不是唯一策动这样一场战争的——更是因为令人不可理喻的对犹太人的屠杀——暂且不说对吉普赛人和其他少数民族的屠杀。此举的规模之大和它的冷酷无情是空前绝后的。"

"真的是空前绝后吗？"

"这个问题引发了一场争论，到现在还没有定论，我不想深入地谈这个问题。不管是什么种族、宗教，不管是什么国家、肤色，对异类和所谓的'低级种类'潜在的仇恨直到今天依然遍布于世界。"

"很严重，但确实如此。希特勒是怎么对犹太人极端仇恨起来的呢？"

替代宗教的种族神话

"我们知道，反犹主义及对犹太人的迫害自中世纪以来就一直潜伏在基督教会和世俗统治者之中，不管是在天主教地区还是在新教地区，而且曾一而再、再而三地被煽动起来，但还是有所区别：早期的敌意主要是针对犹太教的，最好称之为'反犹太教主义'；以宗教为基础的反犹太教主义谴责犹太人对耶稣的死负有罪责，轻信那些随意散布的谣言并火冒三丈，比如说什么犹太人亵渎圣体、杀害基督教儿童以祭神、在井里下毒之类，其结果是对犹太人凶残的迫害，而且不仅仅是在德国和中欧。比如在西欧有信仰天主教的西班牙国王们驱逐犹太人的行为，在东欧有俄国对犹太人的屠杀。可以肯定的是，天主教一直到第二次梵蒂冈（Vatikan）宗教会议以前都把犹太人视作异教徒而反对他们，但其目标主要不是灭绝他们，而是要迫使他们皈依天主教；犹太人如果受了洗礼，那从理论讲，就什么事也没有了。实际情况当然往往大不一样，但毕竟犹太人可以在比较有利的条件下躲避对自己的迫害。随着宗教上的反犹太教主义而来的是社会上对犹太人的反对。由于犹太人不准从事'正派'的手工业，行会对他们也是大门紧闭，所以他们只好去当'不名誉'的放贷人和商贩。'不名誉'是因为，比如，一个神职人员永远也不能借钱给别人，牟取所谓的'暴利'。很多人因此成了犹太人的债务人；而犹太人付出高昂的代价才能获得当地领主的保护，而且与世隔绝地生活在犹太人居住区里。对犹太人比较宽容的时代与敌意高涨的时代交替出现，直到启蒙运动情况才有了改变——虽然对少数族类的反感是那么根深蒂固，就连许多启蒙主义者，包括伏尔泰都表露过反犹太人的思想——连基督教的死敌也有他们的偏见。然而，在革命的法国，犹太人还是获得了官方认可的平等地位，后来在别的国家也是，虽然这种平等地位往往是相对的。直到1871年，在德意志帝国，他们才真正获得了和别人一样的平等地位。于是大量的犹太人都被同化了，很多人改变了传统的生活习惯，有的皈依了基督教教派，因为只有这样才能真正被社会接纳，才能在学术界或军队里获得发展的机会。这样一来，个别犹太人完全有可能在社会上取得一个很受尊敬的地位，然而，对于作为一个整体的犹太人，对他们的反对和歧视依然存在，没能完全消除。"

"但是不是再也没有以宗教为基础的反犹主义了呢？"

"几乎没有了，罗曼，虽然还总是有些教会的人叫嚣反对'德国精神的犹太化'，要求'把我们血液中的犹太毒汁排出去'，比如十九世纪八十年代普鲁士的宫廷牧师阿道夫·施多克（Adolf Stöcker）。到二十世纪也还有些神学家宣称犹太人具有毒害作用——虽然他们后来坚决反对希特勒"

"如果是那样的话，就也可以说，没有基督教的宣传和迫害就没有反犹主义，可能也就不会有大屠杀。"

"不能把这个罪责推给二十世纪的基督教，斯蒂芬。从不曾有哪个基督徒希望有那样的暴行。很多非教徒的反犹主义者都脱不了干系：历史学家亨利希·冯·特莱切克（Heinrich von Treitschke）宣称'犹太人是我们的不幸'，哲学家约翰·戈特利普·费希特（Johann Gottlieb Fichte）和作曲家理查·瓦格纳（Richard Wagner）都写过反犹主义的文章——他们不是唯一要求消灭犹太人的人。但如果说他们是潜在的屠杀凶手是不公正的。"

"但希特勒唆使下的对欧洲犹太人一步步实行的屠杀不正是对犹太人持续几百年的欺压、迫害的结果吗？"

"但必须看到，反犹太教主义在十九世纪初已经不起什么作用了，斯蒂芬。取而代之的是一些到那时为止人们还不了解的新东西。1854年，法国人约瑟夫·阿图尔·戈庇诺（Joseph Arthur Gobineau）发表了他的《关于人类种族差异的杂文》，'种族'这一概念第一次出现。这本书成了所有种族狂徒引证的基础，种族神话成了一种替代宗教，从此，'雅利安人'优于'犹太人'说法便传了开来。不论强弱，反犹主义蔓延开来，遍及欧洲，没有例外，第一次世界大战前在维也纳尤其猖獗。当时还年轻不成熟的希特勒吸取了它，它成了他根深蒂固的思想，日后又成了他的两大目标之一：消灭犹太人。他有选择地给犹太人烙上了'国际主义'或'布尔什维克'的印记，盲目地把历史看作'种族自我保存本能的表现'。"

"他的第二个生活目标是什么？"

"这产生于他的'大德意志民族主义'，它以征服东方和俄国新的生存空间为目标，罗曼。这就是他发动第二次世界大战的原因。他以为，只要在西部逼法国投降，解除后顾之忧，那么用闪电战就可以征服军事力量薄弱的俄国。当德国军队在莫斯科受阻，他看到不能获胜以后，却仍没有做出任何结束战争、达成和平协议的努力（许多历史学家都认为这在当时是可能的），而是能拖一天算一天。"

"可为什么呢？这样他不仅害了德国人民，也害了他自己啊！"

"他这么做，是为了赢得实现第一个目标的时间——把全欧洲的犹太人都在死亡集中营里消灭掉。"

"忘了在哪儿，我读到过这么一句话：'上帝最终死于奥斯威辛（Auschwitz）。'"

"考虑到事情的不可理喻和无法解释，我认为这个观点表达出了一种极度的震惊。大屠杀是有史以来最残忍、最不人道的事件，以此，希特勒有意识地把自己的生存和德国的未来放在了刀尖上。"

"太疯狂了，竟然不惜毁灭自己的生命吗？"

"希特勒时刻做着自杀的准备，他的死可以证明这一点。他留下的则是一个面目全非的世界。"

"这不就是人类一旦政治大权在握，便会发疯的一个完美的例子吗？"

"'完美'这个词，我决不会把它和希特勒连起来，但我明白你的意思，罗曼，而且你说得有道理。有一点是肯定的：如果德国人不是那么盲目狂热地追随希特勒，而是对他的所作所为发出质疑的话，世界就不会遭受这么多苦难。"

对此没有谁想再说什么了。

塞内克斯显然放松一些了："你们也许纳闷儿我们在这儿为什么没喝咖啡——一是因为我们刚在彼得格勒喝了茶，二来我还要带你们去另一个饭馆。这回又是去巴黎，在那儿，圣日耳曼德佩区（Saint-Germain-des-près）一带众多艺术家酒馆中的一个在等着我们呢。它是叫'酒馆儿'还是叫'小饭馆儿'并不重要。我们到远程转换器那儿去吧。"

存在与虚无

生存的体验

　　塞内克斯和三个伙伴通过一个侧门进了房间。对面大概是个主要的入口，那不过是朴素的地下室台阶，嘻嘻哈哈的年轻人正从上面闯下来。酒馆的天花板是画上了图画的穹顶，支着它的柱子上也是五颜六色。有些画是仿毕加索的，有些则仿马蒂斯，还有仿其他有名的超现实主义画家的。

　　酒馆的生意很好，坐在小圆桌前的客人有的邋邋遢遢，有的则奇装异服。男子穿着牛仔裤，姑娘和妇女则穿圆领毛衣、男式衬衣、毛外套或女式衬衣。

　　人们喝着巴斯蒂酒、苦艾酒、红葡萄酒或是啤酒，啃着奶油蛋卷或长棍面包，抽烟则是所有的人都抽，无论男女，几乎没人不拿着烟——叼在嘴角里，夹在手指间，搁在烟灰缸上。那么空气也就可想而知了：让人头疼。不知什么地方藏着电灯泡，但光线主要来自酒瓶里的蜡烛。烛泪滴在瓶壁上，有雕塑一般的装饰效果。

　　塞内克斯和三个人一起坐下来。房间前部有一个低矮的舞台，还有一架钢琴。

　　穹顶上，侧面有五扇椭圆形的窗户，外面人行道上下午的日光射进来一些。一扇窗敞开着，一团团汽车的尾气涌进来。

　　巴斯蒂酒端上来以后，塞内克斯说："这是圣日尔曼德佩区一带生意最好的'存在主义者'酒馆之一，而圣日耳曼区又是所有的波希米亚人[1]——艺术家、作家、画家、存在主义者——最喜欢逗留的城区。我们到这儿来的就是因为他们。存在主义的开端我们已经经历了几次了，存在主义在第二次世界大战以后成了起决定作用的思想潮流，它不仅是一种从现实中而来并高于现实的哲学，它就是一种生活态度。"

　　"为什么呢，塞内克斯？"

　　"世界发生了重大变化。第一次世界大战以后旧的社会秩序就已经连同它的价值标准一道土崩瓦解了。人们，尤其是年轻人寻求一种新的方向，并且认为在存在主义中找到了它。这种哲学是一场严重的危机和不安感的表现。不管是黑格尔还是克尔凯郭尔都属于它的始作俑者，尼采和埃德蒙特·胡塞尔（Edmund Husserl）也是一样。"

---

[1] 译者注：在此处指过着非传统风格生活的艺术家、作家及任何对传统不抱幻想的人。"波希米亚人"的这个涵义出现于19世纪中叶的法国。

"我想，我们这还是头一次听您提胡塞尔。"

"他是个德国哲学家，探求一种'纯粹的意识'，一种作为'严格的科学'的哲学，对其他人，比如海德格尔的影响很大。"

"但我想存在主义者首先都是悲观主义的。"

"对他们来说有一种'基本的经验'，也被他们称为'存在体验'。他们不带任何幻想地讨论我们那些基本的恐惧。在克尔凯郭尔那里是恐惧，到了马丁·海德格尔那里则是死亡，在让—保尔·萨特那儿是'恶心'。在恐惧、忧虑、死亡、挫败、恶心、世界的虚无和荒谬之中他们看到了个体人的独特体验。"

"我现在就已经悲哀起来了。"贝蕾妮克喃喃地说，把一缕发丝拨到脑后去。

塞内克斯向她投去充满理解的目光，说："和传统的哲学不同，存在主义试图从个体的存在来解释人的现实——一种被易逝、冒险、恐惧、无聊、矛盾和不定耗损着的存在。比如海德格尔只思考单个的人，而不把社会问题纳入他的考虑；面临虚无主义盛行的状况，海德格尔试图重新提出生存意义的问题。"

"请举个例子！"

"海德格尔问：'存在是什么？'他的回答是：'我们不知道。'但我们可以在能够对自己进行反思的人和没有能力做到这一点的人之间看出区别。一块石头'存在'，但它与它自己毫不相干；不管是树还是椅子，全都是这样的。人却不仅仅存在着，他还发展出同自己、同周围的人、同非人存在物之间的关系。人不仅'存在'，人还应该'存在'；他的存在是一个使命，是他在他的存在之中还得去实现的东西。"

"我觉得这倒不难理解——我们的存在是一种任务，对不对？"

"海德格尔由此又重新考虑了古典形而上学追问存在意义的问题。他的主要著作是《存在与时间》和《什么是形而上学》。他认为存在的决定性特征是时间性，它是过去、现在和未来的统一体，是'通往死亡的存在'。海德格尔为人类存在的基本体验创造了一些概念：'在世界中的存在'、'忧虑'、'恐惧'、'罪责'、'被抛'。"

"这听起来又非常悲观了。他说'被抛'是什么意思？"

"我举个简单的例子，罗曼——我是以法国人，还是以意大利人、德国人的身份存在，我生活在什么样的时代，有什么样的才能，这些我都不能决定，我只能将其作为'被抛'给我的接受。我们生活在对未来的始终无把握之中；我们被抛在一个有限的、被虚无逼迫着的存在之中，它的两头就是生和死。"

"海德格尔的语言不是极难理解的吗？"

"也许最大的困难并不在于他复杂的语言，而在于他闯进了一个陌生的领域。他认为，我们不熟悉的、陌生的东西是不能用我们熟悉的词句表达出来的。他创造的一个概念就是'被抛'。这个词无比准确地说中了时代的精神，于是成了时髦的词。海德格尔的第一部著作《存在与时间》在哲学家的圈子以外也引起了很大反响，主要是青年人感到这涉及到了他们自己。因为海德格尔对存在的研究是针对那些能够对自己的存在进行思考的人的,而自己的存在主要是由短暂易逝性决定的。"

"那海德格尔有没有说,在这么令人懊丧的前提下,人应该怎么生活呢?"

"他认为存在的主要特征是人'忧虑'着并'关心'着生活;他指责道,人对那些他与之打交道的东西比对自己还要熟悉。由此,海德格尔对心理学、神学以及艺术都产生了很大影响也就不足为怪了。"

"真的吗?在哪儿?怎么影响的?"

"比如在法国。这里信奉存在主义的人格外多。"

"大概主要是通过让—保尔·萨特吧?"罗曼问,"他不也是个有名的作家吗?"

一种成了时髦的哲学

塞内克斯点点头:"在法国,存在主义从一开始就影响了文学、造型艺术和电影。有不止一家的存在主义咖啡馆、存在主义酒馆,所有想赶时髦的人都聚到那里去。这儿也是这样。下面朱丽叶特·格雷科(Juliette Gréco)要演唱《存在主义的缪斯》了。"

塞内克斯的话被打断了,一个身穿黑色圆领毛衣的青年男子走上舞台,掀开了钢琴盖。他先弹了几个和弦,再弹了一串琶音,然后又弹了几个和弦,所有人的谈话都停了下来。等四下里完全安静了以后,又有一个年轻的女子上了台,迎接她的是一阵欢呼声、长时间的掌声和叫好声——她是个雅致的女子,看起来几乎不到二十岁的样子。她那张匀称的脸上,一双深颜色的大眼睛格外引人注目,栗色的流海儿遮住了她高高的、平滑的额头。她的嘴唇柔软而丰满,涂了口红。她的身材修长窈窕,一件高领的黑色连衣裙使其显得更加突出,裙子上没有任何装饰,也没有一个折裥或花边儿。

给她伴奏的人弹了几个小节,然后她就开始唱了。她的声音低沉而富于感性,感染力很强。与其说她是在唱,不如说她是在讲话,低语声、恳求声夹杂在一起她说出来的比唱的更重要,传达的消息比音乐更重要。最打动人的是她的手部的动作——它们在她的身体周围时而缓缓飘浮、时而一掠而过,时而抬起来、时而落下去,还像捧着圣物一般举着话筒,百般爱抚。

她唱的是过去的时光——《Les années d'autrefois》,还有青春,梦幻般的易碎的青春——《Rêveuse et fragile》、死去的树叶——《Feuilles mortes》、生存的恐惧和迷惘。最后她要求结束——《Déshabillez-moi》:《脱掉我的衣服》。她的手掠过她的全身,似乎承诺着一切,又似乎要拒绝一切。

观众们鼓掌、跺脚、吹口哨"Bis!Bis!"——再来一个，再来一个！但朱丽叶特·格雷科只是交叉着双手深深鞠躬，头发飞到前面，遮住了她的脸。她就这样停了一会儿，然后便把头发向后一甩，消失在边门里。

"这就是她！"塞内克斯说。"朱丽叶特·格雷科。她的一些歌词是让—保尔·萨特、阿尔伯特·加缪和其他重要作家写的。萨特写于1941年的第一部重要哲学著作《存在与虚无》成了法国存在主义的代表作。"

观众们开始交谈起来，谈话声嗡嗡营营地夹杂在一起。"存在主义主要是在第二次世界大战以后产生了巨大影响，有段时间竟成了时髦。而且让—保尔·萨特和他的情人西蒙娜·德·波伏瓦（Simone de Beauvoir）的个人精神、思想魅力也起了很大的作用。

"他的情人？她不是他的妻子吗？"

"不是，而且这很说明两个人的个性。萨特上大学时就已经认识西蒙娜·德·波伏瓦了，出于'绝对的真诚'，他们拒绝像一般人那样结成夫妻。"

"萨特不也是坚定的共产主义者吗？"

"马克思主义是当时知识分子最大的乌托邦幻想嘛。萨特在他的作品《马克思主义与存在主义》中把第一个位子让给了共产主义思想。到晚年，他尤其强调个人参加政治、社会活动的重要，因为他认为人仅是他自己发展成的、做到的、经历过的事情。"

"他难道没有看到共产主义消极的一面吗，尤其是在斯大林时期？"

"怎么没注意到，尤其是在五六十年代。他虽然持马克思主义的观点，但他批判任何教条主义乃至暴力。他是个无神论者。对上帝的追问过去曾是那么重要，但在二十世纪的思想家那里它已经不是个主题了。萨特眼里的人背叛自由，因此人必须自己将意义赋予自己的存在。他就是以这种精神投身于世界和平运动。"

"这样一来我倒觉得应该肯定这个头号虚无主义者。"斯蒂芬说。

塞内克斯点点头："完全有理由称他是一位现代人道主义者。我们就以他结束这一章。"

突然之间，东西都不在原来的地方了

塞内克斯请他们再次置身于几年以前，接着方才的话说道："你们看到了，过去几年的变化对人们的影响很大。这对造型艺术家来说也一样。首先，信念的丧失夺去了他们几百年来所熟悉的那些题材，再加上理论物理学突破性的新认识以及关于宇宙的复杂知识——人们现在面对的是量子论和相对论。在那以前，人们一直认为世界是可以用肉眼看到的，在无限的小和有限的大之间延伸。而现在有了马克斯·普朗克和阿尔伯特·爱因斯坦的理论，不管是在原子那里还是在宇宙中，一切似乎都不再是原来那样的了。量子论使历来关于物质宇宙的观点产生了动摇。1927年维尔纳·海森堡（Werner Heisenberg）公布了他的'物质测不准原理'。"

"您说人们因此而更加深了不安感吗？"罗曼问。

"至少他们得寻找新的解释。"塞内克斯答道，"维尔纳·海森堡、马克斯·玻恩（Max Born）和恩斯特·帕斯库尔·约尔当（Ernst Pascual Jordan）以量子力学创造了一幅新的物理学世界图景。"

"怎样创造的呢？"

"古典力学的出发点是稳定、持续的过程，而量子力学却认识到大量骤然间的变化，即所谓的'量子跳跃'。马克斯·普朗克发现，光是由波组成的，但它只能以光束、以量子的形式被放射、被吸收。古典力学研究固定、可测量的值，量子力学却立足于极小的微观世界中那变化着的可能性。"

"在量子力学中一切都变得不确定了？"

"至少是更难计算了，罗曼。海森堡证明，基本粒子——就是那些小到极点、小得不能再分了的微粒——的位置和运动从来不能同时、精确地测定。'测不准原理'使事先计算微观运动的过程成为不可能的事。你要么预先说出有关位置的测量结果，要么说出有关时间的测量结果，但不可能同时得到两个结果。"

"这就使预测的可能性减半了吧？"

"对，斯蒂芬，量子力学把偶然——单个发生的事件在原则上的测不准性——引入了物理学。"

"而这也能刺激艺术家吗？"

"至少是影响了他们。分裂原子的消息使第一个创作抽象画的画家瓦西里·康定斯基（Wassili Kandinsky）如此震惊，以至于他说，即使石头突然间升到空中，化为乌有，他也不会更吃惊了。他觉得每样东西都不在它原来的位置上了。造型艺术与其所处时代的知识的关系比人们想象的要紧密得多。尼采就曾叹道：'我们解开了地球和太阳之间的链子——我们干了些什么啊？它现在要向哪里去呢？我们要向哪里去呢？远离所有的太阳吗？我们不正在不停地向前、向后、向四面八方跌落吗？还有一个上、一个下吗？我们不正像迷失在一片虚无中了吗？空空如也的空间不正在向我们吹出它的气息吗？天难道不是变冷了吗？来临的难道不总是夜，而是别的什么了吗？'"

"谁也不能说得更感人了！"

"艺术家们不仅寻求新的内容，也寻求新的形式，尤其是因为那时有了照相术，已经可以比绘画更精确地再现事物。你们这就会看到一个例子。我们现在就出发，因为我们得趁天还亮着的时候去走访一个人，再晚天就黑了。"

塞内克斯站起来，三个人跟着他，走到嵌在墙里的远程转换器前。

画家、艺术家、富于创造力的人

他们再次走出远程转换器的时候，感到的是柔和的、散发着芳香的空气，宜人的温暖，充沛的光。他们面前是一座"美好时代"风格的大房子，被灌木丛和树木环抱着，它们散发出沁人心脾的气息。一棵繁茂的九重葛是热情奔放地展示着它色彩鲜艳的苞叶，贝蕾妮克快乐地深吸着空气。

塞内克斯说："这是戛纳（Cannes）北边的加利福尼亚别墅，我们是在普罗旺斯（Provence）。"

"怪不得！"贝蕾妮克喃喃低语道。黄昏最后的光落在周围环抱的山丘上。

塞内克斯继续说："房子的新主人正处在他最负盛名的时期，是他最出色地完成了古典艺术向现代艺术的过渡。称他为'画家'还只是对了一部分，他的价值比这更大。"

"我猜您说的是巴勃罗·毕加索（Pablo Picasso），对吗？"

"你猜的再对不过了。"塞内克斯微微笑道。"我们在花园里的凳子上坐一会儿吧。毕加索 1881 年生在马拉加（Malaga），他将在法国南部去世，享年九十二岁。我说'将'，是因为我们现在是在 1955 年，他七十四岁了。"

"能遇到他真让我高兴！"贝蕾妮克兴奋地喊道。

"如果看到你，他会画你的，但问题是，在他的画里我们是不是还能认出你来。"

"肯定能——在一种更高的意义上。"她说。

塞内克斯表示赞同她的说法："艺术帮助我们超越自身的界限，并换一种目光来看世界。毕加索的父亲就是画家、美术教师，他很早就发现，他的儿子的天赋比他高得多。那男孩子还没学说话就会画画了，而且不像是个孩子画出来的。他学得很快，发展得很快，年纪轻轻就去了巴黎，在那儿一直生活到第二次世界大战结束以后。在那儿，他选取马戏团的题材来画。他是个天生的画家、艺术家、富于创造力的人，以至于说：绘画比他强大，绘画可以令他去做它要他做的事。他这么说是可信的，因为他的脸看上去像一张大智大慧的禅师的脸，流露的神情显示着他达到了这样一种境界：'不是我在画，它在画！'他到了九十岁高龄的时候还倾心于绘画，还在尝试新的技巧、新的色彩和形式。直到去世，他的善感、他对生命的热爱也没有麻木。他有一双魔术师的手，他有无尽的想象力，他想象出来的，二十岁的年轻人连做梦都梦不出来。"

"显然您很欣赏他,是吗,塞内克斯?"贝蕾妮克在手指上缠着她的一缕发卷儿。

"我眼中的他是本世纪的天才,但这并不重要。"塞内克斯回答。"我只是想说,即使是在我们这个所谓高度技术化、物质主义化的时代里,人的创造天赋也是能够得到发展的,而且完全可以和以前时代的天才相比。"

"您是在给我们鼓劲儿打气,塞内克斯!"

"可以这么说,斯蒂芬。即使形式和内容变了,人的艺术创造力也是不会枯竭的。而如果人的艺术创造力是如此活跃,那么人的丰富也就保持住了。现代艺术几乎在所有方面的重要发展都得感谢毕加索;他永远在更新着自己,而他是那样精力充沛。我想,自佛罗伦萨的文艺复兴以来从没有过比立体主义更巨大的绘画革命,这场革命是毕加索和乔治·布拉克(George Braque)掀起来的。这种风格建立了一种新的美学,它像是业已建立的绘画大厦里亮起的一道闪电。毕加索的阿维伽农的少女成了他那个时代最遭仇恨的一幅画,但也是最有名的。"

贝蕾妮克还想知道得更多些:"它的特别之处在哪儿呢?"

"物体被缩减到只剩下了带角的面,一个长方形成了嘴,一个圆柱形是眼睛,一个洞就是鼻子。但你不能断言这个不断创造着、变化着的天才只属于某一种风格。每十年他便和自己以前的作品决裂一次,他从所谓的'蓝色时期'经过'粉色时期',又发展到立体主义和现代雕塑。他揭示了孤独的、被社会排斥在外的人心中的痛苦,画憔悴瘦弱的孩子和母亲、酗酒的女人、贫穷的妇女、乞丐——被绝望包围着的人们;他也揭示了流浪艺人的忧郁、人们在生活中的迷惘;他表现了悲哀的杂技演员和小丑,他们是人类和艺术家生涯的象征,他们的姿态中流露着优美和谦恭。他的作品柔弱易碎,他笔下的女孩子充满妩媚;他自己曾说到'眼睛的思想'。不管是非洲的面具、伊比利亚及大洋洲古老的雕塑,还是伊特鲁里亚和埃及的艺术,他从各处掘取灵感。他既赞叹哥特式的绘画也佩服日本的木刻,不停地探索着新的风格、新的形式。他在垃圾场上挖掘,带回稀奇古怪的东西——金属啦,木头块儿啦,生锈的电线啦,破罐子、破篮子啦。用一个旧自行车车座和一个车把他会做出个牛头,或者把旧铁变成一只大鸟;几乎没有什么他不碰的,也几乎没有什么经他碰了以后不变出点什么的。用最平凡的材料他做出了他最感人的雕塑——一只山羊,所有的艺术爱好者肯定都知道它。他绘画、制作拼贴画、雕塑,还做陶器。除他以外,没有哪个艺术家曾把如此丰富的发明和如此活跃的创造力结合在一起过。"

"他在政治领域也很活跃,不是吗?"

"毕加索也是最早坚信共产主义理想的知识分子之一,罗曼。他为共产主义者创造了和平鸽,这只简简单单的鸟已经成为一种象征。很少有艺术家在活着的时候向世界发出过他这样的呼吁。第二次世界大战爆发以前两年他就已经创作出了壁画《格尔尼卡》,其产生源于他对同名城市被摧毁而感到的震惊,他提醒人们要警惕屠杀无辜的行径，对很多人来说，它已成为反法西斯艺术的典范。它不仅是对弗朗哥和为他撑腰的希特勒的控诉，更是反对战争恐怖的吼声。年复一年，这幅画吸引着人们，正像伦勃朗的《守夜人》和达·芬奇的《蒙娜莉莎》一样。

"他到底创作了多少幅画呢？"

"大概有好几千幅油画、几百件雕塑、无数的草图和陶器。他写诗，还留下了一个剧本。他搬到法国南部去的时候已经七十岁了，先是到陶器城瓦洛里斯，他称他所在的地方的风景'完全是他自己的'。在他生命的最后几年，他还在拿彩绘陶器做实验，其式样可以回溯到人类文明的早期。现在我们就在这里，戛纳附近。让我们到他家去吧。"

创造性的混乱，一只会变戏法的手

塞内克斯领着他们拾级而上。房间一间连着一间，每一间都充作画室。所有的画室里都一片混乱，他们不管向哪儿随眼望去，捕捉到的总是一幅凌乱的静物，由纸张、画布、桌子和瓶瓶罐罐组成；但更多的则是草稿、处在各个阶段的画，有的只有粗粗的轮廓，有的已经完成，却被漫不经心地抛在一边——倚在墙边的、画架上的、靠在书壁柜上的、放在凳子上的……最能吸引三个年轻人目光的是那些肖像画，它们都具有一种强烈的吸摄力。每幅画上画的东西都不同，不仅有头颅和身体，也有三角形、卵形、彗星尾巴、菱形、线条。桌子上，陶制的花瓶和各种塑像与瓶瓶罐罐、垃圾为伍，混杂在一处。走廊上到处是摞起来的纸箱子和画布。

塞内克斯带领他们穿过这片创造的丛林，林间流溢着从敞开的窗子外涌进来的松树、桉树的香味。宽大的起居室也成了画室。

"这和鲁本斯那巴洛克式富丽堂皇的画室差别太大了！"罗曼道，"这儿的一切都是充满爆破力和创造力的！"

"这是一个艺术之巢，它里面的'孩子'羽毛丰满后就要争先恐后地飞出去了！"贝蕾妮克又添上一句。

"这儿有他喜爱的一切。"塞内克斯说。"他的习作、画、草稿、雕塑和家具。他还为这个画室画了一幅画——哦，它靠在这儿呢——你们在画面中间看到画架上干净的画布，右边那幅素描画的是杰奎琳[1]，左边是一座雕塑，那儿有一个小小的女性头像，是菱形的，还有一只摩洛哥盘子。这些都是他工作时要用的，都是不寻常的东西，打开的板条箱、干枯的花、摞在一起的衣服、花瓶，花瓶里插着各种硬度的

---

[1] 译者注：毕加索的最后一个生活伴侣。

笔还有花儿，新的、挤得歪歪扭扭的颜料管儿、一盏灯、包装纸、鸟笼子。你们看到了，不仅是这些物体本身，它们的影子也都强烈地造成混乱的印象。"

"大概每块画布对他来说都是一个实验场地。"

塞内克斯点点头。"从中产生的东西在他以前从没有过。"

"可每个艺术家都是这样的！"罗曼插了一句。

"是的，但谁都没有他这么丰富，这么独特。他也赋予了雕塑新的形式，赋予新的形式以新的色彩，而通过新的色彩和图案他又改变了形式。于是，一只被他折弯了颈部的粗陶花瓶成了一只游泳的鸽子。"

一阵窸窸窣窣引起了他们的注意——一个人进来了，看上去像是由力量凝聚而成的。他个子不高，但就算他只齐另一个人的肩膀高，引来所有人全部注意力的也会是他。最咄咄逼人的是他的那双黑眼睛和那闪耀、审视的目光。一方面他看上去很神经质，弦绷得紧紧的，另一方面却又散发出一种蕴涵着力的宁静。他的脑袋上只还有窄窄的一圈白发，给人赤裸裸的感觉。

"他的头不太像是一位日本禅师的头，倒像是个被风风雨雨蹂躏过的印第安人的头。"贝蕾妮克小声说。

深深的沟壑从他的鼻子通向下巴；虽然上了年纪，他却显得很年轻，好像随时在等待出击。他穿着膝盖上鼓起了大包的黑色裤子，白色背心儿松松地盖过了腰。

毕加索在一个画架前站下，稍稍把它调整了一下，便有力地挥动画笔，扯出黑色的笔道，画了一幅普罗旺斯风景——一个有教堂的村庄，线条间的空白被他用树木、枝杈、树荫填上，背景是一座小山丘，上空飘着朵云。随后他用指尖随意抹些白粉，烟囱里便冒出了烟，房屋间便落下了阴影。

他停下来，点上一支香烟，把烟从鼻孔里喷出来，一直抽到剩下还不到一厘米长的烟蒂在他指间闪着亮。

夜晚降临了，塞内克斯催大家上路。

"他简直是一座喷发的火山！"下楼的时候贝蕾妮克喃喃地说着。

"他的座右铭是：'完成工作会带来自由；你得工作、工作、再工作。'这是他最常说的话。"

"我想这话不假。歌德不是也说过类似的话吗？"

"他说，'再也没有比不工作的闲人更可怜的了。'"

他们走进花园，光线已经暗了下去，让位给芬芳的气息，那株九重葛微微闪着光。

塞内克斯最后说："他将始终如一地活跃下去，直到生命的终点；年老也不能将他制伏。死神将对他很仁慈，他停下画笔和停止呼吸是在同一时刻。"

一项可以同印刷术相提并论的发明

借助远程转换器,他们只迈了一步就又回到了柏林。

旅舍里还没点灯,十分安静,几把钥匙都摆在那儿等着他们。但塞内克斯说:"再等一下,你们回房间以前,我还想再说点别的——当然是与我们息息相关的。"

他靠着吧台,胳臂肘支在上面。"在第二次世界大战的最初几年,柏林造出了一种机器,那时还没有人能预见到有朝一日它将变得多么重要。"

三个伙伴交换了一下目光,斯蒂芬耸了耸肩。

"你们全都知道它!三百多年前帕斯卡和莱布尼茨就造出了算术机。"

"啊,是计算机!"贝蕾妮克喊道。

"1936年法国人瓦尔达(Valtat)提出一项专利申请,在其中描述了一种用二进制进行工作的算术机的原则。这种进制只用两个符号组成的系列就可以表示出所有的数,起初它只是一个简单的计算器。"

"二进制体系不是早已由莱布尼茨发明出来了!"

"而建筑工程师康拉德·楚泽(Konrad Zuse)因为经常需要处理大量数据而开始为他的统计工作设计一种机械工作、程序操控的机器,那也是大约五十年前的事了。他用的也是二进制,因为它用简单得多的存储元素就可以了,比代数学的方法简单得多,只认0和1。楚泽把不同的数用一串0和1的不同组合表示出来。"

"今天所有的计算机不都是这样工作的吗!"

"楚泽把他的试验机称为'楚泽一号',对已有的结果他还不满意,'楚泽一号'之后又出了'楚泽二号',再往后的'楚泽三号'就已经有了两千个继电器。这就是最早的由程序控制的计算机,工作起来无可指责,但个头仍然相当可观;它主要是用旧的电话继电器和旧材料做的。楚泽建立了一个工厂,现在它是西门子公司的一部分。1965年的'楚泽二十二号'是第一台电子计算机。余下的历史你们就都知道了,而且你们每天也正在经历着它。"

"我想,自从印刷术以来很少有发明如此彻底地改变了世界。我之所以不由得想拿这二者比较,是因为它们的目的都是加工和传递信息。"

"只是,有了最初的计算机的时候,人们还没想到过信息交换,就更不用说机与机之间、大洲与大洲之间的全球、在地球轨道上,乃至与其他行星之间的信息交换了。但现在我只想说的是这场革命的开端。反正我们已经快要到达这次漫游的终点了,我要说的东西已经不多了。"

"我会怀念我们这些谈话的。"贝蕾妮克发自内心地说。

一股震撼人寰的火流

贝蕾妮克的话使塞内克斯很高兴："尽管如此，我还是得结束。我们已认识了玛丽·居里，谈到了物理学的胜利，但因为人是有两面性的——既可以有一张可爱的脸也可以有一张残忍可怕的脸——所以人的作品也具有两面性。比如我把成功地分裂原子核看成是最大的自相矛盾之一——人在插手自然这件事上做得太过分了，这一成功像一道闪电，以一种戏剧性的、可怕的方式击中了世界。"

"您说的是原子弹吧，塞内克斯？"

"我们知道，贝克勒尔于十九世纪末发现了自发放射性现象，玛丽·居里分离出了铀，并看到了它的放射。玛丽·居里的女儿伊伦和她的丈夫弗雷德里克·约里奥研究出了人工制造放射现象的方法。厄内斯特·卢瑟福（Ernest Rutherford）、阿尔伯特·爱因斯坦、奥托·哈恩（Otto Hahn）和其他许多研究者研究了原子并试图使原子分裂或者反过来——使原子聚合在一起。他们想开发一种新的能源，因为他们发现分裂和聚合这两种过程中都会释放大量的热、光和其他力。"

"第二次世界大战期间研究转移到了美国，因为前面已经说过了，人们担心德国的原子物理学家会为希特勒制造原子弹。1942年12月，意大利裔美国物理学家恩里科·费米（Enrico Fermi）第一次成功控制了裂变的链式反应。这之后，尤利乌斯·罗伯特·奥本海默继续领导实验，于三年后宣布，如果一个城市发生原子弹爆炸，居民全部藏在防空洞里，将会有两万人死去；而如果没有任何保护，后果则更严重得多。"

"我就是想不通——一种会引起如此可怕后果的武器竟然真的会被投入使用。"

"其原因在于第二次世界大战末期的形势，贝蕾妮克。德国已经投降了，只有日本人还在负隅顽抗。杜鲁门（Truman）总统想要他的军队损失尽可能的小，并最终结束战争，于是他下令动用原子弹。"

"在广岛。"

"那座大学城上空先是亮起了刺目的原子闪电，一朵蘑菇状的红云升上天空，一股震撼人寰的火流扫过市中心，毁灭了一切，不管是建筑物还是人。但日本仍不肯投降，于是，三天后，第二颗原子弹落在长崎。两次爆炸中大概有五十万人死去，许多人当时表面上平安无恙，但后来在饱受原子能辐射导致的病魔的折磨后死去。"

"从那以后广岛就成了死亡和毁灭的象征。"

"就像奥斯威辛代表了希特勒的罪行一样。"

"还有切尔诺贝利（Tschernobyl）代表了核电站反应堆爆炸。"

"科学由此进入了一种新形势。一个信念在成长，那就是：并不是一切能做到的都可以做出。许多领袖认识到，在未来，科学必须与道德结合在一起；这在以前还不曾有过。那时候出现了'科技后果估测'的概念。"

斯蒂芬思忖着:"也许这种可怕的武器可以为我们阻止一场以前的东方阵营和西方之间的新的大战。也许这会让各方都意识到,原子战争是打不赢的,无论哪方都打不赢。"

"至少这一点是肯定的:投掷原子弹结束了第二次世界大战的亚洲战场。"塞内克斯做出了结论。

"但是研究还在继续进行,和今天的氢弹相比,最早的原子弹简直就是孩子的玩具!"

"可惜你是对的,斯蒂芬。自1970年起,只要有一颗氢弹投在纽约、伦敦、巴黎、莫斯科或东京这样的大城市,就会有大约八百万人当场丧命,还会有数以百万计的更多的人被射线造成永久性的创伤。"

斯蒂芬喃喃说道:"这是科技进步符合逻辑的结果吗?"

没有人回答这个问题。几个人的脸在暮色中变得影影绰绰的。

"好了,不谈了。"塞内克斯说,"今天我们只短短地休息一下,好让大家恢复精神。"他打开了灯。

第十二晚 回到原点

在二十世纪

一个充满物质、膨胀着的宇宙

他们默默地吃着饭,无数东西掠过他们的头脑;另外,想到在"进化公园"的漫游要结束了,他们也有点忧伤。等他们把餐具拾掇了,塞内克斯把他们请进一个小小的俱乐部房间。他们在桌上点起蜡烛,关了顶灯。

他们几乎全身埋在了宽大的沙发椅里面。贝蕾妮克收起一条腿,下巴抵着膝盖,飘垂下来的长发带着股清香,和蜂蜜做成的蜡烛的味道揉在一起。

罗曼伸开两臂搭在两边的扶手上,像要拥抱什么人似的。

斯蒂芬把他的眼镜推到鼻根处——他是在沉思,还是在梦想呢?

塞内克斯发话了:"我们到了当代。"

斯蒂芬补充道:"让我们改改登上月球的第一人尼尔·阿姆斯特朗(Neil Armstrong)的话[1]:我们三个做了次小小的漫游,人类却走了漫长的路。"

塞内克斯微笑了:"你们看到的虽然只能是些片段,但也许你们还是目睹了人类为了在这个世界上生存发展、按自己的需要日益改造世界走过了什么样的道路。你

---

[1] 译者注:阿姆斯特朗的原话是:这是一个人的一小步,却是人类的一大步。

们看到了人是怎么努力去理解世界的法则——有了这些法则才有人类的存在。这些法则既是进化也是宇宙的基础。——你们不会为这一切感到后悔吧？"

他们摇摇头。

塞内克斯很高兴："那让我们最后再看看我们的故乡宇宙吧。我们看到了，物理学家已经接近了古老的人类之谜的谜底。借助相对论和量子力学他们可以用方程式来表达空间、时间和物质。维尔纳·海森堡在量子物理中引入了'测不准原理'，由此，'现实'这个概念也成了相对的，'偶然'这个概念则升了值。阿尔伯特·爱因斯坦终生都在争辩这一点，并宣布：'仁慈的上帝不玩弄骰子。'但现在又有一个人站出来反对他：'错了！一切都显示出上帝是一个不可救药的赌徒，一有机会就掷骰子。'"

"这是谁？"罗曼问。

"你们肯定知道他。他的一本书出乎意料地成了全世界的畅销书，他的照片大概也起了作用，因为它非常感人。一种肌肉病症把他束缚在轮椅上，他只能借助一台为他特制的计算机让别人知道他想说什么。"

"您说的一定是史蒂芬·霍金（Stephen Hawking）。我虽然读过他的《时间简史》，但没有全读懂。但我记得，'上帝'一词只是他对物理定律的另一个表达方法。他甚至使我感到震惊，因为他说，他眼里的人类，不过是数千亿个星系边缘的一颗小行星上无足轻重的生物而已。他说他很难设想一个能护佑我们的上帝——或者说一个注意到我们的存在的上帝。"

"爱因斯坦的观点类似。"塞内克斯说，"根据霍金的说法，肯定有一个定理体系从一开始就决定了宇宙的进化。"

"但他也说了，如果这些定理是上帝定的，那后来他就随它去，不再插手管宇宙的命运了。"

贝蕾妮克看看这个，又看看那个，说："霍金是个物理学家、自然科学研究者，可他有那么严重的残疾，是怎么做到这些的呢？"

"我觉得说说这个很重要。没有别人的帮助他就没法生活，他的病是无法治愈的。头脑是他的支柱——确确实实只有头脑。他不能做实验，甚至不能写字，但他相信，正是因为这些限制使他能够做到本来可能根本做不到的聚精会神。他还说，他现在比以前更快乐，因为在得病以前他过得很无聊。但早亡的可能性令他意识到生命是多么宝贵。他很高兴疾病没有损坏他的智力。在我看来，他能够克服一切障碍，而唯有这一点使他成为那种向我们证明人有能力取得至高成就的特殊现象。他的例子证明了精神对脆弱的肉体的胜利。"

"他就用这种精神寻找理解宇宙的新道路吗？"贝蕾妮克问。

"霍金想把广义相对论和量子力学结合起来。广义相对论是关于空间、时间及其弯曲的。量子力学则是关于微观世界的，包括测不准原理，或者说不确定性原理。霍金相信，包围着我们的宇宙正等着我们去探索和理解；宇宙中有以超光速运动着的粒子，有黑洞在'胡作非为'——它们将成为新的婴儿宇宙的父母'。"

"等等！黑洞将成为什么？"罗曼问。

"我不能阐释霍金思想大厦的全部。关于黑洞，我只能说，它是物质密度非常大的天体，大到连速度那么快的光都不能克服它的吸引力，因此没有光泄露出来。"

"人怎么知道有黑洞呢？"

"可以通过它周围其他天体的行为得知它的存在。对我们一般人更重要的是霍金的一个观点：我们不应该追问宇宙的来历和未来；它既不是被创造的，也不会被毁灭——它是简单的。以他的这个观点，他说出了我们在进化公园漫游的过程中进行的一切有关这方面的谈话的核心，因为如果他说得有理，我们仍能找到一个合理的理论，那我们就了解上帝的打算了——当然在这儿也不能从宗教的意义上去理解'上帝'这个概念。"

"一切都是不确定的！但你却可以画一个大大的问号。"斯蒂芬说。

罗曼问："我们的宇宙不是由宇宙空间中的星体组成的吗？那么这些物质是从哪儿来的呢？"

"根据相对论和量子力学，物质可以在重力能的帮助下，以任意数量的粒子—反粒子对儿的形式产生，其结果就是一个膨胀着的宇宙，充满物质、星系、恒星、行星——和生命。"

"但宇宙空间是从哪儿开始，又是在哪儿结束的呢？"

"一个模型向我们展示了宇宙空间：它在重力的作用下是弯曲的，因此也是封闭的。因此宇宙不是无限大的，但它既没有尽头也没有边际。任何时候都不会有一艘宇宙飞船能飞到一个再也没法往前飞的地方。这让我们很难理解，因为对此我们想象力还不够。也许看看地球的样子能帮助你们——它的表面不就既没有尽头也没有边际吗？"

"塞内克斯，在我们的漫游刚开始的时候，您让我们看到了人们设想的宇宙的产生过程——在这以前是什么呢？"

"你这个问题又把我们带回这次漫游的起点了。霍金说，如果物质在一个黑洞里坍塌，永远消失，那么在它原来的位置上就会有新的物质产生。因此可以设想，在宇宙之前还有更早的一个阶段，其中的物质坍塌了，然后又发生了新的原始大爆炸。人们还说到永恒的脉动：大爆炸——膨胀——衰退——坍塌——新的大爆炸。我知道，这不是个令人满意的答案，但满意的答案我们人类大概永远也找不到。我们这次漫游的意义也不在于解出最后的谜，这是不可能的。我们，也就是进化公园的领导和我，想让你们对人类漫长壮阔的发展道路获得一个印象：这条道路是人类在短短的一万五千年中走过的——从逐猎的原始人到当今这个存在着千差万别的阶段。"

"那谁是进化公园的领导啊？"斯蒂芬问，"您又是谁呢？"

塞内克斯举起双手，耸了耸肩膀："再和我一起最后到外面去一次吧！"

星光

他们穿过整个房间，出了大门，站在了露天下。这时他们又一次惊讶了，因为他们面前出现的就是他们十二天前踏上的那个场子。只是，那时是明亮的白天，而现在是夜里。但他们还是在微弱的灯光下认出了那金属穹顶的建筑，可门上方刻的字却变了——第一天那上面写的是"宇宙的诞生"，现在那闪着光的字母却组成了"遥望地球"。

"这个你们一定得经历一下。"塞内克斯说，"一个有意义的结尾。"

他们走过大厅，在第一排坐下来，和开始时一样，但他们观察事物的眼光已经有了多大的改变啊！

四周暗下来了，犹如夜幕降临了一般。同时各个方向都向无限远处延伸开去，上上下下，左左右右亮起数以十亿计的星星，围墙隐去了。

斯蒂芬喃喃道："这比我们平常看到的星星要多得多啊，而且它们根本不闪烁。"

"星星的光那么冷静，是因为在月球上没有运动的大气。"塞内克斯回答。

原来是这样，他们在月球上！

不知从哪儿传来一个声音："我们的地球在一个星系里绕着太阳运行，这个星系只不过是用现代化的望远镜观察到的数千亿个星系中的一个。我们称之为'银河'的星系缓慢地绕自身旋转着，它的直径大约是十万光年。它伸出的螺旋状'手臂'上的星星大约得用上一亿年才能绕着星系的中心转一圈。赋予我们生命的太阳是一条螺旋'手臂'内缘上的一颗平平常常的黄色星星。"

"瞧，从托勒密（Ptolemaus）把地球解释成宇宙的中心以来，人类的认识获得了巨大的增长！"

那声音继续说："当星星熄灭的时候，星系就熔成在宇宙中运动的巨大黑洞。"

他们被眼前出现的一幕吸引住了。首先，在最下面出现了一个闪着大理石光泽的微微隆起的地面。

"这是月球的表面。"塞内克斯解释说。"我们现在乘着一只宇宙飞行舱离开了月球。"

一个蓝白色的球体缓缓出现了，它蒙着白色的面纱，像一颗天蓝色的珍珠从黑色的宇宙之海中升起。

"我们的地球。"塞内克斯说。"这是它从地球轨道上看的样子。"

"它真美!"贝蕾妮克说。

"美而脆弱。"斯蒂芬表示赞同。

在黑暗的宇宙之中,地球看上去很柔弱,就好像你得小心翼翼的,别一不注意用手指尖碰了它。

当他们再次接近地球的时候,绿、灰、白的色调之中首先现出了深蓝色的一片。

"这是太平洋中的珊瑚环礁和上面笼罩的云。"塞内克斯轻声说,"海洋被弯弯曲曲的海岸线包围着,海洋之上的大气在黑暗的宇宙空间中闪着淡淡的蓝光。"

"我想,能够这样看地球是宇宙航行的一个重要结果。我们看到地球也像是一艘宇宙飞船。"

"所以我们就得更加精心地对待它,因为在一艘宇宙飞船上,任何暴力都是致命的,而且它马上就得搭载六十亿乘客了!"

他们的飞行舱靠近了地球,开始绕着它旋转,于是他们进入了地球的黑夜,但它的魅力却没有稍减,也许比白天还要美丽呢。雷雨大作的地方,闪电照亮了大洲之上的云层,但你却什么也听不见,没有隆隆的雷声,也感觉不到横冲直撞的风,一切就像是魔幻般的极光。

"那些大概是人口密集的地区吧,塞内克斯?那无数的灯光是大城市吧?"

"上边那儿你们可以辨认出英国南部,下面离它很近的地方是巴黎,往北一点是比利时,斜下方是鲁尔区(Ruhrgebiet),"塞内克斯一一做着解释,"往下更远一点的地方是永恒的罗马。"

看着看着,又出现了更难以解释的事情;一切都变了。他们以为现在他们正在接近地球这颗美丽的"弹子"了,而它却被蓝色的大气层围裹着。

"这是氮气。"塞内克斯说。

与此同时地球变小了,就如同被一股爆发力驱使着似的迅速远去,而且变成了一个火球。随后太阳连同它的九颗行星出现了。距离越来越远,他们的速度越来越快,不久,银河系那巨大的"银盘"出现了,数以十亿计的太阳和星星又变成了更多的星系,最后他们只能看见旋转的螺旋、星云。它们不断分解,不断坍塌,进入一个无所不包的中心。

接着图像变成了夜一般的漆黑,什么都没有了。

"这是我们宇宙的末日——回到开端,再开始新的发展。"

这是塞内克斯最后的话。放映结束了,但周围依然很黑,他们也没有站起来,因为他们需要回想片刻。

然后灯亮了——他们真的是在一个平淡无奇、像电影院一样的有着排排座位的地方吗?他们不敢肯定。现在会怎么样?塞内克斯要向他们告别了吗?他们该对他说些什么？该怎么感谢他呢？

他已经不在那儿了，他的位子空了。谁也没听见他站起来的声音，也没人注意到他走了。

他真的曾经在那儿吗？

最大的问题

他们先是有种孤零零的感觉，斯蒂芬终于开口说："他走了，我想我们再也不会见到他了。说到底，这并不让我觉得奇怪。他的退场和他神秘的出现很相配——和这个公园也很相配。"

贝蕾妮克把眼睛闭上了片刻——她想把那些无数匆匆而过的画面牢牢记住。"但愿我不会把这些忘了。"她喃喃说道。"在我们这次漫游的过程中，我有时候以为一切都是真的，是现实，但然后我又觉得一切是那么不可思议。我觉得这些天像是一个梦。"她的声音听起来十分缥缈，似乎她还没有回到现实中来。"我不明白进化公园怎么能够存在。但我们的地球也是一样——和无数的其他天体相比，它不过是'沧海一粟'，它的存在是为了什么呢？"

先是没有人回答。后来又是斯蒂芬说道："十二天以前，我们打算在城里逛上一圈，没想到却进了这个巨大的'进化公园'——那个时候我们提到了一些人类关心的问题。你们怎么想——我们现在能回答那些问题了吗？我们毕竟不能盲目自大，而是得运用我们的头脑。"

罗曼耸了耸肩："第一个问题贝蕾妮克刚刚又提到了：究竟为什么存在什么东西？要问我，我还是不知道答案。而且肯定不只我是这样，其他人也是这样，而且这种状况会一直这样下去。但我还是相信有那么一种动力，宇宙的开端就是由于它的作用。你不一定要把它称为上帝，斯蒂夫。"

"你相信那个也许只有豌豆那么点儿大、密度却无比大的物质会发生原始大爆炸，发展出宇宙，而宇宙中又有生命吗？"

罗曼点点头。

斯蒂芬继续说："也就是说有一种不可捉摸的东西，它既不曾想要我们，也不曾为我们操心。这我可以接受。这里肯定没有什么超级生物插手，按照它自己的样子创造我们。"

"没有全能、仁慈的天父？"贝蕾妮克问，但这与其说是在发问，还不如说是一个论断。

但斯蒂芬还是摇摇头："不，妮克，宇宙不需要更高的法官——我是说，它包含了一切。当然，谁要是能说出理智和意识是如何在宇宙之中发展、为什么发展的，那他也许掌握了开启世界模式的钥匙——或者是世界的模式本身。"

"不管怎样，宇宙对我来说不仅是偶然凝聚在一起的一团物质，我也在其中看到了智慧、爱与和谐。"贝蕾妮克反驳道。"而问题依然存在——我们人是什么，我们为什么存在，我们从哪儿来，我们向哪儿去，从我们将会变出什么。"

"我们是星尘。"斯蒂芬回答，"我们从原始宇宙来，并返回原始宇宙。"

"那我们又会变成星尘，没有意识的星尘——如果是这样，那我们的生活有什么目的呢？"

"关于这个，可以探讨上几个钟头。"罗曼说。他仰望高处，目光似乎在寻找什么，"我们得传下去一些东西。我想我们至少有一个使命：每个人都是进化中的一环，我们生活的意义也许只能在进化中去找。如果我们为后代创造基础，那大概就够了！"

"但我们必须行动。"斯蒂芬坚决地说，"只梦想是不够的；再多的电视节目也不能使我们发现世界，更不能改变它。"

"我觉得这太泛泛了。这次漫游究竟给我们带来了什么——给你，妮克，还有你，斯蒂夫，当然还有给我自己带来了什么？我现在就想知道这个。"

学习、行动、感受

大家都沉浸在思索之中。罗曼又滑到椅子前部了，斯蒂芬推着他的眼镜，贝蕾妮克把两只手交叉起来。

"那你就先说吧。"斯蒂芬催促罗曼。

"我已经说了一点儿了。我们在进化公园里当然只不过是经历了人类历史进程中的一些片断，但正因为如此，我现在更有兴趣去继续研究人类的历史。我们之前的人想些什么，怎么生活，他们创造了什么——我想知道得更多些。这会使我更好地应付今天。这次游历并不算完，每个人物、每个事件都有其意义，对我们来说，那是一次次闪光。但这儿的材料一个人几辈子也研究不完。你不一定要从每一件事都写出一本小说来，只要让自己深入进去就够了。这收获已经够多的了，不是吗？"

贝蕾妮克赞许地望着他。

罗曼继续说："我想为改变人类的意识做些事情，可能像个作家那样，或者同时也当个记者。我还不知道自己会做什么，不过我也没必要今天就做出决定。你呢，斯蒂夫？你这个永远的怀疑论者！你达到了什么认识？"

"其实你已经提到它了，罗米——认识！对我来说，理性比过去显得更重要了。

我不能只是相信，我要思想，不轻信一切没经过证实的东西——我们已经看到人类有过多少次疯狂的念头，而这引出了什么结果呢？战争、奴役、迫害、屠杀、火刑堆——一次又一次。"

"那么哪里有安慰呢？"罗曼问。

"宁要残酷的现实也不要安慰的谎言。"

贝蕾妮克又陷入了梦幻之中，她轻轻地说："你们没有像我一样的感受吗？我们离天空越近，大地也就显得越美！"

斯蒂芬顿住了，但他找不出贝蕾妮克的话里有什么与他的话矛盾的地方，所以他就接着说："但你得看到这种美，并且为它做些什么。我希望人类能够运用他们的理智，而不是耽于梦和想象。笛卡儿的话'我思故我在'掉过来不也是符合逻辑的结论吗：'我在故我思！'也许这就是我生活中最重要的座右铭。"

"就是更多的启蒙！"

"如果你非这么说不可——对！怀疑是想象力的一部分，不含怀疑的冲动可能是致命的。我要同迷信作斗争；其实我更想说消灭迷信，但这永远是不可能的。尽管如此，科学或许不是不可攻击的，但我们没有比它更可信赖的。除了人类。没有其他能够进行科学研究的生物，所以科学也许是唯一标明我们是人类的东西。只有理智可以帮助我们更好地生活、乃至生存下去。我对自然科学感兴趣：物理、天文——还有技术——但现在该你了，妮克，我说的够多的了。"

"啊，我不知道人是不是一定得要什么东西，不知道存在是不是就足够了。我也愿意思想，当然了，但我也想感受；没有感情谁也无法生活下去。我主要的兴趣是——你们也听得够多的了——那就是女性问题。我认为，妇女依然没有得到她们应有的权利。事实再明显不过了：我们的历史在多大程度上是被男性主宰着啊——苏格拉底、保罗、路德、哥白尼、伽利略、笛卡儿、牛顿、达尔文、马克思、弗洛伊德——通通都是男性！不能再这样下去了。男性做主宰并不是女性不够聪明的结果！不错，我知道妇女的角色——婚姻、孩子——至于我，我或许会结婚，会有平平常常的婚姻生活，但也不一定。我只希望自己不会自暴自弃，而是永远热爱生命。我喜欢自己动手做些事情——绘画、设计，也许只是作为业余爱好，这我还在考虑。一个人得为自己确立目标，并且寻找志趣相投的伙伴。我肯定是要做和人有关的事，为他人做些什么，当医生、搞社会工作，或者从政。"

"这是个关键词——"斯蒂芬喊道，"只为自己而不为他人活着的人永远不会幸福快乐。在群体中有那么多可做的事情——无论大小。"

"我也这样想。"贝蕾妮克答道，"还有一点：希望回到过去的人对我们肯定不会有什么益处。虽然如今对前技术时代恋恋不舍的'怀乡病'又厉害了起来，但我们现在不是已经看到了吗：'旧日的好时光'从来就不曾有过。"

"'回到自然'也从没有过!"斯蒂芬说。

"不仅是我们的存在要感谢我们的祖先,我们能以这样的方式存在也要感谢他们。"贝蕾妮克继续说,"因此我们今天的行为也会决定我们之后一代代人的生活。正因为如此,我认为尽可能多地了解过去非常重要,这样做可以使我们修正我们的标尺,走得更稳当。"

他们沉默了,每个人都在思考。他们知道,永远没有最后的答案,只能不断地尝试。

这会儿他们多少感到放松了一些,大概也感觉到了这十二天里有多么不容易。

贝蕾妮克伸展着四肢:"虽然离开这儿让我感到伤心,但我们大概不能总呆在这儿。"

回到未来

他们手挽着手离开了这座建筑物。外面,小小的场子上已是一片漆黑,只有低低的几盏小灯映照着公园的门。

门自动打开了,这之后,空气、气味和声响——一切都变了。空气变潮湿了,弥漫着汽油、烟和尾气的味道。

街上,一辆空电车的车窗亮着灯光,好像在邀请他们似的。

上车之前,贝蕾妮克再一次转过身张望,喊道:"你们看哪!"

那公园沉下去了,消失了,再也看不见了——没有了长满常春藤的墙,没有了写着"进化公园"的牌子,只有那些出租公寓。但在一面招贴墙上,一句话闪着微光:

Prendete ogni speranza,
voi ch'andate!

"和开始的时候不一样了,这又是什么意思?"贝蕾妮克问。

罗曼回答:"我想可以把它翻译成两句诗:

'你们,将要离开的人,
带上希望吧!'"

"是的,我们需要很多希望,"斯蒂芬说,"还有乐观。"

他话音刚落,那诗行就消失了。在这荒凉的郊外,再也没有什么能让人想起那个公园的东西了。一些人家的窗户里透出电视屏幕闪烁的微光。

他们上了电车,重重地落在座位上,希望自己——哦不,他们确信自己是在返回的路上。

返回的路?通向哪儿呢?或许是通向未来吧。

车开了。

后 记

我们照亮了夜的黑暗,
思想的昏昧。
我们曾是守着家园的农人,
如今却已飞越大地和海洋。
所有的大门都对我们行动的渴望敞开,
这,我们的祖辈何尝有过!
我们的自由似乎无边无际。

然而,我们应该如何度过充实的一生呢?

尾声与展望

摆脱现实的羁绊

几天过去了，贝蕾妮克、罗曼和斯蒂芬又回到了现代生活中。但要说他们已经忘记了在"进化公园"里的漫游，那就太奇怪了——这次漫游已经成了他们生活中的一个转折。这次经历在他们心中比那天晚上刚刚离开"进化公园"回家的时候似乎更加不可思议，但另一方面，那些印象现在都落在了实处，有的澄清了，有的平静下来了，他们已经做了很多的思考，并且一直还在思考。他们进入了一种使他们超脱在日常生活之外的状态。当然他们还是他们自己，但却受到了某种激励，拥有了拓宽的意识。某些经历也可以像毒品一样起作用，而他们刚刚有过这样一次经历，它使他们摆脱了现实的羁绊。

一个问题在他们的脑子里以他们各自的方式运转：我潜入西方人类历史长河中的这十二天给我带来了什么？

漫游期间，他们每一天晚上都要和塞内克斯聚到一起谈话，他们记忆中最美好的是在比萨的那第五个晚上。当时他们是那样心意相投，感觉到他们紧紧联系在一起——作为这个地球的孩子，作为宇宙的孩子。他们多想再回到比萨旅舍的花园里去，但他们再也不会找到它了，再也没有把他们引到那儿去的塞内克斯了。

一天晚上，天已经黑了，贝蕾妮克给罗曼和斯蒂芬打了电话。"咱们见一次面，聊一聊，你们觉得怎么样？"

两个男孩子立刻同意了。

"电视塔怎么样？从那儿可以看得很远。"

三个人在电视塔入口处见面了。电梯是空的，罗曼按了"观览层"的电钮，门关上了，轻轻的嗡嗡声响起来，但却感觉不到动。

他们是在向上升呢，还是呆在原地？

"这就像是爱因斯坦相对论的图解。"斯蒂芬说。

"没错，或者，就像我们坐在一列停着的火车里，旁边的铁轨上有另一列火车发车了，那样我们会觉得我们自己也在动。"罗曼对斯蒂芬的话表示同意，并补充道："'进化公园'也与此相应——我们是经历了一切呢，还是只做了场梦？"

过了一会儿，电梯几乎不为人觉察地顿了一下。在卖杂志和旅游纪念品的前厅后面是通到装有巨大玻璃的观览平台的过道。平台以蜗牛一般的速度转动，前半部没有灯，只有后部的墙上安了几盏灯，灯光黯淡。这里没有那么多技术设施，空荡荡的空间中气氛散漫、昏暗，下面那城市灯光的海洋反而更好地展示在他们眼前。

狭窄的过道上每隔一段距离就设有一只长凳，大多数已经坐了人，但他们还是找到了一张空的。两个男孩把贝蕾妮克夹在中间，罗曼把胳膊搭在她身后的椅背上。

有一阵工夫，他们只是望着那一直伸展到漆黑地平线上的灯光的海洋。星光被烟雾掩没了，眼前的许多窗子闪着灯光，弧形路灯照亮了街道，汽车排成的长龙慢慢向前挪动着，无数的前灯、尾灯。

这就是我们的世界

随着观览层的旋转，城市夜晚的景象缓缓变化着。

"我觉得，我现在看东西和以前不一样了。"罗曼沉思着说。他的话音很轻，断断续续的——他边说边想。"这下面的，这就是我们的生活，但也是历史的产品——音乐厅、歌剧院、电影院、饭馆、酒吧、所有房子里都有的电视机、诊所、医生、护士、护理员、老人院、带枪的罪犯、警察……"

"还不止这些呢。"贝蕾妮克接着说，"是的，这确实是我们生活其间的世界。我一再感到高兴——我生活在今天，而不是昨天乃至前天，也不是明天。我想起了莱布尼茨的话——你们还记得吗？我要借用一下他的话，不过稍微改一下：我们也许不是生活在所有世界中最好的一个世界里，但可能是生活在所有的时代中最好的一个时代里。"

斯蒂芬点点头："妮克说得对。我觉得这也是在'进化公园'的漫游向我们展示的一点。从没有哪个时代，人们获得这么好的食物供给，有这么多的学校、大学对他们开放，从来没有过这么多的书籍和信息，人们能如此舒服、安全、毫不费力地旅行。"

"是的，我就是这个意思。"贝蕾妮克表示同意，"以咱们出生的时代、地点，咱们真是太幸运了。"

斯蒂芬继续说："而且我们也能够活得更健康、更长久。生活在早期文化的人类平均寿命是三十岁，中世纪也好不了多少。但我们现在可以说活到八十岁没问题。"

"要是在一百年前，我可能会死于产褥热。"贝蕾妮克接着这条线索说，"一次阑尾炎可能就会宣判我的死刑，而现在，最难的心脏手术也不过是常规手术。"

罗曼思考着晃晃头："尽管如此，你还是暗示了你不想生活在未来。绝不是一切都那么美妙，问题也越来越多。我根本不想列举它们。此外，无数的可能性也让我们窒息,而且现在又加上了过量的信息。从理论上说,我们按个按钮,就能得到所有大洲、所有时代的知识。但如果再没有人能消化这些信息,要它们又有什么用呢?它让我们吃不消了!"

"我们肯定得学习怎么对付这个。我想只有一种方法——创造力。"斯蒂芬答道,"你说得对,如果我们不能正确地理清、评价信息,信息过剩可能会成为危险。但我们的困难并不在于知识过多,而在于我们不知如何有效地对待它们。"

"我想我们能学会。"贝蕾妮克充满希望地看着他。

我们不是为现代世界设计出来的

斯蒂芬点点头。

"然而,斯蒂夫,"罗曼说话了,"每人都依然是原始世界的产品,冰川时期的孩子。我们不是为现代世界设计出来的,却得在其中实现自我。"

贝蕾妮克明白他的意思。"所以我们要改变我们自己,罗米。我对这一点是有信心的。我们三个中没有一个——可能这塔上的人中也没有一个——还像十年、二十年前那样想,比如关于如何与自然打交道的问题。同样,对战争的态度也从根本上改变了——至少是在工业化国家里。"

"但愿这一点能保持下去。"罗曼喃喃地说。

"还有一点,"贝蕾妮克说,"我们也看到了,为了达到今天的发展阶段,人类付出了多大的代价。我们的能力肯定是增强了,也是因为有了更精巧的工具!我希望,虽然有全球性的危险存在,我们也能够成功。"

斯蒂芬继续说:"我想,理智和认识不只是给了我们生存下去的机会,而且也给了我们更好地生活下去的机会。我们当然都知道当前的所有问题,这个我们不用说了,我们每天都得面对它们,至少是通过媒体。但人们不是已经开始思考其原因了吗?我认为,摧毁世界的既不是理智也不是科学,更不是理性,正相反——因为缺乏科学与理性。"

"你这是什么意思?"

"我是嫌目前人类还缺乏普遍的知识和理性。"

贝蕾妮克帮着罗曼:"但别忘了,技术手段在以天文速度增长!"

"首先是世界人口在以天文速度增长。要是地球上只有十亿人,而不是五十亿甚至六十亿,那我们以我们高度发展的技术手段——麻醉术、现代医学、汽车、飞机、火箭——可以生活得好极了。我们知道,世界上人口过剩——现在就已经这样了,而情况还在加剧!但是没有退回去的路,不管我们愿意不愿意,我们都不能再摆脱技术和科学，因为那无异于自杀。为了对付所有的问题，我们不是要减少，而是需要更加努力地钻研科学、促进大众的启蒙——这至少是同等重要的。如果我们人类要毁灭，那肯定不是毁在带来进步的那些人的聪明上，而是毁在不知道如何对待进步的那些人的愚蠢上。"

"可惜这样的人占百分之九十九！"

"可能。不管怎么说，我们亟需更多的知识。毕竟自然科学做到了令今天的几十亿人都活着。人口太多已经是一个既成事实，而他们要生存，就不能没有科学的帮助。我们不能在十九世纪的水平上生存，几十亿人不能像肆虐的大自然中的农民或佣人那样生活。文明和自然是对立的。老虎会吃人，火山爆发会埋葬城市，太阳会晒干草原，让一切枯萎。我们好歹都得依靠科学。"

没有科学和技术就完了

"但我们不正是在用这些科学和技术毁坏地球吗！有那么多的自然灾害都是我们自作自受啊！"

"但没有科学和技术我们就完了。我在'进化公园'里也看到了，带来进步的总是信息的传授，最显而易见的例子是印刷术。你们想想清楚吧，迄今为止，百分之九十九的人都既不能读也不能写。我估计，科学的进步——医学上的和农业上的——拯救的性命比所有的战争毁掉的生命要多。因此我们需要传播信息，也是因为、恰恰是因为存在着全球性的危险，因为科学给了我们预警系统。"

"我不知道进化是不是想要这样？"

"咳，妮克，我们不是已经在这一点上取得一致了吗——进化是没有目的、没有意图的。我们既不能让进化倒退，也不能让它停止。它是包含在我们的 DNA 中的一个过程。对我来说，造物与进化是一回事，我们不能要这个不要那个。"

"是的，也许从原始大爆炸以来开始的发展还都没有结束吧？"

"我深信这一点。也许还得发展数十亿年呢。为什么不会出现比我们聪明不知多少倍的头脑，发现我们不知道的维度呢？难道甲壳虫能认识星辰吗？但星辰确实存在。我们也许抵达了我们认识的极限，但对未来的一代代人，这能是极限吗？我也相信进化没有目标，但这不应该阻碍我们建立一个目标，并把进化向那里引。"

罗曼直起身来。"我怀疑人类有朝一日会解开所有的世界之谜。我们肯定只能成为这个样子，因为我们身上打着过去的一代代人的烙印，而未来的一代代人身上也会打着我们的烙印。当然每个人只能像他生活的那个样子生活，因为他的祖先——可以回溯到变形虫——是成功的，至少是能够创造新生命的，而新生命则拥有新发展的机会。但另一方面我们也是很奇怪的生物，我们也是有界限的。"

我们塑造世界

斯蒂芬同意罗曼的话："是的，我也在我们的历史中看到了努力——努力在一片无知和谬误的海洋中搏击，最后抵达认识。虽然那只是少数人做的，但没有他们，我们就不会是我们现在的样子。生活在三千年、四千年、一万年前的人的样子也是他们可能成为的样子。我们人类所特有的就是，我们不只是生出来、活着，然后死掉，毫无痕迹。我们改造了世界，虽然只是短短的一瞬。"

"如果就当进化有一个目标呢。"贝蕾妮克思索着说，"不是一个有意识的目标，而是一个从它的运动中自然产生的目标——那又会怎么样呢？"

"那我们的使命就是，超出自然中进化的可能性，将进化继续下去，也就是说，主要是在技术的领域，因为那在生物进化的道路上是没有的。"

"你是说，我们脱离生物进化的时代，进入智力推动的发展阶段？"

"这至少是可以设想的，罗米。因为智力的发展会带来人类发展速度上的巨大增长，有力的一推！"

"但也有危险！"

"当然。但也许智力就是进化的'目标'，也许进化在有意识地利用它！我们也许不过是站在它的发展的开端。谁知道那些杰出人物——我只以莎士比亚、巴赫、莫扎特、歌德、爱因斯坦和居里夫人为例——他们是不是已经达到了思想的极限？正像我们说过的，到底一切都是自然，我们的理智也是，自然借助理智显示它还能以人做媒介做到什么。现在我们直接插手了，通过选择、培育、基因工程。我们做这些的时候，遵循的也许就是我们先天掌握的法则。既然我们有这个能力，那我想，我们也有义务建造另一个世界。"

"你把我们看成是工具？"

"我们可能会输，但机会是很大的。我们可不是白白从一个挥舞棍棒的怪物发展成思想着的塑造者的啊。"

"你那么肯定吗？"罗曼叹了口气。

"等着瞧吧！现在科学正在解开我们基因构造的秘密。"

"你真的认为必须得这样吗？"贝蕾妮克充满疑惑地问，然后又自己回答道，"是啊，也许，如果存在着的不该只是一个这样的世界：其中只活跃着动物和植物，而没有一种能够有意识地感知一切、思考一切的生物。"

"那就是人啊！"

使命就是意义

"但是没有一个物种能够永远存在下去。"罗曼说,"有朝一日,进化也可能会没有我们而继续进行下去——向另一个方向。反正,斯蒂夫,这一切都一再让我追问生命的意义。"

贝蕾妮克对此很有信心:"如果我们有一项使命,那由此就会产生意义,那就是,去完成这一使命!"

"我眼前出现了一幅图景。"罗曼说,"每个人都拥有河里的每一滴水那样的意义,被带着奔向大海,它最终将消融在那里。为此它不需要特别的天赋、能力。对于身边的人来说,就连最简单的人也比一个最大的天才重要。"

"这让我想起了玛丽·冯·艾本纳—埃申巴赫(Marie von Ebner-Eschenbach)[1] 的一首格言诗,"贝蕾妮克说,"'人对人的一点爱比对全人类的爱更有价值。'"

"是的,可能!但再说一遍,把人类作为一个整体来看,它现在学到什么了吗?"

"也许学到了,罗米!我们肯定已经学到了很多,但是,像以往的时代一样,我们仍然会被激情、想象、臆想遮蔽——这些比真实存在的危险更危险。我们总是犯同样的错误。"斯蒂芬摘下眼镜,向玻璃镜片上哈口气,擦一擦,再戴上。"我们的时代并不是例外!正相反,也许比中世纪时还要严重,任何胡扯都有人相信。又开始有年轻人去崇拜神秘,相信'大师'和预言家。占星术啦、月亮的影响啦、神秘兮兮的歪门邪道啦、咒语啦……数不胜数。"

"啊,我看变化还是很大的。"罗曼激烈地反驳道,"尤其是在这个千年转折时期看得更清楚。早就没有什么非理性的、末日理论之类的东西困扰着我们了,基于迷信的恐惧也已经谈不到了。"

"这可是一个进步!"

"这个我们不仅要感谢启蒙运动,也要感谢自然科学。妮克,此外还有全面的教育,它也是实行有效民主的前提,因为无知之人的民主在今天这个技术的时代只会带来灾难。我认为,世界更容易毁灭在增长的非理性上,而不是毁灭在科学的进步上。渴望回到前工业时代的苗头在增长,连带着对所谓'不人道'的当代的否定,这让我觉得担忧。另外,只受过一般教育的人根本不了解自然科学。可我们享受着它带来的所有好处,谁也不想放弃这些好处,甚至连最严厉的批评家也不想放弃……"

---

[1] 译者注:奥地利女作家,以其心理小说被认为是19世纪最重要的德语女作家之一。

"但是斯蒂夫，"贝蕾妮克喊道，"这个我可不相信！没人真的想回到中世纪，回到饥饿、瘟疫、酷刑、火刑堆的时代去。"

"……但同时人们又诅咒所有发展——其实人能活着都多亏这些发展呢！"

"人类大概还是进化了一点的。"罗曼思索着说。

"从实质上来说几乎没有，如果说有进步，那也是在上一个一千年中。"斯蒂芬说出他的看法。

"但如果你把两幅画摆在一起，一幅上面是一个拿石头当工具的原始人，另一幅上是一个自由漂浮在太空中、修理着空间站的太阳帆的现代宇航员，那是何等的天壤之别啊。"贝蕾妮克说。

罗曼皱起了眉头。"但事实是，直到中世纪全盛时期，是农民造就了历史，这之后出现了手工业者和城市中的商人……"

斯蒂芬打断了他的话："但今天的世界是由科学和技术塑造的。我说科学，指的倒不是知识的堆积——如果指这个，电脑会做得更好；我指的是创造性的、逻辑的思考——这是现在再高级的智能机器也不能取代的。我们需要的首先是富于怀疑精神的思索能力。"

我们应该怎样对待彼此？

罗曼越来越不安了。"知识，知识，知识。"他反驳道，"那么爱、信念、道德又怎么办呢？这一切和物理可都没关系！"

贝蕾妮克认为他说的有道理："科学可不会告诉我们应该怎样对待彼此！"

"也许，如果我们在物理和数学中学到的逻辑思考也决定我们的道德行为——这样会好些？"

罗曼向前滑了一点，胳膊碰到了贝蕾妮克的肩膀："大多数人难道不是需要找到在技术占主导地位的当代找不到的一个支点吗？"

"而且他们不是最坏的人。"贝蕾妮克表示赞同，"他们寻找一种意义，渴望一种单纯的生活。"

斯蒂芬感到了她的赞同。他有点郁闷，反驳道："单纯的生活是一种幻想，只有少数有特权的人才过得起。所有其他的人的生活中都得有技术，因为没有现代技术就不再有生活。你们虽然说得有道理，人们渴望找到一种意义，但实际上，人们更乐意相信虚假的神灵，而不愿意勇敢地接受'并没有神灵'。比起一厢情愿的想象，我更倾向于接受严酷的真理。我认为，冷静地理解生活，比吊在一种错误的信念上要好。道德也在于，不要拿没有证据的东西冒充真理。我宁愿在一个没有目标的宇宙中生活，也不愿意相信一个把奥斯维辛强加给他的子民的上帝。对一个万能智慧、用爱统治历史的上帝的信仰不是最晚在第二次世界大战结束后，随着极权主义、大屠杀、原子弹就失去了一切存在的理由了吗？但每个人都得自己决定要它还是不要它。我发现事实往往比所有的想法更有帮助，因为它更可靠、更持久。科学思考已经够富于想象、够有条理的了，尤其是，它始终在对自己提出质疑。因此，我仍然要怀疑。"

"但唯有怀疑主义是不够的，怀疑主义得和创造力结合起来。"贝蕾妮克说。她把一只手向上伸，握住了罗曼的手。

"这包括艺术。"罗曼兴奋地喊道，"只要我们有好奇心，有创造力，我们就在活着。如果我们放弃这些，我们就完了。"

贝蕾妮克点点头："我相信，现在创造力比以前任何时候都更重要，这也是我在'进化公园'里学到的。今天，所有的人都只想快活，可从创造力而来的快乐比消费而来的快乐好得多。懒人国绝对太无聊了！它只会养出被惯坏了的孩子，他们不能再感受任何愉悦，脾气坏坏的。人得在小范围内改变，得有创造力，不能让随便什么冠冕堂皇的组织拉拢了去。"

总存在一些我们不能理解的东西

"还有一点，"罗曼说，"也许我是在重复：我绝对不想没有任何信念地生活，但这不会是对一个白胡子上帝的信仰了。天堂沉没了，但我们对价值、内容的需要没有沉没，只有它才能使我们在这个地球上生活并且和睦相处。"

"我们应该让所有现存的宗教与新的认识合上拍。"贝蕾妮克说，"当我想到宇宙，那么任是什么理智也帮不上我。我感到总还得有点什么——某种意义丰富的、超出我思想力的能量，某种我不能用理性去理解的东西。"

罗曼很乐意听到这个。"如果我们对于我们的地球在宇宙中的地位的知识扩展了，那我们的伦理和宗教就得去适应改变了的世界图景。要写出绝对命令，人们大概不再需要天空了。我希望我们能够拥有一种涵盖全世界和全人类的伦理观以及在科学的认识之外和谐共存的信仰。"

"也许，"贝蕾妮克说，"我们人类是宇宙中唯一能感受爱和传达爱的。"

罗曼热烈地望着她："我们的文化已经很老了。"他说，"我们比以前更需要规则，使我们能和平、人道地相处及对待自然。只有以伦理价值为基准，我们的进步才能向好的方向发展。我们必须更多地呵护生命，以更大的敏感和耐心面对新的发展。"

"别忘了智力和理性!"斯蒂芬喊道。

"同意。我们在'进化公园'里经历过了地中海地区的进化,那只是人类文明的众多前提之一。人类文化如今已经没有边界了。这将会改变一切,包括伦理标准、道德和宗教,甚至包括科学。"

罗曼知道贝蕾妮克赞同他的话——她微笑着。她调皮地把另一只手搭在斯蒂芬的手上,说:"你也没有异议吧?"

"没有。"斯蒂芬回答,"我要说的已经都说了啊。"

他们俯瞰着城市的万家灯火。

(完)